Oratorik und Literatur

HAMBURGER BEITRÄGE ZUR GERMANISTIK

Herausgegeben von Martin Baisch, Bernhard Jahn, Jan Christoph Meister, Hans-Harald Müller, Jörg Schönert und Ingrid Schröder

BAND 60

Malena Ratzke / Christian Schmidt /
Britta Wittchow (Hrsg.)

# Oratorik und Literatur

## Politische Rede in fiktionalen und historiographischen Texten des Mittelalters und der Frühen Neuzeit

PETER LANG

**Bibliografische Information der Deutschen Nationalbibliothek**
Die Deutsche Nationalbibliothek verzeichnet diese Publikation in der Deutschen Nationalbibliografie; detaillierte bibliografische Daten sind im Internet über http://dnb.d-nb.de abrufbar.

Umschlagabbildung: London, British Library, Royal MS 20 B XX, fol. 29v. Le livre et la vraye hystoire du bon roy Alixandre (Detail). By permission of the British Library.

Förderer und Unterstützer der Tagung
*Hamburgische Wissenschaftliche Stiftung*

Universität Hamburg
DER FORSCHUNG | DER LEHRE | DER BILDUNG

Gedruckt auf alterungsbeständigem, säurefreiem Papier.
Druck und Bindung: CPI books GmbH, Leck

ISSN 0930-0023
ISBN 978-3-631-77035-1 (Print)
E-ISBN 978-3-631-77550-9 (E-PDF)
E-ISBN 978-3-631-77551-6 (EPUB)
E-ISBN 978-3-631-77552-3 (MOBI)
DOI 10.3726/b14967



Peter Lang – Berlin · Bern · Bruxelles · New York · Oxford · Warszawa · Wien



Diese Publikation wurde begutachtet.

www.peterlang.com

# Inhaltsverzeichnis

Malena Ratzke, Christian Schmidt, Britta Wittchow

# Einleitung. Praktizierte und dargestellte Oratorik

Das Thema der Tagung, die vom 3. bis 5. November 2016 im Hamburger Warburg-Haus stattfand und deren Ergebnisse in diesem Band versammelt sind, hat sich aus der Auseinandersetzung mit einem jüngeren Ansatz in den Geschichtswissenschaften entwickelt: Die historische Oratorikforschung bemüht sich um eine Rekonstruktion der politischen Redekultur in der Vormoderne.[1] Als ‚Oratorik' im Fokus stehen dabei – in Anlehnung an die englischsprachige Differenzierung von *oratory* und *rhetoric* – die Praxis der Rede und ihre Funktion im Kontext politischer Kommunikation. Neben den inhaltlichen oder sprachlich-stilistischen Aspekten einzelner Reden, die aus traditionell rhetorischer Perspektive im Zentrum standen, untersucht die Oratorikforschung die Position der Reden innerhalb zeremonieller Abläufe und ihre Relation zu nonverbalen Formen symbolischer Kommunikation.[2]

Mit der dabei aufgeworfenen Frage nach der Bedeutung rhetorischer Formate im Kontext politischer Versammlungen und Zeremonielle berührt die

1 Begriff und Konzept dieses Ansatzes wurden geprägt durch das von 2004 bis 2008 unter Leitung von Johannes Helmrath bestehende Projekt *Oratorik auf europäischen Reichs- und Ständeversammlungen des späten Mittelalters und der beginnenden Neuzeit als Repräsentationen politisch-sozialer Ordnungen im Vergleich* am Berliner SFB 640: *Repräsentationen sozialer Ordnungen im Wandel*. Vgl. die jüngste Darstellung des Ansatzes bei Feuchter, Jörg: Rednerische ‚Performanz des Mächtigen' auf politischen Versammlungen (England und Frankreich, vom 14. bis ins 16. Jahrhundert). In: Oschema, Klaus [u.a.] (Hrsg.): Die Performanz der Mächtigen. Rangordnung und Idoneität in höfischen Gesellschaften des späten Mittelalters (Rank. Politisch-soziale Ordnungen im mittelalterlichen Europa 5). Ostfildern 2015, S. 103–120, hier S. 107f. sowie die programmatischen Einleitungen zu den Sammelbänden Feuchter, Jörg/ Helmrath, Johannes: Einführung. In: Dies. (Hrsg.): Parlamentarische Kulturen vom Mittelalter bis in die Moderne. Reden – Räume – Bilder (Beiträge zur Geschichte des Parlamentarismus und der politischen Parteien: Reihe Parlamente in Europa 164,2), Düsseldorf 2013, S. 9–31; dies.: Einleitung – Vormoderne Parlamentsoratorik. In: Dies. (Hrsg.): Politische Redekultur in der Vormoderne. Die Oratorik europäischer Parlamente in Spätmittelalter und Früher Neuzeit (Eigene und fremde Welten. Repräsentationen sozialer Ordnungen im Wandel 86). Frankfurt/Main [u.a.] 2008, S. 9–22.

2 Vgl. Feuchter: Rednerische Performanz (Anm. 1), S. 108.

Oratorikforschung einen Bereich, der auch für die Literaturwissenschaften attraktiv ist.[3] Anknüpfungspunkte ergeben sich etwa zur Historischen Dialogforschung, die vom Interesse an vormoderner Rede in Gestalt von literarischer Figurenrede zeugt. In einer Verbindung von literaturwissenschaftlicher und linguistischer Analyse werden hier seit etwa zehn Jahren Redeszenen in der mittelalterlichen Großepik, Bibeldichtung, Legende und in weiteren Traditionen untersucht. Ein in diesem Rahmen publizierter Beitrag von Gert Hübner zu Konrads von Würzburg *Partonopier und Meliur* hat inspirierend auf die Konzeption der Hamburger Tagung eingewirkt.[4]

Wir freuen uns besonders, dass unsere Idee, eine interdisziplinäre Tagung auszurichten, gut aufgenommen wurde und wir Historiker, die das gegenwärtige Feld der Oratorikforschung prägen, dafür gewinnen konnten, mit uns ins Gespräch zu kommen. Genauso freuen wir uns, dass wir Literaturwissenschaftlerinnen und Literaturwissenschaftler davon überzeugen konnten, sich auf den Ansatz der Oratorik einzulassen. So sind Beiträge zu hoch- und niederdeutschen, lateinischen, italienischen und katalanischen Texten sowie deren Beziehungen zusammengekommen, an denen nicht zuletzt die transkulturelle Bedeutung politischer Rede sichtbar wird. Zeitraum und Themenspektrum des Bandes reichen von der Chronistik des 12. Jahrhunderts bis zum Drama des späteren 16. Jahrhunderts.

Im Rahmen dieser Einleitung möchten wir einige Überlegungen dazu skizzieren, wie sich das Feld der Oratorikforschung mit besonderem Blick auf ein Miteinander von historischer und literaturwissenschaftlicher Forschung

---

3 Zudem rezipiert sie in ihren methodischen Ansätzen bereits literaturwissenschaftlich ausgerichtete Arbeiten. Zu nennen wäre hier z.B. Georg Braungarts Monographie zur *Hofberedsamkeit*; vgl. Braungart, Georg: Hofberedsamkeit. Studien zur Praxis höfisch-politischer Rede im deutschen Territorialabsolutismus (Studien zur deutschen Literatur 96). Tübingen 1988.

4 Vgl. Hübner, Gert: ‚wol gespraechiu zunge'. Meisterredner in Konrads von Würzburg *Partonopier und Meliur*. In: Miedema, Nine/Unzeitig, Monika/Hundsnurscher, Franz (Hrsg.): Redeszenen in der mittelalterlichen Großepik. Komparatistische Perspektiven (Historische Dialogforschung 1). Berlin 2011, S. 215–234. Zum Ansatz der Historischen Dialogforschung vgl. die Tagungsbände Miedema, Nine/Hundsnurscher, Franz: Formen und Funktionen von Redeszenen in der mittelhochdeutschen Großepik (Beiträge zur Dialogforschung 36). Tübingen 2007; Miedema, Nine/Unzeitig, Monika/Hundsnurscher, Franz (Hrsg.): Redeszenen in der mittelalterlichen Großepik. Komparatistische Perspektiven (Historische Dialogforschung 1). Berlin 2011; Miedema, Nine/Unzeitig, Monika/Schrott, Angela (Hrsg.): Stimme und Performanz in der mittelalterlichen Literatur (Historische Dialogforschung 3). Berlin/Boston 2017.

interdisziplinär perspektivieren ließe. Wir knüpfen dabei an Beobachtungen an, die u.a. der Historiker Georg Strack, der in diesem Band vertreten ist, formuliert hat. Georg Strack hat auf die Relevanz der unterschiedlichen Überlieferungsmodi oratorischer Akte hingewiesen. Er betont, dass die in hagiographischen und historiographischen Texten überlieferten Reden gegenüber protokollarischen oder berichtenden Quellen oftmals einen fingierten bzw. imaginären Charakter besitzen. Diese fingierte Oratorik sei zum einen als Ausdruck eines politisch Imaginären ernst zu nehmen und zum anderen in Bezug zu Quellengattungen zu setzen, die in einem höheren Maße an die Perzeption tatsächlich gehaltener Reden rückgebunden sind.[5]

Diese Überlegungen sind auch für die Fragestellung unseres Bandes zentral, dessen Aufsätze sich mit Texten befassen, die nicht im heutigen Sinne dokumentarisch genannt werden können. Wir möchten im Anschluss daran vorschlagen, eine systematische Unterscheidung zu treffen zwischen *praktizierter Oratorik* auf der einen und *dargestellter Oratorik* auf der anderen Seite. Damit möchten wir versuchsweise zwei unterschiedlich akzentuierte, aber sich gegenseitig ergänzende Untersuchungsperspektiven beschreiben.

Das Interesse an praktizierter Oratorik entspricht dem von Johannes Helmrath und Jörg Feuchter formulierten Forschungsprogrammen. Hier geht es um eine Rekonstruktion der Redepraxis auf vormodernen Repräsentativversammlungen, um die historischen Akteure, die als Oratoren hervorgetreten sind, um die Einbettung von Reden in soziale und politische Kontexte sowie um ihre Funktionen im Rahmen zeremonieller oder symbolischer Kommunikationscodes. So formulieren die Verfasser in der Einleitung zu dem Band *Politische Redekultur in der Vormoderne*:

> Zum einen zielt der oratorische Ansatz auf die Pragmatik der Parlamentsreden als performative Sprechakte in einem bestimmten sozialen und politischen Kontext. Es geht also primär um die historische „Funktion sprachlicher Mittel für ein Machtspiel", und erst in zweiter Linie um die Beurteilung von Reden in einem philologischen Bezugsrahmen.

5 Vgl. Strack, Georg: Oratorik im Zeitalter der Kirchenreform. Reden und Predigten Papst Gregors VII. In: Strack, Georg/Knödler, Julia (Hrsg.): Rhetorik in Mittelalter und Renaissance. Konzepte – Praxis – Diversität (Münchner Beiträge zur Geschichtswissenschaft 6). München 2011, S. 121–144, hier etwa S. 123; ders.: Antagonistische Positionen zur politischen Redekultur im 11. Jahrhundert. Benzo von Alba und Rangerius von Lucca. In: Hartmann, Florian, unter Mitarb. von Anja-Lisa Schroll und Eugenio Riversi (Hrsg.): Brief und Kommunikation im Wandel. Medien, Autoren und Kontexte in den Debatten des Investiturstreits (Papsttum im mittelalterlichen Europa 5). Köln/Weimar/Wien 2016, S. 243–260, hier S. 243f.

> Zum anderen beachtet die Oratorik die Einbettung der Parlamentsreden in ebenfalls versammlungstypische nonverbale Formen des symbolischen Vermittelns von politischem Willen. Diese besaßen das Potenzial, dem verbalen Sprechakt Nachdruck zu verleihen, ihn aber auch zu modifizieren oder ihn gar völlig zu konterkarieren. Aber auch die Sprechakte selbst waren offen zur Überschreitung von Sagbarkeitsregimina, zur Provokation, zum Bruch mit dem Gewohnten und kollektiv Erlernten.[6]

Dabei ist stets der potenzielle, wenn nicht grundsätzlich anzunehmende subjektive Charakter der Überlieferung im Blick zu behalten und etwa von strategisch motivierten Präsentationen historischer Redepraxis auszugehen. Doch wie Jörg Feuchter festhält, lassen sich auch unter diesen Bedingungen „allgemeine Normen und Praktiken" der politischen Kultur erschließen, denn „noch die subjektivste und vielleicht sogar absichtlich verzerrte Beschreibung birgt Informationen über zeitgenössische Vorstellungen von gelungener oder mißlungener Performanz"[7] und weiterer Aspekte vormoderner Oratorik.

Das Interesse an dargestellter Oratorik ist auf diesen Hintergrund angewiesen, es richtet sich jedoch nicht primär auf die Praxis, sondern auf die literarische Inszenierung politischer Redekultur im Kontext von Quellen, die einen im weitesten Sinne diegetischen Rahmen aufweisen: Das können Texte wie Chroniken oder Romane sein, aber auch Lieder oder Dramen. Quellen mit diegetischem Rahmen können dabei durchaus für die Rekonstruktion praktizierter Oratorik von Bedeutung sein. Mit dem Ausdruck der literarischen Inszenierung ist noch nichts über den Wahrheitsanspruch oder den Fiktionalitätsgrad der Quellen ausgesagt. Die Kategorie der dargestellten Oratorik lässt zudem offen, ob die jeweilige Darstellung historisch als faktuale oder fiktionale wahrgenommen wurde. Sie akzentuiert ein Interesse für die jeweilige Art und Weise der Darstellung als solcher. Hier liegt aus unserer Sicht ein Zugriff, der Erkenntnisgewinn sowohl für die Geschichts- als auch für die Literaturwissenschaften verspricht. Der Modus, in dem Oratorik jeweils zur Darstellung kommt, strukturiert die Rezeption und damit auch die historische Wahrnehmung, Bewertung und Imagination von oratorischen Akten, eloquenten Figuren oder rhetorischer Kunst.

Die Beiträge dieses Bandes machen anschaulich, dass politische Rede der skizzierten Art in einer großen Bandbreite von Texten eine Rolle spielt. Dies zeigt sich u.a. darin, dass sich der Untersuchungsbereich gegenüber dem

---

6 Feuchter/Helmrath: Einleitung (Anm. 1), S. 12. Zitiert wird Schild, Hans-Jochen: Art. Parlamentsrede im englischen Sprachraum. In: Historisches Wörterbuch der Rhetorik 6 (2003), Sp. 597–617, hier Sp. 601.

7 Feuchter: Rednerische Performanz (Anm. 1), S. 106.

ursprünglichen Tagungskonzept[8] von der Epik und Chronistik auf fiktionale und historiographische Prosa, erzählende Lieder, publizistische Texte und Dramen erweitert hat. Bei den klassischerweise von der historischen Oratorikforschung untersuchten Textsorten ist ebenfalls Diversität zu beobachten: Neben präskriptiven Lehrschriften und der historiographischen Überlieferung werden auch Notariatsinstrumente – und damit Texte aus dem Feld der Urkunden – in die Untersuchung einbezogen.[9] Auch Querverbindungen werden sichtbar, wenn etwa Brunetto Latini in seinem Rhetoriklehrbuch für vorbildliche Rhetorik auf den Alexanderroman verweist[10] oder Reden aus Konzilsberichten in Dramentexte inseriert werden.[11]

Textsorten wie das genannte Lied oder das Drama können besonders dafür sensibilisieren, dass auch dargestellte Oratorik aufführbar ist. Es handelt sich beim Singen eines Liedes, bei der Aufführung eines Dramas oder beim Vortrag eines Romans jedoch weniger um eine oratorische ‚actio' als vielmehr um die ‚actio' einer ‚actio', also um die Aufführung der Darstellung eines oratorischen Aktes. Dargestellte Oratorik ist also eine Oratorik zweiter Ordnung: Sie ist selbstreflexiv, weil sie immer auch von der Oratorik handelt, die sie darstellt. Sie kann die Bedingungen politischen Redens als solche beobachtbar machen und nach bestimmten Wirkungsabsichten perspektivieren und kommentieren. Damit ist natürlich nicht ausgeschlossen, dass auch praktizierte Oratorik selbstreflexiv sein kann – man kann sich leicht einen Redner vorstellen, der das Reden selbst zum Gegenstand einer Rede macht, etwa durch Bescheidenheitstopoi im Rahmen der Captatio benevolentiae oder die Beteuerung, ‚brevitas' anzustreben, um das Publikum nicht zu langweilen.

---

8 Vgl. den Call for Papers zur Tagung mit enger gefasstem Titel: Oratorik und Literatur. Politische Rede in Epik und Chronistik des Mittelalters und der Frühen Neuzeit, 03.11.2016–05.11.2016, Hamburg. In: H-Soz-Kult (07.02.2016). www.hsozkult.de/event/id/termine-30150 (19.07.18).

9 Über Textmedien hinaus haben Benjamin Wiese und Jörg Feuchter in diesem Sinne bereits eine Bild und Verstext kombinierende Inszenierung der französischen Etats généraux in Blois 1576/77 untersucht. Vgl. Feuchter, Jörg/Wiese, Benjamin: Oratorik in Text und Bild. Die Etats généraux von Blois (1576/77) in ‚De tristibus Galliae carmen'. In: Feuchter, Jörg/Helmrath, Johannes (Hrsg.): Parlamentarische Kulturen vom Mittelalter bis in die Moderne. Reden – Räume – Bilder (Beiträge zur Geschichte des Parlamentarismus und der politischen Parteien: Reihe Parlamente in Europa 164,2), Düsseldorf 2013, S. 417–424.

10 Vgl. den Beitrag von Michele Campopiano, Abschnitt II.

11 Vgl. den Beitrag von Christian Schmidt.

Worin sich praktizierte und dargestellte Oratorik jedoch grundlegend unterscheiden, ist ihre Kommunikationssituation: Praktizierte Oratorik adressiert in erster Linie die im Hier und Jetzt einer politischen Versammlung anwesenden Akteure. Dagegen wendet sich dargestellte Oratorik in erster Linie an das Publikum eines Textes, einer Aufführung oder eines anderen Darstellungsmediums. Das heißt auch, dass praktizierte und dargestellte Oratorik nicht die gleichen sozialen und politischen Funktionen erfüllen. Neben sozialen und politischen Funktionen ist auf der Darstellungsebene zudem nach poetischen Funktionen zu fragen, d.h. nach denjenigen Funktionen, die den oratorischen Szenen mit Bezug auf die literarischen Gefüge zugeschrieben werden können, in die sie eingebettet sind. Die Beiträge des vorliegenden Bandes loten das Spektrum solcher Funktionen aus.

Die innerhalb eines literarischen Kontextes präsentierten oratorischen Formate wie Reden, Predigten oder Briefe erhalten gegenüber der Praxis jedoch nicht nur andere Funktionen, sondern auch andere Sprachen und andere Formen. Es ist davon auszugehen, dass dargestellte Oratorik stark von den medialen und textsortenspezifischen Bedingungen ihres Rahmens geprägt ist. Besonders sichtbar (bzw. hörbar) wird dies, wenn politische Reden im Medium eines rhythmisierten Reimpaartextes erscheinen und so von einer genuin literarischen Rhetorizität überlagert werden.

Es gibt eine bekannte Stelle in Heinrich Wittenwilers parodistischem Versroman *Der Ring*, entstanden um 1410, die diesen Vorgang der Überlagerung sichtbar macht. Der Protagonist des *Rings*, Bertschi Triefnas, beginnt, wie es explizit heißt, mit einem „parlament" (*Ring*, V. 2655),[12] um über Fragen des Heiratens zu beraten. Hartmut Bleumer und Caroline Emmelius haben gezeigt, dass dieser Beratung eigentlich der ‚casus' fehlt, denn die Frage, ob Bertschi heiraten soll, war nicht nur bereits vor dem „parlament" entschieden, sie gerät auch im Verlauf der Szene immer wieder aus dem Blick.[13] Die Beratung verwandelt sich zwischenzeitlich in eine gelehrte Disputation über die Institution der Ehe und nimmt schließlich die Formen eines Schiedsgerichtsprozesses an.[14] Ein großer

12 Zitiert wird nach der Edition von Werner Röcke: Wittenwiler, Heinrich: Der Ring. Text, Übersetzung, Kommentar. Nach der Münchener Handschrift herausgegeben und erläutert von Werner Röcke, unter Mitarbeit von Annika Goldenbaum. Mit einem Abdruck des Textes nach Edmund Wießner. Berlin/Boston 2012.

13 Bleumer, Hartmut/Emmelius, Caroline: Vergebliche Rationalität. Erzählen zwischen Kasus und Exempel in Wittenwilers *Ring*. In: Wolfram-Studien 20 (2008), S. 177–204, hier S. 193.

14 Vgl. zusammenfassend Bleumer/Emmelius (Anm. 13), S. 186, Anm. 31. Zu den Anleihen an die Disputation vgl. besonders Hübner, Gert: Erzählung und praktischer

Teil der Lappenhauser Dorfgemeinschaft nimmt dennoch an der eigenwilligen Versammlung teil und diskutiert dabei auch über die Verfahrensweisen einer guten Beratung selbst. Nach knapp 1000 Versen allerdings gibt es noch immer kein Ergebnis und die Anwesenden sind frustriert.[15] Den Grund dafür erfährt man erst durch den letzten Redner, den in vielen Büchern belesenen Dorfschreiber:

> Jch ſich wol war vmb es geuaͤlt
> Habt vn̄ ganczleich nichcz dertaͤilt
> Es ſeyt geſtanden ze den wiczen
> So man mit ruwen ſcholte ſiczen
> Jͤr habt gereimet vnd geticht
> Chlugeu ſach wil reymens nicht
> Wer mag ein diſputyeren
> Mit gmeſſner red florieren (*Ring*, V. 3515–3522)[16]

Das Dorfparlament hat genau zwei Dinge falsch gemacht: Erstens, es hat im Stehen statt im Sitzen beraten. Um ein Urteil zu fällen, muss man jedoch sitzen – das entspricht den Ritualen der zeitgenössischen Rechtspraxis.[17] Zweitens: Es hat die ganze Zeit über in Reimen gesprochen – und gereimte Rede gehört sich nicht

Sinn. Heinrich Wittenwilers *Ring* als Gegenstand einer praxeologischen Narratologie. In: Poetica 42 (2010), S. 215–242, bes. S. 225f. und Roth, Detlef: Von der ‚dissuasio' zur ‚quaestio'. Die Transformation des Topos ‚An vir sapiens ducat uxorem' in Wittenwilers ‚Ehedebatte'. In: Euphorion. Zeitschrift für Literaturgeschichte 91 (1997), S. 377–396; die Bezüge zum Schiedsgerichtsprozess arbeitet Friedrich auf, vgl. Friedrich, Ralf: Nabelreibers Schiedsspruch. Ein Ansatz zur literarischen Verarbeitung von Mediationen am Beispiel Heinrich Wittenwilers *Ring*. In: Mediaevistik. Internationale Zeitschrift für interdisziplinäre Mittelalterforschung 25 (2012), S. 131–146.

15 Vgl. *Ring*, V. 3495–3501.

16 „Ich weiß schon, warum ihr bislang nichts erreicht und überhaupt noch nichts entschieden habt. Erstens habt ihr bei der Urteilsfindung gestanden, obwohl man dabei in aller Ruhe sitzen soll. Und zweitens habt ihr in Reimen gesprochen und somit gedichtet. Schwierige Dinge aber kann man nicht in Reimen ausdrücken. Und wer würde denn einen Disput mit Versen ausschmücken?" Übersetzung hier und im Folgenden zitiert nach der angegebenen Edition von Werner Röcke (Anm. 12).

17 Vgl. Erler, Adalbert: Sitzen. In: Handwörterbuch zur deutschen Rechtsgeschichte 4 (1990), Sp. 1679–1682, bes. Sp. 1680 mit Beleg aus dem Sachsenspiegel. In englischen *Parliaments* wird Zuhörenden explizit das Sitzen vorgegeben, während die jeweiligen Redner aus Gründen der besseren Verständlichkeit zum Stehen aufgefordert werden; vgl. Feuchter: Rednerische Performanz (Anm. 1), S. 110.

für eine ernsthafte Auseinandersetzung. Die Lösung des Problems ist einfach – der Dorfschreiber setzt sich hin und fährt in Prosa fort:

> Dar vmb ſo ſecz ich mich da hin
> Vn̄ ſag euch ſchlechleich mine̅ ſin
> Jn gottes namen amen
> Hie mag man ein fràg ſchephen
> Ob ein man ein weib ſchùl nemen
> Dar zů wil ich alſo ſprechen
> Jſt daz ein man wil vn̄ mag ſtät be
> leiben chinder machen weib vn̄ chinder
> Fůren mit rechtuertigem gůt
> Noch got wil dienen ſam ein engel keu
> ſchechleich der nem ein hauſſrawen
> Ze einer chan die ym geuallen vn̄ frucht
> per ſey weis vn̄ from vn̄ ſein geleich
> Der vrteil ward do Bertſchi fro
> Er ſprach mein dinch daz ſtet alſo
> Ze geleicher weis nach deine̅ ſage̅
> Dar vmb ſo wil ich Maͤczen haben (*Ring*, V. 3523–3528)[18]

Was Wittenwiler hier generiert, ist ein klassischer V-Effekt: Er verstößt gegen eine literarische Konvention, indem er eine Figur der Handlung das thematisieren lässt, was für sie eigentlich unsichtbar sein sollte, nämlich das literarische Medium, in dem sie sich bewegt. Er lenkt die Aufmerksamkeit von der Handlung auf die Form und zwar insbesondere auf die Form der Rede – auf die Art und Weise, wie die Oratorik des skurrilen Dorfparlaments dargestellt ist. Wittenwilers V-Effekt beruht auch darauf, dass er die Regeln durcheinanderbringt, die für praktizierte und dargestellte Oratorik jeweils gelten: Was das Dekorum einer realen Beratung verletzen würde, nämlich in Reimpaarversen zu sprechen,

18 „Deshalb setze ich mich jetzt einfach da hin und sage euch meine Meinung in schlichter Prosa: ‚In Gottes Namen! Amen. Man kann durchaus die Frage aufwerfen, ob ein Mann überhaupt eine Frau heiraten soll. Dazu nehme ich wie folgt Stellung: Steht es so, dass ein Mann die eheliche Treue bewahren, Kinder zeugen und Frau und Kind mit rechtmäßig erworbenem Gut ernähren will und kann, aber nicht keusch wie ein Engel allein Gott dienen will, der soll eine Frau zur Gattin nehmen, die ihm gefällt, ihm Kinder gebären kann, klug und tüchtig und gleichen Standes ist.‘ Über diese Entscheidung freute sich Bertschi sehr und sagte: ‚Bei mir steht es genau so, wie du sagst. Darum will ich Mätze jetzt haben!‘“ Die Inkongruenz in der Versangabe ergibt sich aus einer Abweichung in der Zählung des Prosateils, der nach der Edition Wießners als 3524,1–10 gezählt wird.

verletzt plötzlich auch das Dekorum einer literarisch dargestellten Beratung. Damit macht Wittenwiler eine spezifische Differenz von praktizierter und dargestellter Oratorik selbst sichtbar. Das Beispiel zeigt zugleich, dass praktizierte und dargestellte Oratorik aufeinander verwiesen sind – das eine wird ohne das andere nicht verständlich.

*

Bei der Vorbereitung und Umsetzung der Tagung und des Tagungsbandes haben wir vielfache Unterstützung erfahren. Allen Beteiligten möchten wir unseren innigsten Dank aussprechen: den Beiträgerinnen und Beiträgern der Tagung und des Bandes, den Moderatorinnen und Moderatoren Hartmut Bleumer, Franz-Josef Holznagel und Anabel Recker sowie unseren studentischen Hilfskräften Claudia Stern und Ronja Foitzik, die für den reibungslosen Ablauf der Veranstaltung sorgten. Wir danken auch Jörg Feuchter, der trotz vielfältiger anderweitiger Verpflichtungen dazu bereit war, auf der Tagung seine Überlegungen zur *Chanson de la Croisade* mit uns zu teilen.

Schließlich danken wir den Institutionen, die eine Tagungsförderung gewährten: dem Fachbereich Sprache, Literatur und Medien I der Universität Hamburg, der Hamburgischen Wissenschaftlichen Stiftung sowie der Universität Hamburg, aus deren Körperschaftsvermögen wir einen Zuschuss zur Tagung erhielten. Daneben sind wir den Herausgeberinnen und Herausgebern der *Hamburger Beiträge zur Germanistik* für die Aufnahme des Bandes in die Reihe sowie Michael Rücker, Magdalena Kalita und Sandra Bennua für die verlagsseitige Betreuung verbunden. Ganz besonders herzlich möchten wir Martin Baisch und Bernhard Jahn danken, die unserem Unternehmen von Anfang an mit Rat, Tat und nicht zuletzt finanziell zur Seite standen und das Projekt überhaupt erst ermöglicht haben.

Florian Hartmann

# Politische Rede in der Geschichtsschreibung italienischer Kommunen

**Abstract:** The speeches inserted in communal historiography of 12th and 13th century Italy are designed according to the rules of rhetorical art, and thus show the skill, not of the orator, but of the historiographer. They represent art products which were surely not held in the specific wording, but which could be used by politicians to conceive their own speeches.

## Einführung und historischer Kontext

Im 12. Jahrhundert taucht in der europäischen Chronistik ein neuer Stereotyp auf: Der redebegabte oder geschwätzige Norditaliener.[1] Nach dem englischen Gelehrten Johannes von Salisbury, 1159, habe sich Papst Hadrian IV. über die Lombarden lustig gemacht, da sie in ihren Reden allen zu gefallen suchten,

1 Zur Beredsamkeit in den italienischen Stadtkommunen des 12. bis 14. Jahrhunderts vgl. aus der reichen Literatur etwa Vecchi, Giuseppe: Le ‚Arenge' di Guido Faba e l'eloqunza d'arte, civile e politica duecentesca. In: Quadrivium 4 (1960), S. 61–90; Bruni, Francesco: Boncompagno da Signa, Guido delle Colonne, Jean de Meung: metamorfosi dei classici nel Duecento. In: Leonardi, Claudio/Menestò, Enrico (Hrsg.): Retorica e politica tra i secoli XII e XIV (Quaderni del Centro per il Collegamento degli Studi Medioevali e Umanistici nell'Università di Perugia 18). Perugia 1988, S. 79–108; Artifoni, Enrico: I podestà professionali e la fondazione retorica della politica comunale. In: Quaderni storici 21 (1986), S. 687–719; Ders.: Gli uomini dell'assembla. L'oratoria civile, i concionatori e predicatori nella società comunale. In: La predicazione dei frati dalla metà del'200 alla fine del'300. Atti del XXII Convegno internazionale, Assisi, 13–15 ottobre 1994 (Atti dei convegni della Società Internazionale di Studi Francescani e del Centro Interuniversitario di Studi Francescani N.S. 5). Spoleto 1995, S. 141–188; Ders.: L'oratoria politica comunale e i „laici rudes et modice literati". In: Dartmann, Christoph/Scharff, Thomas/Weber, Christoph Friedrich (Hrsg.): Zwischen Pragmatik und Performanz. Dimensionen mittelalterlicher Schriftkultur (Utrecht Studies in Medieval Literacy 18). Turnhout 2011, S. 237–262; Giansante, Massimo: Retorica e politica nel duecento. I notai bolognesi e l'ideologia comunale (Istituto storico italiano per il medio evo. Nuovi studi storici 48). Roma 1998; sowie den Band Hartmann, Florian (Hrsg.): ‚Cum verbis ut Italici solent ornatissimis'. Eloquenz in den italienischen Kommunen/Eloquenza nei comuni italiani (Super alta perennis. Studien zur Wirkung der Klassischen Antike 9). Göttingen 2011.

indem sie zu Beginn ihrer Rede durch Schmeichelei Wohlwollen begehrten.[2] Rahewin nennt 1160 die Mailänder Legaten „zwar sehr beredt, aber weniger klug“[3] und berichtet vom Hoftag in Roncaglia folgende Anekdote:

> Einer nach dem anderen erhob sich, wie es bei diesem Volk Sitte ist, um dem Herrscher seine Liebe und seine vorrangige Ehrerbietung zu erweisen oder um seine Redebegabung, mit der sie zu prahlen pflegen, zu beweisen, zuerst die Bischöfe, dann die Großen des Landes und danach die Konsuln und Gesandten der einzelnen Städte; so verlängerten sie diesen ganzen Tag bis in die Nacht hinein mit den kunstvollsten Reden.[4]

Und nach dem schwäbischen Chronisten Burchard von Ursberg, der um 1229 seine Chronik abschloss, seien die Mailänder Gesandten bei Friedrich Barbarossa „doctissimi et facundi“.[5] Diese Reihe ließe sich durch weitere Zeugnisse verlängern. Sie bezeugen eine allgemeine Wahrnehmung von auswärtigen Besuchern Italiens. Aber nicht nur das.

Diese Bewertung teilen auch die italienischen Zeitgenossen. So weiß der Bologneser Rhetorikprofessor Boncompagno da Signa, um 1235: „Die ‚Consuetudo contionandi‘ blüht in den Städten Italiens als Folge übermäßiger Freiheit“.[6]

---

2 Johannes von Salisbury: Policraticus. Hrsg. von K. S. B. Keats-Rohan (Corpus Christianorum Continuatio Mediaevalis 118). Turnhout 1993, S. 188: „Memini me audisse Romanum pontificem solitum deridere Lumbardos, dicentem eos pilleum omnibus colloquentibus facere, eo quod in exordio dictionis benivolentiam captent et eorum cum quibus agitur capita quodam commendationis demulceant oleo.“

3 Otto von Freising und Rahewin: Gesta Friderici I. imperatoris. Hrsg. von Georg Waitz und Bernhard von Simson. 3. Aufl. (Monumenta Germaniae Historica. Scriptores rerum Germanicarum in usum scholarum ex monumentis Germaniae historicis separatim editi 46). Hannover/Leipzig 1912, IV, 27, 271.

4 Ebd., IV 5, 516: „Surgentesque unus post unum, sicut eius gentis mos est, seu ut principi suum quisque manifestaret affectum et propensiorem circa eum devotionem, seu ut suam in dicendo peritiam, qua gloriari solent, declararet, primo episcopi, deinde proceres terre, post consules et missi singularum civitatum totam diem illam facundissimis sermonibus in noctem usque produxerunt.“ Zu Rahewins Anwesenheit in Roncaglia vgl. Deutinger, Roman: Rahewin von Freising. Ein Gelehrter des 12. Jahrhunderts (Monumenta Germaniae Historica. Schriften 47). Hannover 1999, S. 17.

5 Vgl. Die Chronik des Propstes Burchard von Ursberg. Hrsg. von Oswald Holder-Egger und Bernhard von Simson. 2. Aufl. (Monumenta Germaniae Historica. Scriptores rerum Germanicarum in usum scholarum ex monumentis Germaniae historicis separatim editi 16). Hannover/Leipzig 1916, S. 42.

6 Boncompagno: Rhetorica novissima. In: Gaudenzi, Agostino (Hrsg.): Scripta anecdota glossatorum 2 (Bibliotheca iuridica medii aevi). Bologna 1892, S. 249–297, hier S. 296.

Salimbene von Parma berichtet um 1288, dass sich sogar Friedrich II. über die Geschwätzigkeit Cremoneser Gesandter amüsiert habe.[7]

So viele eindeutige Belege aus der Innen- und Außenperspektive können nicht lügen und deuten auf mehr als nur einen Stereotyp. Ganz offensichtlich spielte die Eloquenz in den Stadtkommunen Oberitaliens eine besondere Rolle. Und jeder wusste das. Auch dafür gibt es zahlreiche Belege. Am berühmtesten ist wohl Brunetto Latini, der bemerkte: „Das wichtigste Wissen in Bezug auf die Regierung von Städten ist dasjenige von der Rhetorik, das heißt, die Kenntnis der Rede".[8] Etymologisch leite sich, so der im antiken Latein bewanderte Brunetto Latini,[9] Rhetorik von ‚Rector' und ‚regere', also vom Verb ‚regieren' ab. Dass die kommunalen Leitungsgremien damals Rhetorik, und zwar mündlich wie schriftlich, hochschätzten, zeigt sich nicht nur in solchen Bewertungen der Chronisten, sondern auch in entsprechendem Regierungshandeln: In Viterbo stellte man 1251 eigens einen Magister an, der in formvollendeter Rhetorik für die städtische Korrespondenz zuständig war und dem die Aufgabe zukam

> Briefe, die ihm zum Diktat für die Kommune vom Podestà oder Richter anvertraut worden waren, so nützlich und schön zu verfassen, wie er es für angemessen hält, damit die Schriftstücke der Kommune, die ringsum verbreitet werden und publiziert werden sollen, zur Zierde der Stadt und zur Ehre des Verfassers gereichen.[10]

In vielen Städten lassen sich seit dem frühen 12. Jahrhundert Schulen nachweisen, die in erster Linie der rhetorischen Ausbildung angehender Notare dienten.[11] Dieses Studium der Rhetorik war wohl auch Ausgangspunkt der ersten

---

7 Salimbene de Adam: Cronica. Hrsg. von Giuseppe Scalia. Bd. 2 (Corpus Christianorum 125 A). Turnhout 1999, S. 541.

8 Brunetto Latini: Li Livres dou Tresor. Hrsg. von Francis James Carmody (Publications in Modern Philology 22). Berkeley/Los Angeles 1948, III, 1, 2, 17; vgl. auch die Neuedition: Brunetto Latini: Li Livres dou Tresor. Hrsg. von Spurgeon W. Baldwin/P. Barrette. Tempe (Arizona) 2003.

9 Vgl. etwa Heinimann, Siegfried: Umprägung antiker Begriffe in Brunetto Latinis Rettorica. In: Heitmann, Klaus/Schroeder, Eckhart (Hrsg.): Renatae Litterae. Studien zum Nachleben der Antike und zur europäischen Renaissance. Festschrift August Buck. Frankfurt am Main 1973, S. 13–18.

10 Statutum Viterbii. Hrsg. von Ignazio Ciampi. In: Ders.: Cronache e statuti della città di Viterbo (Documenti di storia italiana 5). Firenze 1872, S. 449–599, hier cap. 36/37, S. 506: „litteras sibi ad dictandum commissas pro ipso Comuni a potestate vel iudice, (scribat) quam utilius et pulcrius extimabit, ut scripta Comunis nostri, que se diffuderint et publicent circumquaque, sint ad decus civitatis et notarii honorem."

11 Zu den Laienschulen in den italienischen Städten vgl. Schmale, Franz Josef: Zu den Anfängen bürgerlicher Kultur im Mittelalter. In: Römische Quartalschrift für

Universitäten in Bologna.[12] Die Kommunen waren auch der Ort, an dem seit dem 12. Jahrhundert die unterschiedlichen Genres rhetorischer Lehrbücher auf dem Feld der Epistolographie (‚ars dictaminis'),[13] der öffentlichen Rede (‚ars

---

christliche Altertumskunde und Kirchengeschichte 58 (1963), S. 149–161; Ders.: Das Bürgertum in der Literatur des 12. Jahrhunderts. In: Mayer, Theodor (Hrsg.): Probleme des 12. Jahrhunderts. Reichenau-Vorträge 1965–1967 (Vorträge und Forschungen 12). Konstanz [u.a.] 1968, S. 409–424.

12 Vgl. Hartmann, Florian: Experten und Artisten in der protouniversitären Lehre Bolognas. Rhetoriklehre und das studium in artibus im 12. und 13. Jahrhundert. In: de Boer, Jan Hendryk/Füssel, Marian/Schütte, Jana Madlen (Hrsg.): Zwischen Konflikt und Kooperation. Praktiken der europäischen Gelehrtenkultur (12.–17. Jahrhundert). Unter Mitarbeit von Annika Goldenbaum (Historische Forschungen 114). Berlin 2016, S. 25–44; vgl. zuvor schon Fried, Johannes: „… auf Bitten der Gräfin Mathilde". Werner von Bologna und Irnerius, mit einem Exkurs von Gundula Grebner. In: Herbers, Klaus (Hrsg.): Europa an der Wende vom 11. zum 12. Jahrhundert. Beiträge zu Ehren von Werner Goez. Stuttgart 2001, S. 171–201.

13 Aus der reichen Literatur zur Ars dictaminis vgl. Murphy, James Jerome: Rhetoric in the Middle Ages. A History of Rhetorical Theory from Augustine to the Renaissance. Berkeley 1974, S. 194–268; Camargo, Martin: Ars dictaminis. Ars dictandi (Typologie des sources du Moyen Âge occidental 60). Turnhout 1991; Ward, John O.: Rhetorical Theory and the Rise and Decline of ‚Dictamen' in the Middle Ages and Early Renaissance. In: Rhetorica 19 (2001), S. 175–223, hier S. 190f.; einen Werküberblick bis 1230 bietet Turcan-Verkerk, Anne-Marie: Répertoire chronologique des théories de l'art d'écrire en prose (milieu du XIe s.-années 1230). Auteur, oevre(s), inc., édition(s) ou manuscrit(s). In: *Archivum Latinitatis* Medii *Aevi* 64 (2006), S. 193–239. Weitere Überblicksdarstellungen: Lanham, Carol Dana: Writing Instruction from Late Antiquity to the Twelfth Century. In: Murphy, James Jerome (Hrsg.): A Short History of Writing Instruction from Ancient Greece to Modern America. 2. Aufl. Mahwah 2001, S. 79–121; Artifoni, Enrico: Repubblicanesimo comunale e democrazia moderna (in Margine a Giovanni Villani, IX, 10: „Sapere guidicare e reggere la nostra repubblica secondo la politica"). In: Il governo della città nell'Italia comunale. Una prima forma di democrazia? Atti della giornata di studi, Prato 12 ottobre 2005 (Bollettino Roncioniano 6/2006). Prato 2007, S. 21–33; Richardson, Malcolm: The Ars dictaminis, the Formulary, and Medieval Epistolary Practics. In: Poster, Carol/Mitchell, Linda C. (Hrsg.): Letter-Writing Manuals and Instruction from Antiquity to the Present. Historical and Bibliographic Studies (Studies in Rhetoric/Communication). Columbia 2007, S. 52–66. Mit Blick auf die diskursive Einbindung in die kommunale Politik und Gesellschaft vgl. Hartmann, Florian: *Ars dictaminis*. Briefsteller und verbale Kommunikation in den italienischen Stadtkommunen des 11. bis 13. Jahrhunderts (Mittelalter-Forschungen 44). Ostfildern 2013.

contionandi/ars arengandi'),[14] des notariellen Schriftguts (,ars notariae')[15] und nicht zuletzt der Predigt (,ars praedicandi')[16] ihren Ursprung oder zumindest ihre erste Blüteperiode hatten. Die Podestà-Literatur[17] zur Unterweisung und Unterstützung kommunaler Magistrate und die ,artes arengandi' sowie die ersten großen Rhetoriken dokumentieren die Bedeutung der Rhetorik im Alltagsleben

---

14 Vgl. von Moos, Peter: Die italienische „ars arengandi" des 13. Jahrhunderts als Schule der Kommunikation. In: Brunner, Horst/Wolf, Norbert Richard (Hrsg.): Wissensliteratur im Mittelalter und in der Frühen Neuzeit. Bedingungen, Typen, Publikum, Sprache (Schriften des Sonderforschungsbereichs 226 Würzburg/Eichstätt 13). Wiesbaden 1993, S. 67–90; Ders.: Rhetorik, Dialektik und ,civilis scientia' im Hochmittelalter. In: Fried, Johannes (Hrsg.): Dialektik und Rhetorik im früheren und hohen Mittelalter. Rezeption, Überlieferung und gesellschaftliche Wirkung antiker Gelehrsamkeit, vornehmlich im 9. und 12. Jahrhundert (Schriften des Historischen Kollegs. Kolloquien 27). München 1997, S. 133–155; Artifoni, Enrico: Orfeo concionatore. Un passo di Tommaso d'Aquino e l'eloquenza politica nelle città italiane nel secolo XIII. In: Mauto, Letterio (Hrsg.): La musica nel pensiero medievale (Le tessere 3). Ravenna 2001, S. 137–149; Ders.: I podestà itineranti e l'area comunale piemontese. Nota su uno scambio ineguale. In: Maire Vigueur, Jean-Claude (Hrsg.): I podestà dell'Italia comunale. Parte I: Reclutamento e circolazione degli ufficiali forestieri (fine XII sec. - meta XIV sec.). Vol. I (Collection de l'école française de Rome 268). Roma 2000, S. 23–45.

15 Grundlegend immer noch Orlandelli, Gianfranco: Genesi dell'ars notariae nel secolo XIII. In: Studi medievali 3a serie 6 (1965), S. 329–366; vgl. auch Fissore, Gian Giacomo: Alle origini del documento comunale: I raporti fra i notai e l'istituzione. In: Civiltà comunale: libro, scrittura, documento. Atti del Convegno dell'Associazione Italiana dei Paleografi e Diplomatisti. Genova, 8–11 novembre 1988. (Atti della Società Ligure di Storia Patria N.S. 29/2). Genova 1989, S. 99–127; Giansante (Anm. 1); Banti, Ottavio: Il notaio e l'amministrazione del comune di Pisa: secoli XII-XIV. In: Civiltà comunale: libro, scrittura, documento. Atti del Convegno dell'Associazione Italiana dei Paleografi e Diplomatisti. Genova, 8–11 novembre 1988. (Atti della Società Ligure di Storia Patria N.S. 29/2). Genova 1989, S. 129–155.

16 Vgl. Briscoe, Marianne G.: Artes praedicandi. In: Dies./Jaye, Barbara H. (Hrsg.): Artes Praedicandi and Artes Orandi (Typologie des sources du Moyen Âge occidental 61). Turnhout 1992, S. 9–76; Kühne, Udo: Die Lehre vom Predigtaufbau in frühen Artes praedicandi. In: Mittellateinisches Jahrbuch 40 (2005), S. 171–190; Murphy: Rhetoric (Anm. 13), S. 269–355.

17 Vgl. dazu grundlegend Hertter, Fritz: Die Podestàliteratur Italiens im 12. und 13. Jahrhundert. Leipzig 1910; Franchini, Vittorio: Trattati ,De regimine civitatum' (sec. XIII-XIV). In: Recueil de la Société Jean Bodin pour l'Histoire Comparative des Institutions VI: La ville. Première partie: Institutions Administratives et Judiciaires. Bruxelles 1954, S. 319–342; Sorbelli, Albano: I teorici del reggimento comunale. In: Bullettino dell'Istituto storico italiano per il medio evo e Archivio muratoriano 59 (1944), S. 31–136.

der Kommunen. Diese Fähigkeit des wohl gesetzten Wortes strahlte zwangsläufig auch auf die verbreitete kommunale Historiographie aus.[18] In nahezu allen Städten waren entsprechend ausgebildete Gelehrte angestellt, um die jüngere städtische Vergangenheit historiographisch festzuhalten und diese Ergebnisse alljährlich in den kommunalen Versammlungen laut zu verlesen.

Diese städtischen Historiographen waren in der Regel selbst Notare, waren also für die Archivierung von Rechtsgeschäften, zugleich aber für die schriftliche Kommunikation ihrer Städte zuständig und nicht selten in der kommunalen Politik selbst an hoher Position aktiv.[19] Diese Personalunion von Notar, Gelehrtem, Historiograph und Politiker mag dazu beigetragen haben, dass sich die kommunalen Chroniken wie rhetorische Musterbücher lesen. Giralomo Arnaldi nannte diese Chronisten daher ‚notai-cronisti'.[20] Auf Grundlage dieses Befundes haben Enrico Faini allgemein und zuvor schon Frank Schweppenstette mit Blick auf die Genueser Annalen vermutet, dass die kommunale Geschichtsschreibung auch der rhetorischen Unterweisung der angehenden kommunalen Politiker und Notare diente.[21] Das Einfügen ganzer Reden in die historiographischen Werke sollte offenbar Muster erfolgreicher Redestrategien liefern.[22]

18 Zur Historiographie in den Stadtkommunen insgesamt Coleman, Edward: Sense of Community and Civic Identity in the Italian Communes. In: Hill, Joyce/Swan, Mary (Hrsg.): The Community, the Family and the Saint. Patterns of Power in Early Medieval Europe. Selected Proceedings of the International Medieval Congress. University of Leeds, 4–7 July 1994, 10–13 July 1995 (International Medieval Research 4). Turnhout 1998, S. 45–60.

19 Zu diesen als Geschichtsschreiber tätigen Notaren grundlegend Arnaldi, Giralomo: Il notaio-cronista e le cronache cittadine in Italia. In: La storia del diritto nel quadro delle scienze storiche. Atti del primo congresso internazionale della società italiana di storia del diritto (Congresso internazionale della Società Italiana di Storia del Diritto 1). Firenze 1966, S. 293–309; am Beispiel Piacenzas sehr erhellend Castignoli, Piero: Giovanni Codagnello, notaio, ‚cancelliere' del comune di Piacenza e cronista. In: Il ‚Registrum Magnum' del Comune di Piacenza. Atti del convegno internazionale di studio, Piacenza, 29–31 marzo 1983. Piacenza 1985, S. 273–302; als derzeit beste Gesamtdarstellung: Zabbia, Marino: I notai e la cronachistica cittadina italiana nel Trecento (Istituto storico italiano per il medio evo. Nuovi Studi Storici 49). Roma 1999.

20 Arnaldi (Anm. 19).

21 Faini, Enrico: Lettere politiche nella storiografia comunale. In: Hartmann (Anm. 1), S. 89–110; Schweppenstette, Frank: Die Politik der Erinnerung. Studien zur Stadtgeschichtsschreibung Genuas im 12. Jahrhundert (Gesellschaft, Kultur und Schrift. Mediävistische Beiträge 12). Frankfurt am Main [u.a.] 2003.

22 Görich, Knut: Sprechen vor dem Kaiser. In: Hartmann (Anm. 1), S. 135–152.

Bevor wir uns konkret diesen so überlieferten Reden in den kommunalen Geschichtswerken widmen, ist festzuhalten, dass in den italienischen Stadtkommunen die angewandte Rhetorik von besonderer Bedeutung war. Davon zeugen

1. die Aussagen von Chronisten aus allen Gebieten Europas
2. die eigens gegründeten Rhetorikschulen
3. die kaum zu überschauende Zahl von rhetorischen Lehrwerken aus den kommunalen Kontexten.

Nach diesen Vorbemerkungen will ich versuchen, auf der Basis der Reden, die in den kommunalen Chroniken des 12. und 13. Jahrhunderts überliefert werden, im Folgenden auf sechs Aspekte einzugehen, die der Konzeption dieses Bandes zugrunde liegen:

1. Zu welchen Anlässen wurden Reden gehalten?
2. Wie verhält sich die Darstellung politischer Redeformen in Epik und Chronistik zum normativen rhetorischen Schrifttum?
3. Wie wird das Ergebnis politischer Persuasion literarisch modelliert?
4. Welche Funktion haben die Rederituale für die Repräsentation und Konstitution vormoderner politischer Ordnungen?
5. Wo lassen sich die Reden im Spannungsfeld von ritueller Konsensproduktion und deliberativer Entscheidungsfindung verorten?
6. Wie verhalten sich politische Rederituale zu nonverbalen Ritualen?

Auf Grundlage der vorgelegten Ausführungen will ich in einem kurzen Fazit versuchen, die Redesituationen in den italienischen Stadtkommunen zu klassifizieren und den unterschiedlichen Situationen Stil- und Funktionslogiken zuzuordnen.

1. Zu welchen Anlässen wurden Reden gehalten?

Im Rahmen der kommunalen Chronistik werden Reden vor allem in den folgenden Kontexten erwähnt: Für innerkommunale Angelegenheiten, aber auch im diplomatischen Verkehr mit auswärtigen Gesandten werden Reden oder Rededuelle vor der Versammlung der Bürger (‚parlamenta, contiones, parlamentum, arrenga') oder in den Ratsgremien dokumentiert. Darüber hinaus überliefern die Chroniken – wenn auch seltener – im Vorfeld militärischer Auseinandersetzungen, gewissermaßen auf dem Schlachtfeld, Feldherrenreden.

2. Wie verhält sich die Darstellung politischer Redeformen in Epik und Chronistik zum normativen rhetorischen Schrifttum?

Der Befund dürfte vor dem Hintergrund des Phänomens der oben genannten Notarschronisten nicht überraschen. Denn diese waren zu ihrer Tätigkeit im

Dienst der Kommune explizit in der Rhetorik ausgebildet worden.[23] Der Rhetorikprofessor Boncompagno da Signa, der ein Geschichtswerk über die Belagerung Anconas durch Truppen Friedrich Barbarossas verfasst hat,[24] stilisierte die darin eingefügten Reden selbstverständlich nach den Regeln, die er als Rhetorikprofessor auch lehrte.[25] Dasselbe gilt für die Notarschronisten, welche die Früchte ihrer Ausbildung in ihren Geschichtswerken zur Schau stellten. Die in diesen Chroniken inserierten Reden dürfen freilich nicht als wortgetreue Mitschrift der vermeintlichen Originalreden in ihrem historischen Kontext verstanden werden, wenn diese denn überhaupt jemals gehalten wurden. Vielmehr illustrieren diese Reden in der Geschichtsschreibung nur die Bildung des Chronisten.

Diese vom Chronisten stilisierten Reden beginnen mit typischen Exordien, mit Bescheidenheits- oder Demutstopoi und ‚captationes benevolentiae'. Stilistisch sind sie geprägt von häufigen Parabeln, Metaphern und Proverbien sowie vor allem von historischen Beispielen.[26] Der Satzbau, anders als in der weit verbreiteten schriftlichen Rhetoriklehre der ‚ars dictaminis' empfohlen, ist simpel. Dafür zeigt sich eine genaue Berücksichtigung des Prosarhythmus, des ‚Cursus'.[27]

---

23 Vgl. Arnaldi (Anm. 19); Zabbia (Anm. 19).

24 Boncompagno da Signa: Liber de obsidione Ancone. Hrsg. von Giulio C. Zimolo (Rerum Italicarum scriptores. Raccolta degli storici italiani dal cinquecento al millecinquecento 6/3). Bologna 1937.

25 Zu Leben und Werk Boncompagnos immer noch am präzisesten Sutter, Carl: Aus Leben und Schriften des Magisters Boncompagno. Ein Beitrag zur italienischen Kulturgeschichte im dreizehnten Jahrhundert. Freiburg im Breisgau 1894; jüngst aber ergänzend Witt, Ronald G.: Boncompagno and the Defense of Rhetoric. In: The Journal of Medieval and Renaissance Studies 16 (1986), S. 1–31; Garbini, Paolo: Boncompago da Signa e l'autobiografia. In: L'autobiografia nel medioevo. Atti del XXXIV Convegno storico internazionale, Todi 12–15 ottobre 1997 (Atti dei convegni del Centro Italiano di Studi sul Basso Medioevo. Accademia Tudertina e del Centro di Studi sulla Spiritualità NS 11). Spoleto 1998, S. 275–290, sowie der Band Baldini, Massimo (Hrsg.): Il pensiero e l'opera di Boncompagno da Signa. Atti del Primo Convegno Nazionale. Signa 23–24 febbraio 2001. Florenz 2002.

26 Vgl. Boncompagno da Signa: Liber de obsidione Ancone (Anm. 24), S. 27, 37, 44, 54 u.ö; Obertus Cancellarius: Annales Ianuenses. Hrsg. von Luigi Tommaso Belgrano. In: Annali Genovesi di Caffaro e de'suoi continuatori dal MXCIX al MCCXCIII. Bd. 1 (*Fonti per la Storia d'Italia 11*). Rom 1890, S. 153–261, S. 195f.; vgl. zur rhetorischen Auswertung etwa Görich (Anm. 22), S. 147.

27 Zur Praxis und Entwicklung des ‚Cursus' sowie auch als Einführung in die verschiedenen Formen und Nebenformen Denholm-Young, Noel: The Cursus in England. In: Oxford Essays in Medieval History, presented to Herbert Edward Salter. Oxford

Die Reden folgen in der Struktur meist den Idealen der schriftlichen Rhetorik, wie sie von allen Notaren – und Notarschronisten – gelernt worden war. Die Geschichtsschreibung der Kommunen inklusive der inserierten Reden ist nicht nur Produkt dieser rhetorischen Ausbildung ihrer Autoren. Sie prägte diese rhetorische Ausbildung auch, weil es diese erfolgreichen Redemuster waren (und im Narrativ der Chroniken sind die inserierten Reden ja immer erfolgreich), die angehende Politiker und Diplomaten als Muster lesen, studieren und memorieren konnten. Die Chroniken hatten die Funktion, künftige Diplomaten und Politiker auszubilden.[28] Diese Reden galt es zu imitieren – vielleicht nicht in der sprachlich-stilistischen Form, aber in ihrer Argumentation und Logik.

Diese inserierten Reden werden in der kommunalen Chronistik, die noch im gesamten 13. Jahrhundert ausschließlich auf Latein verfasst wurde, ebenfalls in lateinischer Sprache eingefügt. In der Forschung wird zwar bisweilen Zweifel daran geäußert, dass die Reden tatsächlich auf Latein gehalten wurden.[29] Doch sehe ich diese Zweifel nicht begründet.[30] Schließlich werden auch in den Rhetoriklehren und in Sammlungen von Musterreden für die politische Praxis ausschließlich lateinische Beispiele angeführt. So existieren beispielsweise vom ursprünglich in Latein verfassten *Oculus pastoralis* die ersten volkssprachigen Übersetzungen im 15. Jahrhundert.[31] In dieser Debatte bisher übersehen wurde zudem eine Passage im *Liber de obsidione Ancone*, wo ein byzantinischer Gesandter eine Rede vor dem „populus Anchonitanum" gehalten habe. Er bittet sein italienisches Publikum

---

1934, S. 68–103; vgl. allgemein die Standardwerke von Lindholm, Gudrun: Studien zum mittellateinischen Prosarhythmus. Seine Entwicklung und sein Abklingen in der Briefliteratur Italiens (Acta Universitatis Stockholmiensis. Studia Latina Stockholmiensia 10). Stockholm 1963; Janson, Tore: Prose Rhythm in Medieval Latin from the 9th to the 13th Century (Acta Universitatis Stockholmiensis. Studia Latina Stockholmiensia 20). Stockholm 1975; zuletzt besonders wichtig: Turcan-Verkerk, Anne Marie: La théorisation progressive du cursus et sa terminologie entre le XIe et la fin du XIVe siècle. In: Archivum Latinitatis Medii Aevi 73 (2015), S. 179–259.

28 Vgl. Schweppenstette (Anm. 21); Faini (Anm. 21); Görich (Anm. 22).

29 Vorbehalte gegen die Vermutung, Reden seien in lateinischer Sprache gehalten worden, äußert Koch, Peter: Urkunde, Brief und Öffentliche Rede. Eine diskurstraditionelle Filiation im ‚Medienwechsel'. In: Das Mittelalter 3/1 (1998), S. 13–44, hier S. 34.

30 Ebenso Haye, Thomas: Rhetorische Lehrbücher und oratorische Praxis. Einige Bemerkungen zu den lateinischen Reden des hohen Mittelalters. In: Das Mittelalter 3/1 (1998), S. 45–54, hier S. 53f.; in Grenzen vermutet auch von Moos (Anm. 14), S. 80, dass lateinische Oratorik in den Stadtkommunen verbreitet gewesen ist.

31 Vgl. Tunberg, Terence O.: Introduction. In: Ders. (Hrsg.): Speeches from the ‚Oculus pastoralis' (Toronto Medieval Latin Texts 19). Toronto 1990, S. 1.

um Entschuldigung für seinen wenig ausgefeilten Stil, da er sich als Grieche in der lateinischen Sprache nicht angemessen ausdrücken könne: „Si polite nom peroravero, parcat mihi universitas vestra, quoniam inte Grecos nutritus verbis non valeo integraliter exprimere latinis quod homo interior ymaginarie preconcepit.“[32]

3. Wie wird das Ergebnis politischer Persuasion literarisch modelliert?

Die Chronistik vermittelt regelmäßig den Eindruck, dass es gerade das rhetorische Geschick und die Argumentation des Redners war, die zur Überzeugung der Zuhörer beigetragen haben. Bei Boncompagno da Signa beispielsweise habe ein Redner „facta celebri contione“ – nach Einberufung einer allgemeinen Volksversammlung – „rhetoricis argumentis“ seine Position vorgetragen.[33] Im Anschluss an die Reden heißt es nicht nur bei Boncompagno regelmäßig: „Finita siquidem oratione, ita fuit omnibus persuasum, ut nullus contradicere auderet.“[34] Oder: „Finita siquidem oratione, vulgus clamavit altius: fiat, fiat“.[35] Oder: „fecit oratio [...] universas militum cohortes tanquam lilium reflorere“.[36] Oder: „Animavit autem oratio [...] milites et pedites universos“.[37]

Der Genueser Kanzler Obertus, ebenfalls im ‚dictamen‘ professionell ausgebildet, gibt in seiner Fortsetzung der Genueser Annalen ein Streitgespräch Pisaner und Genueser Legaten vor dem kaiserlichen Gericht Friedrich Barbarossas wieder.[38] Auch hier wird die Vorstellung erweckt, als seien es schließlich die Argumente, weniger wohl die rhetorische Gestaltung, der Rede gewesen, die Barbarossa schließlich von seiner ursprünglichen Haltung abgebracht hätten.

4. Welche Funktion haben die Rederituale für die Repräsentation und Konstitution vormoderner politischer Ordnungen?

In den italienischen Stadtkommunen stellten die Versammlungen der Bürger ein konstitutives Element dar.[39] In den Versammlungen, zu denen alle Bürger

---

32 Boncompagno da Signa: Liber de obsidione Ancone (Anm. 24), S. 37.

33 Ebd., S. 53.

34 Ebd., S. 27. „Nach Ende der Rede waren alle so überzeugt, dass keiner zu widersprechen wagte.“

35 Ebd., S. 54. „Nach Ende der Rede rief das Volk laut: So sei es, so soll es geschehen!“

36 Ebd., S. 44.

37 Ebd., S. 42. „Die Rede bewegte alle Ritter und das Fußvolk.“

38 Obertus Cancellarius: Annales Ianuenses (Anm. 26), S. 151–261, S. 194–200; vgl. zum Inhalt und zur Performanz der dort geschilderten Diskussionen Görich (Anm. 22).

39 Zur politischen Interaktion in den Stadtkommunen Dartmann, Christoph: Politische Interaktion in der italienischen Stadtkommune (11.–14. Jahrhundert) (Mittelalter Forschungen 36). Ostfildern 2012; an allgemeinen Darstellungen zu den Stadtkommunen vgl. Menant, François: L'Italia dei comuni (1100–1350) (La storia. Temi 19). Hrsg. und

durch Glockenläuten zusammengerufen wurden, bestätigten die Teilnehmer durch ihre Teilnahme das kommunale System insgesamt. Die Kommunen, die zumindest ihrer Idee nach durch die Beteiligung aller Bürger legitimiert waren, mussten die tatsächliche Beteiligung aller zumindest suggerieren.[40] Das konnte nur durch öffentliche Reden, durch Zuhören und durch eine kollektive Reaktion auf diese Rede erfolgen. Daher war die Zustimmung aller erforderlich, und es musste auch die Theorie aufrechterhalten werden, dass diese Zustimmung konstitutiv war. Die Statuten sahen öffentliche Redesituationen regelmäßig vor: Allgemeine Sitzungen der Volksversammlung oder anderer Gremien, Kollektiveide der Bürgerversammlung, Amtseide der Amtsträger, Beschlüsse der Ratssitzungen, alte und neu erlassene Statutengesetzgebung oder Einholung und Einsetzung des neuen Podestà sind nur die bedeutendsten Anlässe.[41] Viele dieser Redesituationen wiederholten sich regelmäßig vor der Gesamtheit aller Bürger. Damit wurde natürlich die Institution der Kommune als Gesamtheit aller Bürger auch physisch zusammengerufen und in dieser Konstellation dann auch festgeschrieben.[42] In dem so inszenierten und durch stetige Wiederholung ritualisierten Zusammentreffen von Amtsträgern und einfachen Bürgern oder Bewohnern der Stadt wird die Kommune nicht nur repräsentiert, sondern: Das

übers. von Igor Mineo. Rom 2011 (franz. Originalausg., Paris 2005); Milani, Giuliano: I comuni Italiani. Secoli XII-XIV. 2. Aufl. Rom 2008; daneben anregend der gesamte Band Andenna, Giancarlo [u.a.] (Hrsg.): Comuni e signorie nell'Italia settentrionale. La Lombardia (Storia d'Italia 6). Torino 1998.

40 Vgl. aus rechtshistorischer Perspektive Dilcher, Gerhard: Die Entstehung der lombardischen Stadtkommune. Eine rechtsgeschichtliche Untersuchung (Untersuchungen zur deutschen Staats- und Rechtsgeschichte, N. F. 7). Aalen 1967.

41 Vgl. zu diesen Anlässen Dartmann, Christoph: Schrift im Ritual. Der Amtseid des Podestà auf den geschlossenen Statutencodex der italienischen Stadtkommune. In: Zeitschrift für historische Forschung 31 (2004), S. 169–204; Ders.: Die Ritualdynamik nichtlegitimer Herrschaft. Investituren in den italienischen Stadtstaaten des ausgehenden Mittelalters. In: Steinicke, Marion/Weinfurter, Stefan (Hrsg.): Investitur- und Krönungsrituale. Herrschaftseinsetzungen im kulturellen Vergleich. Köln [u.a.] 2005, S. 125–136; Ders.: Entwürfe kollektiver Identitäten im städtischen Italien zwischen Diskurs und politischem Ritual. In: Ders./ Meyer, Carla (Hrsg.): Identität und Krise? Zur Deutung vormoderner Selbst-, Welt- und Fremderfahrungen (Symbolische Kommunikation und gesellschaftliche Wertesysteme. Schriftenreihe des Sonderforschungsbereichs 496 17). Münster 2007, S. 61–75; Ders.: Die Repräsentation der Stadtgemeinde in der Bürgerversammlung der italienischen Kommune. In: Oberste, Jörg (Hrsg.): Repräsentationen der mittelalterlichen Stadt (Forum Mittelalter. Studien 4). Regensburg 2008, S. 95–108.

42 Dartmann: Repräsentation (Anm. 41).

ist die Kommune. Zudem präsentieren sich in diesem Rahmen auch die kommunalen Gremien und Institutionen und finden im Angesicht der Gesamtheit der Bürger ihre Bestätigung.

5. Wo lassen sich die Reden im Spannungsfeld von ritueller Konsensproduktion und deliberativer Entscheidungsfindung verorten?

Zwar suggerieren die Chroniken die Bedeutung der Reden, und zwar explizit auch in Bezug auf ihre argumentative und stilistische Gestaltung, vermitteln also den Eindruck, es sei erst und gerade die konkrete rhetorische Ausprägung der Rede gewesen, die den entsprechenden Ausgang der Debatte ermöglicht hat. Doch weckt diese Suggestion Zweifel. So folgt den Reden in den Chroniken regelmäßig (eigentlich immer) der Hinweis auf die kollektive Zustimmung zu den Forderungen des Redners mit den Worten „fiat, fiat". Immer wenn ein Chronist die Rede seines Protagonisten im Wortlaut präsentiert, ist diese Rede auch Auslöser der Entscheidungsfindung im Sinne des Redners. Dieser Befund legt nahe, eine Inszenierung der Entscheidungsfindung zu vermuten, während die tatsächliche Entscheidung bereits im Vorfeld getroffen und dann zur – verpflichtenden – Zustimmung dem Kollektiv nur noch vorgetragen wurde.[43] Vor dem Hintergrund inzwischen etablierter Thesen zur Ritualität symbolischer Kommunikation ist zu vermuten, dass es „[w]ährend der Versammlung […] vor allem zum Austausch feierlicher, zuvor festgelegter oder durch die Routine autorisierter Sprechakte gekommen [ist]".[44]

In vielen Redeakten innerstädtischer Angelegenheiten, insbesondere für die turnusmäßigen Sitzungen, wird man also oft von solchen Inszenierungen ausgehen können. Anders verhält sich das in Redesituationen, in denen nicht die Kommune mit sich selbst beschäftigt ist und daher die eigene Eintracht in den Mittelpunkt rücken kann,[45] sondern in denen die Kommune mit anderen interagiert.

---

43 So allgemein Dartmann, Christoph: Zwischen demonstrativem Konsens und kanalisiertem Konflikt. Ein Essay über öffentliche Kommunikation in der italienischen Stadtkommune. In: Hartmann (Anm. 1), S. 27–40.

44 Dartmann: Repräsentation (Anm. 41), S. 101.

45 Zur diskursiven Beschwörung von Eintracht und Frieden in der politischen Interaktion der Kommunen vgl. Hartmann, Florian: *Decet ergo cives cum civibus concorditer vivere.* Ideal und Identität in kommunalen ‚artes dictandi' Oberitaliens. In: Strack, Georg/Knödler, Julia (Hrsg.): Rhetorik in Mittelalter und Renaissance. Konzepte – Praxis – Diversität (Münchner Beiträge zur Geschichtswissenschaft 6). München 2012, S. 41–62.

Viele solcher in der Geschichtsschreibung konstruierter Redesituationen befremden bei der Lektüre. So wenn Gesandte aus Pisa und Genua vor Friedrich Barbarossa offen diskutieren, Meinungen austauschen und der Kaiser schließlich eine zuvor getroffene Entscheidung revidiert, weil die Genuesen oder Pisaner so klug, weise und geschliffen gesprochen hätten.[46] Solche Rededuelle dürften wohl kaum derart die Entscheidung und damit die Ehre des Kaisers zur Disposition stellen.[47] So dürfte es nicht die öffentliche Rede der Diplomaten gewesen sein, wie in der Chronistik suggeriert, sondern die harten Verhandlungen hinter verschlossenen Türen, die für das Ergebnis verantwortlich waren.

Und doch wird man wohl annehmen müssen, dass in solchen Rededuellen auch die Argumentation und der Stil der Rede den Erfolg politischer Verhandlungen beeinflussten. Zu oft berichten kommunale Geschichtswerke von Reden oder bieten Reden gleich im vermeintlichen Wortlaut, die durchaus deliberativen Charakter haben. Dafür sehe ich zwei Möglichkeiten: Entweder die Chroniken bieten tatsächlich eine getreue Skizze der Originalrede (was ich für weniger wahrscheinlich halte) oder, wenn die Rede in der Form Fiktion ist, hat diese Fiktion doch eine Funktion im Narrativ. Diese Funktion der Geschichtsschreibung wurde nun wieder in der Ausbildung künftiger Politiker gesehen; mithin sind diese Reden zwar keine Originalreden, aber sie fungieren als Musterreden für den politischen Alltag. Dafür sprechen auch die entsprechenden Lehrwerke kommunaler Rhetorik, die in die Hunderte gehen. Deliberative Rhetorik war nach diesem Befund wichtig, wurde (deswegen) gelehrt und von angehenden Amtsträgern rezipiert. Diese Bedeutung wird durch die zahlreichen Reden in der Chronistik und vor allem durch hunderte von Handschriften mit oratorischen Lehrtexten klar dokumentiert.[48]

---

46 Diesen Fall diskutieren Görich (Anm. 22), S. 147 und Bernwieser, Johannes: Ex consilio principum curie. Friedrich Barbarossa und der Konflikt zwischen Genua und Pisa um die Vorherrschaft auf Sardinien. In: Burkhardt, Stefan [u.a.] (Hrsg.): Staufisches Kaisertum im 12. Jahrhundert. Konzepte – Netzwerke – Politische Praxis. Regensburg 2010, S. 205–227.

47 Vgl. zum Dilemma, den Kaiser umzustimmen, ohne ihn zu kritisieren Görich (Anm. 22).

48 Einen Überblick über die Handschriften, welche solche leider zum größten Teil noch unedierten Werke kommunaler Oratorik enthalten, bietet von Polak, Emil J.: Medieval and Renaissance Letter Treatises and Form Letters. A Census of Manuscripts Found in Eastern Europe and the Former U.S.S.R. (Davis Medieval Texts and Studies 8). Leiden/New York/Köln 1993; Ders.: Medieval and Renaissance Letter Treatises and Form Letters. A Census of Manuscripts Found in Part of Western Europe, Japan, and the United States of America (Davis Medieval Texts and Studies 9). Leiden/New York/Köln

Neben der Geschichtsschreibung und den rhetorischen Mustersammlungen haben sich vereinzelt Protokolle solcher Reden erhalten, die selten, aber aussagekräftig sind. Ein Beispiel stammt aus Cremona, aus dem Jahr 1218.[49] Ein päpstlicher Gesandter versuchte auftragsgemäß, die Cremonesen in ihrer Credentia, dem Großen Rat, zu überzeugen, sich dem Schiedsspruch des Papstes Gregor IX. in ihrer Fehde mit den Kommunen Mailand und Piacenza zu unterstellen.[50]

Hier ist – ganz ausnahmsweise – quasi protokollarisch eine Rede wiedergegeben, die deliberativ eine politische Entscheidung der Kommune beeinflussen sollte. Da diese Entscheidung einen Bruch früherer Vereinbarungen mit Kaiser Friedrich II. bedeutete, war das Protokoll für die Kommune eine wichtige Rückversicherung für Klagen gegen diesen Kurswechsel.

Auch wenn die Credentia nicht die Vollversammlung aller Bürger war, so waren doch drei benachbarte Bischöfe, die Podestà von Reggio und Mantua und aus Cremona selbst der Bischof und der Podestà, die Konsuln, Richter und Notare anwesend. Sie suchte der Kardinal Hugo von Ostia wortreich zu überzeugen. Rhetorisch ist der Text nicht sehr ausgefeilt, die Sätze sind kurz; längere, verschachtelte Satzperioden gibt es kaum. Der Satzbau ist simpel und meist parallel. Prosarhythmische Grundregeln, der ‚Cursus', werden völlig ignoriert. Ein Notar beglaubigt am Ende, die ‚dicta verba' zu Pergament gebracht zu haben.

Ganz eindeutig sollte hier kein Konsens innerhalb der Kommune produziert, sondern eine politische Entscheidung durch deliberative Rhetorik eines auswärtigen Redners beeinflusst werden, und zwar in der Credentia, also in einer beschränkten Öffentlichkeit. Der Gesamtheit der Kommune wurde diese Frage offenbar nicht, oder jedenfalls nicht in der präsentierten Fassung vorgelegt. In

---

1994; Ders., Medieval and Renaissance Letter Treatises and Form Letters. A Census of Manuscripts Found in Albania, Austria, Bulgaria, France, Germany, and Italy. Leiden/Boston 2015.

49 Zu dem Fall schon Bernwieser, Johannes: Non modo predicantis, sed quasi concionantis. Die Friedensrede Hugolinos von Ostia und Velletri in Cremona (1218) und ihr politischer Kontext. In: Strack, Georg/Knödler, Julia (Hrsg.): Rhetorik in Mittelalter und Renaissance. Konzepte – Praxis – Diversität (Münchner Beiträge zur Geschichtswissenschaft 6). München 2012, S. 63–94.

50 Ediert in: Böhmer, Johann Friedrich: Acta imperii selecta. Urkunden deutscher Könige und Kaiser mit einem Anhang von Reichssachen. Innsbruck 1870, Nr. 939, S. 647–649; zu den Ereignissen Winkelmann, Eduard: Beiträge zur Geschichte Kaiser Friedrichs II. (Fortsetzung). III. Beziehungen des Kaisers zu den oberitalienischen Städten, besonders Cremona. In: Forschungen zur deutschen Geschichte 7 (1867), S. 291–319; zur Kontextualisierung und rhetorischen Analyse der Rede vgl. auch Bernwieser (Anm. 49).

der Credentia dagegen war deliberative Oratorik eine gefragte Fähigkeit, die deswegen auch so zahlreich gelehrt wurde, wie die Handschriftenbefunde beweisen.

Demnach gab es in den Stadtkommunen auch Redesituationen, die allein dem demonstrativen Konsens, der Herstellung und Demonstration von Konsens und Einheit dienten. Diese Reden, so deuten die entsprechenden Muster in den rhetorischen Mustersammlungen an, waren in ganz besonderer Weise rhetorisch gestaltet. Die komplizierte Rede sollte Konsens stiften, bewirkte Einheit durch den Akt der Rede selbst, schuf aber zugleich Distanz durch die Sprache (Latein) und durch einen distinguierten Stil und bewies Können, Kunst und Gelehrsamkeit durch die Beachtung geltender Rhetorikregeln bis hin zum Rhythmus. Wenn diese Rede dann auch noch im gelehrten Latein gehalten wurde, dann wurde auf der einen Seite eine Differenz geschaffen und bestärkt zwischen den Amtsträgern, die solche Reden halten konnten, und jenen Bürgern, deren Ausbildung und Sozialisierung sie nicht dazu befähigte. Auf der anderen Seite erlaubte die Versammlung der Bürger als Gesamtheit, die Beschaffenheit der Rede und die Verwendung von immer wiederkehrenden Signalwörtern wie Eintracht, Frieden, Kommune, Gesamtheit, dass im Akt des Redens und Zuhörens Eintracht gestiftet wurde.

## 6. Wie verhalten sich politische Rederituale zu nonverbalen Ritualen?

Betrachten wir den Inhalt von Reden oder von öffentlich zu verlesenden Briefen, dann zeigt sich bei innerkommunalen Themen eine Fokussierung auf Begriffe, die Einheit und Konsens herstellen oder festschreiben konnten. Dazu dient der Verweis auf glorreiche Friedenszeiten unter den Vorfahren, die in Reden vor der Kommune beschworen und zugleich an den Anfang der kommunalen Geschichtserzählungen gesetzt werden.[51] So beginnen die Genueser Annalen mit der Beteiligung einer Genuesischen Flotte am ersten Kreuzzug. Ein gemeinsamer Kreuzzug wird so zum Gründungsmythos der Kommune Genua. Die Geschichte der Belagerung Anconas durch Barbarossas Truppen wird ein halbes Jahrhundert nach den Ereignissen geschrieben, um zu zeigen, was die Gemeinde durch Konsens erreichen konnte. Und die Annalen von Piacenza beginnen ebenfalls mit einem sehr langen Jahreseintrag zur Frühzeit der Kommune mehr als ein Jahrhundert vor Abfassung der Annalen, um beispielhaft zu zeigen, wie die Kommune Piacenza durch die Auflösung innerstädtischer Konflikte in einem Frieden stiftenden Gründungsakt aufgegangen ist.

Die Volksversammlungen fungierten als Ort, an dem alle Themen der Kommune verbalisiert und bekannt gemacht wurden: Briefe auswärtiger Institutionen, Friedensverträge, aber auch Ratsbeschlüsse, Kommunalstatuten (also das

---

51 Vgl. zur Glorifizierung der kommunalen Anfänge etwa Coleman (Anm. 18).

Stadtrecht), die jährlichen Amtseide der Amtsträger und sogar die neuen Jahreseinträge der offiziellen städtischen Historiographie.

In der Geschichtsschreibung werden diese verbalen, immer wiederkehrenden Rituale allenfalls flankiert von Beschreibungen einzelner Akte nonverbaler Kommunikation. Der Vorrang mündlicher, verbaler Kommunikation in der Interaktion der Stadtkommunen wird auch durch die entsprechende Podestà-Literatur bestätigt. Angesichts der diffizilen Etikette politischer Kommunikation und angesichts der raschen Wechsel in den kommunalen Führungsämtern sind etliche Texte erhalten, die den Amtsträgern Musterreden an die Hand geben. Szenische Regieanweisungen fehlen dagegen.

Doch sollte man im Auge behalten, dass wir hier auf ein quellenkritisches Problem stoßen. Die Chronisten waren oft Notare, und damit Meister des Wortes.[52] Und sie berichteten in Worten, nicht in Bildern. Für die Verfasser der Musterreden gilt dies noch mehr. Sammlungen von Musterreden müssen per definitionem dem Wort eine besondere Bedeutung beimessen. Deswegen ist der Befund zwar eindeutig: Die Rederituale nehmen in der Chronistik und Rhetoriklehre einen breiteren Raum ein. Aber von diesem Befund wird man nicht darauf schließen können, dass die verbale Kommunikation höherrangig war.

Man wird die Frage also auf der Grundlage der vorhandenen Quellen nicht beantworten können. Zudem sind beide Akte der Kommunikation, verbal und nonverbal, nicht zu trennen, und insofern auch in ihrer Bedeutung nicht zu hierarchisieren: Jeder Redner steht physisch vor seinen Zuhörern. Und in dieser physischen Präsenz liegt schon eine Form nonverbaler Kommunikation vor. Boncompagno da Signa macht sich in seiner *Rhetorica Novissima* von 1234 geradezu lustig über die Wortwahl, den Formalismus, aber auch die Performanz der Rede, wenn er die Praxis der ‚concionatores' wie folgt beschreibt:

> Zuerst rufen sie „hört, hört!" Dann bitten sie Gott den Allmächtigen, dass ihre Rede auf vielerlei Art und Weise dem ‚honor' und dem ‚status' der Stadt förderlich sein möge. Dann beginnen sie den Inhalt der Rede zu umreißen und bemühen sich, das Volk durch Schmeicheleien gefügig zu machen. Wenn er aber ein Heer aufzustellen hat, steigt er auf ein Pferd, sitzt mit gezücktem Schwert auf, schneidet furchtbare Grimassen, hebt die Augenbrauen, steckt die Füße in den Steigbügel, attackiert das Pferd mit den Sporen, erhebt den rechten Arm und erinnert lauthals an die ruhmreichen Taten der Vorfahren. Am Ende seiner Ansprache fordert der Redner das in Scharen anwesende Volk dann auf, seinem Willen zu folgen. [53]

---

52 Vgl. Arnaldi (Anm. 19); Zabbia (Anm. 19).

53 Boncompagno: Rhetorica novissima (Anm. 6), S. 295: „Petunt in primis, dicentes ‚audi, audi'. Postea Deum omnipotentem, ut illa contio ad honorem et statum militie atque

Boncompagno hielt mit dieser wohl etwas übertreibenden Beschreibung seinen Bürgern einen Spiegel vor. Offenbar spielte bei den Auftritten eine gewisse Theatralik eine besondere Rolle.

Auch wenn diese, hier nur beiläufig überlieferten Akte nonverbaler Kommunikation in Lehre und Historiographie relativ wenig Beachtung finden, wird man sie von der verbalen Kommunikation nicht trennen können.

## Fazit

Die Reden in der kommunalen Geschichtsschreibung stehen in je völlig unterschiedlichen Kontexten und Konstellationen. Sie sind aber durchweg nach den Regeln der rhetorischen Kunst gestaltet und zeigen demnach das Können und die Ausbildung, nicht der Redner, sondern der Historiographen, die als sogenannte ‚Notai-Chronisti' in der mündlichen und schriftlichen Rede geschult worden waren. Insofern stellten ihre in die Geschichtswerke inserierten Reden Kunstprodukte dar, die so sicher nicht gehalten wurden. Doch die Rezeptionszusammenhänge der Chroniken legen nahe, dass diese Werke an das Plausibilitätsreservoir der Rezipienten in den Kommunen anschlossen, dass also die Reden im einzelnen zwar fingiert worden sein dürften, dass aber ihre Gestalt so sein musste, dass sie zumindest so gehalten worden sein konnten.

Außerdem sollten die Reden ja auch als Muster und Vorlage für angehende Politiker fungieren, auf die man bei der Konzeption eigener Reden zurückgreifen konnte. Schon deswegen mussten die Reden in den historiographischen Werken imitierbar und sagbar sein, das heißt den Anforderungen des Diskurses entsprechen. Diese Vermutung wird durch entsprechende rhetorische Lehrwerke und durch Mustersammlungen von Reden für angehende Politiker gestützt, die derselben Rhetorik folgen.

---

populi debeat multimode pertinere. Postea incipiunt specificare materiam pro qua fit contio et nituntur militibus atque populo iuxta beneplacitum suadere. Si vero contionator ex officio teneatur ad faciendum exercitium intendat militiam et populum animare, ascendit dextrarium in montem, super que sedet accinctus gladio, terribilem ostendit faciem, supercilia elevat, extendit cyra et pedes in streupis, agitat calcaria, brachium elevat ad suprema, dextra manu innuit, voce hortatur, reducit ad memoriam facta clarissima et victorias antiquorum. In fine siquidem cuiuslibet contionis quilibet contionator persuadet turbis et agminibus populorum, ut de his que retulit suam debeant ostendere voluntatem oratores tria causarum genera esse dixerunt, videlicet: iudiciale, deliberativum et demonstrativum; quorum opinionibus et doctrinis viva et evidenti ratione repugno."

Demnach wird man zwei Sorten von Reden unterscheiden können.

1. Konsensreden vornehmlich innerstädtischer Angelegenheiten, in denen es nicht so sehr in deliberativer Rhetorik darum ging, eine Richtungsentscheidung zu begründen (oder gar zur offenen Abstimmung zu stellen), sondern in denen Konsens der Gemeinschaft hergestellt, die Kommune als politische Institution repräsentiert und bestätigt und die Qualität der einzelnen Amtsträger durch Zurschaustellung besonderer rhetorischer Fähigkeiten nachgewiesen werden sollten. Der gehobene Stil und die lateinische Sprache begründeten durch die Exklusivität die Legitimität des Redners, machten also den kleinen Unterschied aus. Deswegen stellten diese – zumal lateinischen – Reden für so manchen Zuhörer zwar vielleicht ein Hindernis dar, das ein exaktes Verständnis des Inhalts verhinderte; aber die Grundzüge einer lateinischen Rede blieben im 13. Jahrhundert auch einem nicht gebildeten Italiener nicht verschlossen. Indes – um konkrete Inhalte ging es ja auch gar nicht, sondern eher um die groben Züge und Schlagworte, die Konsens und Identität stifteten, und die waren jedem auch in lateinischer Sprache verständlich. Diese gehobene Konsens-Oratorik wurde, wie die Rhetorikhandbücher belegen, gelehrt, und zwar in der Notarschronistik wie in der Rhetoriklehre. Solche Reden sind uns in der Geschichtsschreibung und in der verschriftlichten Form auch im Beispiel des Briefes von Hugo von Ostia überliefert. Doch erst durch die Verschriftlichung in der Geschichtsschreibung erhielt jede Rede rückwirkend das hohe Niveau rhetorischer Lehre.
2. Deliberative Reden meist im diplomatischen Verkehr, in denen wirklich um Entscheidungen gerungen wurde. Diese Reden wurden wohl kaum in großen Versammlungen, sondern eher in kleineren Gremien gehalten und auch diskutiert. Die Sprache war entsprechend reduziert. Dem steht nicht entgegen, dass in der darüber berichtenden Historiographie auch diesen Reden ‚ex post' ein Maß an rhetorischer Durchdringung hinzugedichtet wurde, die ihnen ursprünglich fehlte. Aber wichtiger als der Stil und als die reichhaltige Ausschmückung mit rhetorischen Colores waren hier die Argumentation und die Redestrategie. Hier war die argumentative Schulung, zu der die Rhetoriklehren und auch die Reden in der Geschichtsschreibung ja dienten, von besonderer Bedeutung. Die regelmäßige Zitation von Reden in der Chronistik und in der Lehre belegt deswegen wohl eindeutig, dass Oratorik tatsächlich als nützliches Mittel der Persuasion angesehen wurde.

Christoph Dartmann

# Oratorik und öffentliche Interaktion in italienischen Stadtkommunen des 12. und 13. Jahrhunderts

**Abstract:** The spoken word was of crucial importance for the political life of the cities in Northern and Central Italy. From the 12th century onwards, the cities were organised as self-governing communes based on mutual oaths between citizens and their representatives. Even with the growing importance of writing in social and political life during the 13th century, for instance the development of written laws and a writing-based administration of justice, the spoken word remained a central issue of political practice. At the same time, public acts of political communication were staged as elaborate rituals. This paper analyses the variety of means of political communication by studying two examples of inner-city peace agreements concluded in Genoa in 1169 and in Florence in the winter of 1279/1280. The combined analysis of different sources shows that the written word, public ritualised interaction and public speech were inextricably intertwined.

Die politische Praxis italienischer Städte des Hoch- und Spätmittelalters war von einer großen Fülle und breiten Vielfalt öffentlicher Interaktion geprägt.[1] Sie verband öffentliche feierliche Interaktion mit Ansprachen; vielfach war selbst das Anfertigen oder die Präsentation und Rezeption von Schriftstücken an öffentliche Situationen gebunden. Deswegen steht zugleich eine breite Vielfalt verschiedenster Quellen zur Verfügung, die aus je unterschiedlicher Perspektive

1 Der folgende Beitrag verbindet die Fragestellungen der Tagung mit Ergebnissen meiner Habilitationsschrift: Dartmann, Christoph: Politische Interaktion in der italienischen Stadtkommune (11.–14. Jahrhundert) (Mittelalter-Forschungen 36). Ostfildern 2012. Zum Ansatz der Tagung vgl. neben der Einleitung der Herausgeber*innen bereits Ratzke, Malena/Schmidt, Christian: Politische Rhetorik in Mittelalter und Frührenaissance. In: Burkhardt, Armin (Hrsg.): Handbuch Politische Rhetorik (Handbücher Rhetorik 10). Berlin/Boston [eingereicht]. Zur Oratorik in italienischen Städten grundsätzlich: Hartmann, Florian (Hrsg.): „Cum verbis ut Italici solent ornatissimis". Funktionen der Beredsamkeit im kommunalen Italien/Funzioni dell'eloquenza nell'Italia comunale (Super alta perennis. Studien zur Wirkung der klassischen Antike 9). Göttingen 2011. Für eine zentrale Quellengruppe zuletzt: Ders.: Ars dictaminis. Briefsteller und verbale Kommunikation in den italienischen Stadtkommunen des 11. bis 13. Jahrhunderts (Mittelalter-Forschungen 44). Ostfildern 2013.

das Ineinander von Geste und Rede, von mündlicher, körpergebundener und schriftlicher Kommunikation zugänglich machen. Dabei ist jede Quellengruppe, ja jede Quelle einem anderen Ziel verpflichtet und folgt daher je eigenen Logiken, die in sehr spezifischer Weise Einblicke in die oratorische Praxis ermöglichen. Die Vielfalt der Perspektiven auf mündliche, gestische und schriftliche politische Kommunikation ermöglicht es, Oratorik als Bestandteil politischer Praxis in einem Facettenreichtum zu erfassen, der für andere Konstellationen des mittelalterlichen Europa nicht in gleicher Weise greifbar wird. Dieser Facettenreichtum erschließt sich aber nur, wenn verschiedene Quellenperspektiven miteinander in Beziehung gesetzt werden, um nicht durch die Beschränkung auf nur einen Überlieferungstyp der Perspektivität bestimmter Autoren und Werke aufzusitzen. Stattdessen sollen die folgenden Ausführungen dazu beitragen, sich der Oratorik unter Berücksichtigung aller zur Verfügung stehender Quellen anzunähern. Dadurch erschließt sich zugleich, in welchem Maße mittelalterliche Oratorik in den Zusammenhang der zeremoniellen Abläufe zu stellen ist, in denen Reden gehalten und angehört wurden.

Mediengebrauch und Kommunikation in der städtischen Kultur Oberitaliens zwischen Hoch- und Spätmittelalter sind in der Forschung aus verschiedenen Perspektiven thematisiert worden. Zunächst haben Arbeiten vor allem gezeigt, wie rasch und tiefgreifend die politische, administrative, rechtliche und ökonomische Praxis der kommunalen Gesellschaften auf Schrift umgestellt wurde.[2]

2 Dies war der Gegenstand des Projekts *Der Verschriftlichungsprozess und seine Träger in Oberitalien (11.–13. Jahrhundert)*, das unter der Leitung von Hagen Keller am SFB 231 an der WWU Münster tätig war. Zu seinen Ansätzen und Ergebnissen grundlegend: Keller, Hagen: Oberitalienische Statuten als Zeugen und als Quellen für den Verschriftlichungsprozeß im 12. und 13. Jahrhundert. In: Frühmittelalterliche Studien 22 (1988), S. 286–314; zuletzt Ders./Blattmann, Marita (Hrsg.): Träger der Verschriftlichung und Strukturen der Überlieferung in oberitalienischen Kommunen des 12. und 13. Jahrhunderts (Wissenschaftliche Schriften der WWU Münster. Reihe 10, 25). Münster 2016. Vgl. auch Maire Vigueur, Jean-Claude: Révolution documentaire et révolution scripturaire. Le cas de l'Italie médiévale. In: Bibliothèque de l'Ecole des Chartes 153 (1995), S. 177–185; Baietto, Laura: Scrittura e politica. Il sistema documentario dei comuni piemontesi nella prima metà del secolo XIII. In: Bollettino storico-bibliografico subalpino 98 (2000), S. 105–165, 473–528. Den weiteren Rahmen skizziert: Keller, Hagen: Die Entfaltung der mittelalterlichen Schriftkultur im europäischen Kontext. Schriftgebrauch und Kommunikationsverhalten im gesellschaftlich-kulturellen Wandel vom 5. bis zum 13. Jahrhundert. In: Härtel, Reinhard (Hrsg.): Schriftkultur zwischen Donau und Adria bis zum 13. Jahrhundert. Akten der Akademie Friesach „Stadt und Kultur im Mittelalter", Friesach (Kärnten), 11.-15. September 2002 (Schriftenreihe der Akademie Friesach 8). Klagenfurt 2008, S. 15–45;

Um die Wende vom 12. zum 13. Jahrhundert wurde Schrift innerhalb von etwa zwei Generationen konstitutiv für ein breites Spektrum an Vorgängen im öffentlichen und privaten Leben. Dabei spielte die Kommune selbst eine herausragende Rolle. Zum Beispiel entstand mit der Einführung des Podestariats, der Regierung der Stadt durch einen Auswärtigen, der nur für sechs Monate oder ein Jahr bevollmächtigt wurde, der Bedarf, das gesamte Recht der Stadt in einem Codex zusammenfassen, dem sogenannten Statutencodex.[3] In ihm waren zunächst vor allem die Regelungen zusammengefasst, die die Amtsführung des Podestà selbst betrafen, dann aber auch alle Bestimmungen über die Pflichten weiterer Amtsträger und darüber hinaus die der gesamten Bürgerschaft. In Kraft gesetzt wurde dieses Gesetzbuch jährlich im Zuge der Amtseinführung eines neuen Podestà. Die frühesten Statutensammlungen waren noch chronologisch organisiert, weil der Textbestand jährlich um neu hinzugetretene Regelungen ergänzt wurde. Etwa ab den 1230er Jahren stellte hingegen ein systematisch geordneter Statutencodex den Normalfall dar, in dem das gesamte geltende Recht nach Rechtsmaterien geordnet zusammengestellt und gegebenenfalls ergänzt wurde. Neben gelegentlich überlieferten Sammlungen von *consuetudines*, von gewohnheitsrechtlich legitimierten Bestimmungen,[4] sollten die Statuten das geltende Recht vollständig enthalten und als verpflichtende Grundlage für das politische und gesellschaftliche Leben dienen. Deswegen wurden aufwendige Mechanismen

---

zur Forschungsgeschichte vgl. auch Keller, Hagen: Die Erforschung der italienischen Stadtkommunen seit der Mitte des 20. Jahrhunderts. In: Frühmittelalterliche Studien 48 (2015), S. 1–38.

3 Keller: Oberitalienische Statuten (Anm. 2); Ders./Busch, Jörg W. (Hrsg.): Statutencodices des 13. Jahrhunderts als Zeugen pragmatischer Schriftlichkeit. Die Handschriften von Como, Lodi, Novara, Pavia und Voghera (Münstersche Mittelalter-Schriften 64). München 1991; zusammenfassend auch Keller, Hagen: Zur Quellengattung der italienischen Stadtstatuten. In: Stolleis, Michael/Wolff, Ruth (Hrsg.): La bellezza della città. Stadtrecht und Stadtgestaltung im Italien des Mittelalters und der Renaissance (Reihe der Villa Vigoni 16). Tübingen 2004, S. 29–46. Zur Figur des Podestà zusammenfassend: Artifoni, Enrico: Art. Podestà del comune italiano. In: Bray, Massimo (Hrsg.): Federico II. Enciclopedia fridericiana. 3 Bde. Rom 2005–2008, hier zitiert nach der Onlinefassung: http://www.treccani.it/enciclopedia/podesta-del-comune-italiano_%28Federiciana%29/ (03.08.2017).

4 Zu den Mailänder *consuetudines* vgl. Keller, Hagen: Die Kodifizierung des Mailänder Gewohnheitsrechts von 1216 in ihrem gesellschaftlich-institutionellen Kontext. In: Milano e il suo territorio in età comunale (XI-XII secolo). Atti dell'11° Congresso internazionale di studi sull'alto medioevo (Milano 26–30 ottobre 1987). Bd. 1. Spoleto 1989, S. 145–171.

ersonnen, um mehrere gleichlautende Exemplare des geltenden Rechts zu erstellen, die idealerweise auch gleichförmig aktualisiert werden sollten. Hinzu kamen bei Bedarf Auszüge, die einzelne Personenkreise betrafen. In der Praxis führte die fundamentale Bedeutung der Statuten für verschiedenste Vorgänge, das hohe Maß an Zusätzen und Abänderungen am Textbestand wie auch eine gewisse Schwerfälligkeit des Trägermediums, des fest gebundenen Pergamentcodex', dazu, dass innerhalb weniger Jahrzehnte die verschiedenen Rechtsaufzeichnungen der Stadt zu unübersichtlich wurden, um noch zweckmäßig eingesetzt zu werden. Deswegen lassen sich regelmäßig Bemühungen fassen, die gesamte Überlieferung in einer Statutenrevision zu sichten, um neue, einheitliche und auf aktuellem Stand befindliche Rechtsbücher zu erstellen. Im Verlauf des 13. und 14. Jahrhunderts erwiesen sich aber die Aufzeichnungen in den städtischen Gesetzbüchern als so schwerfällig, dass auf ihre Aktualisierung zunehmend verzichtet wurde, ein Prozess, den die italienische Forschung als Versteinerung, als „pietrificazione" des Statutencodex bezeichnet hat. Dennoch wurden auch weiterhin bis zum Ende des Ancien Régime Statutenbücher hergestellt, um dann vor allem als Symbole für die Selbstständigkeit und/oder die Rechtsordnung einer Stadt oder einer anderen Gemeinschaft verwandt zu werden.

Der thematisch geordnete Statutencodex der italienischen Stadtkommune des 13. Jahrhunderts ist nur eines von vielen möglichen Beispielen für den fundamentalen Verschriftlichungsprozess in diesen Gesellschaften. Parallel dazu erfolgte zum Beispiel die Umstellung der Rechtspflege auf geschriebene Prozessakten.[5] In Italien gab es das gesamte Mittelalter hindurch eine Kontinuität öffentlicher Gerichtsbarkeit, die sich in einer regelmäßigen Überlieferung geschriebener Urteile niedergeschlagen hat.[6] Für sie zeichneten sowohl Herrscher und ihre lokalen Repräsentanten als auch geistliche Akteure verantwortlich. Als die Kommune mit ihrer Etablierung während des ersten Drittels des 12. Jahrhunderts auch in die Tradition öffentlicher Gerichtsbarkeit eintrat, übernahm sie

---

5 Behrmann, Thomas: Von der Sentenz zur Akte. Beobachtungen zur Entwicklung des Prozeßschriftgutes in Mailand. In: Keller, Hagen/Behrmann, Thomas (Hrsg.), Kommunales Schriftgut in Oberitalien. Formen, Funktionen, Überlieferung (Münstersche Mittelalter-Schriften 68). München 1995, S. 71–90. Wichtig jetzt: Arlinghaus, Franz-Josef: Legitimationsstrategien in schwieriger Zeit. Die Sentenzen der Mailänder Kommunalgerichte im 12. und 13. Jahrhundert. Konstanz/München 2016.

6 Vgl. etwa Bougard, François: La justice dans le royaume d'Italie aux IX$^{e}$-X$^{e}$ siècles. In: La giustizia nell'alto medioevo, secoli IX-XI (Settimane di studio del Centro italiano di studi sull'alto medioevo 44). Spoleto 1997, S. 133–176; Wickham, Chris: Justice in the Kingdom of Italy in the Eleventh Century. In: Ebd., S. 179–255.

die Formen des Prozesses und seiner Dokumentation. Um die Wende vom 12. zum 13. Jahrhundert, also zeitgleich zur Entstehung der Statutencodices, wurden auch die Gerichtsverfahren in neuer Form auf das Schriftlichkeitsprinzip umgestellt: Das Verfahren wurde in eine große Zahl verbindlicher Einzeltermine aufgeteilt, deren Abläufe in je eigenen Dokumenten dauerhaft fixiert wurden. Dadurch konnte ein Prozess auch bei wechselndem Personal stringent zu einem Urteil geführt werden. Mit dieser Auffächerung des Prozessgeschehens ging einher, dass nun statt lediglich des abschließenden Urteils eine ganze Akte den Prozess dokumentierte – und nur eine formgerechte und vollständige Prozessakte die Korrektheit des Verfahrens belegen konnte.

Statutencodex und Prozessakte sind nur zwei Beispiele für die Vielfalt sozialer Praxis, für die Schrift konstitutiv wurde. Das gilt auch für das weite Spektrum kommunalen Regierungs- und Verwaltungshandelns, etwa die städtische Besteuerung, kommunale Wahlverfahren oder auch die Organisation des städtischen Lebensmittelmarkts.[7] In vielen Bereichen wurden zugleich neue Aufzeichnungstechniken entwickelt, die es ermöglichten, Daten effizient und übersichtlich zu sammeln, in gesicherter Form aufzubewahren und vor Manipulationen zu schützen und außerdem für die Weiterverarbeitung in anderen

7 Zur Besteuerung vgl. Lütke Westhues, Peter/Koch, Petra: Die kommunale Vermögenssteuer (‚Estimo') im 13. Jahrhundert. Rekonstruktion und Analyse des Verfahrens. In: Keller/Behrmann (Anm. 5), S. 149–188; Grillo, Paolo: L'introduzione dell'estimo e la politica fiscale del Comune di Milano alla metà del secolo XIII (1240–1260). In: Mainoni, Patrizia (Hrsg.): Politiche finanziarie e fiscali nell'Italia settentrionale (secoli XIII-XV). Milano 2001, S. 11–38; Nobili, Paolo Gabriele: Alle origini della fiscalità comunale. Fodro, estimo e prestiti a Bergamo tra fine XII e metà XIII secolo. In: Reti Medievali Rivista 11/1 (2010). http://www.rm.unina.it/rivista/dwnl/saggi_nobili_10_1.pdf (03.08.2017). Zu Wahlverfahren: Keller, Hagen: ‚Kommune'. Städtische Selbstregierung und mittelalterliche ‚Volksherrschaft' im Spiegel italienischer Wahlverfahren des 12.-14. Jahrhunderts. In: Althoff, Gerd [u.a.] (Hrsg.): Person und Gemeinschaft im Mittelalter. Festschrift für Karl Schmid zum fünfundsechzigsten Geburtstag. Sigmaringen 1988, S. 573–616; vgl. auch grundlegend: Dartmann, Christoph/Wassilowsky, Günther/Weller, Thomas (Hrsg.): Technik und Symbolik vormoderner Wahlverfahren (Historische Zeitschrift. Beihefte 52). München 2010. Zur schriftlichen Steuerung und Kontrolle der Lebensmittelmärkte vgl. Keller, Hagen: Veränderungen des bäuerlichen Wirtschaftens und Lebens in Oberitalien während des 12. und 13. Jahrhunderts. Bevölkerungswachstum und Gesellschaftsorganisation im europäischen Hochmittelalter. In: Frühmittelalterliche Studien 25 (1991), S. 340–372; Drewniok, Michael: Die Organisation der Lebensmittelversorgung in Novara im Spiegel der Kommunalstatuten des 13. Jahrhunderts. In: Keller/Behrmann (Anm. 5), S. 189–215.

Datensammlungen aufzubewahren. Das Erstellen von Listen und Registern und die Etablierung verpflichtender Archivierungspraktiken sollten es einerseits der Kommunalregierung ermöglichen, im Dienste einer möglichst gerechten Regierung der Stadt auf die Bürger zuzugreifen. Andererseits dienten die Aufzeichnungen auch der Kontrolle der Amtsträger, die nur durch vollständige schriftliche Belege den Nachweis führen konnten, ihre Amtsgeschäfte korrekt und im Dienste der Allgemeinheit geführt zu haben, ohne den eigenen Vorteil zu suchen. Beides konnte überlebenswichtig werden. So scheute die Kommune nicht vor brutalen Übergriffen bis in die Intimsphäre ihrer Bürger zurück, wenn etwa Männer wegen homoerotischer Praktiken zu Tode gequält wurden.[8] Auf der anderen Seite kostete es gelegentlich auch einen Amtsträger das Leben, wenn ihm eine ungerechte Regierung nachgesagt wurde. Jeder Podestà musste sich zum Beispiel einem Amtsprüfungsverfahren unterziehen, in dem auch anonyme Denunziationen Berücksichtigung fanden. Erst wenn ihm im Syndikatsverfahren eine korrekte Amtsführung attestiert worden war, bekam er die letzte Tranche seines Gehalts ausbezahlt und durfte die Stadt unbeschadet verlassen.[9]

Auch wenn die politischen Formationen der Stadtkommunen keine langfristigen Traditionen über das Mittelalter hinaus ausbildeten, entwickelte sich in der kommunalen Gesellschaft eine Schriftpraxis, die prägend werden sollte: die Fokussierung auf Schrift als Garanten für planendes Kalkulieren und für juristische Berechenbarkeit oder auch die Umstellung von Regierung, Verwaltung und Rechtswesen auf das Schriftlichkeitsprinzip. Mit Fug und Recht kann man für das kommunale Italien attestieren, dass hier bereits im Übergang vom Hoch- zum Spätmittelalter die Schwelle vom Urkunden- zum Aktenzeitalter überschritten worden war, was gemeinhin als Merkmal für den Übergang vom Spätmittelalter zur Frühen Neuzeit gilt.[10] Dabei handelte es sich um einen Fundamentalprozess,

---

8 Hergemöller, Bernd-Ulrich: Sodomiter. Erscheinungsformen und Kausalfaktoren des spätmittelalterlichen Kampfes gegen Homosexuelle. In: Ders. (Hrsg.): Randgruppen der spätmittelalterlichen Gesellschaft. Neubearb. Ausgabe. Warendorf 2001, S. 388–431.

9 Zum Syndikatsverfahren mit Verweis auf weiterführende Literatur Lepsius, Susanne: Die Statuten des Appellations- und Syndikatsrichters in Lucca aus dem Jahr 1372 (mit Edition). In: Quellen und Forschungen aus italienischen Archiven und Bibliotheken 95 (2015), S. 135–182.

10 Vgl. etwa Brandt, Ahasver von: Werkzeug des Historikers. Eine Einführung in die Historischen Hilfswissenschaften. Stuttgart/Berlin/Köln [12]1989, S. 104: Die „Intensität der Verwaltungsführung, die einen laufenden schriftlichen Geschäftsgang erfordert, wird im Kulturablauf jeweils erst ziemlich spät erreicht: so in der ausgehenden Antike und so dann wieder am Ende des Mittelalters."

der weit über das Agieren kommunaler Amtsträger hinausreichte und letztlich im Zusammenhang kultureller Entwicklungen stand, die insgesamt die europäische Geschichte des Hoch- und Spätmittelalters prägten. Für den Zusammenhang des vorliegenden Beitrags ist entscheidend, dass öffentliche Rede in italienischen Stadtkommunen in einem Umfeld ihren Ort fand, das sich im 12. und 13. Jahrhundert fundamental wandelte. Das 12. Jahrhundert sah die Etablierung der Kommune als Struktur städtischer Selbstregierung. Dieser nach wie vor umstrittene, weil in den Quellen nur in Einzelaspekten fassbare Prozess, kam in größeren Städten in den 1130er und 1140er Jahren zu einem gewissen Abschluss.[11] In den Jahrzehnten um 1200 wandelte sich die politische Praxis in den Städten durch den geschilderten Verschriftlichungsprozess in fundamentaler Weise. Politisches Handeln musste schriftlichen Normen gerecht werden und zugleich seine Korrektheit in schriftlicher Form nachweisen. Zugleich vergrößerte der systematische Schriftgebrauch die Reichweite des Regierungshandelns in unerhörter Weise, das in bis dato ungeahntem Ausmaß in den Alltag der Stadtbewohner einzugreifen vermochte.

In bewusster Fortführung der Arbeiten zum Verschriftlichungsprozess in Oberitalien haben die Untersuchungen zu Mediengebrauch und Kommunikation in italienischen Stadtkommunen im Anschluss nach der Bedeutung gefragt, die trotz dieser Entwicklungen die direkte Interaktion zwischen den Akteuren für die politische Praxis gespielt hat.[12] Damit sind für die kommunalen Gesellschaften Impulse aus Arbeiten über die andersgeartete Praxis in früh- und hochmittelalterlichen Herrschaftsverbänden aufgegriffen und weiterentwickelt

11 Dazu zuletzt Wickham, Chris: Sleepwalking into a New World. The Emergence of Italian City Communes in the Twelfth Century. Princeton/Oxford 2015.

12 Neben meiner oben (Anm. 1) zitierten Monographie vgl. programmatisch bzw. zusammenfassend Dartmann, Christoph: *Urkunde und Buch in der symbolischen Kommunikation mittelalterlicher Rechtsgemeinschaften und Herrschaftsverbände.* Münsteraner Sonderforschungsbereich 496 *Symbolische Kommunikation und gesellschaftliche Wertesysteme vom Mittelalter bis zur Französischen Revolution*, Teilprojekt A1. Projektleitung: Prof. Dr. Hagen Keller. In: Jahrbuch der historischen Forschung in der Bundesrepublik Deutschland. Berichtsjahr 2004 (2005), S. 41–51; Ders./Weber, Christoph Friedrich: Rituale und Schriftlichkeit. In: Stollberg-Rilinger, Barbara [u.a.] (Hrsg.): Spektakel der Macht. Rituale im Alten Europa 800–1800. Katalog zur Ausstellung Magdeburg, 21. 9. 2008–4. 1. 2009. Darmstadt 2008, S. 50–55; Dartmann, Christoph: Zwischen demonstrativem Konsens und kanalisiertem Konflikt. Ein Essay über öffentliche Kommunikation in der italienischen Stadtkommune. In: Hartmann: Cum verbis ut Italici solent ornatissimis (Anm. 1), S. 27–40.

worden.[13] Manche Formen öffentlicher Kommunikation scheinen sich zu ähneln, liest man historiographische Berichte aus dem Reich der Ottonen, Salier und Staufer auf der einen Seite und aus dem kommunalen Italien auf der anderen Seite. Und in den Auseinandersetzungen italienischer Städte mit Friedrich Barbarossa und seinen Nachfolgern sind beide Welten aufs Intensivste miteinander in Kontakt getreten, sodass eine gemeinsame Sprache der Politik, der verbalen wie der nonverbalen Kommunikation unerlässlich war.[14] Die grundsätzlich verschiedene Struktur der politischen Verbände führte jedoch zu sichtlich verschiedenen Ausprägungen der Formen öffentlicher Kommunikation. Ein König oder Kaiser musste vor allem darauf bedacht sein, seinen Vorrang und seine Ehre zu wahren und zu verteidigen. Öffentliche Inszenierungen dienten daher oft der Visualisierung oder auch der Wiederherstellung dieses herrscherlichen Vorrangs. Im Gegensatz dazu waren Kommunen vor allem um die Inszenierung bürgerlicher Rechtsgleichheit und innerstädtischen Konsenses bemüht. Vorrang durfte nur aus der Delegation von Amtsgewalt resultieren und durfte das Grundprinzip bürgerlicher Isokephalie nicht infrage stellen. Zugleich unterschied sich das institutionelle Gerüst der verschiedenen politischen Formationen in grundlegender Weise. Für die früh- und hochmittelalterlichen Reiche nach dem Ende der Karolingerzeit ist das Modell entwickelt worden, es habe sich in erster Linie um personale Netzwerke gehandelt.[15] Die Beziehungen zwischen den relevanten

---

13 Vgl. etwa Althoff, Gerd: Spielregeln der Politik im Mittelalter. Kommunikation in Frieden und Fehde. Darmstadt 1997; Ders.: Die Macht der Rituale. Symbolik und Herrschaft im Mittelalter. Darmstadt 2003; Keller, Hagen: Ritual, Symbolik und Visualisierung in der Kultur des ottonischen Reiches. In: Frühmittelalterliche Studien 35 (2001), S. 23–59.

14 Zu den Begegnungen zwischen staufischen Herrschern und italienischen Städten grundlegend die Arbeiten von Knut Görich, etwa: Ders.: Die Ehre Friedrich Barbarossas. Kommunikation, Konflikt und politisches Handeln im 12. Jahrhundert (Symbolische Kommunikation in der Vormoderne). Darmstadt 2001; Ders.: Friedrich Barbarossa. Eine Biographie. München 2011; wichtige Beiträge in: Ders./Keupp, Jan/Broekmann, Theo (Hrsg.): Herrschaftsräume, Herrschaftspraxis und Kommunikation zur Zeit Kaiser Friedrichs II. (Münchner Beiträge zur Geschichtswissenschaft 2). München 2008. Aus kommunaler Perspektive wichtig: Bernwieser, Johannes: Honor civitatis. Kommunikation, Interaktion und Konfliktbeilegung im hochmittelalterlichen Italien (Münchner Beiträge zur Geschichtswissenschaft 7). München 2012.

15 Keller, Hagen: Grundlagen ottonischer Königsherrschaft. In: Schmid, Karl (Hrsg.): Reich und Kirche vor dem Investiturstreit. Vorträge beim wissenschaftlichen Kolloquium aus Anlaß des achtzigsten Geburtstags von Gerd Tellenbach. Sigmaringen 1985, S. 17–34.

Akteuren, aber auch interne Rangunterschiede, Allianzen und Feindschaften seien im Wesentlichen anlässlich ihrer direkten Begegnungen ausagiert worden. Treffen wie Hoftage oder die gemeinsame Feier kirchlicher Hochfeste hätten vor allem dem Zweck gedient, die Beziehungen zwischen den Beteiligten in performativer Weise zu gestalten. Sie seien bei diesen Anlässen nicht nur dargestellt, sondern hergestellt worden.[16] Im Gegensatz dazu verfügten italienische Stadtkommunen seit der Mitte des 12. Jahrhunderts über eine klar definierte Ämterstruktur. Die Position politischer Akteure definierte sich zu allererst nicht über ihr persönliches Renommee, sondern über ihre Stellung im institutionellen Gefüge. Folgerichtig konnten öffentliche Interaktionen nicht in gleichem Maße für die Aufrechterhaltung des sozialen Gefüges fundamental sein wie im personal strukturierten Herrschaftsverband. Darüber hinaus mussten der Konsens und die Kooperation zwischen Amtsinhabern und anderen Protagonisten auf eine andere Grundlage gestellt werden. Im Herrschaftsverband der Könige und ihrer Großen galt es, den Geltungsbedürfnissen und dem aristokratischen Rangbewusstsein der einzelnen Akteure Rechnung zu tragen, sodass neben dem Vorrang des Königs auch die Ansprüche der Großen und ihre internen Abstufungen ausgehandelt werden mussten. Konsens beruhte auf der höchst prekären Berücksichtigung der verschiedensten Selbstbilder.[17] Im Gegensatz dazu beruhte kommunale Machtausübung auf der juristischen Abstraktion rechtlich gleicher Bürger. Daher betonten kommunale Inszenierungen vor allem die Einmütigkeit

16 Auf die Bedeutung des Kirchenrechts und kirchlicher institutioneller Strukturen, die das Modell des Geflechts personaler Beziehungen nicht angemessen berücksichtigt, verweist nachdrücklich Hehl, Ernst-Dieter: Der widerspenstige Bischof. Bischöfliche Zustimmung und bischöflicher Protest in der ottonischen Reichskirche. In: Althoff, Gerd/Schubert, Ernst (Hrsg.): Herrschaftsrepräsentation im ottonischen Sachsen (Vorträge und Forschungen 46). Sigmaringen 1998, S. 295–344; Ders.: Bedrängte und belohnte Bischöfe. Recht und Politik als Parameter bischöflichen Handelns bei Willigis und anderen. In: Körntgen, Ludger/Waßenhoven, Dominik (Hrsg.): Patterns of Episcopal Power. Bishops in Tenth and Eleventh Century Western Europe – Strukturen bischöflicher Herrschaftsgewalt im westlichen Europa des 10. und 11. Jahrhunderts (Prinz-Albert-Forschungen 6). Berlin 2011, S. 63–87.

17 Zur Bedeutung des Konsenses grundlegend: Schneidmüller, Bernd: Konsensuale Herrschaft. Ein Essay über Formen und Konzepte politischer Ordnung im Mittelalter. In: Heinig, Paul-Joachim [u.a.] (Hrsg.), Reich, Regionen und Europa in Mittelalter und Neuzeit. Festschrift für Peter Moraw (Historische Forschungen 67). Berlin 2000, S. 53–87; wichtig auch: Patzold, Steffen: Konsens und Konkurrenz. Überlegungen zu einem aktuellen Forschungskonzept der Mediävistik. In: Frühmittelalterliche Studien 41 (2007), S. 75–103.

aller Bürger bzw. ihre gleichmäßige und gleichrangige Beteiligung am politischen Geschehen. Was nördlich der Alpen als Vorrang der Großen ein Grundpfeiler der politischen Praxis sein musste, gefährdete in italienischen Städten als ‚superbia' die bürgerliche Eintracht – bis hin zum Ausschluss besonders mächtiger Adelsfamilien aus kommunalen Schlüsselpositionen.

Forschungen zur Bedeutung direkter Interaktion in der politischen Praxis italienischer Stadtkommunen standen daher vor zwei Herausforderungen. Zum einen mussten sie nachverfolgen, wie in italienischen Städten eine eigenständige ‚Sprache' politischer Interaktion entwickelt wurde, um den spezifischen Konstellationen einer Kommune gerecht werden zu können. Es war daher nicht mit einer schlichten Übertragung der Modelle aus früh- und hochmittelalterlichen Königreichen getan. Vielmehr galt es, die Verfestigung sehr spezifischer institutioneller Strukturen in Städten des 12. Jahrhunderts herauszuarbeiten, in denen direkte Begegnungen weitgehend das politische Leben prägten und nur partiell von schriftgestütztem Handeln begleitet wurden. Die aus verschiedenen Quellengruppen in der Zusammenschau gewonnenen Einsichten in die politische Praxis ermöglichten es, die Verbindung von gesprochenem Wort und gestischer Interaktion in systematischer Weise in den Blick zu nehmen, also der Oratorik des 12. Jahrhunderts ihren Platz im kommunalen Leben zuzuweisen. Zum anderen bestand eine zweite Herausforderung darin, die Fortentwicklung dieser Kommunikationsgewohnheiten über den fundamentalen Wandel des Verschriftlichungsprozesses seit der Wende zum 13. Jahrhundert hinaus zu verfolgen, als neben das gesprochene Wort und die formalisierte Interaktion auch zusätzlich die Niederschrift trat. Ein integrales Bild der politischen Praxis war nur dadurch möglich, auch hier wieder die Perspektiven verschiedener Quellengruppen miteinander ins Gespräch zu bringen, um ein möglichst facettenreiches Bild der politischen Praxis zu gewinnen.

Ein Musterbeispiel für das Fortschreiben und Umprägen öffentlicher Kommunikation im Gefolge des Verschriftlichungsprozesses ist der feierliche Einzug eines neuen Podestà in die Stadt, die er regieren soll, und sein damit verbundener Eid auf den geschlossenen Statutencodex.[18] Dieser feierliche Einzug orientiert sich an den Gepflogenheiten eines mittelalterlichen Herrscheradventus: Dem Einziehenden kommen verschiedene Bevölkerungsgruppen entgegen,

---

18 Dartmann, Christoph: Schrift im Ritual. Der Amtseid des Podestà auf den geschlossenen Statutencodex der italienischen Stadtkommune. In: Zeitschrift für Historische Forschung 31 (2004), S. 169–204; Ders.: Adventus ohne Stadtherr – ‚Herrschereinzüge' in den italienischen Stadtkommunen. In: Quellen und Forschungen aus italienischen Archiven und Bibliotheken 86 (2006), S. 64–94.

um ihn noch vor den Toren der Stadt zu begrüßen; formalisierte Reden begleiten die erste Begegnung zwischen dem auswärtigen Herrn und ‚seiner' Stadt, die Repräsentanten der Stadt geleiten den Neuankömmling durch ein Spalier in die Stadt, in wechselnden Reden versichert man sich wechselseitig der Ehre, die die Beteiligten einander erweisen, etc. In dieses Zeremoniell wird aber mit dem Amtseid auf ein geschlossenes und versiegeltes Exemplar der Stadtstatuten ein genuin kommunales Element eingefügt. Noch bevor der künftige Podestà vom Pferd herabsteigt und selbst den Boden der Stadt berührt, muss er mit dieser Geste anerkennen, dass er sich bedingungslos der städtischen Rechtsordnung unterwirft. Und dieser Eid wird zugleich zu einem Angelpunkt der städtischen Verfassung, denn sowohl die Bürger als auch die anderen Amtsträger leisten wiederum dem Podestà einen Eid, sich den Statuten gemäß zu verhalten und ihre Aufgaben zu erfüllen. Somit wird die Geltung der Rechtsordnung und die Struktur der Kommunalverfassung als Geflecht wechselseitiger Eide begründet. Der Adventus des Podestà verweist zugleich auf die Bedeutung formalisierter Interaktion in Wort und Schrift für die Analyse mittelalterlicher Oratorik. Eine der ausführlichsten Quellen für das Einzugszeremoniell sind die sogenannten Podestà-Handbücher, auf die zuletzt Malena Ratzke und Christian Schmidt aufmerksam gemacht haben.[19] In diesen Handbüchern sind neben den zeremoniellen Abläufen auch Musterreden und Musterbriefe versammelt, die im Umfeld eines Amtsantritts verwendet werden können.

Vor dem Hintergrund dieser Forschungen sind die folgenden Ausführungen dem Ziel verpflichtet, Oratorik in mittelalterlichen italienischen Städten als Bestandteil einer politischen Kultur zu präsentieren, in der die feierliche Rede neben der gestischen Interaktion und dem geschriebenen Wort eine zentrale Bedeutung besaß. Zugleich soll aufgezeigt werden, dass es unerlässlich ist, diese politische Praxis durch eine Pluralität verschiedener Quellenperspektiven zu erfassen, weil sie nur so in ihrer Breite und Vielfalt zu beschreiben ist. Diese beiden Aspekte – plurimediale Ensembles aus Wort und gestischer Interaktion einerseits sowie die Notwendigkeit eines verschiedene Quellengattungen berücksichtigenden Zugriffs andererseits – werde ich am Beispiel zweier innerstädtischer Friedensschlüsse erörtern, der Befriedung Genuas im Jahr 1169 und des Friedensschlusses, mit dem der Kardinal Latino im Winter 1279–1280 die Auseinandersetzungen zwischen den Florentiner Guelfen und Ghibellinen zu beenden versuchte.[20]

19 Ratzke/Schmidt (Anm. 1).

20 Vgl. bereits Dartmann, Christoph: Medien in der städtischen Öffentlichkeit. Innere Friedensschlüsse in den italienischen Kommunen des Mittelalters. In: Jörgensen, Bent/

Die Auseinandersetzungen um die Kirchenreform und den Investiturstreit führten während der Jahrzehnte um 1100 in Ober- und Mittelitalien zu einer raschen Erosion politischer Strukturen in Stadt und Land. Im Zuge der Reorganisation von institutionalisierter Macht auf lokaler Basis etablierten sich in den Jahrzehnten bis gegen 1130/1150 in den meisten Städten von Einwohnern selbst getragene Stadtgemeinden, sogenannte Kommunen. Während die ältere Forschung davon ausging, es habe sich um eine bürgerliche Emanzipation von der Macht der Bischöfe, der bischöflichen Vasallen und anderen feudalen Kräften gehandelt, besteht mittlerweile Konsens, dass verschiedene Strata städtischer Führungsschichten zu einer neuen Elite verschmolzen, die die Machtausübung innerhalb der Stadt aus eigener Vollmacht organisierte. Zentrale Elemente waren die Friedenswahrung und die Etablierung einer innerstädtischen Gerichtsbarkeit, die Koordination militärischer Aktionen vor allem gegen Nachbarstädte sowie der Aufbau eines kommunalen Finanzwesens. Dadurch bildeten die Kommunen bereits im 12. Jahrhundert differenzierte institutionelle Strukturen aus und wurden zu schlagkräftigen politischen Akteuren.[21]

Diese Entwicklung ist zum Beispiel für die ligurische Hafenstadt Genua recht detailliert zu verfolgen. Wegen ihrer besonderen Größe und Bedeutung als aufstrebende mediterrane Großmacht entfaltet sich dort ähnlich wie in Mailand oder Pisa die Kommune besonders rasch und differenziert ihre institutionellen Strukturen bereits bis zur Mitte des 12. Jahrhunderts aus.[22] Zeugnis davon legen die offiziell approbierten Kommunalannalen ab, die der ehemalige Konsul und ‚Elder Statesman' Caffaro 1152 vorlegte und die von ihm und seinen Nachfolgern bis zum späten 13. Jahrhundert fortgeführt werden sollten.[23] Hinzu kommt eine

---

Krug, Raphael/Lüdke, Christine (Hrsg.): Friedensschlüsse. Medien und Konfliktbewältigung vom 12. bis zum 19. Jahrhundert (Documenta Augustana 18). Augsburg 2008, S. 23–53.

21 Zur Geschichte der italienischen Kommune grundlegend: Milani, Giuliano: I comuni italiani. Secoli XII-XIV (Quadrante Laterza 126). Rom/Bari 2005.

22 Zu Genua zusammenfassend Epstein, Steven A.: Genoa and the Genoese, 958–1528. Chapel Hill/London 1996; Puncuh, Dino (Hrsg.): Storia di Genova. Mediterraneo, Europa, Atlantico. Genua 2003; aus mediterraner Perspektive jetzt: Musarra, Antonio: Genova e il mare nel Medioevo. Bologna 2015. Zur Entstehung und Entfaltung der Kommune in Genua vgl. Dartmann (Anm. 1), S. 121–294.

23 Zu den Annales Ianuenses: Wickham, Chris: The Sense of the Past in Italian Communal Narratives. In: Magdalino, Paul (Hrsg.): The Perception of the Past in Twelfth-Century Europe. London/Rio Grande 1992, S. 173–189; Schweppenstette, Frank: Die Politik der Erinnerung. Studien zur Geschichtsschreibung Genuas im 12. Jahrhundert (Gesellschaft, Kultur und Schrift. Mediävistische Beiträge 12). Frankfurt am Main [u.a.] 2003;

herausragende urkundliche Überlieferung aus den Archiven der Kommune, des Erzbischofs sowie anderer kirchlicher Institutionen. Seit der Mitte des 12. Jahrhunderts häuften sich aber für die Kommunalgeschichte auch bereits Krisenphänomene: Kriegszüge der 1140er Jahre gegen muslimische Herrschaftsträger auf Menorca sowie auf der Iberischen Halbinsel erwiesen sich trotz militärischer Erfolge als so kostspielig, dass sie die Kommune beinahe in den finanziellen Ruin führten. Das neue Engagement, mit dem Friedrich Barbarossa seine Herrschaft über das Italische Reich zur Geltung brachte, gefährdete Genuas Vormachtstellung an der ligurischen Küste und ließ die Stadtregierung sogar einen Angriff befürchten. In den 1160er Jahren kam es schließlich zu mehrjährigen innerstädtischen Konflikten.

Die Gründe für diese Konflikte sind unklar.[24] Auslöser war ein Handgemenge zwischen verschiedenen Angehörigen führender Familien der Stadt, die anlässlich der Landung des sardischen Kleinkönigs Bareso von Arborea in Genua aneinandergeraten waren.[25] Als Köpfe der Gruppen benennen die Kommunalannalen Fulco de Castro auf der einen Seite und Rolandus Advocatus auf der anderen. Im Zuge dieses Handgemenges starben einige Mitglieder führender Familien der Stadt, weil sie von Pfeilen oder Steinen getroffen worden waren. Diese Gewalttaten setzten eine Spirale wechselseitiger Racheakte in Gang, denen mit Marchio de Volta im Jahr 1164 unter anderem ein amtierender Konsul zum Opfer fiel, der als Schwager Fulcos de Castro zugleich eng mit einem Protagonisten der Kämpfe im Hafen verwandt war. Die folgenden Jahre sind nach dem Bericht des Annalisten Obertus Cancellarius, des ersten Fortsetzers der Kommunalannalen, von großer Unsicherheit in Genua und der Umgebung, von fortgesetzten Gewalttaten und von vergeblichen Versuchen der Kommunalregierung geprägt gewesen, die Kämpfe zu beenden. Erst fünf Jahre später gelang dies im Zusammenspiel zwischen den geistlichen und weltlichen Autoritäten der Stadt, wie Obertus Cancellarius in aller Ausführlichkeit berichtet. Nachdem die Konsuln die glaubwürdige Drohkulisse errichtet hatten, mit Unterstützung der Bürger alle hart zu bestrafen, die an den Kämpfen der letzten Jahre beteiligt gewesen waren, verständigten sie sich mit dem Erzbischof darauf, statt eines Strafgerichts

---

Haug, Henrike: Annales Ianuenses. Orte und Medien des historischen Gedächtnisses im mittelalterlichen Genua (Orbis mediaevalis. Vorstellungswelten des Mittelalters 15). Göttingen 2016.

24 Vgl. hier und im Anschluss Schweppenstette (Anm. 23), S. 38–43; S. 219–240 sowie Dartmann (Anm. 1), S. 190–198. Vgl. auch Ders. (Anm. 20), hier S. 32–38.

25 Zu Bareso von Arborea und seinem schwierigen Verhältnis zu Genua vgl. Bernwieser (Anm. 14), S. 86–128.

eine eindrucksvolle Friedenszeremonie zu veranstalten. Zu diesem Zweck beriefen sie überraschend eine Bürgerversammlung in der Kathedrale S. Lorenzo ein, die zum Ort des Friedensschlusses werden sollte.[26] Um die religiöse Dimension der Versammlung zu unterstreichen, wurden die wichtigsten Reliquien der Stadt, diejenigen Johannes' des Täufers, in die Versammlung getragen. Zugleich stellten sich Männer mit Vortragskreuzen an den Portalen der Kathedrale auf, während der Klerus im Festornat in die Versammlung einzog. Mit Rolandus Advocatus war der führende Exponent einer Konfliktpartei anwesend, während seine Gegenspieler, Fulco de Castro und sein Schwiegervater Ingo de Volta, der Versammlung einstweilen fernblieben. In der Kathedrale begann nun der Erzbischof, alle Anwesenden mit feierlichen Worten zum Frieden zu mahnen. Er

> gewann die Bürger mit einer bewundernswerten Einfühlungsgabe und hielt eine Rede in einem bewundernswerten Gleichklang von Stimme und Körpergestik über den Frieden, der herzustellen war. Mit Bezug auf die Gefahr[en] für die Stadt sprach er mit Engelszunge über alle ehrbaren und nützlichen Dinge, wie es sich für Gott und sein Volk schickte. So öffnete er die Ohren der Bürger und aufgrund seines frommen Alters richtete er die Gemüter der Bürger auf beinahe nie gehörte Dinge.[27]

Im Anschluss wurde mit Rolandus Advocatus der einzige anwesende Exponent der verfeindeten Gruppierungen dazu gebracht, mit einem Evangelieneid seine Bereitschaft zum Frieden zu bekunden. Dabei wurde darauf geachtet, dass er seine Trauer um die Verstorbenen wirkungsvoll zum Ausdruck bringen konnte, indem er in laute Klagen ausbrach und sich die Kleider zerriss. Anschließend wurden mit Fulco de Castro und Ingo de Volta die Häupter der anderen Streitpartei in die Versammlung gerufen, um ebenfalls einen Friedenseid abzulegen. Als dies vollzogen war, bekräftigten weitere Verwandte den Friedensschluss, und beide Parteien tauschten den Friedenskuss aus.[28] Zum Abschluss der Versöhnung läuteten die Glocken und stimmten die Kleriker ein feierliches *Te Deum* an. Damit war die Zeremonie abgeschlossen; zur dauerhaften Sicherung des innerstädtischen Friedens entwickelten die Konsuln in der Folgezeit Mechanismen,

---

26 Die Schilderung folgt: Oberti cancelarii annales a. 1164–1173. In: MGH. Scriptores 18. Hrsg. von Georg Heinrich Pertz. Hannover 1863, S. 56–96, hier S. 79f. Eine Übersetzung bietet Schweppenstette (Anm. 23), S. 228f.

27 Obertus Cancellarius (Anm. 26), S. 80. Die Übersetzung folgt Schweppenstette (Anm. 23), S. 228; abweichend davon die Übersetzung von: „mira insinuatione cives alliciens".

28 Zum Friedenskuss vgl. Schreiner, Klaus: „Gerechtigkeit und Frieden haben sich geküßt" (Ps. 84,11). Friedensstiftung durch symbolisches Handeln. In: Fried, Johannes (Hrsg.): Träger und Instrumentarien des Friedens im hohen und späten Mittelalter (Vorträge und Forschungen 43). Sigmaringen 1996, S. 37–86.

um offene Schadensersatzforderungen zu bearbeiten und so die Beteiligten davon abzuhalten, erneut zu den Waffen zu greifen.

Dieser Friedensschluss lässt ein kommunikatives Repertoire erkennen, das für italienische Stadtkommunen des 12. Jahrhunderts typisch war: Im Zentrum standen das gesprochene Wort und die körpergebundene Interaktion von Amtsträgern und anderen Protagonisten. Zentrale Angelegenheiten der Stadt wurden nicht nur vor den Augen der Bürger behandelt, sondern bei Bedarf auch unter ihrer aktiven Beteiligung. Deswegen stellten Bürgerversammlungen, die sowohl im regelmäßigen Turnus abgehalten als auch zu besonderen Anlässen einberufen wurden, den wichtigsten Ort öffentlicher politischer Kommunikation dar.[29] Zugleich war jeder Bürger nach seinem Bürgereid gezwungen, an diesen Treffen teilzunehmen. Sollte er abwesend sein, war er dennoch auf die Beschlüsse verpflichtet, die in der Versammlung kommuniziert worden waren. Im Fall des Friedensschlusses von 1169 wurden die Bürger als Zeugen aktiviert, ihre Anwesenheit unterstützte offensichtlich den Druck auf die verfeindeten Männer, ihren Konflikt zu beenden und sich mit ihren Gegnern zu versöhnen. Zugleich konnten sie daher in der Folgezeit als Garanten dafür aufgerufen werden, dass die Eide Beachtung fanden, die die Anführer der Konfliktparteien geleistet hatten. Damit erfüllten sie Funktionen, die auch für die Zeugen in Akten öffentlicher politischer Kommunikation in früh- und hochmittelalterlichen Reichen plausibel gemacht worden sind,[30] bewegten sich aber zugleich mit der Bürgerversammlung in einem typisch kommunalen Setting. Das wurde bei anderen Anlässen wie Amts- und Bürgereiden oder zwischenstädtischen Verträgen noch deutlicher, bei denen die Bürger durch kollektive Eide oder akklamierende Rufe am Geschehen beteiligt wurden.

Die Bürgerversammlung ist neben diplomatischen Begegnungen der wichtigste Anlass für formalisierte Reden in italienischen Städten des 12. Jahrhunderts. Das hier vorgestellte Beispiel zeigt die enge Verbindung oratorischer Praxis mit performativen Akten in der städtischen Öffentlichkeit, in denen zentrale Belange der Bürgerschaft geregelt wurden. Gemeinsam mit der feierlichen Inszenierung, der gestischen Interaktion und den formalisierten Sprechakten der Evangelieneide leistete die Ansprache des Erzbischofs nach dem Bericht

---

29 Zur Bürgerversammlung vgl. Dartmann, Christoph: Die Repräsentation der Stadtgemeinde in der Bürgerversammlung der italienischen Kommune. In: Oberste, Jörg/ Feistner, Edith (Hrsg.): Repräsentationen der mittelalterlichen Stadt (Forum Mittelalter. Studien 4). Regensburg 2008, S. 95–108.

30 Althoff, Gerd: Demonstration und Inszenierung. Spielregeln der Kommunikation in mittelalterlicher Öffentlichkeit. In: Frühmittelalterliche Studien 27 (1993). S. 27–50.

des Annalisten einen fundamentalen Beitrag dazu, den Frieden in Genua wiederherzustellen. Von diesem sehr typischen plurimedialen Ensemble berichtet aber lediglich die Geschichtsschreibung, weil die politische Kommunikation der Städte im 12. Jahrhundert in vielerlei Belangen noch weitgehend auf nonverbaler und verbaler direkter Interaktion beruhte und nur sehr partiell mit dem Aufsetzen von Dokumenten verknüpft wurde. Stattdessen erfolgte nach der Friedenszeremonie die Einrichtung eines Schiedsausschusses, also eines ad hoc eingesetzten institutionalisierten Gremiums. Weil die genuesischen Kommunalannalen in erster Linie für Angehörige der Stadtregierung verfasst waren, fehlte Obertus Cancellarius der Anlass, die Rede des Erzbischofs widerzugeben bzw. diese Szene zum Anlass zu nehmen, eine Musterrede in seine Darstellung einzuflechten.[31] Daher ist die oratorische Praxis für diesen Fall lediglich in Umrissen zu erkennen, wohl aber das Setting einer feierlichen öffentlichen Ansprache in der Kathedrale S. Lorenzo im Jahr 1169.

Einen Qualitätssprung erlebten die städtischen Kommunen dann um die Wende vom 12. zum 13. Jahrhundert. Entscheidende Faktoren waren die Einführung des Podestariats, die Ausweitung der Reichweite kommunalen Handelns sowie die mit beidem verbundene Verschriftlichung von Regierung und Verwaltung. Die wachsende Bedeutung schriftgestützter Verwaltung im 13. Jahrhundert hat Giuliano Milani auf die eingängige Formulierung eines „governo delle liste" gebracht, eines Regierens durch Listenführung.[32] Der Podestà – oft ein wandernder Berufspolitiker und Verwaltungsfachmann – war zugleich auch die Figur, mit der man ein neues Niveau professioneller Beredsamkeit verbinden kann.

Im Prinzip ist mit der Regierung der Podestà das institutionelle und kommunikative Dispositiv umrissen, das auch noch den Frieden des Kardinals Latino von 1279/80 prägen sollte. Allerdings entwickelte sich die politische Situation in Florenz seit der Mitte des 13. Jahrhunderts stürmisch weiter, insbesondere wegen der innerstädtischen Auseinandersetzungen zwischen den

31 Dass die Rede des Erzbischofs nicht widergegeben wird bzw. die Schilderung des Friedensschlusses nicht für den Einschub einer Musterrede genutzt wird, fällt besonders auf, weil die *Annales Ianuenses* für Verhandlungen mit dem Kaiser ausführliche Muster praktizierter Oratorik beinhalten. Vgl. dazu Schweppenstette (Anm. 23), S. 249–273; Görich: Ehre Friedrich Barbarossas (Anm. 14), S. 52–56, und Ders.: Sprechen vor dem Kaiser. Gesandte aus italienischen Kommunen am Hof Friedrich Barbarossas. In: Hartmann: Cum verbis ut Italici solent ornatissimis (Anm. 1), S. 135–152.

32 Milani, Giuliano: Il governo delle liste nel Comune di Bologna. Premesse e genesi di un libro di proscrizione duecentesco. In: Rivista storica italiana 108 (1996), S. 149–229.

beiden Gruppierungen der sogenannten Guelfen und Ghibellinen.[33] Im Zusammenhang mit den Auseinandersetzungen zunächst der Päpste mit den Staufern, dann um das staufische Erbe benannten sich innerstädtische Gruppierungen in zahlreichen mittelitalienischen Städten als Ghibellinen bzw. Guelfen. In Florenz führten wechselnde politische Allianzen und innerstädtische Machtkonstellationen dazu, dass mehrfach die eine oder andere Seite die Regierung der Stadt übernahm und zahlreiche Exponenten der Gegenseite aus der Stadt ins Exil verbannte. Ein erster Versuch Papst Gregors X., im Jahr 1273 einen Frieden zwischen den Florentiner Guelfen und Ghibellinen auszuhandeln, scheiterte rasch. Im Winter 1279/80 sollte nun der Kardinal Latino die Stadt, die zu den wichtigsten Alliierten des Papsttums und der Anjou zählte, befrieden.[34]

Neben kurzen historiographischen Nachrichten verfügen wir über ein Dossier von insgesamt zehn Urkunden aus dem Zeitraum vom 19. November 1279 bis zum 7. März 1280, die den Prozess des Friedensschlusses dokumentieren.[35] Dabei handelt es sich neben der eigentlichen Friedenssentenz vom 18. Januar 1280 um neun Notariatsinstrumente, die vorbereitende Schritte beziehungsweise den Vollzug einzelner Klauseln der Friedenssentenz festhalten. Nach modernen Kategorien würde man die Sentenz als Legatenurkunde von den anderen Notariatsinstrumenten unterscheiden. Der Notar, der die Sentenz in ein kommunales Urkundenregister eingetragen hat, bezeichnet sie jedoch gleichfalls als „Instrumentum", sie ist also das Produkt derselben notariellen Schriftpraxis wie die anderen Stücke.[36]

Das Dossier beginnt nicht mit der Verkündung des Friedens am 18. Januar, sondern zwei Monate zuvor. Am 19. November beriefen die städtischen Ausrufer alle Bürger von Florenz zu einer Bürgerversammlung vor der Baustelle der neuen Dominikanerkirche S. Maria Novella zusammen.[37] In Anwesenheit

33 Zur Geschichte von Florenz vgl. zusammenfassend: Najemy, John M.: A History of Florence, 1200–1575. Oxford 2006.

34 Auf diesen Frieden hat im deutschen Sprachraum aufmerksam gemacht: Meier, Ulrich: „Pax et tranquillitas". Friedensidee, Friedenswahrung und Staatsbildung im spätmittelalterlichen Florenz, in: Fried (Anm. 28), S. 489–523, hier S. 497–505. Grundlegend bereits Sanfilippo, Mario: Guelfi e ghibellini a Firenze. La ‚pace' del cardinal Latino (1280). In: Nuova rivista storica 64 (1980), S. 1–24.

35 Lori Sanfilippo, Isa: La pace del cardinale Latino a Firenze nel 1280. La sentenza e gli atti complementari. In: Bullettino dell'Istituto storico italiano per il medio evo 89 (1980/81), S. 193–259.

36 Die Kopie im Register der Capitoli der Kommune überschreibt die Sentenz: „Instrumentum sententie late et pronunt(iate) per dominum fratrem Latinum Apostolice Sedis legatum inter Guelfos et Gibellinos civitat(is) Flor(entie)". Ebd., S. 201.

37 Vgl. ebd., S. 216–218.

der verschiedenen Gremien der Kommunalregierung legte der päpstliche Legat, Kardinal Latino Malabranca, in einer ausführlichen Rede dar, welche Vollmachten er für sich beansprucht, um die Stadt zu befrieden. Dabei handelt es sich nach dem Dokument um eine typische Vorlage in einem kommunalen Beratungsgremium. Wie sonst ein Podestà oder ein Capitano del popolo während einer Ratsversammlung benannte der Kardinal Punkt für Punkt die Vollmachten, die ihm übertragen werden sollten. Auf diese eher trocken-technische Beratungsvorlage hätten alle Amtsträger und die gesamte Bürgerschaft reagiert, indem sie einstimmig ohne jeden Widerspruch zugestimmt und „Ita sit – ita sit – ita sit" gerufen hätten. Daraufhin habe der Legat erneut das Wort ergriffen: Es käme oft vor, dass bei einer Volksversammlung viele riefen, ohne wirklich verstanden zu haben, worum es ginge; deswegen habe er den Wunsch, dass wirklich jeder Anwesende verstehe, was gerade verhandelt werde. Erneut habe er *en detail* seine Vorschläge erläutert und jeden, der Einspruch erheben wolle, aufgefordert, sich zu erheben und Widerspruch einzulegen. Es habe sich aber auch auf diese Aufforderung hin niemand erhoben, vielmehr hätte erneut die gesamte Versammlung einstimmig ihr Einverständnis erklärt. Anschließend habe der Kardinallegat – immer noch auf der Piazza vor S. Maria Novella während der Bürgerversammlung – den Notar beauftragt, das vorliegende Notariatsinstrument auszufertigen und alle Abläufe und Beschlüsse darin aufzuzeichnen. Die Veranstaltung habe damit geendet, dass der Legat sofort seine neuen Vollmachten genutzt habe, um Strafandrohungen gegen diejenigen auszusprechen, die sich seinen Maßnahmen widersetzten.

Der eigentliche Friedensschluss wird in einem Notariatsinstrument vom 18. Januar 1280 wie folgt geschildert:[38] Zunächst sei erneut die formgerechte Einberufung einer Bürgerversammlung bei S. Maria Novella erfolgt, an der erneut auch alle Repräsentanten der Kommunalregierung sowie alle Mitglieder der städtischen Ratsgremien teilgenommen hätten. Kardinal Latino habe seine Sentenz verlesen – was vielleicht 45 Minuten in Anspruch genommen haben dürfte. Im Gegensatz zur Bürgerversammlung vom 19. November bekamen die Menschen diesmal auch grundsätzliche programmatische Ausführungen zu hören: Gott habe zur Befriedung von Himmel und Erde Jesus Christus entsandt, und dieser habe wiederum das Herz des Papstes entzündet, die Menschen mit Gott und untereinander zu versöhnen.[39] Weil seine Kräfte begrenzt seien, habe

38 Vgl. ebd. S. 201–215.

39 Konzeptionelle Überlegungen zum innerkommunalen Frieden legt dar Meier (Anm. 34), S. 490–497.

Nikolaus III. einen Legaten nach Florenz gesandt, in eine Stadt, die ihm besonders am Herzen liege. Erst auf diese programmatische Einführung folgten dann die extrem umfangreichen und detaillierten Bestimmungen zur Gewährleistung einer Versöhnung zwischen den verfeindeten Parteien und einer Befriedung der Stadt Florenz. Im Anschluss an die Verlesung des Friedensspruchs seien je zwei Vertreter der Florentiner Guelfen und Ghibellinen aufgetreten, die von den Konfliktparteien mit allen Vollmachten ausgestattet gewesen seien, die Sentenz des Kardinallegaten anzuerkennen und seine Bestimmungen umzusetzen.[40] In diesem Zusammenhang zählt der Notar nicht nur die diversen Bevollmächtigungen auf, die die Repräsentanten der Streitparteien vorgezeigt hätten und die er geprüft habe, sondern auch zusätzliche Einverständniserklärungen, mit denen die Guelfen und Ghibellinen den Papst und seinen Legaten als Schiedsrichter anerkannt hätten. Die vier Vertreter der Streitparteien hätten sich auf der Grundlage ihrer Vollmachten gegenseitig bzw. im Namen der von ihnen vertretenen Guelfen und Ghibellinen sich wechselseitig alle Übergriffe verziehen und auf jede Gegenmaßnahme verzichtet. Zur Bekräftigung dieses Ausgleichs und dieser Versöhnung hätten sich die Repräsentanten der Guelfen und Ghibellinen geküsst. Anschließend hätten sie in Gegenwart der gesamten Kommune von Florenz einen Eid auf die Evangelien geleistet, dass alle von ihnen vertretenen Anhänger der beiden Konfliktparteien sämtliche Bestimmungen des Friedensspruchs anerkennten und befolgen wollten und bereit seien, bei Zuwiderhandlung mit ihrem gesamten Vermögen zu haften.

Einen Monat später erfolgte an gleicher Stelle in einer weiteren Bürgerversammlung ein weiterer öffentlicher Akt, der die Ratifikation des Friedens zwischen den Florentiner Bürgern vorantrieben sollte. Diesmal ließ der Kardinallegat von einem Notar die Namen von je 55 Guelfen und Ghibellinen verlesen, die anwesend waren und als Garanten für die Einhaltung des Friedens auserwählt worden waren. Jeder von ihnen bekräftigte persönlich, dass er die Bestimmungen des Friedens befolgen werde und dass er auch die anderen Anhänger seiner Gruppierung zur Einhaltung des Friedens veranlassen werde. Dies bekräftigten sie durch den Austausch von Friedensküssen sowie erneut einen persönlich auf das Evangelium geleisteten Eid.[41]

40 Lori Sanfilippo (Anm. 35), S. 219–223.

41 Vgl. ebd., S. 224–227. Weitere Akte zur Ratifikation des Friedens ebd., S. 227–259. Es handelt sich um lange Listen mit den Namen derjenigen, die im Februar und März 1280 persönlich oder durch Bevollmächtigte ebenfalls den Eid geleistet haben, die Friedenssentenz des Kardinallegaten anzuerkennen.

Die Details dieser Abläufe führen eindrucksvoll vor Augen, wie gesprochenes Wort, Gestik, feierliche Abläufe und schriftliche Dokumentation ineinander verwoben wurden, um einen komplexen politischen Prozess zu gestalten, der die Stadt Florenz befrieden und es hunderten Exilierten ermöglichen sollte, in ihre Heimatstadt zurückzukehren. Einerseits fanden hoch formalisierte Inszenierungen statt, die teils performativen Charakter in dem Sinne besaßen, dass sie das bewirkten, was sie bezeichneten:[42] Neben dem feierlichen Einzug des Kardinallegaten, von dem die notarielle Überlieferung nicht berichtet, finden wir die Übertragung von Kompetenzen durch affirmative Zurufe, die Anerkennung von Normen durch individuelle oder kollektive Eide oder auch den Austausch von Friedensküssen. Umfangreiche Wortbeiträge – das Verlesen der Friedenssentenz ebenso wie der Vortrag von Entscheidungsvorlagen – illustrieren in eindrucksvoller Weise die Bedeutung des gesprochenen Worts. Zugleich wird aber das gesamte Geschehen von Notaren verschriftet. Sowieso ist unübersehbar, dass schriftliche Dokumentation nicht nur die einzelnen Abläufe festhält, sondern zugleich auch Schrift als Voraussetzung und Folge des Geschehens unverzichtbar ist. Die Vertreter der Guelfen und Ghibellinen, die Eide leisten und Friedensküsse austauschen, weisen durch notarielles Schriftgut ihre Bevollmächtigung nach; die Inhalte der Vollmachten des Kardinallegaten und vor allem der Friedenssentenz wären ohne schriftliche Fixierung so nicht konzipier- und nutzbar, weil sie viel zu komplex und detailliert ausfallen. Das dürfte auch für die Namenslisten derjenigen gelten, die als Repräsentanten der Streitparteien auftreten bzw. die Repräsentanten beauftragt haben. Auch die ausführlichen Bestimmungen zu möglichen Strafen bei Verstößen sowie die verschiedenen rechtlichen Klauseln der Texte sind dem Bereich konzeptioneller Schriftlichkeit zuzuordnen, selbst wenn sie mündlich vorgetragen worden sind.[43] Zugleich legten die Protagonisten

---

42 Zu den Begrifflichkeiten vgl. Stollberg-Rilinger, Barbara: Symbolische Kommunikation in der Vormoderne. Begriffe – Forschungsperspektiven – Thesen. In: Zeitschrift für Historische Forschung 31 (2004), S. 489–527; Fischer-Lichte, Erika: Ästhetik des Performativen. Frankfurt am Main 2004; Martschukat, Jürgen/Patzold Steffen (Hrsg.): Geschichtswissenschaft und ‚performative turn'. Ritual, Inszenierung und Performanz vom Mittelalter bis zur Neuzeit (Norm und Struktur 19). Köln/Weimar/Wien 2003.

43 Der Begriff ‚konzeptionelle Schriftlichkeit' rekurriert darauf, dass unabhängig davon, ob ein Text vorgetragen oder lediglich zur stillen Lektüre zur Verfügung gestellt wird, er bestimmte Merkmale aufweist, die ihn als schriftlich konzipiert oder für schriftgestützten Gebrauch erstellt erkennbar machen. Vgl. dazu Koch, Peter/Oesterreicher, Wulf: Sprache der Nähe – Sprache der Distanz. Mündlichkeit und Schriftlichkeit im Spannungsfeld von Sprachtheorie und Sprachgeschichte. In: Romanistisches Jahrbuch

der Kommune großen Wert darauf, nicht nur die feierlichen öffentlichen Akte durchzuführen, sondern auch die einschlägigen Akten zu archivieren. Im Kommunalrat wurde jedenfalls ein Beschluss gefasst, nicht nur die Friedenssentenz zu kopieren, sondern mehrere Exemplare des gesamten Dossiers an verschiedenen Orten zu hinterlegen, damit es jederzeit möglich sei, erneut Kopien erstellen zu lassen.[44]

Der Frieden des Kardinallegaten Latino ist beileibe kein Einzelfall. Er stellt vielmehr ein besonders aufwendiges Beispiel für typische Vorgehensweisen politischer Kommunikation in italienischen Stadtkommunen dar. Während des 12. Jahrhunderts dominierten dort vor allem die Performanz und das gesprochene Wort, während Schriftstücke zunächst eine weniger prominente Rolle spielten. Die Bedeutung von öffentlicher Kommunikation in Wort und formalisierter körpergebundener Interaktion blieb auch im 13. Jahrhundert bestehen, veränderte sich aber durch das, was Jean-Claude Maire Vigueur als ‚Révolution documentaire' des 13. Jahrhunderts bezeichnet hat.[45] Die Oratorik losgelöst von der demonstrativen gestischen Kommunikation oder auch vom pragmatischen Schriftgebrauch zu analysieren würde bedeuten, ihren Sitz im Leben, ihre Funktion in der politischen Praxis der italienischen Stadtkommune zu verfehlen. Und wie im vorliegenden Fall eröffnen seit dem 13. Jahrhundert besonders Notariatsinstrumente einen faszinierenden, vielschichtigen Einblick gerade auch in die politische Oratorik, weil sie sich nicht auf die Reden allein konzentrieren, sondern die Gesamtabläufe in den Blick nehmen, in deren Rahmen geredet wurde.

Wie wertvoll die Erzählungen der Notare für die Kenntnis der Oratorik und überhaupt der politischen Kommunikation italienischer Kommunen des Mittelalters sind, mag ein kurzer Blick auf die Informationen zeigen, die die zeitgenössische Historiographie vom Frieden des Kardinallegaten Latino bietet. Dino Compagni fasst das Geschehen, das ich hier nachvollzogen habe, lakonisch zusammen: Die Guelfen hätten sich mit den Ghibellinen versöhnen wollen, deswegen hätten sie den Papst gebeten, einen Legaten zu schicken. Dieser habe ein Urteil gefällt, das es den Ghibellinen ermöglicht habe, in die Stadt

---

36 (1985), S. 15–43; Dies.: Schriftlichkeit und Sprache. In: Günther, Hartmut/Ludwig, Otto (Hrsg.): Schrift und Schriftlichkeit. Writing and its Use. Ein interdisziplinäres Handbuch internationaler Forschung. An Interdisciplinary Handbook of International Research (Handbücher zur Sprach- und Kommunikationswissenschaft 10.1). Berlin/New York 1994, S. 587–604.

44 Vgl. Lori Sanfilippo (Anm. 35), S. 194 mit Anm. 7.

45 Vgl. Maire Vigueur (Anm. 2).

zurückzukehren.[46] Mehr erfahren wir zum Frieden von 1280 nicht von einem Mann, der als Politiker die Geschicke seiner Heimatstadt seit 1282 entscheidend mit prägte. Der um 1280 geborene Florentiner Chronist Giovanni Villani wird etwas ausführlicher: Er berichtet vom feierlichen Einzug, mit dem die Florentiner den Kardinallegaten geehrt haben, sowie mit einigen Ungenauigkeiten von den öffentlichen Versammlungen des Winters 1279/1280. Der Kardinal habe mit großer Entourage in einer Volksversammlung „als weiser und guter Prediger eine würdevolle Ansprache gehalten unter Heranziehung zahlreicher gewichtiger Autoritäten, wie es dem Anlass angemessen war."[47] Viel mehr weiß er hingegen nicht zu berichten, und ebenso verhält es sich mit den weniger prominenten zeitgenössischen Geschichtsschreibern.

Es wäre allerdings naiv, den Notaren aufs Wort zu glauben und sie für zuverlässigere Berichterstatter zu halten als Historiographen oder Hagiographen. Es gehört zum Handwerkszeug der Notare, schriftlich niederzuschreiben, was Menschen getan und gesagt haben. Dazu gehören immer auch Angaben zu Zeit und

46 Vgl. Compagni, Dino: La Cronica delle cose occorrenti ne' tempi suoi. Hrsg. von Isidoro del Lungo (Rerum italicarum scriptores[2] 9,2). Città di Castello 1916, Kapitel 1,3.

47 „Ma per loro non si lasciò la pace; che poi il legato bene aventurosamente del mese di febbraio vegnente, congregato il popolo di Firenze a parlamento nella piazza vecchia della detta chiesa, tutta coperta di pezze, e con grandi pergami di legname, in su' quali era il detto cardinale, e più vescovi, e prelati, e cherici, e religiosi, e podestà, e capitano, e tutti i consiglieri, e gli ordini di Firenze, e in quello per lo detto legato sermonato nobilemente e con grandi e molte belle autoritadi, come alla materia si convenia, sì come quegli ch'era savio e bello predicatore; e ciò fatto, sì fece basciare in bocca i sindachi ordinati per gli Guelfi e per gli Ghibellini, pace faccendo con grande allegrezza per tutti i cittadini; e furono CL per parte. E in quello luogo presentemente diede sentenzia de' modi, e de' patti, e condizioni che si dovessono oservare intra l'una parte e l'altra, fermando la detta pace con solenni e vallate carte, e con molti idonei mallevadori. E d'allora innanzi poterono tornare e tornarono i Ghibellini in Firenze e le loro famiglie, e furono cancellati d'ogni bando e condannagione; e furono arsi tutti i libri delle condannagioni e bandi ch'erano in camera; e detti Ghibellini riebbono i loro beni e possessioni, salvo che alquanti de' più principali fu ordinato per più sicurtà della terra che certo tempo stessono a confini. E ciò fatto per lo legato cardinale, fece fare le singulari paci de' cittadini; e la prima fu quella ond'era la maggiore discordia, cioè tra gli Adimari e' Tosinghi, e' Pazzi e' Donati, faccendo più parentadi insieme; e per simile modo si feciono tutte quelle di Firenze e del contado, quali per volontà e quali per la forza del Comune, datane sentenzia per lo cardinale con buoni sodamenti e mallevadori; delle quali paci il detto legato ebbe grande onore, e quasi tutte s'osservarono, e la città di Firenze ne dimorò buono tempo in pacifico e buono e tranquillo stato." Villani, Giovanni: Nuova Cronica. Hrsg. von Giuseppe Porta. Parma 1991, Kapitel 8,56.

Ort des Geschehens, zu anwesenden Personen etc.[48] Aber zugleich sind Notare darauf spezialisiert, eine Dokumentation zu erstellen, die die Rechtmäßigkeit der niedergeschriebenen Abläufe und Sachverhalte belegt. Deswegen müssen sie zum Beispiel bei einem Vertrag oder dem Erlass einer Norm die Einstimmigkeit und Spontaneität des Konsenses aller Betroffenen herausstellen, damit niemand nachher rechtmäßig Einspruch erheben kann. Ebenfalls gehört es zu den Grundanliegen notarieller Schriftstücke, die Korrektheit der Verfahrensabläufe zu dokumentieren. Bei Ausnahmefällen lässt sich fassen, wie stark ein Notar das Geschehen stilisieren musste, damit seine Urkunde den Eindruck eines korrekten, ungestörten Verfahrensablaufs erweckt.[49] Aber diese seltenen Ausnahmen mahnen dazu, auch den anderen Notariatsinstrumenten mit einer gehörigen Portion Skepsis zu begegnen.

Ziel dieses Beitrags ist es, verschiedene Erzählungen italienischer Geschichtsschreiber und Notare über Reden als Teil der politischen Kommunikation des kommunalen Italien zu analysieren. Damit wollte ich zum einen zeigen, wie eng die Oratorik in Gepflogenheiten politischer Kommunikation eingebunden war, die sich in italienischen Städten seit dem 12. Jahrhundert entwickelt haben. Die mittlerweile sehr differenzierte Forschung zu politischer Interaktion hat aufzeigen können, wie präzise die Stadtkommunen ihre Kommunikationspraxis auf die eigenen Bedürfnisse hin entfalteten. Diese unterschieden sich fundamental von den Gepflogenheiten in anderen politischen und sozialen Formationen des Mittelalters und der Frühen Neuzeit. Es ist deswegen wenig sinnvoll, die kommunale Redepraxis zu analysieren, wenn man sie von demonstrativer und/oder ritueller Kommunikation isoliert. Zum anderen können dadurch die Erkenntnismöglichkeiten eines Ansatzes aufgezeigt werden, der sich nicht auf eine Quellengattung kapriziert, sondern die politische Praxis in der Brechung möglichst vieler verschiedener Überlieferungen in den Blick zu nehmen versucht, um so dem rasch verhallenden Laut des flüchtigen gesprochenen Worts nachzulauschen.

---

48 Entsprechende Dokumentationstechniken rekonstruiert anhand von Notarshandbüchern Brandt, Barbara: Die Prozessschriftstücke als Gegenstand theoretischer Überlegungen in den Bologneser *artes notariae* des 13. Jahrhunderts. In: Keller/Blattmann (wie Anm. 2), S. 259–302.

49 Vgl. Dartmann, Christoph: The Usurper in the City. Rituals of Power in Northern Italian City States. In: Michaels, Axel [u.a.] (Hrsg.): Ritual Dynamics and the Science of Ritual. Bd. 3. State, Power, and Violence. Wiesbaden 2010, S. 531–542, hier S. 534f.

Michele Campopiano

# Oratorik in Übersetzung. Dialoge, Briefe und Orationen in den italienischen Versionen der *Historia de preliis*

**Abstract:** Italian philologists describe translations and adaptations from Latin into Italian (but also from other vernacular languages) as *volgarizzamenti.* Among the first examples of these adaptations we find rhetorical works such as *Rhetorica ad Herennium* and *De inventione.* These adaptations were motivated by the essential role that rhetoric played in the social and political life of Italian city-states. Next to rhetorical texts there are also adaptations of other Latin texts, in particular historical works. This article discusses the translations of different versions of the *Historia de preliis*, narratives of the deeds of Alexander the Great. These adaptations are important witnesses of the continuity in the reception of specific texts in high and late medieval Italy. The *Historia de preliis* contains many political speeches, dialogues and letter exchanges between kings (for example Alexander and Darius). This article deals with several questions concerning the reception and adaptation of Latin texts in the vernacular culture on the basis of a range of different *volgarizzamenti* of the *Historia de preliis.* How were these speeches, letters and dialogues translated into Italian? Which influence had rhetorical theories, expressed in both vernacular and Latin texts, and the techniques of the *artes dictaminis* on the translation of these letters and speeches? How were formulary expressions translated in the vernacular language? What is the relationship between these translation practices and political communication in medieval Italy? The article thus sheds further light on oratory and communication in Italy between the 13th and 15th century.

## I. Einleitung: Oratorik und Rhetorik im italienischen Spätmittelalter

Im politischen Leben Italiens wurde die Fortsetzung und Entwicklung von klassischer Rhetorik besonders befördert und an den historischen Kontext des Hoch- und Spätmittelalters angepasst.[1] Diese Entwicklung hatte ihre Wurzeln in

1 Hartmann, Florian: Il dictamen e i valori comunali nell'Italia di inizio XII secolo. In: Grevin, Benoit/Turcan Verkerk, Anne-Marie (Hrsg.): Le dictamen dans tous ses états. Perspectives de recherches sur la théorie et la pratique de l'ars dictaminis (XIe-XVe s.) (Bibliothèque d'histoire culturelle du Moyen Âge). Turnhout 2015, S. 45–59; Hartmann, Florian: Ars dictaminis. Briefsteller und verbale Kommunikation in den italienischen Stadtkommunen des 11. bis 13. Jahrhunderts (Mittelalter-Forschungen

den politischen Bedürfnissen der italienischen Stadtstaaten. Ein erster Anwendungsbereich von Rhetorik stellt die Gestaltung von Briefen (und damit verbunden das Abfassen von Urkunden) dar.[2] Die Traktate der ‚Artes dictaminis', die erklären, wie man Briefe und andere Prosatexte für öffentliche und private Zwecke verfasst, finden in Norditalien, besonders nach der Abfassung von Adalbertus' Samaritanus *Praecepta*, große Verbreitung.[3] Ebenso findet Rhetorik in öffentlich gehaltenen Reden Verwendung. Boncompagno da Signa schreibt im Jahr 1235 in seiner *Rhetorica novissima*: „Consuetudo Contionandi viget in civitatibus et oppidis Italie propter eximiam liberatem".[4]

Handbücher für das Verfassen von Briefen und für die Gestaltung öffentlicher Reden verbreiten sich seit dem Anfang des 13. Jahrhunderts mit der Entwicklung

44). Ostfildern 2013, S. 163–167; Hartmann, Florian: Decet ergo cives cum civibus concorditer vivere. Ideal und Identität in kommunalen artes dictandi Oberitaliens. In: Strack, Georg/Knödler, Julia (Hrsg.): Rhetorik in Mittelalter und Renaissance. Konzepte – Praxis – Diversität (Beiträge der Tagung des Zentrums für Mittelalter und Renaissancestudien ZMR, München, 14.-16. Oktober 2009). München 2012, S. 41–62; Hartmann, Florian: Funktionen der Beredsamkeit im kommunalen Italien. Befunde und Probleme. In: Ders. (Hrsg.): *Cum verbis ut Italici solent suavibus atque ornatissimis*. Funktionen der Beredsamkeit im kommunalen Italien. Funzioni dell'eloquenza nell'Italia comunale (Super alta perennis. Studien zur Wirkung der klassischen Antike 9). Göttingen 2011, S. 9–24; Mack, Peter: A History of Renaissance Rhetoric: 1380–1620, Oxford 2011; Milner, Stephen J.: ‚Le sottili cose non si possono bene aprire in volgare': Vernacular Oratory and the Transmission of Classical Rhetorical Theory in the Late Medieval Italian Communes. In: Italian Studies 64/2 (2009), S. 221–244; Haye, Thomas: Oratio. Mittelalterliche Redekunst in lateinischer Sprache (Mittellateinische Studien und Texte 27). Köln/Leiden 1999, S. 5–16, 250–251; Artifoni, Enrico: Retorica e organizzazione del linguaggio politico nel Duecento italiano. In: Le forme della propaganda politica nel Due e nel Trecento. Relazioni tenute al convegno internazionale di Trieste (2–5 marzo 1993). Rom 1994, S. 157–182.

2 Moos, Peter von: Die italienischen ars arengandi des 13. Jahrhunderts als Schule der Kommunikation. In: Ders./Melville, Gert (Hrsg.): Rhetorik, Kommunikation und Medialität. Berlin 2006, S. 127–132; Artifoni, Enrico: I podestà professionali e la fondazione retorica della politica comunale. In: Quaderni storici 63 (1986), S. 687–719; Witt, Ronald: Medieval „Ars Dictaminis" and the Beginnings of Humanism: A New Construction of the Problem. In: Renaissance Quarterly 35/1 (1982), S. 1–35.

3 Adalbertus Samaritanus: Praecepta dictaminum. Hrsg. von Franz-Josef Schmale. Weimar 1961.

4 „Die ‚Consuetudo contionandi' blüht in den Städten Italiens als Folge übermäßiger Freiheit". Boncompagni rhetorica novissima. Hrsg. von Augusto Gaudentio, Joh. Bapt. Palmerio, Friderico Patetta, Johanne Tamassia, Victorio Sciaboia. Bologna 1892, S. 296. Ich folge der Übersetzung von Florian Hartmann, vgl. seinen Beitrag in diesem Band (Abschnitt Einführung).

der Podestà-Verfassungen. Pragmatische Texte sind nötig, um die neuen Beamten zu belehren.

Schon die Repräsentationspflichten im Zusammenhang mit der Einsetzung und Entlassung des Stadtherrn erforderten eine bestimmte zivile Ausdrucksfähigkeit: Gesandte wurden von Stadt zu Stadt geschickt, der Podestà hielt Reden auf dem Hauptplatz (‚arengo') und Ansprachen im Rat (‚consilio'). Rhetorik wird zu einem essentiellen Bestandteil der Regierungspraxis. So antwortet eine bunte Handbuchliteratur über sprachliche Umgangsformen und forensische Redegewandtheit bald auf die wachsende Nachfrage nach Sprach- und Sprecherziehung. Diese Literatur fällt seit dem späten 12. Jahrhundert terminologisch einfach unter den Oberbegriff ‚ars dictaminis'.[5] ‚Dictamen' wird der angemessene Ausdruck durch Schreiben und Reden, ‚Rettorica' wird von Brunetto Latini ausdrücklich als die doppelte Kunst des ‚dire' (sprechen, öffentliche Reden halten) ‚e dittare' (Schriften komponieren) definiert.[6]

Die ‚Artes' waren nicht die einzigen Modelle für das Verfassen von Briefen oder Reden: Wie Enrico Faini, Florian Hartmann und Frank Schweppenstette gezeigt haben, konnte auch die kommunale Geschichtsschreibung zur rhetorischen Unterweisung dienen: Chroniken konnten zum Beispiel Reden oder Briefe enthalten.[7]

---

5 Hartmann, Florian: *Multas quoque preces feret vobis inclitus ordo virorum.* Funktionen der ars dictaminis im kommunalen Italien. In: Hartmann: Cum verbis (Anm. 1), S. 111–132; Camargo, Martin: Ars dictaminis – Ars Dictandi (Typologie des sources du moyen âge occidental 60). Turnhout 1991, S. 17–40.

6 Brunetto Latini: *La rettorica.* Hrsg. von Francesco Maggini. Vorwort von Cesare Segre, Florenz 1968, S. 70; und jetzt: Brunetto Latini: *La rettorica.* Hrsg. von Stefania D'Agata D'Ottavi, Kalamazoo 2016. Ich zitiere aus Magginis Ausgabe. Siehe zu diesen Themen auch: Artifoni, Enrico: Una politica del dittare: l'epistolografia nella Rettorica di Brunetto Latini. In: Cammarosano, Paolo/Dumézil, Bruno/Gioanni, Stéphane (Hrsg.): Art de la lettre et lettre d'art. Épistolaire politique III, Trieste/Rom 2016, S. 175–193; Fenzi, Enrico: Brunetto latini, ovvero il fondamento politico dell'arte della parola e il potere dell'intellettuale. In: Maffia Scariati, Irene (Hrsg.): A scuola con ser Brunetto. Indagini sulla ricezione di Brunetto Latini dal Medioevo al Rinascimento. Florenz 2008, S. 323–336.

7 Faini, Enrico: Lettere politiche nella storiografia comunale. In: Hartmann: Cum verbis (Anm. 1), S. 89–110; Hartmann: Ars Dictaminis (Anm. 1), S. 168–173; Schweppenstette, Frank: Die Politik der Erinnerung. Studien zur Stadtgeschichtsschreibung Genuas im 12. Jahrhundert. Gesellschaft, Kultur und Schrift (Mediävistische Beiträge 12). Frankfurt a.M. 2003.

Obwohl die ‚Artes dictaminis' ursprünglich auf Latein verfasst wurden, finden die neuen Bedürfnisse der Kommunikation auch in den Volkssprachen ihren Niederschlag. Sammlungen von Musterreden wurden auf Italienisch verfasst, wie jene des bolognesischen Notars Matteo dei Libri am Ende des 13. Jahrhunderts.[8] Eine Briefsammlung, Pier della Vigna zugeschrieben, war die Vorlage von verschiedenen ‚volgarizzamenti' (Adaptionen in die Volkssprache) bis ins 15. Jahrhundert, wie der ‚volgarizzamento', der durch die Handschrift II IV 110 der Biblioteca Nazionale Centrale von Florenz überliefert wird. Diese Handschrift, kopiert im 15. Jahrhundert, enthält auch ‚volgarizzamenti' von historischen Texten, zum Beispiel von Tacitus und Livius.[9]

Klassisches Erbe und neue politische Bedürfnisse gehen eine glückliche Fusion ein. Jakob von Dinant, französischer Immigrant in Bologna, der sich gut mit der nordeuropäischen Cicero-Kommentartradition auskennt, versucht sein Wissen im Sinn des ‚dictare' und ‚dicere' (des ‚dire' und ‚dittare' von Latini) praktisch in seiner *Summa dictaminis* und seiner *Ars arengandi* fruchtbar zu machen.[10]

In der Mitte des 13. Jahrhunderts beginnt die Umarbeitung der lateinischen Handbücher der Antike in die italienische Sprache. Die *Rhetorica ad Herennium* wird als *Fiore di Rettorica* adaptiert und die ersten 17 Kapitel von Ciceros *De inventione* werden durch Brunetto Latini übersetzt und kommentiert.[11] Die *Fiore di Rettorica* blieb populär bis in die Renaissance. Davon zeugt eine Inkunabel dieses Textes aus dem Jahr 1472; Latinis *Rettorica* wird noch 1546 gedruckt.[12]

---

8 Matteo dei Libri: *Arringhe*. Hrsg. von Eleonora Vincenti. Mailand 1974.

9 Grévin, Benoît: Rhétorique du pouvoir médiéval. Les „Lettres" de Pierre de la Vigne et la formation du langage politique européen (XIIIe-XVe siècle). Rom 2008; Schaller, Hans Martin: Handschriftenverzeichnis zur Briefsammlung des Petrus de Vinea. Bearb. von Hans Martin Schaller unter Mitarb. von Bernhard Vogel. Hannover 2002.

10 Polak, Emil J.: A textual study of Jacques de Dinant's Summa dictaminis, Genève 1975, S. 85.

11 Speroni, Giambattista: La tradizione manoscritta del „Fiore di rettorica". In: Studi di filologia italiana 28 (1970), S. 5–53; Alessio, Gian Carlo, Brunetto Latini e Cicerone (e i dettatori). In: Alessio, Gian Carlo. Lucidissima dictandi peritia. Studi di grammatica e retorica medievale. Hrsg. von Filippo Bognini (Filologie medievali e moderne 8/Serie occidentale 7). Venezia 2015, S. 13–76. Schon veröffentlicht als Brunetto Latini e Cicerone (e i dettatori). In: Italia medioevale e umanistica 22 (1979), S. 123–69; Holloway, Julia Bolton: Twice-Told Tales. Brunetto Latino and Dante Alighieri, New York 1993; Brunetto Latini: *La rettorica* (Anm. 6), S. XXI-XXVII.

12 Comincia la elegantissima doctrina delo excelentissimo Marco Tullio cicerone chiamata rethorica noua traslatata di latino in vulgare: per lo eximio Maestro Galeoto da

Diese Texte initiieren einen öffentlichen Vergleich zwischen der alten Rhetorik und den neuen politischen Bedürfnissen. Latini diskutiert Ciceros Eingliederung der ‚oratio' (‚diceria') auch in Verbindung mit der ‚pistola'. Er erklärt, dass Cicero die ‚salutatio' weggelassen hat, denn er spricht über „dicerie che ssi fanno in presenzia, nelle quali non bisogna contare il nome dei parlieri nè l' uditore. Ma nella pistola bisogna di mettere le nomore del mandante e del ricevente."[13] Latini betont auch die Rolle der ‚sentenze': Schon ältere ‚Artes dictandi' hatten gezeigt, wie die Kenntnis von Sprichwörtern beim Verfassen von Reden und Briefen helfen kann.

## II. Volkssprachliche Literatur und lateinische Literatur: die ‚volgarizzamenti'

Italienische Intellektuelle hatten ihre Suche nach Mustern für die Abfassung von Reden und Briefen in die Volksprache ausgedehnt. Der Bezug auf die Antike blieb aber auch für die volkssprachliche Rhetorik wesentlich, und es ist nicht möglich, eine klare Trennung zwischen lateinischer und volkssprachlicher Bildung zu vollziehen. Latini benutzt, als er über verschiedene Beispiele von ‚acquistare la benivolenza' (Erobern von Wohlwollen) spricht, verschiedene Beispiele von klassischer Literatur, zum Beispiel Paris und Elena.[14] Er zitiert auch die Geschichte Alexanders:

> Et posso ben dire manifestamente che ciascuna persona sarà intenta e starà ad intendere se io nel mio cominciamento dico ch'io voglia trattare di cose grandi e d'altra materia, sì come fece il buono autore recitando la storia d'Alexandro, che disse nel suo cominciamento: „Io diviserò e conterò così alto convenente come di colui che conquistò il mondo tutto e miselo in sua signoria."[15]

---

bologna opera utilissima & necessaria a' gliomeni [sic] vulgari e indocti. Venezia 1472; Retorica di ser Brunetto Latini in volgar fiorentino. Rom 1546.

13 „Orationen, die man vor anderen Menschen hält, in denen man weder die Namen der Sprecher noch die der Zuhörer nennen muss. Aber im Brief muss man die Namen des Absenders und des Empfängers schreiben." Brunetto Latini: *La rettorica* (Anm. 6), S. 105.

14 Vgl. ebd., S. 184–191.

15 „Und ich kann gut öffentlich sagen, dass jeder Mensch aufmerksam sein wird und stehen wird, um zu hören, wenn ich an meinem Anfang sage, dass ich große Sachen und ein anderes Thema behandeln will, wie es der gute Autor machte, als er die Geschichte Alexanders erzählte, und an seinem Anfang sagte: ‚Ich werde so eine große Sache beschreiben und erzählen, wie jene des Menschen, der die ganze Welt eroberte und unter seine Herrschaft brachte'; ebd., S. 188.

Es wird deutlich, dass eine Diskussion der Beziehung zwischen lateinischer und volkssprachlicher Rhetorik in Verbindung mit der Beziehung zwischen lateinischen und volkssprachlichen Texten behandelt werden muss. Ich denke deswegen, dass die ‚volgarizzamenti', die Bearbeitungen von lateinischen Texten in der Volkssprache (oder von anderen Volkssprachen ins Italienische), ein wichtiges Untersuchungsfeld darstellen.[16]

Die ‚volgarizzamenti' der verschiedenen Rezensionen der *Historia de Preliis* vermitteln einen beispielhaften Eindruck von Texten, die im Spätmittelalter mehrmals übersetzt wurden: Es liegen acht verschiedene italienische Bearbeitungen der *Historia de Preliis* vor.[17] Der lateinische Text, der verschiedene Beispiele von Reden und Briefwechseln enthält, ist eine Bearbeitung von Leo Archypresbyters Übersetzung des griechischen Alexanderromans (der sogenannte Pseudo-Callisthenes) aus dem 10. Jahrhundert. Das Buch erzählt die Taten Alexanders des Großen, ein prominentes Beispiel idealisierter Könige des Mittelalters und Schüler des Philosophen und Theoretikers der Rhetorik, Aristoteles. Von diesem Text wurde im 11. Jahrhundert die J1-Redaktion hergeleitet. Von der J1-Redaktion stammen sowohl die J2 ab (auch genannt Orosius-Rezension), wahrscheinlich verfasst in Pisa am Anfang des 12. Jahrhunderts, als auch die J3, verfasst in Süditalien, wahrscheinlich unter der Herrschaft von Friedrich II.[18]

---

16 Frosini, Giovanna: Volgarizzamenti. In: Di Antonelli, Guiseppe/Motolese, Matteo/Tomasin, Lorenzo (Hrsg.): Storia dell'italiano scritto. Rom 2014, S. 18–72, hier S. 22–23; Morlino, Luca: Volgarizzare e trasporre. Una postilla al lessico della traduzione. In: Critica del testo XVII (2014), S. 143–157; Morlino, Luca: Il capitolo francese della storia italiana dei volgarizzamenti: un primo abbozzo. In: Santini, Monica/Petrina, Alessandra (Hrsg.): In principio fuit interpres. Turnhout 2013; Folena, Gianfranco: Volgarizzare e tradurre. Turin 1991.

17 Campopiano, Michele: Parcours de la légende d'Alexandre en Italie. Réflexions sur la réception italienne de l'Historia de Preliis, recensio J2 (XIIe-XVe siècles). In: Gaullier-Bougassas, Catherine (Hrsg.): L'historiographie médiévale d'Alexandre le Grand. Turnhout 2011, S. 65–83.

18 Morosini, Roberta: Alexander the Great in Italian Literature of the Middle Ages. In: Zuwiyya, Z. David (Hrsg.): A Companion to Alexander Literature in the Middle Ages. Leiden 2011, S. 329–364; Bologna, Corrado: A propos de l'*Istoria di Alessandro Magno* de Domenico Scolari et d'un volgarizzamento enluminé de l'*Historia de preliis* $J^3$. In: Gaullier-Bougassas, Catherine (Hrsg.): Alexandre le Grand à la lumière des manuscrits et des premiers imprimés en Europe (XII^e^-XVI^e^). Turnhout 2015, S. 81–100; Borriero, Giovanni: Notes sur la „matière d'Alexandre" en Italie et sur le manuscrit d'une version en prose du *Liber Allexandri* (Florence, Biblioteca Nazionale Centrale, II I 363). In: Gaullier-Bougassas (Anm. 18), S. 101–115; Fabiani, Lorenzo: Appunti sulla lingua del *Liber Alexandri* della Biblioteca Marciana. In: Studj romanzi XII (2016),

Der erste ‚volgarizzamento', der uns überliefert ist, ist leider nur in Fragmenten erhalten. Es handelt sich um eine Übersetzung der *Historia de Preliis* J3, verfasst in der Toskana zwischen dem Ende des 13. Jahrhunderts und dem Anfang des 14. Jahrhunderts.[19] Das bedeutet, dass dieser Text fast zeitgenössisch ist mit den ersten ‚volgarizzamenti' historischer Werke, wie zum Beispiel der Übersetzung von Orosius durch Bono Giamboni (Ende des 13. Jahrhunderts) und der von Bartolomeo da San Concordio (1302–1313) durch Sallust.[20]

## III. Die ‚volgarizzamenti' der *Historia de preliis* J2

Die nächsten zwei überlieferten ‚volgarizzamenti' sind beide Adaptionen der *Historia de preliis* J2. Eine florentinische Fassung vom Ende des 14. Jahrhunderts ist in der zeitgenössischen Handschrift Florenz, Biblioteca Nazionale Centrale, II. IV. 29 überliefert. Ebenfalls vom Ende des 14. Jahrhunderts datiert eine Fassung im Codex Florenz, Biblioteca Nazionale Centrale, II. I. 62.[21]

Dieser letztgenannte ‚volgarizzamento' ist besonders interessant, weil er das Fortleben eines Textes des 14. Jahrhundert bis ins 15. Jahrhundert bezeugt. Die Handschrift ist in Mercantesca geschrieben, einer Schrift, die besonders unter florentinischen Kaufleuten und anderen Bürgern verbreitet war, und enthält auch andere historische Texte, wie zum Beispiel das Leben Karls des Großen von Donato Acciaiuoli und das Leben Ciceros von Leonardo Bruni: Die Handschrift

S. 247–283. Eine Übersicht der Texte befindet sich in den Beiträgen von: Cizek, Alexandru: Les réécritures médio-latines du *Roman d'Alexandre*. In: Gaullier-Bougassas, Catherine (Hrsg.): La fascination pour Alexandre le Grand dans les littératures européennes (Xe-XVIe siècle). Réinventions d'un mythe. 4 Bde.Turnhout 2014. Bd. I, S. 115–177 und Campopiano, Michele: Langues et genres littéraires de l'Alexandre italien. In: Gaullier-Bougassas, Catherine (Hrsg.): La fascination pour Alexandre le Grand dans les littératures européennes (Xe-XVIe siècle). Réinventions d'un mythe. 4 Bde.Turnhout 2014. Bd. I, S. 323–362, und in dem Buch von Storost, Joachim: Studien zur Alexandersage in der älteren italienischen Literatur. Untersuchungen und Texte (Romanistische Arbeiten 23). Halle 1935.

19 Campopiano, Langues (Anm.18), S. 329. Ausgabe in: Camozzi Pistoja, Ambrogio/Tardelli Terry, Claudia (Hrsg.): Vita di Alessandro Magno con figure secondo il ms. Cracovia, Biblioteca Jagellonica, Ital. Quart. 33. Turnhout 2018.

20 Segre, Cesare: Volgarizzamenti del Due e Trecento, Turin 1953, S. 20–26; Dionisotti, Carlo: Geografia e storia della letteratura italiana. Turin 1980, S. 125–178; Giovanardi, Claudio: Il bilinguismo italiano-latino del medioevo e del Rinascimento. In: Serianni, Luca/Trifone, Pietro (Hrsg.): Storia della lingua italiana. 3 Bde. Turin 1994, Bd. II, S. 435–467, hier S. 446.

21 Campopiano (Anm. 17), S. 77–82.

bezeugt die Popularität der Geschichte von Herrschern und Rednern unter der florentinischen Bourgeoisie. Dieser Text erzählt davon, dass Alexander „avea aparata pienamente l'arte liberale d'Aristotele".[22] Der ‚volgarizzamento' simplifiziert hier den lateinischen Text, der berichtet: „didicerat enim pleniter liberales artes ab Aristotile et Callistene et ab Anaximene Atheniense".[23] Aristoteles ist natürlich der Philosoph par excellence, aber er ist auch bekannt für seine rhetorischen Werke.

Alexander zeigt schon in seiner Jugend seine Weisheit durch seine Beredsamkeit. Als in Mazedonien eine Botschaft von Darius eintrifft, welche die üblichen Tribute einfordert, antwortet Alexander:

> Quando lo re filippo nonne avea figluolo la sua ghallina faceva uova d' oro ove dappoi ch'ebbe figluolo la ghallina non ne fece più e quando li ambassadori udirono che sì parlava si maravigliarono molto del suo senno.[24]

Der lateinische Text lautet „mirati sunt valde super prudentiam et sermonem Alexandri".[25] Obwohl der lateinische Text spezifisch erwähnt, dass die Botschafter den ‚Sermo' von Alexander bewundern, lässt sich auch annehmen, dass der italienische Text glaubt, dass der ‚Sermo' von Alexander in seinen Worten vollständig ausgedrückt wird. Der Spruch Alexanders über die goldenen Eier ist ein knapper, aber bedeutsamer Satz, der den Rang eines Sprichworts hat: die Metapher entspricht einer Fabel von Äsop und Avian und einer bekannten Redewendung.[26]

Nach dem Tod seines Vaters Philippus tritt Alexander mittels einer Rede seine Herrschaft an. Die Rede ist in der italienischen Version stark erweitert. Sie ist weder präzise nach fünf Teilen der Briefgliederung der ‚Artes dictaminis' geteilt,

---

22 „Er hatte die freie Kunst vollständig von Aristoteles gelernt." Florenz, Biblioteca Nazionale Centrale, II. I. 62, f. 3 r.

23 „Er hatte die freien Künste von Aristoteles und Callisthenes und dem athenischen Anaximenes gelernt"; *Historia de preliis* J2, Historia Alexandri Magni (Historia de preliis). Rezension J2 (Orosius-Rezension). Hrsg. von Alfons Hilka. Meisenheim am Glan 1976, S. 44.

24 „Als der König Philippus noch keinen Sohn hatte, legte sein Huhn goldene Eier. Nachdem er einen Sohn bekam, hat das Huhn keine mehr davon gelegt. Und als die Botschafter hörten, dass er so sprach, bewunderten sie ihn sehr wegen seiner Weisheit." Florenz, Biblioteca Nazionale Centrale, II. I. 62, f. 4 r.

25 „Sie haben die Weisheit und Beredsamkeit sehr bewundert"; *Historia de preliis* J2, (Anm. 23), S. 56.

26 Hodapp, William F. The Fables of Avianus. In: Kline, Daniel T. (Hrsg.) Medieval Literature for Children. New York and London 2003, S. 12–28.

noch entspricht sie der Gliederung der Orationen, die man in rhetorischen Handbüchern der Zeit findet.[27]

Alexander beginnt mit einer ‚Captatio Benevolentiae'.

> Signori, voy sapete che llo mio padre re Filippo è morto e lla signoria rimase a me ver'è come tutto lo mondo sa cha voi fuste leale gente chontro a lluy e molte grandissime battaglie faceste già per lui.[28]

Alexander verspricht, dass jeder unter seiner Herrschaft „vincerà larghamente", wenn er ihn auf seinen neuen Abenteuern begleitet. Nachdem er gesprochen hat, „rispuosono tutti a viva voce che volevono fare tutto suo chomandamento."[29]

Das Versprechen der Teilung des Reiches entspricht auch der Weisung einiger ‚Artes dictaminis', über künftige Angelegenheiten zu sprechen.[30] Aber es ist die Antwort der Masse seiner Männer, die dem Text diese Dimension einer öffentlichen Rede auf einem italienischen Platz verleiht.

Ähnliche Situationen wie im ‚volgarizzamento' der *Historia de Preliis* finden sich in den *Arringhe* des Matteo dei Libri. Die dort überlieferten Texte stellen keine fertigen Reden, sondern Muster für einzelne Redeabschnitte dar: Gespräche mit Botschaftern, Reden von Potestates, die erstmals ihre Stelle antreten, und so weiter.[31] Wie schon das Beispiel aus der *Historia de Preliis* können Matteos *Arringhe* nicht als fertige Reden gesehen werden: Diese Texte konzentrieren sich darauf, bestimmte Beispiele von Maximen und nützlichen Ausdrücken vorzuschlagen. Thomas Haye hat diese Tendenzen auch in mittelalterlichen rhetorischen Handbüchern identifiziert. Ich beziehe mich hier auf Hayes Analyse des *Oculus pastoralis*: Der Göttinger Philologe erklärt, dass dieser Text im ersten Drittel des 13. Jahrhundert verfasst wurde und vor allem an norditalienische Podestà gerichtet war. Er „stellt nützliche Orientierungshilfen zur Verfügung, indem er der Situation angemessene Argumente, Gedankenfiguren, Sprichwörter, Formeln und Floskeln bereithält".[32] Diese Beobachtungen lassen sich auf den Alexander-Volgarizzamento übertragen.

---

27 Zum Beispiel Brunetto Latini: *La rettorica* (Anm. 6), S. 153; Hartmann, Ars dictaminis (Anm. 1), S. 10–24.

28 „Herren, ihr wisst, dass mein Vater Philippus tot ist und die Herrschaft mir zufiel. Es ist wahr, wie die ganze Welt weiß, dass ihr ihm treu wart und sehr große Kämpfe für ihn gefochten habt." Florenz, Biblioteca Nazionale Centrale, II. I. 62, f. 4 r.

29 „Sie alle antworteten lauthals, dass sie alle seine Befehle ausführen wollten." Ebd.

30 Vgl. Hartmann, Ars dictaminis (Anm. 1), S. 25–28.

31 Matteo dei Libri, *Arringhe* (Anm. 8).

32 Haye (Anm. 1), S. 250.

In dem Briefaustausch zwischen Darius und Alexander etwa finden wir verschiedene interessante Beispiele für die Komposition von Briefen. Die ‚salutationes' spielen in diesen Texten eine wesentliche Rolle. Wie schon Latini (und Cicero) erklären, kann der Leser (oder Zuhörer) durch den Brief „in invidia" oder „in dispetto" oder „in odio" versetzt werden.[33] Die Briefe der beiden Kaiser liefern verschiedene Beispiele dafür:

> Dario re di Persia re de' re terreni e pari al sole che risprende per tutto'l mondo colli iddii di Persia suo servo Allexandro mandiamo allegreza. Abbiamo inteso che tu vieni chontro a nnoy per conquista e chon gran vanagloria che ttu ai in te e ai assembrati ladroni e voi chombattere cholla moltitudine di Persia. Onde noi ti facciamo assapere che se ttu avessi aquistati tutti gl'uomini del mondo non potresti durare alla gran moltitudine e alla gran forza dei persiani e sivilmente alle stelle del cielo e alla rena del mare.[34]

Darius' Bedrohung wird verstärkt durch die hyperbolischen Vergleiche (zur Zahl der Perser mit den Sternen des Himmels und mit Sandkörnern) und die Charakterisierung Alexanders als Kind und Dieb. Darius schickt dem Mazedonier einen Stab aus Gold, um seinen Reichtum zu zeigen, sowie einen Ball und eine Peitsche, damit dieser Adressat wie ein Kind damit spielen könne.

Die Strategie Alexanders gegen Darius' Drohung ist ein Meisterwerk der Rhetorik. Er lässt den Brief vor seinen Soldaten lesen. Gegen die Panik seiner Mitstreiter spricht er sie an als „O potenti e fortissimi chavalieri" – mächtige und stärkste Ritter. Der lateinische Text spricht nur von „Commilitones fortissimi":[35] Wie häufig in ‚volgarizzamenti' sind lateinische Wörter durch solche Hendiadyoin verstärkt. Außerdem kommentiert Alexander, dass „or non sapete che'l cane che abbaia non vale nulla?"[36] Das ist eine der Gelegenheiten, in denen Alexander sein Publikum direkt mit rhetorischen oder wirklichen Fragen anspricht, ganz

---

33 Brunetto Latini: *La rettorica* (Anm. 6), S. 180.

34 „Wir, Darius, König von Persien, König der Könige der Erde und gleich der Sonne, die auf der ganzen Welt scheint mit den Göttern Persiens, senden Freude unserem Knecht Alexander. Wir haben gehört, dass du uns mit Eroberung und in großer Eitelkeit entgegentrittst, und dass du Diebe versammelt hast und dass du gegen die Massen von Persien kämpfen willst. Deswegen lassen wir dich wissen, dass du, selbst wenn du alle Männer der Welt gewonnen hast, der großen Masse und Stärke der Perser, ähnlich den Sternen des Himmels und dem Sand des Meeres, nicht widerstehen kannst." Florenz, Biblioteca Nazionale Centrale, II. I. 62, f. 4 v.

35 *Historia de preliis* J2 (Anm. 23), S. 94.

36 „Der Hund, der bellt, ist nichts wert" Florenz, Biblioteca Nazionale Centrale, II. I. 62, f. 4v. Siehe auch Cella, Roberta: Volgarizzamenti (lingua dei). In: Simone, Raffaele (Hrsg.): Enciclopedia dell'italiano. 2 Bde. Rom 2011, Bd. II, S. 1597–1599.

wie es die verschiedenen rhetorischen Handbücher (wie z.B. Quintilians *Institutio oratoria*) empfehlen.[37]

Alexander verkehrt die Charakterisierung seiner selbst, die Dario vorgelegt hat, durch verschiedene allegorische Interpretationen seiner Worte ins Gegenteil, wie wir in seiner Antwort lesen:

> Alexandro figluolo del re Filippo e della Reina olimpia a Dario re de' re pare al sole il quale sprende cho'lli dii di Persia dicendo mandiamo vilta e disonore per more cosí grande imperadore chome voi siete mandasti dicendo cotali parole acchossi picjolo uomo chomo sono.[38]

Die Benutzung der gleichen ‚salutatio' führt zu einer ironischen Umwälzung – die Wörter von Darius entsprechen nicht seinem Status:

> e dico che uoi ci mandaste lo paleo e lla schuriata da guchare e lla cantera dell'oro intendiamo che lle dette cose che cosi il paleo chome si gira intorno chosì sottometteremo voi a nnoi tutto lo mondo alla ritonda e che tutti li grandi re si lamenteranno dinanzi a me e pella chantera de l'oro intendiamo che io sarabbo ricevitore di tributo da tutti li re e da tutti gl'uomini del mondo.[39]

Ich will damit nicht sagen, dass alle diese ‚volgarizzamenti' nur um ihrer Musterreden und -briefe willen rezipiert wurden. Ein Gegenbeispiel ist der ‚volgarizzamento' der Handschrift Florenz, Biblioteca Nazionale Centrale, II. IV. 29. Der ‚volgarizzatore' der *Historia de preliis* J2, die in dieser Handschrift überliefert ist, fasst die lange Diskussion der Athener zusammen, die sich über die Notwendigkeit beraten, einen Krieg gegen Alexander zu führen. Darin ist auch die Rede des Demosthenes gestrichen, Autoren wie Cicero oder Quintilian zufolge einer der großen Oratoren der Antike: „Quando quelli della cittá udirono quest pistola Asay parlarono e consiliarono tralloro diversamente. Tali veran che vollion

37 Marcus Fabius Quintilianus. Institutionis oratoriae libri duodecim. Hrsg. von Michael Winterbottom. Oxford 1970, IX, II.

38 „Wir, Alexander, Sohn des Königs Philippus und der Königin Olympia, schreiben an Darius, König der Könige und gleich der Sonne, die auf die Welt scheint mit den Göttern von Persien, um ihm Feigheit und Unehre vorzuwerfen, weil so ein großer Kaiser, wie Ihr es seid, solche Worte schrieb um sie einem so kleinen Menschen wie mir zu senden." Florenz, Biblioteca Nazionale Centrale, II. I. 62, f. 4v.

39 „Und ich sage, dass Ihr einen Ball und eine Peitsche zum Spielen und den Becher von Gold gesendet habt. Wir verstehen diese Dinge wie hier folgt: wie der Ball sich dreht, so werden wir euch, die ganze Welt uns unterwerfen, und alle Könige werden vor mir klagen und unter dem goldenen Becher verstehen wir, dass ich Tribut von allen Königen und allen Menschen empfangen werde." Ebd., II. I. 62, f. 6 r-v.

bactallia contro Allexandro e pochi v'a di quelli ch'e lla pace volglino".[40] In diesem Fall ist die Rolle der Oratorik gegenüber der lateinischen Vorlage deutlich begrenzt. Dieser Umstand kann mit der vermutlichen Rezeption dieses ‚volgarizzamento' in Verbindung gebracht werden. Der Alexandertext ist zusammen mit den *Diretano Bando* überliefert, einer Übersetzung des *Bestiaire d'Amour* von Richard de Fournival.[41] Der Text erweitert die Beschreibungen von Kämpfen und betont die mutigen und ritterlichen Handlungen Alexanders. Das Publikum dieses Textes war wohl vornehmlich an Ritterromanen interessiert.

## IV. Das *Libro del Nascimento*

Die ‚volgarizzamenti' der *Historia de Preliis* bleiben erfolgreich bis zum Anfang des 16. Jahrhunderts. Das wichtigste Beispiel ist das *Libro del Nascimento*, veröffentlicht in Treviso im Jahr 1474. Dieser Text wird erneut in Venedig im Jahr 1477, in Neapel 1477, in Venedig 1483, wieder in Venedig 1501 und in der *Serenissima* 1502 veröffentlicht.[42]

Die Übersetzung vollzieht eine kleine Änderung im Vergleich zu ihrer lateinischen Vorlage. Wo die *Historia de Preliis* J3 überliefert: „Didicerat enim omnium liberalium artium disciplinas Aristotilis et Castene",[43] schreibt das *Libro del Nascimento*: „E aveva imparado le sete liberale arte e li diti de Aristotele", wieder mit einem Fokus auf Aristoteles.[44] Als Alexander zum Herrscher erhoben wird, erklärt das *Libro del Nascimento*: „congrega moltitudine de populi e si arenga e disse [...]".[45] Das Verb „arengare" ist eine Innovation des italienischen Textes – der lateinische berichtet: „et congregata multitudine populi

---

40 „Als die Bürger diesen Brief hörten [in dem Alexander ihre Unterwerfung fordert], sprachen sie viel untereinander und berieten sich ganz unterschiedlich. Einige wollten Kampf gegen Alexander und wenige wollten Frieden." Ebd., II. IV. 29, ff. 16 v-17 r; *Historia de preliis* J2 (Anm. 23), S. 122–124.

41 Campopiano (Anm. 18), S. 330.

42 Storost (Anm. 12), S. 168–179.

43 „Denn er hatte all die Disziplinen aller Freien Künste von Aristoteles und Callisthenes gelernt." Die *Historia de preliis Alexandri Magni*. Rezension J3. Hrsg. von Karl Steffens, Meisenheim am Glan 1975, S. 18.

44 „Und er hatte die sieben Freien Künste von Aristoteles gelernt." *Libro del Nascimento de la vita con li grandissimi fatti et de la morte infortunata de Alexandro Magno*. Treviso 1477, f. 8 r.

45 „Er versammelt eine Masse des Volks und hält eine Rede und sagt [...]". *Libro del Nascimento* (Anm. 44), f. 12 r.

sic affatur“.[46] Die Verwendung von „arengare“ evoziert die alte Tradition von öffentlichen ‚Arenghe‘ der italienischen Städte. Auch die weitere Entwicklung der Handlung beruft sich auf diese Traditionen. Die ‚vechi chavalieri‘ erklären, dass sie nicht mehr die Kräfte für solche Unternehmen haben. Alexander antwortet:

> Io voglio e piú volentiera ellezo la gravitá delli vechi che la velocitá de li zoveni improvisa per che li zoveni soleno recever la morte per che li se confidano tropo in la sua zoventude ma li vechi che sono experti fano tute le cose con gran deliberacione e conseglio.[47]

Die Veteranen loben Alexander für diese Worte. Während es im lateinischen Text nur die Weisheit Alexanders ist, die nach diesem Leitspruch gelobt wird, fällt das Lob der Zuhörer im *Libro del Nascimento* auf „la sua sapiencia e el seno del suo savio conseglio“.[48] Die Fähigkeit, gute Entscheidung zu treffen und zu empfehlen, ist wesentlich für die guten Redner der italienischen Tradition, und verbindet sich in diesem Fall mit dem Bedürfnis, einstimmige „probabiles sententiae“ zu geben.[49]

Der Briefaustausch mit Darius ist dem lateinischen Text im Wesentlichen treu: J3 präsentiert einen neuen Vergleich, „Similitudo“, um Alexander zu erniedrigen, der mit einer Ratte verglichen wird, die hofft in Persien umher zu springen, während die Katzen nicht da sind. Der italienische Text betont auch die ‚Figura‘, die der lateinische Text benutzt, nämlich den Diminutiv „homullus“[50], mit dem Dario Alexander bezeichnet. Er sagt ihm, er sei „non homo ma homiciolo, anche minimo de tuti li homini“.[51] Auch die Antwort Alexanders bleibt nah am lateinischen Text und bringt so ein interessantes rhetorisches Beispiel in die Volkssprache. Der Text enthält ein ‚Exordium‘ mit Aussagen von allgemeinem Wert. Nachdem er kurz die Drohungen des Darius zusammengefasst hat, widerspricht Alexander ihnen allen[52] und schließt mit der allegorischen Interpretation der Gegenstände, die Darius geschickt hatte.[53]

---

46 „Und nachdem die Masse des Volks versammelt war, sprach er so“; *Historia de Preliis* J3 (Anm. 43), S. 24.

47 „Ich will und wähle lieber den Ernst der Älteren als die Gewandtheit der Jungen, denn die Jungen empfangen gemeinhin den Tod, weil sie auf ihre Jugend vertrauen, aber die Alten sind erfahren und tun alles mit Rat und Beschluss.“ *Libro del Nascimento* (Anm. 44), f. 12 r-v.

48 „Seine Gelehrsamkeit und Weisheit und seinen weisen Rat.“ Ebd., f. 12 v.

49 Moos, Peter von: Gesammelte Studien zum Mittelalter: Rhetorik, Kommunikation und Medialität, Berlin 2006, S. 188.

50 *Historia de Preliis* J3 (Anm. 43), S. 38.

51 „Nicht Mann, sondern Männchen, auch der kleinste aller Männer.“ *Libro del Nascimento* (Anm. 44), f. 18 r.

52 Ebd., f. 20 r.

53 Ebd., f. 20 r-v.

Ein Beispiel der beratenden Rede bietet die Oratio Demosthenes' an die Athener. Diese müssen sich bezüglich ihres Verhältnisses zu Alexander entscheiden. Nach einer Rede des Philosophen Eschilles erbitten sie die Meinung von Demosthenes: „Er el populo congregado in uno supplicando a Demostene Philosopho ch'el li devesse dire zo che a lui appariva di tal cosa."[54] Demosthenes beginnt mit einer ‚Captatio Benevolentiae' und fasst die Siege Alexanders zusammen, um sein Volk auf eine richtige Entscheidung vorzubereiten. Nach seiner Rede heißt es: „Oldando questo li Athenesi tuti de un animo comenzo a laudare el conseglio de Demostene."[55] Demosthenes' Rede entscheidet die Situation für die Athener.[56]

## V. Fazit

Obwohl die ‚Freiheit' der italienischen Kommunen in den meisten Fällen durch eine Herrschaft von Fürsten und Herren ersetzt wurde (die ‚Signorie' und ‚Principati' der italienischen Historiographie), waren die Gelegenheiten zu öffentlichen Reden (und natürlich zur Kommunikation durch Briefe) nicht verschwunden. Auch Fürsten mussten öffentliche Reden halten, einige Republiken existierten noch, obwohl sie immer oligarchischer wurden (z.B. Venedig) und einige Städte hatten ihre kommunalen Institutionen für ihre Verwaltung und die Verwaltung ihrer Distrikte weiterentwickelt, selbst unter der Oberherrschaft eines Fürsten. Die *Historia de Preliis*, in ihren verschiedenen Versionen, beinhaltete verschiedene Beispiele von öffentlichen Reden und politischen Briefen. Dank der ‚volgarizzamenti' dieses Textes konnten diese Orationen – für die Volksprache adaptiert und neuen Umständen angepasst – bis in die Renaissance als Vorbilder für Reden und Briefe dienen. Alexander konnte weiterhin auch wegen seiner Oratorik bewundert werden.

54 „Und das versammelte Volk flehte Demosthenes an, dass er sagen sollte, was er von dieser Sache dachte." Ebd., f. 27 v.

55 „Das hörend, loben die Athener alle einstimmig den Ratschlag von Demosthenes." Ebd., f. 28 r.

56 Ebd., f. 27 v-28; *Historia de Preliis* J3 (Anm. 43), S. 56–58.

Kathrin Gollwitzer-Oh

# Eloquenz – Körper – Herrschaft. Redeagon und Interferenzen politischer Felder in Rudolfs von Ems *Alexander* und seinen Quellen

**Abstract:** This article discusses the role and significance of political speech in premodern literature as exemplified in Rudolfs von Ems *Alexander*, a late medieval vernacular romance of Alexander the Great. Examining a hitherto little-explored passage in the poetic text, Alexander's visit in the Persian capital of Onchâ, and comparing Rudolf's literary configuration of this episode with his Latin sources, the paper argues that the text not only represents political speeches within the framework of known conventions, rituals, and symbolic interactions, but reflects on political speech as a distinct form that communicates and negotiates power. As a result, the text both contributes to a discourse on courtly governance and dominance and depicts the power of speech within the context of and in contrast to alternative forms of physical and nonverbal rivalry.

## I. Politik – Oratorik – Text

In epischen Texten der Vormoderne ist die Oratorik gemeinhin einer der Orte, an dem rhetorische Register, Kategorien und Topoi in hohem Maße zur Anschauung gebracht und funktionalisiert werden können. So rekurrieren ausführliche Redeakte, die auf den ersten Blick die Stringenz der Narration zu unterbrechen scheinen, neben Prolog, Epilog wie Erzählerkommentar nicht allein auf die Rhetorik als einer spezifischen historischen Formationsregel.[1] Im Sinne metapoetischer Passagen können sie ebenfalls dazu beitragen, in der Reflexion der verwendeten Darstellungsmittel das Dichtungs- und Selbstverständnis des Textes und – dies gilt für die spätmittelalterliche Epik in besonderer Weise – die poetische Gestaltungskraft und literarische Meisterschaft des jeweiligen Autors zu stilisieren. Dadurch arbeiten die in Redehandlungen greifbaren literarischen Verfahren der Symbolizität,

1 Vgl. hierzu die einführenden und allgemeinen Anmerkungen von Friedrich, Udo: Diskurs und Narration. Zur Kontextualisierung des Erzählens in Konrads von Würzburg *Trojanerkrieg*. In: Müller, Jan-Dirk (Hrsg.): Text und Kontext. Fallstudien und theoretische Begründungen einer kulturwissenschaftlich angeleiteten Mediävistik (Schriften des Historischen Kollegs. Kolloquien 64). München 2007, S. 99–120, hier S. 101.

Rhetorizität oder Figurativität zugleich auch immer an dem, was als ästhetischer Überschuss des Textes bezeichnet werden kann. Doch weisen Formen der Rede, die in epischen Texten des Mittelalters die Verhandlung von Herrschaftskrisen, die Herstellung von Konsens[2], die allgemeine Beratung oder die Reflexion betroffener Figuren umfassen können, über diese Funktion und Instrumentalisierung hinaus. Es ließe sich sagen, dass die Oratorik mit ihrem spezifischen Status an der Schnittstelle von symbolischem Handeln im Rahmen von Spektakeln der Macht[3] und rhetorischer Gestaltung in vielerlei Hinsicht eine Zwischenposition einnimmt. In Reden lassen sich sowohl die Regeln des rhetorischen Diskurses in virtuoser Weise profilieren als auch diskursive Reflexionen zum Thema machen und in den Text integrieren. Oratorik umfasst – so auch eine der einführenden Überlegungen dieser Tagung – praktizierte und dargestellte Rede gleichermaßen.

Insbesondere aufgrund der Stellung, die Redeformen und ihre zeremoniellen Rahmungen innerhalb der Prozesse vormoderner Institutionalität innehaben, kommt ihnen eine hohe Signifikanz zu: Da diese in bedeutendem Maße am Herstellen von „kollektiven Verbindlichkeiten mit Hilfe symbolischer Ausdrucksformen und zeremonieller Praktiken“[4] beteiligt sind und damit

2 Althoff, Gerd: Kontrolle der Macht. Formen und Regeln politischer Beratung im Mittelalter. Darmstadt 2016, S. 18 hebt hinsichtlich der Konsensfindung den Inszenierungscharakter der dargestellten Handlungen hervor und spricht daher von „Konsensfassaden“. Siehe hierzu ebenfalls u. a. die exemplarischen Analysen von Garnier, Claudia: Die Kultur der Bitte. Herrschaft und Kommunikation im mittelalterlichen Reich (Symbolische Kommunikation in der Vormoderne). Darmstadt 2008, bes. S. 369–371; Görich, Knut: Die Ehre Friedrich Barbarossas. Kommunikation, Konflikt und politisches Handeln im 12. Jahrhundert (Symbolische Kommunikation in der Vormoderne). Darmstadt 2008, bes. S. 162–164; Stollberg-Rilinger, Barbara: Organisierte Heuchelei. Zum Machtverfall des Römisch-deutschen Reiches im 18. Jahrhundert. In: Hoeres, Peter/Owzar, Armin/Schröer, Christina (Hrsg.): Herrschaftsverlust und Machtverfall. München 2013, S. 97–11, hier S. 99–102.

3 Siehe hierzu Althoff, Gerd/Stollberg-Rilinger, Barbara: Spektakel der Macht? Einleitung. In: Stollberg-Rilinger (Hrsg.): Spektakel der Macht. Rituale im Alten Europa 800–1800. Katalog der Kooperationsausstellung des Sonderforschungsbereiches 496 der Westfälischen Willhelms-Universität Münster und des Kulturhistorischen Museums Magdeburg. Darmstadt 2008, S. 15–19.

4 Habermas, Jürgen: Symbolischer Ausdruck und rituelles Verhalten. Ein Rückblick auf Cassirer und Gehlen. In: Melville, Gert (Hrsg.): Institutionalität und Symbolisierung. Verstetigung kultureller Ordnungsmuster in Vergangenheit und Gegenwart. Köln/Weimar/Wien 2001, S. 53–67, hier S. 53; vgl. auch Rehberg, Karl-Siegbert: Weltrepräsentanz und Verkörperung. Institutionelle Analyse und Symboltheorien. Eine Einführung in systematischer Absicht. In: Ebd., S. 3–49.

Ordnungsleistungen, die auf gesellschaftlichen Strukturen der Kommunikation und Interaktion basieren,[5] darstellen, zielen Reden mithin ins Zentrum der Begründung von Gemeinschaften wie der Verhandlung von Machtverteilung im Mittelalter. Zum einen bietet die dargestellte Oratorik dadurch ganz allgemein Raum, in der Reflexion auf Fragen des Politischen zugleich immer schon übergeordnete Diskursordnungen - des Rechtes, der Moral oder der Theologie - zu erörtern. Zum anderen avanciert die Oratorik in Texten mittelalterlicher Literatur demgemäß im Besonderen zu einem Ort, an dem politische Anthropologie[6] und politische Kultur in und mittels des literarischen Diskurses zugleich hergestellt

5 Siehe Kellner, Beate/Wenzel, Franziska: Einleitung. In: Kellner, Beate/Strohschneider, Peter/Wenzel, Franziska (Hrsg.): Geltung der Literatur. Formen ihrer Autorisierung und Legitimierung im Mittelalter (Philologische Studien und Quellen 190). Berlin 2005, S. VII-XX. Grundlegend zu Fragestellungen und Dimensionen der Institutionalität sind die im Rahmen des Dresdner Sonderforschungsbereiches 537 *Institutionalität und Geschichtlichkeit* entstandenen Arbeiten, u. a. Melville, Gert: Institutionen als geschichtswissenschaftliches Thema. Eine Einleitung. In: Ders. (Hrsg.): Institutionen und Geschichte. Theoretische Aspekte und mittelalterliche Befunde (Norm und Struktur 1). Köln/Weimar/Wien 1992, S. 1–24; Rehberg, Karl-Siegbert: Institutionen als symbolische Ordnungen. Leitfragen und Grundkategorien zur Theorie und Analyse institutioneller Mechanismen. In: Göhler, Gerhard (Hrsg.): Die Eigenart der Institutionen. Zum Profil politischer Institutionentheorie. Baden-Baden 1994, S. 47–84; ders.: Die ‚Öffentlichkeit' der Institutionen. Grundbegriffliche Überlegungen im Rahmen der Theorie und Analyse institutioneller Mechanismen. In: Göhler, Gerhard (Hrsg.): Macht der Öffentlichkeit – Öffentlichkeit der Macht. Baden-Baden 1995, S. 181–211; ders.: Die stabilisierende ‚Fiktionalität' von Präsenz und Dauer. Institutionelle Analyse und historische Forschung. In: Blänkner, Reinhard/Jussen, Bernhard (Hrsg.): Institutionen und Ereignis. Über historische Praktiken und Vorstellungen gesellschaftlichen Ordnens (Veröffentlichungen des Max-Planck-Instituts für Geschichte 138). Göttingen 1998, S. 381–407 und aus literaturwissenschaftlicher Perspektive Kellner, Beate/Lieb, Ludger/Strohschneider, Peter (Hrsg.): Literarische Kommunikation und soziale Interaktion. Studien zur Institutionalität mittelalterlicher Literatur (Mikrokosmos 64). Frankfurt a.M. 2001.

6 Ich schließe mich der Definition politischer Anthropologie von Christian Kiening an. Vgl. Kiening, Christian: Wolframs politische Anthropologie im *Willehalm*. In: Haubrichs, Wolfgang/Lutz, Eckart Conrad/Ridder, Klaus (Hrsg.): Wolfram von Eschenbach – Bilanzen und Perspektiven. Eichstätter Kolloquium 2000 (Wolfram-Studien 17). Berlin 2002, S. 246–275, hier S. 248f. und wieder in Kiening, Christian: Zwischen Körper und Schrift. Texte vor dem Zeitalter der Literatur (Fischer Taschenbuch 15951). Frankfurt a.M. 2003, S. 84f.

und beschreibbar wird. Dadurch kommt allerdings ein weiterer Aspekt in den Blick. Denn in den literarischen Inszenierungen höfisch-politischer Redekultur[7] wird nicht zuletzt gerade auch die Wirkmacht der Rede selbst, ihre Bedeutung für die erwähnten Prozesse der Ordnungsstiftung und der Konsolidierung von (Herrschafts-)Macht thematisiert. Solch eine Ausstellung der Bedeutung herrschaftlichen Sprechens und politischer Redeakte lässt sich im *Alexander* Rudolfs von Ems, einem wohl im staufischen Umfeld im 13. Jahrhundert entstandenen Alexanderroman,[8] verzeichnen. Zweifelsohne sind die facettenreichen Passagen mit oratorischer Thematik bereits in den Vorlagen angelegt. Daher kann in den Ausgestaltungen und Akzentuierungen auch ein Aspekt sowohl der komplexen Retextualisierungs- und Bearbeitungsstrategien[9] wie der spezifischen

---

7 Einen guten Überblick über höfische Kommunikation bietet Miedema, Nine: Gesprächsnormen. Höfische Kommunikation in didaktischen und erzählenden Texten des Hochmittelalters. In: Brüggen, Elke [u. a.] (Hrsg.): Text und Normativität im deutschen Mittelalter. XX. Anglo-German Colloquium. Berlin/Boston 2012, S. 251–278.

8 Vgl. Schröder, Edward: Rudolf von Ems und sein Litteraturkreis. In: Zeitschrift für deutsches Altertum und deutsche Literatur 67/N.F. 45 (1930), S. 209–251; Brackert, Helmut: Rudolf von Ems. Dichtung und Geschichte (Germanische Bibliothek. Untersuchungen und Einzeldarstellungen). Heidelberg 1968, S. 25–33 und S. 183–185; Walliczek, Wolfgang: Rudolf von Ems. In: Verfasserlexikon 8 (1992), Sp. 322–345; zusammenfassend für Rudolf von Ems u. a. Melville, Gert: Die Wege der Zeit zum Heil. Beobachtungen zu mittelalterlichen Deutungen der Menschheitsgeschichte anhand der *Weltchronik* des Rudolf von Ems. In: Gerl-Falkovitz, Hanna-Barbara (Hrsg.): Zeitenwende – Wendezeiten (Dresdner Hefte für Philosophie 3). Dresden 2001, S. 159–179, bes. S. 162–169; im Rekurs auf die Interpretation der Danielprophetie Cölln, Jan: *werdekeit.* Zur literarischen Konstruktion ethischen Verhaltens und seiner Bewertung in Rudolfs von Ems *Alexander*. In: Mölk, Ulrich in Zusammenarbeit mit Kerstin Börst (Hrsg.): Herrschaft, Ideologie und Geschichtskonzeption in Alexanderdichtungen des Mittelalters (Veröffentlichungen aus dem Göttinger Sonderforschungsbereich 529 *Internationalität Nationaler Literaturen* A, 2). Göttingen 2002, S. 332–357, hier S. 354.

9 Es sei an dieser Stelle zu diesem Aspekt hingewiesen lediglich auf die rezenteren Beiträge von Plotke, Seraina: Autorschaft durch Autorisierung. Bearbeitungen des Alexanderstoffes als Modellfall differenter Verfasserkonzeptionen. In: Beiträge zur deutschen Sprache und Literatur 134/3 (2012), S. 344–364; Benz, Maximilian: Exzentrisches Erzählen und staufische Erbauung. Rudolfs von Ems *Alexander* als heterogener Text ‚zweiter Stufe'. In: Masse, Marie-Sophie/Seidl, Stephanie (Hrsg.): Texte ‚dritter Stufe'. Deutschsprachige Antikenromane in ihrem lateinisch-romanischen Kontext. Akten der Tagung Stuttgart, 25.-26.2.2015 (Kultur und Technik 31). Berlin [u. a.] 2016, S. 135–153; Stock, Markus: Alexanders Orte. Narrative ‚Bewältigungen' und Transformationen in der lateinischen und mittelhochdeutschen Alexanderepik. In: Heinze, Anna/Schirrmeister, Albert/Weitbrecht, Julia (Hrsg.): Antikes erzählen. Narrative

Literarizität[10] des Texts gesehen werden. Im Rahmen der Reden scheint oftmals eine Herrschaftslegitimation und Herrschaftssicherung, die auf der Durchsetzung von Gewalt beruht und damit an die körperlichen Fähigkeiten des Helden gekoppelt ist, gezielt durch die Darstellung rednerischer Exzeptionalität und der darin zutage tretenden normativen Handlungsmuster komplettiert und an mancher Stelle auch überdeckt zu werden. Obgleich diese Strategien auf den ersten Blick einer möglichen Tendenz Rudolfs, „eine moralische oder religiöse Lehre [...] geben [zu wollen]“[11] und eine „uneingeschränkte Idealisierung des Helden“[12] gemäß einer monologischen Sinndeutung zu bieten, zuarbeiten, können doch die „Archi-Ambivalenzen“,[13] die als Sinndeutungsspannungen im Erzählen von Alexander bereits in der Stofftraditionen vorhanden sind, nicht gänzlich getilgt werden. Die jeweiligen Sinnstiftungsprozesse, die im literarischen Entwurf Rudolfs produktiv werden, arbeiten an diesen Ambivalenzen, zeigen mal latent, mal offen Brüche, Widersprüche oder auch blinde Flecken auf. Nimmt man dabei genauer in den Blick, auf welche Art und Weise der spätmittelalterliche *Alexander* Redeszenen sprachlich inszeniert und narrativiert, scheinen sich

---

Transformationen der Antike in Mittelalter und Früher Neuzeit (Transformationen der Antike 27). Berlin/Boston 2013, S. 9–25.

10 Siehe hierzu die einführenden Bemerkungen im Beitrag von Stock (Anm. 9), S. 11 und ebenfalls Kragl, Florian: König Alexanders Glück und Ende in der höfischen Literatur des deutschen Mittelalters im Allgemeinen und bei Rudolf von Ems im Besonderen. In: Archiv für das Studium der neueren Sprachen und Literaturen 250 (2013), S. 7–41.

11 Schnell, Rüdiger: Rudolf von Ems. Studien zur inneren Einheit seines Gesamtwerkes (Basler Studien zur deutschen Sprache und Literatur 41). Bern 1969, S. 117.

12 Vgl. Lienert, Elisabeth: Deutsche Antikenromane des Mittelalters (Grundlagen der Germanistik 39). Berlin 2001, S. 56. Als einflussreich erwies sich auch die Arbeit von Brackert (Anm. 8), die den *Alexander* vornehmlich als einen idealisierenden Fürstenspiegel für die Staufer deutet. Gegen eine uneingeschränkte Idealisierung setzt Wisbey, Roy: Das Alexanderbild Rudolfs von Ems (Philologische Studien und Quellen 31). Berlin 1966, S. 65 eine bedingte Vorbildlichkeit, da „der Dichter immer wieder Gelegenheiten [findet], um diese Vorbildlichkeit im Hinblick auf mittelalterliche Erfüllung einzuschränken.“ Gegen eine vollständige Idealisierung sprechen sich auch die Arbeiten von Schmitt, Stefanie: Alexander monarchus. Heilsgeschichte als Herrschaftslegitimation in Rudolfs von Ems Alexander. In: Mölk/Börst (Anm. 8), S. 290–331, hier S. 316–322 und Schlechtweg-Jahn, Ralf: Macht und Gewalt im deutschsprachigen Alexanderroman (Literatur – Imagination – Realität 37). Trier 2006, bes. S. 87–89 aus.

13 Stock, Markus: Lesbarkeit. Herrscher und Verräter im *Alexander* Rudolfs von Ems. In: Meyer, Matthias/Sager, Alexander (Hrsg.): Verstellung und Betrug im Mittelalter und in der mittelalterlichen Literatur (Aventiuren 7). Göttingen 2015, S. 239–259, hier S. 241.

die agonalen Strukturen des Kämpfens und der Konkurrenz insbesondere in den Redehandlungen zwischen dem Makedonenkönig Alexander und dem Perserkönig Darius implizit oder explizit als Rivalität auf der Ebene der Eloquenz und Redekunst, letztlich auch auf der sprachlichen Gestaltungsebene, fortzusetzen. Wer bezüglich der rednerischen Exzeptionalität den Sieg für sich beanspruchen kann, wird einerseits im Hinblick auf konkurrierende Instanzen des Wissens, auf Kategorien der Regelhaftigkeit und des rechten herrschaftlichen Handelns, andererseits anhand der Sprachgewalt der Redepartien und -repliken gestaltet. Das Ergebnis ist der literarische Entwurf eines Redeagons, der spezifische Diskursivierungen und Konzeptualisierungen des Politischen konstituiert.

Ziel der folgenden Analyse ist es, den komplexen Nuancierungen und Interferenzen mit anderen Themen und Feldern des – im weitesten Sinne – Politischen im *Alexander* Rudolfs von Ems nachzugehen und die spezifischen Ausdrucksformen politischer Redekultur innerhalb literarischer Rede zu eruieren. Hierbei möchte ich das Hauptaugenmerk auf einen kleinen Ausschnitt und eine bislang weniger beachtete Episode in Rudolfs Werk legen: den Botengang Alexanders an den persischen Hof in Onchâ. Wenngleich keine Rede im ‚klassischen Sinne' und hinsichtlich der Länge, der Vielzahl an thematischen Fluchtlinien oder der rhetorischen Geschliffenheit kaum vergleichbar mit z. B. der ersten Rede Alexanders nach seiner Krönung (vgl. Al, V. 3311–3380),[14] kommt es in dieser Szene sowohl zu einer Vorführung wie auch einer Thematisierung von politischer Rede. Oratorik wird in dieser Episode als Darstellungsmodus genutzt, um den Anspruch auf Herrschaft anhand der Kategorien der Eloquenz und der Beredsamkeit auszuhandeln. Um die spezifische literarische Konfiguration Rudolfs erschließen zu können, werde ich hierzu an gegebener Stelle immer wieder einen direkten Vergleich mit der Erzähltradition – vornehmlich der *Historia de preliis Alexandri Magni* – anstreben. Auf diese Weise hoffe ich, zeigen zu können, dass im *Alexander* das politische Sprachhandeln dezidiert als Pendant zu den Kampfhandlungen auf dem Schlachtfeld und demnach im Sinne eines agonalen Prinzips inszeniert wird. Changierend zwischen der Möglichkeit, Gewalt zu kanalisieren und zu deeskalieren, und dem Potenzial, Gewalt und Konkurrenz zu provozieren und zum Eskalieren zu bringen, wird in politischen Reden ein rednerischer Agon greifbar, der zum einen implizit ein literarisches Wissen über rechtes Herrschaftshandeln, Herrschaftssprechen und die Bedingungen, Herrschaft evident

14 Zitiert wird im weiteren Verlauf nach folgender Ausgabe: Rudolf von Ems: Alexander. Ein höfischer Versroman des 13. Jahrhunderts. 2 Bde. Hrsg. von Victor Junk (Schriften des Literarischen Vereins in Stuttgart 272/274). Leipzig 1928/29. Im Folgenden wird mit der Sigle ‚Al' auf den dieser Ausgabe entnommenen Text verwiesen.

zu machen, zu legitimieren und zu repräsentieren, konturiert. Zum anderen wird in dieser Episode – u. a. durch sprachliche Verfahren oder auch durch den Einsatz von Raumsemantiken – gerade eben auch die Macht der Rede selbst ausgestellt. Somit handelt es sich um eine Szene, in der sich jene genannten Prozesse des rednerischen Agons nicht nur beobachten lassen, sondern die Erzählung auf verschiedenen Ebenen diese selbst beobachtet.

## II. Narrative Rahmungen – ein Vergleich und Exkurs

Die Episode ist keineswegs erst ein ‚Zusatz' Rudolfs. Sie findet sich, wenngleich in verkürzter Form, bereits in der älteren Erzähltradition. Der in seinen häufig tradierten und erweiterten Fassungen gemeinhin als *Historia de preliis Alexandri Magni*[15] bezeichnete Alexanderroman des Archipresbyter Leo schließt den Botengang Alexanders an die vorherige Briefkommunikation zwischen den Herrschern an. Nachdem sich Darius nach – in diesem Falle – Susi zurückgezogen hat, versammelt der Makedonenkönig seine Fürsten:

> Et veniens iuxta civitatem Susi, in qua erat Darius, itinere dierum quinque et castra metatus est ibi et convocatis principibus suis dixit: ‚Inveniamus hominem, quem mandemus Dario dicendo, aut subiuget se sub potestas nostra aut pugnet nobiscum.' (Hdp, $J^1$, 60,1, S. 183)[16]

Während der Botengang vor dem Rat der Fürsten in der *Historia de preliis* folglich mit dem pragmatischen Zweck begründet wird, entweder den Kampf zu initiieren oder die Bedingungen für eine Kapitulation des Perserreiches zu übermitteln, wird dieser bei Rudolf mit anderen Vorzeichen versehen und im Laufe der Erzählung überdeterminiert. Es seien hierfür der Kontext und die Zusammenhänge im Vergleich mit der Vorlage noch einmal in groben Zügen zusammengefasst: Im *Alexander* Rudolfs von Ems erklärt der Makedonenkönig in

15 Herangezogen wird hier und im Folgenden vornehmlich folgende Ausgabe: Die Historia de preliis Alexandri Magni. Der lateinische Alexanderroman des Mittelalters. Synoptische Edition der Rezensionen des Leo Archipresbyter und der interpolierten Fassungen $J^1$, $J^2$, $J^3$, (Buch I und II). Hrsg. von Hermann-Josef Bergmeister (Beiträge zur Klassischen Philologie 65). Meisenheim am Glam 1975. $J^2$ wird auch als ‚Orosius-Rezension' bezeichnet.

16 „Und nach einem Marsch von fünf Tagen kam er in die Nähe der Stadt Susi, in der Darius sich aufhielt, schlug dort sein Lager auf und sagte zu seinen versammelten Fürsten: ‚Wir sollten einen Mann auswählen, dem wir es anvertrauen können, mit Darius zu sprechen, sich entweder unserer Gewalt zu unterwerfen oder gegen uns zu kämpfen.' "

seinem letzten Brief, des Aufschubs von Kampfhandlungen überdrüssig, Darius endgültig den Krieg:

> ‚dû hâst mir dîner brieve vil
> gesant, den ich antwürten wil
> alsô daz dir von mîner hant
> wirt nie mêre brief gesant.
> waz sol diu schrift nû hin nû her?
> ich wil der botschaft sîn ein wer
> und wil selbe komen dar,
> dir mînen willen künden gar,
> wan ich wil benamen dich
> rîten an und wil ouch mich
> vlîzen des unwillen dîn
> mit allen den kreften mîn.‘ (Al, V. 6093–6104)

Obschon Alexanders Entschluss, das persische Heer anzugreifen und in dieser Handlung als Verkörperung wie als Mittler jeglicher weiterer Botschaften zu fungieren, bereits feststeht, fügt der Rudolfsche Text – wie erwähnt – noch eine äußerst knappe Ratsszene mit den Fürsten ein. Ein Bote soll bestimmt werden, um potenzielle Verhandlungen darüber zu führen, ob Darius „guot êre unde lebn“ (Al, V. 6143) an Alexander abtreten „odr aber mit im strîten“ (Al, V. 6145) wolle. Mutatis mutandis lässt der Rudolfsche Text denselben Sachverhalt in repetitiver Weise noch einmal verhandeln. Handlungslogisch erklärt und motiviert dies einerseits den Botengang Alexanders, der dann in seiner Konsequenz zu der Unausweichlichkeit der Schlacht von Issos führen wird, versetzt jedoch andererseits auch eine getroffene Aussage in den Status der Verhandelbarkeit. Befragt man die scheinbar unbedeutende Doppelung auf mögliche Funktionen von einer erzähllogischen Perspektive aus, fällt auf, dass an dieser Stelle über ein redundantes Moment zugleich eine Veränderung im Vergleich mit der Erzählfolge der Quelle erfolgt. Diese Variation ermöglicht es wiederum, die Grundlagen der Herrschaftskonzeptionen wie die Qualitäten des Herrschers Alexanders gesondert zu akzentuieren. Da der zukünftige Weltherrscher niemanden benennen kann, „der im töhte/dem ers getrûwen möhte“ (Al, V. 6147f.), fasst er den Entschluss, selbst als Bote inkognito, in der Identität seines Kämmerers, zu agieren. Nur auf diese Weise kann die Geltung, die Authentizität der Botschaft und letztlich auch die unmittelbare Präsenz des wahren Repräsentanten – des Senders und Herrschers – aus der Perspektive Alexanders heraus gesichert werden.[17] Zu

---

17 Die Auswahl und Beglaubigung, zugleich die daraus resultierende Störanfälligkeit, die eine authentische Übermittlung jeglicher Botschaften stets bedroht, benennt Horst

wichtig ist diese Aufgabe, als dass etwas anderes als die Identität von Repräsentant und Repräsentiertem Erfolg garantieren könnte.[18] So muss in diesem Falle der Bote als Medium mehr sein als lediglich Stellvertreter und damit Teil des Absenders.[19] Besonders im Hinblick auf die zuvor geschilderte Fernkommunikation kommen an dieser Stelle spezifische interaktions- und kommunikationstheoretische Implikationen zum Vorschein. Ebenso wie vorherige schriftliche Korrespondenzen durch (Bei-)Gaben nicht nur beglaubigt wurden, sondern letztere oft auch selbst als „Trägerinnen einer Botschaft" und als „Medium eines Informations- und Kommunikationsprozesses"[20] funktionierten, werden im Folgenden die Präsenz und das Sprachhandeln des Herrschers zu Zeichen der Gewaltdemonstration, Machtposition und des Herrschaftsanspruchs.

Wenngleich der Entschluss Alexanders auch im Falle des Botenganges bereits feststeht, hebt die inszenierte Versammlung der Fürsten in Abbreviatur Alexanders Herrschaft als eine hervor, die auf Rat und Hilfe (‚consilium et auxilium')[21] beruht. Appellativ bestätigen die Fürsten die Absicht ihres Herren,

---

Wenzel als die primären Probleme im Verhältnis von Bote und Botschaft. Vgl. Wenzel, Horst: Boten und Briefe. Zum Verhältnis körperlicher und nichtkörperlicher Nachrichtenträger. In: Ders. in Zusammenarbeit mit Peter Göhler (Hrsg.): Gespräche - Boten - Briefe. Körpergedächtnis und Schriftgedächtnis im Mittelalter (Philologische Studien und Quellen 143). Berlin 1997, S. 86–105, hier S. 96. Einen für weitere Perspektiven eventuell interessanten Punkt spricht auch Wand-Wittkowski: Briefe im Mittelalter. Der deutschsprachige Brief als weltliche und religiöse Literatur. Herne 2000, S. 44 an, wenn sie im Vergleich mit dem Botenbericht einen engeren Zusammenhang zwischen dem Brief und der Person des Senders konstatiert.

18 Unter Umständen lassen sich an dieser Stelle aber auch schon Brüche im personalen Bindungsgeflecht ausmachen, in dem Maße, in dem die von Bachorski, Hans-Jürgen: Lügende Wörter, verstellte Körper, falsche Schrift. In: Wenzel/Göhler (Anm. 17), S. 344–364, hier S. 354 als „Mechanismen des Vertrauens" genannten Annahmen nicht völlig zu funktionieren scheinen. Siehe zur Verratsthematik auch Stock (Anm. 13).

19 Vgl. Müller, Stephan: Datenträger. Zur Morphologie und Funktion der Botenrede in der deutschen Literatur des Mittelalters am Beispiel von *Nibelungenlied* und *Klage*. In: Lieb, Ludger/Ders. (Hrsg.): Situationen des Erzählens. Aspekte narrativer Praxis im Mittelalter (Quellen und Forschungen zur Literatur- und Kulturgeschichte 20). Berlin/New York 2002, S. 89–120, hier S. 92.

20 Die Überlegungen von Oswald, Marion: Gabe und Gewalt. Studien zur Logik und Poetik der Gabe in der frühhöfischen Erzählliteratur (Historische Semantik 7). Göttingen 2004, hier S. 60, die sich auf den *Alexander* Lambrechts beziehen, lassen sich an dieser Stelle übertragen.

21 Siehe zu den Voraussetzungen und Rahmenbedingungen des ‚consensus fidelium' Althoff (Anm. 2), bes. S. 29–32.

ohne Begleitung ins Lager des Darius zu reiten („genuoge lobten im die vart“; Al, V. 6157), und überführen damit eine Entscheidung, die auf dem Willen des Einzelnen und einer gewissen Intransparenz beruht,[22] in die Transparenz öffentlichen Herrschaftshandelns. Ist das Ziel dieses Botenganges zu Beginn eine Verhandlung über Darius' Kapitulation oder einen Kriegsbeginn, wird er sodann aus der Figurenperspektive Alexanders zu einem strategischen Unternehmen: „daz der degen stæte/besehen wolde rehte ir kraft,/ir vuore und al ir ritterschaft“ (Al, V. 6152–6154).

In zweifacher Hinsicht erscheint folglich der Besuch des persischen Lagers und das erste Treffen zwischen Alexander und Darius von Angesicht zu Angesicht als konsequente Fortsetzung einer Auseinandersetzung, die zuvor über Briefe und Gaben wie deren virtuoser Semantisierung und Dechiffrierung ausgetragen wurde, auf einer anderen medialen Ebene. Es ließe sich sagen, dass bereits der Kommunikation über Briefe und Botschaften eine sich steigernde Logik der Eskalation inne ist, die nun weitergeführt wird. Mit dem Wechsel des Modus der Verständigung variiert auch der Modus, in welchem der Streit, die Agonalität, die zuvor auf „der Ebene wechselseitiger Botschaften“[23] und im Rahmen der Gaben- und Gegengabenlogik kanalisiert und codiert worden ist, artikuliert wird. Nach den Beratungen bricht die Nacht über das makedonische Feldlager herein. Im Traum erscheint Alexanders „herzen ougenschîn“ (Al, V. 6170) der Gott Amon, der ihm zuvorderst praktisches Geleit und Anweisung, aber ebenfalls generellen Beistand zusichert:

> ‚sun Alexander‘ sprach er dô,
> ‚dû solt sîn von herzen vrô!
> ich sol dir helfe tuon erkant.
> leg an dich sus getân gewant
> und var nâch dînen muote!
> des hœhsten Gotes huote
> will dir sîn mit helfe bî
> und dich sorgen machen vrî
> mit sîner gotlichen kraft.‘ (Al, V. 6175–6183)[24]

---

22 Vgl. Al, V. 6150–6156: „den helt unwandelbære/geluste daz er wære/selbe der ez tæte/ [...] des muotwillen in betwanc/sîn vil wunderlich gedanc.“

23 Oswald (Anm. 20), S. 71.

24 Im Sinne der Konzentration auf die Interpretation der Rede Alexanders können Fragen um seine göttliche Abkunft in der ‚Verkleidungsszene‘ nur kursorisch und zugespitzt auf die Fragestellung hin behandelt werden, während sein Verhältnis zu den Göttern und die Hierarchie von heidnischer Götterwelt zum ‚höchsten Gott‘ in meiner Interpretation außen vor gelassen werden muss. Vgl. zu dieser Thematik die rezenten Beiträge von u. a. Braun, Manuel: Vom Gott gezeugt: Alexander und Jesus. Zum Fortleben

Durch die Worte Amons wird Alexanders Entschluss unumstößlich. An dieser Stelle lohnt ein Vergleich mit der älteren Erzähltradition. Auch die lateinische *Historia de preliis* lässt Alexanders letzten Brief an Darius mit einer kürzeren, doch ähnlichen Ankündigung enden: „Attamen hec epistola mea ultima sit tibi. [...] quia certissime venio ad te, ut loquar tecum."[25] Auch hier wird eine weitere Korrespondenz über das Medium des Briefes abgelehnt. Es folgt, wie bereits dargelegt und zitiert, der Fürstenrat. Während der Rudolfsche Text Alexander seinen Entschluss, selbst als Bote, als „ein wer" (Al, V. 6098) der Botschaft zu fungieren, schon an dieser Stelle verkünden lässt und begründet, fällt auf, dass alle anderen Fassungen bzw. Rezensionen an dieser Stelle den Makedonenkönig in keiner Weise davon sprechen lassen, dass dies bereits entschieden sei. Wohl im Adhortativ, in der 1. Pers. Pl. Konj. Präs. Akt. („inveniamus", „mandemus"), ruft Alexander vielmehr dazu auf, dass man einen Boten finden und bestimmen müsse.[26] Was sich daran anschließt, ist der Traum, in dem Alexander der Gott Ammon – in der Gestalt des Gottes Merkurs – erscheint und Hilfe zusichert:

> Eadem igitur nocte apparuit in somnis Alexandro deus Ammon in figura Mercurii, portans regalem clamidem atque Macedonicam vestem et dicens illi: ‚Fili alexander, quando necesse est tibi adiutorium, paratus sum nuntiare tibi. Sed missum, quem dixisti dirigere Dario, vide, ne feceris. Volo itaque ut induaris figuram meam et pergas tu ibi, quamvis periculosa res sit, regem ire pro missatico. Sed tamen noli expavescere quia deus est in adiutorium tui nullamque sustinebis angustiam.' ($J^2$, 60 [1],1–60 [4], 11, S. 144a)[27]

---

des Mythos in den Alexanderromanen des christlichen Mittelalters. In: Zeitschrift für deutsche Philologie 122/1 (2004), S. 40–66; Kartschoke, Dieter: Epiphanie und Gewissen. Zur Nectanebus-Erzählung in den deutschen Alexander-Romanen des 13. Jahrhunderts. In: Baisch, Martin [u. a.] (Hrsg.): Inszenierungen von Subjektivität in der Literatur des Mittelalters. Königstein am Taunus 2005, S. 170–185; Müller, Jan-Dirk: Höfische Kompromisse. Acht Kapitel zur höfischen Epik. Tübingen 2007, hier S. 80–83; Plotke, Seraina: Die Geburt des Helden. Mythische Deszendenz in den mittelhochdeutschen Alexanderromanen. In: Schiewer, Hans-Jochen/Seeber, Stefan (Hrsg.): Höfische Wissensordnungen (Encomia Deutsch 2). Göttingen 2012, S. 65–84.

25 „Aber dennoch soll dieser Brief mein letzter an Dich sein [...] da ich mit Sicherheit zu Dir kommen werde, um mit Dir zu sprechen." Diese Aussage findet sich in allen Fassungen. Zitiert hier nach der Orosius-Rezension $J^2$ (Anm. 15), 54, 16 (7), S. 143b.

26 Die Orosius-Rezension $J^2$ (Anm. 15), 60 (1), S. 144a verwendet „principes" für die Ratsversammlung, während der Alexanderroman des Archipresbyters Leo (Anm. 15), II 13 Pf. (1), S. 154 von einer Zusammenkunft der „senatoribus" spricht.

27 „In derselben Nacht also erschien Alexander in seinen Träumen der Gott Ammon in der Gestalt des Merkurs, der einen königlichen Mantel wie auch ein makedonisches Gewand trug und zu jenem sagte: ‚Sohn Alexander, wann immer Du Hilfe benötigst,

Autoritativ begründet und legitimiert der Traum („quemadmodum dictum est ei in somnio"; $J^2$, 60 [6], 14f., S. 144a) im Fürstenrat das weitere Vorgehen. Ihre eigene Logik und Rationalität erhält die Begründung dabei aus dem Mythischen.[28] Sie setzt eben gerade an den für das Mythische ‚anfälligen' Schanierstellen an: hier also an der zentralen Position der sozialen Profilierung in Form von Herrschaftsrivalität und am Übergang von Herrschaft.[29] Die Apostrophe Alexanders mit „filius" zitiert die Genealogie des makedonischen Herrschers an, begründet dessen Überlegenheit mythisch und legt ein ‚fatum' nahe, ohne dabei die negativ besetzten Erzählstränge oder Aporien aufzugreifen, die die *Historiae* des Curtius Rufus kennen.

Der *Alexander* Rudolfs rekurriert über die Ansprache als Sohn des Gottes Amon (vgl. Al, V. 6175) ebenfalls auf eine mythische Evidenz, die allerdings, indem die mythischen Gehalte zwar in ihrer Wirkungsmächtigkeit noch an einem Arkanen partizipieren, aber aus der Perspektive des Höfischen – und Christlichen – verhandelt und überformt werden,[30] depotenziert ist. Sie zitiert den Mythos gewissermaßen an, um dann dagegen anschreiben und neu akzentuieren zu können. Seine Erstbegründung erhält das Handeln Alexanders aus dem eigenen „muotwille" heraus, um sodann normkonform durch den Fürstenrat als Konsenshandeln sanktioniert zu werden. Indem Amon letztlich bestätigt, dass der Makedonenkönig sorgenfrei nach seinem – nämlich Alexanders –„muote" (Al, V. 6179) handeln könne, erscheint die Erzähltradition in ihrer veränderten Ereignisreihenfolge ‚lediglich' als weitere Legitimation. Die mythischen Potenziale der Überlieferung sind demnach als „Narbe"[31] vorhanden und werden

werde ich bereitstehen, um Dir Nachrichten zu überbringen. Doch siehe zu, dass derjenige, den Du dazu bestimmst, mit Darius zu sprechen, Du selbst sein wirst. Daher möchte ich, dass Du Dich wie ich kleidest und dorthin aufbrichst, obgleich es eine sehr gefährliche Sache ist, als Gesandter zum König zu gehen. Schrecke indessen nicht davor zurück, weil Gott Dir beisteht und Dich kein Hindernis aufhalten wird' ". Das Zitat richtet sich nach der Orosius-Rezension $J^2$ (Anm. 15).

28 Zur Rationalität des Mythos vgl. Blumenberg, Hans: Der Prozeß der theoretischen Neugierde. Die Legitimität der Neuzeit. Teil 3 (Suhrkamp-Taschenbuch Wissenschaft 14). Frankfurt a. M. 1988, S. 33f.

29 Siehe zum Verhältnis von Mythos und Literatur bzw. zu mythischen Gehalten in literarischen Texten die einführenden Überlegungen von Friedrich, Udo: Transformationen mythischer Gehalte im *Eckenlied*. In: Ders./Quast, Bruno (Hrsg.): Präsenz des Mythos. Konfigurationen einer Denkform in Mittelalter und Früher Neuzeit (Trends in Medieval Philology 2). Berlin/New York 2004, S. 275–297, hier S. 277f.

30 So ist bereits der Zeugungsmythos nach Plotke (Anm. 24), S. 75 durch eine höfische Überformung gekennzeichnet.

31 Braun (Anm. 24), S. 50.

produktiv als Mythologem in einem ganz bestimmten Sinne. Syntagmatisch erklärt sich aus dem Traum und der Anleitung Amons Alexanders Kleiderwahl, die indes im weiteren Verlauf der Erzählung ein vordergründig blindes Motiv bleibt. Dabei changiert die eigentliche Funktion der Gewänder zwischen Partizipation an mythischen Gehalten und einer nichtsprachlichen Strategie der ‚dissimulatio', folglich des (Be-)Truges.[32]

Handlungsstrukturell setzt der Verweis auf eine göttliche Abkunft Alexanders an einem ähnlichen Punkt der Erzählung an, wie es auch die Zeugung Alexanders getan hat: bei der Frage nach der Legitimität von Alexanders Anspruch auf die Weltherrschaft und an der Initiierung eines Übergangs vom persischen zum griechischen Weltreich. Denn wo narrativ über Alexanders Legitimation und seine Eignung zum Weltherrscher verhandelt wird, geschieht dies stets auch explizit wie implizit im Rekurs auf seine Abstammung. Ist Alexanders dynastische Position bei Rudolf doppelt begründet, erbt er also vom angeblichen Vater Philippe die Machtbasis, vom tatsächlichen Vater Nektânabus die Legitimation für den Perserkrieg,[33] wird hier noch einmal Alexanders Status als Ausnahmewesen aufgerufen, dessen Kennzeichen sich in abgemilderter Form auf dem Körper einschreiben. Alexanders Weltherrschaft bleibt als eine auf personale Bindung aufgebaute Herrschaftsausübung und als eine „auf den Herrscher als Person zugeschnittene Herrschaftskonzeption eine auf den Körper bezogene [...] und [realisiert] sich als solche im und am Körper des Königs".[34] Umso deutlicher tritt in der Folge jedoch die rednerische Dominanz des Makedonenkönigs hervor, die nicht allein in Kontrast zu seiner physischen Erscheinung gesetzt wird, sondern auch im Vergleich mit den Formen der symbolischen Statusdemonstration, die Darius nutzt, ein anderes Strategie- und Herrschaftskonzept offenlegt.

## III. Provokation und Eskalation

Wird Alexander zunächst von seinem Marschall Eumîlîo, „des triuwe hâte hôhe kraft" (Al, V. 6203), auf dem nächtlichen Ritt begleitet, beschließt er, diesen – nach einem kurzen Dialog über das Für und Wider – am Fluss Strangâ warten zu lassen. In der Bekleidung des Gottes Amon, aber mit der Identität seines Kämmerers reitet er weiter und nähert sich „mit schalclîcher huote" (Al, V. 6291) „unz an diu vesten bürgetor" (Al, V. 6289) Onchâs. Auf seine Ankunft reagiert

32 Bachorski (Anm. 18), S. 346f. unterscheidet zwischen einem Konzept des Lugs und des Trugs, die beide als sprachliche und außersprachliche Zeichen der Lüge zugehören.

33 Vgl. Müller (Anm. 19), S. 85.

34 Stock (Anm. 13), S. 244.

man sofort mit der Frage nach seiner Identität, die der scheinbar Unbekannte wie folgt beantwortet:

> ,Alexanders kameræere
> bin ich' sprach der wîse degn
> ,er hât sich des gen mir verwegn
> daz er mir getrûwet wol
> dar umb ich im werben sol
> dar umbe er mich hât her gesant.' (Al, V. 6296–6301)

Die Figur des Boten, dessen eigentliches Anliegen in der Figurenrede seltsam vage bleibt, ruft Darius auf den Plan, der sich auf Visite des Heeres in der Nähe befindet. Alexander, zukünftiger Herrscher des dritten Weltreiches, okkupiert den Raum und erobert die Reiche in der sukzessiven Durchschreitung desselben.[35] Mit dem Anspruch auf Macht und Herrschaft korrespondiert demnach immer auch ein Anspruch auf Raum. Daher ist es kaum verwunderlich, dass die Hierarchie, das eigentliche Innehaben der Weltherrschaft durch Darius und die Forderung Alexanders danach, ebenfalls in einer vertikalen Raumsemantik zum Ausdruck kommen: Es entspinnt sich eine rasche Wechselrede zwischen dem verkleideten Makedonenkönig, der vor dem Stadttor steht, und König Darius, der den Boten von der Zinne – von oben aus – „[r]uofende" (Al, V. 6311) anspricht, wodurch ebenfalls die Zentralstellung der Herrschers als Art und Weise der „Raumdurchdringung"[36] markiert wird. Diese Hierarchie jedoch scheint nun in den folgenden Stichomythien, in denen sich die darauffolgenden Redeanteile von Perserkönig und Herausforderer die Wage halten, konterkariert und in einen Status der Gleichrangigkeit erhoben. Noch bedeutender mag dieser Umstand erscheinen, bedenkt man, dass sich an dieser Stelle auf den ersten Blick Bote bzw. Kämmerer und Herrscher gegenüberstehen. Prekär

35 Siehe zum Raumaspekt in der volkssprachlichen Alexanderdichtung Strohschneider, Peter/Vögel, Herfried: Flußübergänge. Zur Konzeption des *Straßburger Alexander*. In: Zeitschrift für deutsches Altertum 118 (1989), S. 85–109; Stock, Markus: Kombinationssinn. Narrative Strukturexperimente im *Straßburger Alexander*, im *Herzog Ernst B* und im *König Rother* (Münchner Texte und Untersuchungen zur deutschen Literatur des Mittelalters 123). Tübingen 2002; Schlechtweg-Jahn, Ralf: Hybride Machtgrenzen in deutschsprachigen Alexanderromanen. In: Mölk/Börst (Anm. 8), S. 267–289; Wenzel, Horst: Repräsentation und Raum. Symbolische Territorialisierung am Hof und in der höfischen Literatur. In: Rehberg, Karl-Siegbert/Schmitz, Walter/Strohschneider, Peter (Hrsg.): Mobilität, Raum, Kultur. Erfahrungswandel vom Mittelalter bis zur Gegenwart (Kulturstudien 1). Dresden 2005, S. 75–98.

36 Wenzel (Anm. 35), S. 109.

ist diese Kommunikationssituation, da die Konventionen und ritualisierten Formen, die mit der Botenrede einhergehen, immer wieder durchbrochen werden und schon der Gesprächsanfang stets vom Scheitern bedroht scheint. Die agonalen Strukturen schreiben sich hier in Form eines sprachlichen Schlagabtausches, als Provokation und als latentes Potenzial verbaler Gewaltdemonstration in eine eigentlich diplomatische Funktion ein und werden mittels des schnellen Wechsels, der Variation von Frage und provozierender Replik bzw. verweigerter Antwort sprachlich entfaltet. Dadurch wird ein augenscheinlich asymmetrisches Verhältnis innerhalb der Machtstrukturen in einen Zustand der Gleichwertigkeit verschoben. Die Eigenheiten und Nuancierungen fallen insbesondere im Vergleich mit der *Historia de preliis* auf.

Nicht allein wird in dieser die Dominanz und Superiorität Alexanders bereits dadurch akzentuiert, dass Darius beim Anblick des Boten daran glaubt, es müsse sich bei diesem um den Gott Apollo handeln („sperans eum esse deum Apollinem descendentem de celis“; J² 61, [5] 22f, S. 145a). Die Exzeptionalität des Ankömmlings ist als eine mythisch-göttliche qualifiziert, die sich – konträr zur späteren Stelle bei Rudolf – allerdings nicht in und über die Wahrnehmung der persischen Hofgesellschaft, sondern allein in der Fokalisierung der Figur des Darius konstituiert. Über den indirekten Vorwurf der Furchtsamkeit, ja Feigheit („timidus homo“; J² 61, [6] 2, S. 145a), die den Perserkönig in seinem Lager verharren lasse, erhält der Grund des Botenganges, der hier sofort als Entweder-Oder-Konstruktion – entweder Unterwerfung oder Tod im Kampf – mitgeteilt wird, seine eigentliche Spitze. Obzwar die Verwendung des Wortes „[f]orsitan“ (J² 61, [7] 4, S. 145a) der weiteren Schlussfolgerung vorderhand noch den Schein des Ungewissen gibt, besteht doch angesichts der kühnen Sprechweise für Darius kaum mehr ein Zweifel an der Identität des angeblichen Boten: „ ‚Ut video, non loqueris tu sicut missus, sed sicut idem ipse Alexander‘ “ (J² 61, [7] 5, S. 145a).[37]

Ungeachtet dieser Möglichkeit, möchte der Perserkönig sich keine Blöße geben und spricht, den Logiken der Reziprozität und der Gastfreundschaft folgend, eine Einladung zum Gastmahl aus, da, so Darius, „‚Alexander invitavit missos meos ad cenam suam‘ “ (J² 61, [7] 7f., S. 145a).[38] Nach dem Einlass in den Palast sitzen Darius und Alexander sich zum ersten Mal „facie ad faciem“ (J² 62, [1] 17, S. 145a) gegenüber. Nur wenig wird gesprochen, allein die Herablassung, die Geringschätzung der Perser gegenüber dem Boten angesichts von

37 „Wie es mir scheint, sprichst Du nicht wie ein Bote, sondern als wärest Du Alexander selbst.“

38 „Alexander hat meine Gesandten zum Abendessen eingeladen.“

Alexanders kleiner Statur kommentiert der Erzähler mit dem Unwissen jener darüber, „qualis sapientia et qualis virtus et audacia erat in tali corpusculo" ($J^2$ 62, [3] 20f, S. 145a).[39] Zwar stiehlt auch hier Alexander den goldenen Trinkbecher, doch ist die Szene wesentlich kürzer und ohne Inszenierung der Bedeutung von Eloquenz und Sprachhandeln gestaltet. Schnell wird Darius' Anfangsverdacht durch den Fürsten Anepolis, der ebenfalls am Gastmahl und der Beratung teilnimmt, bestätigt. Alexander gelingt die Flucht aus dem Lager, er verschwindet in der Dunkelheit der Nacht.

Wie gestaltet sich nun im *Alexander* der weitere Fortgang dieser Episode? Auf den ersten Blick fällt die Dialogisierung dieser Szene auf. Im Verlauf der stichomythischen Wechselrede wird dem fragenden Darius weder der Grund der Botschaft kundgetan noch spricht der Text von dem Eindruck Darius', es handle sich bei der Person vor den Stadttoren um den Gott Apollon. Das Sprachhandeln ist hier bar jeglicher höfischer Anrede oder auch einführender Worte und entspricht damit nicht den Parametern höfischen Redens als „kontrolliertes Reden"[40]. Das Prekäre dieser Kommunikationssituation ist vielmehr im Mangel an ritualisierten Formen offen gelegt. Vordergründig scheint sich hier heroische Aggressivität als agonales Sprechen Bahn zu brechen. Zweimal muss Darius nach dem Grund für das Kommen des Kämmerers fragen, zweimal bleibt diese Frage unbeantwortet oder im Vagen. Die Weigerung des Boten, die Frage zu beantworten, kann ebenfalls als Weigerung gesehen werden, sich den darin manifest werdenden Machtstrukturen zu unterwerfen. Indem hier jedoch das Formeninventar, ja die Spielregeln des Botenempfanges von Seiten des Boten ostentativ durchbrochen werden, wird in diesem Regelbruch ein „explizite[r] Signalcharakter"[41] greifbar. Machtdemonstration und Gewaltanspruch werden hierbei zunächst über die Kategorie der ‚êre' ausgetragen. Weil Darius Alexander großes Ansehen abspricht, bezieht er sich auf ‚êre' als „eine öffentliche Bestätigung (*confirmatio*) von symbolisch dargestellter Statusqualität (*repraesentatio*)"[42] und damit auf einen „sozial und rechtlich organisierende[n] und funktionale[n]

39 „..., welche Weisheit, Vortrefflichkeit und Kühnheit in einem solchen Körper wohnten."

40 Wenzel, Horst: Höfische Repräsentation. Zu den Anfängen der Höflichkeit im Mittelalter. In: Soeffner, Hans-Georg (Hrsg.): Kultur und Alltag (Soziale Welt, Sonderband 6). Göttingen 1988, S. 105–119, hier S. 111.

41 Müller (Anm. 19), S. 96.

42 Wenzel, Horst: *Jâ unde nein sint beidui dâ.* Zu konfligierenden Ehrvorstellungen am Hof und in der höfischen Dichtung. In: Schreiner, Klaus/Schwerhoff, Gerd (Hrsg.): Verletzte Ehre. Ehrkonflikte in Gesellschaften des Mittelalters und der Frühen Neuzeit (Norm und Struktur 5). Köln/Weimar/Wien 1995, S. 339–360, hier S. 345.

Kode",[43] ja auf die Grundlagen der Herrschaft: „,war umbe dû sîst her gesant/daz sage eht dû! ich bin ein man/der im niht grôzer êren gan.' " (Al, V. 6320–6322).

Eben auf diese Form der Distinktion, auf die individuelle Ehre einer Person als „ein Medium […], durch das soziale Wertschätzung zugeteilt oder entzogen und so die soziale Reputation einer Person innerhalb der Gemeinschaft festgelegt wird",[44] bezieht sich nun wiederum Alexander argumentativ, wenn er Darius' Schmähung unter dem Verweis darauf abweist, dass dies dem Makedonenkönig zum einen „ein krankez leit" (Al, V. 6323) sei, dass zum anderen Alexander ebenfalls vielen anderen Menschen mehr Ansehen zusprechen würde als Darius (vgl. Al, V. 6324). Beide rekurrieren demnach auf Ansehen als Fundament höfischer Sozietät und Herrschaft. Auf die Strukturen und Logiken der Ehrerweisung nimmt Alexander demgemäß gerade Bezug, wenn er, da Darius das eigene Zuweisen von Ansehen als maßgeblich für den Status eines Herrschers herausstellt, die eigene Fähigkeit, Ehre zu erweisen, für andere Statusträger reserviert. Sein bisheriges Sprachhandeln, insbesondere jedoch die Erwähnung von Alexanders mangelndem Respekt vor Darius, lassen für Letzteren jedoch nur eine Schlussfolgerung zu. Denn in dem Maße, in dem Alexanders Physiognomie und ‚art' exorbitant sind, sind es auch seine Redeweise, sein Gestus und Habitus. Sie sind spezifisch auf den Makedonenkönig zugeschnitten, machen ihn folglich als besonderen Helden erkenntlich.[45] Dabei geht es nicht so sehr um eine individualisierte, als vielmehr um eine auf das Ideal herrscherlicher Qualitäten zugeschnittenen Zuordnung. Der agonalen Herausforderung im Kampf entspricht ein analoges Sprachhandeln mit treffenden rhetorischen Topiken. So ist

---

43 Herberichs, Cornelia: Poetik und Geschichte. Das *Liet von Troye* Herborts von Fritzlar (Philologie der Kultur 3). Würzburg 2010, S. 231.

44 Backmann, Sibylle/Künast, Hans-Jörg: Einführung. In: Backmann, Sibylle/Ecker-Offenhäußer, Ute (Hrsg.): Ehrkonzepte in der Frühen Neuzeit. Identitäten und Abgrenzungen (Colloquia Augustana 8). Berlin 1998, S. 13–23, hier S. 15. Generell kann nach Schwerhoff zwischen der standesgebundenen Ehre, die als Abgrenzungsmerkmal zu anderen gesellschaftlichen Gruppierungen fungiert, und der Ehre des Einzelnen unterschieden werden. Vgl. Schwerhoff, Gerd: Verordnete Schande? Spätmittelalterliche und frühneuzeitliche Ehrenstrafen zwischen Rechtsakt und sozialer Sanktion. In: Blauert, Andreas/Schwerhoff, Gerd (Hrsg.): Mit den Waffen der Justiz. Zur Kriminalitätsgeschichte des Spätmittelalters und der frühen Neuzeit (Fischer Taschenbuch 11571). Frankfurt a. M. 1993, S. 158–188, hier S. 184f.

45 Vgl. zur Identifikation anhand von Gnorismata Schulz, Arnim: Schwieriges Erkennen. Personenidentifizierung in der mittelhochdeutschen Epik (Münchener Texte und Untersuchungen zur deutschen Literatur des Mittelalters 135). Tübingen 2008, insbesondere S. 191–236.

es gerade nicht die physische Außergewöhnlichkeit, die droht, Alexanders wahre Identität und seine Maskerade als Kämmerer aufzudecken. Vielmehr ist es seine Beredsamkeit, die bereits vor Einlass in das persische Lager Gefahr läuft, ihn zu verraten. Infolgedessen kann Darius nur erwidern:

> ‚wie redestû sô? nû wie red ich?
> dîn rede ist alsô vrevellich
> die dû mir z antwürte gîst,
> als dû Alexander sîst.‘ (Al, V. 6327–6330)

An dieser Stelle wird der Text transparent hinsichtlich der Möglichkeiten und Potenziale des Sprachhandelns, das hier als konstruierte, ästhetisch vermittelte Oratorik nicht nur Erkennen zu ermöglichen scheint, sondern zugleich als Form des Herrschaftsanspruches und der Machtartikulation das Feld mittelalterlicher Politik konturiert. Zugespitzt ließe sich formulieren, dass hier der Zusammenhang zwischen außergewöhnlichem Herausforderer und außergewöhnlicher Sprachgewalt, oder besser: kühnem Sprechen, als ein epistemischer Zusammenhang hergestellt wird. Dabei wird nicht mehr nur Ähnlichkeit konstatiert, sondern Identität. Erkennbar wird an dieser Stelle ein Wissen um Identität und um den Status des Sprechers, das sich nicht mehr auf den Namen, den ‚ruof‘ und die genealogische Herkunft bezieht,[46] sondern auf seine spezifische Sprechweise. Anders formuliert: Reden wird zum Dominanzfaktor, Rede selbst zur Kommunikation von Machtstatus. Damit komplettiert der Redegestus Alexanders den äußeren Habitus als „Index des Heroischen, seiner Aggressivität und Präpotenz."[47] In Kontrast steht dies zur eigentlich außergewöhnlichen Physiognomie des vermeintlichen Boten, die sich im Verweis auf seine Abkunft als Zeichen in den Körper eingeschrieben hat und auf welche die Erzählung in Anlehnung an die Erzähltradition an späterer Stelle noch einmal Bezug nimmt.

Zunächst bringt die mögliche Entdeckung seiner ‚Verstellung‘ Alexander dazu, sich nun auf seine repräsentative Funktion zu berufen. Man kann in Darius' Frage zweifelsohne auch eine rhetorische Strategie erkennen, die eine Erwartung einer ‚revocatio‘ des Boten mit sich bringt. Diese gelingt jedoch nur scheinbar. Zwar besinnt sich der Bote vordergründig auf seine eigentliche Aufgabe, nutzt den repräsentativen Status jedoch selbst als eine Art List, sich nicht nur Einlass

46 Vgl. zu den Aspekten von Wissen und Identität Wandhoff, Haiko: Iweins guter Name. Zur medialen Konstruktion von adliger Ehre und Identität in den Artusepen Hartmanns von Aue. In: Müller, Jan-Dirk/Wenzel, Horst (Hrsg.): Mittelalter. Neue Wege durch einen alten Kontinent. Stuttgart/Weimar 1999, S. 110–126, bes. S. 117.

47 Schulz (Anm. 45), S. 186.

in den Palast zu verschaffen, sondern sogleich eine weitere Provokation folgen zu lassen. Einmal etabliert, so scheint es, ist die Abweichung des Boten, sich „aggressiv nicht mehr seiner Rolle gemäß“[48] zu verhalten, zur Norm geworden.

Noch einmal fragt Darius daraufhin nach dem Grund seines Kommens. Obgleich ihm nun endlich der Inhalt der Botschaft mitgeteilt wird, nämlich „krône hêrschaft lant/lîp und guot“ (Al, V. 6334f.) auf Alexander zu übertragen, ist an dieser Stelle der Monolog des Boten noch nicht beendet. Kommt man noch einmal auf die Machtstruktur zu sprechen, die sich ebenfalls in den Redeanteilen manifestieren kann, lässt sich folgern, dass sich das Gleichgewicht nun gänzlich zu Gunsten Alexanders verschoben hat. Weist dieser zunächst die Schlussfolgerung, er sei Alexander, als Wunsch, die Götter mögen ihm dies gönnen, zurück, durchbricht die ausgestellt rednerische Aggressivität wiederum die Maske der Botenrede. Eine Deeskalation ist dementsprechend immer nur temporär. Latent bleibt das gewaltsame und destruktive Potenzial im Sprachhandeln stets präsent. Wie Alexander letzten Endes die Perser bzw. die Herrschaft des zweiten Weltreiches immer herausfordern und ‚angehen‘ wird, so fordert auch der rednerische Agon immer wieder heraus. Dabei wird dem Aufschieben der Kampfeshandlungen, dem Abwarten des Perserkönigs die Unvermeidbarkeit der Schlacht und das Begehren Alexanders entgegengestellt, das sich über kurz oder lang erfüllen wird. In dieser gegensätzlichen Disposition der beiden Könige ist dabei zugleich ein divergierendes Konzept von Herrschaft greifbar. Während dem Wunsch und letztlich dem Herrschaftshandeln des Makedonenkönigs Verben des Agierens und der Bewegung („rîten“ [Al, V. 6338]; „gesign“ [Al, V. 6340]; „trîben“ [Al, V. 6342]; „gern“ [Al, V. 6347]) zugeordnet sind, wird Darius’ Zögern in der Figurenrede des Boten gerade in Verben des bloßen Reagierens, der Passivität und des Stillstandes („belîben“ [Al, V. 6341]; „lign“ [Al, V. 339]; „erwern“ [Al, V. 6344]; „gewern“ [Al, V. 6350]) reflektiert. An dieser Stelle ragt politisches Sprechhandeln, das Geltung, Macht und Herrschaft konturiert und verhandelt, somit bis in die lexikalische Ebene hinein.

Dieses Begehren wird aus Darius’ Perspektive mit „übermuot“ (Al, V. 6359) charakterisiert. Zugleich ist das provozierende Potenzial durch diese Form der Botenrede wie durch den angeblichen Sender, König Alexander, sowohl für den Herrscher als auch – dies bleibt zumindest zu vermuten – für einen Teil der Öffentlichkeit des persischen Hofes ersichtlich. Obgleich die Provokation durch

48 Ebd., S. 218; Schulz analysiert hier zwar die Entdeckung Alexanders am persischen Hof aus dem Alexanderroman des Pfaffen Lamprecht, jedoch lässt sich diese Überlegung auch auf Rudolfs Werk anwenden.

den Boten für Darius erkennbar ist und mit dem Begriff des ‚rüemen' (vgl. Al, V. 6351), des öffentlichen, unrechten Prahlens, das die Grenzen der öffentlichen Rede und Selbstdarstellung wie des höfischen Sprechens überschreitet,[49] explizit im Raum steht, erwidert der Perserkönig diese zunächst gemäß des feudaladligen Normenkodexes mit einer Einladung zum Essen in seinen Palast.[50] Da Alexander die persischen Boten stets „in grôzer êren" (Al, V. 6365) gehalten hat, handelt Darius, wie er im Sinne eines höfisch reziproken Verhaltens handeln muss. Es lässt sich festhalten, dass Alexander, zunächst von der Peripherie des Hofes kommend und vor dem Stadttor stehend, nun im Rahmen seiner kontinuierlichen Okkupation des Raumes und des persischen Territorialgebietes mit dem Einlass in die Hauptstadt ins innerste Zentrum persischer Herrschaft vorgedrungen ist. Hinzu kommt, dass, wie Schulz konstatiert, narrationslogisch „Alexanders Provokation, höchstselbst in den innersten Bereich seines Feindes vorzustoßen, [...] nur dort öffentlich werden [darf], um in ihrer Präpotenz wirksam zu werden."[51]

## IV. Alexanders Rede

An dieser Stelle nimmt Rudolfs Text noch einmal Bezug auf die Verkleidung Alexanders als Gott aus der älteren Erzähltradition, inszeniert jedoch die Funktionalität und Effektivität dieser Verkleidung seltsam uneindeutig:

> swer den zühterîchen man
> Alexandern dô gesach,
> [...]
> sie wânden al gelîche alsô,
> ez wære ir got Apollô,
> wan der stolze degen balt
> sô wunderlîche was gestalt
> und ouch dâ bî sô schœne was –
> ir ieglîches sin daz las –
> ez möhte ir werder got wol sîn,
> wan sô wünneclîcher schîn
> an schœne, an zuht, an wîsheit
> wære an sînen lîp geleit. (Al, V. 6370–6384)

---

49 Siehe hierzu Wandhoff, Haiko: *Künec, vernemt von mir*! Zur Problematik des ehrenhaften Erzählens von der eigenen Person im Artusroman. In: Lieb/Müller (Anm. 19), S. 123–142.

50 Die Versorgung mit Speis und Trank je nach Status des Boten sieht Müller (Anm. 19), S. 96f. als ein Element einer Morphologie der Botenrede.

51 Schulz (Anm. 45), S. 218.

Zwar stellt die Erscheinung Alexanders für die persischen Soldaten eine Art Epiphanie dar, doch wird diese interessanter Weise nicht durch die Bekleidung, sondern dezidiert durch seine Gestalt, sein Äußeres und einen Habitus, der auf herrschaftliche Qualitäten hin transparent wird, ausgelöst. In der Wahrnehmung der Öffentlichkeit erscheint Alexander als Gott Apollon. Hervorgehoben sind die Schönheit und der Schein bzw. der Glanz seiner Gestalt, der die physische Außergewöhnlichkeit als eine Art ästhetische Überwältigung, den Körper als Faszinationsfläche und „Lichtkörper“[52] inszeniert. Die Verkleidung an sich ist vollkommen aus dem Blickfeld verschwunden, das Mythische wird sukzessive auf die Schönheit und den vortrefflichen Habitus als herrscherliche Idoneitätszeichen hin gedeutet und somit ganz in eine feudaladlige Hermeneutik integriert. Was bleibt, ist die Auratisierung des Heldenkörpers und der damit in Verbindung stehende Gewaltanspruch, der hier jedoch durch höfische Tugenden überschrieben zu sein scheint. Ebenso wie die Merkmale einer göttlich-transzendenten Herkunft schon bei der Geburt Alexanders in einen heraldischen Merkmalskatalog umgeformt und höfisch überformt wurden,[53] ist auch die Faszination am Mythischen hier anzitiert, ohne dass die Figur Alexander darin vollkommen aufgehen könnte. So konstituiert die feudale Aura des Herrscherkörpers in diesem Kontext zuallererst Geltung. Legt man an dieser Stelle noch einmal eine andere Lesart an, ließe sich auch sagen, dass an den Peripherien des Hofes die Überzeugung durch mythisch-ästhetische Evidenz gelingt; im Inneren des Machtzentrums jedoch, im Innern der Hofgesellschaft, vor den Augen des Weltherrschers Darius und in direkter Auseinandersetzung mit einem konkurrierenden Herrscher, kann dies nur durch Eloquenz, durch Sprachgewalt, ja durch die Macht der Rede geschehen.

Indes konkretisiert sich nach dem Einzug in den Palast der Gestus der Reziprozität auf Seiten der Perser mehr und mehr auch als ein Gestus der Überbietung. Die vorherige verbale Provokation durch den Boten scheint hier mittels der Inszenierung eines grenzenlosen Reichtums beantwortet zu werden. Diese richtet sich auf die ökonomische Legitimität persischer Herrschaft. Ziel ist es, den verbalen und öffentlichen Anspruch auf Herrschaft und auf Macht, die in der Botenrede impliziert erhoben wurde, durch eine gleichermaßen öffentliche, aber symbolisch kommunizierte Replik zu unterminieren: dem

52 Ebd., S. 234.

53 Vgl. zu diesem Vorgehen in der volkssprachlichen Alexanderliteratur Friedrich, Udo: Menschentier und Tiermensch. Diskurse der Grenzziehung und Grenzüberschreitung im Mittelalter (Historische Semantik 5). Göttingen 2009, S. 306.

Ausstellen von Reichtum als Dominanzdemonstration. Im Sinne dieser kommunikativen Ökonomie weist Darius seine Bediensteten an, „in hêrlîcher kraft/bereiten grôze wirtschaft“ (Al, V. 6415f.), damit der Bote „in rîcheit jæhe/swenn er ir rîcheit sæhe“ (Al, V. 6419f.). Wenngleich die Zurschaustellung wohl zugleich dem Gast wie dem Hof gilt („daz man es trüege vür die schar“; Al, V. 6427), sind die Bemühungen doch auf die Beurteilung durch den Gast auf das Zusprechen von Macht und Status gerade in Form eines performativen Sprachaktes, fokussiert. An der Intention kann gleichwohl kein Zweifel bestehen, denn „nihts anders wan in golde gar“ (Al, V. 6428) lässt Darius auftragen. Dabei tritt immer deutlicher die agonale Struktur dieses Agierens hervor: „Sus hiez der künec hêre/sich mêre und aber mêre/mit schalle vlîzen rîcheit“ (Al, V. 6421–6423).

Wie intrikat und implizit sich die Beschreibungssprache der Logiken herrschaftlicher Repräsentation dabei mit jener der Raumsemantik verbindet, zeigt die Konstruktion „mit schalle“. Diese kann innerhalb dieser Passage als eine Art Schlüsselwort gesehen werden, mittels dessen ein Brückenschlag getätigt zu sein scheint zwischen der verbalen und hörbaren Dominanzdemonstration des Boten und der Antwort des persischen Königs Darius im Rahmen symbolischer Kommunikation: Je deutlicher und ostentativer sich die sprachliche Überlegenheit Alexanders als Form der akustischen Inbesitznahme konkretisiert, desto ‚lauter‘ soll sie mit der visuellen und nonverbalen Zurschaustellung von Macht und Status konterkariert werden; je weiter Alexanders rednerischer Agon in den Raum des persischen Machtgefüges vordringt, desto mehr Raum muss klanglich auch der symbolische Herrschaftsanspruch einnehmen. Unterdessen wird die kunstfertige Eloquenz Alexanders „mit schalle“, also in Form einer lauten, mithin prahlerischen Replik erwidert. Die materielle Übermacht und schiere Abundanz des persischen Heeres („nitet purpura auroque, fulget armis et opulentia, quantam, qui oculis non subiecer“; *Historiae*, Liber III, ii, 5)[54], die in den Vorlagen dem weniger glanzvollen, aber effektiven makedonischen Heer gegenübergestellt wird („Sed Macedonum acies, torva sane et inculta, clipeis hastisque immobiles cuneos et conferta robora virorum tegit“; *Historiae*,

54 „Da funkeln Purpur und Gold, es blitzen die Waffen, es prangt ein Reichtum, wie man ihn sich nicht vorstellen kann, wenn man ihn nicht mit eigenen Augen gesehen hat." Zitiert hier nach folgender Ausgabe: Quintus Curtius Rufus: Historiae Alexandri Magni. Geschichte Alexanders des Großen. Lateinisch/Deutsch. Übersetzt von Felicitas Olef-Krafft. Hrsg., kommentiert und mit einem Nachwort versehen von Felicitas Olef-Krafft und Peter Krafft (Reclams Universal-Bibliothek 19813). Stuttgart 2014.

Liber III, ii, 5)[55], ist in Rudolfs Dichtung dezidiert in ihrer Agonalität ausgestellt und funktionalisiert. Dabei zielen sowohl der rednerische Agon Alexanders als auch der materielle Agon Darius' darauf ab, den Anspruch auf Dominanz zu vermitteln. Beide kodieren eine den agonalen Strukturen immanente Gewalt je unterschiedlich, beide richten sich auf die Zurschaustellung von ‚potestas'. Doch auch an dieser Stelle tut sich Alexander erneut in der geschickten Dechiffrierung, in der geschickten Verhandlung innerhalb dieses agonalen Kommunikationsprozesses hervor. Anstatt den materiellen Überschuss und die Verausgabung, die sich in dem Schein der goldenen Trinkbecher spiegelt und im Widerschein der golden glänzenden Wände „alsam der sunnenschîn" (Al, V. 6432) symbolisiert ist, in seiner intendierten Botschaft zu ‚lesen', entscheidet sich Alexander quasi – wie bereits im Falle der ersten Gaben des Darius – für eine andere ‚Lesart' des vermeintlich eindeutigen hermeneutischen Angebotes.[56] Nicht Superiorität oder die Bestätigung eines Herrschaftsmonopols sieht Alexander darin, sondern lediglich die Aussicht auf einen möglichen Zugewinn an Reichtum in der Zukunft:

> ‚hei!', dâhte dô der wîse gast
> ‚sol diz iemer werden mîn?
> wan ez ist sô gar guldîn
> dâ mit der herr umbe gât
> der dirre lande krône hât.' (Al, V. 6434-6438)

Auch in diesem Falle deutet Alexander das durch Darius Dargebotene im Sinne des eigenen Weltherrschaftsanspruches.[57] Der Reichtum der persischen Weltmacht offenbart sich für den Makedonenkönig als das, was er im Sinne der besonderen ökonomischen Hintergründe feudaler Raumpolitik ist: Denn „[f]eudale Herrschaft basiert primär auf der Nutzung fremder Ressourcen",[58] die Alexander mit der Usurpation der persischen Weltmacht ebenfalls anheim fallen würden. Dass ein solcher Ausgang der Kampfhandlungen eigentlich sicher ist, bestätigt sich für Alexander in einer Art Prolepse, die er aus dem Eintreten in

55 „Das Heer der Makedonen aber, ein fürwahr grimmer, derber Haufen, bildet hinter Schilden und Lanzen keilförmige Formationen, die nicht ins Wanken geraten, einen harten Kern, die Linien dicht geschlossen."

56 Siehe zur Hermeneutik der Gaben Oswald (Anm. 20), 69f.

57 So deutet Alexanders nach Schmitt, Stefanie: Alexander *monarchus*. Heilsgeschichte als Herrschaftslegitimation in Rudolfs von Ems *Alexander*. In: Mölk/Börst (Anm. 8), S. 290–331, hier S. 297f.

58 Friedrich, Udo: Kirchliche Rekultivierung und feudale Territorialisierung. Mobilität als Faktor von Raumaneignung im 12. Jahrhundert. In: Rehberg/Schmitz/Strohschneider (Anm. 35), S. 53–74, hier S. 69.

den Palast, bei dem Darius ihm „die zeswen hant" (Al, V. 6406) geboten hat, prophezeit. Wird Macht und Herrschaft dem persischen Verständnis nach primär durch Repräsentation und die Inszenierung von materieller Abundanz figuriert und kommuniziert, ist diese für Alexander an den Herrscher selbst und damit – hier – an ein rednerisches Gewaltmonopol und den territorialen Herrschaftsgewinn gebunden. Je deutlicher Darius Strategien der opulenten Verausgabung nutzt, um seinen Status und seine Herrschaft in Abgrenzung und Überbietung des Herrschers Alexanders zu demonstrieren, desto deutlicher wird, dass sich Alexanders Herrschaftskonzeption auf ein Gewaltmonopol zunächst der körperlichen Präpotenz bezieht, die sich hier jedoch von der Gewaltfähigkeit des Körpers auf die Gewaltfähigkeit der Rede zu übertragen scheint. Bedenkt man darüber hinaus, dass der Text an dieser Stelle mit dem folgenden Rekurs auf die kleine Statur Alexanders eine Archi-Ambivalenz der älteren Erzähltradition gerade nicht tilgt, sondern im Sinne einer Sollbruchstelle mit den rednerischen und höfischen Qualitäten Alexanders kontrastiert, wird die Wirkungsmacht und Geltung herrschaftlichen Sprechens und politischer Rede im Kontext von Herrschaftsansprüchen in ihrer Potenz dargestellt. Während der zukünftige Weltherrscher sich im Hinblick auf politisches Sprechen in seiner Singularität und Außergewöhnlichkeit hervortun wird, fällt auf, dass Darius gerade nicht in den sprachlichen Wettbewerb mit Alexander eintritt, sondern gänzlich im Kollektiv des Hofes, von dem ausschließlich die Rede ist, verschwindet. Nicht Herrscher und Herrscher konkurrieren hier folglich, sondern dem zukünftigen Welteroberer steht vielmehr in Form der Hofgesellschaft das Kollektiv persischer Weltmacht gegenüber:

> ir iegelîcher dô began
> gegen dem ellenthaften man
> mit hovereden schallen.
> dô antwurt er in allen
> sô kündeclîche daz er sie
> gesweiget an ir worte nie. (Al, V. 6439-6444)

Erneut ist das rednerische Handeln der Perser als „schallen" charakterisiert und erhält damit eine etwas negative Konnotation. In der Verbindung von „hovereden" und „schallen" konstituiert sich nicht allein beinahe ein Oxymoron, in dem die Äußerungsform der Perser den Regeln kultivierter Rede zu widerspricht,[59] sondern die Semantiken des Höfischen und der ethischen Qualität, die den „hovereden" (Al, V. 6441) implizit innewohnen, verschieben sich im Zuge

59 Vgl. Wenzel (Anm. 40), S. 111.

dieser Valenz hin zu Semantiken des Raumes: Die Reden der Perser – wohl auch im Kontrast zu Alexanders Eloquenz – werden zu Reden, die ‚nur noch' am Hof stattfinden, aber nicht mehr eine normative oder ästhetische höfische Qualität beanspruchen können. Ungeachtet der quantitativen Übermacht der Perser können ihre Reden Alexander dennoch nicht zum Schweigen bringen. In dem Maße, in dem Schweigen hier in Opposition zur Rede, und als zur Demonstration von Macht und Gewalt gesetzt ist,[60] wird der Versuch, den Gegner mittels der eigenen Rede zum Schweigen zu bringen, gleichgesetzt mit einer Unterwerfung des anderen im Rahmen von Sprachhandeln. Auf diese Art und Weise offenbart sich die der politischen Rede implizite Semantik nun vollends als eine der Konkurrenz und Agonalität. Der physische Kampf findet im Sprachhandeln ein Äquivalent. Allerdings vermeidet es Alexander nicht nur, zum Schweigen gebracht zu werden, sondern führt seine Gegenreden im Gegenteil so „kündeclîche" (Al, V. 6443), dass dies angesichts seiner kleinen Statur Erstaunen verursacht:

> dô wunderte sie sêre
> daz sô wîslich êre
> bî kraft in hôher werdekeit
> sô kleinem lîbe was bereit
> und alsô grôzes herzen sin.
> sie sprâchen all under in,
> er wære wol besinnet,
> den sie dô hâten ginnet. (Al, V. 6445-6452)

Wechseln die Perser nun die Bewertungskategorien und bedienen sie sich der Register, innerhalb derer Alexander den Wettkampf um die Weltherrschaft verhandelt, gehen sie auch daraus als Unterlegene hervor. Hatte sich Alexander zuvor durch eine provokative Redeweise, die den heroischen Gewaltanspruch auch auf der sprachlichen Ebene spiegelte, hervorgetan, so erweist er sich nun auch im Wettbewerb höfischen Sprechens als der Beste. Wiederum geschieht dies in der Fokalisierung der persischen Gesellschaft als Element einer öffentlichen Wahrnehmung, die in der erzählten Welt das bestätigt, was für die Rezipienten bereits Gültigkeit besitzt: Alexanders Vorbildlichkeit und Legitimität als Weltherrscher. Die außergewöhnliche Beredsamkeit des angeblichen Boten wird dabei in Kontrast zu seiner Statur, über eine augenscheinliche Diskrepanz zwischen Wuchs und höfischer Eloquenz, entworfen. Angesichts einer schieren

60 Zur Differenzierung von Schweigen, das auf eine mögliche Rede hin gedacht ist, und einem Schweigen, das nicht „in Opposition zu einer Rede verstanden ist", siehe Schnyder, Mireille: Topographie des Schweigens. Untersuchungen zum deutschen höfischen Roman um 1200 (Historische Semantik 3). Göttingen 2003, S. 90.

Akkumulation von herrschaftlichen und höfischen Tugenden wie Qualitäten wird impliziert, dass der Körper Alexanders hierfür eigentlich ein zu kleines ‚Vehikel' darstellen müsste. Ist in der ‚Orosius'-Rezension $J^2$ die kleine Statur Alexanders dem Perserkönig durch ein Gemälde bekannt, das Darius von seinem Kontrahenten in Auftrag gegeben hat, und ist Alexanders kindliche Größe darin Ausgangspunkt für Darius' Provokation, dem ersten Brief an Alexander Rute und Spielball beizulegen (vgl. $J^2$, 29, [2] 3–29 [3] 5, S. 69b), so ist diese im *Straßburger Alexander* des Pfaffen Lamprecht Anlass dafür, dass der Bote am Hof vollkommen ignoriert wird.[61]

In Rudolfs Alexanderdichtung wird diese Archi-Ambivalenz, die Spannung, die aus einem augenscheinlichen Widerspruch und einer Inkohärenz erwächst, umgedeutet. Die vordergründige Friktion, die sich aus dem Vergleich mit der noch kurz zuvor konstatierten körperlichen Exzeptionalität und Gottgleichheit des Boten ergibt, ist dabei aufgehoben im Erstaunen der persischen Adligen als Wirkung. So außergewöhnlich Alexanders Ausnahmeerscheinung und sein Habitus sind, so exorbitant ist die Sprachgewalt seiner Rede. Beides erzeugt Evidenz, beides ist transparent hin auf Alexanders Adel und Status, manifestiert sich jedoch an dieser Stelle nicht als physische, sondern als rednerische Exorbitanz, die zugleich in die Kategorien höfischer Herrschaftsideale übertragen wird.

Im *Alexander* scheinen dabei der überlegenen Sprechweise und kundigen Argumentation Alexanders die Reden der Perser als „ginnen" (Al, V. 6452) gegenübergestellt. Als weites Aufsperren des Mundes, als Gähnen, sind die persischen Versuche, mit denen sie dem vermeintlichen Boten gegenüber treten und ihn rhetorisch herausfordern, gekennzeichnet. Dabei richtet sich die Semantik des „ginnen" wohl sowohl auf die Art und Weise des Sprechens als auch auf den Inhalt und die argumentative Struktur. Zugleich fällt auf, dass „ginnen" eine Kommunikationsform darstellt, der jegliches gewaltsame Potenzial genommen zu sein scheint. Zu diesem Eindruck passt, dass im Text allein Alexanders Äußerungen in direkter Rede oder als Zusammenfassung in indirekter Rede wiedergegeben sind. Ebenso wenig wie Darius' anscheinend in den rednerischen Wettstreit eintritt, ebenso wenig werden die konkreten Inhalte der persischen „hovereden" (Al, V. 6441) präsentiert. Das eine wie das andere konstituiert die Überlegenheit Alexanders, gibt ihr sprichwörtlich Raum im

61 Vgl. Lamprechts Alexander. Nach den drei Texten mit dem Fragment des Alberic von Besançon und den lateinischen Quellen. Hrsg. und erklärt von Karl Kinzel (Germanistische Handbibliothek 6). Tübingen 1884, V. 3107–3112: „si versmâheten in umbe daz,/wander was sô cleine./si sprâchen al gemeine,/er wêre ein wênich twirgelîn,/waz boten er mohte sîn/eines alsô rîchen mannes."

Text, und lässt die Dominanz der Perser in der Evidenz von Alexanders Exzeptionalität obsolet werden. Gänzlich sind dabei die heroischen Anteile, die als mythische Reste einer außergewöhnlichen Herkunft auch stets eine Nähe zum Wilden und zur Natur implizieren, in ein höfisches Register und Gebaren überführt, das mit einer Umsetzung der aristotelischen Fürstenlehre assoziiert ist. Nachdem Alexander seine Beredsamkeit und die Überlegenheit seines Sprachhandelns in der Figur des Boten unter Beweis gestellt hat, bedient er sich nun seinerseits der Register und Formen symbolischer Machtdemonstration, mittels derer die Perser nicht allein ihre materielle Herrschaft inszeniert, sondern vor allem auch die Logiken der Eskalation auf die Spitze getrieben haben. Für Alexander ist es ersichtlich, dass weder „hovereden" noch die nonverbale ostentative Zurschaustellung des Reichtums zum Zwecke höfischer Konversation geschehen. Vielmehr manifestiert sich höfische Repräsentation hier gänzlich unter den Vorzeichen der Schmähung und Unterwerfung:

> ‚benamen, dirre grôze vlîz
> ist niuwan durch ein itewîz
> gein mir mit schall ûf geleit,
> daz sie mich mit ihr rîcheit
> überschallen, dêst ist mein muot.
> ir rede, ir lôsheit und ir guot
> wil mîne kraft gesweigen.
> möht ich daz wol geneigen,
> mit überschalle tet ich daz.' (Al, V. 6455-6463)

Sowohl die Reden als auch der Besitz der persischen Weltmacht und ebenfalls ihre „lôsheit", also ihre Schalkheit, die der Text als eine Art paraverbale Aggression der Agonalität von „rede" und „guot" korrespondieren lässt, konstituiert für Alexander „ein itewîz" (Al, V. 6456), eine Schmähung, einen Tadel. Den Logiken dieser Überbietungsstrategie folgend kann die Lautstärke und gleichsam die Vehemenz dieses Kalküls nur mit denselben Mitteln übertroffen werden. Hierbei sticht wiederum ins Auge, auf welch intrikate Weise die Semantiken der Agonalität an dieser Stelle – auch als Beschreibungssprache körperlicher Rivalität – mit jenen des verbalen Wettstreits in Beziehung gesetzt werden. Der Eindruck, der durch die sprachlichen Strategien erzeugt wird, ist der eines Kampfes, eines Streitens, der damit auf der Ebene der Rede und der Repräsentation die Schlacht von Issos quasi präludiert.

Mittels seiner „kraft" will Alexander nun seinerseits die Perser „gesweigen" (Al, V. 6463), zum Schweigen bringen, sodass „er ir rede neicte" (Al, V. 6465). Dabei tritt das destruktive Potenzial des Schweigens gänzlich an den Tag: Schweigen ist hier ein politisches Mittel, ein „Instrument der Macht und

Gewalt gegen Andere",[62] das ein Ende jeglicher Kommunikationsprozesse bewirken kann. Gerade in dieser Funktion, das Ende einer Kommunikation zu bewirken, wird die Geltung und Wirkung des Schweigens als Kommunikationsakt sichtbar.[63] Zugleich ist mit dem Begriff der „kraft" das Zum-Schweigen-Bringen als ein quasi physischer Vorgang codiert, der – folgt man dieser Assoziation und der Bedeutung von Raumsemantiken im *Alexander* auch auf der Mikroebene – eine Übersetzung von „neigen" nicht allein als Erniedrigen oder Unterwerfen, sondern zugleich auch als regelrechtes Niederwerfen nahelegt. Damit ist jedoch auch die Gewalt der eigenen Rede mit der körperlichen Präpotenz, welche die Perser zu besiegen vermag, parallelisiert.

Obgleich es auf den ersten Blick nicht Alexanders Eloquenz, sondern sein Handeln ist, das im Folgenden das „überschallen" bewerkstelligt, ist doch von Anfang an auch dieses Handeln auf die Komplettierung durch eine Rede Alexanders hin ausgerichtet und auf diese angewiesen, um letztendliche Gültigkeit zu erhalten. So ist dem Makedonenkönig bewusst, dass er „die schalleclîchen rîcheit" (Al, V. 6487) nur selbst „mit schalle [...] überwegn" (Al, V. 6486) kann. Nachdem das Gastmahl zur Hälfte beendet ist, stiehlt Alexander vor den Augen aller den „koph von golde gar/geliutert und gereinet" (Al, V. 6482f.) und versteckt diesen in seinem Gewand. Obwohl allen dieses Vorgehen auffällt, wird dem dreisten Boten doch jedes Mal ein neuer Trinkbecher gebracht. Dreimal geschieht dies, und erinnert damit an die dreimalige Frage Darius' nach dem Inhalt der Botschaft, die der Bote überbringe, ganz zu Anfang der Episode. Jetzt erst lässt der Text den Perserkönig wieder zu Wort kommen und nach dem Grund für ein solches Verhalten fragen: „‚sag an, war umbe ist diz getân/daz dû niht lâst die köphe stân/und daz dû sie birgest sô?' " (Al, V. 6493–6495)

Diese Frage leitet, so ließe sich etwas überspitzt formulieren, den letzten rednerischen Schlag ein. Alexanders Antwort beginnt zunächst mit dem Verneinen einer bewussten ‚missetât' (vgl. Al, V. 6497), an der er „unschuldec" (Al, V. 6499) sei. Vielmehr hätte er lediglich gemäß „Alexanders hovesite" (Al, V. 6500) gehandelt. Mit dem Rekurs auf die offenkundige Sitte am makedonischen Hof bezieht sich Alexander nun explizit auf das Gebaren der Perser, auf die Inszenierung der höfischen Repräsentation in seiner Agonalität, und macht damit das zum

62 Röcke, Werner: Balancen von Nähe und Distanz. Das Wechselspiel von Gelächter und Schweigen in frühchristlicher Verkündigung und im komischen Roman des Mittelalters. In: Ders./Velten, Hans Rudolf (Hrsg.): Lachen und Schweigen. Grenzen und Lizenzen der Kommunikation in der Erzählliteratur des Mittelalters (Trends in Medieval Philology 26). Berlin/Boston 2017, S. 21–39, hier S. 33.

63 Zur Komplexität dieses Aspektes vgl. Schnyder (Anm. 60), insbesondere S. 69–71.

Anfangsargument seiner Rede, was bislang lediglich Gegenstand nonverbaler Kommunikation gewesen ist. Durch den Verweis auf die Hofsitte steht nun dezidiert ein Herrschaftsdiskurs im Raum, der das Agieren des Hofes als Extension des Herrschers wieder auf diesen zurückleitet. Dem bloßen Reichtum des persischen Königs wird die Freigebigkeit Alexanders gegenübergestellt: „swaz man dâ setzet vür den man,/daz man im des mit willen gan" (Al, V. 6503f.). Nicht allein der schiere Reichtum ist es, der Alexanders Herrschaft auszeichnet. Vielmehr sind es gerade der Gestus, mit dem dieser geteilt, und die Haltung, auf der dieser Reichtum basiert, die Alexander im Vergleich mit Darius als überlegen darstellen. Denn während Darius Macht und Besitz akkumuliert um – so zumindest das Argument des vermeintlichen Boten – des bloßen Reichtums Willen, gibt Alexander „mit willen" (Al, V. 6504) und „hât den muot/daz er sich wendet kleine an guot" (Al, V. 6521f.). Als Schlüsselbegriff fungiert hier die „milte" (Al, V. 6521), eine, wenn nicht die Kardinaltugend herrschaftlicher Virtus. Die Freigebigkeit Alexanders, die es den Männern des Makedonenkönigs erlaubt, begehrte Reichtümer an seinem Hof einfach in Besitz zu nehmen, impliziert – so der Bote – nicht nur, dass Alexander „kan unkleine an guote sîn" (Al, V. 6516), also dem Reichtum Darius' in nichts nachsteht oder diesen noch bei Weitem übertrifft. Sondern die argumentative Schlussfolgerung zielt auf etwas Wesentliches. So wird sowohl der Herrschaft durch bloße materielle Dominanz als auch dem Streben nach Macht zum Zwecke des Reichtums eine klare Absage erteilt:

> ‚niht sêre mich des wundern wil,
> habt ir grôzer rîcheit vil,
> wan ir iuch in dem muote
> niht senet wan nâch guote' (Al, V. 6517-6521)

Ruft man sich an dieser Stelle noch einmal die sprachliche Gestaltung, mit welcher ganz zu Anfang Alexander als Bote das eigene Agieren – als aktive Eroberung – und das Handeln Darius' – als Stillstand und Zögern – charakterisiert hat, in Erinnerung, wird hier mittels der Oratorik ein im Text selbst reflektierter Herrschaftsdiskurs greibar, der nicht allein politisches und herrschaftliches Sprachhandeln dem physischen und nonverbalen Handeln und der Repräsentation an die Seite stellt, sondern zwei unterschiedliche Konzeptionen von Herrschaft in Kontrast zueinander setzt. Die Diskrepanz zwischen Alexander und Darius könnte demnach nicht offensichtlicher und nicht größer sein. Angesichts der „milte" des makedonischen Welteroberers „triuget der gewin" (Al, V. 6514) des persischen Königs und erscheint – folgt man der Insinuation dieser Aussage – dessen gesamte Herrschaft, indem diese quasi als bloßer ‚splendor' enttarnt ist, selbst als Trugbild. Der Glanz und Schein der höfischen Repräsentation stellt sich dementsprechend als eben das dar: als Schein.

Die Wirkung dieser Rede, die zwei divergente Herrschaftskonzeptionen profiliert, könnte in ihrer Durchschlagskraft nicht evidenter sein. Mit seinen Worten bringt Alexander nicht nur Darius zum Schweigen, sondern „mit dirre kündekeit" (Al, V. 6524) legt er die Unterlegenheit des persischen Hofes, des persischen Personenverbandes in seiner Gesamtheit offen. Es entfaltet sich demnach ein Diskurs um die Inhalte wie die Formen von Herrschaftshandeln im Rahmen politischer Redekultur. Die Inferiorität persischer Weltherrschaft ist an den entscheidenden Stellen und an den Fundamenten herrschaftlichen Handelns akzentuiert. Eine wie auch immer geartete Erwiderung von Seiten der Perser erscheint vollkommen unmöglich: Die Wirkungsgewalt und Macht der Rede ist so eminent, „daz sie niht mêre kunden" (Al, V. 6525). Liest man diese Episode nun vom Ausgang der folgenden Schlacht her, so lässt sich festhalten, dass dem eigentlichen Sieg Alexanders auf dem Schlachtfeld, dem physischen Kampf, die Überwindung der Perser auf dem Feld der Oratorik vorausgeht: „sus wâren überwunden/die vürsten und des künges man" (Al, V. 6526f.). Das Votum der persischen Fürsten erscheint dementsprechend eindeutig. Im Modus des Optativs und in der Vorstellung der Perser, die im Text jedoch hier interessanter Weise einmal in direkter Rede wiedergegeben wird, wird greifbar, dass die Fürsten und Untertanen des Perserkönigs die Herrschaft Alexanders jener des Darius vorziehen:

> ‚ach! solder unser herre wesn,
> wir möhten wol bî im genesn,
> sold im des landes rîcheit
> und unser krône sîn bereit,
> wir würden alle herren,
> sô kunde uns niht gewerren.‘ (Al, V. 6535-6540)

In diesem Moment größtmöglicher Evidenz von Alexanders Legitimation zum Weltherrscher, ist nun auch das Erkennen anhand seines Äußeren möglich. Der Fürst Anêpolis, der ehemals zur Eintreibung der Zinsen in Mazedonien gewesen ist, kann nun plötzlich in der Person des Boten den König Alexander wahrnehmen: „sîn antlütze im was erkant" (Al, V. 6545). Setzt man diese Stelle noch einmal in Bezug zur Funktion der Maskierung oder Verschleierungen der eigentlichen Identität, lässt sich festhalten, dass das Inkognito Alexanders garantiert, dass der ‚Sieg‘ Alexanders im rhetorischen Wettstreit einzig und allein auf der zur Schau gestellten Sprachmacht beruht. Auf diese Weise ist sichergestellt, dass weder die ‚fama‘ seiner Taten noch seine Identität von der Außergewöhnlichkeit seines Sprachhandelns ablenken können. Alexander beweist sich als der Beste. Intradiegetisch wird hier über die politische Oratorik die Semiose zwischen Herrschaftsanspruch und Legitimität zur Herrschaft prozessiert. Aus der Perspektive der Narrationslogik heraus ermöglicht die ‚Maskerade' Alexanders, dass, obgleich seine Bestimmung zum Weltherrscher bereits in proleptischen Visionen vorausgedeutet und im Sinne der Heilsgeschichte festgeschrieben ist, sein Status als der Beste in der Kategorie herrschaftlichen Sprechens austariert und letztlich unter Beweis gestellt werden kann. So bestätigt sich das, was – so ließe sich überspitzt formulieren – immer schon gewesen ist innerhalb des Agons politischer Redekultur.

Nach seiner Entdeckung gelingt Alexander beinahe mühelos die Flucht. Obgleich die Perser schnell zu den Waffen gerufen werden, können sie doch auch in dieser Hinsicht nicht mit Alexander, der „einen langen vorsprunc" (Al, V. 6594) vor ihnen hatte, Schritt halten. Während die Versuche der Perser, Alexander nachzusetzen dadurch in schierem Chaos untergehen, denn „er sach wol und sie niht" (Al, V. 6597), wird der Makedonenkönig „mit vil hêrlichen sitn" (Al, V. 6616) im eigenen Lager empfangen. Nachdem Darius die Nachricht erhält, dass Alexander „kündeclîche" (Al, V. 6626) entkommen sei, ist er nicht nur „vil leidec […] und unvrô" (Al, V. 6628), sondern scheint angesichts der Klugheit und des tapferen Wesens Alexanders (vgl. Al, V. 6630f.) beinahe in Nachdenklichkeit („verdâht begunde er sitzen"; Al, V. 6629) erstarrt. Die Vertiefung in Gedanken, die durch „grôze sorge" (Al, V. 6633) hervorgerufen wird, wird zwei Mal im Text erwähnt und steht in starkem Kontrast zu Alexanders Agilität und Listigkeit. Wiewohl die Dominanz des Makedonenkönigs eigentlich keiner weiteren Bestätigung bedarf, erhält sie zusätzliche Eindeutigkeit durch das metonymische Zerbrechen einer – wie es beide Handschriften, Cgm 203 und ms 18232, wiedergeben[64] – Säule, „diu gar guldîn was" (Al, V. 6636). Nicht allein steht diese Säule für den Reichtum und dadurch synonym für die Macht des Perserkönigs, sondern verkörpert die „gehügde" (Al, V. 6642) des vormaligen persischen Weltherrschers Xerxes. In der Destruktion des Vermächtnisses und der ‚memoria' des Xerxes kommen gleichermaßen Darius' Herrschaft wie das persische Weltreich an ihr Ende. Die Kontinuität des zweiten Weltreiches ist zerbrochen, die ‚translatio imperii' muss erfolgen. Obgleich die Vorausdeutung, die

64 Warum sich Victor Junk für die Verwendung von „sû" und gegen „súle", die in beiden Handschriften genannt wird (vgl. den Editionskommentar zum entsprechenden Vers auf S. 234 der Edition) entschieden hat, kann hier nur vermutet werden. Eventuell wollte er durch seine Wahl Assoziationen an u.a. das goldenen Kalb stärken.

Darius als eindeutig ansieht, noch durch die eigentliche Schlacht konsolidiert werden muss, wirkt das politische Sprachhandeln Alexanders dadurch doch auch in den größeren Kontext der Heilsgeschichte hinein.

## V. Abschließende Bemerkungen

Wie lassen sich diese Beobachtungen nun mit den eingangs gestellten Fragen und Zielen in Verbindung bringen? Wie die Analyse dieser auf den ersten Blick und im Gesamtkontext des Werkes scheinbar weniger relevanten Episode zeigt, inszeniert und codiert der *Alexander* Rudolfs von Ems selbst ‚im Kleinen' herrschaftliche Redeformen dezidiert als Ausdrucksformen königlicher Macht, Herrschaft und letztlich auch Gewalt. Dabei konstituiert sich politische Redekultur der Vormoderne stets im komplexen Zusammenspiel von ritueller Persuasion, Deliberation und symbolischer Repräsentation. Nicht allein werden diese Zusammenhänge jedoch repräsentiert und im Rahmen literarischer Rede dargestellt. In dem Maße, in dem im Text durch das Sprachhandeln Alexanders die Konventionen und Spielregeln der Botenrede als diplomatischen Kommunikationsprozess unterminiert werden, legt dieses Sprachhandeln auch die darin immanenten Logiken und Mechanismen offen. In dieser Offenlegung ist es nun wiederum möglich, das, was in der Symbiose einzelner Komponenten politische Rede ausmachen sollte, genauer in Bezug oder auch in Kontrast zueinander zu setzen und diese Komponenten in ihren teilweise widersprüchlichen Logiken zu reflektieren. Auf der intradiegetischen Ebene zielen diese Bezugnahmen und Verhandlungen auf die Bedingungen der Konsolidierung von Ordnung wie von Herrschaft und damit zugleich auf Fragen nach dem institutionellen Ort politischer Redeakte. Der *Alexander* weist ihnen dabei in seinen literarischen Konfigurationen einerseits eine signifikante Rolle innerhalb des Diskurses um Herrschaft zu. Andererseits stellt er nicht allein die spezifische Agonalität politischer Rede heraus, sondern, indem der Text politische Rede in Vergleich und in Kontrast setzt zu anderen Formen ‚politischen Handelns', thematisiert und reflektiert er gerade auch die Wirkungsmacht und das Gewaltpotenzial, das politischer Rede immanent ist.

Matthias Standke

# Konsensfiktion und Risikonarrativ. Politisches Sprechhandeln in Ulrichs von Etzenbach *Alexander*

**Abstract:** The paper analyses two battle speeches in Ulrich's of Etzenbach *Alexander* as examples for handling the risks of political communication. Employing the concept of 'Risikonarrativ' (risk narrative), it argues that the text uses those speeches to minimize the fears of the combatants and to create a higher capacity for action.

## I. Historische Kontextualisierung und theoretische Verortung

*333 bei Issos Keilerei*, so lautet einer der bekanntesten Merksätze der deutschen Geschichtsschreibung. Dahinter verbirgt sich eine der zentralen und politisch hochbrisanten Schlachten der Antike. Ihr voraus gehen Unabhängigkeitsbestrebungen. Der junge makedonische König Alexander hatte gegenüber dem mächtigen, ein Weltreich beherrschenden persischen Großkönig Dareios nicht nur die jährlichen Tributzahlungen verweigert, sondern diesem und seinen griechischen Anhängern den Krieg erklärt. Stadt für Stadt, Landstrich für Landstrich und schließlich Satrapie für Satrapie eroberte er das persische Reich. Immer wieder kam es zu Schlachten und lebensbedrohlichen Auseinandersetzungen für seine Gefolgsleute. Den Höhepunkt bildete schließlich die Schlacht bei Issos, in der die Hauptheere erstmals aufeinandertrafen und Dareios unterlag. Die politischen Dimensionen eines solchen Unternehmens sind evident. Sie wurden bereits von der antiken Geschichtsschreibung hervorgehoben, deren Tatenberichte über Alexander den Großen auch Einfluss auf die erzählende Literatur des Mittelalters nahmen.[1] Bekannt sind vor allem die volkssprachlichen Alexanderromane, etwa der nur fragmentarisch überlieferte *Romans d'Alexandre* Albérics de Pisançon, der die Vorlage für das *Alexanderlied* des Pfaffen Lamprecht

1 Zu dieser Einschätzung siehe Stock, Markus: Alexanders Orte. Narrative ‚Bewältigung' und Transformation in der lateinischen und mittelhochdeutschen Alexanderepik. In: Heinze, Anna/Schirrmeister, Albert/Weitbrecht, Julia (Hrsg.): Antikes erzählen. Narrative Transformationen von Antike in Mittelalter und Früher Neuzeit (Transformationen der Antike 27). Berlin/Boston 2013, S. 9–26, hier S. 15.

bildet.[2] Im Mittelpunkt der folgenden Betrachtungen steht indes der *Alexander* Ulrichs von Etzenbach,[3] der auf einer lateinischen Vorlage Walters von Châtillon beruht.[4] Exemplarisch werden in Ulrichs Werk die Feldherrenreden des Dareios und Alexanders analysiert. Sie werden als politisches Handeln verstanden, das in rhetorisch durchwirkten Sprechakten der Akteure zum Ausdruck kommt.

Grundsätzlich sind Politik oder politisches Handeln an Sprache gebunden; sie ist ihre „originäre Existenzweise".[5] Damit erweist sich Politik als komplexe kommunikative Vollzugsform, deren Modus vor allem auf symbolischer Repräsentation basiert. Diese Form der semiotischen Vermittlung erlaubt es in besonderer Weise, Komplexität zu reduzieren und die Anschlussfähigkeit für weiteres Sprechhandeln wahrscheinlicher zu machen.[6] Insofern narrative Texte nicht nur Sinnzusammenhänge vermitteln, sondern im Erzählen zuallererst Sinn evozieren, scheinen sie auf den Einsatz symbolischer Kommunikation angewiesen zu sein. Davon ausgehend dürften narrative Texte dem politischen Sprechhandeln für ihre je eigene Sinnevozierung und Vermittlung sowohl einen Entstehungs- als auch einen Abbildungsraum bieten. In ihnen dienen politisch motivierte Sprechakte der performativen Herstellung von Ordnung und Gemeinschaft.[7] Im Sinne einer Analyse der politischen Sprechhandlungen müssen vor diesem

2 Vgl. Schröder, Werner: Art. Der Pfaffe Lamprecht. In: Die deutsche Literatur des Mittelalters. Verfasserlexikon 5 (1985), Sp. 494–510, hier Sp. 497–503.

3 Alle Textzitate sind folgender Ausgabe entnommen: Ulrich von Eschenbach. Alexander. Hrsg. von Wendelin Toischer (Bibliothek des Litterarischen Vereins in Stuttgart 183). Tübingen 1888. Man darf hier die kritische Neuedition des *Alexanders* durch Christophe Thierry erwarten, der bis 2020 eine Ausgabe nach der Hs. a anstrebt sowie den *Alexander-Anhang* nach den Hss. S, W und H abdrucken möchte; zudem wird in einem zweiten Band ein synoptischer Abdruck aller Handschriften erscheinen.

4 Zu den Vorlagen Ulrichs siehe Ehlert, Trude: Deutschsprachige Alexanderdichtung des Mittelalters (Europäische Hochschulschriften 1174). Frankfurt a.M. [u.a.] 1989, S. 146–150.

5 Kopperschmidt, Josef: Zwischen politischer Rhetorik und rhetorischer Politik. Thematisch einleitende Bemerkungen. In: Ders. (Hrsg.): Politik und Rhetorik. Funktionsmodelle politischer Rede. Opladen 1995, S. 7–17, hier S. 10.

6 Die Idee einer derartig sprachlich und textuell gebundenen Vollzugsform symbolischer Kommunikation erörtert Strohschneider am Beispiel der Heiligkeit. Vgl. Strohschneider, Peter: Textheiligung. Geltungsstrategien legendarischen Erzählens im Mittelalter am Beispiel von Konrads von Würzburg *Alexius*. In: Melville, Gert/Vorländer, Hans (Hrsg.): Geltungsgeschichten. Über die Stabilisierung und Legitimierung institutioneller Ordnungen. Köln [u.a.] 2002, S. 109–147, hier S. 113f.

7 Ich verweise zu diesem Themen- und Fragekomplex exemplarisch auf folgenden Sammelband: Oschema, Klaus [u.a.] (Hrsg.): Die Performanz der Mächtigen. Rangordnung

Hintergrund also einerseits die Austinschen Sprechakte, vor allem die illokutionären und die perlokutionären berücksichtigt werden.[8] Neben symbolischen Akten bestimmen damit sprachliche Handlungen das Feld des Politischen, die mitunter rhetorisch durchwirkt sind.[9] Andererseits verlangt eine Analyse des politischen Sprechhandelns, nicht nur die ordnungsstiftenden Funktionen der Sprechakte zu berücksichtigen. Im Sinne Bronisław Malinowskis gilt es ebenso, die „soziale Funktion" des Sprechens in den Blick zu nehmen, die „phatische Kommunikation".[10] Eine basale Funktion der Sprache ist nämlich das Stiften von Gemeinschaft. Neben dem Stiften von Ordnung ist es also vor allem die gemeinschaftsevozierende Funktion des Sprechens, die als Handlung beobachtet und analysiert werden kann. Dabei stößt der direkte oder indirekte Rede- bzw. Sprechakt auf zwei basale Probleme der Kommunikation, die beide im Feld des Vertrauens zu verorten sind. Erstens versuchen politische Sprechakte, für eine Gemeinschaft Komplexität zu reduzieren. Sie entlasten sie insofern, als sie Ungewissheiten in Gewissheiten reformulieren: Sie wandeln Kontingenz mittels spezifischer Narrative beispielsweise in Selbst- oder Gottvertrauen. Zweitens basieren gerade politische Konfliktlösungen auf einer Semantik des Vertrauens. Sie gestatten es einerseits, Verständigungen bis hin zu „Konsensfiktionen" zu entwerfen und andererseits die Konsensfindung in performativen Akten, die das gestiftete Vertrauen der vorherigen Konfliktpartner zum Ausdruck bringen,

---

und Idoneität in höfischen Gesellschaften des späten Mittelalters (Rank. Politisch-soziale Ordnungen im mittelalterlichen Europa 5). Ostfildern 2015.

8 In der achten Vorlesung seiner unter dem Titel *How to do Things with Words* bekannten Vortragsreihe führt Austin die neuen Begriffe ein und definiert sie. Die Vorlesungen neun und zehn dienen der ausführlicheren Darstellung und erst in der elften Vorlesung kommt Austin auf die Unterscheidung von performativen und konstativen Aussagen, die er bis zur achten Vorlesung verwendet hatte, zurück, um nun im Kontext seiner neuen Trias eine Beziehung zwischen diesen herzustellen. Zur achten und hier entscheidenden Vorlesung siehe Austin, John L.: Zur Theorie der Sprechakte (How to do Things with Words). Deutsche Bearbeitung von Eike von Savigny (rub 9396). Stuttgart 2002, S. 112–125.

9 Siehe dazu nochmals Kopperschmidt (Anm. 5), S. 7–17.

10 Malinowski, Bronisław: Das Problem der Bedeutung in primitiven Sprachen. In: Ogden, Charles K./Richards, Ivor A. (Hrsg.): Die Bedeutung der Bedeutung. *Eine Untersuchung über den Einfluß der Sprache auf das Denken und über die Wissenschaft des Symbolismus.* Frankfurt a.M. 1974, S. 323–384, hier S. 347f. Malinowski geht zunächst auf den Sprechakt als Handlung ein und spricht daher von „sozialer Aktion", die Kategorisierung als basale Funktion der Sprache und Benennung als „soziale Funktion" erfolgt erst im Anschluss.

zu repräsentieren.[11] Diesen Aspekten in den Feldherrenreden der *Alexandreis* Ulrichs nachzugehen, ist das Ziel der folgenden Ausführungen.

## II. Konsensfiktionen

Politisches Handeln zielt darauf ab, ein Gegenüber zu erreichen, um Reaktionen zu erwirken. Auch die symbolische Kommunikation ist darauf angewiesen, annehmbare Kommunikationsangebote zu unterbreiten.[12] In dieser verknappten Problematisierung von Kommunikationsprozessen, die eben auch auf die mittelalterliche Literatur zu beziehen sind,[13] zeigt sich ein Dilemma. Weder kann der politisch Handelnde sicher sein, ob die von ihm beabsichtigten Aspekte in identischer Weise beim Gegenüber ankommen, noch kann der in das Handeln Einbezogene sicher sein, ob sein Verständnis mit dem des politischen Akteurs übereinstimmt. Lediglich auf der Basis der nachfolgenden Handlungen und Reaktionen können beide Seiten beobachten, inwiefern diese von der Intention je abweichen bzw. als falsch intendiert wahrgenommen werden. Vor diesem Hintergrund einer unablässigen Beobachtung wird der Kommunikationsprozess und im Speziellen das politische Sprechhandeln hochgradig komplex. Es bedarf also bestimmter Reduktionen, die das Sprechhandeln für die ‚alltägliche' Verwendung praktikabel halten, die die Kontingenz mindern und eine wechselseitig vertrauensstiftende Erwartungshaltung erlauben.

Diese mit einer Vertrauensevokation einhergehende Kontingenz- und Komplexitätsreduktion fußt auf einer Fiktion, nämlich der Unterstellung eines reziproken Verstehens und der Annahme eines Konsenses.[14] Konsens als Form eines

11 Ich verweise für das Konzept der Konsensfiktion an dieser Stelle zunächst nur auf den Ideengeber Alois Hahn und komme im Folgenden noch ausführlicher auf die funktionalen Zusammenhänge zurück. Vgl. Hahn, Alois: Verständigung als Strategie. In: Ders.: Konstruktionen des Selbst, der Welt und der Geschichte. Aufsätze zur Kultursoziologie (Suhrkamp-Taschenbuch Wissenschaft 1505). Frankfurt a.M. 2000, S. 80–96.

12 Ähnliche Beobachtungen ließen sich auch systemtheoretisch erörtern, vgl. z.B. Luhmann, Niklas: Die Unwahrscheinlichkeit von Kommunikation. In: Niklas Luhmann. Aufsätze und Reden. Hrsg. von Oliver Jahraus (rub 18149). Stuttgart 2001, S. 76–93, hier S. 78.

13 Zu dieser Einschätzung vgl. die Ausgangsfrage der Dissertationsschrift von Witthöft, Christiane: Ritual und Text. Formen symbolischer Kommunikation in der Historiographie und Literatur des Spätmittelalters (Symbolische Kommunikation in der Vormoderne. Studien zur Geschichte, Literatur und Kunst), Darmstadt 2004, S. 2f.

14 Vgl. dazu im Folgenden den luziden Aufsatz von Röcke, Werner: Regeln des Vertrauens. Reduktion von Kontingenz und Stabilisierung des Verhaltens im *Prosa-Lancelot*.

absoluten Verständnisses, in dem jeglicher Dissens aufgelöst ist, mag vor dem Hintergrund dieser Ausführungen zum bloßen Verstehen noch unwahrscheinlicher wirken.[15] Auf diese eminente Unsicherheit von Kommunikation reagieren Konsensfiktionen. Sie erlauben es, Kommunikationen unter der Prämisse zu behandeln, dass ein Konsens vorliegt - unabhängig davon, ob Erwartungen und Verstehensprozesse der Beteiligten tatsächlich übereinstimmen. Sie stiften ein gemeinsames Verständnis im Sprechhandeln und bezogen auf das politische Sprechhandeln stiften sie geradezu Gemeinsinn.[16]

Um wirksam zu sein, bedürfen Konsensfiktionen der steten Wiederholung und Vergegenwärtigung. Letzteres erfolgt durch performative Inszenierungen, die sowohl das wechselseitige Verständnis abbilden als auch das gemeinschaftliche Bemühen um ein solches. Im performativen Vollzug wirken Konsensfiktionen vertrauensstiftend und zugleich birgt die Performanzsituation Unsicherheiten und Gefahren. Diese Risiken sind geknüpft an die performativen Bedingungen (Ort, Zeit, Raum, Person), die das Gelingen einer Sprechhandlung maßgeblich prägen.[17] Auch im Hinblick auf deren Zutreffen benötigt man Vertrauen oder komplexe Kontrollmechanismen.

---

In: Garnier, Claudia/Kamp, Hermann (Hrsg.): Spielregeln der Mächtigen. Mittelalterliche Politik zwischen Gewohnheit und Konvention. Darmstadt 2010, S. 247–263.

15 So bereits Hahn (Anm. 11), S. 86f.

16 Derartige Gemeinsinnevokationen im und durch Sprechhandeln sind natürlich nicht beschränkt auf das Politische. Vgl. zur Gemeinsinnevokation etwa in der mittelalterlichen Ordensgründerlegende Standke, Matthias: Vom Stiften des Gemeinsinns und Gründen der Gemeinschaft. Textuelle Diskurspraktiken in den Ordensgründerlegenden des Dominikus. In: Heusinger, Sabine von [u.a.] (Hrsg.): Die deutschen Dominikaner und Dominikanerinnen im Mittelalter (Quellen und Forschungen zur Geschichte des Dominikanerordens, NF 21). Berlin 2016, S. 71–95. Zu den politischen Gemeinsinnstiftungen und den dazugehörigen Konsensfiktionen im Mittelalter und in der Frühen Neuzeit siehe Althoff, Gerd: Freiwilligkeit und Konsensfassaden. Emotionale Ausdrucksformen in der Politik des Mittelalters. In: Herding, Klaus/Stumpfhaus, Bernhard (Hrsg.): Pathos, Affekt, Gefühl. Die Emotionen in den Künsten. Berlin/New York 2004, S. 145–161; Stollberg-Rilinger, Barbara: „Die Puppe Karls des Großen". Das Heilige Römische Reich Deutscher Nation als praktizierter Mythos. In: Depenheuer, Otto (Hrsg.): Mythos als Schicksal. Was konstituiert die Verfassung? Wiesbaden 2009, S. 25–69.

17 Siehe dazu nochmals Austin (Anm. 8), S. 35–45.

## III. Risikonarrative

Einen Nexus zwischen Risiko und Vertrauen hat bereits Georg Simmel in seiner grundständigen *Soziologie* skizziert.[18] Darin definiert er Vertrauen als Mischform von Wissen und Nichtwissen, von damit verbundener Sicherheit oder Gewissheit und Unsicherheit oder Ungewissheit. Nach Simmel ist es „ein mittlerer Zustand zwischen Wissen und Nichtwissen um den Menschen: Der völlig Wissende braucht nicht zu vertrauen, der völlig Nichtwissende kann vernünftigerweise nicht einmal vertrauen."[19] Trotz möglicher kognitiver Ungewissheit oder sozialer Unsicherheit zu vertrauen, ist also risikoreich und mitunter gefährlich.[20] Doch wie kann man Vertrauen angesichts möglicher Risiken entwickeln und die Ungewissheit oder etwaige Unsicherheit ausblenden? Im Folgenden geht es mir weniger um jene Risiken der Performanzsituation, die ich als deren Bedingungen benannt habe. Dass die Bedingungen (Ort, Raum, Zeit, Person) korrekt erfüllt seien, lässt sich natürlich auch fingieren, sodass ein Gefühl von Sicherheit und Gewissheit erzeugt wird. Vielmehr möchte ich auf den Inhalt des politischen Sprechhandelns eingehen, der versucht, Vertrauen zu stiften, also Sicherheit und Gewissheit zu erzeugen. Im Prinzip geht es mir also um einen relativ schlichten, aber doch sehr bedeutsamen Kommunikationsvorgang, bei dem die mit Ungewissheit und Unsicherheit verknüpften Gefahren in mit Sicherheit und Gewissheit verwobene Chancen gewandelt werden.[21] Diesen Wandlungsprozess

18 Vgl. Simmel, Georg: Soziologie. Untersuchungen über die Formen der Vergesellschaftung. Leipzig 1908.

19 Ebd., S. 263.

20 Zu dieser soziologischen Differenzierung von Gewissheit und Sicherheit bzw. Ungewissheit und Unsicherheit im Feld des Risikos vgl. Luhmann, Niklas: Risiko und Gefahr. In: Ders.: Soziologische Aufklärung 5. Konstruktivistische Perspektiven. Opladen 1990, S. 131–170; Bonß, Wolfgang: Vom Risiko. Unsicherheit und Ungewißheit in der Moderne. Hamburg 1995. Damit stellen sich Luhmann und Bonß klar gegen die soziologisch wichtige, aber dann doch eher einseitige Analyse Ulrich Becks, der vor allem auf großtechnisch indizierte Risiken der Moderne eingeht. Vgl. dazu ausführlich Beck, Ulrich: Risikogesellschaft. Auf dem Weg in eine andere Moderne (edition suhrkamp 365). Frankfurt a.M. 1986. Beck hat seine Studie mittlerweile erweitert und in manchen Teilen revidiert, vgl. Beck, Ulrich: Weltrisikogesellschaft. Auf der Suche nach der verlorenen Sicherheit (Edition Zweite Moderne). Frankfurt a.M. 2007.

21 Psychoanalytisch betrachtet wird die diffuse Angst als Wahrnehmung einer Bedrohungssituation in eine objektbezogene Furcht vor einer konkreten Bedrohung gewandelt. Siehe dazu mit Bezug auf Sigmund Freud Münkler, Herfried: Risiko und Sicherheit als gesellschaftliche Reflexkategorien. In: Berlin-Brandenburgische Akademie der Wissenschaften (Hrsg.): Risiko. Streitgespräche in den wissenschaftlichen Sitzungen

kennt die moderne Wissenschaft und benennt ihn als ‚Risikokommunikation'. Das Konzept ist mit Blick auf die postmoderne Gesellschaft popularisiert worden, in der es durchaus üblich ist, Risiken und Gefahren explizit zu benennen und über sie zu informieren. Wesentlich ist für dieses Sprechhandeln, die Chancen zu betonen und Sicherheit wie Gewissheit über die Handhabung der Risiken zu suggerieren.

Risikokommunikation ist dem Erzählen eng verbunden.[22] Narrative stiften nämlich grundsätzlich Sinnzusammenhänge von bisher unbekannten Aspekten. Im Erzählen wird Wissen, wenn auch im Kontext von Fiktionalität, sinngebend erzeugt. Risikokommunikation ist deshalb auf komplexe Erzählformen angewiesen, die Semantiken, Strukturen, Handlungen aber auch Figuren verknüpfen, um Gefahren in Chancen zu wandeln und den Risiken gerade darin Sinn zuzusprechen. Narrative die derartig funktionalisiert werden, sind Risikonarrative.[23]

## IV. Konsens und Risiko im *Alexander*

### IV.1. Die Lager der Kontrahenten bei Issos

Die Schlacht von Issos im *Alexander* Ulrichs ist Teil des zweiten und dritten Buches (V. 6900–8700). Alexander ist bereits auf dem asiatischen Kontinent mit

---

der Versammlung der Berlin-Brandenburgischen Akademie der Wissenschaften am 15. Dezember 2006 und am 22. Juni 2007 (Debatte 6). Berlin 2007, S. 53–56, hier S. 54.

22 Ich folge hier einem Ansatz von Marina Münkler, die den Begriff des Risikonarrativs für die Mediävistik geprägt hat. Der Aufsatz ist ihr also in besonderer Weise verpflichtet. Vgl. Münkler, Marina: Epistemische Figurationen. Überlegungen zum Status von Magiern und Alchemisten in der Wissensordnung der Frühen Neuzeit. In: Alt, Peter-André [u.a.] (Hrsg.): *Magia daemoniaca, magia naturalis, zouber*. Schreibweisen von Magie und Alchemie in Mittelalter und Früher Neuzeit (Episteme 2). Wiesbaden 2015, S. 205–233.

23 Damit unterscheidet sich der von Marina Münkler und mir verwendete Begriff des Risikonarrativs von jenem, den Ursula Heise und Stephanie Catani in die Literaturwissenschaften eingeführt haben. Beiden geht es eher um jene Narrative, die Risiken – im Sinne von Katastrophen oder Störungen – innerhalb von Erzählungen entfalten, wodurch sie weniger ein Augenmerk auf die strukturelle Funktion für eine Risikokommunikation legen. Vgl. Heise, Ursula K.: Toxins, Drugs, and Global Systems: Risk and Narrative in the Contemporary Novel. In: American Literature 74/4 (2002), S. 747–778; Catani, Stephanie: Risikonarrative. Von der Cultural Theory (of Risk) zur Relevanz literaturwissenschaftlicher und literarischer Risikodiskurse. In: Schmitz-Emans, Monika (Hrsg.): Literatur als Wagnis. Literature as a Risk. DFG Symposium 2011. Berlin 2013, S. 159–189.

seinen Truppen gelandet, der persische Großkönig vom Vorrücken der Griechen unterrichtet und erste Gegenmaßnahmen wurden von Darius auf Drängen des Kronrates eingeleitet. Trotz dieser eher offensiven Taktik der Perser rückt Alexander mit seinem Heer immer weiter vor und gewinnt nicht nur eine Schlacht nach der anderen, sondern zerschlägt in einem Tempel den Gordischen Knoten. Die Vorzeichen und die messbaren Anzeichen eines Sieges der Griechen über die Perser mehren sich also stetig vor der Schlacht von Issos, in deren Verlauf der Großkönig tatsächlich die Flucht ergreift.

Unmittelbar vor der Schlacht bzw. während des mehrere Tage andauernden Kampfes greifen die beiden Heerführer Darius und Alexander auf eine wesentliche Form politischen Sprechhandelns zurück, die Feldherrenrede.[24] In ihrem jeweiligen Feldlager, Alexander hat seines in Issos errichtet, während Darius auf der gegenüberliegenden Seite des Berges „Dêâlamon" (V. 6941) weilt, treten sie vor ihre Männer. In oder besser durch ihre Reden wollen die Heerführer ihre Truppen motivieren und zwar zu einem Kampf trotz drohender Todesgefahr.[25] Wie wichtig diese Form des politischen Sprechhandelns auch in der spätmittelalterlichen bzw. frühneuzeitlichen Gesellschaft war, zeigt sich etwa in der *Dell'Arte della Guerra* Machiavellis. Mit direktem Bezug auf Alexander den

---

24 Ralf Schlechtweg-Jahn versteht Alexanders Handeln zu Recht als „höfische Machtkommunikation"; er geht dabei vor allem auf die Eroberungen einzelner Städte bzw. die Zweikampfsituationen Alexanders ein. Die Feldherrenrede als typisches Moment herrschaftlichen Handelns und Ausdruck höfischer Machtkommunikation untersucht er nicht. Wichtig scheint mir ebenso, dass gerade beide Feldherren auf diese Form höfischer Machtkommunikation zurückgreifen, was Schlechtweg-Jahn ebenfalls nicht berücksichtigt. Die Rede Alexanders wird von ihm nur im Kontext eines Erzählerkommentars genannt, der „das Pathos der Rede […] an[]kratzt"; Schlechtweg-Jahn, Ralf: Macht und Gewalt im deutschsprachigen Alexanderroman (Literatur – Imagination – Realität 37). Trier 2006, S. 149–158 und 193–201, Zitat S. 195.

25 Zu diesen basalen Funktionen einer Feldherrenrede und weiteren vgl. Knödler, Julia: Rhetorik mit Todesfolge. Diversitätskonstruktion in mittelalterlichen Feldherrenreden am Beispiel der Rede Wilhelms des Eroberers vor der Schlacht bei Hastings. In: Strack, Georg/Knödler Julia (Hrsg.): Rhetorik in Mittelalter und Renaissance. Konzepte – Praxis – Diversität (Münchner Beiträge zur Geschichtswissenschaft 6). München 2011, S. 167–190, bes. S. 172. Dass diese Form des rhetorischen Sprechens gerade für Adlige Teil der jeweiligen Idoneitätskonzepte war, betont vor allem Klaus Oschema. Zudem verweist er auf den durchaus problematischen Status der Feldherrenrede in Bezug auf ihre Fiktionalität, die im Kontext der hier angestellten Analysen eines narrativen Textes jedoch keine Rolle spielt. Siehe dazu Oschema, Klaus: Performanz und Kriegserfolg. Performative Qualitäten als Analysekategorie am Beispiel mittelalterlicher Feldherrenreden. In: Oschema [u.a.] (Anm. 7), S. 73–101.

Großen als berühmten und erfolgreichen antiken Feldherren merkt Machiavelli an: „dove non si può usare se non le parole, le quali conviene che sieno udite da tutti, volendo persuadergli tutti. Per questo gli eccellenti capitani conveniva che fussono oratori […].“[26] Um seine Truppen zu überzeugen, muss der Feldherr das politische Sprechhandeln mit seinen rhetorischen Finessen beherrschen. Mittels dieser performativen Akte können sich nämlich seine einzelnen Krieger zu einer Gemeinschaft wandeln, die im Kampf aufeinander vertraut. Dabei wird ihnen die objektive Todesgefahr und subjektiv empfundene Angst genommen und in eine Chance gewandelt, also Vertrauen in eine Zukunft erzeugt. Diese performativen Prozesse stehen im Fokus meiner Analysen der wohlgemerkt narrativ vermittelten und jeweils etwa 150 Verse umfassenden Reden Alexanders und Darius'.

## IV.2. Die Rede des Darius

Der Rede des persischen Großkönigs geht eine topische Beschreibung seines Feldlagers auf dem „anger […] Dêâmaniur“ (V. 6947) am Fuße des Berges Dêâlamon voraus. Zwar wertet der Erzähler im Vorfeld den König, der „hôchverte phlac“ (V. 6849), moralisch ab, doch diesem Urteil folgt eine Darstellung höfischer Jeunesse. Im Lager hat Darius gut 25 weitere Könige um sich versammelt, die in prächtig geschmückten Zelten mit ihren Damen weilen, welche ebenfalls zum Glanz der Szenerie beitragen (vgl. V. 6853–6867). In höfischer Manier wird vor den Damen ein Turnier abgehalten, um sich vor diesen zu präsentieren und um dabei symbolisches Kapital zu erwerben.[27]

26 „Hier kann man nur Worte brauchen, und diese müssen von allen gehört werden, wenn man alle überreden will. Die großen Feldherren mussten daher zugleich Redner sein […].“ Übersetzung nach Machiavelli, Niccolò: Sämtliche Werke. Aus dem Italienischen übers. von Johann Ziegler. Bd. 3. Die Kriegskunst in sieben Büchern nebst den kleinen militarischen Schriften. Als Anhang Auszüge aus Quellenschriften zur Darstellung des Standes der Kriegskunst im Anfang des sechzehnten Jahrhunderts. Karlsruhe 1833, S. 116; italienisches Zitat aus Machiavelli, Niccolò: L'arte della guerra. In: Ders.: Opere politiche. Bd. 3. L'arte della guerra. Scritti politici minori. Hrsg. von Jean-Jacques Marchand. Rom 2001, S. 27–289, hier S. 184.

27 Auch hierbei handelt es sich um eine Form des Risikos, denn die Ritter gehen ein Wagnis ein. Dieses birgt zwar eher ökonomische als existenzielle Gefahren, doch als ebenbürtig gerüstete versuchen sie gerade in der Tjost ihre Chancen (symbolisches Kapital) zu verbessern. Eine ähnliche Einschätzung bietet auch Schlechtweg-Jahn (Anm. 24), S. 174.

ja wart aldâ ûf dem clê
ûf der süeȥen minne schilt
solicher tjost alsô gespilt
daȥ man die clâren vallen sach.
âne zürnen daȥ geschach,
[…]
in sô süeȥer ougelweide
gesach man nie anger noch heide. (V. 6872-6880)

In dieser fast amoenischen Beschreibung des persischen Lagers spiegelt sich indes zweierlei:[28] Erstens das Begehren des Darius – „dô het er gerne strît getân“ (V. 6852) –, das diesen schon mit den ersten Sonnenstrahlen überkommt. Zweitens der nicht minder auf Kampf ausgerichtete Wunsch seiner Fürsten und Ritter nach „âventiuren“ (V. 6887). Auch wenn hier im höfischen Duktus sinnstiftende Konzepte für eine Auseinandersetzung anklingen, greift Darius für seine Feldherrenrede nicht auf diese zurück.

Darius „hieȥ die fürsten vür sich gên/der er wol hundert bî im sach“ (V. 6954–6955) – und vor diesen allein hält der Großkönig seine Rede. Im Kreise der Heerführer beginnt er zunächst mit taktischen Details und der Hoffnung auf eine baldige Konfrontation mit dem Feind in klarer Schlachtordnung:

‚Alexander uns nâhen lît
ich hoffe er habe morgen strît.
teilent iuwer volc in schar,
schaffent daȥ eȥ schône var.‘ (V. 6957-6960)

Mit einem Verweis auf den göttlichen Beistand kommt Darius zu seinem von nun an für die Rede leitenden Motiv: „‚daȥ ir manheit sult begên/und iwern geslehte bî gestên‘“ (V. 6965f.). Dass diese Motivwahl des Königs nicht unberechtigt und durchaus für die Funktionen einer Feldherrenrede geeignet ist, zeigt sich bereits im Vorfeld der Rede. Zu Beginn des zweiten Buches präsentiert der Erzähler den Großkönig im Kreise seines Kronrates, von dem er die Ankunft Alexanders im Perserreich erfährt (vgl. V. 5405–5419). Der zögernden Darius wird dabei von seinen Fürsten mit folgender Frage konfrontiert: „‚wil iuch nû manheit vliehen/umb daȥ ein kint mit krankem her/iuch suocht? […]‘“ (V. 5424–5426). Die Rede scheint diesem Vorwurf zu widersprechen. Zugleich zeigt sich aber auch, dass ‚manheit‘ weit mehr ist als ein Motiv, das auf den Wagemut oder die Tapferkeit einer Person zielt. Ihr eignet in besonderer Weise ein heroisches oder

28 Zu dieser auf Walter von Châtillon zurückgehenden Beschreibung siehe bereits Ehlert (Anm. 4), S. 174.

im höfischen Kontext ritterliches Ethos, dem man verpflichtet ist.[29] Vor diesem Hintergrund entfaltet ‚manheit' ihre narrative Wirkmacht, die über die eines bloßen Motives hinausgeht. Durch sie bezieht man sich für den Kampf auf einen gemeinsamen Normhorizont, eben jenes Ethos, dem man verpflichtet ist. Doch nicht nur diese Konsensfiktion eines gemeinsamen Normhorizontes verbirgt sich darin, vielmehr ist es auch die ‚manheit' selbst, die Ängste und Gefahren minimiert.[30] Sie in einer Rede vor der Schlacht anzuführen, heißt Chancen zu betonen. ‚Manheit' ist somit nicht nur Konsensfiktion, sondern auch Risikonarrativ in der Feldherrenrede des Darius.

Konsequent nutzt dieser den Begriff im Folgenden. Nach einer Darstellung mehrerer genealogisch miteinander verknüpfter Götter, die den Persern beistehen würden, betont Darius erneut die ‚manheit': „‚sô turret ir niht gewenken/ von manheit, diu iu ist an geborn./iu haben die gote helfe gesworn'" (V. 7006–7008). Doch der Großkönig bindet das Ethos nicht nur an transzendente Mächte zurück. Klar benennt er die Wirkweise der Risikokommunikation,[31] die Ungewissheit, Unsicherheit und Furcht tilgt – und das selbst, wenn dem Gegner ‚manheit' nachgesagt wird:

> ‚ist iu iht zageheit bî
> der machet iuwer herze frî.

29 Vgl. dazu etwa mit Bezug auf den *Erec* Hartmanns von Aue Klein, Dorothea: Geschlecht und Gewalt. Zur Konstitution von Männlichkeit im *Erec* Hartmanns von Aue. In: Meyer, Matthias/Schiewer, Hans-Jochen (Hrsg.): Literarische Leben. Rollenentwürfe in der Literatur des Hoch- und Spätmittelalters. Festschrift für Volker Mertens zum 65. Geburtstag. Tübingen 2002, S. 433–463, hier S. 456: „Das dominierende Konzept der heroischen Männlichkeit wird auf ein feudales oder christliches Ethos bezogen [...]."

30 Einen derartigen Nexus von ‚manheit', Gefahr und Angst zeigt auch Angelika Lehmann für den *Parzival* auf, allerdings kommt sie ohne einen Bezug auf die damit verknüpfte Risikokommunikation aus. „*Manheit* und *angest* sind [...] keine sich ausschließenden Vorstellungen mehr, sondern bedingen einander. [...] Das Innewerden von Gefahr ermöglicht situationsspezifisches Verhalten, kluge Voraussicht und, wo nötig, ein sich Hinwegsetzen über die Angst." Lehmann, Angelika: Angst, Gefahr und Angstbewältigung. In: Kaiser, Gert (Hrsg.): An den Grenzen höfischer Kultur. Anfechtungen der Lebensordnungen in der deutschen Erzähldichtung des hohen Mittelalters (Forschungen zur Geschichte der älteren deutschen Literatur 12). München 1991, S. 211–236, hier S. 232f.

31 Zum Zusammenhang von Un-/Sicherheit, Un-/Gewissheit und dem Abbau von Furcht und Ängsten durch Risikokommunikation siehe grundlegend Bonß (Anm. 20), S. 35–70.

> werfent vorhte von iu nider,
> vaȝȝent manheit an iuch wider.
> ir sult dar umbe niht verzagen,
> hœrt ir ein wênic manheit sagen
> von Alexandrô dem jungen.‘ (V. 7009-7015)

Die hier durch die Attribuierung Alexanders als „jung“ im Sinne von unerfahren vorgenommene Verunglimpfung oder Schmähung des Gegners durch Darius gehört zum Repertoire der Feldherrenrede.[32] Die Figur des Großkönigs weiß also die angemessenen rhetorischen Register vor einer Schlacht zu bedienen. Im letzten Abschnitt seiner Rede setzt er dafür noch einmal auf das Risikonarrativ ‚manheit‘ und dessen Zukunftsgewissheit fördernde Wirkung. Dazu bindet er das Narrativ an eben jene Gottheit zurück, die *ea ipsa* für die Zukunft steht:

> ‚gedenket, helde, dar an
> daȝ iu Fortûna sælden gan,
> die an dem Kriechen ist ersterbet.
> manheit ûf uns erbet.‘ (V. 7069-7072)

Die Göttin Fortuna ist es, die den Persern Chancen auf den Sieg generiert und zwar im Gegensatz zu den Griechen.[33] Sie lässt dem Heer des Darius nicht nur das Glück hold sein, sondern zugleich die ‚manheit‘. Sein abschließendes Resümee ist insoweit durch die vorherige Argumentation gedeckt: „‚dâ von ich âne sorge bin,/ wir behaben sigehaften gewin‘“ (V. 7087f.). Seiner Rede folgt der Auftritt eines Boten, der von der vermeintlichen Flucht Alexanders kündet. Sofort sieht Darius darin seine Äußerungen über Alexander und die Griechen bestätigt und seinem Aufruf zur Schlacht wird ohne Zögern Folge geleistet (vgl. V. 7118–7124).

## IV.3. Die Rede(n) des Alexander

Der Erzähllogik folgend stellt sich die Ausgangssituation für die Feldherrenrede Alexanders vor der Schlacht von Issos anders dar. Nach dem Angriff der Perser auf die angeblich flüchtenden Griechen, hält der Erzähler fest:

---

32 Siehe dazu nochmals Knödler, die die Schmähung unter dem Aspekt der „Entmenschlichung des Gegners“ zur Rechtfertigung einer kriegerischen Auseinandersetzung diskutiert; Knödler (Anm. 25), hier vor allem S. 182–187.

33 Zur Tradition und der Transformation der Fortuna als Topos und Figur der Providenz in Ulrichs *Alexander* vgl. auch mit Blick auf die nachfolgende Rede des Makedonenkönigs Medert, Claudia: Der Alexander Ulrichs von Etzenbach. Studien zur Erzählstruktur und Gattungsproblematik (Palaestra 287). Göttingen 1989, S. 184–188 und 198f.

> Alexander mit den sînen
> fuogte den vînden tôdes pînen.
> nâch dem strîte in müede lêrte
> daʒ er in Issôn kêrte. (V. 7385-7388)

Für das Feldlager der Griechen gibt es keine amoenische Beschreibung und das Turnieren vor Minnedamen im Lager der Perser weicht einer ersten, mit Blick auf die noch folgenden Kampfhandlungen nur kleinen Auseinandersetzung der Kontrahenten. Alexander bleibt dabei mit seinen Mannen siegreich und versammelt im Anschluss an diese gemeinschaftliche Erfahrung – anders als Darius – sein gesamtes Heer und nicht nur seine Fürsten:

> eʒ gebôt der valsches reine
> daʒ die fürsten vür in kæmen,
> grâven, ritter, und vernæmen
> waʒ er in sagen wolde,
> wer bî im strîten solde. (V. 7396-7402)

Zunächst wendet sich allerdings auch der König der Griechen lediglich an seine Fürsten. Anders als der Großkönig spricht Alexander diese aber persönlich und dazu namentlich vor allen an. Diese Form des politischen Sprechhandelns schafft nicht nur eine größere Nähe des Redners zu seinem Publikum, es unterstreicht in besonderer Weise die gewählte Argumentation des Redners, denn auch Alexander setzt auf die ‚manheit'. Diese kann er an den Ausgewählten exemplifizieren. So vermag er zugleich die Funktion des Risikonarrativs, die Chance auf symbolisches Kapitel zu betonen und die Todesgefahr auszublenden. Seine Rede an den Fürsten Nicânor setzt wie folgt ein: „‚dich man ie bî manheit sach' " (V. 7406) und er fährt fort: „‚Tholomêus dir helfe biutet,/des herze ouch manheit triutet/ und tât die sich ze prîse zôch' " (V. 7413–7415). Alexander evoziert so einerseits die Wirkmacht einer Konsensfiktion, denn auch seine Heerführer kämpfen Seite an Seite vor dem Normhorizont eines Ethos. Andererseits ist es dieses Ethos, das Taten hervorbringt, welche lobenswert sind. Diese Taten zu vollbringen, die Risiken einzugehen, dem Ethos gerecht zu werden, ist also die Chance, die allen im Kampf offensteht. Deutlich betont es der König noch einmal gegenüber dem Fürsten Meleâger:

> ‚gedenke, helt, daʒ biʒ her
> dîn herze manheit fuorte,
> zagheit eʒ nie beruorte.
> nû schaffe hiute daʒ dîn hant
> der vînde hôchvart mache phant.' (V. 7438-7442)

'Manheit' ist also auch für die Rede Alexanders leitend und für ihn gibt es ebenso eine initiale Szene, die zudem sein Verständnis des Motivs offenlegt. Nachdem der König der Griechen bereits im ersten Buch mehrmals seine Tapferkeit und sein Geschick im Kampf zur Schau gestellt hat, gelangt er zum Grab des Achill, dem größten aller Heroen (vgl. V. 4021–5046). An diesem Grab verweilt er lange weinend. Die Begleiter Alexanders sind darüber irritiert und drängen ihn zum Aufbruch. Auf dem Rückweg zum Heer erläutert er ihnen sein Verhalten:

> 'eȝ dunket etslîche wie ich tobe,
> daȝ ich mir selbe sô wol gelobe
> und von mir ist ouch niht geschehen,
> dâ von man mir muge manheit jehen:
> dem gelücke ich mich bevil,
> an daȝ ich mich lâȝen wil.' (V. 5049-5054)

Nicht die durchaus angebrachte Trauer um einen Helden hat Alexander in einen solch emotionalen Zustand versetzt und diverse affektive Handlungen bei ihm hervorgerufen.[34] Es ist die heroische 'manheit', derer er sich am Grab des Achill bewusst wird und der er selbst nachstreben will. Einer 'manheit', die er klar als zukünftige Chance begreift und die er nicht verstreichen lassen möchte. In seiner Feldherrenrede fordert der König von seinen getreuen Fürsten, eben jene 'manheit' weiterhin unter Beweis zu stellen. Diesem Ethos und den damit verknüpften Chancen sollen aber auch alle anderen folgen und insoweit wendet sich Alexander in einem zweiten Redeteil an ein breiteres Publikum. Immer noch voll gerüstet rennt er zwischen den Scharen umher (vgl. V. 7473–7475) und mahnt:

> 'fürsten, grâven, ritter ich bite
> dar zuo waȝ ich liute hân,
> daȝ sie vorhte wellen lân
> und manheit an sich vaȝȝen
> [...]
> lernent nâch lobe ringen
> und nâch hôher wirdikeit,
> die man nâch Achille seit.' (V. 7498-7510)

34 Zur erlaubten Trauer unter Helden und speziell unter Freunden siehe mit deutlichem Bezug auf die mittelalterlichen Antikenromane Kraß, Andreas: Die Farben der Trauer. Freundschaft als Passion im *Trojanerkrieg* Konrads von Würzburg. In: Schausten, Monika (Hrsg.): Die Farben imaginierter Welten. Zur Kulturgeschichte ihrer Codierung in Literatur und Kunst vom Mittelalter bis zur Gegenwart (Literatur – Theorie – Geschichte 1). Berlin 2012, S. 227–240.

Deutlich nutzt Alexander ‚manheit' als gemeinsames Ethos und akzentuiert die ihr inhärenten Chancen auf Ehre. Wie Darius betont er dabei die Zukunft, wobei diese bezogen auf das verwendete Risikonarrativ gerade nicht mit dem Tod im Kampf endet, denn der König merkt an: „‚daʒ man nâch iuwer lebens tagen/ von iuwer manheit müeʒe sagen' " (V. 7523f.). Diese Formulierung einer Chance überbietet die des persischen Großkönigs. Sie bannt nicht nur die Todesgefahr, sondern auch den Tod als existenzielles Ende. ‚Manheit' wirkt über den Tod des Einzelnen hinaus und lässt den Gefallenen in diesem Narrativ unsterblich werden, wie es an Achill deutlich wird. Die Flüchtigkeit der Chance greift Alexander dabei ebenfalls mit Bezug auf die Göttin Fortuna auf: „‚die uns mit sælden sît gehieʒ/Fortûna, die uns nie verlieʒ./sie was uns bî mit helfe [...]' " (V. 7539–7541). Dass Fortuna tatsächlich die Griechen unterstützt hat und ihnen eben nicht fern war, wie Darius in seiner Rede behauptet, kann Alexander anhand der bisherigen Siege verdeutlichen (vgl. V. 7542–7546). Der König der Griechen lässt in seiner Rede insoweit Ansätze einer vagen Wahrscheinlichkeitsberechnung erkennen. Seine empirischen Ausführungen unterstreichen die Funktion der dargebotenen Risikokommunikation.

Anders als Darius kommt er dabei am Schluss seiner Rede zu einem etwas abweichenden Resümee. Es ist nicht die Siegesgewissheit, die Alexander abschließend betont, vielmehr bedarf es der ‚manheit' im Kampf, „‚daʒ wir frî wellen sîn' " (V. 7586). Diese Wendung verknüpft das Risikonarrativ bzw. die Konsensfiktion der ‚manheit' mit einer weiteren Chance, der Freiheit von den Persern. Damit zeigt sich bereits in den Reden die Überlegenheit der Griechen, die sowohl ein ‚chancenreicheres' Verständnis der ‚manheit' haben, als auch die eigene Freiheit verteidigen. Die politischen Sprechhandlungen Alexanders sind insoweit argumentativ weiter gefasst und festigen die Ziele seiner Risikokommunikation, was auf der Ebene der *histoire* im Sieg der Griechen gipfelt.

## IV.4. ‚manheit' als Konsensfiktion und Risikonarrativ

In der Aufnahme der ‚manheit' oder wie zuletzt der Fortuna und schon mit Blick auf den Umfang beider Reden zeigen sich Parallelen, die auf die narrative Komposition des Textes schließen lassen.[35] Die Rede Alexanders lässt sich durchaus als Antwort auf die des Darius lesen. Selbst die Formulierung einzelner Argumente scheint in den jeweiligen Reden wieder auf, allerdings sind die Bezüge des Alexander mitunter persönlicher gestaltet. Zudem kann er sowohl die Konsensfiktion als auch das Risikonarrativ der ‚manheit' mit Beispielen unterlegen,

35 Siehe dazu bereits Medert (Anm.33), S. 187.

was ebenfalls zu einer größeren Anschaulichkeit seiner Argumente führt und insofern die Wirkmacht seines politischen Sprechhandelns erhöht.

In beiden Reden des Textes wird immer wieder auf ‚manheit' rekurriert. Das geschieht, einerseits vor dem Hintergrund eines anzustrebenden gemeinschaftlichen Ethos und andererseits mit Blick auf die Chance, symbolisches Kapital im Kampf zu erwerben. Das politische Sprechhandeln der beiden Heerführer vor und während der Schlacht von Issos nutzt insofern ‚manheit' sowohl als Konsensfiktion als auch als Risikonarrativ. Darius und Alexander wollen mit ihren Reden ihre Truppen jeweils zum gemeinsamen Kampf ermutigen und die Gefahren, gerade die eines gewaltsamen Todes, zumindest in der subjektiven Wahrnehmung ihrer Männer minimieren.

Ulrich von Etzenbach hat in seinem *Alexander* nicht nur ein Werk mit expliziten und impliziten Bezügen auf seinen Auftraggeber am Prager Hof hinterlassen.[36] Vielmehr hat er dazu beigetragen, dass bestimmte Praktiken des vormodernen politischen Sprechhandelns in literarischer Form verfestigt und im Gumbrechtschen Sinne immer wieder ‚re-präsentiert' wurden.[37] Ulrichs Roman dient sowohl der Vermittlung spezifischer Funktionen politischen Sprechhandelns als auch der generellen Vergegenwärtigung seiner Wirkweisen. Insofern birgt der Gebrauch der aufgezeigten Konsensfiktion und des Risikonarrativs programmatische Züge für das politische Sprechhandeln in der Epik des Spätmittelalters.

---

36 Siehe dazu die Studie von Behr, Hans-Joachim: Literatur als Machtlegitimation. Studien zur Funktion der deutschsprachigen Dichtung am böhmischen Königshof im 13. Jahrhundert (Forschungen zur Geschichte der älteren deutschen Literatur 9). München 1989.

37 Siehe dazu Gumbrecht, Hans Ulrich: Ten brief Reflections on Institutions and Re/ Presentation. In: Melville, Gert (Hrsg.): Institutionalität und Symbolisierung. Verstetigungen kultureller Ordnungsmuster in Vergangenheit und Gegenwart. Köln [u.a.], S. 69–75.

Malena Ratzke

# Herrschaft durch Überzeugung. Politische Rede im *Alexander* und *Alexander-Anhang* Ulrichs von Etzenbach

**Abstract:** In the appendix to Ulrich's of Etzenbach *Alexander* romance, Alexander struggles to conquer the city of Trîtôniâ, which in its structure is closely modeled on Northern Italian communes. It is only after he matches the distinguished political rhetoric of the Trîtônians with a sophisticated allegorical letter of his own that the citizens accept Alexander as their ruler. This paper analyzes the complex process of communication between the Macedonian king and Trîtôniâ. It argues that the *Alexander appendix* stages an ideal of oratory as an essential element of late medieval political culture.

In drei Handschriften zu Ulrichs von Etzenbach *Alexander* ist ein Anhang überliefert, der sich als Ergänzung zu dem im letzten Drittel des 13. Jahrhunderts entstandenen Alexanderroman präsentiert.[1] Dieser Anhang schildert eine für die Stofftradition außergewöhnliche Episode, in der Alexander mehrfach daran scheitert, die Stadt Trîtôniâ zu unterwerfen. Militärische Stärke richtet gegen Trîtôniâ nichts aus, weil die Stadt sich durch Zauberei zu schützen weiß, und so verweigern sich die Stadtbürger mit großer Selbstsicherheit den

1 Der vorliegende Beitrag präsentiert erste Ergebnisse einer Fallstudie, die im Rahmen meines Promotionsprojektes mit dem Arbeitstitel *Erzählte Oratorik. Politische Rede in der Literatur des Spätmittelalters* an der Universität Hamburg entsteht. Der *Alexander* wird im Folgenden zitiert nach der Edition Toischers: Ulrich von Etzenbach: Alexander. Hrsg. von Wendelin Toischer (Bibliothek des Literarischen Vereins in Stuttgart 183). Tübingen 1888, Anhang S. 747–802, künftig: UvEA (für den Hauptteil) bzw. UvEAA (für den Anhang). Der Anhang ist überliefert in drei Handschriften in Heidelberg, Stuttgart und Wolfenbüttel: Heidelberg, Universitätsbibliothek, Cpg 333 (H), urn:nbn:de:bsz:16-diglit-1445 (1. H. 14. Jh.); Stuttgart, Württembergische Landesbibliothek, Cod. poet. et phil. 2° 34 (S), urn:nbn:de:bsz:24-digibib-bsz4089227888 (14. Jh.); Wolfenbüttel, Herzog August Bibliothek, Cod. 2.1 Aug. 2° (W) (2. V. 14. Jh.). Christophe Thierry bereitet zurzeit eine Neuedition des *Alexander* samt Anhang vor, die 2020 abgeschlossen sein soll; vgl. den Editionsbericht Thierry, Christophe: Ulrich von Etzenbach: *Alexander* und *Alexander-Anhang*. Neuedition nach allen Handschriften. In: Deutsche Texte des Mittelalters. Editionsbericht. Editionsvorhaben zu mittelalterlichen deutschen Texten. 2015. http://www.handschriftencensus.de/editionsbericht/E_Thierry1.html (15.6.2018).

Unterwerfungsbefehlen. Erst der Einsatz politischer Rhetorik führt Alexander zum Erfolg, denn er entscheidet sich schließlich, seinen Gegnern nicht mit der herablassenden Geste eines Eroberers, sondern als souveräner, in der verbalen wie der nonverbalen Sprache der Diplomatie versierter Politiker gegenüberzutreten. Die entscheidende Wende führt ein Brief herbei, in dem Alexander sich auf die Position der Trîtônier einlässt, diese aber geschickt für seine eigenen Zwecke adaptiert und die Stadt so argumentativ von der Rechtmäßigkeit seines Anspruches überzeugt. Nicht Unterwerfung durch physische Gewalt, sondern Überzeugung durch persuasive Rede ist das Mittel, das Alexanders Herrschaftsübernahme ermöglicht.

Die prominente Rolle politischer Rede ist bereits in der Gestaltung der Stadt Trîtôniâ angelegt, denn diese ist, wie Jan-Dirk Müller und insbesondere Ruth Finckh gezeigt haben, nach dem Vorbild norditalienischer Stadtkommunen gestaltet.[2] Dabei weisen beide auf eine Stelle im Prolog des ebenfalls von Ulrich von Etzenbach verfassten *Wilhelm* bzw. *Wilhalm von Wenden* hin, wonach ein „meister Heinrîch der Walch“ die Textvorlage beschafft habe.[3] In diesem wird der Protonotar Henricus Italicus oder Heinrich von Isernia gesehen, der als Vermittlungsinstanz zur italienischen Kultur fungiert haben könnte.[4] In der Forschung ist umstritten, inwiefern die Namen Heinrîch der Walch, Henricus Italicus und Heinrich von Isernia auf dieselbe Person verweisen.[5] Doch auch

---

2 Vgl. Müller, Jan-Dirk: Landesherrin per compromissum. Zum Wahlmodus in Ulrichs von Etzenbach *Wilhelm von Wenden* v. 4095–4401, in: Hauck, Karl [u.a.] (Hrsg.): Sprache und Recht. Beiträge zur Kulturgeschichte des Mittelalters. FS Schmidt-Wiegand. Bd. 1. Berlin/New York 1986, S. 490–514; hier S. 502, Anm. 25; 507, Anm. 41; 511, Anm. 51; Finckh, Ruth: Vom Sinn der Freiheit. Ulrichs von Etzenbach *Alexander-Anhang* und der zeitgenössische Macht-Diskurs. In: Mölk, Ulrich (Hrsg.): Herrschaft, Ideologie und Geschichtskonzeption in Alexanderdichtungen des Mittelalters (Veröffentlichung aus dem Göttinger Sonderforschungsbereich 529 ‚Internationalität Nationaler Literaturen‘ A 2). Göttingen 2002, S. 358–411, hier S. 373–382.

3 Ulrich von Etzenbach: Wilhalm von Wenden. Text, Übersetzung, Kommentar. Hrsg. und übers. von Mathias Herweg (De Gruyter Texte). Berlin 2017, V. 85.

4 Vgl. Finckh: Freiheit (Anm. 2), S. 381; Müller (Anm. 2), S. 511–514.

5 Vgl. Nechutová, Jana: Die lateinische Literatur des Mittelalters in Böhmen. Übers. von Hildegard Boková und Václav Bok. Köln/Weimar/Wien 2007, S. 129–134; Worstbrock, Franz Josef: Heinrich von Isernia. In: Die deutsche Literatur des Mittelalters. Verfasserlexikon 11 (2004), Sp. 625–631, hier Sp. 625; Schaller, Brigitte: Der Traktat des Heinrich von Isernia *De coloribus rethoricis*. In: Deutsches Archiv für Erforschung des Mittelalters 49 (1993), S. 113–153, hier S. 114; im Zusammenhang mit Ulrich von Etzenbach vgl. Müller (Anm. 2), S. 512 m. Anm. 53.

wenn es sich bei diesen um mehrere Personen handeln sollte, belegt die Anwesenheit italienischer oder in Italien geschulter Gelehrter am Prager Hof ein Interesse der böhmischen Elite an der politischen – und rhetorischen – Kultur des südalpinen Raums. Ihre Tätigkeit könnte dabei nicht nur für die Bekanntheit italienischer Verfassungsstrukturen gesorgt haben: Mit dem Namen Heinrich von Isernia, den Worstbrock als „Leitfigur einer ersten rhetorisch-literarischen Kultur in Böhmen“[6] beschreibt, sind ein an der *Rhetorica ad Herennium* orientierter Traktat über rhetorische Figuren, eine Briefsammlung und eine Briefrhetorik im Stil der norditalienischen Artes dictaminis verbunden.[7] Zwar müssen diese lateinischen Schriften für den Verwaltungsgebrauch nicht als direkte Vorlagen für Ulrichs deutschsprachigen *Alexander* gedient haben; ihre Entstehung am Prager Hof zeugt jedoch von einem Bedarf und einem Interesse an der italienischen Kultur. Christophe Thierry hat zuletzt die Referenz auf Italien zum Anlass genommen, im *Alexander-Anhang* eine literarische Ausgestaltung der Niederlage zu sehen, die Friedrich II. 1248 bei der Belagerung von Parma einstecken musste.[8]

Ich möchte zeigen, dass die Orientierung an Italien nicht nur für die Verfassung Trîtôniâs, sondern auch für die Gestaltung der Redeszenen im Text maßgeblich ist. Diese propagieren ein Ideal politischer Beredsamkeit, das dem italienischen Modell sehr nahekommt.[9] Der *Alexander-Anhang* diskutiert auf

6 Worstbrock (Anm. 5), S. 626.

7 Henricus de Isernia steht in der Tradition antik-römischer und italienischer Rhetorik, vgl. Tríška, Josef: Prague rhetoric and the Epistolare dictamen of Henricus de Isernia. In: Rhetorica 3 (1985), S. 183–200, hier S. 183–188, bes. S. 186; Worstbrock (Anm. 5), Sp. 628. Im Verlauf des 14. Jahrhunderts werden die Verbindungen nach Italien weiter institutionalisiert: „Later rhetoricians created their compositions and instruments in the Bohemian-Italian tradition introduced by Henricus: Nicolaus Sortes, dictator of the foundation charter of the University of Prague; Iohannes Noviforensis, renowned for his relationship with Italian writers; Broda's *Quadripartitus* with words borrowed from Italian; and Prague University Statutes, using some articles of the Bologna University Statutes“ (Tríška [wie Anm. 7], S. 188).

8 Thierry, Christophe: La fabrique d'une fiction sur Alexandre le Grand. Citations du Secretum secretorum dans l'Annexe de l'Alexander d'Ulrich von Etzenbach (Alexander-Anhang, fin XIIIe - début XIVe siècle). In: Gaullier-Bougassas, Catherine/Bridges, Margaret/Tilliette, Jean-Yves (Hrsg.): Trajectoires européennes du Secret des secrets du Pseudo-Aristote (XIIIe-XVIe siècles) (Alexander redivivus 6). Turnhout 2015, S. 387–426, hier S. 390f.; vgl. auch ebd., S. 408f.; 425.

9 Zur Kultur der italienischen Kommunen vgl. die Beiträge von Florian Hartmann und Christoph Dartmann in diesem Band.

zweifache Weise die Funktionen und Möglichkeiten politischer Rede: 1. Oratorik zur Konfliktlösung, sichtbar in Szenen diplomatischer, vorwiegend ritueller Kommunikation, und 2. Oratorik zur Herrschaftslegitimation, die sich besonders in Alexanders Fähigkeit ausdrückt, der Freiheitsberufung der Trîtônier eine eigene, komplexe und überzeugende Argumentation entgegenzusetzen. Insbesondere dem zweiten dieser Aspekte möchte ich im Folgenden nachgehen und die Rolle der Oratorik zur Herrschaftslegitimation untersuchen. Die Beobachtungen lassen sich anschließend mit der Eroberung Thebens im Hauptteil des *Alexander* kontrastieren; dabei handelt es sich um eine Szene, die eine ähnliche Ausgangssituation aufweist, in der Rede aber als eskalatives Mittel eingesetzt wird, sodass die bewusste Nichtbeachtung des oratorischen Dekorums zur Zerstörung der Stadt führt.

## I. Oratorik zur Konfliktlösung

Alexanders Vorhaben, den Trîtôniern seine Herrschaftsabsichten mitzuteilen, schlägt zunächst fehl. Er lässt einen Boten in die Stadt reiten, der die Bürger auffordert, in Alexanders Heerlager zu erscheinen; dieser erhält jedoch weder eine affirmative noch eine ablehnende Reaktion, sondern wird ignoriert und muss unverrichteter Dinge zurückkehren.[10] Alexander ist irritiert, lässt sich nach Rücksprache mit seinen Vasallen jedoch auf einen zweiten Versuch ein: Der nun ausgewählte Vertreter der Griechen ist ein Gesandter aus dem Kreis der griechischen ‚vürsten'. An diesem Gesandten hebt der Text ausdrücklich dessen Klugheit und Redefähigkeit hervor: „als im die vürsten rieten, nuo | sant er ûz in der einen dar | wîsen und hübscher rede gar" (UvEAA, V. 184–186).[11] Der hohe Stand des Gesandten lässt sich als Teil einer kommunikativen Strategie lesen, denn der Gesandte ist kompetent, um auf der Bühne politischer Öffentlichkeit und in Verhandlungen sein souveränes Auftreten und die würdige Vertretung seines Herrn zu sichern. Er ist bei der Umsetzung seines Auftrags denn auch erfolgreicher

10 Vgl. UvEAA, V. 171–180.

11 Formeln und Begriffspaare wie diese finden sich häufig zur Beschreibung von Boten und Gesandten. So werden etwa Ulixes und Diomedes in Konrads von Würzburg *Trojanerkrieg* als ‚wis unde redebaere' bezeichnet (V. 27469). Vgl. den Stellenüberblick bei Stengl, Britta Karin: Die literarische Botendarstellung in der mittelhochdeutschen Epik des 12. und 13. Jahrhunderts. Diss. Tübingen 1995, S. 157–159; zum *Trojanerkrieg* vgl. bes. ebd., S. 51 m. Anm. 76: „Die Formel ‚wis unde redebaere' zeichnet die wahre Rhetorik als Kunst des angemessenen Redens aus. Konrads Boten sind in der Lage, je nach Situation zu reden oder zu schweigen, was für die vielen Verhandlungen eine große Rolle spielt."

als sein Vorgänger:[12] Die Vertreter Trîtôniâs empfangen ihn und erteilen ihm die Erlaubnis, sein Anliegen vorzubringen, was der Bote in angemessener Weise („gezogenlich", UvEAA, V. 237) auszuführen weiß. Auch an anderen Stellen im *Alexander-Anhang* werden Gesandte beider Seiten und auch Alexander selbst in ihren rhetorischen Fähigkeiten hervorgehoben und z.B. als ‚redehaft' oder ‚redehafte wîse'[13] bezeichnet; sowohl die Figuren als auch der Erzähler kommentieren Redebeiträge und Briefe als ‚schœne rede' oder ‚schœne worte'.[14] Beredsamkeit wird hier also als Diplomatentugend betont.

Viele der Ansprachen, die dabei gehalten werden, entfalten ihre Wirkung im Rahmen ritueller Kommunikation. Der fürstliche Gesandte ist vornehmlich dadurch erfolgreich, dass er die Spielregeln diplomatischer Kommunikation einhält und es erreicht, den Repräsentationsanspruch Alexanders mit dem Anspruch der Trîtônier zu verbinden, als vollwertige Verhandlungspartner adressiert zu werden. Im Unterschied zum ersten Boten erhält der ‚vürst' den Auftrag, den Stadtrat und den Podestà, also die geeigneten Instanzen der Stadtverwaltung anzusprechen.[15] Die Rede wird zudem von Handlungen begleitet, die sich als Begrüßungszeremoniell verstehen lassen und eine friedliche Haltung kommunizieren, gleichzeitig aber Macht und Ansehen der Parteien ausstellen: Vom Pferd absitzen, sich gegenseitig entgegengehen, Begrüßung und Erteilung der Redeerlaubnis durch den Podestà und die Ratsherren. Die Ansprache, die Alexanders Gesandter hält, fungiert als ‚proposicio', als Rede,

12 Der erste Gesandte bleibt in der ohnehin sehr knappen Textpassage uncharakterisiert; über ihn wird lediglich als jemand gesprochen, „den er sande dar" (UvEAA, V. 171). Der zweite Gesandte wird dagegen stets als ‚vürste' und nicht als ‚bote' bezeichnet, vgl. etwa UvEAA, V. 209, 226, 235 und öfter. Zu diesem Steigerungsmotiv vgl. auch Finckh: Freiheit (Anm. 2), S. 362, 370; Stock, Markus: Paradoxer Gewinn. Raumpoetik und utopische Anschaulichkeit in Ulrichs von Etzenbach *Alexander*-Anhang. In: Hartmann, Heiko/Röcke, Werner (Hrsg.): Utopie im Mittelalter. Begriff – Formen – Funktionen (Das Mittelalter 18,2). Berlin 2013, S. 113–128, hier S. 122.

13 So heißt es über einen trîtônischen Gesandten: „Der künec in gerne hôrte, | im gezam wol sîner worte. | er bat in reden vürbaz [...] | der redehafte wîse | sprach zuo dem künge dô | ganzer rede alsô" (UvEAA, V. 941–943; 948–950). Markus Stock interpretiert die Stelle dahingehend, „dass Alexander die Ordnung [der Stadtgesellschaft] gut gefalle" (Stock [Anm. 12], S. 126). Die Betonung der ‚worte' und die Bezeichnung des Boten als ‚redehafte[r] wîse[r]' scheint mir jedoch gerade auf die rhetorische Gestaltung des Berichts abzuzielen.

14 Vgl. UvEAA, V. 1412f.: „der edele Alexander | schœne rede vander" sowie V. 1755f. über Gesandte Trîtôniâs: „schœner worte redehaft | vür brâhten sie ihr botschaft".

15 Vgl. UvEAA, V. 190–192.

mit der ein Gesandter sich und sein Anliegen vorstellt, und deckt das ab, was man in diesem Kontext erwartet.[16] Sie übermittelt Anlass und Anliegen des Besuches, verweist darauf, dass Alexander sich bereits jede andere Stadt untertan gemacht hat und rät den Trîtôniern dazu, der Aufforderung ebenfalls zu folgen, insbesondere weil Alexander ihnen doch eigentlich wohlgesonnen sei. Abschließend werden die Bedingungen vorgetragen, unter denen die Machtübergabe stattfinden soll.[17] Über diese verhältnismäßig knappe Darstellung geht die Ansprache nicht hinaus; es bleibt gewissermaßen bei einem Minimalschema, denn kein Redeteil wird sonderlich ausgeschmückt oder enthält mehr Informationen als notwendig. Die Rede erfüllt aber ihre Funktion im diplomatischen Ritual, denn die Trîtônier zeigen Reaktion. Sie beschränken sich darauf, ihr bisheriges Verhalten zu erläutern und eine Fristverlängerung zu erbitten.[18] Die Reaktion der Stadt besteht also zunächst erneut darin, dass die eigentliche Antwort verweigert wird. Dieses Mal jedoch findet Kommunikation statt, und diese verläuft in den geordneten Bahnen diplomatischer Konventionen. Die Redebeiträge haben vor allem repräsentativ-symbolischen Charakter und führen Modelle vor, wie sich Gesandte und Adressaten bei ihrem Aufeinandertreffen verhalten können.

Anders sieht es im weiteren Verlauf des Textes aus. Als sich die Parteien das nächste Mal begegnen, präsentieren die Trîtônier eine umfangreiche Ansprache, in der sie Alexanders Anspruch abweisen. Diese ‚Freiheitsrede' und die Entgegnung, die Alexander daraufhin verfasst, funktionieren weniger zeremoniell und operieren viel stärker auf der Ebene argumentativer Persuasion. Die Gestaltung der Reden, so meine These, entspricht unterschiedlichen Darstellungsinteressen: Der Auftritt des Gesandten und die Interaktion mit den Stadtvertretern betonen die Konventionen der Diplomatie und der politischen Repräsentation. Auf diese sind die beiden späteren Redebeiträge über die Freiheit offenbar nicht angewiesen. Eine im Einklang mit den Normen stehende Präsentation ist somit imstande, der inhaltlichen Auseinandersetzung den Weg zu bereiten.

---

16 Zur ‚proposicio' vgl. Haye, Thomas. Lateinische Oralität. Gelehrte Sprache in der mündlichen Kommunikation des hohen und späten Mittelalters. Berlin 2005, S. 136–143.

17 Vgl. UvEAA, V. 238–263.

18 Vgl. UvEAA, V. 265–286.

## II. Freiheit und Freiwilligkeit. Oratorik zur Herrschaftslegitimation

Die Freiheitsrede des trîtônischen Redners beschränkt sich auf den für die Handlung des *Alexander-Anhangs* entscheidenden Argumentationsteil, ein erkennbares ‚Exordium' ist z.B. gar nicht vorhanden (vgl. UvEAA, V. 323f.). Es werden im Wesentlichen drei Begründungen für die Abweisung von Alexanders Ansprüchen angeführt: Zunächst wird mit dem Gewohnheitsrecht argumentiert – 3000 Jahre lang habe kein Herrscher es gewagt, Anspruch auf die Stadt zu erheben und sie zu belagern. Die Vorfahren der Bürger seien frei geboren; ebenso verhalte es sich mit den heute lebenden Trîtôniern. Der Sprecher zieht außerdem die Rechtmäßigkeit von Alexanders Anliegen in Zweifel, indem er sich auf das Recht beruft und Beweise fordert, er argumentiert also juristisch:

> ist daz er reht zuo uns hât,
> war umb bewîset daz niht er[]
> und lâze ervüllen sîn ger[?]
> wil er uns undertân
> ân reht von gewalde hân?
> daz enmac mit nihte wesen. (UvEAA, V. 338-343)[19]

Ein zweites Argument setzt bei Naturrechtsvorstellungen an. Das ‚Buch der Natur'[20] spreche allen Menschen ein Naturrecht auf Freiheit zu:

> in dem buoche der natûre wir lesen
> von der natûre rehte,
> daz al menschlich geslehte
> ist von rehte der natûre vrî (UvEAA, V. 344-347)

---

19 Interpunktion in V. 339f. gegenüber der Edition von Toischer berichtigt: Semantisch und syntaktisch, nicht zuletzt durch die Konjunktion ‚und', lässt sich V. 339 an die vorangehende Frage anschließen; V. 340f. bildet dagegen eine separate semantische Einheit.

20 Mit dem „buoch der natûre" könnte schlicht das metaphorische Buch der Natur gemeint sein, hier ist auch denkbar, dass ein tatsächlich existierendes Buch oder ein Traktat gemeint ist; bislang ließ sich jedoch keine plausible Referenz ermitteln. Zur naturrechtlichen Begründung von Freiheit vgl. Finckh: Freiheit (Anm. 2), S. 382–385. Zum Einsatz des Begriffs in politischer Funktion vgl. Finckh, Ruth: „Natur" als politische Parole in Ulrichs von Etzenbach *Alexander-Anhang*. In: Dilg, Peter (Hrsg.): Natur im Mittelalter. Konzepte – Erfahrungen – Wirkungen. Akten des 9. Symposiums des Mediävistenverbandes, Marburg, 14.–17. März 2001. Berlin 2003, S. 386–407.

Zudem sei Alexander ebenso sterblich wie die Stadtbürger. Daraus leiten die Trîtônier ab: Es besteht kein Grund, sich Alexander zu unterwerfen („wes sul wir uns im ze dienste geben, | der tôtlich ist als wir?", UvEAA, V. 362f.).

Die dritte Begründung neben Gewohnheits- und Naturrecht bekräftigt diese Einschätzung und transferiert sie in eine religiöse Dimension: Der einzige legitime Herr Trîtôniâs sei Gott. Alexander sei deshalb überhaupt nicht befugt, über die Freiheit der Städter zu entscheiden: „unser vrîheit hab wir von got, | niht von iuwerm künge sie, | noch wir im geben wellen die" (V. 376–378). Alexanders Forderung wird also nicht nur abgewiesen, sondern ganz grundsätzlich infrage gestellt.[21]

Diese ungefilterte Artikulation von Dissens muss Alexander als Beleidigung und schweren Angriff auf seine Ehre auffassen.[22] Entsprechend reagiert er mit voller Härte und ordnet an, die Stadt zu stürmen.[23] Diese ist jedoch, wie eingangs bereits erwähnt, mit klassischen militärischen Mitteln uneinnehmbar, denn die Trîtônier setzen zur Verteidigung ihre Kenntnisse der ‚nigromancî' ein. Auf erzählstrategischer Ebene stellt das Motiv der Zauberkünste ein wirksames Mittel bereit, um physische Gewalt als Option auszuschalten; im Fokus des ‚Experiments' stehen Rede und Beredsamkeit, die das Problem lösen müssen. Hier liegt eine besondere Möglichkeit dargestellter Oratorik in fiktionalen Texten: Die militärische Option, die in Auseinandersetzungen wie dieser zur Verfügung steht und üblicherweise eine Entscheidung herbeiführen könnte, wird hier mit einer ganz bestimmten Darstellungsabsicht ausgeschaltet. Der Text handelt von Oratorik als politischer Praxis mit eigenem Wert. Überlegt eingesetzte Rede kann Gewalt verhindern. Das probiert der Text jedenfalls aus, denn im gesamten *Alexander-Anhang* kommt niemand zu Tode. Das ist in anderen Szenen, z.B. in der Theben-Episode, auf die noch einzugehen ist, völlig anders. Auf der Ebene der Handlung

---

21 Vgl. ähnlich Finckh: Freiheit (Anm. 2), S. 366.

22 Zum Aspekt der Ehre vgl. Görich, Knut: Sprechen vor dem Kaiser. Gesandte aus italienischen Kommunen am Hof Friedrich Barbarossas. In: Hartmann, Florian (Hrsg.): Cum verbis ut Italici solent ornatissimis. Funktionen der Beredsamkeit im kommunalen Italien (Super alta perennis. Studien zur Wirkung der Klassischen Antike 9). Göttingen 2011. S. 135–152, hier S. 146, Anm. 41 u. ö. sowie die Monographie Görich, Knut: Die Ehre Friedrich Barbarossas. Kommunikation, Konflikt und politisches Handeln im 12. Jahrhundert (Symbolische Kommunikation in der Vormoderne). Darmstadt 2001.

23 Vgl. etwa UvEAA, V. 407–411 zu Alexanders Horn – er setzt es nur ein, wenn keine Gefangenen gemacht und alle Feinde getötet werden sollen: „sîn was ouch alsô erdaht, | niht manz erschellen solde, | niur sô der künic wolde | die vînde keiner geschiht | ze genâden nehmen niht. | der burger rede im swaere lac". Zum Motiv des Horns als Wunderhorn, das auch im *Secretum Secretorum* vorkommt, vgl. Finckh: Freiheit (Anm. 2), S. 363, 395.

führt dies dazu, dass Alexander, nach mehrfachen Versuchen und nach Rücksprache mit seinem Lehrer Aristoteles, die Strategie wechselt. – Er schreibt einen Brief.

Dass Alexander einen Brief schreibt und damit auf eine schriftbasierte Kommunikationspraxis zurückgreift, schließt dessen Untersuchung als Medium oratorischer Praxis keineswegs aus. Die Botschaft wird zwar explizit schriftlich verfasst, vor den trîtônischen Bürgern wird sie aber vom Boten mündlich vorgetragen.[24] Thomas Haye hat in vergleichbarem Kontext den Begriff der ‚abgelesenen Rede' benutzt.[25] Im *Alexander-Anhang* wird der Brief zudem ebenso als ‚rede' bezeichnet wie die übrigen, rein mündlichen Ansprachen; hier wird intradiegetisch kein Unterschied gemacht.[26] Dabei ist Ulrichs *Alexander* andernorts gegenüber den medialen Bedingungen der Briefkommunikation durchaus sensibel; es gibt z.B. Szenen, in denen gerade der Unterschied zwischen stiller, privater Lektüre und lauter, öffentlicher Rede betont wird.[27]

Formal präsentiert sich Alexanders Brief ähnlich reduziert wie dies bei der Freiheitsrede der Trîtônier zu beobachten ist. Die einzelnen Argumente der Trîtônier werden von Alexander aber genauestens beachtet und in seine eigene Legitimationsstrategie eingebunden. Sein Brief kreist ebenfalls um die Leitidee der Freiheit. Wie die Trîtônier, so thematisiert auch Alexander Gott als Herrscher und Dienstherr über die Schöpfung. Er entwickelt daraus ein organologisches Staatsmodell, das den Makrokosmos der Schöpfung in Analogie setzt zum Mikrokosmos des Körpers. Analog zu Gott als Herrscher über die Schöpfung regiert der Mensch über den als Staat organisierten Körper. In einer langen Passage wird die zentralistische Organisation dieses Körperstaates beschrieben, die von seiner Hauptstadt, dem Herzen, ausgeht (vgl. UvEAA, V. 1473–1602). Hier residiert die Weisheit in einer Doppelfunktion, als Gebieterin der Stadt und Kaiserin des gesamten Reiches; hier sitzt auch die Regierung: Senat, Rat, Potestat, Bürgermeister, das Gericht und weitere Posten werden von den Tugenden besetzt.[28] Anspielungen auf die Verfassung Trîtôniâs und der norditalienischen

24 Vgl. UvEAA, V. 1653f.

25 Vgl. Haye (Anm. 16), S. 327.

26 Vgl. etwa UvEAA, V. 1608.

27 Beim Briefwechsel mit Darius vor der Schlacht am Granikon werden die Botschaften nicht in Form eines Vortrags, sondern in stiller Lektüre empfangen. Die Szene nutzt die Differenz von lauter Rede und stiller Lektüre, um die Unterscheidung von öffentlicher und nichtöffentlicher Rede und die Bedingungen politischer Kommunikation vorzuführen. Vgl. UvEA, V. 5509–5614.

28 Vgl. UvEAA, V. 1585–1602. Verwandte Allegorien finden sich häufiger in der politischen Theorie des Mittelalters. So beschreibt etwa Alanus ab Insulis die menschlichen

Kommunen sind kaum zu übersehen, womit spätestens in diesem Abschnitt augenfällig wird, dass Alexanders Rede nicht nur die Schöpfung und den Menschenkörper in Analogie bringt, wie dies etwa zeitgenössische Fürstenspiegel tun. Er arbeitet vielmehr konkret auf die vorliegende Situation hin und komponiert eine Allegorie auf sein eigenes Verhältnis zu den Trîtôniern.[29] Von zentraler Bedeutung für Alexanders Überzeugungsarbeit ist das idealtypische Verhältnis zwischen der Kaiserin und den Stadtbewohnern, denn die Bürger, die dezidiert als ‚von Natur aus frei' bezeichnet werden und somit eindeutig als Entsprechung zu den Trîtôniern konstruiert sind, dienen dieser Kaiserin aus freien Stücken:

> Alein sie gar rîche sî,
> starc die stat, dar inne vrî
> von natûre und ahtbære
> die edelen burgære;
> sô wil sie doch der keiserîn,
> der wîsheit, und ir gebieterîn
> gern und unbetwungenlich
> mit der gehorsam neigen sich,
> zins, den sie sol, ir geben
> und in ir gebiete leben (UvEAA, V. 1555-1564).

„gern und unbetwungenlich" ist die entscheidende Formulierung an dieser Stelle. Alexander gelingt es, das Freiheitsargument der Trîtônier auszuhebeln, indem er die von ihm vorgeschlagene Lösung zur idealen Situation für Trîtôniâ stilisiert. Die Unterwerfung unter Alexander sei nämlich gleichbedeutend mit eben dem Dienst an Gott, den die Trîtônier geloben. Die Rede gipfelt in dem Versprechen, dass der Gehorsam gegenüber Alexander auch diesen zum Dienst an seinen Untertanen verpflichtet. Konträr zur Ansicht der Trîtônier sei somit eigentlich Alexander der Bezwungene, denn die Verpflichtung zum Schutz seiner Untertanen bedeute für ihn „arbeit" (UvEAA, V. 1642):

> wer sich uns neiget, der neiget uns im
> […]
> also bindet er uns und vrîet sich
> und hât uns mêr betwungenlich:
> seht, der wirt unser lôn,
> den wir nemen dâ von (UvEAA, V. 1638, 1645-1648).

---

Tugenden als Herrscherinnen und Bewohnerinnen einer allegorischen Stadt und das organologische Staatsmodell lässt sich ähnlich bei Thomas von Aquin beobachten. Vgl. Finckh: „Natur" (Anm. 20), S. 402–406.

29 Vgl. ebd., S. 404.

Der Brief,[30] das hat die Forschung aufgearbeitet, bezieht wesentliche Impulse aus der gelehrten Kultur des 13. Jahrhunderts und der politischen Theorie, die ihn an zeitgenössische Diskurse anbinden. Er bleibt jedoch nicht bei einer mechanischen Kombination von Versatzstücken stehen, sondern dient vielmehr der differenzierten Auseinandersetzung mit dem Freiheitsanspruch der Trîtônier. Alexander geht genau auf die Argumentation der Städter ein und – dies ist besonders hervorzuheben – er schenkt ihnen damit die Aufmerksamkeit, die sie von Anfang an verlangen. Er erkennt Gott und die von ihm geschaffene Natur als gemeinsamen Bezugsrahmen an, der für ihn in gleichem Maße Gültigkeit besitzt wie für die Stadtbürger.[31] Und: Er tut dies in politisch-rhetorischer Formvollendung.

Im Rückblick lässt sich das anspruchsvolle Niveau der Freiheitsrede als provokante Vorgabe in dieser Hinsicht lesen: Der Opponent wird vor die Herausforderung gestellt, dem argumentativen Niveau zu entsprechen oder als (rhetorisch) Besiegter umzukehren. Die Kampagne zur militärischen Eroberung der Stadt zeigt insofern, dass Alexander die Botschaft der Trîtônier zunächst missversteht.[32] Der Brief demonstriert zum einen seine Lernfähigkeit; zum anderen zeigt er, dass Alexander ein würdiger Gegner ist, der die Herausforderung annimmt und den Trîtôniern auf Augenhöhe begegnet.[33] Mit Erfolg: Die komplexe und mehrfach gesicherte Beweisführung überzeugt die Bürger, sie stimmen der Rechtmäßigkeit der Forderung zu (UvEAA, V. 1684f.).[34] Der Podestà überbringt gemeinsam mit einer Gesandtschaft von Ratsherren die Entscheidung, Alexander als

30 Vgl. UvEAA, V. 1478–1602.

31 Vgl. dazu Finckh: „Natur" (Anm. 20), S. 387: „Die Natur wird zum zentralen Argument einer politischen Debatte, zur Kronzeugin für das Bestehen einer höheren Macht, der allein die Menschen zu dienen bereit sind, vor der aber, so muß man schließen, auch Alexander für seine Taten Rechenschaft abzulegen hat." Auch andere Auseinandersetzungen Alexanders haben das Potenzial, über die Anerkennung einer solchen höheren Macht eine gemeinsame Basis zu schaffen. Diese wird jedoch nicht in gleicher Weise genutzt; vgl. unten das Beispiel der Theben-Episode.

32 Vgl. etwa UvEAA, V. 756–759: „er wolde niht von der stat, | ê daz er gewunne die | und alzemâle vertilget sie. | zornec gemuot er daz sprach."

33 Mit Blick auf die intertextuellen Anspielungen des Briefes formuliert Finckh, Alexander zeige „nun auch gelehrte Kenntnisse, die allein schon durch ihren Bildungsstatus geeignet sind, ihm die Türen des akademischen Widerstandsnestes zu öffnen" (Finckh: „Natur" [Anm. 20], S. 402).

34 Ähnlich beobachtete schon Kohlmayer: „nicht seine Macht, sondern seine Argumente legitimieren ihn" (Kohlmayer, Rainer: Formkunst und Politik in den Werken Ulrichs von Etzenbach. Zahlenkomposition und politische Thematik in der *Alexandreis*, im

Herrscher anzuerkennen. In einem großangelegten Adventus zieht Alexander in die Stadt ein und wird von allen Bewohnern unter Lobgesängen willkommen geheißen (UvEAA, V. 1815–2100).

Bevor der Adventus im *Alexander-Anhang* jedoch überhaupt durchgeführt wird, wird erneut über die Auslegung des Freiheitsbegriffes verhandelt. Bei der – nun erstmals persönlich stattfindenden – Begegnung mit dem zukünftigen Herrscher hält der Podestà im Namen der Gesandtschaft eine Ansprache:

> ‚wir sîn des boten von der stat.
> die comûne und der rât
> haben uns, hêrre, iu gesant.
> sie setzen sich ze iuwer hant,
> des sie gevrîet waren ie,
> daz sie keiser noch künge nie
> wolden des erbieten sich.
> sie wellen unbetwungenlich
> sich mit der stat iu, hêrre, geben
> und iu nâch willen leben
> daz mit in selbe lobe wir.
> wenn ir gebietet, sô muget ir,
> hêrre, rîten zuo der stat.‘ (UvEAA, V. 1733-1745)

Wie bereits in der Freiheitsrede wird auch hier erneut betont, dass Trîtôniâ bislang frei und ohne fremden Herrscher gewesen sei. Nun seien die Bürger bereit, sich Alexander zu überantworten. Die Verse „sie setzen sich ze iuwer hant, | des sie gevrîet waren ie“ (‚sie geben sich in Eure Hand, von der sie bisher befreit/ unabhängig waren‘), bilden eine Antithese, die andeutet, dass der bisherige Zustand der Freiheit durchaus eine Einschränkung erfährt. Doch dies wird nicht als Unterwerfung behandelt, sondern mit großem Nachdruck als freiwillige Entscheidung („unbetwungenlich“) präsentiert.[35] Dem Podestà gelingt das rhetorische Kunststück, eine Unterwerfungsrede zu halten, in der die Bereitschaft zur Aufgabe von Freiheit an die Freiwilligkeit der Entscheidung gekoppelt wird.

---

*Herzog Ernst D*, im *Wilhelm von Wenden* und im Anhang der *Alexandreis*. In: Zeitschrift für deutsche Philologie 99 [1980], S. 355–384, hier S. 380).

35 Diese Beobachtung passt zur Freiwilligkeitsfiktion bei Ritualen und fügt sich in den Kontext des Herrscheradventus, bei dem Privilegien bestätigt oder neu vergeben wurden, vgl. etwa Stollberg-Rilinger, Barbara: Rituale (campus Historische Einführungen). Frankfurt a.M. 2013, S. 110; zur „Praxis der Freiwilligkeits- und Konsensfiktionen“ vgl. Althoff, Gerd: Die Macht der Rituale. Symbolik und Herrschaft im Mittelalter. Darmstadt 2003, S. 190 und öfter.

Nach Abschluss seiner Ansprache überreicht der Podestà ein goldenes Zepter.[36] Mit der Übergabe dieses Herrschaftszeichens geht auf nonverbaler Ebene die Herrschaft an Alexander über. Auf verbaler Ebene jedoch bleibt auch bei Alexander weiterhin die Freiheitsthematik bestimmend. Alexander antwortet nämlich, indem er die Freiheit der Stadt betont, seine briefliche Position bestätigt und die entscheidenden argumentativen Operationen (mündlich, persönlich) wiederholt:

> ‚ir enput uns, vrî wæret ir:
> daz ez sô sî, sô welle wir
> wol. wir quâmen sô her
> noch ez was unser ger,
> daz wir an keinen dingen
> iuch dar abe wolden twingen.
> mit dem gelübde, daz ir tuot,
> dâ mit gedanke unde muot
> und unsern willen eigenlich
> ir ziehet an iuch getwungenlich:
> sît ir unser, sô sî wir iur.‘ (UvEAA, V. 1769-1779)

Alexander beteuert in Anwesenheit der offiziellen Vertreter Trîtôniâs, dass es ihm nie um eine gewaltsame Freiheitsberaubung gegangen sei; die Freiheit der Stadt bleibe unangetastet. Stattdessen hebt er umgekehrt den Zwang hervor, den das ‚gelübde‘ der Stadt auf ihn ausübe: „unsern willen [...] | ir ziehet an iuch getwungenlich“, womit eine kontrastive Korrespondenz zum Gebrauch des ‚unbetwungenlich‘ in der Rede des Podestà und zur Staatsallegorie im Brief hergestellt wird. Der Schlusssatz bringt dies als Formel auf den Punkt: „sît ir unser, sô sî wir iur“ (UvEAA, V. 1779). Alexanders Ansprache vermeidet jedes Missverständnis und geht gezielt auf den Aspekt ein, der für das Selbstverständnis der Trîtônier entscheidend ist. Er führt die Integrierbarkeit beider Anliegen vor.

Welcher Seite ist in der Auseinandersetzung nun der Sieg zuzusprechen? Die Antwort auf diese Frage hängt von der Perspektive ab, aus der sie gestellt wird, und in der Forschung wird dies sehr unterschiedlich behandelt. Markus Stock, Ruth Finckh und Christophe Thierry gehen dieser Frage in jeweils eigenen Beiträgen nach und suchen die Antwort im Triumphzug, wobei die gleiche Zeremonie einmal als Beweis für den Triumph Alexanders angeführt wird – so Markus

36 Vgl. UvEAA, V. 1747–1750. Zum Einsatz dieser Elemente im Adventus, aber auch als „Bestandteile einer allgemeinen Ritualkultur“ vgl. Stollberg-Rilinger (Anm. 35), S. 110–113, Zitat S. 113.

Stock –,[37] das andere Mal – bei Thierry und Finckh – hingegen für den Triumph der Städter.[38] Mit Blick auf das Zusammenspiel nonverbaler und verbaler Kommunikation im Schlussteil möchte ich eine andere Perspektive vorschlagen. Natürlich büßen die Trîtônier auf instrumenteller[39] Ebene an Freiheit ein: An die Stelle autonomer Selbstverwaltung tritt die Subordination unter den Willen eines Monarchen. In der Symbolsprache wird die Logik von Gewinn und Niederlage jedoch ausgehebelt; im Zentrum steht stattdessen der Konsens über die Aufrechterhaltung der Freiheit, und mit ihr die Aufrechterhaltung des traditionellen Selbstbildes der Stadt. Dies ist der entscheidende Schachzug, der das Gelingen des Einzugs in Trîtôniâ sichert.[40] Der nun folgende Adventus feiert nicht nur *sowohl* die Ankunft des neuen Herrschers *als auch* das Selbstbewusstsein der Bürger; er dient gleichzeitig dazu, die neugewonnene Harmonie zur Schau zu stellen und für die Zukunft verbindlich zu machen.[41] Die Voraussetzung für

37 Beim Adventus am Ende sehe man „die Stadt nicht im Modus der utopisch-freien Gelehrtenrepublik, sondern im Modus von Herrschereinzug und Huldigung" (Stock [Anm. 12], S. 127).

38 Vgl. Finckh: „Natur" (Anm. 20), S. 407 und schon Finckh: Freiheit (Anm. 2), S. 410f. Thierry resümiert: „[L]a ‚victoire' d'Alexandre est en fait une capitulation, à laquelle le maître Aristote apporte sa caution"; den Trîtôniern spricht er „une complète victoire idéologique sur Alexandre" zu, sodass diese als die „grands vainqueurs de la confrontation avec Alexandre" hervorgehen (Thierry [Anm. 8], S. 425). Die oratorische Dimension des *Alexander-Anhangs* spielt bei Thierry jedoch keine Rolle, sodass – wie der vorliegende Beitrag zu zeigen versucht – entscheidende Entwicklungsschritte des Verhandlungsprozesses unberücksichtigt bleiben.

39 Zur konzeptuellen Unterscheidung von instrumenteller und symbolischer Ebene, in Anknüpfung an Niklas Luhmann, vgl. Stollberg-Rilinger, Barbara: Symbolische Kommunikation in der Vormoderne. Begriffe – Themen – Forschungsperspektiven. In: Zeitschrift für historische Forschung 31 (2004), S. 489–527, hier S. 497f.

40 Eine Passage von 34 Versen legt zunächst eine neue Aufteilung der Stadtverteidigung fest – den Städtern werden die Türme, den Makedonen die Stadttore zugewiesen; das Datum des Adventus wird ebenfalls verabredet (vgl. UvEAA, V. 1780–1814). Auch hier lässt sich eine instrumentelle von einer symbolischen Perspektive unterscheiden, insofern die ‚sachorientierte' Regelung organisatorischer Konsequenzen aus dem Herrscherwechsel zugleich eine erste Machtdemonstration Alexanders darstellt. Auch hier wird dabei Wert auf ein harmonisches Verhältnis gelegt, indem die Makedonen dazu angehalten werden, ‚gezogen' aufzutreten, sich also nicht als Eroberer, sondern als tugendhafte Ritter zu präsentieren (vgl. UvEAA, V. 1810–1814, Zitat V. 1813).

41 Vgl. UvEAA, 1815–2100. Der Einzug in die Stadt enthält keine weiteren Reden oder Ansprachen, die einzige Form verbaler Kommunikation besteht in Lobgesängen, die von den verschiedenen Gruppen der trîtônischen Bevölkerung – darunter die Jungen und Frauen, aber auch die ‚comûne' und die Gremien der Selbstverwaltung – vorgetragen

Alexanders Erfolg liegt somit in der Anerkennung der städtischen Identität und in der Wahl der entsprechenden Sprache für den Umgang miteinander. Politische Rede ist das Mittel, mit dem diese Anerkennung kommunizierbar ist.

## III. Oratorik zur Eskalation. Freiheitsrhetorik in der Theben-Episode

Freiheit dient auch im Hauptteil des *Alexander* Ulrichs von Etzenbach als Begründung für die Abweisung fremder Herrschaftsabsichten. In der Episode zur Eroberung Thebens widersetzt sich die Stadt Alexanders Anspruch ebenso demonstrativ wie Trîtôniâ im *Alexander-Anhang*; auch der thebanische Sprecher beruft sich dort auf die gottgegebene Freiheit der Stadtbewohner. Er wählt dabei aber eine andere Strategie und schmettert Alexanders Gesandtem eine Spott- und Schmährede entgegen, die in deutlichem Kontrast zur Wohlgesetztheit der trîtônischen Freiheitsrede steht.[42] Die Stadt setzt in dieser Episode alles daran, die Normen diplomatischer Interaktion zu durchbrechen.[43]

Bereits die Ausgangssituation demonstriert einen Gegensatz von Anerkennung und Respektlosigkeit gegenüber dem Gesprächspartner, denn die beiden Parteien lassen höchst unterschiedliche Repräsentanten auftreten: Alexander sendet Hector, den jüngsten Sohn seines Vertrauten Permênion.[44] Er schickt von Anfang an einen angesehenen und in seinem persönlichen Vertrauen stehenden Gesandten. Diese Geste erfährt allerdings von Seiten der Stadt keine Würdigung

werden. Interessanterweise wird im Gesang der letzteren, der von einem rechtsgelehrten ‚legum dominus' angeleitet wird, die Naturrechts- und Prophezeiungsargumentation wieder aufgenommen, die den Ausschlag für das Einverständnis der Trîtônier gegeben hatte (vgl. UvEAA, V. 1904–1927). Die Legitimierungsfunktion des Rituals ist also selbst in den Details seiner Umsetzung sichtbar. Zum Verbindlichkeitsversprechen von Ritualen vgl. Althoff (Anm. 35), S. 23f.; 189 und öfter.

42 Eine weitere Parallele zwischen den Episoden besteht in der repräsentativen Falkenjagd, die Alexander in beiden Fällen abhält, um sein adliges Selbstverständnis und seine Macht zu demonstrieren. Zum Motiv der Falkenjagd vgl. Finckh: Freiheit (Anm. 2), S. 368f. sowie Finckh: „Natur" (Anm. 20), S. 400. Markus Stock verweist auch auf Parallelen zur Tyrus-Episode, vgl. Stock (Anm. 12), S. 123.

43 Im Hinblick auf Stellen wie diese stellt Finckh fest, dass es „mitunter durchaus vor[kommt], daß die Feinde des Makedonenkönigs vor ihrer endgültigen Niederwerfung noch renitente Reden führen." Nur im *Alexander-Anhang* finde sich jedoch eine „grundsätzliche Infragestellung von Alexanders Recht, zu herrschen und zu erobern" (Finckh: „Natur" [Anm. 20], S. 386).

44 Vgl. UvEA, V. 3191–3196.

durch eine komplementäre Figur, denn Hectors Gesprächspartner ist ein nicht weiter charakterisierter Thebaner, der von der Stadtmauer herunterruft und die Position der Stadt vertritt, ohne als offizieller Vertreter markiert worden zu sein: „einer her abe wider in sprach“ (UvEA, V. 3197).

Die Verhandlungen zur Übergabe der Stadt finden zunächst in Form eines Gesprächs mit relativ kurzen, schnell wechselnden *turns* statt, in dem Hector wiederholt versucht, Theben durch Drohung und Ratschlag zur Unterwerfung zu bewegen.[45] Schließlich setzt der Vertreter Thebens zu einer längeren Stellungnahme an.[46] Diese Rede schlägt von vornherein einen unmissverständlich beleidigenden Tonfall an und macht deutlich, dass die Thebaner Alexanders Anspruch nicht nur verneinen, sondern verachten. Bereits der Einstieg disqualifiziert Hectors Versuche als „claffen“, als unnütze Rede:

> ‚uns verdriuzet iuwer worte,
> die ir tâlanc gegen uns tuot.
> iuwer claffen uns sere muot. (UvEA, V. 3238-3240)

Hectors Überzeugungsversuche seien reine Zeitverschwendung; er solle besser schweigen und umkehren. Da auch ein Angriff der Griechen aussichtslos sei, werde sich Theben niemals unterwerfen. Vor dem Hintergrund der Trîtôniâ-Episode fällt die Legitimation dieser Haltung ins Auge, denn die Freiheit Thebens wird göttlich begründet. Der Sprecher reklamiert eine Sonderstellung für die Stadt, die sich aus einer transzendenten Ordnung speist: So seien zwar die übrigen Griechen, als deren Vertreter Hector auftritt, Alexander zu Dienst verpflichtet, denn sie sind ihm ‚eigen‘. Die Thebaner jedoch seien kraft eines göttlichen Privilegs davon ausgenommen, sie seien ‚von den Göttern her‘ frei:

> ir müezt im dienst erzeigen,
> ir Kriechen sît sîn eigen:
> sô sî wir von den goten frî. (UvEA, V. 3241-3243)

Der Thebaner führt mit den Göttern eine Instanz ins Feld, die Alexanders Status vorausgeht. Theoretisch eröffnet sich damit die Möglichkeit für einen gemeinsamen Bezugsrahmen, dessen Gültigkeit von beiden Seiten akzeptiert wird.[47]

45 Vgl. UvEA, V. 3201–3237.

46 Vgl. UvEA, V. 3238–3270.

47 Schlechtweg-Jahn beschreibt Vorgänge wie diese als „Praxis der Kompromißbildung, in der Machthaber und Machtunterworfene sich gemeinsam als der göttlichen Welt Unterworfene ansehen können und müssen“ (Schlechtweg-Jahn, Ralf: Macht und Gewalt im deutschsprachigen Alexanderroman [Literatur, Imagination, Realität 37]. Trier 2006, S. 27).

Wie die Trîtôniâ-Episode zeigt, ist eine solche Wendung textlogisch durchaus denkbar. Anders als bei den Trîtôniern, deren Gottesbezug nur einen Baustein in einer groß angelegten Redearchitektur bildet, bleibt es in Theben jedoch bei der relativ knappen Nennung. Anstatt in eine gelehrte Beweisführung ist diese in eine umfangreiche Schmährede eingebettet, die eine ganze Reihe von Beschimpfungen Hectors enthält.[48] Der zweite Teil des Redebeitrags geht sogar noch weiter und argumentiert ‚ad hominem' gegen die Person Alexanders. Der Teil setzt auf maximale Erniedrigung und verhöhnt den jungen, höfischen Herrscher als grobes Bauernkind, das besser zuhause Eier essen und mit dem Kreisel spielen oder auf dem väterlichen Hof die Gänse hüten solle.[49]

Nun ist danach zu fragen, wie Alexander auf diese Schmähungen reagiert. In vergleichbaren Fällen, z.B. bei der Eroberung Tyrons, hebt der Text seinen ‚zorn' hervor, der zu grausamen Racheaktionen führt.[50] Hier jedoch reagiert Alexander gelassen auf Hectors Bericht:

> Dô Hector die rede vernam,
> wider ze sînem hêrren er kam.
> er sagte im die scheltwort,
> als er von in hete gehôrt.
> er sprach ‚ich hân engolten
> der botschaft, ich bin bescholten,
> bœser worte man mir verjach.'
> mit guotem siten der künic sprach
> ‚sol uns die êre geschehen
> daz wir sie mugen hie ûze sehen,
> als sie sich vermezzen hân;
> wirt daz sô von in getân,

48 Vgl. zu Beginn der Rede, UvEA, V. 3240: „iuwer claffen"; V. 3245–3247: „tuot zuo den vlans. | zwâr wan wæret ir niht ein gans, | ir möhtet wol zeimal hœren".

49 Vgl. UvEA, V. 3254–3270. Vgl. zu dieser Episode im Vergleich zum *Alexander-Anhang* auch Finckh, Ruth: Ulrichs von Etzenbach *Alexander*. Ein böhmisches Lehr-Stück. In: Cölln, Jan (Hrsg.): Alexanderdichtungen im Mittelalter. Kulturelle Selbstbestimmung im Kontext literarischer Beziehungen (Veröffentlichung aus dem Göttinger Sonderforschungsbereich 529 ‚Internationalität Nationaler Literaturen' A 1). Göttingen 2000, S. 355–406, hier S. 391.

50 Vgl. UvEA, V. 5265–5285, zum ‚zorn' vgl. V. 5284. Finckh verweist auch auf die Erwähnung des ‚zorns' in der Tyrus-Episode, vgl. Finckh (Anm. 49), S. 394. Zum Motiv des Zorns zwischen Kampfzorn und Herrscherzorn und darüber hinaus vgl. Baisch, Martin/Freienhofer, Evamaria/Lieberich, Eva: Einleitung. In: Dies. (Hrsg.): Rache – Zorn – Neid. Zur Faszination negativer Emotionen (Aventiuren 8). Göttingen 2014, S. 9–26, bes. S. 12f.

wir sullen in die rede gelten
mit slegen sunder schelten.
wir bringen sie des innen,
ob sie uns unminnen,
daz wir in daz selbe tuon.‘ (UvEA, V. 3271-3287)

Den ‚bœsen‘ Worten setzt Alexander seinen ‚guoten siten‘ entgegen, wobei das mittelhochdeutsche ‚bœse‘ so viel wie ‚böse, schlecht, wertlos‘[51] bedeuten kann, hier aber eine moralische Konnotation bekommt und besonders im Kontrast zum ‚guoten siten‘, zum Anstand, in Szene gesetzt wird.[52] Anstatt jedoch nun mit einem Gegenbeispiel vorbildlicher rhetorischer Kunst anzutreten, beschließt Alexander, der Rede kämpferisch, mit „slegen sunder schelten“ zu begegnen. Alexander vertraut also auf seine militärische Stärke, so wie er es auch im *Alexander-Anhang* zunächst tut. Anders als Trîtôniâ verfügt Theben zu seiner Verteidigung jedoch nicht über Zauberkünste, sondern wird nach einer qualvollen, vierzigtägigen Belagerung eingenommen und dem Erdboden gleichgemacht.[53]

Vergleicht man Theben mit Trîtôniâ, so lässt sich festhalten, dass eine in ihren Grundzügen insofern ähnliche Ausgangssituation beschrieben wird, als Alexander beide Male auf eine Stadt trifft, die zunächst weder vor Alexanders verbal geäußertem Anspruch noch vor seiner militärischen Stärke zurückschreckt. Beide Städte berufen sich auf ihre angestammte Freiheit, deren Gültigkeit göttlich legitimiert wird. Im Bezug auf eine transzendente Ordnung liegt eine

51 Art. boese. In: Lexer, Matthias: Mittelhochdeutsches Handwörterbuch 1 (1872), Sp. 330. http://www.woerterbuchnetz.de/Lexer?lemma=boese (15.6.2018).

52 Einen ähnlichen Kontrast inszenieren Artusromane des 12. und 13. Jahrhunderts, wie Martin H. Jones feststellt: Jones, Martin H.: „nu wert iuch, ritter, ez ist zit“ (Erec. v. 4347). Zum verbalen Vorfeld des ritterlichen Zweikampfs in deutschen Artusromanen des 12. und 13. Jahrhunderts, in: Miedema, Nine/Hundsnurscher, Franz (Hrsg.): Formen und Funktionen von Redeszenen in der mittelhochdeutschen Großepik (Beiträge zur Dialogforschung 36). Tübingen 2007, S. 1–18. In diesen Texten sind es vor allem Zweikampfszenen, in denen die Protagonisten regelmäßig auf Gegner treffen, die durch ‚schelten‘ und ‚dröuwen‘ zu provozieren versuchen (vgl. ebd., S. 148–152). Gegenüber Reizreden in heldenepischen Texten sei besonders auffällig, wie stark die Protagonisten es ablehnen, sich auf die Provokation einzulassen. Martin H. Jones vermutet, dass die heldenepische Form der Reizrede „nicht zum Selbstverständnis des höfischen Ritters“ passe (ebd., S. 152).

53 Vgl. UvEAA, V. 3687–3692; 3798–3804. Zwischendurch ergibt sich durch einen Besänftigungsversuch des Sängers Clyades, der ein Loblied zu Ehren Alexanders singt, kurzzeitig die Chance auf Nachsicht, aber die Eigendynamik der Eroberung kann zu diesem Zeitpunkt nicht mehr aufgehalten werden. Vgl. UvEA, V. 3721–3797.

Möglichkeit, sich in der Verhandlung mit Alexander auf gemeinsamem Grund zu treffen. Hier allerdings zeigt sich der fundamentale Unterschied in der Konstruktion der beiden Episoden. Die Redeszenen in Theben ließen sich als ,eskalative Oratorik' bezeichnen; die Redebeiträge hier zeigen die Gefahren solcher Rede, sie verstoßen ostentativ gegen die Normen diplomatischer Begegnungen und führen zur Zerstörung der Stadt.[54] Alexanders Herrschaft ist ganz herkömmlich durch den militärischen Sieg legitimiert. Der *Alexander-Anhang* hingegen verfolgt das Projekt, die produktiven Effekte politischer Oratorik in einem literarischen Rahmen auszuloten. In Trîtôniâ ist ein militärischer Angriff narrativ ausgeschaltet; das Mittel zur Durchsetzung des Herrschaftsanspruches ist die politisch-rhetorische Kompetenz der Griechen: Die Fähigkeit zum Gebrauch der angemessenen Formen zur Konfliktlösung, die Fähigkeit zur Persuasion im Streit um die politische Idee der Freiheit, und die Fähigkeit zur Wahrung der Entscheidungsfreiheit: Alexander erringt seine Herrschaft durch oratorische Überzeugung der Gegner.

54 Dabei ist natürlich zu bedenken, dass der Grund für den Untergang Thebens nicht nur im Verhalten des Sprechers, sondern in erster Linie in der anhaltenden Weigerung besteht, die Stadttore zu öffnen. Die Belagerung der Stadt selbst ist zudem stofflich durch die Tradition der Alexanderromane vor Ulrich von Etzenbach vorgegeben. Der Basler und Straßburger Alexander sowie Rudolfs von Ems Alexanderroman enthalten zum Teil ausführliche Theben-Episoden; vgl. als Einstieg die Übersichten im *Motif-index of German secular narratives*: Austrian Academy of Sciences (Hrsg.): Motif-index of German secular narratives from the beginning to 1400. Bd. 5. Berlin/New York 2006.

Gesine Mierke

# „lustsam und redebære". Politische Rhetorik in der *Steirischen Reimchronik* und der *Kreuzfahrt Landgraf Ludwigs des Frommen*

**Abstract:** Based on the examples of the „Steirische Reimchronik" and the „Kreuzfahrt Landgraf Ludwigs des Frommen" the paper examines the function of political speeches. In particular, the study focuses on the „genus deliberativum", i.e. discussions during the prince's councils and court proceedings as well as specific statements of the counselors, and on the rhetorical staging of the speeches in their political context. In this respect, special consideration is given to the relationship between rhetoric and power, as well as to the performance of the speaker.

In der zu Beginn des 14. Jahrhunderts von Ottokar ouz der Geul verfassten *Steirischen Reimchronik*[1] gibt der Erzähler im Prolog Einblick in die Motivation seines Schreibens. So erklärt er zunächst, dass er aufgefordert worden sei, die Ereignisse seit dem Tod Kaiser Friedrichs II. festzuhalten. Es handele sich somit um eine Auftragsarbeit, die zudem ein bereits vorliegendes Werk weiterführe.[2] Überdies führt der Erzähler Folgendes aus:

> dô wart mir gedrôt,
> belibe es verswigen,
> ich wurde gezigen,
> ich waere unversunnen,
> daz mir der red waer zerunnen,
> sô daz manic tât verswigen waere,
> diu lustsam und redebaere

---

1 Grundlegend zu Autor und Werk Liebertz-Grün, Ursula: Das andere Mittelalter. Erzählte Geschichte und Geschichtserkenntnis um 1300. Studien zu Ottokar von Steiermark, Jans Enikel, Siegfried Helbling (Forschungen zur Geschichte der älteren deutschen Literatur 5). München 1984, S. 101–115.

2 Vgl. Wenzel, Horst: Höfische Geschichte. Literarische Tradition und Gegenwartsdeutung in den volkssprachigen Chroniken des hohen und späten Mittelalters (Beiträge zur älteren Literaturgeschichte 5). Bern [u.a.] 1980, S. 140.

> möht werden hernâch
> in iegelîcher sprâch. (StRC, V. 56-64)[3]

Er zitiert den bekannten Topos, dass der Besitz von Wissen zur Weitergabe verpflichte.[4] Wer etwas weiß, muss es mitteilen; die Exordialtopik legitimiert die Dichtung. Weiter betont der Erzähler, dass er die Taten „lustsam" und „redebaere", unterhaltsam und in verständiger Weise, aufbereiten wolle.

Darin kann man zunächst einen Hinweis darauf sehen, dass der Verfasser einer Geschichtserzählung gleichsam Geschichte, um sie verständlich zu machen, auslege. Überdies bezieht sich das „lustsame" Erzählen auch auf die Ebene des Discours: Die Geschichten werden in einer bestimmten Weise aufbereitet. Damit, so scheint mir, greift der Erzähler etwas auf, das als Spezifikum der erzählenden Historiographie in der Volkssprache gesehen werden kann. Ich gehe kurz darauf ein.

Am Beginn der Überlieferung volkssprachiger Chronistik steht um die Mitte des 12. Jahrhunderts die *Kaiserchronik*. Sie ist an ihren lateinischen Vorgängern orientiert und erzählt *historia* in der Volkssprache. Mithin ist sie nicht nur als Wiedergabe der Abfolge historischer Ereignisse zu sehen, sondern sie ‚erzählt' Geschichte auf eine ihr eigene Weise: Heils-, Universal- und Reichsgeschichte werden ausgelegt.[5] Dies trifft freilich auf jegliche Form der Geschichtsdichtung zu. Insbesondere ab dem 13. Jahrhundert steigt die Zahl der Verschroniken an. Zu erwähnen sind etwa Werke wie die *Braunschweigische Reimchronik*, die *Sächsische Weltchronik* oder das *Fürstenbuch* und die *Weltchronik* des Jans von Wien. Eine Besonderheit dieser Texte ist es, dass sie für die Darstellung von Geschichte auch auf Versatzstücke, Muster und Motive aus dem höfischen Roman zurückgreifen.[6]

---

3 Zitiert nach: Ottokars Österreichische Reimchronik. Nach den Abschriften Franz Lichtensteins hrsg. von Joseph Seemüller. Zwei Halbbde. (MGH, Deutsche Chroniken 5, 1/2). Hannover 1890/1893 (Nachdruck Zürich/Dublin 1974). Ligaturen werden aufgelöst. Im Folgenden verwende ich die Sigle StRC.

4 Vgl. Curtius, Ernst Robert: Europäische Literatur und lateinisches Mittelalter. 11. Aufl. Tübingen/Basel 1993, S. 97.

5 Vgl. dazu jüngst Dickhut-Bielsky, Johannes: Auf der Suche nach der Wahrheit in *Annolied* und *Kaiserchronik*. Poetisch-historiographische Wahrheitssuche in frühmittelhochdeutschen Geschichtsdichtungen (Zeitschrift für deutsches Altertum und deutsche Literatur, Beihefte 23). Stuttgart 2015. Zu den Deutungsverfahren in der *Kaiserchronik* vgl. auch den Beitrag von Elke Brüggen in diesem Band.

6 Über diese intertextuellen Bezüge und Gattungsinterferenzen wird gegenwärtig verstärkt gehandelt, vgl. grundlegend noch immer: Wenzel (Anm. 2), S. 140–175; Haug, Walter: Entdeckung der Fiktion. In: Ders.: Die Wahrheit der Fiktion. Studien zur

Augenfällig sind zudem die Redeszenen, die zunehmend in die Texte eingebunden werden.[7]

Die Untersuchung von Redeszenen aus literaturwissenschaftlicher Perspektive ist, nachdem sie lange zu den Desideraten gehörte, in den letzten Jahren verstärkt in Angriff genommen worden. Zu erwähnen ist hier der Tagungskomplex von Nine Miedema und Monika Unzeitig, in dessen Rahmen Redeszenen in verschiedenen literarischen Gattungen in den Blick genommen wurden.[8] Ferner betonte Gerhard Wolf, dass insbesondere chronikale Texte eine Vielzahl schwankhafter Erzählungen bieten und durch ihre Ausgestaltung von Redeszenen auf „performance"[9] hin konzipiert seien. Die Chronistik wurde allerdings unter dieser Prämisse nur vereinzelt betrachtet.[10] Gerade der Gedanke der Aufführung lässt auf die Gebrauchssituation der Texte schließen, zugleich aber ist der verstärkt darbietenden Form per se eine starke Vermittlungs- und Demonstrationsabsicht inhärent, sodass die rhetorische Gestaltung der Texte stärker in den Mittelpunkt rückt. Vor diesem Hintergrund lässt die Betrachtung performativer Elemente einerseits darauf schließen, dass die Darstellung des Geschehens in Form von Mono- und Dialogen aus didaktischen Gründen bevorzugt wurde. Auf der Grundlage der antiken Rhetorik, dem Wissen um die Gestaltung von Reden und deren Persuasivität, gestalten die Chronisten ihre Texte und

---

weltlichen und geistlichen Literatur des Mittelalters und der frühen Neuzeit. Tübingen 2003, S. 128–144; Mierke, Gesine: Arthurisches in der volkssprachigen Chronistik. In: Dietl, Cora/Schanze, Christoph/Wolfzettel, Friedrich (Hrsg.): Gattungsinterferenzen. Der Artusroman im Dialog (Schriften der Internationalen Artusgesellschaft 11). Berlin/Boston 2016, S. 1–18.

7 Vgl. dazu Mierke, Gesine: Riskante Ordnungen. Von der *Kaiserchronik* zu Jans von Wien (Deutsche Literatur. Studien und Quellen 18). Berlin/Boston 2014, S. 230–243.

8 Drei Tagungsbände zu Redeszenen in der mittelalterlichen Literatur sind bereits erschienen, vgl. Unzeitig, Monika/Miedema, Nine/Hundsnurscher, Franz (Hrsg.): Redeszenen in der mittelalterlichen Großepik. Komparatistische Perspektiven (Historische Dialogforschung 1). Berlin 2011; Miedema, Nine/Schrott, Angela/Unzeitig, Monika (Hrsg.): Sprechen mit Gott. Redeszenen in mittelalterlicher Bibeldichtung und Legende (Historische Dialogforschung 2). Berlin 2012; Miedema, Nine/Schrott, Angela/Unzeitig, Monika (Hrsg.): Stimme und Performanz in der mittelalterlichen Literatur (Historische Dialogforschung 3). Berlin/Boston 2017.

9 Vgl. Wolf, Gerhard: Inszenierte Wirklichkeit und literarische Aufführung. Bedingungen und Funktion der ‚performance' in Spiel- und Chroniktexten des Spätmittelalters. In: Müller, Jan-Dirk (Hrsg.): ‚Aufführung' und ‚Schrift' in Mittelalter und früher Neuzeit (Germanistische Symposien. Berichtsbände 17). Stuttgart/Weimar 1996, S. 381–405, hier S. 382.

10 Vgl. dazu Mierke (Anm. 6).

vermitteln somit nicht nur historisches Wissen, sondern gleichermaßen rhetorisches Grundwissen für ‚politische' Zusammenhänge.

Situationen des höfischen Lebens und ihnen inhärente problematische Konstellationen, die in einem durch die Figurenrede ‚dramatisierten' Modus präsentiert werden, entwickeln aus rezeptionsästhetischer Perspektive eine andere persuasive Wirkung auf den Rezipienten als der Bericht des Erzählers über die vergangenen Ereignisse.

Für die Untersuchung von Redeszenen in der Chronistik lassen sich vor diesem Hintergrund folgende Ansatzpunkte ausmachen: 1. Um die Bedeutung von Redeszenen für die Chronistik herauszustellen, erscheint es sinnvoll, diese zunächst zu typologisieren (der Form nach: Soliloquium, Dialog; der Funktion nach: Ratgeberszene, Feldherrenrede etc.). Grundsätzlich ist damit die Frage nach der Funktion der Oratorik in geschichtsdarstellenden und -vermittelnden Texten sowie die Frage nach dem Zusammenhang von Rhetorik und Macht verbunden.[11] 2. Auf narratologischer Ebene gibt die Analyse von Redeszenen Aufschluss über die spezifische Gestaltung der Texte und Einblick in die Präsentation von Wissen der jeweiligen Aussageinstanz (Erzähler oder Figur). Für die Darstellung von Geschichte bleibt zu fragen, was, von wem, in welcher Form präsentiert wird und welche Wirkung damit erzeugt bzw. wie das Erzählte bewertet werden soll. Mit Blick auf die antike Rhetorik geht es darum, ob etwas beschrieben (‚descriptio') oder dem Publikum gezeigt (‚demonstratio') bzw. vor Augen gestellt wird (‚evidentia').[12] 3. Im Ganzen bleibt mit Blick auf den gesamten Text nach der Aussage- und Wirkabsicht der Redeszenen zu fragen.

Im Allgemeinen vermitteln Redeszenen innerhalb der Texte eine größere Unmittelbarkeit und entwickeln ein szenisches Geschehen. Gerade dieser Eindruck der Unmittelbarkeit trägt dazu bei, die Beurteilung der erzählten Episoden scheinbar dem Publikum zu überlassen. Dabei bleibt jedoch zu berücksichtigen, dass die Unmittelbarkeit von der Erzählinstanz abhängt und auch durch die (nur teilweise) in direkter Rede wiedergegebenen Figurenreden immer vermittelt ist.

---

11 Vgl. grundlegend zur Erforschung der Oratorik in der Geschichtswissenschaft Helmrath, Johannes/Feuchter, Jörg (Hrsg.): Politische Redekultur in der Vormoderne. Die Oratorik europäischer Parlamente in Spätmittelalter und Früher Neuzeit (Eigene und fremde Welten 9/Studies Presented to the International Commission for the History of Representative and Parliamentary Institutions 86). Frankfurt a.M. 2008.

12 Gert Hübner hat jüngst auf die Bedeutung der Rhetorik für die Geschichtsschreibung hingewiesen, vgl. Hübner, Gert: Der künstliche Baum. Höfischer Roman und poetisches Erzählen. In: Beiträge zur Geschichte der deutschen Sprache und Literatur 136/3 (2014), S. 415–471, bes. S. 433–437.

Redeszenen unterbrechen den epischen Erzählfluss, das Geschehen wird temporal ausgeweitet und einzelne Episoden werden so in den Mittelpunkt gerückt. Der Wechsel von zeitraffenden Passagen des Erzählers und zeitdeckenden Abschnitten der Figurenrede bestimmt den Rhythmus des Textes. Auf diese Weise gelingt es, historische Ereignisse gegenwärtig zu machen, Akzentuierungen bestimmter Zusammenhänge vorzunehmen bzw. problematische Konstellationen auch als solche wiederzugeben.

Insbesondere auf der Ebene der Gestaltung der Dialoge und Soliloquia lassen sich persuasive Strategien ausmachen, deren Analyse zeigt, welche Rolle die Rhetorik im politischen Kontext der Zeit einnahm, welcher Stellenwert ihr im Wissenshorizont des Verfassers zukam und welche rhetorischen Kompetenzen dem Publikum vorgeführt und vermittelt werden sollten. Dabei geht es nicht nur um die Darstellung unterschiedlicher Sprechweisen (z.B. höfisches vs. unhöfisches Sprechen) und die stilistische Gestaltung der Reden, sondern vor allem auf einer allgemeineren Ebene um die Frage nach der Verschränkung von Oratorik und Herrschaft, rhetorischem Ideal und politischer Macht. Die Darstellungsabsicht des Verfassers ist gerade für die Chronistik zu trennen von der grundsätzlich didaktischen Tendenz der Gattung. Letztere zeigt sich an der zum Teil lehrhaften Ausgestaltung der Redeszenen als rhetorische Musterstücke.

Zieht man vor dem Hintergrund des bisher Gesagten noch einmal die Aussage Ottokars im Prolog der *Steirischen Reimchronik*, er wolle die Taten „lustsam" und „redebære" darbieten, in Betracht, dann bleibt zu untersuchen, ob nicht gerade die Redeszenen dazu beitragen, das Geschehen auf benannte – unterhaltsame aber verständliche – Weise zu präsentieren. Beide Adjektive scheinen auf das poetische Grundanliegen des „prodesse aut delectare"[13] Bezug zu nehmen und auf rhetorische Prinzipien wie Verständlichkeit und Angemessenheit abzuzielen.[14] Meine These ist vor diesem Hintergrund, dass Redeszenen in der Chronistik ganz bewusst als probates Mittel für die Vermittlung von Geschichte eingesetzt werden. Die scheinbar vermittelte Unmittelbarkeit auf der Ebene der Darstellung soll bewertet werden. Überdies wird rhetorisches Wissen im Sinne

---

13 Horaz: Ars poetica. Die Dichtkunst. Lateinisch/Deutsch. Übers. und mit einem Nachwort hrsg. von Eckart Schäfer. Stuttgart 1972, V. 333.

14 Gemeint sind ‚claritas' und ‚aptum', wie sie in den Rhetoriklehren für die Ausgestaltung von Reden gefordert werden, vgl. Cicero: De oratore III, 52–54, zitiert nach: Cicero: De oratore. Über den Redner. Lateinisch/Deutsch. Übers. und hrsg. von Harald Merklin. 4. Aufl. Stuttgart 2001; Quintilian: Institutio, XI, 8, zitiert nach: Marcus Fabius Quintilianus: Ausbildung des Redners. Zwölf Bücher. Hrsg. und übers. von Helmut Rahn. 2. Teil. 3. Aufl. (Texte zur Forschung 3). Darmstadt 1995.

exemplarischen Handlungswissens vermittelt. Mit der zunehmenden ‚Dramatisierung' von Geschichte, die nicht zuletzt durch den Wechsel von zeitdeckendem und -raffendem Erzählen entsteht, wird ein größerer Anspruch auf Glaubwürdigkeit erhoben.

Vor dem skizzierten Hintergrund möchte ich mich im Folgenden am Beispiel der *Steirischen Reimchronik* und der *Kreuzfahrt Landgrafs Ludwigs des Frommen* speziell der Funktion von politischen Reden zuwenden. Als exemplarisch-politische Reden habe ich Gespräche im Fürstenrat und auf Hoftagen sowie spezifische Äußerungen von Ratgebern ausgewählt.[15] Insbesondere die Figur des Ratgebers gehört zum spezifischen Personal volkssprachiger Chronistik,[16] geben doch gerade die Verschroniken in besonderem Maße Einblick in Mechanismen herrschaftlichen Handelns und inszenieren kommunikativ bedeutungsvolle Situationen.[17] Darüber hinaus werde ich nach der Spezifik politischer Redekultur fragen und den Zusammenhang zwischen Rhetorik

15 Zu Formen und Funktion des Ratgebens vgl. Rieger, Dietmar: „E trait sos meillors omes ab un consel". Emotion, Inszenierung und feudales „consilium" im *Girart de Roussillon*. In: Althoff, Gerd (Hrsg.): Formen und Funktionen öffentlicher Kommunikation im Mittelalter (Vorträge und Forschungen 51). Stuttgart 2001, S. 227–246, hier S. 252, Anm. 15; Althoff, Gerd: Kontrolle der Macht. Formen und Regeln politischer Beratung im Mittelalter. Darmstadt 2016.

16 Obwohl in der jüngeren narratologischen Forschung die Figur stärker fokussiert wird, blende ich diesen Aspekt in weiten Teilen aus. Mir geht es vor allem um die Arten der Rede im rhetorischen Sinne und ihre Funktionalisierung in den in Rede stehenden Texten. Zum Konzept der ‚Figur' vgl. Stock, Markus: Figur. Zu einem Kernproblem historischer Narratologie. In: Meyer, Matthias/Haferland, Harald (Hrsg.): Historische Narratologie. Mediävistische Perspektiven (Trends in Medieval Philology 19). Berlin/New York 2010, S. 187–203; Zudrell, Lena: Gawein und die historische Narratologie. Zur Rede von Figuren am Beispiel von Hartmanns von Aue *Erec* und *Iwein*. In: Burrichter, Brigitte [u.a.] (Hrsg.): Aktuelle Tendenzen der Artusforschung (Schriften der Internationalen Artusgesellschaft 9). Berlin/Boston 2013, S. 101–112.

17 Zu diesen Texten liegen kleinere Studien zu einzelnen Episoden vor, vgl. etwa zur Figur des alten Ratgebers Adelger in der *Kaiserchronik*: Lieb, Ludger/Müller, Stephan: Situationen literarischen Erzählens. Systematische Skizzen am Beispiel von *Kaiserchronik* und Konrad Flecks *Flore und Blanscheflur*. In: Haubrichs, Wolfgang/Lutz, Eckart Conrad/Ridder, Klaus (Hrsg.): Erzähltechnik und Erzählstrategien in der deutschen Literatur des Mittelalters. Saarbrücker Kolloquium 2002 (Wolfram-Studien 18). Berlin 2004, S. 33–57.

und Macht fokussieren. Vor diesem Hintergrund soll auch die Performanz der Redner[18] Berücksichtigung finden.[19]

Aus den genannten Texten stelle ich im Folgenden je eine Szene im Fürstenrat und eine Ratgeberszene vor und ordne sie in den skizzierten Zusammenhang ein.

## I. Die *Steirische Reimchronik*

Bereits Joseph Seemüller bemerkt im Vorwort zu seiner Ausgabe der *Steirischen Reimchronik* von 1890, „bei dem großen umfang des werkes“ sind die „von der gattung der haupt- und staatsactionen abliegenden bestandteile verhältnismäßig gering.“[20] Und weiter unterstreicht er, dass „[d]as, wodurch der verfasser leben, bewegung, interesse in seine darstellung“ bringe, „vor allem in den reden, die er den handelnden personen in den mund [gibt]“[21] liege. Seemüller hebt somit auf die Gestaltung des Textes ab, der aus der Diegesis und mimetischen Partien, sprich darin eingeschalteten Redeszenen, besteht, wie auch in der neueren Forschung vielfach hervorgehoben wurde.[22] Und in der Tat enthält dieses

---

18 Darunter verstehe ich im Folgenden Hinweise zur Ausführung einer Rede, die ich an die Vermittlung rhetorischer Ideale gebunden sehe. Es geht also um die Bedingungen zum Halten der Rede, die in der antiken Rhetorik für die ‚actio‘ formuliert werden. Vgl. zum Verhältnis von Performanz und ‚actio‘ Feuchter, Jörg: Rednerische ‚Performanz des Mächtigen‘ auf politischen Versammlungen (England und Frankreich, vom 14. bis ins 16. Jahrhundert). In: Oschema, Klaus [u.a.] (Hrsg.): Die Performanz der Mächtigen. Rangordnung und Idoneität in höfischen Gesellschaften des späten Mittelalters (Rank. Politisch-soziale Ordnungen im mittelalterlichen Europa 5). Ostfildern 2015, S. 103–119, bes. S. 105, Anm. 11.

19 Vgl. erneut zum Begriff der,Performanz‘ Oschema, Klaus: ‚Dass‘ und ‚wie‘. Performanz und performative Qualität als Kategorien historischer Analyse. In: Ders. (Anm. 18), S. 9–31.

20 Seemüller, Joseph: Einleitung. In: Ottokars *Österreichische Reimchronik*. Nach den Abschriften Franz Lichtensteins hrsg. von Joseph Seemüller. Erster Halbbd. (MGH, Deutsche Chroniken 5,1). Hannover 1890, S. VII-CXXV, hier S. CIII.

21 Ebd., S. CIV.

22 So betonen etwa Wolfgang Mohr und Werner Kohlschmidt, Ottokar lasse in den Redeszenen der *Reimchronik* insbesondere „das politische Handeln aus seinen vielfältigen Bedingungen hervorgehen“; Mohr, Wolfgang/Kohlschmidt, Werner: Art. Politische Dichtung. In: Reallexikon der deutschen Literaturgeschichte 3 ($^{2}$1977), S. 157–220, hier S. 179. Und Horst Wenzel unterstreicht, dass Ottokar das historische Geschehen mit Vorliebe szenisch zur Darstellung bringe und „durch typisierende Gespräche und Reden“ versuche, „Wahrheit bildhaft zu machen“; Wenzel (Anm. 2), S. 141.

monumentale Großwerk mit seinen knapp 100.000 Versen ein wahres Feuerwerk an Reden und Widerreden, Ratschlägen, Verhandlungen und Verurteilungen. In Gänze sind die einzelnen Szenen kaum zu überschauen, und so greife ich aus diesem reichen Material eine Rede Rudolfs von Habsburg und die Rede des Ratgebers Dietmar heraus.

## I.1. Rudolf von Habsburg als kluger Herrscher

Im Ganzen wird in der Chronik in vier großen Teilen Reichsgeschichte und die Geschichte Österreichs-Steiermark, die zugleich durch den Blick auf die Nachbarländer in europäische Zusammenhänge eingebettet wird, erzählt. Schließlich gibt die Fokussierung Akkons im letzten Teil dem Werk eine heilsgeschichtliche Perspektive.[23] Vor allem aber geht es dem Verfasser um Landesgeschichte und Legitimation der österreichischen Herrscher und um deren Einbettung in größere politische Zusammenhänge.[24]

Insbesondere Rudolf von Habsburg wird vom Erzähler besonders gelobt und übernimmt, wie Ursula Liebertz-Grün betont, „den Part des vorbildlichen christlichen Fürsten".[25] Dies wird nicht zuletzt durch die zahlreichen Übernahmen aus dem höfischen Roman, die Beschreibung von Hoffesten, Turnieren und ritterlichen Tugenden zum Ausdruck gebracht.[26] Um das Lob Rudolfs zu

---

23 Vgl. grundlegend Weinacht, Helmut: Ottokar von Steiermark. In: Die deutsche Literatur des Mittelalters. Verfasserlexikon 7 (1989), Sp. 238–245; Ders.: Ottokar von Steiermark. In: Die deutsche Literatur des Mittelalters. Verfasserlexikon 11 (2004), Sp. 1157f.; Liebertz-Grün (Anm. 1), S. 101–115; Dies.: Ottokar von Steiermark. Ein Klassiker der deutschsprachigen Geschichtsschreibung des europäischen Mittelalters. In: Ebenbauer, Alfred/Knapp, Fritz Peter/Schwob, Anton (Hrsg.): Die mittelalterliche Literatur in der Steiermark. Akten des Internationalen Symposions Schloß Seggau bei Leibnitz 1984 (Jahrbuch für Internationale Germanistik, Reihe A, Kongreßberichte 23). Bern [u.a.] 1988, S. 165–180.

24 Wenzel (Anm. 2), S. 140–175.

25 Liebertz-Grün (Anm. 1), S. 115.

26 Vgl. dazu Henrici, Emil: Die Nachahmung des *Iwein* in der *Steirischen Reimchronik*. In: Zeitschrift für deutsches Altertum und deutsche Literatur 30 (1886), S. 195–204; Heinemeyer, Walter: Ottokar von Steier und die höfische Kultur. In: Zeitschrift für deutsches Altertum und deutsche Literatur 73 (1936), S. 201–226; Krüger, Anna: Stilgeschichtliche Untersuchungen zu Ottokars *Österreichischer Reimchronik* (Palaestra 215). Leipzig 1938, S. 96–99; März, Christoph: Geborgte Helden, geliehene Gefühle. Heldenepos und höfischer Roman in Ottokars *Österreichischer Chronik*. In: Zatloukal, Klaus (Hrsg.): Heldendichtung in Österreich – Österreich in der Heldendichtung. 4. Pöchlarner Heldenliedgespräch (Philologica Germanica 20). Wien 1997, S. 123–136; Mierke (Anm. 6), S. 12–16.

überhöhen, wird er schließlich in eine Reihe mit bekannten Exempelfiguren aus dem Alten Testament, der Antike und dem höfischen Roman gestellt und im Text mit „David unde Salomon,/Alexander und Sampson,/Achilles unde Gahmoret,/Parzival und Lanzilet" (StRC, V. 38.896–38.899) verglichen.[27] Mithin zeigt sich Rudolfs Vortrefflichkeit am Beispiel seines politischen Agierens und seiner Redefähigkeit. So werden etwa anhand der Auseinandersetzungen Rudolfs von Habsburg mit dem Böhmenkönig Ottokar II. um die Königswahl die Herrschaftskompetenzen des Österreichers in besonderer Weise ausgestellt.[28] Grund der Auseinandersetzungen war neben der umstrittenen Wahl, dass Ottokar Territorien, die er sich unrechtmäßig vom Reich angeeignet hatte, abgesprochen werden sollten.[29] Rudolf hatte dazu ein lehensrechtliches Verfahren gegen Ottokar eingeleitet und zu Hoftagen nach Nürnberg (1274) und Würzburg (1275) eingeladen. Zu beiden Terminen war Ottokar allerdings nicht erschienen. Rudolf bestellte daraufhin für den 12. Mai 1275 erneut einen Hoftag in Augsburg ein.[30] Allerdings folgten auch dieser Offerte nur wenige Fürsten. König Ottokar von Böhmen hatte lediglich – oder immerhin – mit Bischof Wernhart von Seckau einen Vertreter geschickt. Um dessen Rede geht es im Folgenden.

Die Schilderung der Cura maior[31] in Augsburg nimmt im Ganzen auf die Kritik Ottokars an der Herrschaft Rudolfs Bezug. Ottokar ließ durch seinen Mittelsmann erklären, dass Rudolfs Wahl keine Gültigkeit besäße, da dieser zum Zeitpunkt der Wahl im Bann gewesen sei. Im Text wird Wernhart zunächst als „kunstic und wîse" (StRC, V. 13.054) – klug und gelehrt – eingeführt; bereits die Attribute machen klar, dass der Bischof ein geübter Redner ist. Entsprechend selbstbewusst tritt er vor den König: „Bischof Wernhart hin für trat,/den kunic er urloubes bat/sîne rede für ze legen" (StRC, V. 13.067–13.069).

27 Vgl. auch Wenzel (Anm. 2), S. 144.

28 Vgl. dazu vor allem Liebertz-Grün (Anm. 1), S. 119.

29 Vgl. zu den Ereignissen und zum historischen Kontext: Schwedler, Gerald: Formen und Inhalte. Entscheidungsfindung und Konsensprinzip auf Hoftagen im späten Mittelalter. In: Peltzer, Jörg Henning/Schwedler, Gerald/Töbelmann, Paul (Hrsg.): Politische Versammlungen und ihre Rituale. Repräsentationsformen und Entscheidungsprozesse des Reichs und der Kirche im späten Mittelalter (Mittelalter-Forschungen 27). Ostfildern 2009, S. 151–179, hier S. 157f.; Kaufhold, Martin: Deutsches Interregnum und europäische Politik. Konfliktlösungen und Entscheidungsstrukturen 1230–1280 (MGH, Schriften 49). Hannover 2000, S. 357–401.

30 Vgl. dazu Schwedler (Anm. 29), S. 157.

31 Zur Unterscheidung von ‚Cura minor' und ‚Cura maior' vgl. Peltzer, Jörg: Das Reich ordnen. Wer sitzt wo auf den Hoftagen des 13. und 14. Jahrhunderts? In: Ders./Schwedler/Töbelmann (Anm. 29), S. 93–112, hier S. 93.

Der König bittet ihn daraufhin, sein Anliegen „zuhticlich“ (StRC, V. 13.071) vorzubringen und weist damit explizit auf die angemessene Form der Rede und auf die Adäquatheit der Redesituation hin. Diese Bitte nimmt auf die ‚aptum‘-Forderung als eines der grundlegenden rhetorischen Prinzipien Bezug und regelt das ausgewogene Verhältnis zwischen Redner, Redesituation und Publikum.[32] Anschließend wird Wernharts Rede nicht direkt, sondern vornehmlich als Paraphrase des Erzählers, als erzählte Figurenrede, wiedergegeben. Der Erzähler spricht über die Wahrnehmung der Rede durch die Rezipienten und preist das Vorgetragene als besonders kunstreich und rhetorisch ausgeformt:

> alle die sîn rede hôrten,
> die jâhen, er het von gotes gunst
> ze grôzen witzen unde kunst
> ein zunge, diu waer snel.
> reid und sinewel
> muoste sîn rede wesen. (StRC, V. 13.076-13.081)

Die Rede erscheint perfektioniert und weist Wernhart als rhetorisch geschult aus, was insbesondere in seiner Fähigkeit, schnell und gewandt zu sprechen, zum Ausdruck kommt. Zudem sei die Rede kunstfertig gestaltet, rhetorisch ausgeschmückt und in sich geschlossen – „reid und sinewel“ – gewesen, so der Erzähler.

Da Wernhart auf Latein spricht, kann ihn nur ein bestimmter Personenkreis verstehen und die Laien, sprich die weltlichen Fürsten, bleiben ausgeschlossen.[33] Und sie hätten, so der Erzähler weiter, ihm seine Rede auch sehr übel genommen: „mohten sîn die leien hân vernomen,/ez wær im harte übel komen/dô verstunden si sîn niht“ (StRC, V. 13.085–13.087).

König Rudolf allerdings antwortet auf Deutsch und geht dabei zunächst nicht auf den Inhalt der Rede und die gegen ihn erhobenen Vorwürfe ein. Wohl aber stellt er seinen Gegner argumentativ bloß, indem er zeigt, dass dieser die Regeln und Rituale politischer Kommunikation verletzt habe. Rudolf macht überdies in seiner Antwort klar, dass die Belange des Reiches in einer für die Mehrzahl der Anwesenden verständlichen Sprache besprochen werden müssen, denn, so sein Argument, man könne mit den weltlichen Fürsten nicht nach Art der Pfaffen

32 Bei Quintilian heißt es, „daß erst derjenige passend redet, der nicht nur im Auge behält, was nützlicher sei, sondern auch was sich gezieme“; Quintilian (Anm. 14), XI, 8.

33 Auf den sozial-rechtlichen Aspekt der Verwendung des Lateinischen weist auch Mathias Franc Kluge hin, vgl. Ders.: Die Macht des Gedächtnisses. Entstehung und Wandel kommunaler Schriftkultur im spätmittelalterlichen Augsburg (Studies in Medieval and Reformation Traditions 181). Leiden/Boston 2014, S. 69f.

verhandeln. Wernhart hingegen bringe sie in Misskredit, indem er sie von vornherein aus dem kommunikativen Akt ausschließe, und mache sie zu Toren:

> von Rôm der kunic Ruodolf,
> sprach ze dem bischolf:
> ‚habt ir iht ze schaffen
> mit deheinen pfaffen,
> dâ latine zuo gehôre,
> daz sparte ûf die kôre
> ze Meinze oder ze Trier;
> habt aber ir gegen mir
> oder gegen dem rîche iht ze suochen,
> des mac ich iu ûz den buochen
> mit worten niht gevolgen;
> mir waern darumb erbolgen
> die herren alle, die ir hie seht,
> ob ich iu gaebe daz reht:
> daz ich durch iwern geniez
> des riches leienfürsten liez
> iu teidingen mit
> nâch dem pheflichen sit,
> und daz dis herren algelîch
> saezen vor dem rîch
> als tôren unde stumben,
> swie vil ir kunt des krumben
> mit iwer kunst machen sleht [...]. (StRC, V. 13.099-13.121)

Rudolf erkennt die rhetorischen Fähigkeiten des Bischofs an, wertet sie aber an diesem Ort als deplatziert ab, da sie ihre Wirkung beim weltlichen Publikum verfehlten. Folglich geht Rudolf nicht auf die gegen ihn erhobenen Vorwürfe ein, sondern hebt das Problem auf eine andere Ebene, indem er die Bedingungen der Kommunikationssituation und das Publikum ins Zentrum rückt. Bei Quintilian heißt es dazu: „und es kommt nicht mehr darauf an, was man sagt, als an welcher Stelle.“[34] Kunstvolles Reden reicht allein nicht, man muss auch die Bedingungen berücksichtigen, sprich die „Spielregeln“[35] der Kommunikation beherrschen und Rhetorik bewusst und richtig einzusetzen wissen. Rudolf erinnert so erneut

34 „[N]am ornatus omnis non tam sua quam rei, cui adhibetur, condicione constat, nec plus refert, quid dicas, quam quo loco“; Quintilian (Anm. 14), XI 1,7.

35 Ich beziehe mich hier auf die richtungsweisende Studie von Gerd Althoff, vgl. Althoff, Gerd: Spielregeln der Politik im Mittelalter. Kommunikation in Frieden und Fehde. Darmstadt 1997.

an die ‚aptum'-Forderung und macht klar, dass Wernhart zwar stilistisch perfekt gesprochen habe und sein Handwerk beherrsche, aber die Regeln verletzt und sich somit dem Gegenstand, dem Ort und dem Publikum gegenüber nicht angemessen verhalten habe. Es ist nämlich für den Redner auch wichtig, vor wem er spricht und wo er spricht. Vor diesem Hintergrund fällt Wernhart aus der Rolle und wird als Störer der Ordnung vom Hoftag gejagt. Rudolf hingegen erweist sich als klug und scharfsinnig. Er beherrscht die Regeln der Kommunikation und handelt somit dem ciceronischen Ideal gemäß weise, beredt und maßvoll,[36] sprich in den Belangen des Reiches handelt er als guter König, und rhetorisch erweist er sich als guter Redner, was im Text an seiner Redefähigkeit gezeigt wird. Damit lehnt Rudolf die Kunst der Rhetorik gerade nicht ab, wie es auf den ersten Blick scheint,[37] sondern betont den richtigen Einsatz rhetorischer Mittel zur besseren Verständlichkeit des Inhalts im Gegensatz zu besonders artifiziellen Reden einzig um der Ausstellung der eigenen Gelehrsamkeit willen. Der zugrundeliegende politische Konflikt wird in der Chronik damit auf der Ebene der Redefähigkeit, der Rhetorik, verhandelt. Ohne die eigentliche problematische Konstellation in allen Einzelheiten aufzurufen, wird Rudolf aufgrund seines politischen Agierens als der rechtmäßige König gezeigt. Der Erzähler berichtet nicht über ihn, sondern lässt ihn selbst Auftreten, was der Figur und ihrer Rede größere Glaubwürdigkeit verleiht. Auf narratologischer Ebene wird Rudolf durch den Wechsel zwischen ‚telling' (erzählte Figurenrde) und ‚showing' (zitierte Figurenrede) ins Zentrum der Szene gerückt und sein Handeln verstärkt als vorbildlich gezeigt. Überdies heben Rudolf wie auch der Erzähler im Prolog auf die Verständlichkeit guter Rede ab. Rhetorische Ideale werden auf diese Weise mit der Ausübung politischer Macht verbunden.

## I.2. Dietmar als Ratgeber

Das Ideal des guten Redners wird auch an anderer Stelle aufgegriffen und am Beispiel des Ratgebers Dietmar vorgeführt. Mit Dietmar wird, so Harald Tersch, in der Chronik die „Vorstellung einer adeligen Gefolgschaftsethik"[38] vermittelt.

---

36 Vgl. Cicero: De re publica V 1,1, zitiert nach: Cicero: De re publica/Vom Staat, Lateinisch/Deutsch. Übers. u. hrsg. v. Michael von Albrecht (Reclams Universal-Bibliothek 18880). Stuttgart 2013.

37 So argumentiert etwa Tersch, Harald: Unruhe im Weltbild. Darstellung und Deutung des zeitgenössischen Lebens in deutschsprachigen Weltchroniken des Mittelalters. Wien 1996, S. 281.

38 Ebd., S. 183.

Dietmar uz der Geul stammt aus dem niederen Adel und wird durch sein Redevermögen als besonders vorbildhaft eingeführt. Man ruft ihn in dem Konflikt zwischen Herzog Albrecht und Erzbischof Rudolf von Salzburg, der sich 1289 im Streit um die Ennsburg entlädt, als Ratgeber hinzu.[39] Die Burggrafen halten die Feste gegen die Truppen Albrechts besetzt und beraten ihr weiteres Vorgehen. Dazu fordern sie, dass man ihnen Dietmar schicke, der „sô wîs" sei, wie es im Text heißt, „daz er durch sinen pris/riete wanz daz beste" (StRC, V. 29.525f.). Das Attribut „wîs" deutet hier bereits an, dass Dietmars Glaubwürdigkeit aufgrund seiner Bildung unhinterfragt ist. Der Alte rät ihnen in zwei langen Reden, wie zu handeln sei: „ob ich iu niht anders rât,/wan daz ich selben taete" (StRC, V. 29.557f.). Er plädiert dafür, an der Lehensbindung und somit am Fürsten festzuhalten und die Feste nicht aufzugeben:

> Ê ich sîn hûs gaebe hin,
> über sînen willen,
> ê liez ich mich villen
> und maniger marter noeten
> und in dem hûse toeten (StRC, V. 29.565-29.569)

Dabei argumentiert er, dass nach dem Tod des Leibes einzig der „guot liunt" (StRC, V. 29.584), der gute Leumund, im Gedächtnis bliebe. Man solle also an seinen Tugenden wie etwa Treue und Ehre festhalten und das Ansehen des Vaters hochhalten („tret in iwers vaters phat:/der was ein biderb man", StRC, V. 29.595f.). Die Burggrafen folgen dem Rat und können schließlich aus der Burg abziehen.

Zwar wird hier die Ratsszene scheinbar unaufwendig inszeniert. Es reicht aus, darauf hinzuweisen, dass Dietmar besonders „wîse" sei und ihm sein guter Ruf vorauseile. Indes ist der Inhalt seiner Rede umso aussagekräftiger. Obwohl die Situation ausweglos scheint, kann Dietmar die Burggrafen mit seinem Argument zum Durchhalten überzeugen.[40] Darüber hinaus ist die Kommunikationssituation, die Dietmar mit seinem Auftreten herstellt, von entscheidender Bedeutung. Indem er die Burggrafen wiederholt als „friunt" anspricht, hebt er bewusst auf die kommunikative Gemeinschaft und das „Gemeinschaftshandeln im Personenverband",[41] wie Jan-Dirk Müller es in Bezug auf die Ratgeber der

39 Zum historischen Kontext vgl. ebd., S. 183f.

40 Cicero (Anm. 14), I, 53: „Quis enim nescit maximam vim exsistere oratoris in hominum mentibus vel ad iram aut ad odium aut ad dolorem incitandis vel ab hisce eisdem permotionibus ad lenitatem misericordiamque revocandis?"

41 Müller, Jan-Dirk: Ratgeber und Wissende in heroischer Epik. In: Frühmittelalterliche Studien 27 (1993), S. 124–146, hier S. 124.

Heldendichtung nennt, ab. Er fokussiert kollektive Tugenden wie „triuwe" und „êre" (StRC, V. 29.598), diese sind für die Angesprochenen verbindlich und auch über den eigenen Tod hinaus – für die ‚Gemeinschaft der Lebenden und der Toten' – konstitutiv.

Für diese Ratgeberszene ist es wichtig, *wer* etwas sagt und *was* er sagt. Der Ratgeber schwört die Gemeinschaft auf bekannte Ideale erneut ein und belehrt sie, wie es im Text heißt: „die burcgrâven lêren/der ritter begunde/daz beste, daz er kunde" (StRC, V. 29.599–601). Er nutzt seinen Wissensvorsprung, um der Gemeinschaft eine erneute Selbstvergewisserung zu geben.[42] In Dietmar verbinden sich des ciceronianischen Anspruchs an den „vir bonus dicendi peritus"[43] gemäß rhetorische Kompetenz und Weisheit. Letztere bündelt rhetorisches Geschick und Tugendhaftigkeit,[44] sodass die Rede als einzige Ausdrucksform des Weisen erscheint.[45]

Beide Figuren der *Steirischen Reimchronik*, Rudolf und Dietmar, werden als geübte Redner dargestellt. Sie entsprechen im Kern dem antiken ‚vir bonus'-Ideal, da sie Beredsamkeit und sittliche Tugenden auf sich vereinen. Bei Rudolf von Habsburg ist seine rhetorische Fähigkeit zugleich Ausweis seiner Herrschaftskompetenz und dient damit der politischen Kommunikation und Machtausübung. Der alte Ratgeber Dietmar erscheint durch Wissen und Erfahrung als Redner kompetent, was ihn zugleich als Ratgeber in problematischen Konstellationen befähigt, Anweisungen zu geben. Beide Figuren werden durch bestimmte Eigenschaften, die nicht individuellen, sondern allgemeinen Voraussetzungen eines guten Redners entsprechen, als kompetente Redner ausgewiesen. Damit lässt sich über die individuelle Performanz der Redner nur wenig sagen, allerdings ist sie unabdingbar an die Ausübung von Macht gebunden. Allein der Hinweis auf die Idealität des Redners reicht aus, um seine herrscherliche Fähigkeit auszuweisen.

---

42 Auch Müller weist darauf hin, dass man im Anschluss an den Rat gemeinschaftlich handelt. Vgl. Müller (Anm. 41), S. 136.

43 Vgl. Cicero (Anm. 14), I, 211–218; II, 33–37.

44 Vgl. zu diesem Postulat auch Moos, Peter von: Rhetorik, Dialektik und ‚civilis scientia' im Hochmittelalter. In: Ders.: Rhetorik, Kommunikation und Medialität. Gesammelte Studien zum Mittelalter. Bd. 2. Hrsg. von Gert Melville. Berlin 2006, S. 239–264, hier S. 249.

45 Vgl. Cicero (Anm. 14), I, 83.

## II. Die *Kreuzfahrt Landgraf Ludwigs des Frommen*

Die *Kreuzfahrt Landgraf Ludwigs des Frommen,* die im Vergleich zu den zentralen Texten der höfischen Literatur beinahe zu den ‚vergessenen' Texten der Mediävistik zählt,[46] ist im vorliegenden Zusammenhang als panegyrische Rede auf einen Herrscher anzusprechen.[47] Der Text entstand zu Beginn des

---

46 Im 19. Jahrhundert standen vor allem Fragen des Stils, des historischen Gehalts und der Kreuzzugsthematik im Mittelpunkt der Untersuchungen. Vgl. Röhricht, Reinhold: Das Gedicht von des Landgrafen Ludwig Kreuzfahrt nach Sprache und Composition. Erläuterung nach seiner historischen Seite. In: Zeitschrift für deutsche Philologie 8 (1877), S. 419–445; Kinzel, Karl: Das Gedicht von des Landgrafen Ludwig Kreuzfahrt nach Sprache und Composition. In: Zeitschrift für deutsche Philologie 8 (1877), S. 380–418; Apelt, Otto: Zu des Landgrafen Ludwig Kreuzfahrt. In: Zeitschrift für deutsche Philologie 9 (1878), S. 209–212; Hübner, Alfred/Littmann, Enno/Schröder, Edward: Beiträge zur Erklärung und Kritik von Landgraf Ludwigs Kreuzfahrt. In: Zeitschrift für deutsches Altertum und deutsche Litteratur 63 (1926), S. 217–223; Jantzen, Hermann: Untersuchungen über die Kreuzfahrt des Landgrafen Ludwig des Frommen. In: Zeitschrift für deutsche Philologie 36 (1904), S. 1–57; Röhricht, Reinhold: Die Deutschen auf den Kreuzzügen. In: Zeitschrift für deutsche Philologie 7 (1876), S. 146–166; 296–329. Im 20. Jahrhundert wurde die Gattung sowie die Kreuzzugsthematik und die politische Funktionalisierung des Textes fokussiert. Vgl. Groll, Maria Elisabeth: Landgraf Ludwigs Kreuzfahrt. Ein spāthöfischer ‚historischer Roman'. Köln 1972; Cieslik, Karin: *Landgraf Ludwigs Kreuzfahrt.* Höfischer Roman oder Historie? In: Jahrbuch der Oswald von Wolkenstein-Gesellschaft 6 (1990/1991), S. 59–66. In jüngeren Untersuchungen geht es um Fragen der Intertextualität, religiöser Toleranz und erneut um literarische Darstellungen des Politischen. Vgl. Liebertz-Grün, Ursula: *Landgraf Ludwigs Kreuzfahrt.* Intertextualität, Kommunikationsgemeinschaft und erzählte Geschichte. In: Koselleck, Gerhard (Hrsg.): Die Anfänge des Schrifttums in Oberschlesien bis zum Frühhumanismus (Tagungsreihe der Stiftung Haus Oberschlesien 7). Frankfurt a.M. [u.a.] 1997, S. 13–30; Dorninger, Maria Elisabeth: Muslime und Christen im *Grafen Rudolf* und in der *Kreuzfahrt Landgraf Ludwigs des Frommen von Thüringen.* Zu Toleranz und religiösem Disput zur Zeit der Kreuzzüge. In: Donavin, Georgiana (Hrsg.): Medieval Forms of Argument. Disputation and Debate (Disputatio 5). Eugene, Or. 2002, S. 157–188; Beifuss, Helmut: Die *Kreuzfahrt des Landgrafen Ludwigs des Frommen von Thüringen.* Ein Zeugnis politischen Selbstbehauptungswillens? Eine funktionsgeschichtliche Interpretation. In: Amsterdamer Beiträge zur älteren Germanistik 68 (2011), S. 169–201; Hirt, Jens: Literarisch-politische Funktionalisierungen. Eine Untersuchung mittelhochdeutscher Kreuzzugsdarstellungen: *Wilhelm von Wenden,* Die *Kreuzfahrt des Landgrafen Ludwigs des Frommen von Thüringen, Wilhelm von Österreich* und *Das Buch von Akkon* (Göppinger Arbeiten zur Germanistik 766). Göppingen 2012.

47 Vgl. dazu ausführlich Beifuss (Anm. 46), S. 178f., 192–197.

14. Jahrhunderts (1301–1305).[48] Als Ort der Entstehung wird der Hof des schlesischen Piastenfürsten Herzog Bolko I. von Schweidnitz-Jauer, der zugleich als Auftraggeber infrage kommt, vermutet. Über den Autor wissen wir nur wenig.[49]

Friedrich Heinrich von der Hagen bezeichnete den Text als „Heldengedicht der Belagerung von Akkon am Ende des zwölften Jahrhunderts",[50] das es aufs Ganze gesehen wohl auch ist. Im Mittelpunkt steht der thüringische Landgraf Ludwig III. – Vater des berühmten Landgrafen Hermann I. –, wobei Vorlage für den Text auch in Teilen Ludwig IV. gewesen sein könnte.[51] Ludwig trägt durch sein vorbildliches Handeln zur Eroberung Akkons bei.

Wie bei den meisten der volkssprachigen chronistischen Texte geht es den Autoren nicht um historische Genauigkeit,[52] sondern vielmehr um die Vermittlung von Handlungsanleitungen und um die Darstellung von Weltwissen für Laien. Dies führt die *Kreuzfahrt* anhand der Stilisierung eines Helden, der Lobpreisung Landgraf Ludwigs, aus.

Die Ereignisse um die Belagerung und Eroberung Akkons werden chronologisch erzählt. Am Beginn steht ein kurzer Abriss der Geschichte des Heiligen Landes von der Königswahl Gottfrieds von Bouillon bis zur Eroberung Jerusalems durch Saladin.[53] Auch ist der Kreuzzugsthematik eine bestimmte Metaphorik geschuldet, womit die zahlreichen Allusionen auf Wolframs *Willehalm*

48 Vgl. Naumann, Hans: Einleitung. In: Die Kreuzfahrt des Landgrafen Ludwigs des Frommen von Thüringen. Hrsg. von Hans Naumann (MGH, Deutsche Chroniken 4,2). Berlin 1923, S. 179–202, hier S. 193–195.

49 Vgl. Liebertz-Grün (Anm. 46), S. 15f.; dazu auch Beifuss (Anm. 46), S. 180–183. Vgl. Naumann (Anm. 48), S. 198f.; Huschenbett, Dietrich: Art. Die Kreuzfahrt Landgraf Ludwigs des Frommen. In: Die deutsche Literatur des Mittelalters. Verfasserlexikon 5 (1985), Sp. 372–376, hier Sp. 372.

50 Des Landgrafen Ludwig's des Frommen Kreuzfahrt. Heldengedicht der Belagerung von Akkon am Ende des zwölften Jahrhunderts. Hrsg. von Friedrich Heinrich von der Hagen. Leipzig 1854.

51 Vgl. dazu Beifuss (Anm. 46), S. 172f.

52 Dies wurde wie für die volkssprachige Chronistik auch für die Kreuzfahrt vor allem von der älteren Forschung wiederholt beklagt, vgl. Naumann (Anm. 48), S. 201; Cartellieri, Alexander: Landgraf Ludwig III. von Thüringen und der dritte Kreuzzug. In: Zeitschrift des Vereins für thüringische Geschichte und Altertumskunde 42, NF 34 (1940), S. 42–64, hier S. 63, Anm. 83; dazu auch die Einschätzung von Hirt (Anm. 46), S. 86; vgl. dazu auch Beifuss (Anm. 46), S. 173–177.

53 Vgl. Huschenbett (Anm. 49), hier Sp. 373.

in Zusammenhang stehen. So ist etwa die Darstellung der ‚edelen' Heiden an Wolframs Epos angelehnt.[54]

Auch dieser Text ist als Rede eines heterodiegetischen Erzählers gestaltet, der in zeitraffenden Partien Historisch-Faktisches vermittelt und in einer Vielzahl von Redeszenen das Geschehen episch ausweitet. Zum einen wird der Rezipient durch die „Mimesisillusion" in die Position des „Augen- und Ohrenzeugen"[55] versetzt. Zum anderen sind die eingeschalteten Redeszenen vornehmlich Monologe Ludwigs oder Gespräche, in denen er als Sprecher auftritt. Im Ganzen dienen die Gesprächsszenen dazu, die Vortrefflichkeit des Fürsten, die vor allem in seiner Redekompetenz Ausdruck findet, auszustellen. So wird der Protagonist durch die Schilderung von Kampfhandlungen einerseits in der Rolle des *miles christianus* gezeigt, der im Kampf für Gott zahlreiche Heiden besiegt. Andererseits erscheint Ludwig in Szenen politischer Interaktion als umsichtig agierender, diplomatischer Herrscher, dessen taktisches Verhandlungsgeschick den Sieg der Christen vorantreibt. Dies sei an zwei Beispielen verdeutlicht.

## II.1. Ludwig als Redner

König Guido von Lusignan gerät bei der Belagerung von Akkon in Bedrängnis, denn Markgraf Konrad von Montferrat, der ihn zuvor unterstützte, hält sich nach geheimen Absprachen mit dem Sultan fortan zurück. In dieser spannungsvollen Situation landet nun Ludwig von Thüringen mit seinen Truppen im Heiligen Land und wird folgendermaßen eingeführt:

> der edele êrlîche
> sînen frunden der sûze gemûte,
> den vînden der ungûte,
> der vornêmer, werder, milder,
> den tugenden geheim, der wîse,
> volkumen an liehtem prîse,
> an furstlîchem arde
> nach êren der wol gebârde,
> in strîten des mûtes veste,
> ein ritter er was der beste,
> als man in bi sînen zîten vant. (Krzf, V. 618-629)[56]

---

54 Vgl. Willehalm 20,1–20, zitiert nach: Wolfram von Eschenbach: Willehalm. 3. Aufl. Text der Ausgabe von Werner Schröder. Übers., Vorwort und Register von Dieter Kartschoke. Berlin/New York 2003; dazu ausführlicher Hirt (Anm. 46), S. 93.

55 Liebertz-Grün (Anm. 46), S. 22.

56 Die 1923 in den MGH erschienene Ausgabe von Hans Neumann ist noch immer maßgeblich: Die Kreuzfahrt des Landgrafen Ludwigs des Frommen von Thüringen. Hrsg.

Durch das hyperbolische Sprechen des Erzählers, durch Anapher, Periphrase und Amplificatio wird Ludwig als bester Ritter seiner Zeit gepriesen. Das Lob muss Ludwig in den folgenden Versen erst verdienen und so wird er sogleich als politischer Vermittler zwischen König Guido und Markgraf Konrad angerufen und wird hier und an weiteren Stellen als umsichtiger Fürst mit diplomatischem Geschick gezeigt.

Im Folgenden erweist sich der Landgraf überdies als tüchtiger, wohlbedachter Kriegsherr und Ratgeber. So wird etwa in einer nahezu ausweglosen Situation Ludwig als Ratgeber befragt:

> nu wart der rât ufgezogt
> und gesazt an der Duringe vogt.
> der riet menlich dar zû.
> Er sprach: ‚sô daz volc nu
> zu strîte hanzen willen hât,
> sô ist ouch ganzer daz mîn rât,
> daz wir ouch menlich grîfen zû
> und uns uf strît berihten nu
> in dem namen der hôhen trinitât
> und in des êre, der uns hie hât
> zusamne brâht. Nu lât daz sîn:
> ist sterker uns her Salatîn
> und ist der sînen vor uns mê,
> sô ist daz doch geschehen ê,
> daz ein cleinez her mit craft
> mit gotes helfe sigehaft
> wart an der tobenden heidenschaft
> und an ir grôzen ritterschaft:
> Gêdeôn uf lîbes zer
> drûhundert er brâhte zu wer
> gegen vil tûsenden, den doch er
> an gesigete nâch sîner ger
> und slûc tôt almeistic die.
> daz mac ouch got uns geben hie,
> der uns vernames niht enlât!‘ (Krzf, V. 1601-1625)

Hier wird Ludwig als mutig/mannhaft eingeführt und er schwört seine Zuhörer in der Rede als Feldherr auf dieses Ideal ein.[57] Überdies bekräftigt er seinen Rat

von Hans Naumann (MGH, Deutsche Chroniken 4,2). Berlin 1923, S. 179–332. Ich verwende im Folgenden die Sigle Krzf.

57 Auf das Genus der Feldherrenrede wurde in der jüngeren Forschung aufmerksam gemacht und darauf hingewiesen, dass es eingehender Untersuchungen bedürfe, vgl. dazu ausführlicher Oschema, Klaus: Performanz und Kriegserfolg. Performative

durch das Gideon-Exempel aus dem Alten Testament,[58] das hier persuasive und motivierende Funktion hat. Antithesen (das kleine Heer, die tobende Heidenschaft, die große Ritterschaft) unterstützen seine Argumentation. Während die Rede ausführlich beschrieben wird, kommentiert der Erzähler die Reaktion darauf nur knapp: „in geviel wol des herren rât“ (Krzf, V. 1626).

Ludwigs Kompetenz als Ratgeber ist unhinterfragt. Der Ratschlag dient der Selbstvergewisserung, Ermutigung und Motivation jener Gemeinschaft, die im Heiligen Land kämpft, deshalb wird auch das Ziel „in dem namen der hôhen trinitât“ (Krzf, V. 1609) betont. Der Ratschlag steht nicht infrage, und er dient auch nicht der unmittelbaren Entscheidungsfindung. Er dient einzig dazu, Ludwigs Herrschaftskompetenz auszuweisen. Dennoch markiert er narratologisch eine Scharnierstelle und wirkt retardierend, denn der scheinbar verlorene Kampf wird erst nach der Beratung fortgesetzt.

Auch an einer weiteren Ratsszene wird deutlich, dass sie weniger Auswirkung auf die konkrete Handlung hat, als vielmehr dazu dient, den Protagonisten zu inszenieren. Als Ludwig von den Fürsten zum Oberbefehlshaber des Heeres bestimmt wird, zeigen sich erneut die Mechanismen ritueller politischer Kommunikation, denn die Szene wird nach dem stereotypen Muster des Fürstenrats (Einberufung, Ortsangabe, Zeitangabe, Nennung der Teilnehmer mit Namen und/oder sozialem Rang, Darstellung des Sachverhalts etc.) geschildert.[59] Damit werden hier tatsächliche Abläufe politischer Situationen wiedergegeben.[60]

Nachdem die „Walhen“ (Krzf, V. 3909) den Christen die Unterstützung versagt haben, kämpft das Heer trotzdem weiter, bis ein Zweikampf zwischen Ludwig und Saladin, aus dem Ludwig als Sieger hervorgeht, die Schlacht entscheidet. Vierzehntägiger Waffenstillstand wird beschlossen und die Toten werden begraben. Die Fürsten finden sich zusammen, um ihr weiteres Vorgehen

Qualitäten als Analysekategorie am Beispiel mittelalterlicher Feldherrenreden. In: Ders. (Anm. 18), S. 73–101, hier S. 76f. Während es in der historischen Forschung verstärkt darum geht, nach dem Verhältnis von Rhetorik und Realität zu fragen, ist dieser Ansatz für den vorliegenden Text obsolet. Vor diesem Hintergrund ist es daher umso naheliegender, die rhetorischen Strategien und ihre Wirkung sowie deren Vermittlung zu fokussieren.

58 Der Gideon-Vergleich ist auch aus dem *Rolandslied* bekannt, vgl. V. 5009–5036; 8420–8424, dazu Groll (Anm. 46), S. 137.

59 Vgl. Rieger (Anm. 15), S. 237.

60 Vgl. dagegen Jan-Dirk Müller, der für die Heldenepik darauf hinweist, dass „epische Texte an exakter Wiedergabe politischer Prozeduren nicht interessiert“ seien; vgl. Müller (Anm. 41), S. 130.

zu beraten: „man solt ûz schrien,/daz die grâven und die frîen,/gar die ritter, ouch die dienestman" (Krzf, V. 4689–4691) zusammenkämen, heißt es im Text. Hierarchisch absteigend werden die Beteiligten aufgerufen, sich zu versammeln. Hinzu treten nun auch die Fürsten. Als Ludwig „gar zuhticlich" (Krzf, V. 4702) die Frage nach dem Grund der Zusammenkunft stellt, antwortet Graf Burchart, der unter den Fürsten zum Sprecher bestimmt war, dass man den Kaiser um einen Anführer bitten wolle. Nachdem Ludwig ihr Anliegen aufnimmt, wird das Vorhaben von allen bestätigt. Nach dem allgemeinen Beschluss im Fürstenrat, bedarf es der Bestätigung durch den Kaiser, der das Anliegen aufnimmt und darum bittet, sich „mit den fursten" zu unterreden (Krzf, V. 4740). Als die Wahl auf Ludwig fällt, begibt sich der Kaiser selbst zu ihm, um ihm mitzuteilen, dass sich alle „gemeinlich im gehorsam solden neigen sich" (Krzf, V. 4762). Nun muss sich Ludwig äußern und seine Rede wird eingeführt mit: „dô sprach der edele wîse man" (Krzf, V. 4763). Mit der Attribuierung Ludwigs als edel und weise wird auch hier auf das Ideal des ‚vir bonus' angespielt. Ludwig ist im Besitz von Wissen und kann sich entsprechend angemessen (der ‚aptum'-Forderung gemäß) verhalten.

Der Kaiser legt anschließend als erster das Gelübde ab. Dann treten hierarchisch geordnet alle anderen an ihn heran:

> der keiser, die bischofe trâten dar,
> die kunige und grôz der fursten schar.
> grâven, frîen, dienestman,
> waz werder rittêre hât der plân (Krzf, V. 4779-4782).[61]

Als Ludwig dies wahrnimmt, spricht er „ernestlich" (wahrhaft) zu den Umstehenden und legt sein Versprechen („gelubde") ab, der Christenheit zu dienen und für sie zu kämpfen.

Im Anschluss an die lehrhafte Schilderung der Einsetzung Ludwigs, die die Rituale bei der Abhaltung eines Fürstenrates, den Ablauf durch die einzelnen Instanzen zeigt und symbolisch aufgeladen ist, wird er selbst als der „wîse" bezeichnet.

Mit Blick auf den gesamten Text stellt diese Szene in gewisser Weise einen Wendepunkt dar. Nach der Anerkennung durch die Fürsten hat Ludwig ein hohes Maß weltlicher Ehre erreicht, sprich: als ‚vir bonus' ist er auch der gute Feldherr. Fortan wird er im Text als barmherziger Fürst gezeigt und damit, so meine These, wird eine Vorstellung christlicher Rhetorik vermittelt. Er ist damit nicht mehr nur der

61 Hier werden die Anwesenden der sozialen Hierarchie nach erneut aufgezählt. Die ‚accumulatio' verdeutlicht die Anwesenheit der höfischen Öffentlichkeit.

gute Herrscher in antiker, sondern vor allem in christlicher Tradition, denn er wird in die Nähe der Heiligen gerückt. So heißt es etwa von Ludwig im Text:

> nu zu den verwunten er gie,
> lieplich er trôste die,
> waz sô begerten sie,
> an im selben er des lie
> gebrechen unde gap iz in,
> ez wêre die spîse oder wîn. (Krzf, V. 4949-4954)

Zudem wird er im Gebet gezeigt:

> Ludewic daz mêr teil der naht
> zu gote in voller andâht
> vor daz volc sîn gebet,
> mit sûzem herzen er tet,
> daz die gotes almehticheit
> gêbe craft der Cristenheit (Krzf, V. 4963-4968).

Insbesondere das Attribut „suze" stilisiert ihn als heiligmäßigen Mann, denn diese ist Ausdruck Gottes.[62] Damit ragt die Erzählung über Ludwig bereits in die Transzendenz hinein. „Suze" ist hier weniger eine ästhetische Kategorie als eine der Heiligkeit und Erkenntnis.[63] Diese Stilisierung wird gesteigert, da ihm schließlich der Heilige Georg im Kampf zur Seite steht.[64] Nur Ludwig vermag ihn zu sehen und mit ihm zu sprechen. Auch dieses Element legendarischen Erzählens ist Ausdruck seiner Heiligmäßigkeit. Allein die Heiligen haben ein Fenster hin zur Transzendenz, wie Peter Strohschneider eindrücklich am Beispiel der Alexiuslegende gezeigt hat.[65] Die Darstellung Ludwigs läuft auf seinen Tod als Märtyrer zu.

---

62 Vgl. Schneider, Almut: „er liez ze himel tougen erhellen siner stimme don." Sprachklang als poetische Fundierung normativen Sprechens. In: Brüggen, Elke [u.a.] (Hrsg.): Text und Normativität im deutschen Mittelalter: XX. Anglo-German Colloquium. Berlin/Boston 2012, S. 199–216, hier S. 203.

63 Zum Bedeutungsspektrum von mhd. „suze" vgl. ausführlich Ohly, Friedrich: Süße Nägel der Passion. Ein Beitrag zur theologischen Semantik (Saecula spiritalia 21). Baden-Baden 1989.

64 Vgl. dazu Groll (Anm. 46), S. 140.

65 Vgl. Strohschneider, Peter: Textheiligung. Geltungsstrategien legendarischen Erzählens im Mittelalter am Beispiel von Konrads von Würzburg *Alexius*. In: Melville, Gert/Vorländer, Hans (Hrsg.): Geltungsgeschichten. Über die Stabilisierung und Legitimierung institutioneller Ordnungen. Köln/Weimar/Wien 2002, S. 109–147.

Damit ist denn das Werk im Ganzen vielleicht weniger historisch gemeint als De Boor annimmt, aber mehr als ein „Heldengedicht", wie von der Hagen konstatierte. Vielmehr handelt die Erzählung von einem heiligmäßigen Helden, dessen Verhalten exemplarisch-lehrhaft gezeigt wird. Ludwig erscheint als ‚miles christianus', dessen Facetten und Tugenden im Einzelnen aufgerufen werden.[66] Er ist Held und Heiliger,[67] vortrefflicher Feldherr und christlicher Herrscher gleichermaßen.[68]

Seine Exzeptionalität wird an den eingeschalteten Reden und an den Ratsszenen vorgeführt. Folglich steht nicht die Belagerung Akkons und die Befreiung Akkons im Zentrum des Textes, sondern das Enkomium Ludwigs. Entsprechend werden die Heiden als edle – ebenbürtige – Widersacher gezeigt, um Ludwigs Ritterwürde zu erhöhen.

Im Vergleich zur Darstellung Rudolfs in der *Steirischen Reimchronik* folgt die Beschreibung Ludwigs nicht nur dem antiken ‚vir bonus'-Ideal. Ludwig wird zwar zunächst als der gute Herrscher gezeigt, nach seiner Einsetzung als Oberbefehlshaber des christlichen Heeres indes erscheint er vor allem als christlicher Fürst. Das antike Ideal wird insofern christlich überschrieben als Ludwig im zweiten Teil stärker durch seine vorbildlichen Taten als durch seine Reden überzeugt.[69]

## II.2. Walther von Spelten als Ratgeber

In Monologen und Dialogen wird Ludwig als Redner gezeigt und dem Rezipienten seine Vortrefflichkeit vorgeführt. Überdies bestätigt ein Zeuge, Walther von Spelten, dem Kaiser und dem Publikum die Wahrhaftigkeit des Geschehens.[70] In

66 Auch Groll weist auf diese „Züge" Ludwigs hin, vgl. Groll (Anm. 46), S. 121–127.

67 Vgl. ebd., S. 131.

68 Groll nennt drei Facetten, die sich in Ludwig verbinden: „Das Kunstprodukt Ludwig, wie es uns in der *Krzf* entgegentritt, ist ein Idealtyp, in dem sich drei Grundrichtungen literarischen Heldentums vereinigen: er ist höfischer Ritter, Friedensfürst und – höchste Steigerung – Heiliger" (ebd., S. 116).

69 Die Auffassung, dass auf das ‚gute' Reden auch entsprechende Taten folgen müssten, findet sich bei Augustinus und Gregor dem Großen. Vgl. dazu: Ueding, Gert/Steinbrink, Bernd: Grundriß der Rhetorik. Geschichte, Technik, Methode. 5. Aufl. Stuttgart/Weimar 2011, S. 73.

70 Die historische Existenz Walthers von Spelten ist letztgültig nicht geklärt. Du Cange nennt einen „Gualterus" unter den Templarii. Er erscheint nach Girardus de Ridesfort (†1188) und vor Robertus de Sabloil (Großmeister ab 1191); vgl. Du Cange, Charles du Fresne: Glossarium mediae et infimae latinitatis. Bd. 8. Hrsg. von Léopold Favre. Niort 1887, S. 51, Sp. 2. Vgl. dazu Groll (Anm. 46), S. 62; des Weiteren Röhricht,

der Einführung der Figur begründet der Erzähler die Legitimität des Tempelmeisters Walther als Ratgeber. Er sei: „ein wîs herre alter,/von Spelten geborn, ein grâve wert,/menlîcher tête unervêrt“ (Krzf, V. 3648–3650).

Erfahrung und Bildung, Herkunft, sozialer Rang und Kampfesmut rechtfertigen die außerordentliche Stellung Walthers, denn er informiert den Kaiser über die Geschehnisse um Ludwig: „gar alle tête er im seit“ (Krzf, V. 3652). Zudem verfügt der Alte über besondere Fähigkeiten, denn er kann mit den Heiden kommunizieren und damit zwischen den Völkern vermitteln:

> von Spelten brûder Walther,
> heidenisch wol redete der;
> in bat der landgrâve, daz er
> in sagte, ob der sûze man
> sich des mohte zû lân
> daz in niht abe quêmen die
> herren, sô wolder sie
> unversmit in schôner hûte hân (Krzf, V. 5242-5249)

Walther kann die Sprache der Heiden verstehen und beherrscht auch in diesem Kontext der Verständigung mit den Fremden die Regeln der Kommunikation. Somit fungiert er als Vermittler und Deuter des Geschehens. Überdies legt er dem Herrscher die Ereignisse aus, indem er ihm klarmacht, dass Ludwig als Held das Lob der Welt verdiene. So berichtet Walther etwa über den tapferen Kampf Ludwigs gegen die Heiden und fordert, dass man sich seiner Taten auch fürderhin erinnern solle:

---

Reinhold: Beiträge zur Geschichte der Kreuzzüge. Bd. 2. Berlin 1878, S. 347: „Spelten, Graf Walter von, wird im Gedicht sehr häufig als Meister der Templer erwähnt, aber es gibt kein solches Geschlecht, ebensowenig ist uns aus der Geschichte der Templer ein Großmeister Walter um diese Zeit bekannt.“; Holtzmann, Adolf: Rez. zu: Des Landgrafen Ludwigs des Frommen Kreuzfahrt. Heldengedicht der Belagerung von Akkon am Ende des zwölften Jahrhunderts. Aus der einzigen Handschrift durch Friedrich von der Hagen. Leipzig, Brockhaus 1854. In: Germania 1 (1856), S. 247–254, hier S. 248: „Dieser Bruder Walther nun ist kein andrer als Walther, der Großmeister der Templer, der an der Belagerung von Akkon thätigen Antheil nahm, und 1191 fiel.“; Posern-Klett, Karl Friedrich von: Kreuzfahrer aus dem Meißnerlande. In: Archiv für die Sächsische Geschichte 4 (1866), S. 45–56, hier S. 46; Friedrich Heinrich von der Hagen führt ihn als Tempelmeister von 1189–1191 auf, vgl. von der Hagen (Anm. 50), S. 298; Nicholson, Helen J.: Love, War and the Crail. Templars, Hospitallers and Teutonic Knights in Medieval Epic and Romance 1150–1500 (History of Warfare 4). Leiden/Boston/Köln 2001, S. 81.

der herre Walther von Spelten
sprach: ‚als die tjost ist ergân,
wie erz zende hie hât getân,
daz wirt in einem stein gegraben,
uf ein gedaht hie erhaben.
êwic sol diz des herren wesen,
man sol sîne tât, sînen namen lesen.‘
als er sprach, sie wart ufgeriht,
als man sue dâ noch hûte siht. (Krzf, V. 3704-3712)

Walther erklärt hier dem Kaiser das Geschehen und fordert ewiges Gedächtnis Ludwigs und seiner Taten. Damit erscheint er als Zeuge des Geschehens, der wahrspricht. Seine Autorität als Ratgeber ist gleichsam aufgrund seiner Einführung als „wîse“ unhinterfragt. Seine Worte richten sich zugleich an den Rezipienten, der die Taten Ludwigs bis in alle Ewigkeit erinnern soll. Walther bezeugt und bestätigt die Auserwähltheit Ludwigs, indem er von der Unterstützung Ludwigs durch den weißen Ritter berichtet, und davon, dass allein Ludwig eine weiße Kreuzfahne, die auf dem Feld in den Boden gerammt war, herauszuziehen vermochte.[71]

Durch seine Rede erscheint Walther in einer exponierten Position. Derjenige, der als „wîse“ beschrieben wird, ist aufgrund seines Wissensvorsprungs in der Lage, die Ereignisse zu deuten. Stephan Müller und Ludger Lieb haben dies insbesondere für den Ratgeber Adelger aus der *Kaiserchronik* herausgearbeitet.[72] Und auch dies ist in der Tradition des ‚vir bonus‘-Ideals zu sehen, denn der gute Redner ist vor allem der gut gebildete Mann. Walthers Forderung, Ludwig ein steinernes Denkmal zu setzen, erscheint vor diesem Hintergrund als besondere Bestätigung der Auserwähltheit des Fürsten.[73] Zudem fungiert der alte Ratgeber als Verwalter des Gedächtnisses, der bereits zu Lebzeiten die Bedeutung des Fürsten einzuschätzen vermag. Er ist der wichtigste Zeuge für die Taten Ludwigs und rückt so, da er dem Kaiser die Geschehnisse schildert, an die Stelle des Erzählers. Zudem erhält er den Auftrag, dafür zu sorgen, dass Ludwigs Leistungen für die Nachwelt schriftlich fixiert werden: „Der keiser

71 Vgl. Krzf, V. 7476–7496; auch Groll sieht die „Beglaubigungsfunktion“ Walthers; Groll (Anm. 45), S. 146, Anm. 2; auch S. 144, Anm. 2.

72 Vgl. Lieb/Müller (Anm. 17).

73 Ursula Liebertz-Grün hat in diesem Kontext auf das Phänomen der Intermedialität hingewiesen, es allerdings m.E. zu knapp interpretiert; vgl. Liebertz-Grün (Anm. 46), S. 22f.

brûder Walthern bat,/daz er im gar sîne tât,/des lantgrâven, schrîben hiez." (Krzf, V. 3713–3715).

Damit verbinden sich in der Figur des Ratgebers drei unterschiedliche Erinnerungsmodi bzw. die Taten Ludwigs werden in verschiedenen Medien verbürgt und besitzen auf diese Weise uneingeschränkte Geltung.[74] Der Ratgeber vermittelt seine Rede und sein Wissen über den Fürsten mündlich, seine Taten werden in Stein gehauen und schließlich schriftlich festgehalten.

## III. Fazit

Redeszenen dienen aufs Ganze gesehen der Steigerung des dramatischen Potentials der Dichtung, da sie nicht nur eine präzise Konturierung der Figuren ermöglichen, sondern vor allem Identifikationsangebote und Reflexionsflächen für das Publikum liefern. Das Erzählen wechselt zwischen Diegese und Mimesis, sodass der Erzähler kommentierend eingreifen kann, aber nicht muss. Auf der Ebene der Darstellung dienen Redeszenen, da sie Formeln enthalten und Passagen innerhalb der Texte wiederholen, der narrativen Kohärenzbildung und können so, wie Armin Schulz am Beispiel der *Kaiserchronik* gezeigt hat, „heterogenes Material in einen Erzählfluss integrieren".[75] Insbesondere die Analyse der Redeszenen zeigt darüber hinaus, dass den besprochenen Texten eine didaktische Tendenz inhärent ist. Neben den ereignisgeschichtlichen Informationen liefern sie Handlungsanleitungen, beschreiben exemplarisch Prozesse adliger Willensbildung und vermitteln rhetorische Ideale. Redeszenen und Reden geben Aufschluss über Habitus, Redeformen und Rederituale des herrscherlichen Hofes und dienen der Einübung von bestimmten Verhaltensweisen.

Die Analyse der Szenen in der *Steirischen Reimchronik* und der *Kreuzfahrt Landgraf Ludwigs des Frommen* hat noch einmal die Bedeutung der rituellen Kommunikation, auf die in Anlehnung an die Forschungen Gerd Althoffs in den mediävistischen Disziplinen vielfach hingewiesen wurde,[76] unterstrichen.

---

74 Inwiefern hier eine Hierarchisierung der Medien anzuleiten ist, bleibt weiter zu untersuchen. Zu Erzähl-Malen vgl. den Beitrag Graf, Klaus: Stadt-Phantasien: Erzähl-Male und Sprichwörter. In: Oberste, Jörg/Reichert, Sabine (Hrsg.): Stadtgeschichte(n). Erinnerungskulturen der vormodernen Stadt (Forum Mittelalter/Studien 14). Regensburg 2017, S. 13–32.

75 Schulz, Armin: Fremde Kohärenz. Narrative Verknüpfungsformen im *Nibelungenlied* und in der *Kaiserchronik*. In: Haferland/Meyer (Anm. 16), S. 339–360, hier S. 356.

76 Vgl. grundlegend Althoff, Gerd: Die Macht der Rituale. Symbolik und Herrschaft im Mittelalter. 1. Aufl. Darmstadt 2003; Ders. (Hrsg.): Zeichen, Rituale, Werte. Internationales Kolloquium des Sonderforschungsbereichs 496 an der Westfälischen

Obwohl Althoff betonte, dass „im Mittelalter im Vordergrund der öffentlichen Kommunikation nicht der verbale Diskurs“ stehe,[77] scheint es vor dem Hintergrund der vorgestellten Beispiele doch wichtig, *was* gesagt wurde und vor allem *wie* es gesagt wurde. Genauere Untersuchungen könnten somit vertiefte Einblicke in das „Wie“ des Erzählens geben. Gerade die Verschroniken vermitteln nicht nur eine „Propädeutik politischen Handelns“,[78] sondern auf der Grundlage der antiken Rhetorik auch eine des Sprechens.

---

Wilhelms-Universität Münster (Symbolische Kommunikation und gesellschaftliche Wertesysteme 3). Münster 2004; Ders.: Baupläne der Rituale im Mittelalter. Zur Genese und Geschichte ritueller Verhaltensmuster. In: Wulf, Christoph/Zirfas, Jörg (Hrsg.): Die Kultur des Rituals. Inszenierungen, Praktiken, Symbole. München 2004, S. 177–197.

77 Althoff, Gerd: Demonstration und Inszenierung. Spielregeln der Kommunikation in mittelalterlicher Öffentlichkeit. In: Frühmittelalterliche Studien 27 (1993), S. 27–50, hier S. 29. Auf die Bedeutung der verbalen Kommunikation weist auch Dietmar Rieger hin und argumentiert vor allem gegen die zitierte Auffassung Gerd Althoffs; vgl. Rieger (Anm. 15), S. 245, Anm. 39.

78 Wenzel, Horst: Öffentliches und nichtöffentliches Herrschaftshandeln. In: Althoff, Gerd (Hrsg.): Formen und Funktionen öffentlicher Kommunikation im Mittelalter (Vorträge und Forschungen 51). Stuttgart 2001, S. 247–260, hier S. 260.

Elke Brüggen

# Politische Rede in der *Kaiserchronik*

**Abstract:** The article at hand aims at examining what literary texts as the *Kaiserchronik* can contribute to a deepened understanding of political speech in the Middle Ages. Presupposing that medieval literary texts deal with political questions of good and bad rulership, an exemplary episode from the Middle High German *Kaiserchronik*, the story about Severus and Adelger, and, more explicitly, the depiction of political speech in three exemplary council scenes is being analyzed. Special attention is paid to the functions of coded speech – a motif that refers to both: the literary and the political discourse.

Der vorliegende Beitrag geht der Frage nach, was die Lektüre der *Kaiserchronik* zur Rekonstruktion zeitgenössischer Vorstellungen politischer Rede im Mittelalter beitragen kann. Die *Kaiserchronik* ist ein bedeutender und weitverbreiteter Text der frühmittelalterlichen Literatur, an dem im Folgenden politische Redeakte exemplarisch untersucht werden sollen. Integraler Bestandteil des mittelalterlichen Herrschaftsverständnisses wie der mittelalterlichen Herrschaftspraxis ist vor allem das Instrument des Rats. Im Rekurs auf einige besonders eindrückliche Ratsszenen soll gezeigt werden, dass sich Herrscherkompetenz in der *Kaiserchronik* an der Fähigkeit bemisst, politischen Rat in Form verschlüsselter Rede zu dechiffrieren. An einige Bemerkungen zu aktuellen Forschungen zu Macht und Herrschaft in der Vormoderne, in die der Beitrag einzuordnen ist (I), schließt sich zunächst eine knappe Vorstellung der *Kaiserchronik* an (II). Die folgende Analyse politischer Redeakte (III) konzentriert sich auf Ratsszenen im Abschnitt zu Severus und Adelger.

## I.

Die folgenden Ausführungen gehören in einen bestimmten Kontext, der daher eingangs kurz angesprochen werden soll. Zum 1. Juli 2016 wurde von der Deutschen Forschungsgemeinschaft an der Universität Bonn die Einrichtung des Sonderforschungsbereiches 1167 *Macht und Herrschaft. Vormoderne Konfigurationen in transkultureller Perspektive* bewilligt.[1] In diesem Forschungsverbund, der von einer groß angelegten Kooperation zwischen den Asien- und

1 Informationen unter: Universität Bonn – SFB 1167: Forschungsprogramm. https://www.sfb1167.uni-bonn.de/forschungsprogramm (24.11.2017).

den Europawissenschaften getragen wird, ist das Teilprojekt *Kaiser und Könige. Macht und Herrschaft im Reflexionsmedium deutschsprachiger Literatur des Mittelalters* verankert, dessen Grundlinien in fünf Punkten skizziert werden sollen, um so den Ausgangspunkt für die Befassung mit politischer Rede anzugeben.

1. Kaiser und Könige, zuweilen auch Königinnen, sind in der erzählenden Literatur des deutschsprachigen Mittelalters prominent vertreten, eingespannt in ein Mit- und Gegeneinander mit anderen Herrschaftsträgern gleicher Stellung sowie mit den – teils weiblichen – Angehörigen der Eliten. Sie agieren in den Texten nicht nur in der Öffentlichkeit, sondern auch in Sphären der ‚Heimlichkeit' und Intimität. Durch eine Engführung von ‚Herrschaft' mit ‚Minne', ‚Ehe' und ‚Religion' werden sie zudem im Schnittfeld konkurrierender Werthorizonte positioniert.
2. Die Frage, welchen spezifischen Beitrag deutschsprachige Erzählliteratur zu einer Konzeptualisierung und Diskussion kaiserlicher und königlicher Macht und Herrschaft leistet, wird zunächst anhand episch-chronikalischer und narrativ-fiktionaler Texte untersucht, die sich, mit punktuellen Unschärfen, in die zweite Hälfte des 12. Jahrhunderts datieren lassen (wie etwa *König Rother*, der *Eneasroman* und das *Rolandslied*). Die Forschung hat bislang deren Disparatheit betont. Eine leitende These des Teilprojekts lautet indes: Ein entscheidender gemeinsamer Fluchtpunkt der Darstellungen ist die komplexe Verhandlung von kaiserlicher und königlicher Macht und Herrschaft und von deren Legitimation. Unter dieser Perspektive lassen sich die Texte in thematische und funktionale Zusammenhänge stellen, die zu einer Neuperspektivierung und Neubewertung des Materials führen werden.
3. Die Texte präsentieren eine große Vielfalt an Erscheinungsformen von kaiserlicher und königlicher Macht und Herrschaft; dabei stellen sie einerseits die integrative, stabilisierende Potenz der obersten Herrschaftsträger aus, andererseits thematisieren sie ihr Scheitern an den herrscherlichen Aufgaben. Durch den weitgehenden Verzicht auf einsinnige Modellierung und eindeutige Taxierung stellt die (fiktionale) Literatur ein hochinteressantes Studienobjekt für die diffizilen Formen der Wahrnehmung, Deutung und Transformation gesellschaftlicher Ordnung dar. Das Teilprojekt speist demnach zum Nutzen des Verbundes ein Material ein, das als Reflexionsmedium historischer Prozesse von großer Bedeutung ist und einen wichtigen Zugriff auf die Diskursivierung eines zeitgenössischen sozialen Wissens über Macht und Herrschaft eröffnet. Der Blick richtet sich insbesondere auf Fragen nach der Darstellung von ‚guter' und ‚schlechter' Herrschaft sowie nach der Bedeutung und dem Verhältnis von personalen und transpersonalen Faktoren, um

so in Kooperation mit den anderen Teilprojekten auf breiter Basis deren kulturspezifische wie kulturübergreifende Dimensionen zu erkunden.

4. Hinsichtlich der für den gesamten SFB leitenden transkulturellen Perspektive ist zudem die ‚immanente Transkulturalität' des herangezogenen Materials hervorzuheben. Die Texte partizipieren nicht nur an Denk- und Darstellungstraditionen, die sich auf die antike oder die altfranzösische Literatur und Kultur zurückführen lassen, sondern entwerfen teilweise Handlungsräume, welche an der Peripherie der abendländisch-christlichen Welt angesiedelt sind, und gestalten so Kontakte zwischen Okzident und Orient, Islam und Christentum. Diese Inszenierungen sollen auf die Wahrnehmung und Deutung ‚eigener' und ‚fremder' Herrschaftsformen und Machtkonstellationen hin befragt werden.
5. Als literaturwissenschaftliches Teilprojekt zielt unser Vorhaben auf eine Analyse der Phänomene im Rekurs auf die sprachliche und die narrative Faktur der Texte. Das gut überschaubare Textkorpus gestattet es, die Literarisierung einer an die Figur des Kaisers oder Königs gebundenen Herrschaft in ihrem Facettenreichtum zu untersuchen; die sprachlichen Modi der Thematisierung von Macht und Herrschaft können bis auf die Ebene der verwendeten Terminologie offengelegt werden, und die Muster, Strategien und Techniken des Erzählens auf den ihnen inhärenten Sinn hin befragt werden. Im Fall von Text-Bild-Ensembles kann zudem das Zusammenspiel von literarischer und visueller Präsentation von kaiserlicher und königlicher Macht und Herrschaft untersucht werden.

## II.

Die *Kaiserchronik*[2] liegt in drei verschiedenen Versfassungen vor und ist in einer für ein Werk der frühmittelalterlichen Literatur ganz ungewöhnlichen Dichte

2 Zitierte Ausgabe: Die *Kaiserchronik* eines Regensburger Geistlichen. Hrsg. von Edward Schröder. Unveränderter Nachdruck der Ausgabe von 1892 (Monumenta Germaniae Historica. Scriptorum qui vernacula lingua usi sunt I.I. Deutsche Chroniken und andere Geschichtsbücher des Mittelalters 1.1). München 1984. Eine Auswahlausgabe mit neuhochdeutscher Übersetzung hat Mathias Herweg vorgelegt: Die *Kaiserchronik*. Eine Auswahl. Mittelhochdeutsch/Neuhochdeutsch. Übersetzt, kommentiert und mit einem Nachwort versehen von Mathias Herweg (Reclams Universal-Bibliothek 19270). Stuttgart 2014. Ebd. ist auf den Seiten 501–509 wichtige Forschungsliteratur zusammengestellt. Ich verweise hier nur auf ausgewählte neuere Beiträge: Chinca, Mark/Young, Christopher: Uses of the Past in Twelfth-Century Germany: The Case of the Middle High German *Kaiserchronik*. In: Central European History 49/1 (2016),

überliefert.[3] Bei der ursprünglichen Fassung (A) handelt es sich um einen Reimpaartext mit mehr als 17.000 Versen, der höchstwahrscheinlich in den Jahren um 1150, jedenfalls wohl nach 1146[4], und möglicherweise in Regensburg[5] von einem oder auch von mehreren unbekannten Verfassern zu einem von der Forschung

---

S. 19–38; Herweg, Mathias: Kohärenzstiftung auf vielen Ebenen. Narratologie und Genrefragen in der *Kaiserchronik*. In: Zeitschrift für Literaturwissenschaft und Linguistik 47/2 (2017), S. 281–302; ders.: Geschichte erzählen. Die *Kaiserchronik* im Kontext (nebst Fragen an eine historische Narratologie historischen Erzählens). In: Zeitschrift für deutsches Altertum und deutsche Literatur 146/4 (2017), S. 413–443; Matthews, Alastair: The *Kaiserchronik*. A Medieval Narrative (Oxford Modern Languages and Literatures Monographs). Oxford 2012; Mierke, Gesine: Riskante Ordnungen. Von der *Kaiserchronik* zu Jans von Wien (Deutsche Literatur. Studien und Quellen 18). Berlin 2014; Müller, Stephan: Anfänge deutschsprachiger Chronistik im 11. und 12. Jahrhundert. In: Wolf, Gerhard/Ott, Norbert H. (Hrsg.): Handbuch Chroniken des Mittelalters. Berlin/Boston 2016, S. 129–143 (zur *Kaiserchronik*: S. 136–143); Schulz, Armin: Fremde Kohärenz. Narrative Verknüpfungsformen im *Nibelungenlied* und in der *Kaiserchronik*. In: Haferland, Harald/Meyer, Matthias (Hrsg.): Historische Narratologie. Mediävistische Perspektiven (Trends in Medieval Philology 19). Berlin/New York 2010, S. 339–360; Wittig, Claudia: Political Didacticism in the Twelfth Century: the Middle High German *Kaiserchronik*. In: Campopiano, Michele/Bainton, Henry (Hrsg.): Universal Chronicles in the High Middle Ages (Writing History in the Middle Ages 4). Woodbridge/Rochester 2017, S. 95–119.

3 Zur Überlieferung vgl. die Einträge zur *Kaiserchronik* im Handschriftencensus: http://www.handschriftencensus.de/werke/189 (4.11.2017). Zudem: Nellmann, Eberhard: Art. Kaiserchronik. In: Die deutsche Literatur des Mittelalters. Verfasserlexikon 4 (1983), Sp. 949–964; Gärtner, Kurt: Die *Kaiserchronik* und ihre Bearbeitungen. Editionsdesiderate der Versepik des 13. Jahrhunderts. In: Lindemann, Dorothee/Volkmann, Berndt/Wegera, Klaus-Peter (Hrsg.): ‚bickelwort' und ‚wildiu mære'. Festschrift für Eberhard Nellmann zum 65. Geburtstag (Göppinger Arbeiten zur Germanistik 618). Göppingen 1995, S. 366–379; Herweg: Die *Kaiserchronik* (Anm. 2), S. 473–477; Wolf, Jürgen: Die Kaiserchronikfassungen A, B und C oder Die Gleichzeitigkeit des Ungleichzeitigen. In: Szurawitzki, Michael/Schmidt, Christopher M. (Hrsg.): Interdisziplinäre Germanistik im Schnittpunkt der Kulturen. Festschrift für Dagmar Neuendorff zum 60. Geburtstag. Würzburg 2008, S. 91–108. An der Universität Cambridge wird seit 2012 im Rahmen des Projekts ‚*Kaiserchronik*. Literature and History in the German Middle Ages' unter der Leitung von Mark Chinca und Christopher Young an einer synoptischen Edition der drei Versfassungen A, B und C gearbeitet; siehe Chinca/Young (Anm. 2), S. 19–24.

4 Der Text der A-Version endet mit dem Bericht über die Kreuznahme Konrads III. zu Weihnachten 1146.

5 Als Anhaltspunkte dient die vermehrte Erwähnung der Stadt und weiterer Stätten in ihrer Umgebung. Zur Bedeutung Regensburgs im 11. und 12. Jahrhundert vgl. Märtl,

als etwas provisorisch empfundenen Ende[6] gebracht wurde. Wer das Werk möglicherweise in Auftrag gegeben hat, wissen wir nicht, und entsprechend ungesichert sind die Überlegungen zum Primärpublikum – klar scheint einzig, dass das Werk für nicht klerikal gebildete Rezipienten konzipiert wurde. Eine zweite Fassung (B) entstand um 1200; der Text erfuhr bei der Überarbeitung eine sprachliche und metrische Modernisierung und zudem eine Kürzung um etwa 1600 Verse. Rund 50 Jahre später wurde die A-Fassung ein zweites Mal überarbeitet, unabhängig von der B-Fassung. Auch bei dieser mit der Sigle C bezeichneten Fassung ging es vorranging, wenn auch nicht ausschließlich, darum, den Text an die sprachlichen und metrischen Standards der Zeit anzugleichen. Es begegnet hier jedoch zudem ein neuer Prolog, und die Herrscherreihe ist über Konrad III. hinaus bis zu Friedrich II., also bis in die Mitte des 13. Jahrhunderts, fortgeführt;[7] in einer der Handschriften, welche die C-Fassung überliefern, wurde der Text sogar bis zum Jahr 1274 fortgeschrieben.[8] Dabei ist zu beachten, dass die Fassungen nebeneinander tradiert und rezipiert wurden, es sich also nicht so verhält, dass die jeweils neuere Fassung die ältere(n) abgelöst hätte. Der Überblick über die erhaltenen Textzeugen, den der ‚Handschriftencensus', eine aktuelle ‚Bestandsaufnahme der handschriftlichen Überlieferung deutschsprachiger Texte des Mittelalters', bereitstellt,[9] verzeichnet für die *Kaiserchronik* 50 Einträge; unter diesen befinden sich 20 (nahezu) vollständige Manuskripte. Schon die schiere Zahl der Überlieferungsträger ist eindrucksvoll. Sie wird allerdings noch aussagekräftiger, wenn man die zeitliche Streuung der Handschriften einbezieht, welche sich vom letzten Viertel des 12. bis zum Ende des

---

Claudia: Regensburg in den geistigen Auseinandersetzungen des Investiturstreits. In: Deutsches Archiv für die Erforschung des Mittelalters 42/1 (1986), S. 145–191.

6 Vgl. dazu Herweg: Die *Kaiserchronik* (Anm. 2), Stellenkommentar zu V. 17283, S. 458.

7 Stärkere Aufmerksamkeit verdient die Materialität der Überlieferung; zu Unterschieden in der medialen Präsentation des Textes siehe Wolf (Anm. 3); ders.: Buch und Text. Literatur- und kulturhistorische Untersuchungen zur volkssprachigen Schriftlichkeit im 12. und 13. Jahrhundert (Hermaea 115). Tübingen 2008; zur *Kaiserchronik* vgl. bes. S. 209–212.

8 Diese ‚zweite Fortsetzung', die womöglich noch aus dem 13. Jahrhundert stammt, findet sich in der einspaltigen Papierhandschrift Leutkirch, Fürstl. Waldburg zu Zeil und Trauchburgsches Gesamtarchiv (auf Schloß Zeil), ZAMs 30 (früher ZM 81) vom Ende des 15. Jahrhunderts; sie bricht allerdings mit Vers 483 mit einem unvollständigen Satz ab. Einen Abdruck der ‚zweiten Fortsetzung' bietet Schröder (Anm. 2) auf den Seiten 411–416; zur Handschrift vgl. auch Handschriftencensus (Anm. 3).

9 Vgl. Handschriftencensus (Anm. 3).

16. Jahrhunderts erstreckt,[10] mit einem klar erkennbaren Schwerpunkt im 13. und 14. Jahrhundert. Was die geographische Herkunft der Überlieferungsträger angeht, so dominiert der bayrisch-österreichische Raum, wiewohl eine Reihe von Textzeugen belegt, dass der Text zumindest in Auszügen auch im südwestdeutschen, im mitteldeutschen und im niederdeutschen Raum rezipiert wurde.[11] In den (verhältnismäßig wenigen) Fällen, in denen die *Kaiserchronik* nicht in Form einer Werkhandschrift, sondern als Bestandteil von Sammelhandschriften überliefert wurde, begegnet sie im Verbund mit Texten und Textensembles ganz unterschiedlicher Gattungszugehörigkeit, was ihre hohe Anschlussfähigkeit belegt.[12] Diese Fakten bezeugen ein großes und über vier Jahrhunderte anhaltendes Interesse an der *Kaiserchronik* und eine immense Wirkung dieses Textes;

10 Als älteste Handschriften sind zu nennen: Klagenfurt, Landesarchiv, Cod. GV 6/26 (1 Pergamentdoppelblatt, *Kaiserchronik* A) und Vorau, Stiftsbibliothek, Cod. 276 (Bl. 1ra–73vb, *Kaiserchronik* A). Die jüngste Handschrift ist die Papierhandschrift München, Bayerische Staatsbibliothek, cgm 965 von 1594 (*Kaiserchronik* C). Vgl. Handschriftencensus (Anm. 3).

11 Vgl. Gärtner, Kurt: Grundlinien einer literarischen Sprachgeschichte des deutschen Mittelalters. In: Besch, Werner [u.a.] (Hrsg.): Sprachgeschichte. Ein Handbuch zur Geschichte der deutschen Sprache und ihrer Erforschung. Teilbd. 4. 2., vollständig neu bearbeitete und erweiterte Aufl. (Handbücher zur Sprach- und Kommunikationswissenschaft 2/4). Berlin 2004, S. 3018–3042; Klein, Thomas: Ermittlung, Darstellung und Deutung von Verbreitungstypen in der Handschriftenüberlieferung mittelhochdeutscher Epik. In: Honemann, Volker/Palmer, Nigel F. (Hrsg.): Deutsche Handschriften 1100–1400. Oxforder Kolloquium 1985. Tübingen 1988, S. 110–167; zur Überlieferung der Rezension A der *Kaiserchronik* vgl. S. 128–130.

12 Vgl. Chinca/Young (Anm. 2), S. 23: „The *Kaiserchronik* appears together with Bible epics and vernacular theology in the case of Vorau, Stiftsbibliothek, Cod. 276, and with saints lives in that of Prague, Národní knihovna Ceské republiky, Cod. XXIII G 43; it keeps company with secular courtly romances end epics in Vienna, Österreichische Nationalbibliothek, Cod. 2779; it is transmitted with historiography in Heidelberg, Universitätsbibliothek, cpg 154, which inserts the episodes of Theodosius and Julianus into the text of a German translation of Martin of Troppau's chronicle of popes and emperors. Finally, the fascicle containing the *Kaiserchronik* in the Vorau Codex was bound together with a second fascicle (copied in Vorau between 1185 and 1202) that contains Otto of Freising's *Gesta Friderici imperatoris*; it is unlikely that the two fascicles were originally conceived as a pair (the vernacular part may not even have been copied in Vorau), but the binding of the codex is fifteenth-century, so they must have been joined together by that time." Weiterführende Literatur ebd., S. 23f., Anm. 17. Ebd., S. 24: Ausführungen zum Überlieferungsverbund der *Kaiserchronik* mit deutschen und lateinischen Chroniken, ebenfalls mit weiterführender Literatur.

sie zeigen, dass die mittelalterlichen und frühneuzeitlichen Benutzer dem Werk eine große Bedeutung beigemessen haben.

Die *Kaiserchronik* gehört zu den Werken, die es sich zur Aufgabe gemacht haben, Weltgeschichte darzustellen, und sie kann damit als ein Text gelten, der einer neuen literarischen Tradition den Weg bereitet hat: den deutschsprachiger Weltchroniken (in Vers und Prosa). Sie treten noch im Verlaufe des 13. Jahrhunderts mit der *Sächsischen Weltchronik*, der *Weltchronik* des Rudolf von Ems, der *Christherre-Chronik* und der Chronik Jans' von Wien eindrucksvoll und wirkungsmächtig in Erscheinung und bezeugen so die fortschreitende und sich immer weitere Bereiche erobernde Verschriftlichung der Volkssprache.[13] Die

13 Graeme Dunphy hat mit Nachdruck darauf hingewiesen, dass die *Kaiserchronik* selbst nicht zu den Weltchroniken gerechnet werden kann: Sie beginnt nicht mit der im Alten Testament erzählten Erschaffung der Welt, „and hence the absence of Old Testament material has led scholars to speak of this as not being the ‚full form of the genre'" (Dunphy, Graeme: On the Function of Disputations in the *Kaiserchronik*. In: The Medieval Chronicle 5 [2008], S. 77–86; hier S. 77). Die Kombination des Textes mit den *Vorauer Büchern Moses* in der Vorauer Handschrift (Vorau, Stiftsbibliothek, Cod. 276, vgl. dazu Gärtner, Kurt: Art. Vorauer Handschrift 276. In: Die deutsche Literatur des Mittelalters. Verfasserlexikon 10 [1999], Sp. 516–521) deutet in dieser Sicht auf ein Bestreben hin, die *Kaiserchronik* durch entsprechendes Material zu ‚komplettieren' und so an einen durch die lateinische Tradition der Weltchroniken vermittelten zeitgenössischen Erwartungshorizont anzugleichen; vgl. Herweg: Die *Kaiserchronik* (Anm. 2), S. 479: „Anders als seine volkssprachigen Nachfolger, die im Regelfall mit der Schöpfung einsetzen und, zumindest der Intention nach, die gesamte Ökumene umgreifen [...], schreibt der Kaiserchronist seinem Anspruch nach keine Welt- und Universalchronik, sondern bietet einen auf das vierte Weltreich nach Daniel, das sechste Weltalter nach Augustinus, und geographisch auf Europa beschränkten Auszug." Zum Texttyp der ‚Weltchroniken' vgl. von den Brincken, Anna-Dorothee: Studien zur lateinischen Weltchronistik bis in das Zeitalter Ottos von Freising. Düsseldorf 1957; Campopiano, Michele: Introduction: New Perspectives on Universal Chronicles in the High Middle Ages. In: Campopiano/Bainton (Hrsg.) (Anm. 2), S. 1–18; Gärtner, Kurt: Die Tradition der volkssprachigen Weltchronistik in der deutschen Literatur des Mittelalters. In: Füssel, Stephan (Hrsg.): 500 Jahre *Schedelsche Weltchronik*. Akten des interdisziplinären Symposions vom 23./24. April 1993 in Nürnberg (Pirckheimer-Jahrbuch 9). Nürnberg 1994, S. 57–71; Herweg, Mathias: Erzählen unter Wahrheitsgarantie – Deutsche Weltchroniken des 13. Jahrhunderts. In: Wolf, Gerhard/Ott, Norbert H. (Hrsg.): Handbuch Chroniken des Mittelalters. Berlin/Boston 2016, S. 145–179; Klein, Dorothea: Durchbruch einer neuen Gattung: Volkssprachige Weltchroniken bis 1300. In: Bertelsmeier-Kierst, Christa/Young, Christopher (Hrsg.): Eine Epoche im Umbruch. Volkssprachliche Literalität 1200–1300. Cambridger Symposium 2001. Tübingen 2003, S. 73–90; Shaw, Frank: Die *Kaiserchronik*-Rezeption in der *Weltchronik*

*Kaiserchronik* konzentriert sich auf die nicht-biblische Geschichte, genauer: auf die Geschichte des Imperium Romanum; sie wird in einer Serie von Viten resp. Gesten zu einzelnen Herrschern präsentiert, die von Gaius Iulius Caesar (gest. 44 v. Chr.) bis zum römisch-deutschen König Konrad III. (gest. 1152) reicht. Der Prolog der A-Fassung formuliert das Programm, „von den bâbesen unt von den chunigen,/baidiu guoten unt ubelen" zu künden (V. 19f.); de facto zeigt der Text eine Konzentration auf die „chunige[]", während Päpste im Ganzen von untergeordneter Bedeutung sind. 36 Abschnitte widmen sich römischen Kaisern der Antike, von denen jedoch nicht alle historisch verbürgt sind, 19 gehen auf römisch-deutsche Kaiser ein.[14] In der Geschichte von Herrschaft, wie die *Kaiserchronik* sie präsentiert, liegt das Augenmerk, so Gesine Mierke, „auf der ungebrochenen Herrschaftsnachfolge im weströmischen Reich und der Ausfüllung des Körpers der Macht".[15] Wiewohl es aufgrund von Auslassungen und falschen Einordnungen einzelner Kaiser eklatante Abweichungen gegenüber der zeitgenössisch bekannten *series temporum* gibt, stellt die *Kaiserchronik* den Anspruch, analog zur lateinischen Tradition wahres Wissen über die Vergangenheit und über den Geschichtsverlauf zu vermitteln (vgl. V. 27–40); zugleich hält sie ein Reservoir exemplarischer wie unterhaltsamer Geschichten bereit, die sie zu einem „Pionierstück volkssprachiger Erzählkunst"[16] werden lassen. Sie vereint ‚historia' und ‚fabula' und ist damit ebenso „Geschichts- und Geschichtenbuch".[17] Für moderne Rezipienten ist es überraschend zu sehen, dass der Wahrheitsanspruch, der im Prolog (vgl. V. 1–42) forciert vertreten wird, sich nicht in erster Linie auf die Faktizität der berichteten Ereignisse gründet:[18] Die Narrativierung

---

Heinrichs von München. In: Lindemann, Dorothee/Volkmann, Berndt/Wegera, Klaus-Peter (Hrsg.): ‚bickelwort' und ‚wildiu mære'. Festschrift für Eberhard Nellmann zum 65. Geburtstag (Göppinger Arbeiten zur Germanistik 618). Göppingen 1995, S. 380–392.

14 Zu den divergierenden Zählungen in der Forschung vgl. Herweg: Die *Kaiserchronik* (Anm. 2), S. 480, Anm. 57.

15 Mierke (Anm. 2), S. 227.

16 Herweg: Die *Kaiserchronik* (Anm. 2), S. 466.

17 Ebd., S. 467.

18 Vgl. dazu Herweg: Erzählen unter Wahrheitsgarantie (Anm. 13); Suerbaum, Almut: Erzählte Geschichte. Dialog und Dialogizität in der *Kaiserchronik*. In: Haubrichs, Wolfgang/Lutz, Eckart C./Vollmann-Profe, Gisela (Hrsg.): Aspekte des 12. Jahrhunderts. Freisinger Kolloquium 1998 (Wolfram-Studien 16). Berlin 2000, S. 235–255, hier S. 237f., Anm. 5, mit dem Hinweis auf von Moos, Peter: Geschichte als Topik. Das rhetorische Exemplum von der Antike zur Neuzeit und die *historiae* im *Policraticus* Johanns von Salisbury (Ordo 2). Hildesheim 1988, S. 208–238; Johanek, Peter: Die Wahrheit der mittelalterlichen Historiographen. In: Knapp, Fritz Peter/Niesner,

von Geschichte erhält einen eigenen Stellenwert, und so fließen in die Darstellung von Vergangenheit, insbesondere in der ‚römischen' Partie, zahlreiche Erzählungen ein, die antike Stoffe und Erzählungen, heimisch-heroische Traditionen wie Heldensage und Heldendichtung oder auch hagiographisches Material verarbeiten.[19] Möglicherweise war gerade diese Mischung von „history and fiction"[20] für den großen Erfolg der *Kaiserchronik* verantwortlich. Der Komplex ‚Macht-Herrschaft-Liebe' stellte dabei thematische Fluchtlinien bereit.

## III.

Was kann die *Kaiserchronik* zur Rekonstruktion zeitgenössischer Vorstellungen von politischer Rede beitragen? Was kann sie beitragen zu einem Gespräch, das sich Anregungen und Impulse von der Oratorik als einer Richtung verspricht, die ein eigenes, auf die Funktionalität von Rhetorizität gerichtetes Forschungsprogramm entwickelt hat, das politische Rede in ihren je konkreten historischen Kontexten, ihren komplexen, weil vielfältig mediatisierten und auch zeremoniell ritualisierten Situationsgestaltungen untersucht?[21] Um diese Frage

---

Manuela (Hrsg.): Historisches und fiktionales Erzählen im Mittelalter (Schriften zur Literaturwissenschaft 19). Berlin 2002, S. 9–25.

19 Zu den Quellen der *Kaiserchronik* ist immer noch maßgeblich: Ohly, Ernst Friedrich: Sage und Legende in der *Kaiserchronik*. Untersuchungen über Quellen und Aufbau der Dichtung (Forschungen zur deutschen Sprache und Dichtung 10). Unveränderter Nachdruck der Ausgabe 1940. Darmstadt 1968. Zur eigentümlichen Mischung von Fakten und Fiktionen vgl. Chinca/Young (Anm. 2), hier S. 23: „The medieval public seems not to have had any difficulty with the *Kaiserchronik's* inaccurate and often idiosyncratic account of history. On the contrary, the facts of recension, transmission, and reception all suggest that the chronicle enjoyed widespread acceptance as a work that transcended distinctions between fact and fable, history and poetry, the secular and the religious – distinctions that medieval audiences certainly recognized but considered secondary to other criteria (such as moral utility or religious orthodoxy) when it came to determining whether a narrative located in the historical past had a serious claim on their attention. Neither the B nor the C recension of the *Kaiserchronik* attempts to make factual corrections to the account of Roman and German history presented in A." vgl. auch die weiterführende Literatur zum Thema ‚Historisches und fiktionales Erzählen' ebd., Anm. 16.

20 Ebd., hier S. 24.

21 Das Forschungsinteresse der Oratorik wurde hier in Anlehnung an Josef Kopperschmidt formuliert (Oratorik – ein erfolgversprechendes Forschungsprojekt, S. 24; Nachweis s.u.). Es wurde insbesondere die folgende Literatur herangezogen: Feuchter, Jörg/Helmrath, Johannes: Einleitung – Vormoderne Parlamentsrhetorik. In: Dies.

zu beantworten, fehlt derzeit die Vorarbeit eines neuen, systematischen Durchgangs durch das Korpus der *Kaiserchronik*-Erzählungen, bei dem Passagen politischer Rede identifiziert, typologisiert und analysiert werden. Letzteres hätte zu geschehen mit Blick auf die Akteure, die Anlässe, Situationen und Räume, die zeremoniellen oder informellen Kontexte, die Inhalte, Abläufe und Argumentationstechniken, die textinternen Bewertungen der Rede, die Quellen der *auctoritas* des oder der Redenden, das Verhältnis von vertraulicher Kommunikation

---

(Hrsg.): Politische Redekultur in der Vormoderne. Die Oratorik europäischer Parlamente in Spätmittelalter und Früher Neuzeit (Eigene und fremde Welten 9). Frankfurt a.M. 2008, S. 9–22; Feuchter, Jörg: Oratorik und Öffentlichkeit spätmittelalterlicher Repräsentativversammlungen. Zu zwei Diskursvorgaben von Jürgen Habermas, Otto Brunner und Carl Schmitt. In: Kintzinger, Martin/Schneidmüller, Bernd (Hrsg.): Politische Öffentlichkeit im Spätmittelalter. Tagung des Konstanzer Arbeitskreises für Mittelalterliche Geschichte 2008 (Vorträge und Forschungen 75). Ostfildern 2011, S. 183–202; Kopperschmidt, Josef: Rhetorik als Medium der politischen Deliberation: z.B. Aristoteles. In: Ders. (Hrsg.): Politik und Rhetorik. Funktionsmodelle politischer Rede. Opladen 1995, S. 74–101; ders. (Hrsg.): Die neue Rhetorik. Studien zu Chaim Perelman. München 2006, darin bes. ders.: Was ist neu an der *Neuen Rhetorik*? Versuch einer thematischen Grundlegung, S. 9–72; ders.: Oratorik – ein erfolgversprechendes Forschungsprojekt? In: Feuchter, Jörg/Helmrath, Johannes (Hrsg.): Politische Redekultur in der Vormoderne. Die Oratorik europäischer Parlamente in Spätmittelalter und Früher Neuzeit (Eigene und fremde Welten 9). Frankfurt a.M. 2008, S. 23–44; Lachmann, Renate/Nicolosi, Riccardo/Strätling, Susanne (Hrsg.): Rhetorik als kulturelle Praxis (Figuren 11). München 2008, darin bes. Kopperschmidt, Josef: Rhetorische Überzeugungsarbeit. Annäherung an eine kulturelle Praxis, S. 15–30. Hilfreich waren überdies: Haye, Thomas: Oratio. Mittelalterliche Redekunst in lateinischer Sprache (Mittellateinische Studien und Texte 27). Leiden 1999; ders.: Lateinische Oralität. Gelehrte Sprache in der mündlichen Kommunikation des hohen und späten Mittelalters. Berlin 2005; Hartmann, Florian (Hrsg.): „Cum verbis ut Italici solent ornatissimis". Funktionen der Beredsamkeit im kommunalen Italien/Funzioni dell'eloquenza nell'Italia comunale (Super alta perennis 9). Göttingen 2011. Vgl. außerdem: Connell, Charles W.: Popular Opinion in the Middle Ages. Channeling Public Ideas and Attitudes (Fundamentals of Medieval and Early Modern Culture 18). Berlin/Boston 2016; Schorn-Schütte, Luise: Politische Kommunikation als Forschungsfeld: Einleitende Bemerkungen. In: De Benedictis, Angela [u.a.] (Hrsg.): Die Sprache des Politischen in actu. Zum Verhältnis von politischem Handeln und politischer Sprache von der Antike bis ins 20. Jahrhundert (Schriften zur politischen Kommunikation 1). Göttingen 2009, S. 7–18; Stollberg-Rilinger, Barbara: Was heißt Kulturgeschichte des Politischen? Einleitung. In: Dies. (Hrsg.): Was heißt Kulturgeschichte des Politischen? (Zeitschrift für Historische Forschung. Beiheft 35). Berlin 2005, S. 9–24.

und öffentlicher Rede, die Möglichkeit und den Stellenwert von offener Kontroverse und deliberativer Entscheidungsfindung.

Schon eine kursorische Durchsicht zeigt ebenso wie die Lektüre einschlägiger Forschungsbeiträge[22], dass sich Passagen mit mündlicher Rede erwartungsgemäß insbesondere in jenen Abschnitten finden, in denen eine strikte chronikalische Bauform (nach dem Muster der ‚Kaiserliste' der *Imago Mundi* des Honorius Augustodunensis)[23] zugunsten einer stärkeren Gewichtung des erzählerischen Moments zurücktritt, sodass die Geschichten durchaus Ansätze in Richtung erzählerischer Autonomie aufweisen. Es ist vor allem das für das mittelalterliche Herrschaftsverständnis wie für die mittelalterliche Herrschaftspraxis wichtige Instrument des Rats, dessen Thematisierung eine Vorführung von Redeakten erlaubt. Diese Redeakte sind ebenso öffentlicher wie auch vertraulicher Art, und sie sind teilweise, wie in dem Abschnitt über Severus und den Baiernherzog Adelger (vgl. V. 6622–7135), in der Form aneinander gebunden, dass sie

---

22 Weiterführend sind hier neben einigen älteren Studien insbesondere folgende neuere Beiträge zu Redeszenen in der *Kaiserchronik*: Dunphy (Anm. 13); Fromm, Hans: Die Disputationen in der Faustinianlegende der *Kaiserchronik*. Zum literarischen Dialog im 12. Jahrhundert. In: Fiebig, Annegret/Schiewer, Hans-Jochen (Hrsg.): Deutsche Literatur und Sprache von 1050–1200. Festschrift für Ursula Hennig zum 65. Geburtstag. Berlin 1995, S. 51–69; Hundsnurscher, Franz: Diachrone Dialog-Analyse: Bekehrungsgespräche. Überlegungen am Beispiel der Faustinian-Geschichte in der in der *Kaiserchronik*. In: Unzeitig, Monika/Miedema, Nine/Hundsnurscher, Franz (Hrsg.): Redeszenen in der mittelalterlichen Großepik. Komparatistische Perspektiven (Historische Dialogforschung 1). Berlin 2011, S. 17–33; Lieb, Ludger/Müller, Stephan: Situationen literarischen Erzählens. Systematische Skizzen am Beispiel von *Kaiserchronik* und Konrad Flecks *Flore und Blanscheflur*. In: Haubrichs, Wolfgang/Lutz, Eckart Conrad/Ridder, Klaus (Hrsg.): Erzähltechnik und Erzählstrategien in der deutschen Literatur des Mittelalters. Saarbrücker Kolloquium 2002 (Wolfram-Studien 18). Berlin 2004, S. 33–57; Matthews, Alastair: Narration in Transition: The Herzog Adelger Episode of the *Kaiserchronik*. In: Seminar 40/4 (2004), S. 313–326; Mierke (Anm. 2), bes. S. 230–241; Milde, Vera: „si entrunnen alle scentlîchen dannen". Christlich-jüdischer Disput in der Silvesterlegende der *Kaiserchronik*. In: Schulze, Ursula (Hrsg.): Juden in der deutschen Literatur des Mittelalters. Religiöse Konzepte – Feindbilder – Rechtfertigungen. Tübingen 2002, S. 13–34; Suerbaum (Anm. 18); Witthöft, Christiane: Zwischen Wahrheitssuche und Wunderglauben. Die christlich-jüdische Disputation der Silvesterlegende in der *Kaiserchronik*. In: Gindhart, Marion/Kundert, Ursula (Hrsg.): Disputatio 1200–1800. Form, Funktion und Wirkung eines Leitmediums universitärer Wissenskultur (Trends in Medieval Philology 20). Berlin/New York 2010, S. 291–310.

23 Siehe Suerbaum (Anm. 18), S. 239.

als Abfolge von *colloquium familiare* oder *secretum* und *colloquium publicum* stattfinden, wie Gerd Althoff das für mündlich-politische Beratungen zwischen König und Großen anhand von frühmittelalterlichen Beispielen aufgezeigt hat.[24] Politischer Rat wird in der *Kaiserchronik* aber auch in öffentlicher Rede ohne Vorabsprache erteilt, und er wird ebenso lediglich vertraulich und in nicht-öffentlicher Situation gegeben – auffallend sind hier vor allem Szenen, in denen Ehefrauen der Herrscher sich ihren Männern gegenüber politisch äußern, in einem vertraulichen, zu einer intimen Situation konkretisierten Rahmen;[25] das ist zu Beginn der Faustinianerzählung der Fall, in der Unterredung zwischen Mähthild und Faustinian (vgl. V. 1331–1364); sodann im Gespräch zwischen Tarquinius und der Königin im Tarquinius-Abschnitt (vgl. V. 4301–4834) und im Austausch zwischen Justinianus und Tarsilla in der Erzählung von Flavius Claudius Iulianus (vgl. V. 10634–11137). Es ist zurecht darauf hingewiesen worden, dass die Stellen, an denen Rat und Hilfe thematisch werden, nicht nur Einblicke in die Funktionsweisen herrschaftlichen Handelns gewähren, sondern zudem erzähltechnisch und -theoretisch interessant sind, da sie im Einklang mit den auf verschiedenen Ebenen vorhandenen Wiederholungsmomenten der Kohärenz des Erzählens zuarbeiten und zudem als „Wendepunkte der Erzählung“ beachtet werden müssen, an denen Handlungsalternativen sichtbar werden, wobei die verworfene Alternative auf rezeptionsästhetischer Ebene als ein produktives Unruhemoment verstanden werden kann, das im Modus der Erinnerung an die Situation der Wahl das tatsächlich praktizierte Handeln kommentierend begleiten kann.[26]

---

24 Althoff, Gerd: ‚Colloquium familiare‘ – ‚Colloquium secretum‘ – ‚Colloquium publicum‘. Beratung im politischen Leben des früheren Mittelalters. In: Frühmittelalterliche Studien 24 (1990), S. 145–167; wieder in: Ders.: Spielregeln der Politik im Mittelalter. Kommunikation in Frieden und Fehde. 2., um ein Nachwort erw. Aufl. Darmstadt 2014, S. 157–184; ders.: Kontrolle der Macht. Formen und Regeln politischer Beratung im Mittelalter. Darmstadt 2016. Vgl. auch Müller, Jan-Dirk: Ratgeber und Wissende in heroischer Epik. In: Frühmittelalterliche Studien 27 (1993), S. 124–146; Ruhe, Doris: Ratgeber. Hierarchie und Strategien der Kommunikation. In: Spieß, Karl-Heinz (Hrsg.): Medien der Kommunikation im Mittelalter (Beiträge zur Kommunikationsgeschichte 15). Stuttgart 2003, S. 63–82.

25 Wolfgang Mohr spricht in diesem Zusammenhang von „Schlafkammergespräche[n]“ (ders.: Lucretia in der *Kaiserchronik*. In: Deutsche Vierteljahrsschrift für Literaturwissenschaft und Geistesgeschichte 26/4 [1952], S. 433–446, hier S. 443).

26 Vgl. Mierke (Anm. 2), S. 231f., mit den Anm. 27 bis 29 und den dort verzeichneten Beiträgen von Peter Strohschneider und von Armin Schulz zur ‚Poetik der abgewiesenen Alternative‘.

Die politische, aber auch die narrationstechnische wie poetologische Bedeutung von Rat entfaltet insbesondere der bereits angesprochene Abschnitt über Kaiser Severus und den Baiernherzog Adelger (vgl. V. 6622–7135),[27] der deshalb eingehender betrachtet werden soll, wobei die Funktionalität der verschiedenen Redeakte im Zusammenhang ihrer Einbettung in die jeweilig skizzierte politische Situation zu erhellen ist. Figurenkonstellation und Handlung ordnen die Erzählung den sogenannten Empörergeschichten zu, insofern als die Störung der gesellschaftlichen Ordnung von dem macht- und standesbewussten bairischen Herzog ausgeht, der immer wieder gegen den Kaiser opponiert. Sein Vorgehen wird im Text jedoch weder konkretisiert noch motiviert; für die Konstruktion und das Funktionieren der Erzählung scheint demnach einzig der Konflikt an sich wichtig. Das Erzählen setzt daher erst an dem Punkt ein, an dem die möglichen Auswirkungen der Vorfälle von den Römern, der nicht genauer spezifizierten kaiserlichen Partei, reflektiert werden: Sollte der Kaiser nichts gegen den Baiernherzog unternehmen, der fortwährend seiner „hulde" (V. 6633) zuwiderhandelt, so das Urteil aus der Umgebung des Herrschers, wird sich das zu einer Bedrohung für seine „êre" (V. 6635) auswachsen (vgl. V. 6630–6635). Durch Boten ergeht daraufhin an Adelger der Befehl, sich in Rom einzufinden („der cunic wolte mit im rede hân,/er hête wider sînen hulden getân", V. 6638f.).

Es ist diese Situation, die den Hintergrund für die erste, aus einem einfachen Redewechsel zwischen dem Herzog und einem alten Ratgeber bestehende Ratsszene der Episode bildet. Demnach ist es die in Adelgers Darlegung der Lage eingestandene und von ihm erkannte Brisanz der politischen Konstellation – der Herzog spricht davon, „grôz ungemuote" zu haben (V. 6645) –, die das Hinzuziehen eines Ratgebers motiviert. Bei diesem handelt es sich um „[...] ainen man,/den er dike ze sînem râte nam" (6640f.). Adelger beordert ihn „zu sîner chemenâten" (V. 6642). Der Herzog sucht somit Hilfe in einer der Öffentlichkeit entzogenen Unterredung mit einem Mann seines Vertrauens, den er in

27 Die historische Anknüpfung bleibt unklar. Mit Severus könnte Lucius Septimus Severus (193–211) gemeint sein, der, so schon Ohly, allein in den chronologischen Zusammenhang der *Kaiserchronik* passen würde, oder auch sein Großneffe Severus Alexander (222–235); in beiden Fällen stimmt indes die in der *Kaiserchronik* in Vers 7129 gemachte Angabe über eine sechseinhalbjährige Regierungszeit mit den historischen Fakten nicht überein. Ohly hat deshalb zudem auf „de[n] letzte[n] Severus [hingewiesen], der von 461 bis 465 im Westen regierte"; hier hätte man es mit der kleinsten zahlenmäßigen Abweichung zu tun (Ohly [Anm. 19], S. 151). – Zur Adelger-Episode vgl. bes. Lieb/Müller (Anm. 22) und Matthews (Anm. 22), beide mit Nachweisen älterer Literatur.

der Vergangenheit bereits häufiger konsultiert hat, und der sich, so muss man annehmen, bei der ihm zugedachten Aufgabe bewährt hat. Die Exposition des zu besprechenden Problems obliegt dem Herzog. In seinem Redebeitrag lassen sich drei Komponenten unterscheiden. Wir haben zunächst die Eröffnung der Rede mit einer Äußerung in phatischer wie in appellativer Funktion:[28] Worte der Anerkennung für die Klugheit des Gegenübers stellen den sprachlichen Kontakt (erneut) her, artikulieren die Haltung des Sprechers gegenüber dem Angesprochenen, begründen zugleich die Exklusivität der Beziehung zwischen den Dialogpartnern und die Maßnahme des Herzogs, gerade diesen Ratgeber als ersten zu befragen (vgl. V. 6643), und suchen auf diese Weise das Gegenüber zu gewinnen. Die referentielle Sprachfunktion, das Informieren über den Sachverhalt, bleibt auf wenige knappe Aussagen beschränkt; sie benennen den Umstand, dass die Römer nach dem Baiernherzog gesandt haben (vgl. V. 6646) und klassifizieren sie als „ain grimmigiu diet" (V. 6648). Überlagert wird diese Angabe der Sachlage eindeutig von der expressiven, emotiven Sprachfunktion, in der die Einschätzung der politischen Situation zugleich die Haltung des Sprechers preisgibt: Die Kategorisierung der Lage als „grôz ungemuote" (V. 6645) erklärt sich aus der Furcht Adelgers, dass ihm in Rom eine für ihn schmachvolle, entehrende Behandlung bevorsteht („ich vurchte, daz si mich scenden", V. 6647); diese wiederum begründet, warum er der kaiserlichen Aufforderung nicht Folge leisten möchte.

Die Replik des Ratgebers, dessen hohes Alter (vgl. V. 6652) für seine große politische Erfahrung steht, beginnt mit einer Sprachhandlung, bei der phatische, appellative und emotive Funktionen ineinandergreifen. Sie nimmt die zuvor vom Herzog formulierte Anerkennung für das Tun des Ratgebers auf und verleiht ihr dadurch Tiefe, dass das Raten im Interesse der ‚êre' des Herzogs als ein geradezu existentielles Anliegen gekennzeichnet wird („alse gerne sô ich lebe,/sô rât ich dîn êre", V. 6653f.). Solchermaßen vorbereitet, kann sich sodann Widerspruch artikulieren, welcher durch die Überzeugung fundiert wird, dass es nicht zulässig und daher falsch ist, sich gegen Rom zu stellen („du nemaht niht gevehten/wider rômischem rehte", V. 6660f.) – „Reich und Krone sind

28 Die Unterscheidung und Bezeichnung der Sprachfunktionen folgt Roman Jakobson: Linguistik und Poetik. In: Ders.: Poetik. Ausgewählte Aufsätze 1921–1971. Hrsg. von Elmar Holenstein und Tarcisius Schelbert. Frankfurt a.M. 1979, S. 83–121; zur Unterscheidung zwischen referentieller, emotiver, konativer, phatischer, metasprachlicher und poetischer Funktion der Sprache vgl. ebd., S. 88–93; Lewandowski, Theodor: Art. Sprachfunktionen. In: Ders.: Linguistisches Wörterbuch 3. 6. Aufl. (1994), S. 1015f.

unbedingt in ihrem Rechtsanspruch“[29], hat Friedrich Ohly formuliert. Der auf dieser Grundlage erteilte Rat lautet, die Fahrt nicht zu scheuen, vielmehr die „holden“ einzuberufen (V. 6657), sie repräsentativ einzukleiden (vgl. V. 6658f.) und mit ihnen nach Rom zu ziehen, um die Krone zu ehren (vgl. V. 6663). Es geht darum, dem Kaiser in Anerkennung dessen, was ihm rechtmäßig zusteht und er daher rechtmäßig verlangen kann („alles rehtes wis im gar“, V. 6665), „sîn harnscar“ (V. 6664) zu leisten, also zu einer als Strafe für ein Fehlverhalten angesetzten „schmerzliche[n] u[nd] beschimpfende[n] Dienstleistung“[30] bereit zu sein. Die Argumentation akzentuiert durch den mehrfachen Einsatz des Terminus ‚reht‘ (vgl. V. 6661, V. 6665) einerseits, dass dem Kaiser als Amtsträger die Sühneleistung zukommt, dass es indes andererseits auch für ihn Grenzen in dem gibt, was er rechtmäßig fordern kann (vgl. V. 6665–6667) – ein „Übergriff des Richters über das in Freiheit anerkannte Recht ist Verletzung der Ehre“.[31]

Aus der Annahme des Rats durch Adelger resultiert die persönliche Begegnung zwischen dem Baiernherzog und dem Kaiser. Anders als es aufgrund der Überlegungen und Überzeugungen des Ratgebers zu erwarten wäre, entwickelt sich diese Begegnung zu einer harten Konfrontation, die hier nicht im Einzelnen nachgezeichnet werden soll (vgl. V. 6670–6700). Festzuhalten bleibt indes, dass der Kaiser als Rache für die von Adelger begangenen und für ihn, den Kaiser, schmachvollen Ordnungsverstöße die Tötung Adelgers vorsieht und dabei den gewährten Geleitschutz ebenso ignoriert wie die öffentlich bekundete Versicherung des Baiernherzogs, sich dem gerechten, von den Römern gemeinschaftlich gefällten Urteil zu unterwerfen, um so die „hulde“ (V. 6682) des Kaisers zurückzugewinnen; selbst die vom Herzog geäußerte Hoffnung auf „genâde[]“ (V. 6683) wird von Severus abgewiesen, der auf einer Enthauptung seines Vasallen als Rache für begangenes Unrecht besteht und dessen Land an einen anderen Fürsten vergeben will (vgl. V. 6672–6687). Die Tötung Adelgers kann nur durch den Protest der Römer und die Intervention des Senats abgewendet werden, der sich berät und sich darauf verständigt, den Baiernherzog durch eine Kürzung seines Gewandes bis zu Knien und eine Schur des vorderen Haupthaares zu

29 Ohly (Anm. 19), S. 153.

30 Vgl. die Lemmata Vgl. die Lemmata ‚harm-‘, ‚harnschar‘ in: Lexer, Matthias: Mittelhochdeutsches Handwörterbuch. Bd. 1. Nachdruck der Ausgabe 1872 mit einer Einleitung von Kurt Gärtner. Stuttgart 1992, Sp. 1184. Vgl. den Eintrag ‚harmschar‘, ‚harnschar‘ in: Benecke, Georg Friedrich/Müller, Wilhelm/Zarncke, Friedrich: Mittelhochdeutsches Wörterbuch. Bd. II/2. Nachdruck der Ausgabe 1866. Hildesheim 1963, Sp. 153a: „was zur kränkung, pein und qual auferlegt oder angestiftet wird; strafe, plage, noth“.

31 Ohly (Anm. 19), S. 153.

„gescenden“ (V. 6696) und ihn auf diese Weise zu „entêwen“[32] (V. 6698), d.h. ihm seine Position (als Fürst) zu nehmen.[33]

Die nächste Szene beleuchtet die Reaktionen der Betroffenen: zorniges Aufbrausen auf Seiten des Herzogs und tiefe Niedergeschlagenheit auf Seiten seiner „holden“ (vgl. V. 6702–6705). Die ausweglos scheinende Situation ruft abermals den alten Ratgeber auf den Plan. Die zweite Ratsszene profiliert sein ingeniöses strategisches Geschick durch einen Vorschlag, der darauf ausgerichtet ist, die Maßnahme der Römer ins Leere laufen zu lassen: Der Baiernherzog soll alle seine Gefolgsleute durch die Vergabe von Lehen und Besitz dazu bewegen, es ihm gleichzutun und sich ebenfalls das Haupthaar scheren zu lassen – ein Rat, dessen Ernsthaftigkeit durch die Versicherung unterstrichen wird, mit dem eigenen Leben für den Erfolg dieses Vorgehens einstehen zu wollen (vgl. V. 6727f.). Dieser Kern der Rede wird, ähnlich wie in der zuvor bereits analysierten Szene, durch Sprechakte appellativer und emotiver Natur flankiert. Zu letzteren gehört der Appell des Ratgebers an den Herzog, dieser möge ihm weiterhin vertrauen und folgen, damit die Sache ehrenhaft für ihn ausgehe (vgl. V. 6706–6711).

‚Êre‘ erweist sich dabei als ein wohlplatziertes und entscheidendes Stichwort, denn der Herzog greift es umgehend auf und stellt es ins Zentrum seiner Antwort. Die Bewahrung der ‚êre‘ des Baiern bei angedrohter und zu vollziehender Schändung durch die Römer ist die Voraussetzung für eine Rückkehr an den angestammten Platz (vgl. V. 6712–6719).[34] Umsetzen lässt sich der Plan nur durch das Agieren des Herzogs selbst. Der Text hebt in diesem Zusammenhang

---

32 „entêwen“ bedeutet „gesetzlich ungültig, unmöglich machen“; vgl. Lexer (Anm. 30), Sp. 569 (mit dieser Stelle als einzigem Beleg).

33 „Das Scheren des Haupthaares ist ein in fränkischer Zeit (also der anzusetzenden Ursprungszeit der Sage) gebräuchlicher Akt, Mitglieder der Königssippe symbolisch des ‚Fürstenheils‘ zu berauben und zur Herrschaftsführung unfähig zu machen. In der Regel schickte man das Opfer danach ins Kloster. Ein prominenter Fall betraf den durch Karl den Großen abgesetzten historischen ‚Nachfolger‘ des sagenhaften Adelger, Herzog Tassilo III. von Baiern (787)“ (Herweg: Die *Kaiserchronik* [Anm. 2], Stellenkommentar zu V. 6696–6698, S. 439).

34 Zur Bedeutung der Rücksichtnahme auf Rang und Ansehen der Fürsten vgl. den instruktiven Artikel von Knut Görich: „… damit die Ehre unseres Onkels nicht gemindert werde …“. Verfahren und Ausgleich im Streit um das Herzogtum Bayern 1152–1156. In: Schmid, Peter/Wanderwitz, Heinrich (Hrsg.): Die Geburt Österreichs. 850 Jahre Privilegium minus (Regensburger Kulturleben 4). Regensburg 2007, S. 23–35. Ich danke Florian Hartmann, der mich nach meinem Vortrag auf diesen Beitrag aufmerksam gemacht hat.

hervor, dass dieser seine Gefolgsmänner einzeln vor sich treten lässt und sie in Einzelgesprächen auf eine uneingeschränkte Unterstützung zu verpflichten sucht. Die prekäre Situation und der nicht weniger prekäre Ausweg einer kollektiven Übernahme der Strafmaßnahmen, welche die Voraussetzung für deren gegen ihre ureigene Intention gewendete Anverwandlung darstellt, eignen sich offensichtlich nicht für eine öffentliche Beratung, sondern verlangen die „suntersprâche" (V. 6731), das Gespräch unter vier Augen.[35] Da ausnahmslos alle ihm ihre Dienstbereitschaft bis in den Tod versichern und in der Folge Hand an ihre Gewänder und ihr Haar legen, gelingt es, die Symbolsprache der entehrenden Strafe umzucodieren: Die ursprüngliche Absicht, die Schändung eines einzelnen Fürsten (des Anführers der Baiern) durch das ‚rîche' an Haar und Kleidung sichtbar zu machen, wird durch die freiwillige Aktion des Kollektivs konterkariert, was der Erzähler durch einen regelrechten Schönheitspreis eigens hervortreibt: die Vorzüge körperlicher Größe und imposanter Gestalt, blühender Hautfarbe und strahlender Schönheit werden, so insinuiert es der Text, durch die Eingriffe erst vollends wahrnehmbar (vgl. V. 6746–6752), und die von einem Staunen begleitete Bewunderung der römischen Nobilität für die bairischen Männer (vgl. V. 6753–6759) löscht jeden Gedanken an eine Entehrung aus.

Auf die erste Konfrontation zwischen Fürst und Kaiser lässt die *Kaiserchronik* eine zweite folgen, für die nun die Unzuverlässigkeit und Wortbrüchigkeit des Kaisers ursächlich sind. Statt, wie beim Abschied in Aussicht gestellt, „minne" (V. 6781) und „friuntscaft" (V. 6813) zu gewähren, beordert Severus Adelger erneut an den Hof; Hintergründe werden auch hier nicht mitgeteilt, doch streicht der Erzähler den Unmut über diesen Akt herrscherlicher Willkür unter den Römern heraus (vgl. V. 6816f.). Dass der Kaiser im Unterschied zum vorgängigen Konflikt mit Adelger nun die prinzipielle Unterstützung der Seinen eingebüßt hat, trägt zu einer Ambiguisierung der eingangs so zweifelsfrei auf Seiten des bairischen Herzogs verorteten Schuld bei; durch die kaiserliche Missachtung des Geleitschutzes und die Weigerung, Gnade zu zeigen, waren die Verhältnisse freilich schon zuvor komplexer geworden. Der Baiernherzog sieht sich zum wiederholten Male vor die Entscheidung gestellt, „ob er ze hove solte,/oder dâ haime solte bestân" (V. 6831f.). Damit steht eine dritte Konsultation seines erfahrenen Ratgebers an, die nun aber unter veränderten Vorzeichen steht: Seinen „alten dienestman" (V. 6826) hatte Adelger widerstrebend dem Kaiser überlassen müssen, als offenkundig wurde, dass der Schachzug einer gemeinsamen Übernahme der Sühnesymbole ihm als seinem wichtigsten Berater zuzurechnen

35 Vgl. Herweg: Die *Kaiserchronik* (Anm. 2), Stellenkommentar zu V. 6731, S. 440.

ist (vgl. V. 6777–6787). Unter Hintanstellung der neuen Loyalitätsverpflichtung seines ehemaligen Ratgebers entsendet der Herzog heimlich einen Boten zu ihm, der ihn „der alten triwen manen“ (V. 6827) und bei ihm die Absichten des Kaisers in Erfahrung bringen soll (vgl. V. 6824–6830). Dieses Ansinnen erfährt jedoch zunächst eine Zurückweisung. Der Ratgeber betont seine Verpflichtung, in der neuen Position dem Reich treu zu dienen. Gegen die Erwartung einer unverschlüsselten Mitteilung über die Pläne des Kaisers setzt der Ratgeber das Angebot einer verschlüsselten Rede in Form eines in einem öffentlichen Vortrag am Kaiserhof gebotenen „spel[s]“ (V. 6842), das in Anwesenheit sowohl des Kaisers als auch des Boten des bairischen Herzogs erzählt werden soll; diesem wird geheißen, sich die Erzählung genau einzuprägen und sie seinem Herrn korrekt zu übermitteln.

Das „scône spel“ (V. 6851), das der alte Ratgeber dem Kaiser in Aussicht stellt, will er von seinem Vater erfahren haben; die Erzählhandlung wird damit in einer unbestimmten Vergangenheit situiert, wiewohl sie, wie sich rasch zeigt, Bezüge zur aktuellen politischen Situation eröffnet. Wie die Forschung herausgearbeitet hat, handelt es sich bei dieser 66 Verse umfassenden ‚Erzählung in der Erzählung‘ (vgl. V. 6854–6921) um eine auch anderweitig, nämlich in lateinischen Chroniken und Viten bezeugte Geschichte, die einerseits mit dem Leben des Theoderich verbunden ist, andererseits mit dem Geschick eines bairischen Herzogs Theodo, wobei sich die verschiedenen Versionen der Geschichte durch interessante Abweichungen unterscheiden, die hier indes – ebenso wie die voneinander abweichenden Versuche zur Rekonstruktion der Stoffgeschichte – unberücksichtigt bleiben müssen.[36] In der Version der *Kaiserchronik* stehen sich zwei Hauptakteure gegenüber: ein Mann, der mit großer Sorgfalt einen schönen Gemüse- und Kräutergarten anlegt, welcher ihn erfreut, und ein Hirsch, der immer wieder in der Nacht in diesen Garten eindringt und ihn verwüstet; eine (nicht ganz unwichtige) Nebenrolle nimmt die Frau des Gärtners ein. Als es dem Gärtner gelingt, den Hirsch zu stellen und ihm ein Ohr und den halben Schwanz abzuschlagen, scheint die Gefahr gebannt. Die Hoffnung, dass der Schmerz das Tier daran hindern wird, noch einmal zurückzukommen, erweist sich jedoch als falsch: Sobald die Wunden verheilt sind, verwüstet der Hirsch den Garten ein weiteres Mal. Mit der Hilfe von Fangnetzen, aus denen das Tier sich nicht mehr befreien kann, gelingt es dem Gärtner jedoch, seiner habhaft zu werden, ihm einen Spieß in den Bauch zu rammen und es dann zu zerlegen. Als er sich kurz entfernt, schleicht eine Füchsin heran und nimmt unbemerkt das

36 Vgl. dazu vor allem Ohly (Anm. 19) und Lieb/Müller (Anm. 22).

Herz des Hirsches weg. Für den Gärtner, der das Fehlen des Herzens bemerkt, sieht es so aus, als habe der Hirsch niemals ein Herz gehabt, wie er seiner Frau voller Verwunderung erzählt. Diese jedoch hält die ‚Herzlosigkeit' des Tieres nicht für erstaunlich, sondern, im Gegenteil, für erwartbar: Wie sei es sonst zu erklären, dass das Tier noch einmal in den Garten gekommen sei, nachdem es dort schmerzhaft verstümmelt worden sei?

Dadurch, dass das, was dem Hirschen zustößt – das schmerzhafte körperliche Gezeichnetwerden bei der ersten Begegnung mit dem Gärtner –, sich auf das beziehen lässt, was dem Baiernherzog bei der ersten Konfrontation mit dem Kaiser in Rom widerfahren ist, lässt sich die Erzählung, sobald sie sich der Tötung des Tieres bei der zweiten Begegnung zuwendet, als Warnfabel verstehen. Der einzige jedoch, der sie in der Welt der Severus-Adelger-Episode in diesem Sinne aufnimmt, ist der Herzog, auf den sie zugeschnitten scheint; wie Kaiser Severus die Geschichte versteht, wird übergangen, und für den Boten Adelgers, der verärgert über die scheinbar nichtige Mitteilung des einstigen Ratgebers aus Rom zurückkehrt, ist sie bedeutungslos, da er sie, wie es im Text heißt, „ainvalteclîche" (V. 6924) anhört, er also nur ihren Literalsinn wahrnimmt, nicht aber den übertragenen Sinn erkennt. Der Herzog versteht im Unterschied zu seinem Boten (und wohl auch im Unterschied zum Kaiser), was die doppelsinnige Erzählung seines alten Ratgebers ihm mitteilen kann, und so kann er sie seinen Männern in einer eigens einberufenen Versammlung deuten: „Rômære wellent mit nezzen/ mir mînen lîp versezzen" (V. 6944f.). Folgerichtig lässt man in Rom ausrichten, dass der Herzog nicht erscheinen werde. Den Kriegszug, den Severus daraufhin unternimmt, verliert er, und er selbst kommt zu Tode.

Der Baiernherzog erficht nicht zuletzt deshalb einen historischen Sieg (vgl. V. 7130–7135), weil er in der Lage ist, einen verschlüsselten politischen Rat zu deuten. Der Text konstruiert eine Situation, in der das ‚offene Wort' politisch wie ethisch nicht vertretbar und die verschlüsselte Rede der einzig denkbare Ausweg ist. Um diesen Ausweg beschreiten zu können, bedarf es jedoch besonderer Qualifikationen, und zwar sowohl auf Seiten desjenigen, der den Rat erteilt, als auch auf der Seite desjenigen, für den der Rat bestimmt ist. Während ein Ratgeber vonnöten ist, der neben Geistesgegenwart und Einfallsreichtum über Eloquenz und ein rhetorisches Können verfügen muss, das auch das Register der Fabelerzählung umfasst, wird von dem Adressaten des Rats eine intellektuelle Schulung eingefordert, die es ihm erlaubt, mit doppelsinniger Rede umzugehen, ihre verborgenen Sinnschichten aufzudecken und auf diese Weise ihr Potential zu nutzen. Dass die beratende Rede im Severus-Adelger-Abschnitt der *Kaiserchronik* am Ende die Form einer deutungsbedürftigen Narration annimmt, wird man dabei gewiss auch als einen Fingerzeig auf die Leistungsfähigkeit erzählerischer

Vermittlung von Geschichte verstehen dürfen, einer Form, welche die *Kaiserchronik* maßgeblich bestimmt. Insofern ließe sich die reizvolle Inszenierung eines verschlüsselten politischen Rats als ein verdecktes, gleichwohl durchsichtiges Plädoyer für die Relevanz des gesamten Textes verstehen, der auf diese Weise seinen Geltungsanspruch als ‚Erzähl'text im Kontext einer Reflexion von Macht und Herrschaft behauptet.[37]

Aus dem Beispiel der Empörergeschichte um Severus und Adelger wird ersichtlich, dass bereits frühe deutschsprachige Textzeugnisse wie die *Kaiserchronik* eigenen literarischen Gesetzen folgen, ja diese Eigengesetzlichkeit mithin vermittels Modellerzählungen wie dem „scônen spel" des alten Dienstmannes explizit ausstellen. Gleichwohl kann die Auseinandersetzung mit diesem literarischen Text zur Rekonstruktion historischer Spielarten politischer Rede einen wichtigen Beitrag leisten, wenn sie historische Diskurse über Rhetorik, Herrscherhandeln und symbolische Kommunikation im Allgemeinen aufruft und deren literarische Anverwandlung beobachtet. Damit ergibt sich für die *Kaiserchronik* eine doppelte Funktionalität politischer Redeakte, welche einerseits in die zur Darstellung gebrachte politische Situation eingelassen sind, andererseits für die poetische Faktur des Textes relevant sind.

37 Jens Müller und Sebastian Winkelsträter danke ich herzlich für die Literaturbeschaffung und die Einrichtung des Beitrags.

Georg Strack

# Schlachtrufe auf freiem Feld? Die Kreuzzugspredigt Urbans II. nach der *Historia Iherosolimitana* und ihren frühneuhochdeutschen Bearbeitungen*

**Abstract:** This paper discusses Urban II's call for crusade in Early New High German versions of Robert the Monk's *Historia Iherosolimitana*. Since scholars have so far neglected these vernacular chronicles, this is the first attempt to show how translators dealt with the ambiguities of the Latin text concerning the place, the audience and the response to one of the most famous political speeches of the Middle Ages.

Die Ansprache, mit der Urban II. am 27. November 1095 zum Kreuzzug aufrief, zählt zu den ‚großen Reden' des Mittelalters.[1] Sie kann als ‚politisch' gelten, da sie einen allgemein verbindlichen Beschluss verkündete, der zudem weit reichende Folgen hatte.[2] Nach Heinrich von Sybel hat der Vortrag Urbans II. „das Leben einer Welt auf neue Bahnen" geworfen.[3] Neuere Studien sehen die Wirkung etwas begrenzter, gehen aber weiterhin davon aus, dass die Predigt „der Geschichte Europas eine ganz neue Richtung" gegeben habe.[4] Die Forschung ist

---

* Der Aufsatz ist die überarbeitete und erweiterte Fassung des Sammelbandbeitrags: Strack, Georg: Robertus Monachus, die italienischen Humanisten und das Konzil von Clermont (1095). In: Ozawa, Minoru/Jinno, Takashi (Hrsg.): Texte, Gelehrte und Politik im Zeitalter der Renaissance [im Druck].

1 Vgl. den entsprechenden Beitrag von Krieger, Karl-Friedrich: Papst Urban II. Aufruf zum Kreuzzug (1095). In: Brodersen, Kai (Hrsg.): „I have a dream". Große Reden von Perikles bis Barack Obama. 2. Aufl. Darmstadt 2009, S. 28–44.

2 Vgl. zur Definition des ‚Politischen' die Ausführungen von Stollberg-Rilinger, Barbara: Was heißt Kulturgeschichte des Politischen? Einleitung. In: Dies. (Hrsg.): Was heißt Kulturgeschichte des Politischen? (Zeitschrift für Historische Forschung. Beihefte 35). Berlin 2005, S. 9–24, hier S. 14; Helmrath, Johannes/Feuchter, Jörg: Einführung. In: Dies. (Hrsg.): Parlamentarische Kulturen vom Mittelalter bis in die Moderne. Reden – Räume – Bilder (Beiträge zur Geschichte des Parlamentarismus und der politischen Parteien 164). Düsseldorf 2013, S. 9–35, hier S. 16f.

3 Sybel, Heinrich von: Geschichte des ersten Kreuzzuges. 3. Aufl. Leipzig 1881, S. 184.

4 Dieses und das folgende Zitat nach Asbridge, Thomas: Die Kreuzzüge. Aus dem Englischen von Susanne Held. 5. Aufl. Stuttgart 2015, S. 45. Vgl. ders.: The First Crusade.

sich weitgehend einig, dass der Papst damals zu einer größeren „Menschenmenge“ sprach, „die sich auf einem kleinen Feld außerhalb der Stadtgrenzen von Clermont versammelt hatte“ und dort „gebannt seinen aufwühlenden Worten“ lauschte. Urban II. soll gegen die Muslime gepredigt haben, die nachdem sie Jerusalem erobert hatten dort die Christen unterdrückten. Auf seine Aufforderung, gegen diese die Waffen zu ergreifen, sollen seine Zuhörer mit dem Schlachtruf ‚Gott will es‘ geantwortet haben, was eindrucksvoll die Überzeugungskraft der päpstlichen Oratorik illustrierte.[5]

Der Kreuzzugsaufruf des Papstes wurde in der historischen Forschung viel diskutiert und dabei wurde auch auf die Probleme hingewiesen, die sich aus der ungünstigen Quellenlage ergeben.[6] Die Predigt Urbans II. ist schließlich nicht in zeitnahen protokollartigen Aufzeichnungen überliefert, sondern in Chroniken, die etwa zehn bis fünfzehn Jahre nach dem Konzil von Clermont verfasst wurden.[7] Als wichtigste Quelle gilt heute die *Historia Iherosolimitana* des Robertus Monachus,

---

A New History. The Roots of Conflict between Christianity and Islam. Oxford/New York 2004, S. 32.

5 Nach Krieger (Anm. 1), S. 28 löste die Predigt Urbans II. eine „fromme Ekstase oder [...] Massenhysterie“ aus. Vgl. zum Schlachtruf der Kreuzfahrer die Studie von Lacroix, Benoît: „Deus le volt!“ La théologie d'un cri. In: Études de Civilisation Médiévale (IX^e^-XII^e^ siècles). Melanges offerts à Edmond-René Labande. Poitiers 1974, S. 461–470.

6 Vgl. aus der umfangreichen Literatur vor allem die klassische Studie von Munro, Dana C.: The Speech of Pope Urban II. at Clermont 1095. In: The American Historical Review 11 (1906), S. 231–242 sowie die einschlägigen Kapitel in den Monographien von Becker, Alfons: Papst Urban II. (1088-1099). Bd. 2: Der Papst, die griechische Christenheit und der Kreuzzug (Monumenta Germaniae Historica. Schriften 19/2). Stuttgart 1988; Cole, Penny J.: The Preaching of the Crusades to the Holy Land, 1095–1270 (Medieval Academy Books 98). Cambridge, Mass. 1991; Mayer, Hans Eberhard: Geschichte der Kreuzzüge. 10. Aufl. (Urban Taschenbücher 86). Stuttgart 2005; Riley-Smith, Jonathan: The First Crusade and the Idea of Crusading. 2. Aufl. London 2009; Flori, Jean: Prêcher la croisade (XI^e^-XIII^e^ siècle). Communication et propagande. Paris 2012; Strack, Georg: The Sermon of Urban II. in Clermont and the Tradition of Papal Oratory, in: Medieval Sermon Studies 56 (2012), S. 30–45; Althoff, Gerd: „Selig sind, die Verfolgung ausüben.“ Päpste und Gewalt im Hochmittelalter. Darmstadt 2013.

7 Vgl. dazu Flori, Jean: Chroniqueurs et propagandistes. Introduction critique aux sources de la Première croisade (Hautes études médiévales et modernes 98). Genf 2010; Skottki, Kristin: Christen, Muslime und der Erste Kreuzzug. Die Macht der Beschreibung in der mittelalterlichen und modernen Historiographie (Cultural encounters and the discourses of scholarship 7). Münster 2015.

die bislang nicht kritisch ediert wurde.[8] Über Vorlagenverwendung und Rezeption ist folglich nur wenig bekannt. Dabei dürfte die Beschäftigung mit diesen Themen zu einem neuen Verständnis der Predigt von Clermont beitragen. Mein Beitrag wird zunächst den ‚Konzilsbericht' der lateinischen *Historia Iherosolimitana* knapp referieren und dabei auf den ersten Punkt – also auf Fragen der Vorlagenverwendung – kurz eingehen. Ausführlicher soll dann die Rezeption des Berichts in der frühneuhochdeutschen Chronistik behandelt werden. Dabei wird zwischen Übertragungen, die direkt auf die Reimser Chronik zurückgehen (II), und solchen, die auf späteren lateinischen Bearbeitungen basieren, zu unterscheiden sein (III).

## I.

Über Robertus Monachus, den Verfasser der *Historia Iherosolimitana*, ist nur wenig bekannt. Möglicherweise ist er mit einem Prior des Klosters Saint-Oricle in Sénuc zu identifizieren, der zeitweise als Abt von Saint-Remi in Reims fungierte.[9] Die Arbeit an seinem Werk nahm er um das Jahr 1106 auf, vielleicht erst 1110.[10] Er stellt der Chronik zwei Vorworte voran, die für die Interpretation der Predigt Urbans II. unter anderem deshalb von Bedeutung sind, da sich Robertus als Verfasser nennt und seine Teilnahme am Konzil von Clermont erwähnt.[11] Der Verweis auf die Konzilsteilnahme mag die Beliebtheit dieser Quelle in der modernen Geschichtswissenschaft erklären. Allerdings erfährt man im ersten Vorwort („sermo apologeticus") des Robertus auch, dass die

8 In der letzten Ausgabe (The *Historia Iherosolimitana* of Robert the Monk. Hrsg. von Damien Kempf und Marcus Bull. Woodbridge 2013) wird ohne wesentliche Änderungen die Edition von 1866 erneut abgedruckt. Vgl. zu Werk und Verfasser die Einleitung, ebd., S. ix–xii; Sweetenham, Carol: Art. Robert the Monk. In: Dunphy, Graeme (Hrsg.): The Encyclopedia of the Medieval Chronicle. Leiden 2010, S. 1287; dies.: Introduction. In: Robert the Monk's History of the First Crusade. Übers. von ders. (Crusade Texts in Translation 11). Aldershot 2005, S. 1–71; Flori (Anm. 7), S. 125–142; Strack, Georg: Wie der Kreuzzug zum Abenteuer wurde. Die Chronik des Robertus Monachus. In: Hannig, Nicolai/Kümper, Hiram (Hrsg.): Abenteuer: Zur Geschichte eines paradoxen Bedürfnisses. Paderborn 2015, S. 83–104; Skottki (Anm. 7), S. 329–355.

9 Eher zustimmend äußern sich die Editoren des Robertus Monachus (Anm. 8), S. xvii–xxxiii; skeptisch hingegen Sweetenham: Introduction (Anm. 8), S. 1–4; Flori (Anm. 7), S. 125f.

10 Die recht plausiblen Argumente für die Zeit um 1106 bei Flori (Anm. 7), S. 129f.; Sweetenham: Introduction (Anm. 8), S. 7. Vgl. zur Datierung auf 1110 die Einleitung zur Edition des Robertus Monachus (Anm. 8), S. xxiv–xli.

11 Robertus Monachus (Anm. 8), S. 3.

*Historia Iherosolimitana* insgesamt kein Augenzeugenbericht des Ersten Kreuzzugs ist, sondern eine Bearbeitung einer älteren Erzählung darstellt, nämlich der sogenannten *Gesta Francorum*.[12] Der Chronist erklärt, dieser Bericht sei sprachlich wenig ansprechend gestaltet und bedürfe, damit der Kreuzzug angemessen dargestellt werde, der stilistischen Bearbeitung.[13] Solche Bearbeitungen vorhandener Erzählungen waren im Mittelalter weit verbreitet, vor allem in der Hagiographie, wofür sich in der Forschung der Terminus der ‚réécriture' etabliert hat.[14] Um die Bedeutung des Gegenstands zu steigern, wurde der Ausgangstext dabei meist einer ‚amplificatio' unterzogen, also erweitert.[15] Diese an die „Struktur von Wahrheit und Moral" gebundene „Verstärkung der [...] Überzeugungsmittel mündlicher Kommunikation" gilt auch in theoretischer Hinsicht als grundlegend für die Vormoderne.[16] Fester Bestandteil dieses „Verfahren[s], das für das M[ittelalter] geradezu beherrschend geworden ist," war die Umwandlung von indirekter in direkte Rede.[17] Erst im Zuge einer solchen Bearbeitung wurde aus dem eher wortkargen Papst der *Gesta Francorum* ein bewegender Prediger.

12 Gesta Francorum et aliorum Hierosolimitanorum. The Deeds of the Franks and the other Pilgrims to Jerusalem. Hrsg. von Rosalind Hill (Medieval Texts 17). London [u.a.] 1962. Vgl. zur Verwendung dieser Vorlage die Erläuterung des Chronisten selbst, Robertus Monachus (Anm. 8), S. 3 und ebd., S. xiif. der Einleitung.

13 Robertus Monachus (Anm. 8), S. 3.

14 Vgl. dazu Berschin, Walter: Biographie und Epochenstil im lateinischen Mittelalter. Bd. 1: Von der *Passio Perpetuae* zu den *Dialogi* Gregors des Großen (Quellen und Untersuchungen zur lateinischen Philologie des Mittelalters 8). Stuttgart 1986, S. 24f.; Goullet, Monique: Écriture et réécriture hagiographiques. Essai sur les réécritures de Vies de saints dans l'Occident latin médiéval (Hagiologia. Études sur la Sainteté en Occident – Studies on Western Sainthood 4). Turnhout 2005; Nuß, Daniel: Die hagiographischen Werke Hildeberts von Lavardin, Baudris von Bourgueil und Marbods von Rennes. Heiligkeit im Zeichen der Kirchenreform und der Réécriture (Beiträge zur Hagiographie 12). Stuttgart 2013.

15 So betont Goullet (Anm. 14), S. 114 „ [...] pour les hagiographes, allonger c'est augmenter, donc accroître et valoriser le saint, son culte et son sanctuaire."

16 Luhmann, Niklas: Die Gesellschaft der Gesellschaft. Frankfurt am Main 1998, S. 322f.

17 Arbusow, Leonid: Colores rhetorici. Eine Auswahl rhetorischer Figuren und Gemeinplätze als Hilfsmittel für akademische Übungen an mittelalterlichen Texten. Göttingen 1948 [Reprint, Genf 1974], S. 21–29. Das Zitat auf S. 21, zur direkten Rede („apostrophe") S. 24f. Vgl. Goullet (Anm. 14), S. 70, S. 165, S. 190; Nuß (Anm. 14), S. 22f. und zur „amplificatio" allgemein Copeland, Rita/Sluiter, Ineke: Medieval Grammar and Rhetoric. Language Arts and Literary Theory, 300–1475. Oxford/New York 2009, S. 34.

Robertus Monachus setzt unmittelbar mit dem ‚Bericht' des Konzils von Clermont ein, wo sich Urban II., seine Kardinäle sowie eine große Anzahl von Bischöfen und Fürsten aus der „Gallia" und der „Germania" versammeln.[18] Das Publikum des Papstes stammt also aus verschiedenen europäischen Reichen. Urban II. spricht seine Zuhörer am Ende der Versammlung an, nachdem alle anderen kirchlichen Angelegenheiten geklärt sind. Als Ort wird (nur in dieser Chronik) eine „platea", also ein Platz oder eine Straße erwähnt, da kein Gebäude groß genug gewesen sein soll, um die Menge zu fassen. Da keine andere Quelle von derartigen Platzproblemen berichtet und auf dem Konzil von Clermont etwa 200 Teilnehmer nachweisbar sind,[19] könnte es sich bei dieser Ortsangabe um eine gezielte Dramatisierung der Ereignisse handeln.

Auch die Art des Vortrags dürfte kaum typisch für eine päpstliche Konzilspredigt gewesen sein. Der Papst wendet sich weder ausdrücklich an die Kleriker, die der übliche Adressatenkreis solcher Ansprachen gewesen wären, noch an die zuvor erwähnten Fürsten. Er adressiert vielmehr die gesamte „gens Francorum", was wie in anderen Kreuzzugsquellen sowohl ‚Galli' als auch ‚Germani' bezeichnet.[20] Als Vortragsform wählt Robertus die Feldherrnrede in antiker Erzähltradition.[21] Der entsprechenden Topik folgend motiviert Urban im Exordium die einfachen Kämpfer der ‚Franken'. Der Papst bezeichnet sie in einer kurzen Captatio benevolentiae als ein von Gott auserwähltes und geliebtes Volk, preist die Lage ihrer Gebiete und ihre Ehrerbietung gegenüber der Kirche.[22] In jedem Punkt unterscheiden sich die Türken, welche die christlichen Gebiete verwüsten. Der geplante Kriegszug erscheint deshalb – wie in Feldherrnreden üblich – als

---

18 Robertus Monachus (Anm. 8), S. 5.

19 Somerville, Robert: The Council of Clermont (1095) and Latin Christian Society. In: Archivum Historiae Pontificiae 12 (1974), S. 55–90; Pontal, Odette: Les conciles de la France capétienne jusqu'en 1215. Paris 1995, S. 228f.

20 Robertus Monachus (Anm. 8), S. 5. Vgl. Schneidmüller, Bernd: Nomen patriae. Die Entstehung Frankreichs in der politisch-geographischen Terminologie (10.-13. Jahrhundert) (Nationes 7). Sigmaringen 1987, S. 106f.

21 Vgl. Strack: The sermon (Anm. 6), S. 224–236; zur Gattung der literarischen Feldherrnrede Knödler, Julia: Rhetorik mit Todesfolge. Diversitätskonstruktionen in mittelalterlichen Feldherrnreden am Beispiel der Rede Wilhelms des Eroberers vor der Schlacht bei Hastings. In: Strack, Georg/Dies. (Hrsg.): Rhetorik in Mittelalter und Renaissance. Konzepte – Praxis – Diversität (Münchner Beiträge zur Geschichtswissenschaft 6). München 2011, S. 167–190, hier S. 171–173; Hennecke, Jan-Erik: „His optimis verbis erecti milites". Studien zu herrschaftlichen Schlachtansprachen im frühen und hohen Mittelalter (Studien zur Geschichtsforschung des Mittelalters 34). Hamburg 2017.

22 Robertus Monachus (Anm. 8), S. 5f.

Akt der Verteidigung, als ein ‚bellum iustum'. Die Beschreibung der Gräueltaten der Feinde soll dazu beitragen, die Kämpfer auch emotional zu erreichen. Robertus lässt den Papst ausführlich über Zwangsbeschneidungen, Kirchenschändungen und grausame Hinrichtungen sprechen. Zur Topik fingierter Feldherrnreden gehört die Erinnerung an die Siege der Vorfahren. Folglich verweist der Papst auf das Exemplum Karls des Großen, der die Reiche der Heiden zerstört und den Einflussbereich der Kirche vergrößert habe. Nicht fehlen darf zur Motivation der Krieger schließlich das Versprechen von reicher Beute im Heiligen Land. Hier gebe es fruchtbare Böden; hier fließen „Milch und Honig" (Exod. 3,8). Es locken weltlicher und – durch den Ablass – geistlicher Gewinn gleichermaßen.[23]

Nachdem Urban II. das ausgeführt hat, zeigen sich seine Zuhörer von dem Vorhaben begeistert und rufen „Deus vult", was zweimal zitiert wird. Der Papst setzt daraufhin nochmals an und verkündet einige Beschlüsse, die den Kreuzzug betreffen. Zunächst bestimmt er den Ruf „Deus vult", den Gott den Kreuzfahrern offensichtlich selbst eingegeben habe, zu ihrem „militare signum", ihrem Schlachtruf. Wieder handelt das Kirchenoberhaupt an dieser Stelle wie ein Feldherr der Antike, in dessen Kompetenz es fiel, die akustischen Erkennungszeichen der Soldaten festzulegen.[24] Danach legt Urban II. die Bedingungen für die Teilnahme fest, von der er nur Alte und Schwache grundsätzlich ausschließt.[25] Laien benötigten den Segen („benedictio") ihres Priesters, während Kleriker die Erlaubnis („licentia") ihres Bischofs einholen sollten.[26] Frauen dürften gemeinsam mit ihrem Ehemann, Bruder oder unter Mitführung gültiger Rechtsdokumente („legitima testimonia") teilnehmen – eine Aussage, die häufig

23 Robertus Monachus (Anm. 8), S. 6f. Vgl. zum Ablass Bysted, Anne L.: The Crusade Indulgence. Spiritual Rewards and the Theology of the Crusades, c. 1095–1216 (History of Warfare 103). Leiden 2015, S. 48.

24 Siehe dazu die auch im Mittelalter bekannte Schrift des P. Flavii Vegeti Renati: Epitoma rei militaris. Hrsg. von Alf Önnerfors (Bibliotheca scriptorvm Graecorum et Romanorvm Teubneriana). Stuttgart/Leipzig 1995: „Vocalia [signa] dicuntur quae uoce humana pronuntiantur, sicut in uigiliis uel in proelio pro signo dicitur, ut puta ‚uictoria' […] et alia, quaecumque uoluerit dare is, qui in exercitur habet maximam potestatem" [Veg. mil. 3,5]. Vgl. Lacroix (Anm. 5), S. 461

25 Robertus Monachus (Anm. 8), S. 7.

26 Ebd. Ähnliche Bedingungen werden erwähnt in den Schreiben Urbans II. an seine Anhänger in Klerus und Volk von Bologna, 19. September 1096 [JL 5670]. Vgl. Strack, Georg: Pope Urban II and Jerusalem: a re-examination of his letters on the First Crusade. In: The Journal of Religious History, Literature and Culture 2/1 (2016), S. 51–70, hier S. 52–56.

missverstanden wurde.[27] Schließlich erteilt der Papst seinen Abschlusssegen und das Konzil löst sich auf.[28]

Robertus Monachus wird in der Forschung viel diskutiert, weil er, wie gesagt, als Augenzeuge gilt.[29] Tatsächlich dürfte er schriftliches Material herangezogen haben, um den Kreuzzugsaufruf zu fingieren. Technisch ist das kaum anders vorstellbar, schrieb er doch ungefähr 10 bis 15 Jahre nach der Predigt, von der er keine Notizen besessen haben dürfte, denn die Mitschrift von Predigten in ‚reportationes' war im späten 11. Jahrhundert in Frankreich nicht üblich, wie Nicole Bériou betont hat.[30] Da eine kritische Edition der *Historia Iherosolimitana*

---

27 Robertus Monachus (Anm. 8), S. 7. Sweetenham (Anm. 8), S. 81 geht in ihrer Übersetzung davon aus, dass damit eine (männliche) Begleitperson gemeint ist („legitimate guarantor"). Zahlreiche Studien folgen dieser Interpretation und behaupten, Urban II. habe – nach Robertus Monachus – die Kreuzzugsteilnahme unbegleiteter Frauen untersagt, was freilich nicht zutrifft. Vgl. dagegen Geldsetzer, Sabine: Frauen auf Kreuzzügen 1096–1291. Darmstadt 2003, S. 35, die „legitima testimonia" treffender als „gesetzliche[] Ausweise" übersetzt und vermutet, darunter sei „die Zustimmung der Priester bzw. Bischöfe zu verstehen […], in deren Amtsbereich" die Frauen lebten, was weiter zu diskutieren wäre.

28 Robertus Monachus (Anm. 8), S. 8.

29 Vgl. unter anderem die klassische Studie von Borst, Arno: Lebensformen im Mittelalter. 2. Aufl. Berlin 1999, S. 320–322, sowie von den neueren Forschungsarbeiten Krieger (Anm. 1); Payne, Robert: Die Kreuzzüge. Zweihundert Jahre Kampf um das Heilige Grab. Aus dem Amerikanischen von Hans Marfurt. Zürich/Köln 1986, S. 30; Asbridge: The First Crusade (Anm. 4), S. 1; Phillips, Jonathan: Heiliger Krieg. Eine neue Geschichte der Kreuzzüge. Aus dem Englischen von Norbert Juraschitz. München 2011, S. 23; Herbers, Klaus: Geschichte des Papsttums im Mittelalter. Darmstadt 2012, S. 138f.; Frankopan, Peter: The First Crusade. The Call from the East. London 2012, S. 1–3. Cole (Anm. 6), S. 15 betont, dass Robertus Monachus nicht nur Angaben zum Inhalt des Kreuzzugsaufrufs überliefere, sondern sogar etwas von der „oratorical form". Ähnlich äußert sich Menache, Sophia: Emotions in the Service of Politics. Another Perspective on the Experience of Crusading (1095–1187). In: Edgington, Susan B./García-Guijarro, Luis (Hrsg.): Jerusalem the Golden. The Origins and Impact of the First Crusade (Outremer. Studies in the Crusades and the Latin East 3). Turnhout 2014, S. 235–254, hier S. 242: „Robert's version is crucially important from a communication perspective, since it reflects complete synchronism between the pope and his audience, with the mobilisation of the latter manifesting a very positive response to the papal call."

30 Bériou, Nicole: L'avènement des maîtres de la Parole. La prédication à Paris au XIII^e^ siècle. Bd. 1 (Collection des Études Augustiniennes. Série Moyen Âge et Temps Modernes 31). Paris 1998, S. 78. Vgl. zur Verbreitung der „reportatio"-Technik im späteren 12. Jahrhundert Rusconi, Roberto: Reportatio. In: Medioevo e Rinascimento 3 (1989),

fehlt, ist über die Verwendung von Vorlagen wenig bekannt. Dabei klären sich einige Besonderheiten der Erzählung schon, wenn man sie mit den *Gesta Francorum* abgleicht, die Robertus ja auf jeden Fall heranzog. So entspricht etwa die Anrede der versammelten „Galli" und „Germani" als „gens Francorum" dem Sprachgebrauch der *Gesta*, in denen Deutsche und Franzosen ebenfalls zusammenfassend als Franken bezeichnet werden.[31] Mag dies auch für einen Großteil der Kreuzzugsquellen zutreffen, bleibt doch eine Reihe weiterer Gemeinsamkeiten zu konstatieren – zunächst der Verweis auf Karl den Großen. Folgt man der Erzählung der *Gesta*, dann verdanken die Kreuzfahrer ihm den Bau einer Straße ins Heilige Land, die der Heereszug unter der Führung Gottfrieds von Bouillon nutzen konnte.[32] Diese Funktion als ‚Wegbereiter' übernimmt Robertus Monachus, wenn er Karl den Großen zum wichtigsten Exemplum der päpstlichen Predigt macht.

Ähnlich verhält es sich mit dem Kriegsruf ‚Deus vult', der in Roberts Vorlage erstmals erwähnt wird, allerdings in einem ganz anderen Kontext. Der Ruf wird in den *Gesta* den französischen Normannen zugeschrieben, als dieser Teil des Kreuzfahrerheeres 1096 in Süditalien eintrifft.[33] Der Bericht der *Gesta* entspricht in diesem Punkt der Chronik von Montecassino, in der erstmals die altfranzösische Fassung des Kriegsrufs (‚Deus lo volt') zitiert wird – ebenfalls ohne Verweis auf Clermont.[34] Kein einziger Chronist des Mittelalters berichtet von

---

S. 7–36, hier S. 8f.; Jansen, Katherine L.: The word and its diffusion. In: Rubin, Miri/ Simons, Walter (Hrsg.): The Cambridge History of Christianity. Bd. 4: Christianity in Western Europe c. 1100–1500. Cambridge 2009, S. 114–132, hier S. 131.

31 Vgl. Gesta Francorum (Anm. 12), S. 2f. zur Bezeichnung aller Kreuzfahrer als „Franci", wobei in der Erzählung gelegentlich auch zwischen „Alamanni", „Francigeni" und „Lombardi" differenziert wird. Zur nicht immer konsistenten Terminologie siehe die umfassende Erörterung von Kirschberger, Timo: Erster Kreuzzug und Ethnogenese. „In novam formam commutatus" – Ethnogenetische Prozesse im Fürstentum Antiochia und im Königreich Jerusalem (Nova Mediaevalia. Quellen und Studien zum europäischen Mittelalter 13). Göttingen 2015, S. 80f.

32 Gesta Francorum (Anm. 12), S. 1f. Vgl. Strack: Abenteuer (Anm. 8), S. 93.

33 Gesta Francorum (Anm. 12), S. 7 „ […] sonum uero ‚Deus uult, Deus uult, Deus uult!' una uoce conclamant."

34 Die Chronik von Montecassino. Hrsg. v. Hartmut Hoffmann (Monumenta Germaniae Historica. Scriptores 34). Hannover 1980, S. 475 führt den Schlachtruf auf einen allgemeinen Beschluss der französischen Kreuzfahrer zurück: „Paulatim igitur ab uno ad alterum et a provinciis ad provincias verbo huiusmodi volitante incredibile est, ad quantam multitudinem brevi tempore conspiratio ipsa pervenerit. Ad indicium autem evidens ac speciale huius expeditionis communi consilio in vestibus suis dextera scapula signum sancte crucis undecumque fecerunt assuere et simul altis vocibus ‚Deus

volkssprachlichen Rufen auf der Kirchenversammlung, obwohl die Forschung das gerne suggeriert.[35] Der Reimser Mönch verlegt den Schlachtruf ‚Deus vult' auf das Konzil, das so an Bedeutung für die Formierung des Kreuzzugs gewinnt. Zudem markierte der Kriegsschrei den Erfolg der direkten Kommunikation zwischen Papst und Kriegern und fügt sich so in das Gesamtbild, das die *Historia Iherosolimitana* von der Versammlung in Clermont entwirft.

Der effektvolle Konzilsbericht des Robertus Monachus trug sicherlich zum Erfolg der Erzählung bei. Insgesamt 84 Handschriften haben sich in Frankreich, Deutschland und Italien erhalten.[36] Die Überlieferung nahm um 1140/50 deutlich zu, vor allem in französischen und deutschen Zisterzienserklöstern.[37] Die Zisterzienser engagierten sich damals in der Kreuzzugswerbung, was erklären dürfte, weshalb die Chronik häufig mit weiterem Propagandamaterial überliefert ist.[38] Die Erzählung des Robertus Monachus war in vergleichsweise einfachem Latein verfasst und enthielt – nicht nur in der Rede Urbans II. – eingängige, emotional wirksame Bilder, die sich gut in volkssprachliche Kreuzzugspredigten übertragen ließen.[39] Während die *Historia Iherosolimitana* vermutlich bald für die Kreuzzugswerbung genutzt wurde, fand sie in der Historiographie im engeren Sinne lange Zeit kaum Resonanz.[40] Soweit bekannt, diente sie lediglich einem

---

lo volt, Deus lo volt, Deus lo volt' per totum iter decreverunt frequentius inclamare." Möglicherweise liegt hier eine Bearbeitung der *Gesta Francorum* vor, doch diskutiert die Forschung auch die Abhängigkeit beider Erzählungen von einer gemeinsamen Vorlage, vgl. ebd., S. XXVIII-XXX; Russo, Luigi: The Monte Cassino Tradition of the First Crusade. From the *Chronica Monasterii Casinensis* to the *Hystoria de Via et Recuperatione Antiochiae atque Ierosulymarum*. In: Bull, Marcus/Kempf, Damien (Hrsg.): Writing the early crusades. Text, transmission and memory. Woodbridge 2014, S. 53–62, hier S. 57f.

35 Vgl. Grousset, René: Histoire des croisades et du royaume Franc de Jérusalem. Bd. 1: L'anarchie musulmane et la monarchie Franque. Paris 1934, S. 4: „Le cri de ‚Deus lo volt' poussé par la foule attesta que les paroles du pape avaient créé un mouvement populaire qui ne s'arrêterait plus." Ebenso Mayer (Anm. 9), S. 19.

36 Vgl. zur Verbreitung die Einleitung der Edition, Robertus Monachus (Anm. 8), S. lxiii–lxxiv.

37 Kempf, Damien: Towards a textual archeology of the First Crusade. In: Bull/Kempf (Anm. 34), S. 116–126, hier S. 122f.

38 Zu nennen ist hier beispielsweise die sogenannte *Epistola Alexii*, die um 1106 in Frankreich kursierte und von Robertus Monachus als Vorlage für die fingierte Predigt Urbans II. genutzt wurde, vgl. Strack: Pope Urban II (Anm. 26), S. 59f.

39 Strack: Abenteuer (Anm. 8), S. 101f.

40 Vgl. zu den dichterischen Bearbeitungen des späten 12. Jahrhunderts Metellus Tegernseensis: Expeditio Ierosolimitana. In: Repertorium „Geschichtsquellen des deutschen

unbekannten Geschichtsschreiber, der in den 1140er Jahren die *Historia Nicaena vel Antiochena* im Auftrag des Königs von Jerusalem verfasste, als Grundlage seiner Darstellung.[41] Erst in großer zeitlicher und geographischer Distanz trat die Erzählung ihren Siegeszug an, nämlich im 15. Jahrhundert. Dabei fällt das frühe und lang anhaltende Interesse im deutschsprachigen Raum auf, wo die *Historia Iherosolimitana* bis ins späte 16. Jahrhundert fünfmal in die Volkssprache übertragen wurde.[42] Bald fand der Konzilsbericht des Robertus Monachus zudem die Aufmerksamkeit italienischer Humanisten, was in der Forschung bereits ausführlicher behandelt wurde.[43] Auch ihre Bearbeitungen fanden den Weg ins Frühneuhochdeutsche, was im letzten Abschnitt diskutiert werden soll.

---

Mittelalters". http://www.geschichtsquellen.de/repOpus_03410.html (6.3.2018); Guntherus de Pairis: Solymarius. In: Repertorium „Geschichtsquellen des deutschen Mittelalters". http://www.geschichtsquellen.de/repOpus_02554.html (6.3.2018); Bull, Marcus: Robert the Monk and his Source(s). In: Bull/Kempf (Anm. 34), S. 127–140, hier S. 136 plädiert mit guten Argumenten dafür, dass auch das Versepos Gilos von Paris auf Robertus Monachus zurückgeht und nicht beide Autoren dieselbe Quelle benutzten.

41 Historia Nicaena vel Antiochena. Hrsg. von Edmond Martène. In: Académie Royale des Inscriptions et Belles-Lettres (Hrsg.): Recueil des Historiens des Croisades. Historiens occidentaux. Bd. 5. Paris 1895, S. 133–185. Vgl. zur Abhängigkeit der Texte die Einleitung zur Chronik des Fulcherus Carnotensis: Historia Hierosolymitana. Hrsg. mit Erläuterungen und einem Anhange von Heinrich Hagenmeyer. Heidelberg 1913, S. 83f.; Kirschberger (Anm. 31), S. 68f.

42 Vgl. die Übersicht bei Haupt, Barbara: Art. Robertus Monachus. In: Die deutsche Literatur des Mittelalters. Verfasserlexikon. 2. Aufl. 8 (1992), Sp. 115–117. Nicht zugänglich war mir die Übertragung Peter Eschenloers, die in einer Breslauer und einer Prager Handschrift erhalten ist, vgl. dazu Menzel, Josef Joachim: Art. Eschenloer, Peter. In: Die deutsche Literatur des Mittelalters. Verfasserlexikon. 2. Aufl. 2 (1980), Sp. 630–632, hier Sp. 630; Wolf, Jürgen, mit Ergänzungen von Gisela Kornrumpf und Václav Bok: Peter Eschenloer: Übersetzung der ‚Historia Hierosolymitana' des Robertus Monachus. In: Handschriftencensus. http://www.handschriftencensus.de/werke/6223 (6.3.2018); Bok, Václav: Einige Bemerkungen zu Peter Eschenloers Übersetzung der *Historia Hierosolymitana* des Robertus Monachus. In: Bentzinger, Rudolf/Oppitz, Ulrich-Dieter/Wolf, Jürgen (Hrsg.): Grundlagen. Forschungen, Editionen und Materialien zur deutschen Literatur und Sprache des Mittelalters und der Frühen Neuzeit (Zeitschrift für deutsches Altertum und deutsche Literatur. Beiheft 18). Stuttgart 2013, S. 487–497.

43 Orth, Peter: Papst Urbans II. Kreuzzugsrede in Clermont bei lateinischen Schriftstellern des 15. und 16. Jahrhunderts. In: Bauer, Dieter/Herbers, Klaus/Jaspert, Nikolas (Hrsg.): Jerusalem im Hoch- und Spätmittelalter. Konflikte und Konfliktbewältigung – Vorstellungen und Vergegenwärtigungen (Campus Historische Studien 29). Frankfurt/

## II. Frühneuhochdeutsche Übertragungen der *Historia Iherosolimitana*

Die früheste Übertragung der *Historia Iherosolimitana* ins Frühneuhochdeutsche stammt aus der ersten Hälfte des 15. Jahrhunderts; nur sie wurde bislang kritisch ediert.[44] Relativ eng folgt der unbekannte Übersetzer dem lateinischen Original. Lediglich eine gewisse Neigung zur Kürzung ist erkennbar, etwa wenn die Aussage über den Ort der Predigt (‚exivit dominus papa in quadam spaciose latitudinis platea') mit dem Satz „da ging der babest vz wyde" zusammengefasst wird.[45] Die dreifache Anrede des Volks als „gens Francorum, gens transmontana, gens [...] a deo dilecta" wird verkürzt zu „ir fulg von Franckrich hie diß site des gebirges, got hat vch liep". Aus dem zweifachen Ruf des ‚Deus vult' wird „got, got wil iz", einmal entfallen also Verb und Objekt. Die Passage über die Festlegung des Schlachtrufs wird hingegen wörtlich übersetzt.[46]

---

New York 2001, S. 367–405; Dieter Mertens: „Claromontani passagii exemplum". Papst Urban II. und der Erste Kreuzzug in der Türkenkriegspropaganda des Renaissancehumanismus. In: Guthmüller, Bodo/Kühlmann, Wilhelm (Hrsg.): Europa und die Türken in der Renaissance (Frühe Neuzeit 54). Tübingen 2000, S. 65–78; Meserve, Margaret: Italian Humanists and the Problem of the Crusade. In: Housley, Norman (Hrsg.): Crusading in the Fifteenth Century. Message and Impact. Basingstoke/New York 2004, S. 13–38; Nancy Bisaha: Creating East and West. Renaissance Humanists and the Ottoman Turks. Philadelphia 2004, S. 25.

44 Historia Hierosolymitana von Robertus Monachus in deutscher Übersetzung. Hrsg. von Barbara Haupt (Beiträge zur Literatur des XV. bis XVIII. Jahrhunderts 3). Wiesbaden 1972. Die Forschung hat sich mit den frühneuhochdeutschen Fassungen noch wenig beschäftigt, vgl. aber Buck, Thomas M.: Von der Kreuzzugsgeschichte zum Reisebuch. Zur *Historia Hierosolymitana* des Robertus Monachus. In: Deutsche Vierteljahrsschrift für Literaturwissenschaft und Geistesgeschichte 76 (2002), S. 321–355; Murray, Alan V.: Deutsche Anführer beim Ersten Kreuzzug in der Geschichtsschreibung der Frühen Neuzeit. In: Zeitschrift für Württembergische Landesgeschichte 61 (2002), S. 145–157, hier S. 156f.

45 Historia Hierosolymitana (Anm. 44), S. 3.

46 Historia Hierosolymitana (Anm. 44), S. 6: „vnd da von so sal vch diese stymme syn eyn ritterlich zeichen in den stritberlichen dingen, wan dis wort ist von gode selber gerette. so ir mit stride engent wider die fyende, so sullent ir alle diese rede ein stymme laßen haben von gotis wegen: ‚got wil iz! got wil iz!' " Vgl. Robertus Monachus (Anm. 8), S. 7: „Sit ergo vobis vox ista in rebus bellicis militare signum, quia verbum hoc a Deo est prolatum. Cum in hostem fiet bellicosi impetus congressio, erit universis haec ex parte Dei una vociferatio: ‚Deus vult! Deus vult!' "

Eine weitere anonym überlieferte Übersetzung aus der Mitte der 1460er Jahre befindet sich heute in der Stiftsbibliothek von St. Gallen.[47] Sie ist noch etwas näher am lateinischen Text, schon hinsichtlich der Angaben zum Ort der Rede, bei dem es sich nicht um einen Platz, sondern um „ain braite witen gassen" gehandelt haben soll.[48] Der Papst spricht seine Zuhörer dreimal im Vokativ an, genau wie in der Vorlage: „O ir Franken volk, das volk enhalb des pirges, ain volk [...] got erwelt". Den ersten Ruf ‚Deus vult' erwähnt der Übersetzer als Reaktion der Krieger aber ebenfalls nur ein- statt zweimal. Erst am Ende der Passage zitiert er ihn zweimal, was den Vorgaben der lateinischen Chronik entspricht.[49]

In etwa zeitgleich mit der Fassung aus St. Gallen entstand eine weitere volkssprachliche Übertragung, die sehr viel größere Verbreitung fand und dem Ulmer Stadtarzt Heinrich Steinhöwel zugeschrieben wird.[50] Sie ist in zwei vollständigen und einer fragmentarischen Version erhalten, die aber den gesamten Konzilsbericht enthält.[51] Steinhöwel änderte den Ort der Predigt, denn er gab nicht eine

47 St. Gallen, Stiftsbibliothek, Cod. Sang. 658, S. 10–15. Vgl. zu dieser (paginierten) Handschrift die Angaben von Scarpatetti, Beat Matthias von: Die Handschriften der Stiftsbibliothek St. Gallen. Bd. 1. Abt. IV: Codices 547–669: Hagiographica, Historica, Geographica, 8.-18. Jahrhundert. Wiesbaden 2003, S. 300–303.

48 Cod. Sang. 658 (Anm. 47), S. 10.

49 Cod. Sang. 658 (Anm. 47), S. 14 „Dar sy alle ruoftent ‚Got wil es' und do das der baupst erhoret, do sach er uff gen himel und dancket Got und bezaichnet ain still mit der hannd und sprach also: [...] Darum sollent in allen ewer kriegen und stritten ewer krey sin, wan das von got ist gesprochen, wenn ir mit den vienden zusamen, so süllent die wort aller ewer gemaines geschray sin: ‚Got wil es, Got wil es'."

50 Vgl. zu Heinrich Steinhöwel und der *Chronik Herzog Gottfrieds* neben der grundlegenden Studie von Kraft, Friedrich: Heinrich Steinhöwels Verdeutschung der *Historia Hierosolymitana* des Robertus Monachus. Eine literarhistorische Untersuchung (Quellen und Forschungen zur Sprach- und Culturgeschichte der Germanischen Völker 96). Strassburg 1905 noch Dicke, Gerd: Art. Steinhöwel, Heinrich. In: Die deutsche Literatur des Mittelalters. Verfasserlexikon. 2. Aufl. 9 (1995), Sp. 258–278; Viehhauser, Gabriel: Art. Steinhöwel, Heinrich. In: Dunphy (Anm. 8), S. 1388f.; und die Datenbankeinträge Robertus Monachus: ‚Historia Hierosolymitana', dt. (Heinrich Steinhöwel zugeschrieben). In: Handschriftencensus. http://www.handschriftencensus.de/werke/1705 (6.3.2018); Heinrich Steinhöwel, Leben und Werk. In: Marburger Repertorium zur Übersetzungsliteratur im deutschen Frühhumanismus (MRFH) Nr. 0035. http://mrfh.de/0035 (5.4.2018).

51 Im Folgenden stütze ich mich auf das Fragment in München, Bayerische Staatsbibliothek, Cgm 252, Bl. 194r-198r. Vgl. Schneider, Karin: Die deutschen Handschriften der Bayerischen Staatsbibliothek München. Cgm 201–350 (Catalogus codicum manu scriptorum Bibliothecae Monacensis 5/2). Wiesbaden 1970, S. 146. Die vollständige Fassung aus Frankfurt, Universitätsbibliothek, Ms. germ. qu. 111, Bl. 75r-174r weicht in

Straße, sondern einen Platz („plan[]“) an.[52] Der Papst spricht nun explizit zwei Völker an, nämlich Franzosen und Deutsche. Ihr Schrei „Deus vult“ scheint bereits ein bekannter Schlachtruf zu sein. Er wird nicht einfach übersetzt, sondern zunächst wörtlich zitiert und danach erläutert.[53]

Bevor Steinhöwels Übertragung 1482 im Druck erschien, glich ein unbekannter Bearbeiter den Text noch einmal mit der lateinischen *Historia Iherosolimitana* ab und änderte einige Details.[54] Dabei kam er nicht immer zu eindeutigen

---

einigen Punkten davon ab, was im Folgenden nachgewiesen wird. Die zweite vollständige Handschrift (London, British Library, Ms. Add. 22 622) war mir nicht zugänglich.

52 Cgm 252 (Anm. 51), Bl. 194r-v: „Das concilium was gar loblich geziertt von sampnung wegen aller Walhen und Teutscher, bischoff und weltlicher fursten. Do nun geordnet ward, was die kyrchen antreffent was, da ginge der babst auß auff ain luftugen weitten luftigen plane, wann kain geheüs mocht so vil volckes inn gehallten und vieng an [...] dise wortt ze reden: ‚O ir Frantzosen und Teutsches volck, erwelet und lieb gehapt von Gott [...] zuo euch send ich mine rede, min flehen und ermanen.‘“ vgl. die fast wortgleichen Ausführungen in Ms. germ. qu. 111 (Anm. 51), Bl. 78v.

53 Cgm 252 (Anm. 51), Bl. 194r: „Mit den und vil andern mynnsamen wortten verainet baubst Urbanus alles volck, das sie ainhällig lautt erschrien: ‚Deus wult, Deus wult‘. Das ist so vil ‚Gott wils, Gott wills.‘ Da das der erwirdig baubst erhörtte, da houb er auff seine augen gen hymel und saget dancke Gott dem herren [...] und sprach also: [...] darumbe soll die styme in ewerm streytten ewer krey und haimlich worzaichen sein, wann es von Gott kommen ist. Darumb an ewerm antretten zü dem streytt, so rüffent alle umb Gottes haissen ‚Gott wills, Gott wills‘“. Vgl. Ms. germ. qu. 111 (Anm. 51), Bl. 80v, wo der Schlachtruf nur einmal zitiert und nicht mit einer Doppelkonstruktion übersetzt wird: „Mit den und vil andern minnsamen wortten verainet baubst Urbonus alles volck, daz sy ainhällig lutt erschryen ‚deus fult‘ ad hoc. Das ist so vil ‚Got will das‘. Do daz der erwirdig baupst erhortt, do hüb er uff sine öugen gen himel und [...] sprach also: [...] die wortt sollent im streitt üwer haimlich wortzaichen sein wenn es von got komen ist. Darumb an iweren antretten zü dem streytt, so rieffent alle vom Gottes haißen ‚Gott wills.‘“

54 Steinhöwel, Heinrich [?]: Histori wie die türcken vnd andre geschlecht der vngleübigen die cristelichen kirchen vor vil iaren in manigerley weiß angefochten [...] haben. Augsburg [Johann Bämler] 1482, Bl. 3r. München, Bayerische Staatsbibliothek, urn:nbn:de:bvb:12-bsb00031270-1 (6.3.2018), wo beispielsweise der Kriegsschrei wieder in der üblichen Schreibung wiedergegeben wird: „Mit den und vil andern worten verynet bapst Urbanus alles volck, das sy eynhelligklichen lawt erschryen ‚Deus vult, Deus vult‘. Das ist als vil geredt ‚Got wils, Got wils‘. Do das der hochwirdig bapst erhort, do hub er auf seine augen gen himel und [...] sprach also: [...] Darumb so sag ich ewch, das Gottes stimme auf euch gerüft, wann er sy in ewer herczen geseczt hat. Darumb so sol die stim in ewern streiten ewer krey und heimliches worczeichen sein ‚Got wils, Got wils‘.“ vgl. zu diesem digital verfügbaren Druck: Gesamtkatalog der Wiegendrucke: GW M38384. http://www.gesamtkatalogderwiegendrucke.de (6.3.2018);

Lösungen und ließ etwa offen, ob es sich bei der „platea", auf welcher der Papst gepredigt hatte, um eine Gasse oder einen Platz handelte.[55] Auch der Holzschnitt auf dem Frontispiz der Inkunabel legt nahe, dass noch einmal die lateinische *Historia Iherosolimitana* konsultiert wurde. Zu sehen ist ein städtischer Platz, auf dem sich ein Volk versammelt hat, das als Allegorie der drei Stände (Adel, Klerus, einfache Männer und Frauen) dargestellt wird.[56] Es scheint sich um ‚Franken' zu handeln, allerdings in einem anderen Sinn als in der Reimser Chronik. Das Wappen an der Kanzel zeigt den ‚Fränkischen Rechen', also das heraldische Symbol des Herzogtums Franken, wie es sich seit dem 15. Jahrhundert im Siegel der Würzburger Bischöfe findet.[57] Der Holzschnitt entspricht damit weniger der frühneuhochdeutschen Übertragung, in der ja von Franzosen und Deutschen die Rede ist, sondern eher der lateinischen Chronik, in der Urban II. zu einer einzigen „gens Francorum" predigt.

Der zweiten Auflage, die 1502 in Augsburg erschien, ist ebenfalls ein etwas erklärungsbedürftiger Holzschnitt beigegeben.[58] Er stimmt mit der Darstellung von 1482 in einigen Punkten überein, etwa hinsichtlich der Position des Papstes in der linken, oberen Bildhälfte und hinsichtlich der Ausstattung der Kanzel mit einem Teppich und dem Wappen mit dem Fränkischen Rechen. Einzelne Figuren, wie der König und die Dame im Vordergrund, sind zudem recht ähnlich

Bayerische Staatsbibliothek: Inkunabelkatalog (BSB-Ink): BSB-Ink R-214. inkunabeln.digitale-sammlungen.de/Ausgabe_R-214.html (6.3.2018); Incunabula Short Title Catalog: ISTC ir00208000. http://data.cerl.org/istc/ir00208000 (6.3.2018).

55 Steinhöwel (wie Anm. 54), Bl. 1r-v „Das concilii waz gar loblichen gecziert von samlung wegen aller welschen und teütschen bischofen und weltlicher fürsten. Da nun geordnet ward, was die heiligen kirchen antreffent was, da gieng der bapst auß in eyn luftige weyte gassen oder platz, wann kein gehewß mocht so vil volcks inn gehaben und vieng an […] dise wort ze reden: ‚O ir Franczosen und ir Teütschen erwelt und lieb gehapten von Got […] zuo ewch seind unser red, unser flehen, manen und bitten […]'."

56 Steinhöwel (wie Anm. 54), Frontispiz. Vgl. zur Drei-Stände-Lehre im Spätmittelalter Oexle, Otto Gerhard: Die funktionale Dreiteilung als Deutungsschema der sozialen Wirklichkeit in der ständischen Gesellschaft des Mittelalters. In: Schulze, Winfried (Hrsg.): Ständische Gesellschaft und soziale Mobilität (Schriften des Historischen Kollegs. Kolloquien 12). München 1988, S. 19–51, hier S. 41–46.

57 Kolb, Peter: Die Wappen der Würzburger Fürstbischöfe. Würzburg 1974, S. 31–35.

58 Steinhöwel, Heinrich [?]: Hertzog Gotfrid wie er wider die Türgen und hayden gestritten und daz heylig Grab gewunen hat. Augsburg [Lukas Zeissenmair] 1502, Bl. 1v. München, Bayerische Staatsbibliothek. urn:nbn:de:bvb:12-bsb00003796-1 (6.3.2018). Vgl. zu diesem digital verfügbaren Druck: Verzeichnis der Drucke des 16. Jahrhunderts: VD16 R 2682. http://gateway-bayern.de/VD16+R+2682 (6.3.2018).

gestaltet. Möglicherweise kannte der Holzschneider also die ältere Version, änderte sie aber in einigen wesentlichen Punkten ab. Kein einziger Kleriker findet sich mehr unter den Zuhörern. Dafür ist nun im linken, unteren Teil des Bildes ein Ritter zu sehen, auf dessen Schwert gedeutet wird, was den Kriegsaufruf symbolisieren dürfte. Wie wenig der spätere Holzschneider mit der Erzählung vertraut war, zeigt allerdings der Ort der Ansprache, die nicht unter freiem Himmel, sondern in einem geschlossenen Kirchenraum stattfindet.

Der Text der Chronik ist weitgehend identisch. Lediglich an der Stelle, an der Urban II. sich zur Kreuzzugsteilnahme von Frauen äußert, wird die Bearbeitung der Ausgabe von 1482 erkennbar. In den älteren Druck hatten sich einige Fehler eingeschlichen, die den Befehl des Papstes, dass sich Frauen nicht ohne ihre Ehemänner, Brüder oder rechtsgültige Schriftstücke auf den Weg machen sollten, schwer verständlich machten.[59] Dem Bearbeiter der Ausgabe von 1502 fielen die Druckfehler auf, doch hatte er offensichtlich die lateinische Chronik nicht zur Verfügung. Er änderte die Passage so, dass sie einen sinnvollen Text ergab, mit der Vorlage aber nicht mehr viel zu tun hatte. Der Papst befahl nun den Frauen, deren Teilnahme am Kreuzzug nicht mehr zur Debatte stand, ihre Männer nicht ohne rechtsgültige Schriftstücke loszuschicken.[60] Ein unbekannter Bearbeiter des späten 16. Jahrhunderts übersetzte die Passage hingegen korrekt.[61] In dieser

---

59 Vgl. Robertus Monachus (Anm. 8), S. 7: „Et non precipimus aut suademus, ut […] mulieres sine coniugibus suis aut fratribus aut legitimis testimoniis ullatenus incedant. Tales enim magis sunt impedimento quam adiumento, plus oneri quam utilitati." Die ältere Druckausgabe von Steinhöwel (wie Anm. 54), Bl. 3r übersetzt: „Auch sol kein weib on iren man oder bruoder oder unglaubhaffte [recte: on glaubhaffte] zeügcknüß in kein weg außweisen [recte: außreisen], wann soelliche praechtent mer hinderniß dann sy fürdern mochten und mer beschwerniß dann nucz." Vgl. ähnliche Irrtümer schon in Cgm 252 (Anm. 51), Bl. 196v: „Auch so soll kain weyb on iren man oder pruoder ziehen oder [on] anders glaubhafftes zwencknüß [recte: zewcknüß] in kainen weg ausraisen, wann solichs solichs prächte mer hindernuss, wann sie furdern möchten, mer beschwer weder nutz." Die Fassung in Ms. germ. qu. 111 (Anm. 51), Bl. 81r weist hingegen einen sinnvollen Text auf, der aber nicht den Vorgaben der lateinischen Chronik entspricht: „Och sol kain wib on irer man oder brüder oder ander globhafft zugnis in kain weg usziechen noch usraissen, wann sölliche wyb brechten mer hindernus wann sy gefrumte[n] oder gefürderten und möchten mer beschwert werden."

60 Steinhöwel (Anm. 58), Bl. 4v: „Auch soll kein weib iren man oder pruoder on glaubhaffte zeügknuß in kein weg außweisen, wann solichs precht mer hindernuß dann fuordernuß und mer beschwerdnuß dann nucz."

61 Feyerabend, Sigmund (Hrsg.): Reyßbuch deß heyligen lands, das ist ein grundtliche beschreibung aller und jeder meer und bilgerfahrten zum heyligen land, so bißhero in zeit dasselbig von den ungläubigen erobert […]. Frankfurt am Main: Johann und

Version, die Eingang in das *Reyßbuch* Sigmund Feyerabends fand, sprach Urban II. nicht mehr zu zwei Völkern, sondern lediglich zu den Franken an einem klar definierten Ort, nämlich einer größeren Straße.[62] Der Schrei „Deus vult" wurde – wie in der lateinischen Vorlage – zweimal gerufen und als Schlachtruf weiterhin mit einer Doppelkonstruktion übersetzt.[63]

## III. Übertragungen lateinischer Bearbeitungen der *Historia Iherosolimitana*

Ein etwas anderes Bild der Ereignisse vermittelten volkssprachliche Erzählungen, die nicht direkt auf die *Historia Iherosolimitana*, sondern auf lateinische Bearbeitungen der Chronik zurückgehen. An erster Stelle sind hier die *Decades* zu nennen, die der päpstliche Sekretär Flavio Biondo bis 1453 fertig stellte.[64] In

---

Sigmund Feyerabend 1584, Bl. 2v: „Wir gebieten oder rahten aber nicht, […] daß die weiber one ire männer oder brüder oder one rechtmässige zeugniß irgendhin reisen sollen, denn solche pflegen mehr ein hinderung denn ein förderung, mehr beschwerlich denn nützlich zu seyn." Vgl. zu dieser Ausgabe: Verzeichnis der Drucke des 16. Jahrhunderts: VD16 F 902. http://gateway-bayern.de/VD16+F+902 (6.3.2018); Buck (Anm. 44), S. 322–333.

62 Feyerabend (Anm. 61), Bl. 2r „Als aber […] der kirchen sachen ordinieret und geschlichtet worden, ist der bapst in eine gereumliche unnd weite gassen herauß gangen, angesehen, daß sie in keinem beschlossen haus vor so vil leuten platz haben moechten, und hat durch ein rhetorische, loebliche und wolgezierte oration in gemein zu allen also angefangen zu reden: ‚Ir lieben Francken, die ir uber das Italiaenisch gebirg haussen wohnet und von Gott […] sonderlich geliebt und erwehlt […] stehet, zu euch wil ich diese meine red halten und zu euch gelangen diese meine vermahnung […].'"

63 Feyerabend (Anm. 61), Bl. 2v: „Als nun bapst Urban diese und dergleichen viel ding mit zierlichen worten ausgeredt hatte, hat er aller […] hertz und neigung dermassen bewegt und einig gemacht, daß sie alle mit heller stime geschryen ‚Gott wil es, Gott wil es'. Welches als der ehrwirdig bapst zu Rom gehoeret, hat er sein augen gen himmel erhaben und […] also geredt: […] So sol derhalben diese stimme in gegenwertiger kriegshandlung euwer feldzeichen oder losung seyn, dieweil solchs wort von Gott selber gesprochen ist. Unnd derhalben, wenn es an ein treffen an den feind unnd an ein schlagen gehet, so sollen all, die auff Gottes seiten syn, zugleich mit einander schreyen ‚Gott wil, Gott wil es.'"

64 Da eine kritische Ausgabe fehlt, wird im Folgenden Blondus, Flavius: Historiarum ab inclinato Romano imperio decades tres. Basel [Hieronymus Froben/Nikolaus Episcopius] 1559 zitiert. Vgl. Verzeichnis der Drucke des 16. Jahrhunderts: VD16 B 5536. http://gateway-bayern.de/VD16+B+5542 (6.3.2018); zu Werk und Verfasser Clavuot, Ottavio: Art. Biondo, Flavio (Flavius Blondus). In: Dunphy (Anm. 8), S. 180f.;

Buch drei der zweiten Dekade befasste sich Biondo mit dem Kreuzzugsaufruf Urbans II.[65] Die *Historia Iherosolimitana* hatte er gleich in zwei Handschriften studiert und glossiert.[66] Die Angaben zum Ort der Predigt hielt Biondo für nicht relevant und ging darauf nicht weiter ein, doch folgte er ansonsten in vielen Punkten dem Reimser Chronisten. Ähnlich wie Robertus Monachus, so ließ auch der Humanist den Papst zwar zu Konzilsvätern („patres") sprechen, doch die eigentlichen Adressaten waren Krieger.[67] Flavio Biondo erweiterte die Vorgaben der *Historia Iherosolimitana* dahingehend, dass er von Zuhörern berichtet, die nicht nur aus der „Gallia" und „Germania", sondern aus der gesamten christlichen Welt stammten („ex omni orbe Christiano multitudo ad concionem uocata").[68] Gleichzeitig war die Zuhörerschaft etwas homogener zusammengesetzt, denn Urban II. sprach nicht mehr die (Frauen einschließende) „gens Francorum" an, sondern wandte sich in einer Apostrophe explizit an christliche Männer („uiri Christiani"). Ihnen erläuterte der Pontifex – wie in der Reimser Chronik – zunächst die ‚causa' des Konzils, wobei die Erklärung rhetorisch amplifiziert wurde, also elaborierter ausfiel.[69]

Urban II. betont, dass er die Versammlung nicht nur wegen kirchlicher Angelegenheiten einberufen habe, sondern auch wegen der Eroberung Jerusalems durch die Muslime. Die Schilderung ihrer Gräueltaten wird aus der *Historia Iherosolimitana* übernommen, allerdings handelt der Papst die Übergriffe auf die (männlichen) Christen nur knapp ab.[70] Auf die Gewalt gegen Frauen geht er

---

Guerrieri, Elisabetta: Art. Blondus, Flavius. In: Compendium Auctorum Latinorum Medii Aevi 2 (2008), S. 420–425, hier S. 422f.; Fubini, Ricardo: Art. Biondo, Flavio. In: Dizionario Biografico degli Italiani 10 (1968), S. 536–559.

65 Blondus (Anm. 64), S. 207f. Vgl. zu diesem Bericht von Clermont Mertens (Anm. 43), S. 65–78; Orth (Anm. 43), S. 372–376; Meserve (Anm. 43), S. 23f.; Bisaha (Anm. 43), S. 25.

66 Es handelt sich um Vatikan, Biblioteca Apostolica Vaticana, Cod. Vat. Lat. 1795 und 2005. Vgl. Clavuot, Ottavio: Biondos *Italia Illustrata* – Summa oder Neuschöpfung? Über die Arbeitsmethode eines Humanisten (Bibliothek des deutschen historischen Instituts in Rom 69). Tübingen 1990, S. 259–264, S. 353; Robertus Monachus (Anm. 8), S. lxxii.

67 Blondus (Anm. 64), S. 207.

68 Blondus (Anm. 64), S. 207 B-C. Vgl. Robertus Monachus (Anm. 8), S. 5. Nur knappe Angaben zur Bearbeitung bei Buchholz, Paul: Die Quellen der *Historiarum decades* des Flavius Blondus. Leipzig 1881, S. 78f.

69 Blondus (Anm. 64), S. 207 B-C. Vgl. Robertus Monachus (Anm. 8), S. 5.

70 Blondus (Anm. 64), S. 207 C-D: „Abacta inde Christiani [!] pars fragilis et cruciatuum impatiens, saluti abrenuncians circumciso praeputio facta est Saracena: pars in fide constans per uarios mortis modos lacerati laniatique sunt, ut felix fuerit quem carnifex

hingegen ausführlicher ein als in der Vorlage. Nun ist von Pilgerinnen die Rede, die allen erdenklichen Quälereien ausgesetzt gewesen sein sollen.[71] Biondo legt dem Papst danach einen Appell in den Mund, dagegen vorzugehen, der wieder explizit an christliche Männer gerichtet ist.[72] Im folgenden Abschnitt wendet sich das Kirchenoberhaupt an die verschiedenen Volks- und Sprachgruppen und warnt die Zuhörer aus dem Norden („Germani", „Saxones"), Osten („Poloni", „Bohemi", „Hungari"), Süden („Itali", „Veneti", „Dalmatae", „Histri et alii sinus Adriatici accolae") und Westen („Galli", „Hispani", „Aquitani") vor den heranrückenden Muslimen.[73]

Schon Robertus Monachus hatte die gefährdete Lage von Byzanz erwähnt.[74] Biondo steigert dies zu einer eindringlichen Warnung, dass nach dem Fall des griechischen Kaiserreichs Europa nicht länger vor Angriffen sicher sei, was auf die Konfliktlage um 1450 verweist.[75] Auch das danach angeführte Exemplum Karls des Großen geht auf den Reimser Chronisten zurück, doch wird in den Dekaden noch der Bezug des Herrschers zu verschiedenen europäischen Völkern („Germani", „Franci", „Hispani", „Aquitani") genauer erläutert.[76] Nicht nur aus ihren Ländern, sondern auch aus der „Italia", dem Heiligen Land und Jerusalem soll Karl die „Saraceni" vertrieben haben. Biondo erweitert das Exemplum in humanistischer Manier noch um Verweise auf die Ausdehnung Roms in der Antike und in christlicher Zeit.[77]

---

appetitum gladio obtruncauit." Vgl. dagegen die drastischen Schilderungen des Robertus Monachus (Anm. 8), S. 5.

71 Blondus (Anm. 64), S. 207 „Mulieres uero Christianae, quas […] deuotio ad sancta inspicienda et osculanda, adorandaque loca per tot maria, tot terras attraxerat, omnia passę sunt, quę […] Christi hostis non ad suam magis explendam libidinem quam ad Christianorum dedecus excogitare potuit." Vgl. Robertus Monachus (Anm. 8), S. 5; zum viel zitierten Topos der leidenden Frauen in der Kreuzzugswerbung Nicholson, Helen J.: Women's Involvement in the Crusades. In: Boas, Adrian J. (Hrsg.): The Crusader World. Abingdon/New York 2016, S. 54–67, hier S. 55.

72 Blondus (Anm. 64), S. 207 C-D: „Ea si Christiani, imo si estis uiri, nec aequo audire animo, nec potestis cum patientia tolerare." Vgl. zum Appell an die ‚männliche Ehre', der in der klassischen Literatur weit verbreitet ist, Barton, Carlin A.: Roman Honor. The Fire in the Bones. Berkeley/Los Angeles/London 2001, S. 38–41.

73 Blondus (Anm. 64), S. 207f. D-E.

74 Vgl. Robertus Monachus (Anm. 8), S. 5.

75 Blondus (Anm. 64), S. 208 E-F. Vgl. Orth (Anm. 43), S. 375f.; Meserve (Anm. 43), S. 23f.

76 Blondus (Anm. 64), S. 208 F-G. Vgl. Robertus Monachus (Anm. 8), S. 6; Bisaha (Anm. 43), S. 30–42 zu Karl dem Großen in der humanistischen (Kreuzzugs-)Historiographie.

77 Vgl. Meserve (Anm. 43), S. 23.

Urban II. fordert schließlich alle auf, nun zu den Waffen zu greifen, wofür er sowohl weltlichen wie geistlichen Lohn („praemia") in Aussicht stellt.[78] Jerusalem bezeichnet er als das Land, wo Milch und Honig fließen (Exod. 3,8). Diese Punkte entsprechen den Vorgaben der *Historia Iherosolimitana* ebenso wie die Unterbrechung des Papstes durch „Deus vult"-Rufe. Biondo steigert sie allerdings noch in ihrer Dramatik und behauptet, die Zuhörer hätten nicht nur zwei-, sondern drei- oder viermal den Ruf wiederholt. Sie scheinen damit gar nicht mehr aufhören zu wollen, bis es Urban II. schließlich gelingt, durch Gesten für Ruhe zu sorgen. Nun erklärt der Papst den Schrei zum Schlachtruf, den er mit den Worten Vergils als *tessera* (Aen. VII 637) bezeichnet.[79] Auch die Aufforderung zur Befestigung von Stoffkreuzen übernimmt Biondo aus der Reimser Chronik.[80] Da der Papst in dieser Version explizit zu Männern spricht, ist es für den Humanisten nicht notwendig, die Bestimmungen zur Kreuzzugsteilnahme von Frauen anzuführen, die Robertus Monachus erwähnt.

Sebastian Brant übernahm den Bericht Biondos in seiner Chronik des Königreichs Jerusalem, die er 1495 Maximilian I. widmete.[81] Ein Schüler Brants, der Schweizer Geschichtsschreiber Kaspar Frey, übersetzte die Erzählung 1512 ins

---

78 Blondus (Anm. 64), S. 208 G-H. Vgl. Robertus Monachus (Anm. 8), S. 6f.

79 Blondus (Anm. 64), S. 208 H: „Pontifice adhuc dicturiente, vox omnium, dictum mirabile, unico ut apparuit ore prolata intonuit ‚Deus vult, Deus vult'. Ad quam vocem quum pont[ifex] pusillum tacuisset, illique viderentur iterata ter quaterque verba repetituri, eis, ut tacerent manu significavit et gratiis deo actis, qui tot populorum mentes in sua flexisset beneplacita, subiunxit, viri fortes, ea quae dominus in os vestrum posuit verba, vobis in bello pro tessera erunt." Vgl. Robertus Monachus (Anm. 8), S. 7; Nachweis des Zitats bei Orth (Anm. 43), S. 375.

80 Blondus (Anm. 64), S. 208 H. Vgl. Robertus Monachus (Anm. 8), S. 7.

81 Brant, Sebastian: De Origine et conuersatione bonorum regum et laude ciuitatis Hierosolymae cum exhortatione eiusdem recuperande. Basel [Johannes Bergmann von Olpe] 1495, Bl. KIIv-KVv. Vgl. Gesamtkatalog der Wiegendrucke: GW M5072. http://www.gesamtkatalogderwiegendrucke.de (6.3.2018); Bayerische Staatsbibliothek: Inkunabelkatalog (BSB-Ink): BSB-Ink B-810. http://inkunabeln.digitale-sammlungen.de/Ausgabe_B-810.html (6.3.2018); Incunabula Short Title Catalog: ISTC ib01097000. http://data.cerl.org/istc/ib01097000 (6.3.2018); Knape, Joachim: Art. Brant, Sebastian. In: Die deutsche Literatur des Mittelalters. Verfasserlexikon. Deutscher Humanismus 1 (2008), Sp. 247–283, hier Sp. 266f.; Orth (Anm. 43), S. 378–380; Mertens (Anm. 43), S. 76f.; Foresta, Antje: Sebastian Brant als Historiker. Zur Perzeption des Reichs und der Christenheit im Schatten der Osmanischen Expansion. Freiburg 2004, S. 77. Digital publizierte Dissertation. urn:nbn:de:bsz:25-opus-76742 (6.3.2018).

Deutsche.[82] Er nahm sich dabei gewisse Freiheiten, etwa bei der Übertragung der Passage, in der das „Deus vult" zitiert wird. Hier ergänzte Frey die Rufe, die nach Biondo mehrfach erschollen sein sollen, noch zweimal wörtlich. Den Begriff ‚tessera' übertrug er – wie die meisten deutschen Übersetzer – mit einer Doppelkonstruktion („wortzaichen und krieg").[83] Zudem änderte der Schüler Brants die Angaben zum Besucherkreis, der in der lateinischen Vorlage aus einigen Klerikern („patres") und zahlreichen Laien („ex omni orbe Christiano multitudo ad concionem uocata") besteht. In Freys Fassung sprach der Papst nur noch zu Geistlichen, nämlich Konzilsvätern und Prälaten.[84]

Er verfuhr damit ähnlich wie der Übersetzer, der im 13. Jahrhundert die lateinische Chronik des Wilhelm von Tyrus, die ebenfalls einen ‚Bericht' der

82 Brant, Sebastian: Von dem anfang und wesen der hailigen statt Jerusalem [Übersetzt von Kaspar Frey]. Strassburg [Johann Knobloch d. Ä] 1518, Bl. LVr. Vgl. Verzeichnis der Drucke des 16. Jahrhunderts: VD 16 B 7083. http://gateway-bayern.de/VD16+B+7083 (6.3.2018); Mertens (Anm. 43), S. 77; Knape (Anm. 81), Sp. 267; Gutmann, Andre: Baden – St. Gallen – Zürich. Die wechselhafte Karriere des Chronisten Kaspar Frey. In: Argovia. Jahresschrift der Historischen Gesellschaft des Kantons 120 (2008), S. 94–130, hier S. 116f.

83 Frey (Anm. 82), Bl. LVIr-v: „Als nun der bapst noch nit ußgeredt, ist durch ir als aller stym – wunderbarlich zuo sagen – mit ainhelligem mund geschruwen ‚Gott wil es, Gott wil es.' So nun der bapst uff das schreyen ain klaine weil nur redet, habent sie widerumb drey oder vier malen schreyende gerüfft: ‚Es ist der wil Gottes, es ist der wil Gottes.' Also hat Urbanus, das sie stil und schweygend werent mit der handt bedeut und zaichen geben. Und Gott, das so vil gmüt des volcks in sein gefallen bekert, danck gesagt und daruff mer geret: ‚Ir starckmütigen männer! Die wort so uch got in üwere münd gelegt, werdent in dem krieg üwer wortzaichen und krieg sein.'" Vgl. Blondus (Anm. 64), S. 208 H: „Pontifice adhuc dicturiente, vox omnium, dictum mirabile, unico ut apparuit ore prolata intonuit ‚Deus vult, Deus vult'. Ad quam vocem quum pont[ifex] pusillum tacuisset, illique viderentur iterata ter quaterque verba repetituri, eis, ut tacerent manu significavit et gratiis deo actis, qui tot populorum mentes in sua flexisset beneplacita, subiunxit, viri fortes, ea quae dominus in os vestrum posuit verba, vobis in bello pro tessera erunt. […] "

84 Frey (Anm. 82), Bl. LVr: „Und als die vätter und prelaten der gantzen welt der cristenheit in ein versamlung des rats alle ding offentlich ze hoeren kommen, hat er als ein gelerter und in der heylikeit fürschinent ein solliche nachvolgende red, ermanung unnd werbung an sie gethan: ‚Ir cristenliche menner, so in diß statt zuo uns als berüfft kommen seind […] ein […] zwingende ursach […] hat unß her zuo genoetiget und gezogen.'"

Versammlung von Clermont enthielt, in eine französische Fassung übertrug.[85] Auch in der *Estoire d'Eracles* wurde das Publikum, zu dem Wilhelm von Tyrus Bischöfe, Äbte und weltlichen Fürsten zählt, wieder auf diejenigen beschränkt, die üblicherweise den Großteil der Konzilsbesucher stellten, nämlich auf Kleriker.[86] Die *Estoire d'Eracles* war die Textgrundlage für eine weitere humanistische Kreuzzugschronik, die *Historia Gotefridi*, die Benedetto Accolti, Kanzler der Medici in Florenz, um 1463 verfasste.[87] In der *Estoire d'Eracles* war über das Konzil von Clermont wenig zu erfahren, weshalb der Florentiner Humanist dafür anderes Material heranzog, darunter bekanntermaßen die Chronik des Robertus Monachus, möglicherweise in der gekürzten Fassung des Marino Sanudo

85 Guillaume de Tyr et ses continuateurs. Texte Français du XIIIe siècle. Hrsg. von Paulin Paris. Paris 1879. Vgl. Handyside, Philip D.: The Old French William of Tyre (The Medieval Mediterranean 103). Leiden/Boston 2015.

86 Guillaume de Tyr (Anm. 85), S. 28: „Il semont un general concile de touz les prelaz qui estoient entre les monz et la mer d'Engeleterre. Cil conciles sist premierement à Verzelai, l'autre foiz au Pui Nostre Dame, la tierce foiz à Clermont en Auvergne; et sist eu mois de novembre. Là ot assez arcevesques, evesques, abez et granz persones de Sainte eglise de ces parties." Vgl. dagegen Guillaume de Tyr: Chronique. Hrsg. von Robert B. C. Huygens (Corpus Christianorum. Continuatio Mediaevalis 63). Turnhout 1986, S. 130: „Dominus Urbanus [...] concilium generale prius apud Vigiliacum deinde apud Podium convocare disposuit, sed novissime apud Clarum Montem Alvernie civitatem, divina comite gratia, ex universis transalpinarum partibus provinciarum mense Novembre episcoporum, abbatum convenit sacer conventus in nomine domini, presentibus etiam predictarum partium nonnullis principibus."

87 Benedetto Accolti: Historia Gotefridi seu de bello a Christianis contra barbaros gesto pro Christi sepulchro et Judaea recuperandis. Hrsg. von Paul Riant. In: Recueil des Historiens des Croisades. Historiens occidentaux. Bd. 5. Paris 1895, S. 525–620. Vgl. zu Werk und Verfasser Petrucci, Armando: Art. Accolti, Benedetto. In: Dizionario Biografico degli Italiani 1 (1960), S. 99f.; Marcelli, Nicoletta: Art. Benedictus Accoltus Aretinus senior. In: Compendium Auctorum Latinorum Medii Aevi 2 (2008), S. 193f.; Black, Robert: Benedetto Accolti and the Florentine Renaissance. Cambridge [u.a.] 1985, S. 300; Orth (Anm. 43), S. 382–385; Carpini, Claudio: Firenze e la rielaborazione della memoria della crociata. La *Historia Gotefridi* di Benedetto Accolti. In: Agnoletti, Silvia/Mantelli, Luca (Hrsg.): I Fiorentini alle crociate. Guerre, pellegrinaggi e immaginario ‚orientalistico' a Firenze tra Medioevo ed Età moderna. Florenz 2007, S. 244–258; Black, Robert D.: Benedetto Accolti. A Portrait. In: Celenza, Christopher S./Gouwens, Kenneth (Hrsg.): Humanism and Creativity in the Renaissance. Essays in Honor of Ronald G. Witt (Brill's Studies in Intellectual History 136). Leiden/Boston 2006, S. 61–83, hier S. 76f.

Torsello.[88] Zu seinen Quellen müssen allerdings auch Flavio Biondos *Decades* gehört haben, denn ähnlich wie hier spricht Urban II. explizit zu männlichen Zuhörern.[89]

Anders als bei Robertus Monachus argumentiert der Papst aber eher gelehrt und erläutert seinen Adressaten einleitend die Gefahren, welche die Ausbreitung des Islam mit sich bringe. In humanistischer Manier bezieht er sich dabei ausführlich auf die Geschichte der Antike, wobei er die damaligen Christenverfolgungen als vergleichsweise harmlos darstellt.[90] Nun aber sei den Muslimen das Heilige Land und das Grab Jesu in die Hände gefallen und für Pilger nur noch gegen hohe Geldzahlungen erreichbar. Zudem würden Zwangsbeschneidungen an Christen vorgenommen, was als Motiv auf Robertus Monachus zurückgeht, an dieser Stelle aber – der Argumentation eigentlich wenig dienlich – mit einer jüdischen Gewohnheit in Verbindung gebracht wird.[91] Der Papst appelliert an seine Zuhörer, sich als wahre christliche Männer zu erweisen und gegen derartige Schandtaten vorzugehen.[92] Dabei bleibt er vergleichsweise sachlich, legt ausführlich die Gründe für ein ‚bellum iustum' dar und beweist, dass auch der Kreuzzug in diesem Sinne legitim sei. Nach diesen abstrakten Erörterungen appelliert Urban II. an das konkrete Tugend- und Ehrgefühl seines Publikums, dem er Christus und die eigenen Vorfahren als Exempla präsentiert. Wie in Feldherrnreden üblich, beschwört der Papst noch den sicheren Sieg – eine Hoffnung, die er mit der Schwäche der Feinde und dem Beistand Gottes begründet. Abschließend fasst er seine Argumente noch einmal zusammen und erklärt den Kreuzzug zu einem Akt der Verteidigung von Heimat, Haus und Familie, der zudem dem eigenen Seelenheil diene.[93] Benedetto Accolti übernimmt also Form und

88 Vgl. zur Diskussion Black: Florentine Renaissance (Anm. 87), S. 300, S. 314f., S. 325; Orth (Anm. 43), S. 382 Anm. 40; Carpini (Anm. 87), S. 252.

89 Die ganze Passage bei Benedetto Accolti (Anm. 87), S. 537 B-I richtet sich an die „viri Christiani" (B-C), danach an die Männer im Allgemeinen: „Ergo, filii mei, si viri estis, si Christum putatis Deum esse [...] ad hoc opus praeclarum animos vestros mentesque dirigite, ac Deo propitio, adversus Barbaros arma capite. Nimis enim has contumelias tolerastis [...]." Vgl. die ähnlichen Wendungen bei Blondus (Anm. 64), S. 207 C-D: „Ea si Christiani, imo si estis uiri, nec aequo audire animo, nec potestis cum patientia tolerare: in quae omnia, ut mentem animumque aduertere et illis pro dignitate nominis Christiani prouidere uelitis, maiorum exempla [...] ducere magis quam trahere debebunt. "

90 Benedetto Accolti (Anm. 87), S. 536.

91 Ebd.: „ [...] liberi, post baptisma receptum, violenter judaico more circumciduntur".

92 Ebd., S. 537.

93 Ebd., S. 538.

Motivik des Robertus Monachus, schwächt die Dramatik der Rede aber erkennbar ab. Statt auf blutige Details rekurriert der Papst in der *Historia Gotefridi* eher auf antike Geschichte, die Lehre vom ‚bellum iustum' und die Tugendhaftigkeit seiner Zuhörer. Die „Deus vult"-Schreie streicht der Florentiner Humanist aus seinem Konzilsbericht und erwähnt lediglich ein zustimmendes Gemurmel und gegenseitige Ermahnungen der Zuhörer.

In einem Punkt steigerte er allerdings die Vorgaben des Robertus Monachus, nämlich im Hinblick auf den Ort der Predigt. Aus der Reimser Chronik (möglicherweise in der Fassung Marino Sanudos) wusste Accolti, dass die Predigt nicht in einer Kirche, sondern im Freien stattgefunden hatte. Hier griff der Humanist in die Erzählung ein und ließ Urban II. nicht nur außerhalb der Kirche, sondern gleich außerhalb der Stadt predigen („pontifex [...] extra urbem [...] disseruit").[94]

Die *Historia Gotefridi* erfreute sich großer Beliebtheit und wurde in mehrere Volkssprachen übersetzt.[95] Heinrich von Eppendorf, der wegen seiner Auseinandersetzungen mit Erasmus eine gewisse Prominenz erlangte, fertigte eine deutsche Fassung an, die 1551 als seine letzte Übersetzungsarbeit gedruckt wurde.[96] Der Konzilsbericht folgt der lateinischen Chronik weitgehend wörtlich, lediglich an einer Stelle scheint ein Bibelvers verwechselt worden zu sein.[97] Zudem

---

94 Ebd., S. 536.

95 Vgl. Schmugge, Ludwig: Die Kreuzzüge aus der Sicht humanistischer Geschichtsschreiber. Basel/Frankfurt 1987, S. 12f.; Foresta (Anm. 81), S. 150.

96 Die wunderbarliche histori von der Christen auszzug under kaiser Heinrichen dem vierdten, zu des hailigen lands [...] errettung [...] durch Benedictum Aretinum in vier buecher eingetheilt und [...] beschriben, alles aus Latinischer sprachen ins Deutsch newlich verdolmetschet durch Heinrichen von Eppendorff. Strassburg [Georg Messerschmidt] 1551. Vgl. Verzeichnis der Drucke des 16. Jahrhunderts: VD16 F 1674. http://gateway-bayern.de/VD16+F+1674 (6.3.2018) und zu diesem Werk und (dem in der Forschung wenig beachteten) Verfasser Toepfer, Regina: Art. Eppendorf, Heinrich von. In: Frühe Neuzeit in Deutschland, 1520–1620. Literaturwissenschaftliches Verfasserlexikon 2 (2012), Sp. 228–234, hier Sp. 231f.

97 Benedetto Accolti (Anm. 87), S. 538: „Ergo par est vos [...] nec putare iniquum esse, ut pro Christi religione domestici lares, liberi, conjuges aliquo tempore deserantur. Sua enim sententia, quae in sacris est litteris, illius gratia nemo est dignus, qui ejusmodi omnia in eum amori anteponit." In der lateinischen Fassung klingt an dieser Stelle Matth. 10,37 an „Qui amat patrem aut matrem plus quam me, non est me dignus: et qui amat filium aut filiam super me, non est me dignus." Heinrich von Eppendorf (Anm. 96), Bl. LXXXVr übersetzt aber „und sol ein jetlicher [...] keins wegs gedencken, das es unbillich sey, das ir ein zeit lang daz vatterland, weib und kind Gottes halber verlasset, dann er hat selbs gesagt, wenn wir gleich alles thun, was ihm gefalle, so sollen wir uns für seine unnütze diener achten." Vgl. Luc. 17,10: „Sic et vos cum

bezeichnet Heinrich von Eppendorf die Gegner der Kreuzfahrer, die Accolti recht allgemein „barbari“ nennt, konkreter als die „Mahometischen“ oder abfällig als „die Mahometischen schelmen“.[98] Auch bei Heinrich von Eppendorf spricht der Papst zu einem Publikum, das nur aus Männern besteht, außerhalb der Stadt.[99] Der Übersetzer trägt so dazu bei, einen Ort der Predigt zu etablieren, den noch Heinrich von Sybel, der eine der frühesten wissenschaftlichen Studien über den Ersten Kreuzzug verfasst hatte, für plausibel hielt.[100] Bis in die neuesten Forschungsarbeiten hält sich die Annahme, der Papst habe „in a field outside the town of Clermont“ gepredigt.[101]

## IV. Fazit

Zusammenfassend lässt sich festhalten, dass schon in der frühneuhochdeutschen Chronistik drei Punkte der Predigt Urbans II. umstritten sind, die bis heute diskutiert werden: der Ort des Kreuzzugsaufrufs, die Adressaten und ihre Reaktion. Robertus Monachus berichtet um 1106/10 als einziger davon, dass Urban II. auf einer „platea“ gepredigt habe, was die volkssprachlichen Bearbeiter wahlweise als Straße oder Platz übersetzten – sofern sie ihren Rezipienten nicht beide Möglichkeiten anboten. Bei den Illustrationen musste eine Entscheidung gefällt

---

feceritis omnia quae praecepta sunt vobis, dicite: Servi inutiles sumus.“ Vermutlich lag Heinrich von Eppendorf eine Version der Chronik Accoltis vor, in welcher der Bibelvers nicht vollständig, sondern nur (falsch?) gekürzt zitiert wurde.

98 Heinrich von Eppendorf (Anm. 96), Bl. LXXXIIIIr. Vgl. Benedetto Accolti (Anm. 87), S. 537.

99 Heinrich von Eppendorf (Anm. 96), Bl. LXXXIIIr. „Nach disem allem hat der babst gemeinet, es sey zeit, das man den angefangnen anschlag des Heiligen Lands halber ins werck bringe; hat die personen des concilii versamlet und ir meinung woellen anhoeren. Da er sie aber alle einhellig funden, meinet er, es stuende im nit übel an, das er dem handel ein eingang maechte, ließ das volck ausserhalb der statt beruoffen und sprach sie mit disen worten an: [...] Wie erbermlich es nu um das Heilig Land stehe, künt ir aus dieser kurtzen erzelung wol erachten, die ich derhalb gethan, damit ich euch, Christliche menner, als vil als aus dem schlaff erweckte und euch anzeigete, was fuer ein spot auff euch beruoget.“

100 Sybel (Anm. 3), S. 184: „Der Andrang war so groß, daß kein geschlossener Raum die Menge zu fassen vermochte, man verließ also die Stadt, und auf weiter Ebene, von Bischöfen, Fürsten, Geistlichen und Rittern, endlich von einer unübersehbaren Volksmenge umgeben, begann Urban den Nationen des Abendlandes von dem Grabe Jesu Christi zu reden.“

101 Riley-Smith, Jonathan: The First Crusaders 1095–1131. Cambridge 1997, S. 58, nach Somerville (Anm. 19), S. 62. Vgl. Mayer (Anm. 9), S. 18.

werden, die in der Inkunabel zu Gunsten des Platzes ausfiel. Der Druck von 1502 zeigt hingegen eine gewöhnliche Predigtszene in einer Kirche, was nicht der einzige Irrtum war, der sich in die Neuausgabe einschlich. Auch die Ausführungen des Papstes über Frauen wurden sprachlich geglättet. Ihre Rolle beschränkte sich nun darauf, für den geordneten Aufbruch der Männer zu sorgen, statt selbst am Kreuzzug teilzunehmen.

Interessanterweise änderte auch der italienische Humanist Flavio Biondo die Vorgaben des Robertus Monachus an dieser Stelle: Frauen erschienen in seiner Version der Predigt nur noch als Opfer der Muslime, nicht mehr als Adressaten des Kreuzzugsaufrufs.

Dies führt zu einem weiteren viel diskutierten Problem, nämlich dem Publikum Urbans II. in Clermont. Robertus Monachus blieb auch an dieser Stelle etwas ambivalent, sprach von einer Versammlung von Bischöfen und Fürsten aus der „Gallia“ und der „Germania“, die der Papst anschließend allesamt als „Franci“ adressierte. Lediglich die Übersetzung von 1584 in Feyerabends *Reyßbuch* übernahm diese Anrede wörtlich. Heinrich Steinhöwel ließ den Papst hingegen zu Deutschen und Franzosen predigen, was der Bericht der *Historia Iherosolimitana* durchaus impliziert, aber vor allem Steinhöwels ‚deutschem‘ Rezipientenkreis geschuldet sein dürfte. Flavio Biondo erweiterte den Kreis der Zuhörer nochmals und berichtete von einer Ansprache Urbans II., die sich an Konzilsväter und Krieger aus ganz Europa gerichtet habe. Über die Chronik Sebastian Brants fand auch diese Version der Ereignisse den Weg ins Frühneuhochdeutsche. Ihr Übersetzer Kaspar Frey änderte den Text dahingehend, dass der Papst ausschließlich zu Klerikern predigte, also zu einem Konzil in engerem Sinne. Diese Deutung der Ereignisse wird durch weitere Quellen und Forschungsergebnisse gestützt, konnte sich aber bis heute nicht durchsetzen.

Noch immer bevorzugt die Historiographie eine Erzählung, in welcher der Papst sich direkt an eine große Schar von Kriegern wendet, die auf seine Predigt begeistert mit dem Schrei „Deus vult“ reagieren. Robertus Monachus hatte den Schlachtruf vermutlich aus seiner Vorlage, den Gesta Francorum, übernommen und auf das Konzil von Clermont verlegt. Von seinen Bearbeitern ließ nur Benedetto Accolti den Kriegsschrei unerwähnt. Die meisten frühneuhochdeutschen Fassungen der *Historia Iherosolimitana* gaben diese Passage mehr oder weniger wörtlich wieder, lediglich in den frühen Übertragungen wurde sie gekürzt. Der Humanist Flavio Biondo erweiterte den Bericht des Robertus Monachus an diesem markanten Punkt und erwähnt die mehrfache Wiederholung des Kriegsrufs. Sein Übersetzer Kaspar Frey zitierte die Rufe zudem wörtlich und steigerte so die Dramatik des päpstlichen Kreuzzugsaufrufs.

Antje Sablotny

# Politische Beratung und Erzählen im achten Buch von Wolframs *Parzival*. Zum Streitdialog zwischen Kingrimursel und Liddamus

**Abstract:** This paper assumes an elementary correlation of politics and narrative. Considering the famous debate between Landgrave Kingrimursel and Duke Liddamus, and the subsequent counsel scene, it shows that political decision-making is discursive beyond being solely a subject matter in Wolfram's *Parzival*. Based on historical science's oratory research, the author proposes that the plot of the eighth book is driven by the political tension of consensus-finding and negotiation. The narrative ‚discours' and Wolfram's literary self-reflectivity emerge as the decisive media to communicate the exclusive character of political communication and decision-making.

## I. „[N]icht jedes Reden ist eine Rede"[1]

Johannes Helmrath und Jörg Feuchter haben mit ihren und den im Umkreis von ihren Ansätzen entstandenen Arbeiten zu vormoderner politischer Redekultur insbesondere für den Bereich europäischer Reichs- und Ständeversammlungen des Spätmittelalters und der Frühen Neuzeit das Forschungsfeld der Oratorik für die historische Wissenschaft etabliert.[2] Methodischer Ausgangspunkt des oratorischen Ansatzes ist die explizite Distanzierung von einem rein rhetorischen, und das heißt allein auf das Wort fokussierten, Frageinteresse. Im Sinne einer

1 Helmrath, Johannes/Feuchter, Jörg: Einleitung – Vormoderne Parlamentsoratorik. In: dies. (Hrsg.): Politische Redekultur in der Vormoderne. Die Oratorik europäischer Parlamente in Spätmittelalter und Früher Neuzeit (Eigene und fremde Welten. Repräsentationen sozialer Ordnung im Vergleich 9). Frankfurt a.M./New York 2008, S. 9–22, hier S. 15.

2 Vgl. die Teilprojekte *Oratorik auf europäischen Reichs- und Ständeversammlungen des späten Mittelalters und der beginnenden Neuzeit als Repräsentation politisch-sozialer Ordnungen im Vergleich* (2004–2008) sowie *Repräsentationen sozialer Ordnung auf politischen Zentralversammlungen. Oratorik – Zeremoniell – Funktion* (2008–2013) im Rahmen des von der Deutschen Forschungsgesellschaft geförderten Berliner Sonderforschungsbereichs 640 *Repräsentationen sozialer Ordnungen im Wandel. Interkulturelle und intertemporäre Vergleiche.*

angestrebten Pragmatik politischer Reden, welche auf ihre historische Funktion hin befragt werden sollen, gilt es vielmehr, das Theorieinstrumentarium zu erweitern und entsprechende grundlegende Prämissen zu konsolidieren.[3] Eine wichtige Rolle kommt dabei der Sprechakttheorie zu, mit der die performative Dimension sprachlicher Äußerungen beobachtbar und beschreibbar wird und mit dem das reziproke Zusammenspiel von Adressant und Adressat der Rede sowie ihre sozial-politische Einbettung berücksichtigt werden können. Die von Seiten der Historiker*innen postulierte „Besinnung auf eine Selbstverständlichkeit",[4] nämlich den verschiedenen Aussageebenen verbaler (und auch nonverbaler) Sprechakte Bedeutung beizumessen, spielt der interdisziplinären Zusammenarbeit mit am mehrfachen Schriftsinn geschulten Literaturwissenschaftler*innen mit Bestimmtheit und Gewinn zu, zumal sich dort der ‚performative turn' als äußerst fruchtbar erwiesen hat.[5] Für Untersuchungen sowohl fiktionaler als auch nicht-fiktionaler Redeszenen des deutschsprachigen Mittelalters und der Frühen Neuzeit ist jene – durch die theoretischen Überlegungen John L. Austins und John R. Searles geprägte –[6] Differenzierung von lokutionären, illokutionären und perlokutionären Sprechakten sowie prinzipiell der Fokus auf die Gelingensbedingungen sprachlicher Äußerungen mittlerweile zu einem wichtigen analytischen Zugriff avanciert.[7]

---

3 Vgl. Helmrath/Feuchter (Anm. 1), S. 12f. Vgl. auch Feuchter, Jörg: Oratorik und Öffentlichkeit spätmittelalterlicher Repräsentativversammlungen. Zu zwei Diskursvorgaben von Jürgen Habermas, Otto Brunner und Carl Schmitt. In: Kintzinger, Martin/ Schneidmüller, Bernd (Hrsg.): Politische Öffentlichkeit im Spätmittelalter (Vorträge und Forschungen 75). Ostfildern 2011, S. 183–202, hier S. 186f.

4 Vgl. Feuchter (Anm. 3), S. 199.

5 Vgl. grundsätzlich dazu Velten, Hans Rudolf: Performativität. In: Benthien, Claudia/ Velten, Hans Rudolf (Hrsg.): Germanistik als Kulturwissenschaft. Einführung in neue Theoriekonzepte (rowohlts enzyklopädie). Reinbek bei Hamburg 2002, S. 217–242, sowie Wirth, Uwe: Der Performanzbegriff im Spannungsfeld von Illokution, Iteration und Indexikalität. In: ders. (Hrsg.): Performanz. Zwischen Sprachphilosophie und Kulturwissenschaften (Suhrkamp Taschenbuch Wissenschaft 1575). Frankfurt a.M. 2004, S. 9–60.

6 Vgl. Austin, John L.: Zur Theorie der Sprechakte (How to do things with words). Deutsche Bearbeitung von Eike von Savigny. Stuttgart 1972 [Original zuerst 1962]; Searle, John R.: Sprechakte. Ein sprachphilosophischer Essay. Aus dem Amerikanischen von Renate und Rolf Wiggershaus. Frankfurt a.M. 1971 [Original zuerst 1969].

7 Vgl. etwa die Beiträge in Münkler, Marina (Hrsg.): Aspekte einer Sprache der Liebe. Formen des Dialogischen im Minnesang (Publikationen zur Zeitschrift für Germanistik N.F. 21). Bern u.a. 2011. Im Feld der historischen Dialogforschung (vgl. die Beiträge und Studien in der von Nine Miedema, Angela Schrott und Monika Unzeitig hrsg.

Eine für die Oratorik-Forschung zweite relevante Bezugsgröße stellen geschichtswissenschaftliche Arbeiten zu Zeremoniellen und Ritualen politischen Handelns dar; unter anderem haben die Arbeiten Gerd Althoffs zur symbolischen Kommunikation prägend auf die germanistische Mediävistik gewirkt und sind im Kontext der Erforschung diskursiver und narrativer Freundschaftsliteratur aufgegriffen worden.[8] Synergetische Effekte erzielten ebenso bereits das anverwandte Themenfeld des Öffentlichen und Privaten, für das stellvertretend Peter von Moos genannt sein soll.[9] Die Orientierung der Oratorik-Forschung vollzieht sich in zweifacher, sowohl absetzender als auch anschließender Weise: Im Sinne ihres Plädoyers für die Bedeutung der Rede für politische Öffentlichkeiten der Vormoderne relativieren Helmrath und Feuchter die Dominanz nonverbaler Kommunikation für dieses Feld.[10] Sie wollen die Bedeutung nonverbaler Kommunikation zwar nicht gänzlich infrage stellen, sehen aber eher in der Sprache und weniger im Visuellen den relevanten Beobachtungsbereich.[11] Die Berücksichtigung der performativen Dimension von Rede kann hierfür ein geeigneter

---

Reihe *Historische Dialogforschung*) finden dezidiert sprechakttheoretische Analysen nur vereinzelt Anwendung.

8 Vgl. Münkler, Marina/Sablotny, Antje/Standke, Matthias (Hrsg.): Freundschaftszeichen. Gesten, Gaben und Symbole von Freundschaft in der mittelalterlichen Literatur (Beihefte zum Euphorion 86). Heidelberg 2015. Im höfischen Roman bewährt sich Freundschaft „als Ratgeberschaft […] insbesondere bei weiblichen Freundschaften im höfisch-herrschaftlichen Raum und gibt Freundschaft damit eine ansonsten kaum eingespielte politische Dimension, die in Hartmanns von Aue *Iwein* insbesondere die interimistisch herrschende Königin Laudine mit ihrer politischen Ratgeberin Lunete oder die in Gottfrieds von Straßburg *Tristan* in eine illegitime Liebe verstrickte Königin Isolde mit ihrer Ratgeberin und Vertrauten Brangäne verbindet." Münkler, Marina: Art. Transformationen der Freundschaftssemantik in Diskursen und literarischen Gattungen seit dem Mittelalter. In: Betten, Anne/Fix, Ulla/Wanning, Berbeli (Hrsg.): Handbuch Sprache in der Literatur (Handbücher Sprachwissen 17). Berlin/Boston 2017, S. 55–93, hier S. 84.

9 So verzeichnet der von Gert Melville und Peter von Moos hrsg. Band (Melville, Gert/Moos, Peter von [Hrsg.]: Das Öffentliche und Private in der Vormoderne [Norm und Struktur 10]. Köln/Weimar/Wien 1998) zahlreiche altgermanistische Beiträge.

10 „So sehr an sich der von Thum, Althoff und Gestrich eingeforderten Beachtung der nonverbalen Kommunikation zuzustimmen ist, so wenig leuchtet es ein, dass diese um den Preis der Rückstufung der verbalen erfolgen soll. Vielmehr müssen beide Sprachen in ihrer Verschränkung wahrgenommen werden, um vormoderne politische Öffentlichkeiten angemessen zu verstehen." Feuchter (Anm. 3), S. 199. Vgl. auch Helmrath/Feuchter (Anm. 1), S. 11.

11 Vgl. Helmrath/Feuchter (Anm. 1), S. 13, sowie Feuchter (Anm. 3), S. 199.

Zugriff sein. Helmrath und Feuchter beschreiben denn auch – und das ist Kernpunkt ihrer Argumentation – die Funktion der Rede als eine ambige. Auch wenn „die parlamentarischen Akteure in der Vormoderne unter hohem formalem Konsensdruck" standen, waren ihre Reden

> nicht bloße affirmative ‚Konsensfassade', sondern auch Medium, ja geradezu der eigentliche Akt eines politisch unabdingbaren Aushandelns von Positionen und Entscheidungen. [...] [H]ier handelt es sich immer zugleich um rituelle bzw. zeremonielle Persuasion wie auch um Deliberation und Argumentation.[12]

Insofern spielt Nonverbales weiterhin eine Rolle für politische Entscheidungsprozesse. Zugleich wird es analytisch wichtig, Reden im engeren Sinne von den verschiedenen Formen mündlicher Kommunikation auf Versammlungen – wie Statements, Verlesungen, Ausrufen etc. – zu differenzieren.[13] Während eine Rede mit Blick auf den spezifischen Forschungsgegenstand der spätmittelalterlichen und frühneuzeitlichen Parlamentsoratorik als „eine mehr als wenige Sätze umfassende, an ein Publikum gerichtete, unter gezielter Beobachtung rhetorischer Regeln verfertigte mündliche Vorbringung" darstellt,[14] lassen sich daneben weniger strukturierte und inszenierte Redebeiträge ausmachen, in welche die Rede stets eingebettet ist. Die historische Quellensituation scheint hier aber nicht sonderlich ergiebig, wenn Helmrath und Feuchter konstatieren: „Redetexte liegen uns in großer Zahl vor, doch über die informellen Gespräche am Rande einer Versammlung erfährt man oftmals nur wenig."[15] Für das Hochmittelalter gestaltet sich das Feld der politischen Rhetorik insofern noch problematischer, als für das ‚genus deliberativum' mit einem Fehlen von Quellen- bzw. Referenzen umgegangen werden muss. Zwar ist davon auszugehen, dass insbesondere die römische (Ciceros *De inventione*; *Rhetorica ad Herennium*), aber auch griechische Rhetoriktradition (das vierte Buch von Boethius' *De differentiis topicis*; die Aristotelische Rhetorikschrift erst ab Mitte des 13. Jahrhunderts) im Hochmittelalter rezipiert worden ist.[16] Auch Notker der Deutsche, der Anfang des elften Jahrhunderts erstmals in Europa eine Rhetorik in Volkssprache verfasst hat,

12 Helmrath/Feuchter (Anm. 1), S. 10f.
13 Vgl. ebd., S. 10, sowie S. 14f.
14 Ebd., S. 15.
15 Ebd., S. 19.
16 Vgl. Knape, Joachim: Art. Rhetorik und Stilistik des Mittelalters. In: Fix, Ulla/Gardt, Andreas/Knape, Joachim (Hrsg.): Rhetorik und Stilistik. Ein internationales Handbuch historischer und systematischer Forschung. 1. Halbbd. (Handbücher zur Sprach- und Kommunikationswissenschaft 31). Berlin/New York, S. 55–72, hier S. 56f.

> bestätigt, dass die Rhetorik nach wie vor bei den Urteilen im Prozesswesen (‚iudicia plebis') und in den Beratungsgremien der Fürsten (‚consilia principum') in Ansehen stehe (lat. cap. 59). Doch es fällt auf, dass er bei der Darstellung der kommunikativen Falltypen (‚genera causarum') bezüglich der politischen Beratungsrede nicht auf Beispiele aus der politischen Praxis seiner Zeit verweist. Der Hintergrund ist klar: Öffentliche politische Debatten mit entscheidungsrelevanten Reden gab es bis zum Spätmittelalter kaum. Dies heißt, dass im Mittelalter das ‚genus deliberativum' (die Beratungsrede) durch das ‚genus demonstrativum' (die Vorzeigerede) im politischen Sektor ersetzt wurde, wenn es um sozialoffene oratorische Kommunikationsakte ging.[17]

Mit den Darstellungen Gerd Althoffs zu den gleichwohl komplexen *Formen und Regeln politischer Beratung im Mittelalter* muss man sich also zunächst zufrieden geben.[18] Althoff hat bereits zahllose grundlegende Arbeiten zu Konfliktführung und -beilegung sowie zur symbolischen Kommunikation, das heißt Formen von Repräsentation und Stabilisierung von Herrschaft im Früh- und Hochmittelalter, publiziert, für die Rituale und Inszenierungen konstitutiv sind. Seine aktuelle Studie geht in eine ähnliche Richtung, wenn Althoff demonstriert, dass, bei aller Verbindlichkeit und Regelhaftigkeit formeller Beratungen, das Gelingen von Konsensherstellung von zahlreichen, gerade nicht transparenten Faktoren und Verfahrensweisen abhängt. Die Spannung, die sich aus der in der Regel vorauszusetzenden Konsensintention sowie der häufig konfligierenden Machtinteressen aller Beteiligten ergibt, bestimmt die „Spielregeln"[19] der politischen Beratung:

> Unterschieden wird […] zwischen informell-vertraulichen und formell-öffentlichen Beratungen innerhalb eines Verbandes. Letztere zeichnet ein regelhafter Ablauf aus, an den alle Teilnehmer gebunden sind; erstere hängen von Huld und Gnade des Herrn ab und werden Einzelnen gewährt, ohne dass ein Anspruch auf sie besteht. Sie gelten zwar als hohe Auszeichnung und als eine hervorragende Möglichkeit, verdeckt Einfluss auszuüben. Doch werden diese Möglichkeiten entscheidend von der Willkür des Herrn bestimmt, der sie gewährt. Er ist niemandem Rechenschaft darüber schuldig, ob er einem informellen Rat oder Vorstoß Folge leistet.[20]

Aber auch die formellen Beratungen sind von Regularien bestimmt, die Interpretationen zulassen: Teilhabe und Abfolge werden nach Hierarchie bestimmt. „Es war für einen König sicher schwer, die höheren kirchlichen und weltlichen

---

17 Vgl. ebd., S. 64f., Zitat auf S. 59.

18 Althoff, Gerd: Kontrolle der Macht. Formen und Regeln politischer Beratung im Mittelalter. Darmstadt 2016.

19 Ebd., S. 16.

20 Ebd., S. 19.

Ränge wie Erzbischöfe und Herzöge bei einer formellen Beratung zu übergehen",[21] einen tatsächlichen Anspruch aber auf die Mitwirkung oder gar eine Mindestanzahl an Beratern bei politischen Entscheidungsprozessen gibt es nicht. Zudem kann die Auffassung vom Öffentlichkeitsstatus des einberufenen Rats doch sehr weit gehen – nicht immer also sind bei formell-öffentlichen Beratungen Zuhörer gestattet.[22] Günstlinge des Königs sind durchaus im Rahmen der Spielregeln, sofern die Interessen anderer Akteure nicht zu stark verletzt werden. Der verdeckte agonale Charakter jener Form von Konsensherstellung zeigt sich nicht zuletzt in der performativen Dimension der demütigen Bitte, die für den gnädig Gewährenden leicht in Zwang umschlagen kann.[23] Nicht unerheblich aber bleiben – wie Althoff betont – die Möglichkeiten königlicher Einflussnahme auf politische Entscheidungen, was sich insbesondere in vertraulichen, die Willensbildung vorbereitenden Unterredungen vor Einberufung eines Rats niederschlägt oder etwa im Kalkül des Königs, ein Problem erst dann anzusprechen, wenn die Präsenz oder Absenz entscheidender Ratgeber für ihn günstig erscheinen.[24] Als Ratgeber politische Entscheidungen mitzugestalten, heißt insofern stets sowohl Herrschaftspartizipation als auch Teilhabe an entsprechenden Machtkämpfen, was also nicht grundsätzlich voneinander zu scheiden ist. Althoffs Beschreibungen zur politischen Beratung im frühen und hohen Mittelalter weisen in die argumentative Richtung, die dann für die sowohl konsensuelle als auch deliberative Parlamentsoratorik von Helmrath und Feuchter als wesentlich herausgestellt wird: Politische Entscheidungsprozesse stehen im Spannungsfeld von Konsensdruck und Aushandlung.

Als „Imaginationsraum, in dem politische Rhetorik dargestellt und reflektiert werden kann", ließen sich literarische Quellen durchaus als Ausgleich für das Defizit an historischen bzw. historiographischen Quellen begreifen, insbesondere dann, wenn „von einem Interferenzbereich auszugehen [ist], in dem sich literarisch-fiktionale Textsorten und Textsorten mit historiographischem Anspruch überschneiden."[25] Freilich bleibt ein solcher Ausgleich eher ein – methodisch ohnehin schwierig auszuwertender – Effekt literarischer Imaginationen von

---

21 Ebd., S. 21.

22 Vgl. ebd., S. 19f.

23 Vgl. ebd., S. 26.

24 Vgl. ebd., S. 22.

25 Ratzke, Malena/Schmidt, Christian: Art. Politische Rhetorik in Mittelalter und beginnender Neuzeit. In: Burkhardt, Armin (Hrsg.): Handbuch politische Rhetorik (Handbücher zur Rhetorik 10). Berlin [im Druck, zitiert wird aus dem Abschnitt 4 *Politische Rhetorik in der Literatur des Mittelalters*].

politischen Beratungsszenen als ihre genuine Funktion. Insofern scheinen mir die Überlegungen Joseph M. Sullivans, „that authors, in their construction of fictional counsel situations, comment critically upon the function of counsel in actual society“, sowohl aus historischer als auch literaturwissenschaftlicher Perspektive als zu einseitig.[26] Weder der bereits skizzierten Komplexität politischer Entscheidungsprozesse noch der Literarizität mittelalterlicher Dichtungen kann Sullivan gerecht werden: Literarisch formulierte Kritikübung an realen Modi politischer Beratung bleibt als Negativ dem unzulänglichen Abbildverhältnis von Dichtung und Wirklichkeit verhaftet. Das Potential literarischer Ratsszenen selbst bei nicht-öffentlichen Beratungen für die Geschichtswissenschaften möchte ich daher nicht überstrapazieren.[27]

## II. Thesen

Zweifelsohne gilt der Literarizitätsanspruch für Wolframs von Eschenbach *Parzival* (1200/1210) generell, aber auch ganz spezifisch für die Beratungsszene samt vorherigem Streitdialog im achten Buch,[28] die hier im Fokus stehen sollen. Die relevanten Szenen sind etwa in der Mitte des knapp 25.000 Verse umfangreichen Doppelromans zu verorten. Bisher konnte der Hörer bzw. Leser vor allem von Parzival, dem ersten Helden, erfahren. Im sechsten Buch trafen Parzival und Gawan freundschaftlich aufeinander. Da sie am Artushof bald mit ihren

26 Sullivan, Joseph M.: Counsel in Middle High German Arthurian Romance (Göppinger Arbeiten zur Germanistik 690). Göppingen 2001, S. 3. In eine ähnliche Richtung scheint Ruhe, Doris: Ratgeber. Hierarchie und Strategien der Kommunikation. In: Spieß, Karl-Heinz (Hrsg.): Medien der Kommunikation im Mittelalter (Beiträge zur Kommunikationsgeschichte 15). Stuttgart 2003, S. 63–82, hier S. 69, zu weisen, wenn sie konstatiert, „daß die volkssprachlichen Autoren in Frankreich die in der Doppelformel ‚auxilium et consilium‘ formulierte Pflicht als ein, gelinde gesagt, problematisches Instrument ansehen. Sie führt in ihrer Darstellung nicht dazu, daß der weiseste, für das Wohl aller zuträglichste Beschluß gefaßt wird, sondern unter dem Vorwand der ganz auf mündlicher Kommunikation beruhenden Entscheidungsfindung werden emotionale und ideologische Kontroversen ausgetragen. Die Oberhand behält, wer in der jeweiligen Situation die Ratsversammlung am geschicktesten zu manipulieren weiß. […] Die mündliche Beratung […] erscheint den französischen Autoren des 12. Jahrhunderts […] nicht als ein geeignetes Mittel kluger Entscheidungsfindung.“

27 Gegen Sullivan (Anm. 26), S. 7.

28 Vgl. Wolfram von Eschenbach: Parzival. 2 Bde. Nach der Ausgabe Karl Lachmanns revidiert und kommentiert von Eberhard Nellmann. Übertragen von Dieter Kühn. Frankfurt am Main 2006. Die Ausgabe wird für Zitate und Verweise im Folgenden mit ‚Pz.‘ abgekürzt.

*âventiuren* konfrontiert werden, trennen sich ihre Wege wieder und die Gawan-Handlung setzt ein. Parzival muss sich für die versäumte Frage auf der Gralsburg verantworten. Gawan wird des Mordes beschuldigt und soll sich in Schanpfanzun einem Gerichtskampf stellen. Dort eskaliert der Konflikt, er kann aber im achten Buch im Rahmen besagter Beratungsszene eingehegt werden. Die für das ‚genus deliberativum' konstitutive Dynamik von Konsensdemonstration und offenem Entscheidungsausgang gewinnt für den narrativen Entwurf des politischen Ereignisses und auch den Helden Gawan, um dessen Schicksal es in der Beratung letztlich geht, an Geltung. Dem Beratungsgespräch des Königs Vergulaht mit seinen Vertrauten (vgl. Pz. 424,7–126,10) wird ein Streitdialog zwischen Landgraf Kingrimursel und Herzog Liddamus vorgeschaltet (vgl. Pz. 415,9–422,1). In der eigentlichen Beratung des Königs, in der die zunächst ergebnislose argumentative Auseinandersetzung durch den Erzähler im rein narrativen Modus knapp zusammengefasst wird, lässt sich eine institutionell eingepflegte politische Rede im Sinne Helmraths und Feuchters zumindest in abbreviierter Form ausmachen. Die maßgebliche und unmittelbar anschließend bei den ‚wîsen' (Pz. 424,9) und beim König – ohne besonderes Aufsehen – Zustimmung findende Empfehlung Liddamus' wäre an sich wenig konfliktträchtig, wenn die Idoneität des entscheidenden Ratgebers in der Szene zuvor nicht problematisiert bzw. ambiguisiert würde.[29] Dieser die Ratsszene einführende Streitdialog zwischen zwei Getreuen des Königs lässt sich – so meine grundsätzliche Vorannahme – als eine im Erzählprozess diachrone Markierung des per se synchronen Spannungsfelds politischer Entscheidungsfindung zwischen Konsensproduktion und deliberativer Persuasion begreifen. Der zu einseitige Blick etwa auf den Streitdialog, wie er bei Andreas Urscheler aufgrund seines Schwerpunkts auf die dezidierten Dialoge im *Parzival* zu finden ist,[30] oder die Entdifferenzierung der Szenen, die Sullivan in seiner Studie lediglich als Sonderfall einer Beratung

29 Zum Begriff und Verständnis der narrativen Ambiguität, auf die ich hier abziele, vgl. Münkler, Marina: Narrative Ambiguität: Semantische Transformationen, die Stimme des Erzählers und die Perspektiven der Figuren. Mit einigen Erläuterungen am Beispiel der Historia von D. Johann Fausten. In: Auge, Oliver/Witthöft, Christiane (Hrsg.): Ambiguität im Mittelalter. Formen zeitgenössischer Reflexion und wissenschaftlicher Rezeption (Trends in medieval philology 30). Berlin/Boston 2016, S. 113–156.

30 Urscheler, Andreas: Kommunikation in Wolframs *Parzival*. Eine Untersuchung zu Form und Funktion der Dialoge (Deutsche Literatur von den Anfängen bis 1700 38). Bern u.a. 2002, v.a. S. 243–246, verhandelt den Streitdialog zwischen Kingrimursel und Liddamus unter den kompetitiven Dialogtypen.

in der Gruppe streift,[31] verdeckt jene Komplexität politischer Beratung, die der ausführlichen Entfaltung des politisch-rechtlichen Konflikts im achten Buch ohnehin wesentlich adäquater ist. Der Streitdialog bedient insofern den Bereich vorstrukturierter, „informelle[r] Gespräche am Rande einer Versammlung",[32] ohne dabei vertraulich zu sein. Im Gegenteil: Er ist als spontane Unmutsäußerung in aller Öffentlichkeit gestaltet.

Nach einer inhaltlichen Hinführung zum diegetischen Geschehen (III), möchte ich zunächst verdeutlichen, dass die politische Entscheidungsfindung in Wolframs achtem Buch tatsächlich zu einem diskursiven Thema wird, für das ein elementarer Zusammenhang von Politischem und Narrativem zu beobachten ist (IV). Das wird einerseits deutlich, wenn es im Folgenden darum geht, die Geeignetheit des politischen Ratgebers aufgrund seiner zweckorientierten Distanznahme zum erörternden Geschehen einerseits und seiner rhetorisch versierten, persuasiven Fähigkeiten andererseits zu erweisen (V). Dabei vermittelt der narrative ‚discours', dass der Einblick in solche sowohl kommunikativen als auch politischen Entscheidungsprozesse beschränkt bleibt: Über Figurenkonstellationen und Sympathielenkung gestaltet der Erzähler eine Exklusionserfahrung, welche insofern als Ausdruck jener Intransparenz gelten darf. Entgegen dem Forschungskonsens von einem „versagenden König[]" Vergulaht,[33] möchte ich, an diesem Punkt anschließend, gerade königliche Souveränität gestaltet sehen (VI). Der letzte Abschnitt widmet sich daher der Deutungskompetenz als Herrschaftsfähigkeit und will den Nexus von Politischem und Narrativem für das achte Buch engführen.

## III. Die politisch-rechtliche Konfliktlage

Dass insbesondere die Gawan-Handlung im *Parzival* Wolframs gesellschaftlich-politisch motiviert wird, ist wohl unbestritten. Einerseits wird ein Akzent auf den Konflikt zwischen Königen und Fürsten gesetzt, der historischer Referenzmöglichkeiten nicht entbehrt. Andererseits gewinnt der als Ritter par excellence

---

31 Sullivan (Anm. 26), S. 9: „Book VIII of *Parzival* (ca. 1200–10) consists primarily of large counsel sessions in which King Kingrimursel's ‚fideles' [i.e., faithful ones, vassals] advise him as to how he may deal with a Gawan who has abused his welcome."

32 Helmrath/Feuchter (Anm. 1), S. 18.

33 Bumke, Joachim: Wolfram von Eschenbach. 8., völlig neu bearbeitete Auflage. Stuttgart/Weimar 2004 [1. Auflage 1964], S. 180. Das Motiv des schwachen Königs, wie es bspw. in den Figuren Artus und Marke zum Tragen kommt, ist in der mittelalterlichen Dichtung beliebt. Im Kontext von Beratungsszenen vgl. Ruhe (Anm. 26), S. 68.

gehandelte Gawan sein besonderes Profil, wenn er seine Superiorität weniger durch Kampfbegierde als vielmehr durch diplomatisches Geschick unter Beweis stellen kann. Marina Münkler hat diese Eigenheit Gawans anhand der Blutstropfenszene, mit der Wolframs Erzähler seinen zweiten Helden einführt, präziser als eine Fähigkeit beschrieben, Selbstreflexivität und Normreflexivität miteinander zu verknüpfen –„und zwar in einer Weise, die [ihn] in die Lage versetzt, nicht nur klug zu agieren, sondern dabei auch eklatante Normbrüche in Kauf zu nehmen bzw. Verhaltensnormen situativ zu suspendieren."[34] Das zeigt sich denn auch in den durchaus kontrovers diskutierten Heimlichkeiten Gawans um seine Identität im Kontext seiner Schluss*âventiure* auf Schastel marveile, die zu verlustreichen Kämpfen zwischen dem Gefolge Artus' und Orgeluses Rittern führen und die der Erzähler als Normbrüche verurteilt (vgl. Pz. 636,6; 665,25–29). Gleichwohl werden sie Ausweis von Gawans strategischem Verhalten und politischem Taktgefühl: Gawan kann durch seine mehrfache Zurückhaltung – so Manuela Niesners überzeugende Lesart – die Reputation seines Königs wahren und mehren.[35] Artus war im Gegensatz zu seinem Ritter und Neffen seit vielen Jahren nicht in der Lage, die weiblichen Verwandten aus den Händen des Zauberers Clinschor zu befreien. Er bekommt nunmehr vor allem durch Gawans Verhalten

> Gelegenheit [...], sich vor großem Publikum als Friedensstifter zu bewähren. Die Frauen sind dabei nicht nur Zeugen der (von Itonje und Arnive mit herbeigeführten) ‚suone', sondern das ‚suone teidinc' bietet zugleich einen willkommenen Rahmen für die öffentliche Präsentation der wieder intakten Artusfamilie.[36]

Während in skizzierter Szene vor allem Gawan die Fäden gleichwohl königsloyaler Politik in der Hand hat, wird er im achten Buch zum Objekt von Verhandlungen infolge einer politischen Konfliktlage. Die aber hatte er mit seinem amourösen Abenteuer mit der Schwester des Königs Vergulaht überhaupt erst zur Eskalation gebracht. Insofern bietet das achte Buch für die Gawan-Figur eine Kontrastfolie, für königsnahe Politik hingegen ein Komplement.

---

34 Münkler, Marina: Inszenierungen von Normreflexivität und Selbstreflexivität in Wolframs von Eschenbach *Parzival*. In: Zeitschrift für Germanistik 18/3 (2008), S. 497–511, hier S. 498f., vgl. zudem den Abschnitt auf S. 504–506, in dem Münkler plausibel darlegen kann, dass Gawans Normsouveränität vermittels der Fokalisierungstechnik des Wolfram'schen Erzählers beobachtbar wird.

35 Vgl. Niesner, Manuela: Swes got an mir gedâhte, daz biutet dienst sîner hant. Gawans Geheimdiplomatie in Wolframs *Parzival*. In: Beiträge zur Geschichte der deutschen Sprache und Literatur 129/1 (2007), S. 38–65.

36 Ebd., S. 64.

Dem hier interessierenden Wortgefecht zwischen den Lehnsherren geht ein Rechtsfall voraus: Am Plimizoel hatte Kingrimursel vor dem gesamten Artushof Gawan des Mordes an König Kingrisin, dem Vater Vergulahts beschuldigt und ihn herausgefordert, sich der Sache in einem Gerichtskampf in 40 Tagen in Schanpfanzun, der Hauptstadt Ascaluns, zu stellen. Als Gawan schließlich in Ascalun ankommt und den König bei der Jagd trifft, wird er - von Vergulaht unerkannt - zunächst freundlich begrüßt, gebeten vorauszureiten und als Gast auf seine Burg geladen, wo ihn seine Schwester Antikonie empfangen soll. Aus einem bereits „ungastlîch[en]" (Pz. 405,21) Begrüßungskuss entwickelt sich rasch ein gegenseitiges Begehren, so dass zwischen Gawan und Antikonie fast „ein dinc geschehen" (Pz. 407,7) wäre, wenn ein alter Ritter nicht Alarm geschlagen hätte. Dieser erkennt Gawan als den mutmaßlichen Mörder seines vormaligen Herrn und beschuldigt ihn auch noch der „nôtzogt" (Pz. 407,19). In einer burlesk gestalteten Szene müssen sich die beiden auf einem Turm mit Türriegel, Schachbrett und Schachfiguren gegen die aufgehetzte Meute verteidigen - auch dann noch, als Vergulaht hinzukommt. Erst als Kingrimursel, der verzweifelt feststellen muss, dass er sein Versprechen für sicheres Geleit Gawans nicht einhalten kann, sich als Kampfgefährte auf Gawans Seite schlägt, kann ein Waffenstillstand erzwungen werden. Vergulaht muss scharfe Kritik ertragen: Ein Fürsprecher der Landgrafen-Treuen insistiert sowohl auf dem Gastrecht als auch auf der verwandtschaftlichen ‚triuwe' gegenüber der Schwester und Kingrimursel. Antikonie betont nachdrücklich die beschämende Lage des Kampfes, in die sie ihr Bruder gebracht habe und legt ihm zudem zur Last, das Schutzrecht eines bei einer Dame Zuflucht suchenden Ritters übergangen zu haben. Der Landgraf schließlich insistiert auf seinem Sicherheitsversprechen und der Gefahr seines Ehrverlusts durch das Verhalten des Königs, womit der Disput zwischen den Fürsten eröffnet wird. Denn nicht der König selbst ergreift daraufhin das Wort,[37] sondern der königliche Lehnsmann (vgl. Pz. 416,18), „fürste" (Pz. 417,1) und „herzoge" (Pz. 418,27), wie der zudem noch „rîche Liddamus" (Pz. 419,11) im Verlauf der Szene genannt wird. Des Königs Stellvertreter ergreift Partei für seinen Herrn, wenn er den Tod Gawans als angemessenen Ausgleich für den Tod Kingrisins erachtet. Er verteidigt also das Verhalten des Königs auf seiner Burg. Die performative Dimension seiner Rede ist aber vor allem darin zu sehen, den

37 Lediglich nach der Anklage Antikonies ist eine Reaktion seitens des Königs erzählt, die ihn alles andere als souverän darstellt. Die indirekte Wiedergabe seiner Rede allerdings lässt die Entschuldigung trotz des verstärkenden Adverbs etwas kleinlaut erscheinen: „der junge man vil guoter/von schame leit vil grôzen pîn,/dô sîn swester diu künegîn/in begunde vêhen:/man hôrt in sêre vlêhen" (Pz. 414,8–12).

König auf dieses Verhalten hin festzulegen, ihn aufzufordern, selbst den Tod seines Vaters zu rächen: „ist mîn hêrre wert bekant,/daz richt alhie sîn selbes hant“ (Pz. 417,5f.). Kingrimursel nimmt dies zum Anlass, Liddamus – im Gegensatz zu ihm selbst – als Feigling zu denunzieren, mit dessen Rat einem König schlecht gedient wäre (vgl. Pz. 417,12–30).[38] Er richtet dann das Wort an Gawan, um einen zweiten Gerichtskampf in einem Jahr in Barbigoel zu vereinbaren, sofern sein Herr ihn leben lasse (vgl. Pz. 418,1–22) – dieser Sprechakt hat also wiederum einen zweiten Adressaten, den König. Nachdem Gawans Einverständnis im distanzierten Modus narrativierter Rede knapp abgehandelt wird (vgl. Pz. 418,23–25), folgt die fast 80 Verse lange Wortmeldung Liddamus', die wohl deshalb so berühmt ist, weil sie intertextuelle Verweise auf Heinrichs von Veldeke *Eneas*-Roman, auf das *Nibelungenlied* und die Dietrichssage enthält.[39] Liddamus verdeutlicht seinem Konkurrenten zunächst, wie gleichgültig ihm dessen Meinung sei, wenngleich er ob seines Ranges und seiner Ländereien die Überhöhung des Landgrafen als anmaßend zurückweist. Er selbst sei zufrieden in seiner Rolle als zurückhaltender Kämpfer. Kingrimursel sei es doch, der den Zweikampf forderte, so solle er auch den Herrn und Verwandten rächen. Liddamus wiederum habe wenig mit Kingrisin verbunden und empfange sein Fahnlehen gern aus der Hand des jetzigen Königs Vergulaht, dessen Anerkennung ihm gewiss scheint (vgl. Pz. 419,1–429,30 sowie Pz. 421,13–422,1). Die kurze Zwischenmeldung des Landgrafen fällt dagegen recht bescheiden aus und kann auch argumentativ kaum ein Gegengewicht bilden.[40] Schließlich unterbindet aber Vergulaht das „wehselmære“ (Pz. 422,3),[41] das offenbar tatsächlich im Palas in aller Öffentlichkeit stattgefunden hat (vgl. Pz. 422,9–12). Mit dem Verweis auf

38 Entsprechend Liddamus' Appell ist dieser Sprechakt ebenfalls an Vergulaht gerichtet.

39 Zu den *Intertextuelle[n] Verweise[n] in den Gawan-Büchern* vgl. grundsätzlich Draesner, Ulrike: Wege durch erzählte Welten. Intertextuelle Verweise als Mittel der Bedeutungskonstitution in Wolframs *Parzival* (Mikrokosmos. Beiträge zur Literaturwissenschaft und Bedeutungsforschung 36). Frankfurt a.M. u.a. 1993, S. 297–335. Ich werde auf die hier relevanten Referenzen auf literarische Ratgeberfiguren in Abschnitt V noch zu sprechen kommen.

40 Auch diesen Aspekt werde ich in Abschnitt V aufgreifen.

41 Zu den sehr unterschiedlichen Semantiken von ‚wehselmære‘ und ‚wehselrede‘ in der hochhöfischen Literatur vgl. Becker, Anja: Poetik der ‚wehselrede‘. Dialogszenen in der mittelhochdeutschen Epik um 1200 (Mikrokosmos. Beiträge zur Literaturwissenschaft und Bedeutungsforschung 79). Frankfurt a.M. u.a. 2009, S. 37–41, die von dort aus ihren analytischen Zugriff auf mittelhochdeutsche Dialoge entwickelt (vgl. ebd., S. 41–50).

seine Anwesenheit und ein rangangemessenes Verhalten der Beteiligten bittet er dringlich um Ruhe und Mäßigung und lässt eine formelle Ratsversammlung einberufen.

## IV. Diskursivierung der politischen Entscheidungsfindung

Unverkennbar werden im Rahmen jenes Streitdialogs unterschiedliche ‚triuwe'-Verpflichtungen zur Diskussion gestellt und divergierende Interessen miteinander konfrontiert. Die Standpunkte der Fürsten veranschaulichen sozusagen das Konfliktpotential bei politischen Entscheidungsfindungen, das – um zumindest Konsens zu inszenieren – eine Beratung des Königs unumgänglich macht. Während die ältere der insgesamt überschaubaren Forschung, die sich mit dem Streitdialog eingehender beschäftigt hat, noch von semantisch klar besetzten Positionen ausgeht, distanzieren sich jüngere Arbeiten von jener Eindimensionalität „eines falschen und eines richtigen politisch-gesellschaftlichen Prinzips"[42], wie sie der „prahlerische[] Feigling" Liddamus einerseits und der „untadelige Kingrimursel" verträten.[43] Sie tragen damit zu Recht der Komplexität und Ambiguität der gesamten Szene Rechnung.[44] So darf etwa bei allem Insistieren Kingrimursels auf dem Sicherheitsversprechen und auf dem Gastrecht nicht übergangen werden, dass sich hier der Lehnsmann gegen seinen Herrn stellt und – noch viel grundsätzlicher – sich die Anschuldigung gegenüber Gawan letztlich als falsch erweist.[45] Auch in diesem Sinne plädiert Manfred Eikelmann für die „Entstehung

---

42 Mohr, Wolfgang: Landgraf Kingrimursel. Zum VIII. Buch von Wolframs *Parzival.* In: Kohlschmidt, Werner/Zinsli, Paul (Hrsg.): Philologia deutsch. Festschrift zum 70. Geburtstag von Walter Henzen. Bern 1965, S. 21–38, hier S. 29.

43 Mettke, Heinz: Emporkömmlinge, Schmeichler und schlechte Ratgeber in einigen Dichtungen des 13. Jahrhunderts. In: Langer, Horst (Hrsg.): Deutung und Wertung als Grundprobleme philologischer Arbeit. Festkolloquium zum 60. Geburtstag von Wolfgang Spiewok vom 28.2.-2.3.1989 in Greifswald (Greifswalder Germanistische Forschungen 11). Greifswald 1989, S. 123–137, hier S. 129 und S. 124.

44 Vgl. insbesondere Wyss, Ulrich: ‚Ich taete ê als Rûmolt'. Ein Aperçu zur nibelungischen Intertextualität. In: Zatloukal, Klaus (Hrsg.): Die Rezeption des Nibelungenliedes. 3. Pöchlarner Heldenliedgespräch. (Philologica Germanica 16). Wien 1995, S. 187–202, sowie Ziegeler, Hans-Joachim: ‚der herzoge Liddamus'. Bemerkungen zum 8. Buch von Wolframs *Parzival.* In: Ackermann, Christiane/Barton, Ulrich (Hrsg.): „Texte zum Sprechen bringen". Philologie und Interpretation. Festschrift für Paul Sappler. Tübingen 2009, S. 107–117.

45 Vgl. Zutt, Herta: Gawan und die Geschwister Antikonie und Vergulaht. In: Schnell, Rüdiger (Hrsg.): Gotes und der werlde hulde. Literatur in Mittelalter und Neuzeit. Festschrift für Heinz Rupp zum 70. Geburtstag. Bern 1989, S. 97–117, hier S. 107.

einer offenen Erzählwelt im ‚Parzival' Wolframs von Eschenbach".[46] Wenngleich es ihm im Zusammenhang der Literaturanspielungen zuvörderst um die generische Transgression Wolframs zugunsten der Darstellung einer „komplexe[n] Gesellschaftshandlung" geht,[47] so lässt sich die postulierte Mehrdimensionalität für das achte Buch durchaus auf die Ambiguität und Intransparenz politischer Entscheidungsfindung übertragen. Weiter führt Hans-Joachim Ziegeler die Auffassung vom qualitativen Sinnüberschuss der Szene, wenn er diese auch für die Liddamus-Figur zur Geltung bringen möchte.[48] Er macht darauf aufmerksam, dass die noch bei Eikelmann formulierte Gegenüberstellung vom „Ethos des Altadels", den Kingrimursel vertrete, und von „eine[r] zweckorientierte[n] Politik" Liddamus' gar nicht haltbar ist.[49] Denn der Rang des „lantgrâven" ist alles andere als ‚alt', sondern – hier zitiert Ziegeler Karin Blaschke – „das Institut gilt geradezu als Ergebnis einer ‚Staatsreform der Hohenstaufen', die auf eine ‚Abschwächung feudaler und leibherrlicher Bindungen und ein unmittelbares Verhältnis freier Bevölkerungsteile zum Königtum' abzielte."[50] Insgesamt geht es Ziegeler vor allem darum, die narrative Ausstellung der Literarizität der Figuren und ihre ironische Inszenierung im achten Buch offenzulegen. Das geschieht etwa dann, wenn heterogen-widersprüchliche Elemente miteinander kombiniert und eben nicht harmonisiert werden.[51] Mit Münkler lassen sich die Beobachtungen präziser als narrative Ambiguität fassen, für die der enge Nexus von Narration bzw. erzählten Semantiken und der Produktion von Mehrdeutigkeit

---

Drastischer bei Scheuer, Hans Jürgen: Schach auf Schanpfanzûn. Das Spiel als Exempel im VIII. Buch des *Parzivâl* Wolframs von Eschenbach. In: Zeitschrift für deutsche Philologie 134 (2015), S. 29–46, hier S. 42: „Ein Graf, der sich unvermittelt vor den Augen seines Königs auf die gegnerische Seite des Königsmörders und Vergewaltigers schlägt, begeht einen beispiellosen Verrat, der jeder feudalen Verpflichtung Hohn spricht."

46 Vgl. Eikelmann, Manfred: ‚Schanpfanzun'. Zur Entstehung einer offenen Erzählwelt im *Parzival* Wolframs von Eschenbach. In: Zeitschrift für deutsches Altertum und deutsche Literatur 125/3 (1996), S. 245–263.

47 Ebd., S. 248, prägnant im Fazit zusammengefasst: Die offene Erzählwelt „geht hervor aus der Überschreitung der Erzählwelt des arthurischen Protagonistenromans und der Anverwandlung heldenepischer Geschichtsdarstellung; in ihrem Zentrum steht ein neues Gesellschaftsbild, das Spannungen und Widersprüche in Kauf nimmt und den Hof als Instanz öffentlicher Selbstvergewisserung vor Augen führt". Ebd., S. 262.

48 Ziegeler (Anm. 44), S. 107f.

49 So bei Eikelmann (Anm. 46), S. 261, mit Verweis auf Mohr (Anm. 42).

50 Ziegeler (Anm. 44), S. 113. Zitiert wird: Blaschke, Karin: Art. Landgraf, -schaft. In: Lexikon des Mittelalters 5 (1991), Sp. 1662f.

51 Vgl. Ziegeler (Anm. 44), S. 110–117.

gilt.[52] Nach der gängigen Lesart entlarve Liddamus sich selbst durch seine Identifizierung mit Sibeche, dem schlechten Ratgeber des Königs in der Dietrichsage, wird aber der entscheidende Ratgeber Vergulahts. Hingegen kann ich Ziegeler nicht folgen, wenn er Kingrimursels Verhalten als sinnlos einschätzt.[53] Zwar wird dem Rezipienten schon nach vereinbarter Waffenruhe auf Schanpfanzun durch den Erzähler mitgeteilt, dass ein anderer Kingrisin ermordet habe (vgl. Pz. 413,13–20). Im Sinne von Ziegelers Hauptargumentation kann hier dann durchaus von einer ironischen Relativierung gesprochen werden, sie trägt aber kaum die gesamte Szene. Die frühe Notiz zur Falschanklage zusammen mit dem in der Tat „enttäuschend beiläufig[n] Hinweis im 10. Buch",[54] dass aufgrund der Unschuld Gawans und der Verwandtschaft zwischen diesem und Vergulaht vom Zweikampf abgesehen wurde,[55] weisen meines Erachtens in eine ganz andere Lektürerichtung: Jene Bemerkungen stehen nicht nur in keinem Verhältnis zum narrativen Aufwand der Problementfaltung im achten Buch. Ihre Funktion liegt vornehmlich darin, das Missverständnis im Sinne der Profilierung der Gawanfigur zunächst mit der Prolepse, dann zu Beginn des zehnten Buchs, das die Gawan-Handlung wieder aufgreift, extrem gerafft zugunsten der weiteren Handlungsfortführung aufzulösen. Das heißt aber zugleich, dass in der literarischen Darstellung der Schwerpunkt gerade nicht auf den Casus im engeren Sinne und seine Aufklärung gelegt wird. Auch das Leitmotiv des problematisierten Verwandtenkampfes, das im *Parzival* vielfach variiert wird, greift in diesem Falle zu kurz, weil im Gegensatz zu den abgebrochenen Kämpfen zwischen Parzival und Gawan, Parzival und Gramoflanz, Parzival und Feirefiz ein tatsächlicher Zweikampf narrativ gar nicht erst entfaltet wird. Als von Interesse erweist sich vielmehr die Verhandlung des Falles selbst – die konfliktträchtige und wortreiche politische Entscheidungsfindung auf Schanpfanzun. Vor allem in Erzählungen, die auf das Brautwerbungsschema rekurrieren, tritt eine Beratungsszene oft als Handlungsmotor und narrative Gelenkstelle in Erscheinung.[56] Als solche sind

52 Vgl. Münkler (Anm. 29).

53 Vgl. Ziegeler (Anm. 44), S. 113.

54 Ebd.

55 Pz. 503,5–20: „nu wasez ouch über des jâres zît./gescheiden was des kampfes strît,/den der lantgrâve zem Plimizœl/erwarp. der was ze Barbigœl/von Tschanfanzûn gesprochen:/da beleip ungerochen/der künec Kingrisîn./Vergulaht der sun sîn/kom gein Gâwâne dar:/dô nam diu werlt ir sippe war,/und schiet den kampf ir sippe maht;/wand ouch der grâve Ehcunaht/ûf im die grôzen schulde truoc,/der man Gâwân zêch genuoc./des verkôs Kingrimursel/ûf Gâwân den degen snel."

56 „In Helden- und Spielmannsepik [...] stehen Szenen, in denen Rat und Hilfe aktualisiert werden, an den Gelenkpunkten des epischen Geschehens." Müller,

die Verhandlungen im achten Buch des *Parzival* tatsächlich nicht zu begreifen. Vielmehr fungieren sie als eine – freilich nur metaphorisch gedachte – narrative Pause.[57] Es entsteht eine Zäsur allein um des politischen Konflikts bzw. der politischen Beratung willen.

Der Schwerpunkt auf der Art und Weise des Umgangs mit dem Streitfall statt auf den durchgeführten Konsequenzen seiner Lösung korreliert mit der Marginalisierung des ‚Was' zugunsten des ‚Wie' der Erzählung. Die politische Dimension wird hier also mit dem narrativen ‚discours' kurzgeschlossen. Wolframs erhebliche quantitative und semantische Transformationen seiner literarischen Vorlage,[58] Chrétien de Troyes *Conte du Graal*,[59] stützen diese Lesart

---

Jan-Dirk: Ratgeber und Wissende in heroischer Epik. In: Frühmittelalterliche Studien 27 (1993), S. 124–146, hier S. 124. Auch Sullivan (Anm. 26), S. 3, will für den arthurischen Roman zeigen, „that individual authors devise representations of counsel to contribute to the presentation of characters and to the development of narrative action. Representations of counsel precede and give rise to almost all major plot developments." Zu *Hilfe und Rat in Wolframs* Parzival vgl. schon Mohr, Wolfgang: Hilfe und Rat in Wolframs *Parzival*. In ders. (Hrsg): Wolfram von Eschenbach. Aufsätze von Wolfgang Mohr (Göppinger Arbeiten zur Germanistik 275). Göppingen 1979 [zuerst 1954], S. 37–61, der die leitmotivische Durchführung der ‚helfe'/ ‚rât'-Thematik für die Parzival- und Gawan-Handlung herausarbeitet. Allerdings berücksichtigt Mohr lediglich den zweiten Teil der Gawan-Handlung; die Ratsszene im achten Buch findet keine Erwähnung.

57 Zur die Handlung tatsächlich unterbrechenden ‚deskriptiven Pause' vgl. Genette, Gérard: Die Erzählung. 3., durchgesehene und korrigierte Auflage (UTB 8083). München 2010 [Original zuerst 1972/83], S. 62–66.

58 Zu den verschiedenen Transformationsverfahren, die Genette im Rahmen seiner Transtextualitätstheorie unter der Kategorie der Hypertextualität beschreibt, siehe entsprechende Kapitel in Genette, Gérard: Palimpseste. Die Literatur auf zweiter Stufe. Aus dem Französischen von Wolfram Bayer und Dieter Hornig. Frankfurt a.M. 1993 [Original zuerst 1982], S. 287–535. Zwar geht Genette bei seinen Überlegungen in erster Linie von Transpositionen aus, welche die Veränderungen des Hypertextes in Bezug auf seinen Hypotext in ihrer Gesamtheit umfassen, also auf Ebene der Dichtung anzusiedeln sind – und das ist mit dem *Parzival* als zunächst formale Übersetzung des *Perceval* ohne Zweifel gegeben. Sie lassen sich jedoch nutzbringend auf einzelne transformale Operationen wie bspw. die Motivübernahme übertragen.

59 Vgl. Chrétien de Troyes: Le Roman de Perceval ou Le Conte du Graal. Der Percevalroman oder Die Erzählung vom Gral. Altfranzösisch/Deutsch. Übersetzt und hrsg. von Felicitas Olef-Krafft. Stuttgart 2009, hier relevant vor allem die Verse 6028–6213. Eine knappe Zusammenfassung der wichtigsten Unterschiede zwischen der Szene bei Chrétien und der bei Wolfram bietet Zutt (Anm. 45), S. 99f.

zweifelsohne.[60] Während im *Perceval* der König selbst bei seiner Ankunft auf der Burg dem Kampf Einhalt gebietet, lässt Wolfram dezidiert Vergulaht das Gastrecht brechen. Die bei Chrétien unmittelbar folgende Beratungsszene, innerhalb derer lediglich ein namenloser Vasall sowohl zur Vertagung des Kampfes um ein Jahr als auch zur zwischenzeitlichen Verpflichtung Gawans zur Suche der blutenden Lanze rät,[61] hat Wolfram komplex umgestaltet: Der Rat, in dem Liddamus für die Gralssuche Gawans plädiert, wird um den davor umfänglich geschilderten Streitdialog zwischen Liddamus und Kingrimursel erweitert. Hier schon einigen sich zumindest Kingrimursel und Gawan auf die Option einer erneuten Fristsetzung zum gerichtlichen Zweikampf, während Liddamus noch auf dem Tod Gawans insistiert. Insofern im gleichwohl für politisches Handeln in der mittelalterlichen Erzählliteratur obligatorischen Rat selten „Alternativen zu dem, was einer – der Maßgebliche – rät, [...] erzählt" werden,[62] stellt die vermittels des Streitdialogs vorgelagerte Diskursivierung der politischen Auseinandersetzung eine Ausnahme dar. Es ist daher angebracht, im Folgenden auf die kommunikativen Strukturen des ‚wehselmære', konkret auf die sehr zu unterscheidenden Argumentationsstile der Fürsten und ihre Effekte einzugehen. Von dort aus erscheint es mir sinnvoll, den postulierten Nexus von Politischem und Narrativem ausführlicher zu entfalten.

## V. Der Rat als exklusive Kommunikation

Die vom Affekt bestimmte Nähe Kingrimursels steht der ironischen Distanz Liddamus' gegenüber: Gleichwohl der Landgraf seine ersten anklagenden Worte noch an den König richtet und dessen „laster" (Pz. 415,20) zunächst vor dem Hintergrund der sowohl vasallitischen als auch verwandtschaftlichen ‚triuwe'-Verpflichtungen verurteilt, wird schon hier die auch im Folgenden vorherrschende Argumentationslinie und Ausdrucksweise deutlich. Kingrimursel

60 Im Ansatz bei Eikelmann (Anm. 46), S. 260, allerdings zugunsten seiner These relativierend: „Gewiß geht es in diesen Passagen um die Darstellung einer scharf geführten Diskussion, in der sich die beiden Ratgeber durch ihre rhetorische Schlagfertigkeit höchst wirkungsvoll in Szene setzen (etwa 421,1–422,1); und bestimmt wird auch eine kontroverse Beratung (vgl. 422,3 „wehselmaere") dargestellt, in der Rang und Würde des Königs auf dem Spiel stehen." Vgl. auch schon Mohr (Anm. 42), S. 28.

61 Bei Chrétien bleibt die Gralssuche recht unmotiviert. Erst Wolfram erzählt von der Niederlage Vergulahts gegenüber dem unbekannten Ritter (Parzival), die dem König die unmögliche Gralssuche einträgt und der er sich nun entledigen möchte.

62 Müller (Anm. 56), S. 126.

agiert ganz im Register des „degen".[63] Er argumentiert schließlich wesentlich grundsätzlicher mit der prinzipiellen Geltung des höfischen Ritterethos, denn auch unabhängig von besagten ‚triuwe'-Bindungen, sei er „ein ritter doch,/an dem nie valsch wart funden noch" (Pz. 415,29f.) – ein Ritter also, der sein Wort hält und Probleme tatkräftig mit dem Zweikampf löst. Zugleich wird deutlich, wie sehr die Angelegenheit für ihn zu einer persönlichen wird: Werde bekannt, was Gawan auf Schanpfanzun geschehen ist – so Kingrimursel –,

> hân ich prîs, derst denne tôt.
> mir frümt sîn angestlîcher strît
> vil engez lop, mîn laster wît.
> daz sol mir freude swenden
> und mich uf êren pfenden (Pz. 416,12–16).

Die Personalpronomina in der ersten Person Singular in jeder Zeile des zitierten Abschnitts markieren deutlich Kingrimursels persönliche Nähe zum Geschehen. Die wiederum mag seinen anmaßenden Tonfall gegenüber dem König erklären,[64] der auch die gegen Liddamus gerichteten Worte bestimmt.[65] Der Herzog greift den Vorwurf fehlenden Anstands seines Herrn auf und sieht dessen „wert" (Pz. 417,5) dagegen gerade darin, den Mörder des eigenen Vaters selbst zu rächen. Seine indirekte Aufforderung an den König ist sicher nicht weniger bestimmend als der Appell an die Ehre des Königs durch den Landgrafen, aber sie ist wesentlich höflicher formuliert: Liddamus „wæn[t]" lediglich, dass diese Form des Ausgleichs gerecht sei (Pz. 417,8). Diese kurze Zwischenbemerkung nimmt der Landgraf zum Anlass – und dieses Mal gegen Liddamus – erneut seinen Unmut zu äußern. Der „haz" (Pz. 418,7) leitet seine Stimme, wenn er versucht, den Herzog – entsprechend seiner eigenen Argumentationslinie – bei seiner Ehre zu packen. Thematisiert wird nämlich der ritterliche Kampf und die Entschlossenheit beim „strîten" (Pz. 417,24).[66] Bezeichnenderweise – so im Kontext der Vertagungsvereinbarung mit Gawan – wird „gegenrede […] in kampfe" vollzogen (Pz. 418,11f.). Mit einer geradezu konventionellen Beleidigung gipfelt

63 Entsprechend ist auch sein Gegner „Gâwân der ellenthafte degen" (Pz. 418,3).

64 Vgl. etwa Pz. 415,21f.

65 Ähnlich bei Urscheler (Anm. 30), S. 245: „Kingrimursel [führt] keine weiteren sachlichen Argumente an, sondern greift Liddamus auf der persönlichen Ebene an".

66 „Mit Liddamus und Kingrimursel stehen sich kontroverse Einstellungen zum ritterlichen Kampf in Verbindung mit dem Anspruch auf gesellschaftliche Geltung gegenüber. Es handelt sich somit um die Diskussion zweier ‚Lebensformen', die in den beiden Figuren Wolframs selbst in extremer Weise ausgeprägt und einander gegenübergestellt sind." Draesner (Anm. 39), S. 325.

die Reizrede Kingrimursels, wenn er Liddamus hier „wîbes widerwanc“ (Pz. 417,28) attestiert. Jene Degradierung schließlich wird argumentativ mit der Frage der Idoneität des königlichen Ratgebers verbunden: „swelch künec sich læt an iwern rât,/vil twerhes dem diu krône stât“ (Pz. 417,29f.). Normalerweise zieht so etwas die Aufforderung zum Zweikampf nach sich.[67] Doch den ‚Gefallen‘ tut der Herzog seinem Widersacher nicht. Im Gegenteil wahrt er seine distanzierte Beobachterposition, weist ein persönliches Interesse am Casus gänzlich von sich und will das Kämpfen gern Kingrimursel überlassen (vgl. Pz. 419,25–420,21).[68] Ausdruck jener Distanzierung sind nicht zuletzt die angeführten Exempelfiguren, mit denen Liddamus sich und auch Kingrimursel vergleicht. Für die Frage nach dem geeigneten Ratgeber werden sie in seiner sich verteidigenden Entgegnung zu Argumenten stilisiert. Während Turnus sowie die ‚Hitzköpfe‘ Wolfhart und Segramors offenbar das Gemüt des Landgrafen veranschaulichen sollen,[69] identifiziert sich Liddamus selbst mit Dranzes, Rumold und Sibeche.

> welt irz sîn hêr Turnus,
> sô lât mich sîn hêr Tranzes (Pz. 419,12f.).
> [...]
> ich tæte ê als Rûmolt,
> der künec Gunthere riet,
> do er von Wormz gein Hiunen schiet:
> er bat in lange sniten bæn
> und inme kezzel umbe dræn (Pz 420,26–30).
> [...]
> Sibeche nie swert erzôch,
> er was ie bî [den] dâ man vlôch:
> doch muose man in vlêhen
> enpfienger von Ermrîche genuoc:
> nie swert er doch durch helm gesluoc (Pz. 421,23–28).

---

67 Vgl. Ziegeler (Anm. 44), S. 114.

68 In der Tat zeigt Liddamus einen „abweichende[n] Ehrbegriff“, wie es Schuhmann, Martin: Reden und Erzählen. Figurenrede in Wolframs *Parzival* und *Titurel* (Frankfurter Beiträge zur Germanistik 49). Heidelberg 2008, S. 89, betont. Allerdings wird meines Erachtens die negative Konnotation der Ehrvorstellung aufgrund der (ironischen) Aufnahme und Annahme in der Rede Liddamus’ selbst wiederum verkehrt und so die von Kingrimursel anvisierte Herabsetzung geschwächt: „bin ich verzagetlîche ein zage,/[...] hêr lantgrâve, des danket ir/als irz geprüeven kunnt an mir./enpfâhe ichs nimmer iweren solt,/ich pin iedoch mir selben holt“ (Pz. 419,5–10). Das ist weniger ‚überraschend‘ (vgl. Urscheler [Anm. 30], S. 245), als vielmehr eine kommunikative Strategie.

69 „[W]az Wolfhartes solt ich sîn?“ (Pz. 420,22); „Segramors enbin ich niht,/den man durch vehten binden muoz“ (Pz. 421,20f.).

Die Verweise auf die königlichen Ratgeber sind deshalb von Interesse, weil sie meines Erachtens eine Kommunikationsebene eröffnen, die nicht ausschließlich für das literaturversierte Publikum gedacht ist. Insofern sind die intertextuellen Verweise nicht nur ein „Rezeptionssignal",[70] die Szene sowohl in ihrer politischen Dimension als auch mit ihren literarischen und generischen Anknüpfungen wahrzunehmen oder aber die Evaluierung der Liddamusfigur zu initiieren. – Ziegelers These von der ironischen Infragestellung der Figuren-Positionen verknüpft im Prinzip beide Aspekte. – Bei all dem aber darf der entscheidende diegetische Adressat des Streitdialogs bzw. das, was bei ihm ausgelöst werden soll, nicht vergessen werden: der König bzw. die Absicht des Redners, auf den König Einfluss zu nehmen. Während, wie eingangs erwähnt, zunächst die Sprechakte beider Fürsten über die perlokutionäre Dimension zur Persuasion verfügen, so kann schließlich nur Liddamus jene zweite Kommunikationsrichtung bis zuletzt aufrechterhalten. Seine Identifikationen mit den freilich als bekannt vorauszusetzenden Ratgebern werden zu Argumenten, Vergulaht von seiner Geeignetheit als königlichen Ratgeber zu überzeugen. Sie fungieren im Sinne der Rhetoriktradition als Exempla,[71] welche die hier zur Diskussion stehende Frage nach der Idoneität des königlichen Ratgebers konkretisieren. Funktional changiert ihr Einsatz also zwischen Beweismittel, Erläuterung und ‚ornatus'. Inhaltlich scheint über die Gegenüberstellung zweier konträrer Positionierungen zum Kampf die in der antiken Rhetorik unterschiedlich gewichtete und systematisierte Orientierung der politischen Rede bzw. des politischen Redners an Ehre und Nutzen für Entscheidungsträger und Gemeinschaft zumindest durchzuklingen.[72] Für die römische Rhetorik, dessen Rezeption im Hochmittelalter wahrscheinlich ist,[73] kann so beim *Auctor ad Herrennium* primär ‚utilitas', in Ciceros *De oratore* dann ‚honestas' für die argumentative Ausrichtung der politischen Rede beobachtet werden.[74] Die Bezugnahme bleibt aber zu wenig konkret, als dass sie für den

70 Eikelmann (Anm. 46), S. 255. Vgl. auch Gutenbrunner, Siegfried: Über die Liddamus-Episode des Parzival. In: Zeitschrift für deutsches Altertum und Literatur 86 (1955/56), S. 289–292, hier S. 291, der zu plausibilisieren versucht, dass „Liddamus eine Karikatur auf Äneas" sei. An die komplexere Lektüre von Draesner (Anm. 39) werde ich im folgenden Abschnitt allerdings anknüpfen.

71 Vgl. Klein, Josef: Art. Exemplum. In: Historisches Wörterbuch der Rhetorik 3 (1996), Sp. 60–70.

72 Vgl. Klein, Josef: Art. Politische Rede. In: Historisches Wörterbuch der Rhetorik 6 (2003), Sp. 1465–1521, hier Sp. 1469–1479.

73 Vgl. Knape (Anm. 17), S. 56f.

74 Vgl. Klein (Anm. 72), Sp. 1470f.

Streitdialog analytische Tragfähigkeit gewinnen könnte. Nichtsdestoweniger wird Liddamus' rhetorische Versiertheit angedeutet: Zum einen lassen sich seine Worte als „spæhlîche[]" (Pz. 418,29) im Sinne von ‚kunstvoll' und ‚redegewandt' durchaus als Honorierung des während des Streitdialogs mit Kommentaren ungewöhnlich zurückhaltenden Erzählers auffassen.[75] Zum anderen wird Kritik am Herzog auf extradiegetischer Ebene gerade nicht verbalisiert. Zudem hat Liddamus offensichtlich ein rhetorisches Gespür für den öffentlichkeitswirksamen Einsatz seiner Worte und ein Bewusstsein für den passenden Zeitpunkt seiner Erwiderung (vgl. Pz. 418,26–419,1).

„Die Position des Dranzes ist aller Ehren wert, und Veldeke lässt sie auch nur von dem stets zornigen Turnus kritisieren."[76] Rumolds Beweggründe für seinen Rat an die Burgunderkönige, aus Bequemlichkeit der Einladung Kriemhilts an den Hunnenhof nicht Folge zu leisten, mögen sicher etwas fragwürdig sein, in der Konsequenz aber hätte er Recht behalten. Das Potential dieser Form der Kommunikation liegt in der indirekten, und damit völlig unangreifbaren, Formulierung persönlicher Interessen des Herzogs, die im Rahmen der Sonderkommunikation mit dem König daher auch für alle anderen intransparent bleiben. Dass Kingrimursel völlig aus dieser Kommunikation ausgeschlossen ist, zeigt seine kurze Zwischenmeldung, die zwar auf den Rat „ein[es] koch[s]" (Pz. 421,6), wie er immerhin mit Blick auf die Degradierung Liddamus' erwähnt, Bezug nimmt,[77] aber dann das Motiv der legitimen Rache an Siegfried aufgreift und wohlgemerkt sich selbst als Rächer des ermordeten Kingrisin stilisiert.[78] Darüber scheint er den Fokus auf den König zu vergessen. Liddamus hingegen

75 Freilich ruft das Adjektiv den „redespæhe[n] man" (Pz. 229,4) in Erinnerung, dessen Worte Parzival provozieren und zu einer kurzfristig angespannten Lage auf der Gralsburg führen. Gleichwohl bleibt der Mann positiv konnotiert, denn er sei – so erklären die Gralsritter seinem Gast – „ein man der schimpfes kraft/hât, swie trûrc wir anders sîn:/tuot iwer zuht gein im schîn./ir sultz niht anders hân vernomn,/wan daz der vischær sî komn./dar gêt: ir sît im werder gast:/und schütet ab iu zornes last" (Pz. 229,16–22). Die Szene veranschaulicht insofern auch das Misslingen eines Sprechaktes bzw. die Abhängigkeit seines Erfolgs von bestimmten kommunikativen Gepflogenheiten und Regeln. Sowohl hier als auch im Streitgespräch markiert „redespæhe[]" bzw. „spæhlîche[]" die Wirkungsabsicht des Sprechers.

76 Ziegeler (Anm. 44), S. 115, hier auch mit ausführlicher Kontextualisierung der literarischen Anspielungen.

77 Zum komischen und damit zugleich diskreditierenden Potential von Kingrimursel Replik vgl. insbesondere Draesner (Anm. 39), S. 329f.

78 Schuhmann (Anm. 68), S. 69, versteht die Entgegnung Kingrimursels (vgl. Pz. 421,1–12) vor allem aufgrund eines spezifischen Sprechrhythmus als „implizite

lässt nicht nach; sein letztes und stärkstes Argument bildet seine Sibeche-Anspielung. Während diese in der Forschung oft als dreiste oder selbstironisierende Entlarvung des Herzogs als schlechter Ratgeber interpretiert wird und Irritation bzw. argumentative Unstimmigkeit erzeugt,[79] ließe sich der Sprechakt im Sinne der exklusiven Kommunikation auch anders auffassen.

> Nach dem Zeugnis des Anhangs zum ‚Straßburger Heldenbuch' scheint es ein deutsches Gedicht gegeben zu haben, das die Figur Sibeches psychologisch zu erklären versuchte. Einst, so wurde darin erzählt, war er der getreue Sibeche, bis seine schöne Frau durch den bösen Kaiser entehrt wurde. Da beschloß er, der ungetreue Sibeche zu werden und den Frauenschänder durch seine bösen Ratschläge ins Verderben zu stürzen.[80]

Mit dieser Zusatzinformation kann wesentlich deutlicher gemacht werden, dass die Äußerung Liddamus' auch als eine kommissive verstanden werden kann, mit welcher der Herzog Vergulaht nahelegt, erst dann ein schlechter Ratgeber bzw. Verräter zu werden, wenn der König seine Interessen übergeht. Neben der Machtdemonstration impliziert die Anspielung auf Sibeches Ansehen beim König Ermanrich das Angebot auf eine einvernehmliche Einigung zugunsten beider Parteien. Dass dieser Sprechakt gelingt, davon zeugt die Entscheidung des Königs, Liddamus in der anschließenden Ratsversammlung mitwirken zu lassen. Im Sinne der Bemühung um Konsensherstellung wäre die Beteiligung beider Fürsten freilich nicht von Erfolg gekrönt – der Blick auf die verschiedenen Argumentationsweisen im Streitdialog macht die Wahl Vergulahts allerdings plausibel. Sowohl die Distanz zum Geschehen, die sich nicht zuletzt in der Eloquenz des doppelbödigen Sprechens erweist, als auch die Fähigkeit zur strategischen Allianzbildung lassen Liddamus zum geeigneten Ratgeber des Königs werden.

Der Effekt, der sich dabei einstellt, wenn auf Geheiß Vergulahts der Landgraf bei Antikonie und Gawan bleiben muss, ist der der Exklusionserfahrung,

---

Eigencharakterisierung" der Figur sowie Wertung der Rede Liddamus', wobei völlig unklar bleibt, welche Qualität sowohl Charakterisierung als auch Wertung haben sollen.

79 Vgl. Mohr (Anm. 42), S. 30f., Draesner (Anm. 39), S. 330, Urscheler (Anm. 30), S. 246, Ziegeler (Anm. 44), S. 116f.

80 De Boor, Helmut: Die deutsche Literatur im späten Mittelalter. 1250–1350. Erster Teil. Epik, Lyrik, Didaktik, geistliche und historische Dichtung. 5. Auflage. Neubearbeitet von Johannes Janota (Geschichte der deutschen Literatur III/1). München 1997 [1. Auflage 1962], S. 136f. Vgl. auch Draesner (Anm. 39), S. 324, sowie Heinzle, Joachim: Einführung in die mittelhochdeutsche Dietrichepik (De-Gruyter-Studienbuch). Berlin/New York 1999, S. 79.

welche schon vor der beschriebenen Sonderkommunikation während des Streitgesprächs durch die eindeutige Sympathielenkung des Erzählers vorbereitet wurde.[81] Zustimmung erhalten selbstverständlich die Figuren, die für den Helden der Erzählung Partei ergreifen – so etwa Antikonie, die trotz ihrer recht ‚offenherzigen' Art u.a. mit der Tugend der „kiusche" (Pz. 404,27) geadelt wird –, während der Erzähler am Verhalten des Königs unmissverständlich Anstoß nimmt (vgl. Pz. 410,16–27, aber auch Pz. 414,1–12). Die Sympathielenkung auf Kingrimursel, die aufgrund seiner falschen Anklage nicht unproblematisch ist, geschieht nur etwas subtiler: über die auf die ritterliche Ehre hin ausgerichtete Emotionalisierung des Moments, in dem er in das Kampfgeschehen auf der Burg Schanpfanzun im Sinne Gawans eingreift. Mit „nu seht" (Pz. 411,4) lenkt der Erzähler die Aufmerksamkeit seines Publikums auf diesen Wendepunkt der Erzählung.

> der lantgrâve Kyngrimursel
> gram durch swarten und durch vel,
> durch Gâwâns nôt sîn hende er want:
> wan des was sîn triwe pfant,
> daz er dâ solte haben vride,
> ezen wær daz eines mannes lide
> in in kampfe twungen (Pz. 411,7–13).

Im Streitdialog schließlich wird jene persönliche Betroffenheit auch argumentativ zum Hauptgegenstand der Reden des „ellens rîche[n]" Landgrafen (Pz. 421,1),[82] die zudem im Rahmen literarisch eingeübter Ritterlichkeit dem nicht nur höfischen Publikum mehr Identifikationsmöglichkeiten geben kann, als der – wie Mohr noch ausführt –

> gerissene Jurist und Politiker [...] Liddamus. Mit seinem [gemeint ist hier Wolframs – A. S.] Herzen stand er bei Guinganbresil-Kingrimursel [...]. Dieser ehrenwerte Mann, der bereit war, für das vermeintliche Unrecht [...] mit der Waffe einzutreten, der Gawan vorgeladen und ihm ausdrücklich freies Geleit im Feindesland zugesichert hatte, sah sich durch seinen König und Verwandten tief in seiner Ehre gekränkt.[83]

---

81 Im Grunde wird Kingrimursels Exklusion noch einmal gesteigert, wenn er als Dritter in der Kemenate von den beiden Liebenden Gawan und Antikonie quasi ausgeblendet wird: „diu künegin mit zühten pflac/Gâwâns, der ir ze herzen lac./dâ was der lantgrâve mite:/der schiet si ninder von dem site" (Pz. 423,7–10).

82 Vgl. auch die an das Publikum gerichtete Bemerkung des Erzählers nach Liddamus' erster Wortmeldung, welche die Gefahr für Gawan formuliert: „nu seht ir wie Gâwân dô stuont:/alrêst was im grôz angest kuont" (Pz. 417,9f.).

83 Mohr (Anm. 42), S. 28f.

Mit Kingrimursel kann man sich insofern vom Geschehen der politischen Entscheidungsfindung ausgeschlossen fühlen. Dieser Umstand muss aber gerade nicht implizieren, dass der König sich einem falschen Ratgeber angeschlossen hätte und seine Idoneität als Herrscher damit infrage stellte. Mit der von Wyss geforderten Revision der hier perpetuierten sozialen Stereotypen, die er im Kontext seiner harten Kritik an Mohrs Interpretation artikuliert,[84] gilt es also mit Liddamus auch den König Vergulaht zu ‚rehabilitieren'. Dabei möchte ich im Folgenden nicht nur fragen, „was daran so verwerflich sei, daß einer sich in der mittelalterlichen Erzählliteratur auskennt",[85] sondern explizit die Funktion jener literarischen Anspielungen für das Verständnis der Szene als einer politischen verdeutlichen.[86]

## VI. ‚sunderspráche' – ‚sundersprechen'

Die als Exempla identifizierten literarischen Anspielungen im Streitgespräch zwischen Liddamus und Kingrimursel sind recht voraussetzungsreich und zielen damit zugleich in ein thematisches Zentrum des Wolfram'schen Erzählens im *Parzival*, in dem immer wieder dessen Literarizitätsanspruch formuliert und das eigene Erzählen sowie die anspruchsvolle Lektüre reflektiert wird – so etwa in den berühmten poetologischen Passagen des Prologs oder des Bogengleichnisses. Das Streitgespräch stellt einen weiteren Modus literarischer Selbstreflexivität dar. Am umfassendsten und elaboriertesten hat Ulrike Draesner in ihrer Dissertationsschrift *Wege durch erzählte Welten* diesen Kontext erhellt. „Liddamus und Kingrimursel sprechen über Literatur ‚als' Literatur",[87] ihre intertextuellen Verweise auf fiktive Figuren der eigenen sowie anderer epischen Welten ließen sich demnach als eine Form der Selbstdarstellung des Erzählers und seines narrativen Aktes einerseits sowie als Entwurf einer spezifischen Rezeptionshaltung andererseits begreifen, der wiederum dem *Parzival*-Publikum Projektionsfläche biete.[88] Als Spiegelung des Rezipienten beziehe vorrangig Liddamus „Literatur [...] unmittelbar auf die eigene konfliktträchtige Lebenssituation und versucht,

84 Vgl. Wyss (Anm. 44), S. 199.
85 Ebd.
86 Zwar konstatiert Wyss (Anm. 44), S. 195, dass es sich bei allen drei Figuren (Dranzes, Rumold und Sibeche) „um ‚Figuren des Politischen' [handelt], die gegen das Ethos und die Ideologie des Kriegers gesetzt werden." Er verbindet jene These aber gerade nicht mit seiner abschließenden poetologischen Lektüre (vgl. ebd., S. 200f.).
87 Draesner (Anm. 39), S. 313.
88 Vgl. ebd., S. 322.

die ihm vertrauten Texte argumentativ zu seinem Vorteil zu nützen."[89] Zugleich demonstriere und produziere jener Rezeptionsmodus, der sich gerade nicht über eine mimetische, sondern interaktive Reziprozität von Literatur und Wirklichkeit auszeichne, eine Ambiguität des Erzählten und Gedeuteten.[90]

Weil Draesner ganz zu Recht jenes dynamische Wechselverhältnis voraussetzt, ist es geradezu notwendig, nicht mit dem Blick auf die Transformationen von der intradiegetischen zur extradiegetischen Ebene zu enden. Vielmehr scheint mir das Rückkopplungspotential der intertextuellen bzw. intratextuellen Verweise, welche in diesem konkreten Fall als Metalepsen bezeichnet werden können, geeignet, auf das Feld des Politischen in der Diegese zurückzuführen. Metalepsen sind nach Gérard Genette Transgressionsphänomene, weil sie die Grenze zwischen der Welt des Erzählten und der Welt des Erzählens durchlässig machen. Sie sind Fiktionalitätssignale insofern, als sie die Gesetzmäßigkeit unterschiedlicher narrativer Ebenen als Infragestellung thematisieren.[91]

> Das Verwirrendste an der Metalepse liegt sicherlich in dieser inakzeptablen und doch so schwer abweisbaren Hypothese, wonach das Extradiegetische vielleicht immer schon diegetisch ist und der Erzähler und seine narrativen Adressaten, d.h. Sie und ich, vielleicht auch noch zu irgendeiner Erzählung gehören.[92]

Die Grenze wird durchlässig zu beiden Seiten und damit die Frage nach der Bedeutung des intertextuellen Spiels für die politische Szene im achten Buch wichtig.

Dass Wolframs Erzähler ausgerechnet die Einführung seiner Liddamus-Figur mit einer Referenz auf den Provenzalen Kyot verknüpft,[93] der als fiktive Quelle stärker noch im neunten Buch des *Parzival* entfaltet wird (vgl.

---

89 Ebd., S. 328.

90 Hierfür bedarf es meines Erachtens allerdings keiner Devaluierung von Liddamus' Argumentationsfähigkeiten. Vgl. ebd., S. 328.

91 Die Metalepse bezeuge „durch die Intensität ihrer Wirkung[] die Bedeutung der Grenze, die sie mit allen Mitteln und selbst um den Preis der Unglaubwürdigkeit überschreiten möchte[], und ‚die nichts anderes ist als die Narration [...] selber'; eine bewegliche, aber heilige Grenze zwischen zwei Welten: zwischen der, in der man erzählt, und der, von der erzählt wird." Genette (Anm. 57), S. 153.

92 Ebd.

93 „Kyôt in [Liddamus –A.S.] selbe nennet sus./Kyôt laschantiure hiez,/den sîn kunst des niht erliez,/er ensunge und spræche sô/dês noch genuoge werdent frô./Kyôt ist ein Provenzâl,/der dise âventiur von Parzivâl/heidensch geschriben sach./swaz er en franzoys dâvon gesprach,/bin ich niht der witze laz,/daz sage ich tiuschen fürbaz" (Pz. 416,20–30).

Pz. 452,29–455,22),[94] ist daher weder „fast zu viel Ehre für Liddamus“[95] noch gänzlich unwichtig.[96] Im Gegenteil markiert die Kyot-Referenz nicht nur Wolframs Eigenständigkeit bei seinem narrativen Entwurf der Szene,[97] sondern ist zunächst ein Signal für den engen Zusammenhang des Erzählens und Deutens mit jener politisch als entscheidend inszenierten Figur und deren Rede.

Ludger Lieb und Stephan Müller haben in ihrem gemeinsamen Aufsatz zu *Situationen literarischen Erzählens* die Korrelation von Herrschaftsfähigkeit und Deutungskompetenzen veranschaulichen können.[98] Die Lektüre zweier Ratsszenen aus der deutschen *Kaiserchronik* und dem *Fredegar*, die die Fabel vom gegessenen Hirschherzen aufnehmen, demonstriert, dass „[d]ie Fähigkeit, die Fabel richtig zu verstehen und daraus Konsequenzen zu ziehen, [...] den besseren Herrscher aus[macht].“[99] Zwar betonen Lieb und Müller im Folgenden, dass die Situation des Fabelvortrags und dessen Identifizierung als Entscheidungssituation durch den Herrscher für das Verstehen signifikant sei, für

---

94 Es gibt eine umfangreiche Diskussion über die (un-)mögliche Existenz realer Quelltexte oder Autoren, die sich hinter der genannten Autorität Kyot verbergen könnten. Vgl. den Forschungsabriss bei Bumke (Anm. 33), S. 244–247, sowie die Aufarbeitung der Forschungsgeschichte bei Bertheau, Jochen: Wolframs von Eschenbach *Parzifal* und seine französischen Vorlagen. Neue Funde zum Kyot-Problem (Mannheimer Studien zur Linguistik, Mediävistik und Balkanologie 17). Frankfurt a.M. 2004, S. 7–29.

95 Gutenbrunner (Anm. 70), S. 289.

96 Gegen Schuhmann (Anm. 68), S. 194 mit Anm. 306.

97 Vgl. schon Gutenbrunner (Anm. 70), S. 19, vor allem Wyss (Anm. 44), S. 200f.: „Kyot bedeutet etwas Bestimmtes, und das hat sehr wohl mit Liddamus zu tun. Seine Figur markiert die Freiheit des Verfügens über die literarische Fiktion, durch welche das Erzählen sich von der Autorität jeden Herkommens und der alten Bücher emanzipiert. [...] In Kyot feiert Wolfram die autopoietische Kraft seines Erzählens, und in Liddamus die Errungenschaften der passionierten Lektüre.“

98 Ihnen geht es vorrangig um Szenen aus mittelalterlicher Erzählliteratur, die vom Erzählen erzählen, und fragen danach, ob „sich aus diesen Passagen [...] Rückschlüsse ziehen [lassen] auf ein spezifisches Wissen um die Situationen literarischen Erzählens und auf eine besondere Problematik, die mit solchen Situationen verbunden wird“. Lieb, Ludger/Müller, Stephan: Situationen literarischen Erzählens. Systematische Skizzen am Beispiel von ‚Kaiserchronik‘ und Konrad Flecks ‚Flore und Blanscheflur‘. In: Wolfram-Studien 18 (2004), S. 33–57. Zum Aspekt der Verschränkung von Herrschaft und Hermeneutik vgl. auch den Beitrag von Elke Brüggen in diesem Band, die mich mit ihrem Vortrag erst auf die Idee gebracht hat, den Zusammenhang von Politischem und Narrativem im achten Buch des *Parzival* zu entwickeln.

99 Lieb/Müller (Anm. 98), S. 38.

den literarischen Streitdialog im *Parzival* hingegen kommt es mir hauptsächlich auf den Aspekt der Deutungsnotwendigkeit jener Geschichten an, die ohnehin intertextuell lediglich aufgerufen werden, aber als literarische Verweise zugleich „das Deuten von ‚mæren' " reflektieren.[100] Die Selbstreflexivität des Erzählens im *Parzival* überschneidet sich hier mit der Selbstreflexivität des Herrschers, der über Analogiebildung die literarisch codierte Mitteilung seines Ratgebers versteht. Solche Deutungsprozesse werden durch Vergulaht allerdings nicht sichtbar gemacht, sondern lassen sich – vor dem Hintergrund der anzitierten literarischen Kontexte (vgl. Abschnitt V) – implizit aus seiner Entscheidung für Liddamus als Ratgeber erschließen. Gleichwohl zeigt die Szene sehr deutlich, dass das Herrschaftshandeln mit der Deutungskompetenz des Königs kurzgeschlossen wird.

Die exklusive Kommunikation zwischen Liddamus und Vergulaht beruht auf den nicht vollständigen oder für alle sichtbaren und im Verstehensprozess dynamischen bzw. offenen Aussagen der Sprechakte. In diesem Sinne ließe sich der Zusammenhang von Herrschaftshandeln und Deutungskompetenz des Königs mit dem Terminus der ‚sundersprâchen' verknüpfen, den Jan-Dirk Müller den Beratungsszenen gegenüberstellt, die als Ausdruck eines gemeinschaftlich-konsensuellen Herrschaftshandeln gelten können.[101] Im Rahmen seiner Rekonstruktion von Inszenierungen und Funktionen von Beratungsszenen in der heroischen Epik macht Müller hierfür die Bedeutung ‚geheime Unterredung' stark, welche vornehmlich räumlich definiert wird. ‚Sundersprâchen' bezeichnet demnach heimliche, zumindest nicht-öffentliche „Unterredungen im Hintergrund",[102] in denen politisch sondiert wird und Abmachungen getroffen werden. Dieser Semantik gibt Müller gegenüber der von ‚besonderer, fremdartiger Sprache' nachvollziehbarer Weise den Vorzug, gleichwohl in einigen Fällen fließende Übergänge beobachtet werden können. Für die Exempla im Streitdialog des *Parzival* ist die zweite Bedeutung hingegen überaus treffend. ‚Sundersprâche' wird hier als literarischer Diskurs markiert – implementiert in eine politische Entscheidungsszene in der epischen Welt. Mit diesem Beispiel lässt sich ‚sundersprâchen' als eine Form politischer Beratung nochmals differenzieren. Es ergänzt die räumlich-situativ codierte um die ebenso signifikante hermeneutische Ebene von politischer Kommunikation. Demnach ist ‚sundersprâche' als ‚verschlüsselte

100 Ebd., S. 39.
101 Vgl. Müller (Anm. 56), S. 138–142.
102 Vgl. ebd., S. 139f. mit Anm. 47, hier S. 139.

Botschaft‘ vom ‚sundersprechen‘, wie ich in Anlehnung an das Substantiv die informelle Beratungsgespräch bezeichnen möchte, zu unterscheiden.[103]

Dass diese beiden Modi informellen Beratens nicht nur eng miteinander in Beziehung stehen, sondern zugleich auch die Souveränität des Königs zum Ausdruck bringen, wird wiederum narrativ über einen handlungslogischen Kurzschluss verhandelt. Die Stärke Vergulahts, der seinen Ratgeber selbst wählt aus Gründen, die Wolfram gerade nicht oder kaum erzählt und damit erst ‚sundersprâche‘ inszeniert, zeigt sich schließlich in der Motivierung der einberufenen Ratsversammlung überhaupt.

Wolframs Transformation der Chrétien'schen Ratsszene zum Streitdialog und zur nochmals inhaltlich angereicherten Ratsversammlung führt zu einem handlungslogischen Problem: Die Vertagung des angesetzten Zweikampfes zwischen Gawan und Kingrimursel ist bereits während des Disputs vereinbart worden,[104] mit der Voraussetzung: der Angeklagte bleibt am Leben. Da diesbezüglich keine Reaktion des Königs erzählt wird, soll dieser Umstand offenbar in der anschließenden Ratsversammlung diskutiert werden – einen deutlichen Hinweis im Text dazu gibt es aber nicht. Handlungslogisch problematisch wird dabei die Aufspaltung des Falles hin zu zwei absolvierenden Sühneleistungen Gawans, der sich sowohl im gerichtlichen Stellvertreterkampf als auch gegenüber Vergulaht zu rechtfertigen hat. Das wird insbesondere dann deutlich, wenn in der Versammlung und auch in deren Beschluss dieser Zweikampf nicht einmal mehr erwähnt ist. Nach einer knappen, sehr allgemein gehaltenen Zusammenfassung der Beratung (vgl. Pz. 424,7–13), trifft der König nun gerade keine Entscheidung, wie es zu erwarten wäre, sondern verschafft sich Gehör, um ein ganz anderes Problem zu thematisieren. Die Gelegenheit scheint – mit Althoff – günstig, von seiner Niederlage gegenüber einem unbekannten Ritter zu erzählen, die ihm die Suche nach dem Gral eingehandelt hat (vgl. Pz. 424,15–425,14). Einerseits schmälert die Niederlage die königliche Reputation; andererseits bringt die Gralssuche Vergulaht ganz konkret in Lebensgefahr: „solt ich nu drumbe ersterben,/sô muoz ich leisten sicherheit/die sîn hant an mir erstreit“ (Pz. 424,24–26). Nachträglich wird daher wesentlich verständlicher, dass der König den Öffentlichkeitsgrad der Ratsversammlung selbst bestimmt. Es handelt sich hier um eine

103 ‚Sundersprâchen‘ kann Verb und Substantiv sein. Vgl. entsprechende Lemmata im Online-Lexer: http://woerterbuchnetz.de/Lexer/ [letzter Zugriff am 18.06.2017].

104 Es wird zwar keine Reaktion des Königs diesbezüglich erzählt, scheint aber damit – und die Bemerkung zu Beginn des zehnten Buchs bestätigen das – abgemachte Sache zu sein. Insofern folgt Vergulaht auch Kingrimursels Rat, schließt ihn aber als königlichen Ratgeber explizit aus.

formelle, gleichwohl nur teil-öffentliche Beratung – ein ‚sundersprechen', in dem dann „Gegenstand ist, was offen nicht verhandelt werden kann."[105] Darüber hinaus suggeriert das unvermittelte Geständnis des Königs die Strategie, jene beiden Probleme zusammen zu bearbeiten. Auf diese Weise gibt Vergulaht die Entscheidung quasi vor. Liddamus greift sie mit rhetorisch angemessener Bescheidenheit auf und formuliert einen dann von allen im Rat Anwesenden akzeptierten Vorschlag:

> mit dirre hêrrn urloube ich nuo
> spriche: och râten sie derzuo.
> swes iuch dort twanc der eine man,
> des sî hie pfant hêr Gâwân:
> der vederslagt ûf iweren klobn.
> bitt in iu vor uns allen lobn
> daz er iu den grâl gewinne.[106]
> lât in mit guoter minne
> von iu hinnen rîten
> und nâch dem grâle strîten (Pz. 425,17–26).

Am nächsten Vormittag wird der Beschluss, Gawan zur Gralssuche zu verpflichten, bekanntgegeben und einvernehmliche „suone" (Pz. 428,23) inszeniert. Vergulaht will gegenüber Gawan auf einen weiteren Ausgleich verzichten und betont das grundsätzliche Bedürfnis, seine Anerkennung auf das Wohlwollen der Schwester Antikonie ausrichten zu wollen (vgl. Pz. 428,4–22). Auch Kingrimursel verzeiht dem König „vor al den fürsten" (Pz. 428,30) und demonstriert so die Wiederherstellung des herrschaftlichen Ordnungsgefüges. Insofern Vergulaht also doppelt sein Gesicht wahren kann, ist ihm sowohl bei seiner Wahl des Ratgebers (‚sundersprâche') als auch bei seiner Entscheidung zur Ratseinberufung (‚sundersprechen') ohne Zweifel machtpolitisches Kalkül zu unterstellen. Seine Souveränität zeigt sich nicht zuletzt in der – vor allem auf Kosten Gawans produzierten – Konsensfiktion. Die Abschiedsworte Antikonies zu Gawan bringen das deutlich auf den Punkt: „het ir mîn genozzen mêr,/mîn froude wær gein sorgen hêr:/nu moht iur vride niht bezzer sîn" (Pz. 431,23–25). Sie kennzeichnen noch zuletzt die politische Entscheidung als eine exklusive und das heißt exkludierende Kommunikation und aktualisieren ihr Spannungsfeld zwischen

105 Müller (Anm. 56), S. 140.

106 Wie der Zweikampf zwischen Gawan und Kingrimursel läuft auch die Gralssuche des Helden ins Leere, sie wird im Verlauf des Romans zudem nicht einmal mehr erwähnt. Vgl. Kolb, Herbert: Chanson-de-geste-Stil im *Parzival.* In: Wolfram-Studien 3 (1975), S. 189–216, hier S. 213f.

Konsensproduktion und Aushandlungsprozess. Zu einem wichtigen Medium avanciert dabei Wolframs literarische Selbstreflexivität, mit der im achten Buch politische Kommunikation als rhetorische Versiertheit des Ratgebers einerseits und Deutungskompetenz des Ratnehmenden andererseits vermittelt wird.

Britta Wittchow

# Rhetorik der Zurückhaltung. Der *Guote Gêrhart* des Rudolf von Ems

**Abstract:** The article examines the crown council episode of *Der Guote Gêrhart* by Rudolf von Ems. In this part of the tale the commendable merchant Gêrhart intervenes in the debate about the future ruler of the English kingdom and succeeds to assert the claim of the entitled, but presumed dead, heir to the throne. He does that by speaking in a restrained and cautious manner in front of the council and by adjusting his speech to unforeseen events, even refusing an inadequate tribute without causing an affront. The text depicts an election process which is based on argumentative speech and shows that in such circumstances a good orator should be contained and demure in every sense.

## I. Vorbildliche Rede als Interessensschwerpunkt bei Rudolf von Ems

„ir hânt iuch genomen an/einer grôzen rede guot" (GG, V. 5490f.)[1] – so lobt eine Nebenfigur des *Guoten Gêrhart*, des moralisch-didaktischen Erstlingswerks Rudolfs von Ems[2]

---

1 Zitate richten sich hier und im Folgenden nach der Ausgabe: Rudolf von Ems: Der guote Gêrhart. Hrsg. von John A. Asher. 3. durchges. Aufl. (Altdeutsche Textbibliothek 56). Tübingen 1989. Für weitere Verweise auf den dieser Ausgabe entnommenen Text wird die Sigle GG verwendet.

2 Die Erzählung orientiert sich inhaltlich an einer rabbinischen Erzählung (*Der fromme Metzger oder der Genosse im Paradies*) mit dezidiert belehrendem Anspruch. Zur Vorlagenfrage vgl. Ertzdorff, Xenja von: Rudolf von Ems. Untersuchungen zum Höfischen Roman im 13. Jahrhundert. München 1967, S. 163–167; Speckenbach, Klaus: Die Ausbildung des Exempelromans bei Rudolf von Ems und Konrad von Würzburg. In: Andersen, Elizabeth/Eikelmann, Manfred/Simon, Anne (Hrsg.): Texttyp und Textproduktion in der deutschen Literatur des Mittelalters (Trends in Medieval Philology 7). Berlin/New York 2005, S. 309–329, hier S. 314 mit Anm. 15; Zöller, Sonja: „Von zwîfel und von guotem muot" – Gewissensentscheidungen im *Guten Gerhard*? In: Zeitschrift für deutsches Altertum und deutsche Literatur 130 (2001), S. 270–290, hier S. 276f. Der didaktische Anspruch ist kaum zu übersehen und findet dementsprechend in fast allen Forschungsbeiträgen explizit Erwähnung. Zentral ist er bei Brackert, Helmut: Rudolf von Ems. Dichtung und Geschichte (Germanische Bibliothek, Reihe 3. Untersuchungen und Einzeldarstellungen). Heidelberg 1968, vgl. bes. S. 209–214 sowie das Schlusskapitel S. 234–247.

aus dem ersten Viertel des 13. Jahrhunderts,[3] den Protagonisten, als jener vor dem englischen Königsrat spricht. Diese Aussage verweist darauf, dass es sich bei dem im Titel so positiv gezeichneten Kölner Kaufmann Gêrhart, um dessen vorbildliche Taten sich die Verserzählung dreht, um eine beredte Figur handelt. Seine rhetorischen Fähigkeiten stellt Gêrhart im Laufe der Erzählung immer wieder unter Beweis. Nicht nur vermag er sich im Rahmen seiner drei episodenhaft erzählten Prüfungssituationen angemessen an die Transzendenz zu richten und seine Positionen und Werte anderen in überzeugenden Worten darzulegen, er übernimmt auch als erster Ich-Erzähler der deutschsprachigen Literatur[4] den Großteil des Erzählens selbst. Nachdem eine extra- und heterodiegetische Erzählinstanz von Kaiser Otto, dessen hochmütiger Verfehlung und der sich anschließenden, von Gott befohlenen Fahrt des Kaisers nach Köln berichtet, wird die Vermittlung des beispielhaften Verhaltens in moralisch herausfordernden Situationen dem intra- und homodiegetischen Erzähler Gêrhart in den Mund gelegt (vgl. GG, V. 1130–6630). Sein 6500 Verse umfassender Beitrag ist – so zeigt die zuletzt wieder extra- und heterodiegetisch präsentierte Reaktion

---

3 Die Datierung des *Guoten Gêrhart* ist umstritten. Christina Lechtermann fasst den Forschungsstand wie folgt zusammen: „Eine Arbeit von Sonja Zöller, die 1993 erschien, ist – soweit ich sehe – der jüngste Versuch, von der alten, allgemein akzeptierten Festlegung der Entstehungszeit zwischen 1220 und 1225 Abstand zu nehmen und die Entstehung des Textes auf 1210/11 vorzuverlegen. Zöllers Überlegungen greifen auf ältere Versuche zurück, in Kaiser Otto eine Anspielung auf Otto IV (den Welfen) zu sehen" (Lechtermann, Christina: „Von wem, ze wem, waz, wie und wenne". Redeordnungen. In: Harms, Wolfgang/Jaeger, Stephen C./Wenzel Horst [Hrsg.]: Ordnung und Unordnung in der Literatur des Mittelalters. Stuttgart 2003, S. 81–95, hier S. 94). Bei der erwähnten Arbeit handelt es sich um folgende: Zöller, Sonja: „Sus zierte keiserlîche/sîn name roemisch rîche". Zu einer Neudatierung des *Guoten Gêrhart* von Rudolf von Ems. In: Zeitschrift für deutsche Philologie 112 (1993), S. 358–382. Für späte Datierungen (diese reichen von 1220–1230) plädierten zuvor Joachim Bumke, Erika Kartschoke, Moritz Haupt und Gustav Ehrismann, während bereits Xenja von Ertzdorff eine frühere Datierung um 1215 annimmt (siehe dazu ebd., S. 358–361). Eine kurze Geschichte der Datierungsversuche gibt auch Neudeck, Otto: Erzählen von Kaiser Otto. Zur Fiktionalisierung von Geschichte in mittelhochdeutscher Literatur (Norm und Struktur 18). Köln/Weimar/Wien 2003, S. 198f.

4 Ein Nachweis aller diesbezüglichen Bemerkungen gliche einer Bibliographie, verweist doch praktisch jeder Beitrag zum *Guoten Gêrhart* auf die Neuartigkeit dieses Erzählens. Im Fokus steht die Verschachtelung der Erzählungen bei Schulz, Armin: Erzählungen in der Erzählung. Zur Poetologie im *Guoten Gêrhart* Rudolfs von Ems. In: Brunner, Horst [u.a.] (Hrsg.): „helle döne schöne". Versammelte Arbeiten zur älteren und neueren deutschen Literatur. Festschrift für Wolfgang Walliczek (Göppinger Arbeiten zur Germanistik 668). Göppingen 1999, S. 29–59.

des Kaisers (vgl. GG, V. 6631–6724) – offenbar zumindest innerhalb der Diegese anschaulich, ergreifend und erfolgreich.

Dass das richtige Sprechen, Beten, Bitten um und Erteilen von Ratschlägen eine wichtige Rolle für die Erzählung[5] spielt, scheint angesichts des Handlungsverlaufs offensichtlich und wurde für den recht ausführlich beforschten Text des insgesamt weniger umfassend bearbeiteten Werks Rudolfs[6] bereits mehrfach festgehalten. In den Analysen der germanistischen Mediävistik hat sich – so Cieslik – „gezeigt, dass im *Guoten Gêrhart* Rudolfs von Ems die Redeszenen von großer Bedeutung nicht nur für die Strukturierung der Dichtung, sondern auch für die differenzierende Vermittlung von Sinnangeboten sind."[7] Die Vielzahl der Rede- und Ratsituationen wurde als „konstituierende[s] Element des epischen Vorgangs",[8] als narratives Moment der Handlungs-

5 Die Zuordnung des Texts zu einer bestimmten Textsorte gestaltet sich als schwierig. Sehr unterschiedliche Bezeichnungen und Zuordnungen tauchen in der Forschungsdiskussion auf (vgl. Zöller [Anm. 2], S. 270). Ausführlich zur Zuordnungsproblematik und Gattungs- und Schematamischung Speckenbach (Anm. 2) sowie auch Schulz (Anm. 4) und Neudeck (Anm. 3), S. 220–233.

6 „Der Guote Gerhart des Rudolf von Ems ist mit Abstand diejenige Dichtung aus dem Gesamtwerk des Autors, die in der Forschungsgeschichte am häufigsten und am heftigsten diskutiert wurde", hält Karin Cieslik fest (Cieslik, Karin: „sô bitt ich dich/daz dû geruochest hœren mich". Rede- und Figurengestaltung im *Guoten Gerhart* des Rudolf von Ems. In: Miedema, Nine/Schrott, Angela/Unzeitig, Monika [Hrsg.]: Sprechen mit Gott. Redeszenen in mittelalterlicher Bibeldichtung und Legende [Historische Dialogforschung 2]. Berlin 2012, S. 169–190, hier S. 169). Über eine ununterbrochene Aufmerksamkeit der Forschung verfüge er seit den 1950er Jahren, so Kartschoke, Dieter: Der Kaufmann und sein Gewissen. In: Deutsche Vierteljahresschrift für Literaturwissenschaft und Geistesgeschichte 69/4 (1995) S. 666–691, hier S. 674.

7 Cieslik [Anm. 6], S. 189.

8 Walliczek, Wolfgang: Rudolf von Ems: *Der guote Gêrhart* (Münchener Texte und Untersuchungen zur deutschen Literatur des Mittelalters 46). München 1973, S. 102, Anm. 24. Walliczek, der mit seiner Dissertation in keinem Forschungsüberblick zum *Guoten Gêrhart* fehlen darf, verweist bereits Anfang der 1970er Jahre auf die Vielzahl und Vielfalt der Ratsszenen, welche er in ‚monologische', ‚dialogische' und ‚kollektive' Situationen kategorisiert (vgl. ebd., S. 109). Er betrachtet die „Variationsbreite möglicher *rât*-Situationen in Rudolfs Werk" (ebd., S. 102) in ihrer Funktion als Handlungsauslöser und für die Progression des epischen Geschehens (vgl. ebd., S. 104) sowie für die durchlaufene Entwicklung vom Ratsuchenden zum Ratgeber (vgl. ebd., S. 109–122; zusammenfassend zu Walliceks Untersuchung siehe Krusenbaum, Christiane/Seebald, Christian: „ze guote jehen". Pragmatisches und literarisches Sprechen im *Guoten Gêrhart* Rudolfs von Ems. In: Miedema, Nine/Hundsnurscher, Franz [Hrsg.]: Formen und Funktionen von Redeszenen in der mittelhochdeutschen Großepik [Beiträge zur

Motivation[9] und als „Handbuch idealtypischer Redesituationen"[10] beschrieben und im Hinblick auf die didaktische Funktion der Erzählung[11] sowie für die ‚Entwicklung' der Titelfigur[12] ausgiebig befragt.

---

Dialogforschung 36]. Tübingen 2007, S. 297–314, hier S. 301). Die Redeszenen werden somit zu einem Strukturelement der erzählten Handlung, was zu der Feststellung Karin Cieslíks passt, mittelalterliche Großepen würden durch Redeszenen maßgeblich strukturiert (vgl. Cieslik [Anm. 6], S. 170 mit Verweis auf Miedema, Nine/Hundsnurscher, Franz: Einleitung. In: Formen und Funktionen von Redeszenen in der mittelhochdeutschen Großepik [Beiträge zur Dialogforschung 36]. Tübingen 2007, S. 1–18, hier S. 16).

9 Vgl. Schulz (Anm. 4), S. 31. Vor allem geht es ihm um den Einschub von Ratsszenen zur Motivation von Handlungen und Reaktionen auf kontingent auftretende Ereignisse. Insgesamt betone Rudolf weniger die Taten der Beteiligten als den Weg dorthin – private ‚Reflexionen', Zwiegespräche und kollektive Beratungen motivierten beinahe jede Aktion vorab oder nachträglich. Vgl. auch Neudeck (Anm. 3), S. 237.

10 Krusenbaum/Seebald [Anm. 8], S. 306. Als solches zeige es „‚how to do things with words' " (ebd., S. 299). Selbstverständlich handle es sich nicht um realitätsgetreue Situationen, sondern um idealisierte Darstellungen von Handlungsmustern, artifizielle rhetorische Gestalten, die in ihrer Poetizität autoreferentiell den Blick auf die Dichtkunst selbst lenkten (vgl. ebd., bes. S. 306, Anm. 26 sowie S. 298, S. 302 und S. 305). Christina Lechtermann arbeitet aus den rhetorischen Ratschlägen der zeitgenössisch einflussreichen Autoritäten die Relevanz angemessener Sprache zur Überzeugung von einer Handlungsweise und damit die Initiationskraft rhetorisch geformter Sprache heraus (vgl. Lechtermann [Anm. 3], bes. S. 88–91), während Karin Cieslik der ‚poetischen Gemachtheit' und moralischen Aussagekraft der Dialoge zwischen den Hauptfiguren und Gott nachgeht (vgl. Cieslik [Anm. 6]).

11 Die Anleitungen zum richtigen Sprechen, die der Text gibt, betreffen auch das richtige und demütige Beten, was am Beispiel der (vor allem sprachlichen?) Verfehlung des Kaisers herausgestellt wurde. Die Frage nach der Sünde Kaiser Ottos als bereits vorsprachliche Sünde oder erst in der Formulierung entstehende ‚Zungensünde' diskutieren vor allem Brackert (Anm. 2); Becker, Anja: Poetik der ‚wehselrede'. Dialogszenen in der mittelhochdeutschen Epik um 1200 (Mikrokosmos 79). Frankfurt a.M. [u.a.] 2009, S. 181–196; Lechtermann (Anm. 3), S. 85–89; Cieslik (Anm. 6), S. 185–188; Kartschoke (Anm. 6), S. 680–683. Zur rhetorisch einwandfreien Gestaltung des Gebets vgl. Lutz, Eckart Conrad: Rhetorica divina. Mittelhochdeutsche Prologgebete und die rhetorische Kultur des Mittelalters (Quellen und Forschungen zur Sprach- und Kulturgeschichte der germanischen Völker, N. F. 82). Berlin/New York 1984, S. S. 193–241.

12 Vgl. erneut Walliczek (Anm. 8). Ob Gêrhart bereits von Beginn an ungebrochen positiv gezeichnet wird oder ob er sich erst im Laufe der Binnenerzählung zu einer absoluten Vorbildfigur entwickelt, ist in der Forschung immer wieder diskutiert worden. Die ungebrochene Vorzüglichkeit Gêrharts selbst ist von Monika Schulz infrage gestellt worden (vgl. Schulz, Monika: „Swaz dû wilt daz wil ouch ich". Loskauf,

Mit seinem Interesse für angemessenes und situationsadäquates Sprechen steht Rudolf im hohen Mittelalter nicht allein. Ab dem 11. Jahrhundert entsteht mit den zunächst auf Latein verfassten und an die antike Rhetoriktradition anschließenden Schriften der ‚artes dictandi'[13] eine Ratgeberliteratur für die „Perfektionierung der publikumswirksamen monologischen Einzelrede",[14] deren breite Wirkung sich in der Aufarbeitung in volkssprachige Ratschläge zum Verfassen von Briefen und Reden niederschlägt. Während die ersten deutschsprachigen Rede- und Briefrhetoriken erst aus dem 15. Jahrhundert überliefert sind,[15] manifestiert sich – wie Nine Miedema darstellt – ein besonderes Interesse

Schuldknechtschaft und ‚rehte ê' im *Guoten Gêrhart* Rudolfs von Ems. Zur Frage der Idealität des Protagonisten. In: Brunner [Anm. 4], S. 1–28).

13 Ausführlich mit der im frühen Mittelalter aufstrebenden Fachrichtung der ‚ars dictaminis', der Lehre vom Abfassen (lateinischer) Texte auf einem gewissen stilistischen Niveau, beschäftigt sich Krautter, Konrad: „Acsi ore ad os ...". Eine mittelalterliche Theorie des Briefes und ihr antiker Hintergrund. In: Antike und Abendland 28 (1982), S. 155–168. Das Fach gehörte im Mittelalter zum Rhetorikunterricht und damit zum klassischen Trivium (vgl. ebd., S. 155f.). Da es vor allem auf die kluge Komposition von Briefen gerichtet ist vgl. dazu auch Wand-Wittkowski, Christine: Briefe im Mittelalter. Der deutschsprachige Brief als weltliche und religiöse Literatur. Herne 2000, S. 31; Herold, Jürgen: Empfangsorientierung als Strukturierungsprinzip. Zum Verhältnis von Zweck, Form und Funktion mittelalterlicher Briefe. In: Spieß, Karl-Heinz (Hrsg.): Medien der Kommunikation im Mittelalter (Beiträge zur Kommunikationsgeschichte 15). Stuttgart 2003, S. 265–288, hier S. 267; 269; Muschick, Martin: Minne in Briefen. Studien zur Poetik des Briefwechsels in der Erzählliteratur des Spätmittelalters und der Frühen Neuzeit (Beiträge zur älteren Literaturgeschichte). Heidelberg 2013, S. 47 oder Schmale, Franz-Josef: Art. Brief, Briefliteratur, Briefsammlungen, 1. Brief. In: Lexikon des Mittelalters 2 (1983), Sp. 648–656. Siehe für weiterführende Literatur auch Anm. 15.

14 Miedema, Nine: Gesprächsnormen. Höfische Kommunikation in didaktischen und erzählenden Texten des Hochmittelalters. In: Brüggen, Elke [u.a.] (Hrsg.): Text und Normativität im deutschen Mittelalter. XX. Anglo-German Colloquium. Berlin 2012, S. 251–278, hier S. 260.

15 Mit einem Verweis auf die ausführliche Darstellung der Gattungsentwicklung in Italien und Frankreich bei Hartmann, Florian: Ars dictaminis. Briefsteller und verbale Kommunikation in den italienischen Stadtkommunen des 11.–13. Jahrhunderts (Mittelalter-Forschungen 44). Ostfildern 2013, S. 49–153 stellen Ratzke/Schmidt die Entwicklung der Disziplin folgendermaßen dar: „Nachdem mit Alberich von Montecassino um 1075–80 die ersten Traktate im Umfeld der päpstlichen Kurie entstehen, entwickeln sich im 12./13. Jahrhundert die Städte Oberitaliens, besonders Bologna, zu Zentren der Briefrhetorik (Adalbert von Samaria, Hugo von Bologna, Bernhard von Bologna, später Boncompagno, Bene von Florenz, Guido Faba). Seit der zweiten

für angemessenes Sprechen als Ausdruck eines neuen Sprachbewusstseins, das „den Anspruch erhebt, auf dem Weg verbaler (statt kriegerischer) Problem- und Konfliktlösung in gesellschaftspolitischen Fragen Konsens zu finden und zu bewahren“[16] in der didaktischen deutschsprachigen Literatur bereits im 13. Jahrhundert; für die erzählende Literatur lasse sich ein solches noch früher konstatieren.[17] Dort würde nicht nur die Relevanz guter und angemessener Redebeiträge gefordert, sondern vorbildliche und situativ eingebundene Reden durch als sprechend gezeichnete Figuren vorgeführt.[18]

Umfassende rhetorische Kenntnisse und Vorstellungen über Eloquenzkriterien wurden Rudolf von Ems anhand seiner Texte bereits nachgewiesen.[19] Das konkrete rhetorische Vorgehen, das der Protagonist des *Guoten Gêrhart* in den

---

Hälfte des 12. Jahrhunderts wird die ‚ars dictaminis‘ inensiv in Frankreich rezipiert (Flores rhetorici, Bernhard von Meung, Magister Gaufredus). Von dort aus kommt es im 13. Jahrhundert zur Verbreitung im übrigen Europa. Nach einer langen Phase intensiver, aber passiver Rezeption der lateinischen ‚artes dictandi‘ sind im 14. Jahrhundert erste Formelsammlungen in deutscher Sprache beobachtbar, bis ab den 1420er Jahren die ersten deutschsprachigen Briefrhetoriken entstehen“ (Ratzke, Malena/Schmidt, Christian: Art. Politische Rhetorik in Mittelalter und Frührenaissance. In: Burkhardt, Armin [Hrsg.]: Handbuch Politische Rhetorik [Handbücher Rhetorik 10]. Berlin/Boston [im Erscheinen]). Lutz benennt vor allem die Aufzeichnungen Alberichs von Monte Cassino sowie die 1138/43 anonym überlieferten ‚Rationes dictandi‘ als Grundlage aller weiteren im Rahmen der Lehre erscheinenden Erörterungen (vgl. Lutz [Anm. 11], S. 33). Die ‚ars dictaminis‘ als „Art politischer Rhetorik“ bei Dröse, Albrecht: Formen und Funktionen politischer Rhetorik im *Lalebuch* von 1597. In: Daphnis 33 (2004), S. 683–708, hier S. 688.

16 Miedema (Anm. 14), S. 262.

17 Vgl. ebd. S. 254–259 zur didaktischen Literatur, S. 263–267 zur Zunahme der Redeszenendarstellung in der höfischen Literatur.

18 Vgl. ebd., S. 269; 277. Dass innerhalb der Texte der Anspruch erhoben wird, durch beispielhafte Figurenrede zur Ausbildung rhetorischer Fähigkeiten beizutragen, weisen sowohl Miedema als auch Hübner an einer Passage des Prologs des *Partonopier und Meliur* Konrads von Würzburg nach (vgl. ebd., S. 264; Hübner, Gert: Meisterredner in Konrads von Würzburg *Partonopier und Meliur*. In: Hundsnurscher, Franz/Miedema, Nine/Unzeitig, Monika [Hrsg.]: Redeszenen in der mittelalterlichen Großepik. Komparatistische Perspektiven [Historische Dialogforschung 1]. Berlin 2011, S. 215–234, hier S. 233).

19 Kronzeugen sind – neben den genannten Arbeiten, die die Relevanz der Rede im *Guoten Gêrhart* thematisieren (vgl. Anm. 7–12) – Prolog und Epilog des *Guoten Gêrhart*, die sich an Normen der rhetorischen Traditionen orientieren (vgl. Neudeck [Anm. 3], S. 247) und Jofrit, eine Figur aus Rudolfs *Willehalm von Wenden*, der theoretisch darstellt, wie sich ein guter Redner verhält (vgl. Miedema [Anm. 14], S. 263f.).

einzelnen Situationen an den Tag legt, hat bislang jedoch vor allem im Hinblick auf das Sprechen zu Gott eine Rolle gespielt. Die argumentative Auseinandersetzung mit immanenten Gegenübern und die politische Macht von Gêrharts Reden wurden bislang ausgeklammert. Ich möchte im Folgenden Gêrharts Redeverhalten in der letzten Episode seiner Binnenerzählung näher in den Blick nehmen. Hierbei handelt es sich um eine Eigenkomposition Rudolfs,[20] die wegen der zahlreichen zeitgeschichtlichen Anspielungen gern zur Positionierung Rudolfs im staufisch-welfischen Thronstreit herangezogen wird.[21] Diese Episode eignet sich hervorragend, um fallstudienartig das Interesse für politische Beratungsprozesse und politisches Reden in der Literatur des Mittelalters zu belegen[22] und

---

20 Sonja Zöller hält fest: „Keine Vorlage findet sich allerdings für den umfangreichen letzten Teil des *Guten Gerhart*, der fast ein Drittel des Textes ausmacht: Gerhards Ausrüstung einer Flotte für den englischen König, seine Fahrt mit dem Königspaar nach England, die Rückgewinnung der Krone für den König, die Bestrafung der englischen Aufrührer und der eigene Verzicht auf die Königskrone als höchster Demutsbeweis – das scheint Erfindung Rudolfs zu sein; zumindest sind hierfür keine literarischen Vorlagen bekannt" (Zöller [Anm. 2], S. 288f.). Vgl. auch Neudeck (Anm. 3), S. 219 und Zöller, Sonja: Kaiser, Kaufmann und die Macht des Geldes. Gerhard Unmaze von Köln als Finanzier der Reichspolitik und der *Gute Gerhard* des Rudolf von Ems (Forschungen zur Geschichte der älteren deutschen Literatur 26). München 1993, S. 311f.

21 Dieser Teil stecke voller Anspielungen auf zeitgeschichtliche Ereignisse, so Zöller (Anm. 2), S. 289 sowie – unter Bezug auf die vorgängige Forschung – Zöller (Anm. 20), S. 312. Thesen zur politischen Positionierung des Texts bei Neudeck (Anm. 3), bes. S. 197–215 sowie S. 245–265. Äußerungen zu der damit eng verknüpften Frage nach dem Auftraggeber Rudolf Steiner (erwähnt in den Versen 6825–6830) bei Bumke, Joachim: Mäzene im Mittelalter. Die Gönner und Auftraggeber der höfischen Literatur in Deutschland 1150–1300, München 1979, S. 274–276 und Zöller (Anm. 20), S. 190–201; umfangreiche Ausführungen über die historische Person, die möglicherweise Vorbild für den Protagonisten war, und deren politische Position bei ebd., zu den wirtschaftlichen und politischen Verflechtungen Kölns und Englands sowie zur Position des historischen wie des literarischen Gêrhart im Thronstreit siehe S. 109–124 sowie S. 311–344. Auf einzelne Thesen bezüglich jener politischen Verortung sei hier verzichtet. Die Konstellation als reine Verschlüsselung einer spezifischen historischen Situation zu lesen, erscheint vereinfachend (vgl. zum *Wilhelm von Wenden*: Müller, Jan-Dirk: Landesherrin per compromissum. Zum Wahlmodus in Ulrichs von Etzenbach,Wilhelm von Wenden' V. 4095–4401. In: Hack, Karl [u.a] [Hrsg.]: Sprache und Recht. Beiträge zur Kulturgeschichte des Mittelalters. Festschrift für Ruth Schmidt-Wiegand zum 60. Geburtstag, Berlin/New York 1986, S. 490–514, hier S. 494].

22 Der *Guote Gêrhart* präsentiert durchaus noch andere politische Rede- und Ratssituationen. Hier zu erwähnen sind vor allem die zahlreichen genannten, aber nicht ausgestalteten Beratungen (vgl. GG, V. 161–178; 5759–5767; 5786–5795; 6081–6091;

mögliche Anknüpfungspunkte einer weiterführenden Arbeit an Redeszenen der erzählenden Literatur auszuloten. Dem Ansatz der historischen Oratorikforschung gemäß interessiere ich mich dabei nicht ausschließlich für Bau und Stil der Redebeiträge,[23] sondern auch für die kommunikative Situation, in die jene eingebettet sind.[24] Ich beschreibe zuerst die literarisch-imaginative Entfaltung der politischen Situation und gehe dann näher auf Gêrharts Redeverhalten ein, das in mehrerlei Hinsicht von einer effektvollen Rhetorik der Zurückhaltung geprägt ist.

## II. Die Königswahl – Politische Beratungskultur im *Guoten Gêrhart*

Gêrhart beweist sich in drei Situationen als frommer, vor allem aber demütiger Diener Gottes: Er verwendet – erstens – seinen gesamten Kaufmannschatz,

6101) oder aber die Rede des Kaisers vor dem Kölner Bürgerrat (vgl. GG, V. 836–860). Die Reden der zweiten Bewährungssituation der Binnenerzählung, die Beratung mit dem Kölner Bischof (vgl. GG, V. 4166–4243) sowie die Überzeugung des jungen Gêrhart, seine soeben beschlossene Ehe aufzugeben (vgl. GG, V. 4263–4460) ließen sich eventuell als ‚politische' Reden fassen, wenn man diese Beratungssituation als „ein dem öffentlichen Zeremoniell vorgelagertes ‚colloquium secretum'" einstuft. Solche „nicht-öffentliche Rede mit gleichwohl politischen Implikationen" lassen sich nach Ratzke/Schmidt (Anm. 15) zu politischen Redeszenen zählen. Sie beziehen sich dabei allerdings auf eine Beratung mit durchaus gewichtigeren politischen Folgen: auf den Dialog zwischen Lunete und Laudine im *Iwein* (auf die Argumentationsstruktur untersucht durch Zimmermann, Tobias: Den Mörder des Gatten heiraten? Wie ein unmöglicher Vorschlag zur einzig möglichen Lösung wird – der Argumentationsverlauf im Dialog zwischen Lunete und Laudine in Hartmanns *Iwein*. In: Miedema/Hundsnurscher [Anm. 8], S. 203–222).

23 ‚Rede' wird hier mit Johannes Helmrath verstanden als „eine mehr als wenige Sätze umfassende, an ein Publikum gerichtete, unter gezielter Beobachtung rhetorischer Regeln verfertigte mündlich Vorbringung" (Helmrath, Johannes: Reden auf Reichsversammlungen im 15. und 16. Jahrhundert. In: Kéry, Lotte, Lohrmann, Dietrich/Müller, Harald [Hrsg.]: „Licet preter solitum". Ludwig Falkenstein zum 65. Geburtstag. Aachen 1998, S. 265–286, hier S. 269).

24 Im Gebrauch des Begriffs ‚Oratorik' statt ‚Rhetorik' „drückt sich die Absicht aus, die Grenzen der klassischen, literaturtechnischen Rhetorikwissenschaft in Richtung einer umfassenden Erforschung der Redekultur politischer Versammlungen zu überschreiten" (Helmrath, Johannes/Feuchter, Jörg: Einleitung. Vormoderne Parlamentsoratorik. In: Dies. [Hrsg.]: Politische Redekultur in der Vormoderne. Die Oratorik europäischer Parlamente in Spätmittelalter und Früher Neuzeit [Eigene und fremde Welten 9]. Frankfurt/New York, S. 9–22, hier S. 12).

um ohne Sicherheit auf Entschädigung eine Gruppe christlicher Adeliger aus heidnischer Gefangenschaft auszulösen (vgl. GG, V. 1493–2473), bittet – zweitens – den eigenen Sohn, seine Heirat für ungültig zu erklären, damit dessen Braut ihrem ersten, verschollen geglaubten Mann, Prinz Willehalm von England, wieder zugeführt werden kann (vgl. GG, V. 3709–5107), und versucht – drittens – jenem Willehalm wieder zu Rang und Recht zu verhelfen. Gêrharts herausragende Eigenschaften werden gerade in der letztgenannten Situation besonders gefordert: Es gilt der Versuchung sozialen Aufstiegs zu widerstehen sowie Ehrerweisungen zurückzuweisen und produktiv umzumünzen, ohne einen Affront zu provozieren.

Der Tod des englischen Königs zwingt die Landesfürsten zu einer Auseinandersetzung über die Nachfolgefrage, denn der Thronfolger Willehalm ist unauffindbar.[25] Aufgrund der fehlenden Führung beginnt sich im Machtvakuum Unruhe und Unrecht zu entfalten. Um die Regierung des Landes in eine starke Hand zu übergeben, finden sich die Landesherren in London zu einem Hoftag ein – so erfährt Gêrhart bei seiner Ankunft in der überfüllten Stadt von einem ansässigen Wirt:

> hie sol ein gespræche sîn
> durch des landes hœhste nôt.
> der künic Willehalm ist tôt
> und daz lant unberiht.
> swaz ungerihtes hie geschiht,
> daz rihtet leider niemen.
> funden die herren iemen,
> der ez verrihten möhte
> und uns ze herren töhte,
> der wurde dâ von in erkorn,
> wær er in dar zuo geborn
> daz er krône möhte hân;
> dem wurden sî gern undertân. (GG, V. 5300–5312)

25 Er befindet sich nach seinem Schiffbruch zunächst inkognito auf rastloser Suche nach seiner Ehefrau Êrêne; schließlich vereint mit jener in Köln (vgl. GG, V. 3994–5128).

Dass das „gespraeche“ – später auch konkret als Königswahl („kür“) bezeichnet (GG, V. 5319; 5322; 5332)[26] – als ein politisches[27] Großereignis einzustufen ist, ist evident. Das angesetzte „gespræche“ widmet sich nicht nur „des landes hœhste[r] nôt“ (GG, V. 5300f.), die Stadt und ihr Vorplatz sind aufgrund dieses Ereignisses auch geradezu überfüllt mit Gästen; der Lärm und das Gedränge, mit dem sich Gêrhart konfrontiert sieht, zeugen von dem öffentlichen Interesse an der Angelegenheit und ihrer Bedeutsamkeit (vgl. GG, V. 5274–5284).[28]

Versammlungen und Beratungen in der hier dargestellten Art spielten in historischer Perspektive bei der Herstellung und Durchführung kollektiv verbindlicher

---

26 Zur Etymologie der Begriffe ‚Kür‘ und ‚küren‘ und der Kernbedeutung des Wählens vgl. Kluge. Etymologisches Wörterbuch der deutschen Sprache. Bearbeitet von Elmar Seebold. 25., durchges. und erw. Aufl. Berlin/Boston 2010, Sp. 550f., zur speziellen Bedeutung „Königswahl“ vgl. http://woerterbuchnetz.de/Lexer/?sigle=Lexer&mode=Vernetzung&lemid=LK04113#XLK04113, letzter Zugriff 10.01.2018. Die Bezeichnung lässt sich mit dem lateinischen ‚curia‘ in Verbindung bringen, einem gängigen Begriff für Hoftage neben ‚colloquium‘, ‚placitum‘, ‚conventus‘ und ‚consilium‘ (vgl. Althoff, Gerd: Colloquium familiare – Coloquium secretum – Colloquium publicum. Beratung im politischen Leben des frühen Mittelalters. In: Frühmittelalterliche Studien 24 [1990], S. 145–167, hier S. 145 mit Anm. 2). Zu den historischen Verfahren der Königswahl vgl. Theuerkauf, Gerhard: Art. Königswahl. In: ²Handwörterbuch zur deutschen Rechtsgeschichte 3 (2016), Sp. 80–86.

27 „Als hinreichend formale, weithin konsensfähige und heuristisch nützliche Definition kann diejenige gelten, wonach Politik es zum einen stets mit dem Ganzen und zum anderen mit Entscheidungen zu tun hat: Das Politische ist danach der Handlungsraum, in dem es um die Herstellung und Durchführung kollektiv verbindlicher Entscheidungen geht“, so Stollberg-Rilinger, Barbara: Einleitung: Was heißt Kulturgeschichte des Politischen? In: Dies. (Hrsg.): Was heißt Kulturgeschichte des Politischen? (Zeitschrift für Historische Forschung. Beihefte 35). Berlin 2005, S. 9–24, hier S. 13f.

28 Das breite Interesse der Öffentlichkeit, das der Text ausstellt, bildet neben der verhandelten Thematik die markante Abgrenzung zur Diskussion um die Auflösung der Ehe zwischen Êrêne und ‚Gêrhart Junior‘ in der vorangegangenen Episode, die im privaten Raum und ohne das Wissen der Hochzeitsgesellschaft stattfindet (vgl. GG, V. 4166–4468). Denn wiewohl die Frage nach Gültig- und Ungültigkeit, nach Lös- oder Unlösbarkeit von Ehe eine ist, die unter anderem in den politischen Diskurs spielt (vgl. Schulz, Monika: Eherechtsdiskurse. Studien zu *König Rother*, *Partonopier und Meliur*, *Arabel*, *Der guote Gêrhart*, *Der Ring*. Heidelberg 2005 sowie Schulz [Anm. 12], S. 16–19), so interessiert sie hier doch nur die betroffenen Figuren. Der Passage lässt sich bei einem weitgefassten Politikbegriff, der die öffentliche Diskussion um religiöse und juristische Fragen einschließt, ohne Weiteres eine politische Aussage unterstellen, eine politische Beratungssituation jedoch zeigt sie strenggenommen nicht (vgl. zu der

Entscheidungen zu politischen Fragen wie der Herrschernachfolge[29] eine entscheidende Rolle. Das weist die historische Oratorikforschung ebenso nach[30] wie es der *Guote Gêrhart* mit der Erwähnung von Handlungen und Entscheidungsfindungsprozessen, die sich auf Räte berufen, ausstellt. Kaiser Otto bspw. macht die Bekanntschaft von Gêrhart im Rat der Stadt Köln, der zu seiner Unterstützung einberufen wird, (vgl. GG, V. 679–760); Willehalm regiert später mit ausdrücklicher Unterstützung seines Rats (vgl. GG, V. 5764–5799; 6081–6092). Einzelnen Redebeiträgen konnte in solchen Situationen durchaus eine wichtige Rolle zukommen. „Wie die überlieferten Berichte zeigen", so Helmrath/Feuchter,

> wurde den Versammlungsreden, ihrem Inhalt, ihren Umständen, ihrer Performanz, ihrer Aufnahme durch das Publikum und ihrer politischen Wirkung von den Teilnehmern und Zeitgenossen eine entsprechend hohe und vorrangige Bedeutung beigemessen.[31]

Der historischen Relevanz von Redeprozessen entspricht die Präsentation der Königswahl im *Guoten Gêrhart*. Der Text interessiert sich mit einem an realweltlichen Entscheidungsfindungsverfahren orientierten Blick[32] für deren Details und gibt dabei den Blick frei auf eine Konstellation politischen Handelns,[33] die durch Räte und Redeakte geprägt ist. Es soll in Beratungsgesprächen ein Königskandidat gefunden werden, dem sie alle „gern undertân" (GG, V. 5312) sein

---

Frage, was als politische Rede einzustufen ist und unter welchen Prämissen auch diese Passage dazuzuzählen ist, Anm. 22).

29 Walliczek unterscheidet diese öffentlichen Rat-Situationen deutlich von den privaten und selbstreflexiven (vgl. Walliczek [Anm. 8], S. 107).

30 So Cieslik: „Die mündlich-persönliche Beratung nahm in der realhistorischen Herrschaftsausübung im Mittelalter eine zentrale Position ein; in vertraulich-informellen und öffentlichen Gesprächen wurden Entscheidungen vorbereitet und Konflikte gelöst" (Cieslik [Anm. 6], S. 172 mit Verweis auf Althoff [Anm. 26] und Moos, Peter von: Literatur- und bildungsgeschichtliche Aspekte der Dialogform im lateinischen Mittelalter. Der *Dialogus Ratii* des Eberhard von Ypern zwischen theologischer ‚disputatio' und Scholaren-Komödie. In: Bernt, Günter/Rädle, Fidel/Silagi, Gabriel [Hrsg.]: Tradition und Wertung. Festschrift für Franz Brunhölzl. Sigmaringen 1989, S. 165–209).

31 Helmrath/Feuchter (Anm. 24), S. 9f. Sprache und geformte Sprache (Reden) als „‚originäre Existenzweise' [Kopperschmidt] des Politischen" bei Dröse (Anm. 15), S. 683.

32 Rudolf lehne sich mit der Szene, in der die Zusammensetzung des Rats geschildert wird, sichtlich – und laut Walliczek deutlicher als in anderen Szenen – an sozialhistorische Tatsachen an (vgl. Walliczek [Anm. 8], S. 107).

33 Dass literarische Ratsversammlungen häufig nicht inhaltlich ausgestaltet werden, dennoch aber in den Abläufen und Rollenverteilungen, die sie in die Handlungsabläufe integrieren, „erwünschte oder unerwünschte Konstellationen politischen Handelns und der Gewaltenteilung im Herrschaftsverband" abbilden, zeigt Müller, Jan-Dirk: Ratgeber und

wollen. Dass die bisherigen Bemühungen von wenig Erfolg geprägt sind, zeigt, dass die Beratung tatsächlich ergebnisoffen ist.

> Sus lâgen sî nû lange hie,
> daz sî mit ir râte nie
> niemen vinden kunden,
> an dem sî rehte funden
> rât und wîse lêre.
> sî hânt zerworfen sêre
> durch die kür al under in.
> daz wurd des landes ungewin,
> solt der rât alsus zergân. (GG, V. 5313–5321)

Dissens wird zwar jeweils nur erzählt und weder hier noch später gezeigt,[34] dennoch wird Rat hier als Instrument des „gemeinschaftlichen Räsonnements zur Lösung eines Problems“[35] durch argumentative Auseinandersetzung präsentiert. Die Verhandlung wird schließlich – so informiert weiterhin der Wirt – einem kleineren Rat, der aus „vier und zweinzic herren“ (GG, V. 5323) besteht und dessen Vorsitz die drei Erzbischöfe von London, Eberwich und Santâvît (vgl. GG, V. 5325–5330) bilden,[36] aufgetragen. Diese haben den „mêrern rât“ (GG, V. 5331) hinter sich.

---

Wissende in heroischer Epik. In: Frühmittelalterliche Studien 127 (1993), S. 124–146, hier S. 125. An der exakten Wiedergabe politischer Prozeduren bestehe im Bereich der epischen Literatur des Mittelalters generell kaum ein Interesse (vgl. ebd., S. 130). Als Ausnahmen untersucht Müller *König Rother* sowie das *Nibelungenlied*.

34 Insofern besitzt die Feststellung Müllers, Rat werde als einträchtiges Gemeinschaftshandeln erzählt (vgl. Müller [Anm. 33], S. 136), auch für den *Guoten Gêrhart* Gültigkeit. Es treten keine einzelnen Figuren aus dem Kollektiv hervor, sondern dieses handelt als einförmige Entität. Es antwortet Gêrhart zwar „einer under in“ (GG, V. 5387), in dessen Rede jedoch spricht er stellvertretend für alle: „‚hæt iemen alsô wîsen sin/daz er gerâten möhte/ waz uns zem besten töhte,/dem wæren wir es vil bereit./ein zwîfellich unstætekeit/ist uns in die sinne komen/und hât uns wîsen rât benomen‘ “ (GG, V. 5388–5394).

35 Diesem Ziel diene der Rat in feudaler Epik laut Jan-Dirk Müller in der Regel gerade nicht: „Ein Ergebnis ist nicht Ergebnis einer argumentierenden Auseinandersetzung. Alternativen zu dem, was einer – der Maßgebliche – rät, werden selten erzählt, niemals aber diskursiv erörtert. [...] Nicht der Inhalt des Rats zählt, sondern, daß er in öffentlicher Versammlung erteilt wird“ (Müller [Anm. 33], S. 126). Auch in der Beratung im *Guoten Gêrhart* wird tatsächlich nur die Rede eines Akteurs, dessen Rat der richtige und wichtige ist (Gêrharts), ausgestaltet.

36 Bei den Namen der Erzbischöfe handelt es sich, so Zöller, „nicht um Phantasienamen, sondern um die Namen zweier wichtiger englischer Städte; [...]. Gemeint sind York (lat. Eboracum) und Canterbury (lat. Canturaria). Rudolf von Ems – oder eher noch seine mutmaßliche Vorlage für die Binnengeschichte – kannte also die lateinisch-angelsächsischen

Der Rat der 24 tagt nicht im Herzen der Stadt, sondern im „palas" (GG, V. 5341) hinter – wie man später erfährt, verriegelter (vgl. GG, V. 5520f.) – „kemenâten tür" (GG, V. 5358), also in einem exklusiven, abgeriegelten und damit den Augen der breiten Öffentlichkeit zunächst entzogenen Bereich. Es lässt sich in diesen Erläuterungen ein konkretes historisches Verfahren, die ‚electio per compromissum',[37] wiedererkennen, das in ähnlicher Weise Ulrichs von Etzenbach *Wilhelm von Wenden* darstellt.[38] Das Verfahren, das Jan-Dirk Müller an diesem Beispiel beschreibt, scheint eine historische Handhabe gewesen zu sein, um brisante politische Entscheidungen in einem kleinen Rahmen zu diskutieren. Es dient der Herstellung von ‚unanimitas',[39] Einmütigkeit bzw. Einstimmigkeit, wenn diese im öffentlichen Gespräch nicht zu erreichen ist. Müller beschreibt es an seinem Beispiel wie folgt:

> 28 Wahlmänner (‚compromissarii') wählen und unter diesen noch einmal vier. Zunächst ist das Wahlrecht den restlichen 24 übertragen. Die Versammlung (‚gemeine') verpflichtet sich, deren Entscheidung (‚rât') als gültig zu akzeptieren […] Bringen die 24 keine Wahl zustande, dann geht das Wahlrecht auf die vier über; die 24 müssen vorweg

---

Namen beider Städte, und darüber hinaus wußte die Dichtung auch von der Bedeutung der Metropoliten von York und Canterbury, die seit der normannischen Eroberung miteinander um die Führungsrolle unter den englischen Kirchenfürsten – Hauptstreitfrage war das Krönungsrecht – wetteiferten. Weiter reichen die Kenntnisse allerdings nicht, wenn der Bischof von London als dritter Erzbischof neben die beiden andern [sic] an die Spitze des Kronrats gesetzt wird (5326ff.), während er tatsächlich als Suffragan von Canterbury nur eine untergeordnete Rolle spielte" (Zöller [Anm. 20], S. 339.

37 Dabei handelt es sich um ein Wahlverfahren, das „1125 erfolglos bei einer deutschen Königswahl versucht wird, seit Anfang des 12. Jahrhunderts in kanonischen Wahlen (zuerst: Papstwahl von 1130, Abtwahl von Farfa 1119) nachweisbar ist, vom IV. Laterankonzil 1215 ausdrücklich als eine Form der kanonischen Wahl bestimmt wird und als solche Eingang in die Dekretalensammlung findet; wie sie endlich vor den Wahlen kommunaler Amtsträger seit dem 12. Jahrhundert häufig angewandt wird" (Müller [Anm. 21], S. 500).

38 Vgl. dazu ebd. Er bezieht sich auf: Ulrich ‹von Etzenbach›: Wilhelm von Wenden. Kritisch herausgegeben von Hans-Friedrich Rosenfeld (Deutsche Texte des Mittelalters 49). Berlin 1957, V. 4095–4401.

39 Für mittelalterliche Stadträte, die für die Konzeption der Ratsversammlung im *Guoten Gêrhart* offensichtlich einflussreich waren (s. den Wahlmodus), stellt Isenmann fest, dass der Rat seine Beschlüsse jeweils im Namen des ganzen Rates fasste: „die Unterwerfung des Einzelnen unter den Mehrheitswillen war Eidespflicht" – so heißt es unter Verweis auf weiterführende Literatur bei Isenmann, Eberhard: Die deutsche Stadt im Mittelalter 1150–1550. Stadtgestalt, Recht, Verfassung, Stadtregiment, Kirche, Gesellschaft, Wirtschaft. Köln/Weimar/Wien 2012, S. 369. Nach außen würde die Einhelligkeit der Beschlüsse (unanimitas) präsentiert (vgl. ebd.).

geloben, deren Wahl dann als verbindlich anzuerkennen, mit der impliziten Folge, daß diese gemeinschaftliche Anerkennung dann auch wieder die ‚gemeine' bindet.[40]

Bei dem gestaffelten Beratungsprozess, von dem der Wirt bei Rudolf berichtet, handelt es sich nicht um die Inszenierung eines Konsenses in einer „‚rituelle[n]' Kommunikation",[41] sondern es geht darum, einen Konsens im Rahmen einer exklusiven und im Notfall noch weiter verkleinerten Beratung zu finden. Auch den im kleinen Rahmen gehaltenen Versammlungsreden sind rituell-zeremonielle Aspekte kaum abzusprechen.[42] Doch in dem hier präsentierten literarischen Königswahlprozess[43]

40 Müller (Anm. 21), S. 500. Die Entscheidung für 24 Wahlmänner erklärt er mit der Dopplung der heiligen Zahl 12 (vgl. ebd., S. 502). Eberhard Isenmann verweist für die bezüglich bürgerlicher Räte tatsächlich neben der 12, der 32 und der 36 am häufigsten überlieferte Zahl 24 auf deren Bedeutung in der christlichen Apokalypse (Isenmann [Anm. 39], S. 343), vgl. dazu Offb 4,1–5; 11,15–19; 14; 19,4.

41 Die Redekultur vormoderner Versammlungen unterscheide sich – so Helmrath/Feuchter – fundamental von der moderner Parteiparlamente, indem durch den großen formalen Konsensdruck kaum je offener Streit über Sachfragen ausgetragen, sondern vor allem ‚rituelle' Kommunikation gepflegt wurde (vgl. Helmrath/Feuchter [Anm. 24], S. 10). Das bedeute nicht, dass die Reden auf jenen Ratsversammlungen keine elementaren Funktionen über Repräsentation bzw. Konsensfiktion hinaus übernähmen: „Doch obwohl königszentriert, waren diese Zusammenkünfte keineswegs reine Verkündigungsvehikel monarchisch-monologischer Machtansprüche. Die Reden waren nicht bloße affirmative ‚Konsensfassade', sondern auch das Medium, ja geradezu der eigentliche Akt eines politisch unabdingbaren Aushandelns von Positionen und Entscheidungen" (ebd.). Ähnlich auch Bisson, der die persuasive Funktion der höfischen Zeremonielle bis ins 15. Jahrhundert hauptsächlich in der Ausstellung eines unbestrittenen Konsenses sieht (vgl. Bisson, Thomas: Celebration and Persuasion: Reflections on the Cultural Evolution of Medieval Consultation. In: Legislative Studies Quarterly 2/7 [1982], S. 181–204, hier S. 183). Auch Bisson hält fest: „Indeed, it would be possible to treat the entire history of medieval consultation in terms of ritual function and symbolic representation" (ebd.). Es sei „as misleading to insist exclusively on ritual polity in medieval consultation as to ignore it completely" (ebd., S. 185).

42 „Die Funktion dieser Reden war implizit diskursiv-agonal und zeremoniell-konsensuell zugleich" (Helmrath/Feuchter [Anm. 24], S. 10). Die Bemühungen von Parlamentshistorikern, diachron und typologisch in ‚pre-parliaments' und ‚true parliaments' zu unterscheiden, je nachdem, ob auf ihnen ‚noch' lediglich königliche Entscheidungen affirmiert oder ‚schon' ergebnisoffen über Probleme beraten wurde, gingen daher am Wesen vormoderner politischer Redekultur vorbei: „Hier handelt es sich immer zugleich um rituelle bzw. zeremonielle Persuasion wie auch um Deliberation und Argumentation" (ebd., S. 10f.).

43 Laut Müller biete literarische Fiktion sich an, um politische Handlungsketten und experimentelle Lösungen ohne politischen Druck auszuspielen. Die Anwendung neuer

wird vor allem betont, dass in dem elitären Kreis durchaus mit Worten um eine Mehrheitsentscheidung gerungen wird.[44] Rudolfs Text entwirft wie auch andere literarische Texte des Mittelalters[45] das Ideal eines Gemeinwesens, das sich in der Beratung konstituiert und Entscheidungen von Beratungsbeiträgen, von argumentativer Rede,[46] abhängig macht. Die in der geschilderten Beratung eingearbeiteten und ausformulierten Reden Gêrharts bergen daher besonderes politisches Gestaltungspotential.

## III. Zurückhaltung des sich Aufdrängenden: Gêrhart lässt sich zum Ratgeber machen

Dass am Ende der geschilderten Konstellation der ursprüngliche Thronfolger König von England wird und in Frieden mit seinen Fürsten auseinandergeht, ist in mehrerlei Hinsicht Gêrharts kommunikativem wie rhetorischem Geschick zu verdanken. Bevor dieses aber ins Zentrum der Untersuchung rückt, ist darauf aufmerksam zu machen, dass es nur seine Wirkung entfalten kann, da Gêrhart – so deutet der Text kurz an –, auch nonverbale symbolische Kommunikationsregeln berücksichtigt. Denn der eloquenten Einflussnahme ist ein von Redefähigkeit unabhängiger Mechanismus vorgeschaltet. Während die Schnittstellenfigur des Wirts offenbar über die Fortschritte oder ihr Ausbleiben in der Entscheidungsfindung gut unterrichtet ist, findet die Beratung wie beschrieben in einem exklusiven Raum statt, der nur unter bestimmten Bedingungen zugänglich ist. Um Zugang in diesen abgeschlossenen Kreis zu erhalten und auf die Entscheidung Einfluss

---

Normen könne in der Literatur bereits ausspekuliert werden, wenn sie in der Realität noch keine Chance habe (vgl. Müller [Anm. 21], S. 494).

44 Ähnliches stellt Müller für das Verfahren im *Wilhelm von Wenden* fest: Nicht das persönliche Gewicht entscheide, sondern der beste Rat, den in jenem Falle ein Bürger leiste (vgl. ebd., S. 505).

45 Etwas Ähnliches stellt Albrecht Dröse für das – zugegebenermaßen einige Jahrhunderte später verfasste – *Lalebuch* (1597) und Gert Hübner exemplarisch für den etwas näheren *Partonopier und Meliur* Konrads von Würzburg fest (vgl. Dröse [Anm. 15], Hübner [Anm. 18]). Aber auch im ähnlich früh bzw. auch noch früher datierten *Lanzelet* des Ulrich von Zatzikhoven findet sich eine Szene, in der die Artusritter ergebnisoffen ihre nächsten Schritte beratschlagen (vgl. Ulrich von Zatzikhoven: Lanzelet. Studienausgabe. Mittelhochdeutscher Text und Übersetzung. Einleitung – Stellenkommentar – Auswahlbibliographie. Hrsg. von Florian Kragl. Berlin/New York 2013, V. 6975–7019).

46 Argumentative Rede verfolgt „das Ziel […], in strittigen Fragen einen Standpunkt durch die Angabe von Gründen durchzusetzen" (Hübner [Anm. 18], S. 219) bzw. rechtfertigt – so Tobias Zimmermann – eigene Aussagen, um das Gegenüber von ihrer Stimmigkeit zu überzeugen (vgl. Zimmermann [Anm. 22], S. 204).

nehmen zu können, kleidet sich der Kaufmann Gêrhart, wie er betont, anders als sonst, nämlich so, „daz man mich doch für rîchen sach/und mir sô grôzer dinge jach,/der leider wênic an mir was" (GG, V. 5345–5347).[47] In seinem kostspieligen, sein Vermögen wie auch seine soziale Position übersteigenden Aufzug wird er wohlwollend im Palast empfangen (vgl. GG, V. 5349–5352; 5359–5363), wo er sich mit einer tiefen Verneigung vorstellt und sogleich an den Ort des Geschehens gewiesen wird. So betritt er problemlos die politische Bühne der Ratsversammlung.

Ziel seines Auftritts dort muss es sein, zunächst legitimiert Rat geben zu dürfen und dann Willehalm überzeugend als Herrscher vorzuschlagen. Dabei kommt das bereits in den vorherigen Konfliktsituationen der Erzählung erprobte rednerische Talent Gêrharts[48] sowie seine vorbildliche Zurückhaltung kombiniert zur Geltung.

Gêrhart steuert von Beginn an das Gesprächsgeschehen;[49] kommunikatives Geschick ist jedoch – so zeigt sich hier – nicht gleichzusetzen mit offensivem Vorgehen und der Umsetzung eines bestimmten rhetorischen Musters. Dieser Redner tastet sich vielmehr vorsichtig vor. Nach einer kurzen Adresse folgt eine von Höflichkeits- und Demutsformeln durchzogene Bitte um Einschluss in die Ratssituation.

> Ich sprach: ‚lieben herren mîn,
> ich weste gern, möht ez sîn,
> iuwern rât. daz lât geschehen,
> daz ir geruochent mir verjehen
> an welhem râte ir hie sît.
> ein tumber man vil dicke gît
> an einer nôt vil wîsen rât,
> der lîhte sæliclîch ergât.
> waz ob uns got der sælden gan,
> swie ich doch sî ein tumber man,
> daz iu mîn rât ze helfe kumt
> und iu vil lîhte an sælden frumt?‘ (GG, V. 5375–5386)

---

47 Dieses Vorgehen hebt die Szene noch stärker als politische von der vorherigen Ratssituation ab (vgl. dazu die Anm. 22 und 28).

48 Bestätigt scheint sein rednerisches Talent spätestens durch die Aussagen der Figur des Kölner Bischofs, der feststellt: „dîn munt die lêre lêret/die des heiligen geistes rât/mit witzen dich gelêret hât" (GG, V. 4236–4238). Vielleicht überlässt jener ihm auch wegen seines besonderen Könnens daraufhin die Aufgabe, seinem Sohn deutlich zu machen, warum er Êrêne aufgeben muss: „ich [Gêrhart] sprach: ‚herre, sprechent an.‘ /‚niht, sprich dû. dîn munt wol kan/nâch dînem willen sprechen baz/dan ich" (GG, V. 4251–4254).

49 Vgl. Cieslik (Anm. 6), S. 182.

Gêrhart wirbt um die Aufforderung, beratend mitzuwirken, bevor er einen konkreten Vorschlag in den Raum stellt. Formulierungen wie „geruochent" oder „möht ez sîn" rücken sein Eingreifen als Möglichkeit ins Bild, binden sie aber gleichzeitig an die Erlaubnis der Ratsherren. Die Selbstinszenierung als Unbegabter, der den „wîsen" demütig Hilfe anbietet, erweckt kaum den Eindruck eines transgressiven Eindringens – was sein Verhalten streng genommen ist. Denn eingeladen, hereingebeten oder aufgefordert, zu sprechen, wurde er nicht. Gêrharts Worte gewähren den Anwesenden Raum, sich zu seinem Erscheinen zu positionieren und vermögen in ihrer Bescheidenheit die explizite Bereitschaftserklärung, guten Rat wohlwollend zu hören und diesem Folge zu leisten, zu provozieren.

> hæt iemen alsô wîsen sin
> daz er gerâten möhte
> waz uns zem besten töhte,
> dem wæren wir es vil bereit. (GG, V. 5388–5391)

Hier zeigt sich, dass Gêrhart es versteht, zu diesem englischen Rat zu sprechen, er vermag, ‚ihre Sprache zu sprechen'.[50]

## IV. Herausforderung durch Zurückhaltung: Gêrharts strategische Informationsakquise

Überraschen dürfte in Anbetracht von Gêrharts Wissensstand die im initialen Redeakt und auch im Anschluss an die oben zitierte Erklärung noch einmal gestellte Frage nach dem Zweck der Versammlung bzw. dem Grund der Uneinigkeit (vgl. GG, V. 5395). Gêrhart hat bereits all diese Informationen von

50 Eine kurze Bemerkung aus der ersten Begegnung mit den 24 Ratsmitgliedern, auf die Zöller als einen die Sprachfertigkeit Gêrharts betonenden Anachronismus aufmerksam macht, lässt sich im Rückblick als eine literale Vorwegnahme dieses metaphorischen Ausdrucks, der die Fähigkeit, sich im Register den jeweiligen Anforderungen anzupassen, bezeichnet, lesen. Als Gêrhart in Castelgunt versucht, mit den Gefangenen Strammurs französisch zu sprechen, muss er feststellen, dass diese des Französischen nicht mächtig sind. Glücklicherweise versteht Gêrhart es, Englisch zu sprechen (vgl. GG, V. 1981–1986). Laut Zöller könne man durchaus von umfangreichen Französischkenntnissen in der normannischen Oberschicht ausgehen. Der Text betone hier in der Abweichung von den Tatsachen die Englischkenntnisse des Kaufmanns (vgl. Zöller [Anm. 20], S. 327). Während es ihr nur um die konkrete Sprachkompetenz geht, ließe sich im Hinblick auf die Kronratsszene und Gêrharts Redeverhalten darin behaupten, hier zeige sich bereits, dass Gêrhart im literalen – wie später im metaphorischen – Sinne die Sprache seines Gegenübers zu sprechen verstehe.

dem Londoner Wirt erfahren (s.o.), er tastet sich rhetorisch jedoch vorsichtig vor, behauptet nicht einfach, jenen gefragten ‚guten Rat' geben zu können, sondern verschafft sich zunächst einen Überblick über die im Raum stehenden Argumente und Stimmungen.[51] So erfährt er, dass die Bedingungen für seine Agenda durchaus günstig stehen. Denn die 72 Verse umfassende Schilderung der Situation (vgl. GG, V. 5396–5468) besteht vor allem aus der Glorifizierung des totgeglaubten Willehalm (vgl. GG, V. 5396–5425), der Formulierung der Dankbarkeit der Fürsten gegenüber ihrem Befreier (vgl. GG, V. 5437–5448) und dem Ex-negativo-Entwurf eines Tugendkatalogs für den perfekten Königskandidaten. Alle bisher ins Gespräch Gebrachten waren nämlich entweder moralisch nicht integer genug (vgl. GG, V. 5461), zu sanftmütig (vgl. GG, V. 5462), hinterlistig (vgl. GG, V. 5463), schwach an Herrschaft (vgl. GG, V. 5464f.) oder Vermögen (vgl. GG, V. 5464f.), von zu geringem Stand (vgl. GG, V. 5466f.) oder aber ihnen fehlte der „hôhe muot" (GG, V. 5466f.). Gêrhart nun nimmt den zuletzt genannten Begriff des Katalogs wieder auf und behauptet – erneut nach höflicher Adresse seiner Zuhörer – einen „herren hôchgemuot" (GG, V. 5476) zu kennen, den er in ihrem Anliegen empfehlen könne. Gewähr für die anderen ins Spiel gebrachten Anforderungen leisten bei ihm die Begriffe „tugent" (GG, V. 5478) und „zuht" (GG, V. 5480), über die jener „herre" in einem der Krone würdigen Ausmaß verfüge.

51 Der Interpretation Ciesliks, Gêrhart verkleide seinen Redebeitrag als Rat-Bitte (vgl. Cieslik [Anm. 6], S. 182), folge ich hier – trotz der verlockenden Parallele von äußerlicher Verkleidung als Edelmann und sprachlicher Verkleidung des Rats als Bitte – nicht. Bei der Bitte „ich weste gern, möht ez sîn,/iuwern rât" (GG, V. 5376f.) handelt es sich um die wenig später umformuliert wiederholte Frage nach dem Kontext dieser Beratung, nicht um die Bitte nach einem spezifischen Rat. Gêrhart will vorgeblich wissen, welcher Angelegenheit der Rat gewidmet ist und fingiert nicht den Wunsch, selbst einen Rat zu erhalten. So trifft auch die Feststellung: „Der Dialog ist äußerlich erneut als Ratsuche des Kaufmanns gestaltet, in seinem sprachlichen Gehalt wird allerdings deutlich, dass jener längst zum Ratgeber geworden ist" (ebd., S. 189) nicht den Kern der Redeszene, folgt der angeführten Bitte um Information doch sogleich das Angebot eines unbegabten Rates (vgl. GG, V. 5380–5386). Die Kompetenz, als Ratgeber aufzutreten, ist, wie Walliczek bemerkt, seit der Unterredung mit dem Bischof in der zweiten Prüfungsepisode ‚abgesegnet' (vgl. Walliczek [Anm. 8], S. 113; zum Redebeitrag des Bischofs, der Gêrhart autorisiert, vgl. GG, V. 5120–5128). Damit scheint bereits die Rede des Wirts, der zum Ausdruck bringt, in dem neuen König sollten sich „rât und wîse lêre" (GG, V. 5317) vereinen, auf die Eignung Gêrharts hinzuweisen. Auch Willehalm unterstellt sich nach der Zusammenführung mit Êrêne bezüglich der weiteren Vorgehensweise ganz dem Rat Gêrharts: „und gib mir dînen rât hie zuo/wie ich lebe und wie ich tuo [...]/nû stât an dînem râte/ob ich sol immer wider komen./[...] swaz ir dar über lêrent mich,/vater unde bruoder mîn,/des tuon ich iu volge schîn" (GG, V. 5127f.; 5136f.; 5142–5144).

Das zurückhaltende und fragende Vortasten Gêrharts entlockt dem Rat Aussagen, die eine spätere Zurückweisung Willehalms praktisch unmöglich machen. Gêrhart lässt die anderen reden und nutzbare Informationen offenbaren, während er selbst sich bedeckt hält. Erst nachdem eine Basis für seine eigene Argumentation gelegt ist, wagt sich Gêrhart in die Offensive. Der *Guote Gêrhart*, der seinen Protagonisten das Gespräch geschickt in Richtung seiner Pointe – er kennt einen geeigneten Mann, da dieser mit dem zuerst vom Rat beschriebenen Vorbild Willehalm identisch ist – lenken lässt, stellt vor Augen, dass Erfolg in öffentlichen Redesituationen nicht unbedingt im Befolgen eines rhetorischen Abfolgeschemas besteht, sondern im Zurücknehmen und Nutzen der Redebeiträge anderer. Gêrhart kontrolliert mit diesem Vorgehen den Gesprächsverlauf souverän. Die Entwicklung der Situation fällt narrativ auf Gêrharts kommunikatives Vorgehen zurück, wird der Fortlauf der Beratung doch explizit von der Identität Gêrharts gelöst. Die zu Rat sitzenden Fürsten, bei denen es sich um jene anfangs freigekauften Männer handelt, erkennen Gêrhart – wie der Text dezidiert erwähnt – nicht (vgl. GG, V. 5364–5374). Dass Gêrharts Kontrolle der Situation mit seiner Redefähigkeit verknüpft ist, zeigt sich aber vor allem darin, dass der Verlust der einen mit dem Verlust der anderen zusammenfällt.

## V. Affrontlose Zurückweisung: Gêrharts persönliche Zurückhaltung

Denn problemlos geht die herausgearbeitete Strategie nicht auf. Das raffiniert eingefädelte Gespräch weicht nun von dem erwartbaren Verlauf ab. Bemerkenswerterweise interessieren sich die Ratsherren zunächst nicht für die zurückgehaltene Identität des beschriebenen herrschertauglichen Mannes, sondern für die des Urhebers der tröstenden[52] Worte:

> mit iuwern hulden muoten wir
> daz ir uns sagent von wannen ir
> komen sît her in ditz lant,
> oder wie ir sît genant.
> lieber herre, sælic man,
> ir hânt iuch genomen an
> einer grôzen rede guot (GG, V. 5485–5491)

52 Die Worte Gêrharts vermögen die Stimmung im Raum umzukehren. Hatten zuvor die Ratsherren – affiziert von der eigenen Rede über Willehalm und die erfolglos verlaufenden Beratungen – heiße Tränen geweint (vgl. GG, V. 5469–5473), so schöpfen sie nun offenbar neuen Mut und ehren Gêrhart als Erlöser (vgl. GG, V. 5489–5498).

Explizit dazu aufgefordert, gibt Gêrhart Namen, Herkunftsort und Kaufmannsstand zu erkennen (vgl. GG, V. 5499–5505). Dass Gerhârt seine Identität offenlegt, scheint durchaus sinnvoll zu sein, insofern sich die Wahrscheinlichkeit für eine Durchsetzung seines Vorhabens erhöht, wenn die Anwesenden in ihm den zuvor gepriesenen barmherzigen Kaufmann erkennen, der die Ratsherren mit seinem privaten Vermögen freigekauft hatte.[53] Selbstverständlich spart er die Tat, die ihn wohltätig mit den Ratsherren verknüpft, aus und zeigt sich auch hier als zurückhaltend und demütig.

Das Ausmaß der Dankbarkeit und die Reaktion auf Gêrharts kurze Vorstellung entspricht jedoch nicht den Erwartungen des Redners. Denn als die Ratsherren in Gêrhart ihren Wohltäter erkennen, tragen sie ihm sogleich Herrschaft und Krone an (vgl. GG, V. 5508–5530). Das Ziel, Willehalm vom Rat einsetzen zu lassen, droht mit dieser „überraschenden Wende"[54] zu scheitern. Denn Gêrharts Talent, klug, vorsichtig und überzeugend zu reden, den Lauf der Unterhaltung durch taktisch gesetzte Redebeiträge zu steuern, wird von der überschwänglichen Freude der Ratsherren ausgehebelt. Es wird nicht mehr geredet, sondern gefeiert – und gekrönt. Mehrmals erwähnt der erzählende Gêrhart, dass er in dieser, seinem Plan zuwiderlaufenden, überschwänglichen Ad-hoc-Krönungszeremonie nicht mehr zu Wort kommt:

> dô wolt ich in gesaget hân
> durch waz ich in daz lant was komen;
> dô wart diu rede mir benomen.
> swaz ich sprach daz was enwiht,
> sî hôrten mîner rede niht.
> dâ waz der schal von sange grôz.
> der herren einer ûf entslôz
> vor den andern dâ die tür.
> dô truogen sî mich dort hin für
> mit vrœlîchem schalle.
> die werden herren alle
> enphiengen mich vrœlîche.
> sî truogen wirdeclîche

53 Wie wohltätig und selbstlos dieses Handlung wirklich ist, stellt Monika Schulz mit Verweis auf die zeitgenössische und durchaus profitable Praxis des Geiselloskaufs zur Diskussion (vgl. Schulz [Anm. 12] und Schulz [Anm. 28]). Die Inszenierung auf Textoberfläche weist sie jedoch durch die Motivation über das Gebet Gêrharts und die Antwort des Engels primär als ungebrochen positive und vollkommene christliche Tat aus.

54 Walliczek (Anm. 8), S. 115.

mich ûf den stuol mit vreuden dan.
herren, fürsten, dienestman
satzen des rîches krône
mir ûf des houbet schône. (GG, V. 5514–5530)

Der Hinweis auf die vergeblichen Erklärungsversuche veranschaulicht die Verknüpfung politischer Einflussnahme mit Redevermögen. Gêrhart kommt schlichtweg nicht dazu, die Pointe seines sorgsam aufgebauten Redebeitrags zu Gehör zu bringen. Für die Anwesenden, die zuvor noch ein Bewusstsein dafür bewiesen hatten, dass Herrschaft in der Regel mit einem adeligen sozialen Status zu korrespondieren hat,[55] sind Gêrharts einstiges Verhalten und seine Präsenz im Rat so überzeugend, dass sie auf die Frage des Standes[56] keine Rücksicht nehmen und in der überschwänglichen Freude über einen konsensfähigen Herrscher die Aufnahmebereitschaft für argumentative Rede auf Null setzen.

Als die Ratsherrn Gêrhart gekrönt haben[57] und er fähig ist, sie qua seines Amtes verstummen zu lassen – seinen Worten beugen sich alle Anwesenden „als ob ich wær ein hôher man" (GG, V. 5541) – steht seine Eloquenz vor einer neuen Prüfung. Es gilt nun, das soeben verliehene Königsamt von sich zu weisen

55 Zöller macht auf die Gewichtung von Tugend und Stand in der Passage aufmerksam: „Hier werden alle Eigenschaften aufgezählt, die ein König besitzen muß. Wenn Gerhard, dem ‚hêrschaft' und ‚geburt' fehlen, nach einer solchen Aufzählung dennoch als würdiger Kandidat befunden wird, dann soll damit zunächst einmal gezeigt werden, daß seine anderen Qualitäten von ‚königlicher' Art sind und seine geringere Geburt aufwiegen. Daß im *Guten Gerhard* die königlichen Tugenden höher als die königliche Herkunft gewertet werden […], geht auch aus der Rede Gerhards an den Kronrat hervor, als er diesem den rechtmäßigen Herrscher vorstellt und dabei Willehalms Tugenden vor seiner Abstammung nennt" (Zöller [Anm. 20], S. 323).

56 Gêrhart empfindet seine Krönung als Verstoß gegen die gottgegebene Gesellschaftsordnung. Wie Walliczek bemerkt, bezieht er „sein Selbstverständnis aus dem Stande eines Kaufmanns" (Walliczek [Anm. 8], S. 110) und fühlt sich dementsprechend dem Ordo verpflichtet: „[…] [V]on dieser Position her rechtfertigt er sich, bezieht er seine entscheidenden Argumente, faßt er Entschlüsse und verantwortet sich bei seinen Selbstdarstellungen vor der Welt" (ebd.).

57 Für Brackert ist die Krönung des Unstandesgemäßen eines der märchenhaften, am weitesten von der historischen Realität entfernten Elemente der Dichtung: „Daß die versammelten Großen des englischen Reiches den Kölner Kaufmann krönen, ist aus der Lebenswirklichkeit mittelalterlicher Herrschafts- und Standesverhältnisse heraus nicht mehr zu erklären" (Brackert [Anm. 2], S. 51). Zölller relativert dies vor dem Hintergrund der zeitgenössischen Vorstellung von der ‚Wahl des Besten' (vgl. Zöller [Anm. 20], S. 321). Sie beruft sich dafür auf die Krönungsrede des Erzbischofs von Canterbury für Johann, die Matthäus Parisiensis verzeichnet (vgl. ebd., S. 322).

und Willehalm wieder ins Bild zu rücken,[58] ohne den Rat zu brüskieren oder gar zu diskreditieren. Hier tritt zu der Herausforderung, zu überzeugen und die Kommunikation zu steuern hinzu, ein Angebot ohne Gesichtsverlust des Gegenübers zurückzuweisen und umzumünzen. Vor einer ähnlichen Aufgabe steht Gêrhart kurze Zeit später nochmals. Willehalm bietet ihm zum Dank für seinen Einsatz die Herrschaft über das Herzogtum Kent an (vgl. GG, V. 6106–6170). Wenn der Erzähler-Gêrhart auf das Angebot hin zu verstehen gibt: „Der geheize wart ich vrô" (GG, V. 6171), so mag das zunächst so klingen, als wolle Gêrhart dankend den sozialen Aufstieg und die ihm angebotenen Geldsummen annehmen. Der erfahrene intra- wie extradiegetische Rezipient dürfte aber ahnen, dass jener auch diese Position für unangemessen hält und seine Freude sich vielmehr darauf bezieht, hier den Ausgangspunkt eines weiteren selbstlosen Eingreifens zu wittern.[59]Als ‚fidus mediator'[60] versucht er, nachdem alle anderen in demselben Ansinnen erfolglos waren,[61] die Begnadigung der zuvor von Willehalm verbannten Fürsten[62] zu erwirken. In der parallelen Betrachtung der situativ

58 Zöller beschreibt die dreifache Funktion genau dieser Konstellation in der Bedeutungsstruktur des Textes. Der Krönungsverzicht ermögliche es nicht nur der Figur, ihre ‚diemüete' ein drittes Mal in größtmöglicher Steigerung zu beweisen; die Krönung selbst zeichne ihn außerdem mit der höchsten weltlichen Auszeichnung symbolisch für die moralisch-religiöse Erhöhung aus. Darüber hinaus verdankt – das ist für Zöllers Untersuchung der zentrale Punkt – in dieser Abfolge der Ereignisse der englische König seine Krone in jeder Hinsicht der Demut und Aufopferung des Kölner Kaufmanns. Das sei möglicherweise eine symbolische Darstellung einer bestimmten historischen Konstellation (vgl. Zöller [Anm. 20], S. 232–326; siehe auch Anm. 62).

59 Dass Gêrhart hier abermals die Kontrolle über das Gespräch übernimmt, stellt bereits Cieslik fest (vgl. Cieslik [Anm. 6], S. 183f.).

60 „Als Mediatoren oder als Schiedsmänner wurden in den verschiedensten Auseinandersetzungen des Mittelalters entweder hochgestellte Personen aus eigenem Antrieb tätig oder sie wurden von einer der Konfliktparteien zu einer solchen Tätigkeit aufgefordert. Sie erledigten ihre Tätigkeit in der vertraulichen Atmosphäre getrennter mündlicher Beratung mit beiden Parteien und erhielten so nicht zuletzt den nötigen Spielraum zur Aushandlung von Bedingungen, die für beide Seiten tragbar waren" (Althoff [Anm. 26], S. 163).

61 Die Bitten anderer werden hingegen zurückgewiesen (vgl. GG, V. 6064–6069). Zöller macht darauf aufmerksam, dass es sich dabei um einen hagiographischen Topos handelt: „Der Heilige bittet beim Herrscher um Straferlaß für einen Gefangenen oder (oft zum Tode) Verurteilten" (Zöller [Anm. 20], S. 330), der zur Inszenierung einer Wandlung des Protagonisten vom profanen Kaufmann zum Heiligen und Kaufmann beitrage (vgl. ebd., S. 333).

62 Willehalm versagt zunächst all jenen, die sich in dem Herrschaftsvakuum seines Landes bemächtigt hatten, seine Huld: „nû giengen für den künic sâ/die herren mit

ähnlich eingebundenen Redebeiträge wird besonders deutlich, dass es sich bei der von Gêrhart eingesetzten Wortwahl und -verknüpfung um eine situationsabhängige Redestrategie handelt, um eine als unangemessen empfundene Ehre umzuwidmen.

In beiden Situationen ist der Redner mit unvorhergesehenen Eingriffen in seine bisherigen rhetorischen Bemühungen konfrontiert. So stellen die Passagen auch aus, dass ein erfolgreicher Redner in der Lage sein muss, spontan auf Änderungen der Ausgangslage zu reagieren, sich also auch insofern zurückzunehmen versteht, als er nicht eine Strategie ohne Wahrnehmung der Zuhörerschaft umsetzt, sondern flexibel und sensibel gegenüber den jeweiligen Stimmungen die Rede anpasst. Gêrhart beginnt jeweils mit einem ausführlichen, die Stimmung im Raum aufnehmenden Dankesversuch für die ihm angetragene Ehre:

> der hôhen wirden süezen muot,
> des süezen guotes überguot,
> des reinen willen reinen muot,
> der überrîchen werdekeit
> die ir hânt an mich geleit,
> der kan ich iu niht alsô wol
> gedanken sô man danken sol
> sô wirdeclîches guotes,
> sô willeclîches muotes
> des mir ist von iu getân.
> mit rîcheit ich besezzen hân
> von iu ditz künicrîche hie. (GG, V. 5544–5555)

---

geleite/den er dâ vor verseite/vriuntschaft unde hulde,/den durch ir grôze schulde/für in geteidinget was./sî vielen für in ûf daz gras/und suochten sîner hulden gunst./mit weinelîcher klag vernunst/was mit jâmer ir gebâren./alle die dâ wâren/die hulfen mit gemeinen siten/den künic sîner hulde biten/über dise ritter wert./swie vil des wart an in gegert,/er verseit ie dar und aber dar" (GG, V. 6054–6069). In der historischen Situation, die Pate stand, versuchte hingegen der Bruder des gefangenen Richard Löwenherz Johann die Krone an sich zu reißen (vgl. Zöller [Anm. 20], S. 319). Die Umbesetzung erkläre sich aus der Entstehungszeit des Textes: „Denn Rudolf von Ems schrieb seinen Roman, als Richards jüngerer Bruder Johann, der während Richards Gefangenschaft alles daran gesetzt hatte, die Stelle seines Bruders einzunehmen, schon längst unumstrittener Herrscher Englands war und zudem der Onkel und Verbündete Ottos IV. Da er als negative Gegenfigur zum rechtmäßigen englischen König somit nicht in Frage kam, bleibt er im Roman ausgeklammert; der Aufstand erscheint als eine Angelegenheit ungenannter Fürsten des Landes" (ebd.).

Gêrhart will die Königswürde, so weiß der/die RezipientIn, nicht in Anspruch nehmen, beginnt seine Rede jedoch mit einem Ausspruch, der die Krönung und damit auch den Rat und dessen Entscheidungsgewalt ernst nimmt. Er unterstellt sich dem Rat demütig und dankbar, spickt seinen Eingang mit positiven, wiederholten und ineinander verwobenen Begriffen („guot", „muot", „süeze", „wirde", „rîcheit", „rein"), die zum Ausdruck bringen, dass er die ihm zukommende Ehre zu schätzen weiß. In der Verknüpfung von „guot" und „rîch" mit dem Präfix „über-" deutet er ein gewisses Übermaß an, das sich aber zunächst nur auf eine Demutsformel – die Behauptung, nicht ausreichend Dank sagen zu können – zu beziehen scheint. Auch in der späteren Antwort auf Willehalms Angebot folgt der zuvorkommenden Adresse des Gegenübers (GG, V. 6173) eine ausschweifende Formulierung, die die Unfähigkeit, angemessen für den großen Ehrerweis zu danken, zum Ausdruck bringt (vgl. GG, V. 6176–6182). Am Anfang steht wieder der Dank bzw. die Beteuerung der Unmöglichkeit eines angemessenen Danks, die zu einem Unfähigkeitstopos immenser Größe anschwillt:

> lieber herre, süezer degen,
> ir habent ze hôhe mich gewegen
> mit lobelîchem prîse.
> wær ich nû alse wîse
> daz ich gedanken kunde
> iuwerm süezem munde
> der geheize minneclich,
> der süezen worte in den ir mich
> sô lobelîchen habent geseit,
> sô wær iu mîn danc bereit. (GG, V. 6173–6182)

Die hier angedeutete Unangemessenheit der angetragenen Herrscherfunktion aufgrund seines Geburtstandes kommt später auch deutlicher zum Ausdruck. Scheint es zunächst nur um die Unmöglichkeit zu gehen, genügend Dank entgegenbringen zu können, so rückt die Wandlung des Danks in eine Fürbitte für göttlichen Lohn christliche Muster in den Horizont. In seiner mangelnden Dankesfähigkeit verweist Gêrhart auf Gott, wodurch eine religiöse Ebene und damit auch der in der Zurückweisung später zentrale ‚ordo'-Gedanke in die Überlegungen Einzug erhält:

> daz ich gewan die rîcheit ie,
> der genâden dank iu got
> durch sîn götlich gebot,
> wan er rîcher ist dan ich.
> der geruoche lônen iu für mich. (GG, V. 5556–5560)

Und weiter unten:

> nû lôn iu der geheize got
> durch sîn gotlich gebot
> der ir mir, herre, hânt getân. (GG, V. 6183–6185)

Gêrhart rügt an keiner Stelle explizit die Missachtung der göttlichen Ordnung durch die ihm unterbreiteten Vorschläge, sondern bringt die zu bedenkenden Gesellschaftsstrukturen vorsichtig in den Blick. Im Rahmen der ersten Situation – der Ablehnung der Königswürde – hebt Gêrhart mit dem Verweis „mîn genôz" seinen Platz in der göttlichen Ordnung hervor, in der Rede gegenüber Willehalm macht er über die Verflechtung der Begriffe „herre", „namen" und „nennen" deutlich, dass es nur eine Machtkonstellation gibt, die richtig ist: Geburtsadelige müssen die Herren Nichtadeliger sein. Die Verkehrung der Verhältnisse dieser Begriffe bedeutet auch eine Verkehrung ins Falsche, Unangemessene:

> daz grâven, vrîen, herren grôz,
> des selben namen manic genôz
> […]
> die sich von rehte müesten schamen
> daz sî mich in herren namen
> ze herren nanden über sich.
> der name wær mir ze grœzlich. (GG, V. 6193–6200)[63]

Die Herrschaft sollte an seiner statt ein „fürste hân" (GG, V. 6189), diese „art" (GG, V. 6189) und damit – so scheint es in der Formulierung – auch die Bürde, zu regieren, sei ihm durch seine Geburt erspart: „daz rîche herzogentuom/sol von art ein fürste hân./des hât mich mîn geburt erlân." (GG, V. 6188–6190). Gêrhart nimmt seinen untergeordneten Platz wahr, ohne dies als Einschränkung zu empfinden. Es klingt vielmehr, als sei er froh, keine Herrschaft ausüben zu müssen; er naturalisiert die soziale Struktur, indem er in seiner Aussage den Beweis liefert, dass Herrscherwille nicht in seinem kaufmännischen Naturell liegt.[64] Seine Worte geben zu bedenken, dass „[p]olitisches Handeln […] im Mittelalter immer einer religiösen Sinnhaftigkeit zugeordnet [war] und […] keinen

---

63 Dass Gêrhart Kent vor Willehalm als Herzogtum beschreibt, dessen Edelmännern es nicht zuzumuten sei, ihn ihren Herren nennen zu müssen, kann Willehalm darüber hinaus mit Stolz erfüllen. Gêrharts Worte evozieren noch in der Ablehnung positive Empfindungen.

64 Ganz genauso argumentiert Gêrhart auch beim späteren Angebot, die Herrschaft über London als Geschenk anzunehmen. Wieder zieht er sich auf den Konjunktiv Irrealis zurück und verweist auf den „ruom", den es bedeute, wenn eine Herrschaft ihn einen Herren zu nennen hätte (vgl. GG, V. 6279–6290).

autonomen Deutungsbereich dar[stellte]",[65] ohne explizit mahnend zu formulieren, der Ratschluss missachte den göttlichen ‚ordo'. Über die religiöse Semantik bzw. die Anspielung auf gottgegebene gesellschaftliche Zugehörigkeiten bringt er die Frage nach dem Platz eines Menschen in der Welt und nach den Grenzen der sozialen Mobilität zu Bewusstsein.[66]

Die Unmöglichkeit, die ihm angebotenen Positionen zu übernehmen, verdeutlichen Gêrharts Redebeiträge nicht durch eine explizite Ablehnung, sondern durch ihren grammatischen Modus. So hebt er nach der Danksagung für die Königswürde mit einer erneuten Adresse der Zuhörer im Irrealis an: „solt ich des landes künic sîn,/dar zuo wær ich zu kranc ein teil" (GG, V. 5562f.). Die grammatische Form hebt die Unmöglichkeit dieser momentan eigentlich realen Option hervor und begründet dies sogleich mit einer Demutsformel ohne die Entscheidung der Fürsten zu diskreditieren. Dieselbe Redeweise ist bei dem Angebot der Herrschaft über Kent zu beobachten, das anzunehmen Gêrhart als Anmaßung erscheint: „solt ich grôze hêrschaft hân,/daz wær mir ein grôzer ruom." (GG, V. 6186f.). Wie in der oben zitierten Verknüpfung von Name und Nennen erscheint ihm das Angetragene unangemessen groß. Auch hier stehen die Verbformen, die sich auf die abzulehnende Möglichkeit beziehen, im Konjunktiv. Ohne direkt abzulehnen, macht Gêrhart subtil deutlich, dass die Herrschaft über das Herzogtum außerhalb des für ihn Möglichen liegt.

Die Abschlüsse der Redebeiträge, die die angetragene Ehre umzumünzen versuchen, sind der abweichenden Ausgangssituation entsprechend – im ersten Fall ist er bereits gekrönt worden, im zweiten Falle steht ausschließlich das Angebot der Herrschaft im Raum – unterschiedlich gestaltet. Das Königsamt erkennt Gêrhart zunächst an. Er freue sich, so entgegnet er auf die Bekräftigung der Fürsten, sich keinen besseren König denken zu können (vgl. GG, V. 5578–5590), wenn ihnen durch ihn Gutes widerfahren sei und habe durch das Angebot unvergleichliche Belohnung erfahren. Er erkennt die Macht als das Mittel ihres Danks für seinen Einsatz an und nimmt den Königsstatus insofern in

65 Zöller (Anm. 2). S. 289. So bewahrheitet besonders dieser Redebeitrag, warum sich gerade am *Guoten Gêrhart* zeigen lässt, in welch engem Zusammenhang politisches und religiöses Verhalten des Protagonisten stehen (vgl. ebd.). Das weist darauf hin, dass alle moralischen Diskussionen, die der Text führt, natürlich auch politische sind, verhandeln sie doch allgemeine Herrschertugenden und konkrete Rechtsfragen exemplarisch.

66 Er greift für seine Argumentation ein bekanntes System intersubjektiver Werte auf. Diesen Bezug beschreibt Zimmermann am Beispiel des *Iwein* fürs effektive Argumentieren als unablässig (vgl. Zimmermann [Anm. 22], S. 204).

Anspruch, als er ihn für die performative Weiter- und Übergabe der ihm angetragenen Herrschaft nutzt. Denn auch wenn er der Erwartung der Fürsten, das Königsamt auszuüben, langfristig nicht nachkommen will, so nimmt er es doch rhetorisch in Anspruch. Er behauptet, einen Mann gefunden zu haben, dem er die Krone überlassen wolle und für dessen Eignung er – der König – sich vor der allerhöchsten Instanz verbürge (vgl. GG, V. 5567–5573). Diesen wolle er nun mit der ihm verliehenen Autorität einsetzen;

> nâch mîner sinne lêre
> hân ich iu funden einen man,
> dem ich vil baz der krône gan,
> […]
> den ich iu wil ze herren geben.‘ (GG, V. 5566–5576)

Die Ablehnung des Königsamts wird in der performativen Wendung zu einer Weitergabe. Er ist – so hält Gêrhart fest – in diesem Moment König und Herrscher: „ich hân nû krône und dâ zuo lant,/daz ist mir worden undertân“ (GG, V. 5598f.).[67] Er gibt beide Positionen aber sogleich weiter an den ‚rechtmäßigen‘ Herrscher (vgl. GG, V. 5602), den er nun – bereits mit hinzugesetztem Titel – tatsachenschaffend beim Namen nennt: „künic Willehalm der junge“ (GG, V. 5603). Daraufhin bricht große Freude aus, Willehalm wird aufgesucht, um ihn und seine Ehefrau Êrêne ähnlich stürmisch wie zuvor Gêrhart zu krönen (vgl. GG, V. 5604–5758).

Auch in der Unterredung mit Willehlam ist Gêrhart so geistesgegenwärtig, die in dem Angebot zum Ausdruck gebrachte Dankbarkeit anderweitig produktiv zu machen und die Zurückweisung zu überlagern. Denn Gêrhart bittet darum, Dank in seinem Sinne zu erhalten: „Lieber herre mîn, welt ir/nâch mînem willen gelten mir,/sô geltent mir als ich iuch bite“ (GG, V. 6201–6203). Gêrhart lehnt nicht die Ehrerweisung Willehalms zurück – so, wie er auch die Wahl des Rats nicht für ungültig erklärt, – sondern nur ihre konkrete Form. Er möchte die Anerkennung Willehalms annehmen und würdigen, bittet aber darum, seinen Dank selbst wählen zu können. Wie er im ersten Falle einen Kandidaten nach seiner „sinne lêre“ (*GG*, V. 5566) eingebracht hatte, so beruft er sich jetzt auf ‚sînen willen‘. Er generiert bei Willehalm die Bereitschaft, im Vertrauen auf Gêrharts moralische Integrität ein Blankoversprechen zu geben:

---

67 Die Rechtsgültigkeit der Krönung, die Gêrhart hier in Anspruch nimmt, bestätigt später – darauf weist Zöller (Anm. 20), S. 323f. hin – Willehalm. Dieser preist Gêrhart dafür, ihn als König eingesetzt zu haben, als jenem Gewalt über Krone und Land gegeben wurde (vgl. GG, V. 6137–6140).

> ‚gern, lieber vater mîn,
> swes dû bittest, daz sol sîn.‘
> ‚sol ich des gewisheit hân?‘
> ‚ja benamen, sunder wân.‘ (GG, V. 6205–6208)

Daraufhin bittet Gêrhart – es dürfte kaum verwundern – darum, als Dienst an ihm die Fürsten zu begnadigen (vgl. GG, V. 6209–6224). In dem Moment, in dem dieser Bitte stattgegeben wird, sei der Dankesakt bereits umgesetzt. Außerdem bedeute jene vorgeschlagene Handlung ohnehin genau das, was Willehalm im Sinn gehabt habe, nämlich ihm, Gêrhart, Herzogtümer zu schenken:

> sô hânt ir liute unde lant
> mir gegeben sâ zehant,
> herzogentuom und rîche,
> alsô gewalticlîche
> daz es mîn muot niht fürbaz gert,
> wird ich der bete alsus gewert (GG, V. 6225–6230)

Die ersuchte Bitte wird als andere Gestalt der selbst vorgeschlagenen Dankesgeste und als ausdrücklicher Dienst an Gêrhart inszeniert – er sagt ausdrücklich „ger ich“ (GG, V. 6209; 6215), spricht von dem „willen mîn“ (GG, V. 6211) und von „mînes herzen gir“ (GG, V. 6223). Ohne jegliches Zögern, ja fast nebensächlich, gibt Willehalm der Bitte statt, um danach nochmals die Verleihung des Landes anzubieten – was Gêrhart selbstverständlich abermals, dieses Mal jedoch mit Verweis auf die bereits gewährte Bitte direkt auszuschlagen weiß:

> ‚Daz sî ouch durch dich getân
> ich wil sî hulde lâzen hân
> durch den süezen willen dîn.
> sî sulnt ir eides ledic sîn,
> […]
> nû ger ich daz dû ditz lant
> enphâhest hie von mîner hant.‘
> ‚benamen, herre mîn, nein ich.
> des lônes wil genüegen mich
> des ich von iu enphangen hân.‘ (GG, V. 6231–6245)

Gêrhart leistet sich auch gegenüber Willehalm keinen Affront, indem er dessen Geste der Anerkennung ausschlägt, sondern nimmt diese in der Fürbitte für die verstoßenen Fürsten in Anspruch, nutzt sein Geschick als Redner, ein Vorhaben zurückzuweisen und zum Wohle anderer umzuwidmen. So erweist die bislang kaum in den Blick genommene Szene der Geschichte des Ich-Erzählers

Gêrhart umso deutlicher als „eine Geschichte, die den Nutzen und die Wirkweisen ‚guter', angemessener und demütiger Sprache dokumentiert".[68]

## V. Fazit

Im Hinblick auf die im Rahmen der Tagung entworfenen Fragestellungen scheint die geschilderte Szene aus dem *Guoten Gêrhart* des Rudolf von Ems in mehrfacher Hinsicht aufschlussreich. Zunächst sind für die Episode zeitgenössische politische Praktiken, für deren Details der Text ein ausgeprägtes Interesse zeigt, zentral. Die Annahme, literarische Texte bildeten die realhistorische Bedeutung politischer Redekontexte ab, erweist sich an diesem konkreten Fallbeispiel als begründet; die Untersuchung der jeweiligen Passagen auf unterschiedlichen Ebenen als produktiv. In der – selbstverständlich fiktionalen und fiktionalisierten – Abbildung einer Standardsituation mittelalterlicher Politik beweist sich nicht nur die Verschränkung nonverbaler und verbaler Kommunikation in politischen Prozessen, sondern auch ihre Durchdringung mit sowohl symbolisch-repräsentativen Vorgängen als auch mit ergebnisoffenen deliberativen Beratungen, in denen der Auftritt eines Redners über die weitere politische Handlungsweise entscheiden kann. Die herausgearbeitete rhetorische Strategie bringt zu Bewusstsein, dass Überzeugung nicht immer aus Wortgewalt, Pathos oder einer besondere Durchgestaltung einer Rede nach rhetorischen Regeln entsteht, sondern daraus, dem Gegenüber Rede- und Denkraum zu überlassen, defensiv Rat zu geben anstatt aggressiv vorzupreschen. Gêrharts Erfolg lässt sich darauf zurückführen, dass er in seiner Rede die Anforderungen des Kontextes wahr- und aufnimmt, sich zurücknimmt, seinen Gegenübern Rederaum überlässt und gezielt subtile Denkanstöße setzt. Er ist in mehrfacher Hinsicht ein guter Redner als zurückhaltender Redner. Nicht nur verzichtet er auf einen hohen Redeanteil, seine Redebeiträge sind auch zurückhaltend und halten gleichzeitig Informationen so lange zurück, wie es notwendig ist, um Pointen setzen zu können. Er reagiert flexibel auf die sich wandelnden Anforderungen an seine rhetorische Strategie, weiß sich also auch als rhetorisches Subjekt zurückzunehmen. Zuletzt vertritt seine Rede Zurückhaltung im Sinne von Demut, indem sie darauf zielt, den rechtmäßigen Herrscher auf den Thron zu bringen und ‚ordo'-widrige Ehrerweisungen abzulehnen. Regeln und Kontexte einer Rhetorik der Zurückhaltung, die das Reden- und Denken-Lassen als Strategie nutzt, und das Gegenüber

68 Lechtermann (Anm. 3), S. 88.

herausfordert, das eigene Plädoyer gedanklich vorwegzunehmen, ließen sich in der Analyse weiterer Redeszenen systematisieren.

Die hier untersuchte Episode öffnet insofern den Blick für die rhetorische Komplexität von Zurückweisung und zeichnet damit eine mögliche Richtung für weiterführende Redeszenenforschungen vor. Szenen der rhetorischen Zurückweisung unter Vermeidung eines Affronts harren der systematischen Erschließung und versprechen, da es sich bei Ablehnung um einen besonders heiklen politischen Akt handelt, ein literarisch produktives Feld der Darstellungen politischer Rede und damit fruchtbarer Bereich einer literaturwissenschaftlichen Auseinandersetzung mit dargestellter Oratorik zu sein.

Jan Glück

# Die Institutionalisierung der Rede in Ramon Lulls politischer Philosophie: *Arbor imperialis, Liber de consilio, Llibre de les bèsties*

**Abstract:** Ramon Lull did not write a specific book about political philosophy or even appear very engaged on the subject, nor did he seem to take an interest in the development of political theory around 1300. In this essay I will argue however, that in the light of an emerging culture of political oratory at the Corts catalanes and other councils, traces of a specific political philosophy may be found in Lull's philosophical and narrative works. Extrapolating on the outlines of Lull's political philosophy I thus read the *Arbor imperialis*, the *Liber de consilio*, and the *Llibre de les bèsties*, as writings that reflect the paradoxes of the foundation of political order, promote an institutionalization of political speech and claim the political participation of both noble and common people.

„Amb les corts catalanes neix, al nostre país, l'oratòria política":[1] Mit den Corts catalanes, so der Rechtshistoriker Josep Maria Mas i Solench, sei die politische Oratorik in Katalonien in Erscheinung getreten. Tatsächlich bieten die „Ständeversammlungen",[2] die sich im Königreich Aragon im 13./14. Jahrhundert etablierten[3] und die der König „mit einer volkssprachigen Rede"[4] („proposició")

1 Mas i Solench, Josep Maria: Les corts a la Corona catalano-aragonesa (Episodis de la Història 301). Barcelona 1995, S. 98. Einen Forschungsüberblick zu den Corts catalanes bietet Eva Serra i Puig: Butlletí bibliogràfic sobre les Corts catalanes. In: Arxiu de Textos Catalans Antics 26 (2007), S. 663–738.

2 Helmrath, Johannes: Parlamentsrede. b. Mittelalter. In: Historisches Wörterbuch der Rhetorik 6, Sp. 589–597, hier Sp. 592.

3 Das Fürstentum Katalonien gehörte im 13. Jahrhundert zur Krone von Aragon, es gab aber in Katalonien eigenständige politische Institutionen. Corts wurden sowohl in Aragon als auch in Katalonien abgehalten. Nachdem Valencia 1238 durch König Jakob I. den Eroberer (1208–1276) eingenommen worden war, wurden auch im dort neu eingerichteten Königreich Corts abgehalten. Zur Geschichte der Corts aragoneses im 13. Jh. siehe Mas i Solench (Anm. 1), S. 57–60, zu den Corts valencianes im 13. Jh. siehe ebd., S. 64–67. Zu organisatorischen und funktionalen Unterschieden zwischen den regionalen Corts im Königreich Aragon vgl. ebd., S. 88–92.

4 Helmrath (Anm. 2), Sp. 592.

eröffnete, ein eindrucksvolles Beispiel für die frühe Institutionalisierung politischer Reden. Viele der katalanischsprachigen Eröffnungsreden sind überliefert[5] und fügen sich gut in die These, dass die Rede eines Fürsten vor der Ständeversammlung nicht etwa als bloß zeremonieller Akt begriffen, sondern ihr zugleich eine „diskursiv-agonal[e]" Funktion beigemessen worden sei.[6]

Einerseits sind diese Reden Teil einer Versammlung gewesen, die einem stark ritualisierten Ablauf folgte. Nach einem Gottesdienst und dem feierlichen Einzug der Vertreter der drei Stände („estaments"/„braços") hielt zunächst der König seine Eröffnungsrede auf Katalanisch, in der es für gewöhnlich um die Bitte nach finanzieller Unterstützung ging. Darauf antwortete ein ranghoher Vertreter der Prälaten in lateinischer Sprache, man werde sich zurückziehen und über die Anfrage des Königs beraten.[7] Damit war der formelle Teil der Versammlung vorerst beendet, die Stände berieten sich jeweils in eigenen Räumen, Absprachen zwischen den Ständen sowie zwischen einem Stand und dem König fanden vermittelt durch Boten statt. Im Rahmen dieses informellen Teils der Versammlung wurde ausgehandelt, welche Konzessionen der König machen musste, um die geforderte Unterstützung zu erhalten.[8] Erst zur Verkündung der

5 Bis in die erste Hälfte des 14. Jahrhunderts werden die Reden nicht eigenständig aufgezeichnet, sondern allenfalls in Chroniken verschriftlicht. Seit den Corts von Perpignan im Jahr 1350 werden die Reden aufgezeichnet und in Archiven der Krone von Aragon sowie der Stadt Barcelona aufbewahrt. Editionen auf Basis der Handschriften der Archive liegen u.a. vor in: Albert, Ricard/Gassiot, Joan (Hrsg.): Parlaments a les Corts Catalanes. Text, introducció, notes i glossari (Els nostres Clàssics. Col·lecció A 19/20). Barcelona 1928.

6 Helmrath, Johannes/Feuchter, Jörg: Einleitung – Vormoderne Parlamentsoratorik. In: Dies. (Hrsg.): Politische Redekultur in der Vormoderne. Die Oratorik europäischer Parlamente in Spätmittelalter und Früher Neuzeit (Eigene und fremde Welten. Repräsentationen sozialer Ordnung im Vergleich 9. Studies Presented to the International Commission for the History of Representative and Parliamentary Institutions 86). Frankfurt/New York 2008, S. 9–22, hier S. 10. Mit der Bezeichnung „diskursiv-agonal" beschreiben die Autoren hier eine dezidiert auf die argumentative Auseinandersetzung abzielende Funktion politischer Oratorik.

7 Den zeremoniellen Ablauf des formellen Teils der Corts catalanes stellt Mas i Solench (Anm. 1), S. 79f. sowie S. 87f., dar. Er beruft sich dabei auch auf Quellen aus dem frühen 17. Jahrhundert, einer Spätphase der Corts catalanes also, in der die Formalisierung der Abläufe sicherlich schon weiter vorangeschritten war als es für die Versammlungen des 13. und 14. Jahrhunderts gelten mag.

8 Zumindest in der Spätphase der Corts catalanes waren auch diese geheimen Verhandlungen stark formalisiert. So wurden etwa zu Beginn der Ständeversammlung „promovedors" beziehungsweise „tractadors" ernannt, die ausschließlich für die

schriftlich festgehaltenen Vereinbarungen traten schließlich wieder alle Stände und der König zusammen. Die eigentlichen Verhandlungen waren also aus dem formellen Teil der Corts catalanes ausgegliedert, was vermuten lassen könnte, dass der Eröffnungsrede des Königs kaum argumentative Relevanz zugekommen ist. Analysen der überlieferten Reden haben gleichwohl zeigen können, dass der König seine politischen Vorhaben bereits im formellen Teil der Versammlung rhetorisch ausgefeilt präsentieren und mit situationsbezogenen Argumenten um die keineswegs selbstverständliche Unterstützung der Zuhörer werben musste.[9] Die Rede des Monarchen verbindet den formellen, ‚öffentlichen' Teil der Versammlung auf diese Weise mit den deliberativen Beratungen im Geheimen. Wenn die argumentativ verfasste politische Auseinandersetzung also auch vornehmlich im Geheimen stattfand, zeigen die Eröffnungsreden doch, dass der politische Disput – und damit das Bewusstsein von Uneinigkeit – im formellen Teil nicht vollständig ausgeblendet wurde.

Zur politischen Institution wurden die Corts catalanes und zugleich die Eröffnungsrede des Monarchen spätestens mit der Ständeversammlung in Barcelona im Jahr 1283.[10] Aufgrund von Konflikten sowohl mit dem Papst als auch mit

---

Kommunikation zwischen den Ständen respektive zwischen dem König und den Ständen zuständig waren (vgl. Mas i Solench [Anm. 1], S. 82). Auch gab es feste Regeln für die Beilegung von Streitigkeiten, die unter anderem die Bildung einer Kommission vorsahen (vgl. ebd., S. 83f.).

9 Laut Johnston, Mark D.: Parliamentary Oratory in Medieval Aragon. In: Rhetorica 10 (2/1992), S. 99–117, hier S. 100, hat schon König Jakob I. der Eroberer mit einer Rede vor der Ständeversammlung um Unterstützung für seinen Mallorca-Feldzug geworben, die einerseits als „formal speech employing clear structural divisions, citing authorities or maxims" gesehen werden kann, in der aber andererseits auch „strong appeals to motives of honor and advantage" enthalten seien. In Form der Analyse einer Rede der Königin Eleonore (der dritten Ehefrau von Peter III. dem Zeremoniösen, 1319–1387) vom 21. September 1365 legt Johnston ebd., S. 106–109, das Miteinander von Rhetorizität und situationsbezogener argumentativer Schärfe in den Eröffnungsreden exemplarisch dar. Eine Edition der Rede liegt vor in: Albert/Gassiot (Anm. 5), S. 27–33.

10 Mas i Solench (Anm. 1), S. 29f., spricht hinsichtlich der Corts von 1283 von einer „institucionalització de les corts catalanes" („Institutionalisierung der Corts catalanes". Übersetzung hier und im Folgenden durch den Vf., soweit nicht anders ausgewiesen). Auch Brocà i de Montagut, Guillem Maria de: Historia del derecho de Cataluña, especialmente del civil y exposición de las instituciones del derecho civil del mismo territorio en relación con el Código civil de España y la jurisprudencia. Bd. 1 (Textos Jurídics Catalans. Escriptors I/1). Erstmals Barcelona 1918. Faksimileausgabe ebd. 1985, S. 261, hält fest: „Estableciéronse *de derecho* las Cortes en la única asamblea celebrada durante

dem französischen König war Peter II. der Große (1240–1285)[11] zu dieser Zeit besonders auf die Unterstützung von Adel, Klerus und Städten angewiesen.[12] Die Unterstützung musste er sich jedoch mit weitreichenden Zugeständnissen erkaufen, die nicht nur diverse Privilegien umfassten, sondern auch die Verpflichtung, einmal jährlich die Corts einzuberufen, und vor allem die Etablierung eines legislativen Verfahrens, das den Kammern der Ständeversammlung ein sehr hohes Maß an Beteiligung an der Gesetzgebung zuteilwerden ließ. So heißt es im neunten Abschnitt der abschließenden Erklärung: „[…] ordinamus quod si nos vel successores nostri constitucionem aliquam generalem seu statutum facere voluerimus in Catalonia, illam vel illud faciamus de approbacione et consensu prelatorum baronum militum et civium Catalonie".[13] Insofern Gesetze in Katalonien seither nur noch „amb l'acord dels tres estaments de la cort"[14] auf den Weg gebracht werden konnten und der Monarch verpflichtet wurde, jährlich eine Ständeversammlung einzuberufen, ist es den Untertanen Peters II. geglückt, die Macht des Monarchen effektiv zu beschränken. Verstärkt wurde die Kontrolle der Stände über den Monarchen und seine Amtsträger schließlich noch im Zuge der 1300 in Barcelona abgehaltenen Corts: Hier wurde beschlossen, Inquisitoren zu bestellen, die über die Amtsführung der königlichen Verwalter wachen.[15] Begründet wurde damit ein ausgesprochen erfolgreiches Modell

el Reinado de Pedro II […] en Barcelona el año 1283". („Ihre Rechtsform erhielten die Corts catalanes mit der einzigen Versammlung während der Regentschaft Peters II. in Barcelona im Jahr 1283").

11 Den Königen der Krone Aragon werden je nach Zählweise jeweils unterschiedliche Ordnungszahlen beigegeben. Um Missverständnisse zu vermeiden, folge ich der Zählung, die die zitierten katalanischen Forschungstexte überwiegend zugrunde legen, nenne jeweils aber auch den Beinamen des Königs und gebe die Lebensdaten an.

12 Zur konkreten Gefährdungslage vgl. Sobrequés i Callicó, Jaume: El pactisme a Catalunya. Una praxi política en la història del pais (L'Escorpi 49. Edicions 62). Barcelona 1982, S. 18.

13 Fita, Fidel/Oliver, Bienvenido (Hrsg.): Cortes de los antiguos reinos de Aragón y de Valencia y Principado de Catalunya. Publicadas por la Real Academia de la Historia. Bd. 1. Teil 1 (Comprende desde el año 1064 al 1327). Cortes de Cataluña I. Madrid 1896, S. 145. „Wir ordnen an, dass, wenn Wir oder Unsere Nachfahren in Katalonien irgendein allgemeines Gesetz erlassen oder ein Statut aufstellen wollen, dieses nur mit Genehmigung und Zustimmung der kirchlichen Würdenträger, der Adligen, der Ritter und der Bürger Kataloniens verabschieden können".

14 Mas i Solench (Anm. 1), S. 31. „Mit Zustimmung der drei Stände der Corts".

15 Vgl. Fita/Oliver (Anm. 13), S. 168f.; Sobrequés i Callicó (Anm. 12), S. 20.

politischer Ordnung, das bis in das beginnende 18. Jahrhundert Bestand hatte:[16] Weil einerseits der Adel seine Interessen gegenüber dem Monarchen durch die institutionalisierte Beteiligung an der Gesetzgebung politisch verteidigen konnte, andererseits die Macht des Königs zwar klar begrenzt, seine Legitimität und Nachfolge aber gesichert waren, solange er die legislativen Kompetenzen der Stände garantierte,[17] wurden die Corts catalanes zu einem „element pacificador en la política del Principat".[18]

Vor dem Hintergrund dieser auf dem politischen Disput basierenden Form der Entschlussfindung und Gesetzgebung erhält der „diskursiv-agonale" Charakter der Eröffnungsreden des Monarchen zweifelsohne zusätzliches Gewicht. Zugleich erscheint der zeremonielle Teil der Corts catalanes in diesem Licht als wichtiger Faktor für die Stiftung einer politischen Eintracht, die weniger den Dissens verdecken als vielmehr errungene Kompromisse und gemeinsame Strategien bestätigen soll. Damit eröffnet sich eine Perspektive auf die Corts catalanes, die diese politische Institution nicht mehr lediglich als Ständeversammlung, sondern darüber hinaus als politisches Organ mit parlamentarischen Grundzügen erscheinen lässt. Und zumindest ein zeitgenössischer Autor hat scheinbar das Potenzial dieser im Rahmen der Corts catalanes wachsenden Kultur der politischen Rede erkannt und zum Gegenstand einer tiefergreifenden Reflexion des Politischen gemacht: der mallorquinische Missionar, Erzähler und Philosoph Ramon Lull[19] (1232–1316).

---

16 Freilich hat sich die Institution der Corts catalanes über die Jahrhunderte gewandelt – schon 1301 wurde der einjährige Turnus der Ständeversammlungen zu einem dreijährigen (vgl. Mas i Solench [Anm. 1], S. 33) und auch diese Regelmäßigkeit wurde nicht beibehalten (vgl. ebd., S. 77: „En general, el rei convocava cort quan ho considerava necessari". „Im Allgemeinen berief der König die Ständeversammlung ein, wenn er es für nötig befand"). Am Grundsatz der Partizipation der Stände an der Gesetzgebung wurde jedoch festgehalten.

17 Vgl. Sobrequés i Callicó (Anm. 12), S. 23.

18 Ebd., S. 22: „befriedendes Element in der Politik des Fürstentums".

19 In den verschiedenen Sprachräumen, in denen Ramon Lulls Schriften rezipiert worden sind, haben sich unterschiedliche Schreibweisen des katalanischen Namens des Autors ausgebildet. Ich folge dem Vorschlag von Gret Schib Torra in der Einleitung zu ihrer Übersetzung des *Buchs der Wunder* („Ramon Lull", vgl. Schib Torra, Gret: Einführung. In: Lull, Ramon: Felix oder Das Buch der Wunder. Aus dem Katalanischen übersetzt von Gret Schib Torra. Basel 2007, S. XV–XXIII, hier S. XV, Anm. 1). Wie zuletzt Domínguez Reboiras, Fernando: Ramon Llull. El mejor libro del mundo. Barcelona 2016, S. 15f., gezeigt hat, kann sich diese Schreibweise auf eine jahrhundertelange Tradition berufen, während die im heutigen Katalanisch präferierte Schreibweise ‚Ramon Llull' auf eine Rechtschreibreform zurückgeht, die 1932 mit dem *Diccionari*

In den Schriften, die eine Rekonstruktion seiner politischen Philosophie ermöglichen,[20] fragt Lull unter anderem nach der möglichen Rolle öffentlicher Reden bei der Begründung und dem Erhalt politischer Ordnung; er analysiert potenzielle Gefahren durch das Auftreten manipulativer, beredter Akteure und er befasst sich mit den Kompetenzen, derer ein Herrscher bedarf, um ein Reich, in dem die *actio* politischer Reden institutionell verankert ist, zu regieren. Er geht dabei einen entscheidenden Schritt über die Praxis der Corts catalanes hinaus, denn er reflektiert nicht nur die Funktion der politischen Rede im Rahmen einer feudalistisch-monarchischen Grundordnung – vielmehr macht er das Bestehen von Ordnung überhaupt abhängig von einer argumentativen Auseinandersetzung über das die Gemeinschaft Angehende, wobei fundamentale Paradoxien der Begründung von Macht und Herrschaft sichtbar werden.

Im Folgenden möchte ich versuchen, Lull als Denker zu profilieren, der auch angesichts eigener Erfahrungen mit der Redekultur seiner Zeit bestrebt war, der politischen Rede im Rahmen seiner Philosophie einen institutionellen Rahmen

---

*general de la llengua catalana* Geltung erhielt. Zitate aus den Editionen katalanischer beziehungsweise lateinischer Schriften weise ich unter Verwendung der jeweiligen Schreibweise nach (also „Lull", „Llull" oder „Lullus").

20 Dass sich in Lulls Schriften überhaupt Aspekte einer eigenständigen politischen Philosophie erkennen lassen, ist bisher kaum in den Blickpunkt der Forschung geraten – wenn Lulls praktische Philosophie dargestellt wird, beschränkt sich die Darstellung in der Regel auf moralphilosophische und ansatzweise sozialphilosophische Aspekte. So stellen etwa Romana, Marta M. M./De la Cruz, Óscar: The Human Realm. In: Fidora, Alexander/Rubio, Josep E. (Hrsg.): Raimundus Lullus. An Introduction to his Life, Works and Thought (Corpus Christianorum. Continuatio Mediaevalis 214. Raimundi Lulli opera latina. Supplementum Lullianum II). Turnhout 2008, S. 363–459, im Abschnitt „Man and Society" (ebd., S. 413–432), nicht etwa Lulls politische Philosophie dar, sondern seine moralisierende Analyse sozialer Strukturen. Aspekte der politischen Theoriebildung finden allenfalls bei der Darstellung von Lulls Einstellung zu den Konflikten zwischen Papst und Kaiser Berücksichtigung (ebd., S. 421). Bordoy, Antoni: La filosofía de Ramon Llull. Prólogo: Jordi Gayà Estelrich (Filosofía y ensayo 3). Mallorca 2011 geht im Rahmen seiner holistischen Darstellung der Philosophie Lulls in den Abschnitten zur praktischen Philosophie (ebd., S. 311–323) gar nicht erst auf Lulls politische Philosophie ein, sondern nur auf Lulls Ethik. Chimento, Francesca E.: Il Felix e la teoria politica di Raimondo Lullo: spunti di reflessione. In: Roche Arnas, Pedro (Hrsg.): El pensamiento político en la Edad Media. Madrid 2010, S. 391–401, zeigt zwar einige wichtige Stellen in Lulls Schriften auf, zeichnet aber noch nicht Lulls politische Philosophie nach. Eine Rekonstruktion von Lulls politischer Philosophie ist Teil meines Dissertationsvorhabens zu Ramon Lulls *Llibre de les bèsties* im Kontext der europäischen Tierepik.

zu bieten. Hierfür werden mit der *Arbor imperialis* (1295/96) und dem *Liber de consilio* (1304) zunächst eine philosophische (I) und eine didaktische Schrift Lulls vorgestellt (II).[21] Anschließend diskutiere ich mit dem *Llibre de les bèsties* (1287–89)[22] einen Erzähltext, der insbesondere für eine Rekonstruktion lullistischer politischer Philosophie zentral ist, die auf Lulls Reflexion der Redekultur abzielt (III). Um Lulls Erzählen als ein Ausloten der Potenziale politischer Rede und Beredsamkeit begreifen zu können, diskutiere ich vornehmlich die Anfangs- und die Schlussepisode dieses Textes. Im vierten Abschnitt werde ich schließlich versuchen darzulegen, welcher Redekompetenz der Fürst wie auch seine Ratgeber gemäß der vorgestellten Rekonstruktion der politischen Philosophie Lulls bedürfen (IV).

## I. Die Rolle des „consilium" in Lulls politischer Philosophie: *Arbor imperialis*

Lull entwickelt seine politische Philosophie in einer Zeit, die als Geburtsstunde einer eigenständigen *scientia politica* gilt: Die zunehmende Verbreitung der vollständigen Übersetzung der *Politik* des Aristoteles ins Lateinische durch Wilhelm von Moerbeke (um 1265)[23] zieht im späten 13. Jahrhundert nicht nur eine erstaunliche Menge an Kommentaren und eigenständigeren Entwürfen politischer Ordnung nach sich,[24] es lässt sich insbesondere beobachten, dass

21 Es könnten noch zahlreiche weitere frühere und spätere Schriften Lulls einbezogen werden, begonnen beim *Llibre de l'Orden de Cavalleria* (um 1270) und bis hin zum *Liber de civitate mundi* (1315). Für eine erste Rekonstruktion von Lulls politischer Philosophie, soweit sie von einer Reflexion der politischen Redekultur zeugt, mag es aber ausreichen, zunächst nur auf die *Arbor imperialis* und den *Liber de consilio* einzugehen.

22 Lull verfasste den *Llibre de meravelles*, dessen siebter Abschnitt der *Llibre de les bèsties* ist, während oder nach seinem ersten Aufenthalt in Paris (vgl. Badia, Lola u.a.: Introducció. In: Llull, Ramon: Llibre de meravelles. Edició crítica. Bd. 1: Llibres I–VII. Hrsg. von Lola Badia u.a. [Nova Edició de les Obres de Ramon Llull 10]. Palma 2011, S. 19–70, hier S. 23–27).

23 Zur Problematik der Datierung der *translatio completa* wie auch der etwas früheren *translatio imperfecta* vgl. Flüeler, Christoph: Rezeption und Interpretation der Aristotelischen ‚Politica' im späten Mittelalter. Bd. 1 (Bochumer Studien zur Philosophie 19). Amsterdam 1992, S. 15–29.

24 In der früheren Forschung war mitunter von einem ‚politischen Aristotelismus' die Rede. Obwohl die meisten Schriften des späten 13. Jahrhunderts, die als Beitrag zur politischen Theorie gelten, Kenntnis von Aristoteles' politischer Terminologie und seinem Wissenschaftssystem zeigen, ist dieser Begriff doch problematisch, weil er eine

die Reflexion über Herrschaft, Macht und Recht qualitativ eine neue Richtung einschlägt: Eine Reflexion über den Menschen als Wesen, das erst in einer dezidiert politischen Vergemeinschaftung ein gutes Leben führen kann, wird zum Ausgangspunkt für Überlegungen hinsichtlich der grundlegenden Strukturen politischer Vergemeinschaftung. Ein erstes Beispiel für das neue politische Denken bietet der Fürstenspiegel *De regno ad regem Cypri* (vermutlich 1271–1273) des Thomas von Aquin.[25] Anders als die Mehrzahl der Texte aus der Tradition des politik-philosophischen Schrifttums des zwölften und der ersten Hälfte der dreizehnten Jahrhunderts zielt Thomas darin nicht mehr auf die moraldidaktische Belehrung des Fürsten ab, sondern stößt eine an Aristoteles geschulte Reflexion über die institutionelle Fundierung politischer Ordnung an:

> [N]icht eine Liste von Verhaltensregeln, und sei sie noch so stark auf den Fürsten und seine in der Politik tätigen Berater und Mitarbeiter zugeschnitten, will er liefern, er möchte vielmehr die politische Verfassung der menschlichen Gesellschaft systematisch erfassen und die Amtspflichten des Königs nicht allein als sittliche Gebote, sondern als Folgerungen aus der Konstruktion der politischen Herrschaftsverfassung überhaupt verstehend entwickeln.[26]

Die Anrede des Königs von Zypern, dem Thomas sein Werk *De regno* zueignet, hat hier wohl nur noch die Funktion, einen formalen Anschluss an die Tradition des Fürstenspiegels zu stiften – vor allem richtet sich Thomas an die Gelehrten seiner Zeit. Dies findet auch im Prolog Niederschlag: Sein Werk solle zwar „des

Einheitlichkeit – eine Art Schule aristotelischer politischer Theorie – suggeriert, die es so nicht gab. Zu unterschiedlich waren hierfür „Textgattungen (Kommentare, Traktate, Quaestionen, Streitschriften, Sentenzenkommentare, Quodlibeta etc.), […] Schulen und Orte (Universitäten, Ordensschulen, Fürstenhöfe, etc.) und […] Leser und Adressaten (Studenten, Priester, Fürsten, Laien, etc.)" der Schriften (Flüeler, Christoph: Politischer Aristotelismus im Mittelalter. Einleitung. In: Vivarium 40 [2002], S. 1–13, hier S. 3). Der Begriff des ‚politischen Aristotelismus' wird in der Forschung daher heute weiter gefasst, wovon etwa der Sammelband Horn, Christoph/Neschke-Hentschke, Ada (Hrsg.): Politischer Aristotelismus. Die Rezeption der aristotelischen ‚Politik' von der Antike bis zum 19. Jahrhundert. Stuttgart u.a. 2008 zeugt: Hier sind Beiträge versammelt, die das Wiederaufgreifen der aristotelischen *Politik* von der Antike bis in die Neuzeit verfolgen.

25 Zur Datierung Flüeler (Anm. 23), S. 15–29, insbes. S. 28.

26 Miethke, Jürgen: Politiktheorie im Mittelalter. Von Thomas von Aquin bis Wilhelm von Ockham. Durchgesehene und korrigierte Studienausgabe (UTB 3059). Tübingen 2008, S. 31.

Königs würdig“ sein, aber auch „dem Berufsstand“ des Verfassers entsprechen.[27] In den folgenden Jahren entwickelt sich, befeuert auch von Auseinandersetzungen zwischen dem französischen König und dem Papst, eine rege Debatte über die Begründung und die Begrenzung der Königsherrschaft als politischer Institution, in deren Zug sich eine aristotelisch informierte Politikwissenschaft herauszubilden scheint.[28]

Ramon Lull, so das einhellige Urteil der Forschung, hat von diesen einschneidenden Entwicklungen allenfalls am Rande Notiz genommen, denn vordergründig scheint seine soziale und politische Philosophie kaum als Teil dieses Diskurses begriffen werden zu können.[29] Gerade sein einziger genuin philosophischer Entwurf politischer Ordnung in der *Arbor imperialis* bleibt laut Jürgen Miethke „auf lange Strecken hin ein Katalog von Pflichtentafeln und Verhaltensregeln“[30] für den König und die ihm untergebenen Stände. „Mit dieser Anlage seines Textes als einer ständeethischen Zusammenschau“, so Miethke weiter, schließe sich Lull gerade nicht „der damaligen Avantgarde der Fürstenspiegelliteratur an“, seine „methodischen Vorbilder“ seien vielmehr „die älteren, bis zur Mitte des 13. Jahrhunderts vorherrschenden enzyklopädischen Bemühungen

27 Der Text beginnt mit den Worten: „Cogitanti michi quid offerrem regie celsitudini dignum meeque professioni et officio congruum, id occurrit potissime offerendum ut regi librum de regno conscriberem [...]“ (Thomas von Aquin: De regno ad regem Cypri. Hrsg. von H.-F. Dondaine. In: Sancti Thomae de Aquino opera omnia iussu Leonis XIII P. M. edita. Cura et studio Fratrum Praedicatorum. Bd. 42. Rom 1979, S. 419–471, hier S. 449, [Prolog] Z. 1–4). Übersetzt heißt es also: „Als ich darüber nachdachte, was ich darbieten könnte, das zugleich Eurer Königlichen Hoheit würdig und meinem Berufsstand angemessen ist, erschien es mir als das Beste, einem König über die Königsherrschaft zu schreiben“.

28 Die Entwicklung der Streitigkeiten zwischen weltlicher und kirchlicher Macht und ihre Bedeutung für die politischen Theorien der Zeit hat insbesondere Jürgen Miethke erforscht (vgl. Miethke [Anm. 26]).

29 So wird Lull bei Versuchen, die Geschichte der politischen Theoriebildung im Mittelalter darzustellen, in der Regel nicht berücksichtigt. Dass dies daran liegt, dass Lull die wesentlichen Entwicklungen der Diskurse seiner Zeit nicht zu rezipieren schien, legt Miethke, Jürgen: Die ‚Arbor imperialis‘ des Ramon Llull von 1295/1296. In: Domínguez Reboiras, Fernando/Villalba Varneda, Pere/Walter, Peter (Hrsg.): ‚Arbor scientiae‘. Der Baum des Wissens von Ramon Llull. Akten des Internationalen Kongresses aus Anlass des 40-jährigen Jubiläums des Raimundus-Lullus-Institutes der Universität Freiburg i. Br. (Instrumenta patristica et mediaevalia. Research on the Inheritance of Early and Medieval Christianity 42. Subsidia Lulliana 1). Turnhout 2002, S. 175–196, nahe.

30 Miethke (Anm. 29), S. 186.

um die Ständeethik".[31] Und auch hinsichtlich der Formulierung des Ziels politischer Gemeinschaft (*pax et iustitia*) folge Lull gerade nicht den neuen aristotelisch geformten Theorien, sondern stehe eher „in gut augustinischer Tradition".[32] Dabei hätte Lull zumindest während seiner Paris-Aufenthalte,[33] vermutlich aber auch in Montpellier und Rom,[34] Gelegenheit gehabt, die *Politik* des Aristoteles und auch politische Schriften der frühen Leser des *Aristoteles latinus* kennen zu lernen.[35]

Doch wenngleich Lulls politische Philosophie vor dem Hintergrund des Wissens um die Entwicklung der frühen *scientia politica* marginalisiert wurde, verdient sie an dieser Stelle noch einmal eine genauere Betrachtung. Denn sie enthält sowohl gegenüber der augustinischen Theorie-Tradition als auch gegenüber den zeitgenössischen politischen Theorien signifikante Abweichungen, die in Zusammenhang mit Lulls Reflexion der politischen Redekultur seiner Zeit stehen. Dies liegt in der großen Bedeutung, die Lull dem Rat des Fürsten („consilium") einräumt, begründet.

In der *Arbor imperialis* erscheint der Rat des Fürsten als politisches Organ, dem zwar nicht explizit legislative Kompetenzen zugewiesen werden, das aber als institutionalisierte Ständeversammlung dennoch eine weitreichende Kontrolle

31 Ebd.

32 Ebd., S. 180.

33 In seinem Projekt, die Philosophie Lulls als ausgiebig kontextualisierte ‚Biographie' seiner Werke darzustellen, kommt Villalba i Turneda, Pere: Ramon Llull. Escriptor i Filòsof de la Diferència. Palma de Mallorca, 1232–1316. Barcelona 2015 auf bis zu vier Besuche Lulls in Paris: 1288–1289, 1297–1299, 1305 (unsicher) und 1309–1311. Lull versuchte dort sowohl am Königshof als auch an der Universität Anschluss zu finden, um für seine bildungspolitischen und missionarischen Anliegen zu werben sowie seine Philosophie bekannt zu machen.

34 Villalba i Turneda (Anm. 33) zählt 14 Aufenthalte Lulls in Montpellier, deren längster wohl von 1279–1287 andauerte. Die Stadt wurde zum Drehkreuz seiner Reisen durch Europa und den Mittelmeerraum. Rom bereiste Lull 1287–1288 und 1295–1296. Während des zweiten Aufenthalts verfasste Lull die *Arbor scientiae*, deren siebter Teil die *Arbor imperialis* ist (vgl. Domínguez, Fernando/Gayà, Jordi: Life. In: Fidora, Alexander/Rubio, Josep E. (Hrsg.): Raimundus Lullus. An Introduction to his Life, Works and Thought [Corpus Christianorum. Continuatio Mediaevalis 214. Raimundi Lulli opera latina. Supplementum Lullianum II]. Turnhout 2008, S. 3–124, hier S. 82).

35 Lull kannte einige Schriften des Aristoteles, allerdings vielleicht weniger den *Aristoteles latinus* als vielmehr den *Aristoteles arabus*: Auf Mallorca hatte er Arabisch gelernt und so zumindest die Möglichkeit erworben, aristotelische Philosophie aus Perspektive der arabischen Kommentatoren zu studieren (vgl. Domínguez/Gayà [Anm. 34], S. 43–45; 46–49). Die *Politik* des Aristoteles lag nicht in arabischer Übersetzung vor.

über den Fürsten ausübt. Lull möchte den Rat des Fürsten verstanden wissen als politisch aktiven Teil des Reichs, als eine Versammlung „guter Menschen“[36] aus allen Gesellschaftsbereichen – einflussreiche Adlige, Ritter, Bürger, Händler, Handwerker –, die den Fürsten in allen politischen Fragen beraten. Ihr Rat ist es, der die Herrschaft des Fürsten überhaupt erst zu einer guten politischen Ordnung werden lässt: „consilium facit bonum principem et bonum regimen“ (*Arb. Imp.* III, S. 340, Z. 99f.).[37] Die Ratschläge an den Fürsten zeichnen sich entsprechend durch einen hohen Grad an Verbindlichkeit aus: Mitglied des Rats ist auch der Beichtvater („confessor“) des Fürsten, der ihn tadeln soll, wenn er politische Entscheidungen „contra suum bonum consilium“ (*Arb. Imp.* III, S. 340, Z. 88)[38] trifft. Dabei geht die Funktion des Beichtvaters weit über das reine Tadeln hinaus, er ist tatsächlich als inquisitorisches Organ der politischen Ordnung zu verstehen. Denn wie der Fürst „inquisitores“ haben soll, die als eine Art ‚interne Ermittler' die Amtsträger des Fürsten auf ihre Fürstentreue hin überprüfen, ob sie nämlich „aliqua fecerint contra principem uel contra suas gentes“ (*Arb. Imp.* III, S. 343, Z. 164f.), so sollen die Bürger den „confessor“ aufsuchen, „si princeps in aliquibus manifeste faciat contra iustitiam“ (*Arb. Imp.* III, S. 343,

36 So leitet Lull den Abschnitt „De consilio“ mit den Worten ein: „Principi conuenit bonum consilium bonarum personarum […]“ (Llull, Ramon: VII. De arbore imperiali. In: Raimundi Lulli opera latina. 65. Arbor scientiae. Romae in festo sancti Michaelis archangeli anno MCCXCV incepta. In ipsa urbe Kalendis Aprilibus anni MCCXCVI ad finem perducta. Bd. 1: Libri I–VII. Hrsg. von Pere Villalba Varneda [Corpus Christianorum. Continuatio Mediaeualis 180 A. Raimundi Lulli opera latina 24]. Turnhout 2000, S. 333–360, hier *Arb. Imp.* III, S. 340, Z. 80). Zitate aus der *Arbor imperialis* weise ich im Folgenden unter der Sigle *Arb. imp.* nach. Dabei nenne ich neben der Seiten- auch die Zeilenangabe. Die Nummerierung der Zeilen setzt mit jedem der sieben Abschnitte, die der metaphorischen und gedanklichen Struktur von Lulls ‚Baum der Wissens' korrespondieren, neu ein, sodass ich die entsprechende römische Ordnungszahl beigebe. Der Prolog hat eine eigene Zeilennummerierung, jedoch keine Ordnungszahl.

37 „Der Rat bringt einen guten Fürsten und eine gute Königsherrschaft hervor“. Lulls Verwendungen von „imperium“, „imperator“, „princeps“, „regnum“, „rex“ oder „regimen“ überschneiden und überlagern sich in der *Arbor imperialis*. Vielleicht ist mit Miethke (Anm. 29), S. 177, anzunehmen, dass Lull auch mit dem Ausdruck „*princeps* […] einen König [meint]“. Allerdings würde ich nicht so weit gehen zu behaupten, dass „konkret natürlich [der] König von Aragón oder Mallorca“ gemeint ist (ebd.). Denkbar scheint auch, dass Lull eine große Bandbreite an weltlichen Herrschaftskonfigurationen adressiert wissen wollte.

38 „Gegen seinen guten Rat“.

Z. 180).[39] Wenn dem „confessor" auf diesem Wege eine Klage über das Handeln des Fürsten zu Ohren kommt, soll dieser wiederum den Fürsten aufsuchen und ihn befragen (‚inquirere'), „si princeps aliquid iniuste faciat contra suum populum" (*Arb. Imp.* III, S. 343, Z. 182). Ebenso, wie der Fürst Inquisitoren hat, um seine Amtsträger zu überprüfen, so soll also auch der Fürst einen Inquisitor „contra se ipsum" (*Arb. Imp.* III, S. 343, Z. 184) haben.

Man könnte sich vor dem Hintergrund der zeitgenössischen politischen Theorien wünschen, dass Lull konkreter auf die Frage einginge, wie weit die Befugnisse dieser Inquisition gegen den Fürsten reichen – ob und, wenn ja, wie etwa der schlechte Herrscher, der Tyrann, abgesetzt werden kann.[40] Diese Fragen scheinen sich für Lull aber gar nicht zu stellen, weil er den hohen praktischen Stellenwert des Fürstenrats als politischem Organ erkannt hat: Der Fürstenrat ist in der *Arbor imperialis* nämlich nicht als bloß beratendes Gremium zu verstehen, das vom Fürsten nach eigener Willkür besetzt und geleitet würde; er ist kein informelles Treffen Eingeweihter, die im Geheimen die politischen Strategien des Fürsten absprächen. Vielmehr übernimmt er Funktionen, die in der institutionellen Organisation des Fürstentums Katalonien den Corts catalanes zugewiesen worden sind: Durch ihn wird die Macht des Fürsten begrenzt und seine Entscheidungen werden an den Ratschlag der Standesvertreter gebunden. Und wie die Corts catalanes seit 1283 ein Gleichgewicht der Machtverteilung zwischen Adel, Klerus und Monarch erwirkt zu haben scheinen, das den inneren Frieden einige Zeit effektiv zu wahren half, spricht auch Lull davon, dass der Fürst und das Volk unter den Voraussetzungen der konzipierten politischen Ordnung einander gegenseitig lieben und fürchten können: Die Rede ist hier von einer „concordantia[] amoris et timoris" (*Arb. Imp.* IV, S. 346, Z. 60) zwischen Herrschenden und Beherrschten.

39 „Wenn der Fürst in irgendwelchen Angelegenheiten offensichtlich ungerecht handeln sollte".

40 Zur Debatte über das Widerstandsrecht gegen den Tyrannen im späten Mittelalter vgl. Miethke, Jürgen: Der Tyrannenmord im späteren Mittelalter. Theorien über das Widerstandsrecht gegen ungerechte Herrschaft in der Scholastik. In: Beestermöller, Gerhard/Justenhoven, Heinz-Gerhard (Hrsg.): Friedensethik im Spätmittelalter. Theologie im Ringen um die gottgegebene Ordnung (Beiträge zur Friedensethik 30). Stuttgart/Berlin/Köln 1999, S. 24–48; Miethke, Jürgen: Gehorsam und Widerstand, Herrschaft und Freiheit in mittelalterlicher Politiktheorie. In: Frese, Tobias/Hoffmann, Annette (Hrsg.): Habitus. Norm und Transgression in Bild und Text. Festgabe für Lieselotte E. Saurma-Jeltsch. Unter Mitarbeit von Katharina Bull. Berlin 2011, S. 131–150.

Damit soll freilich nicht gesagt sein, dass Lull das „consilium" der *Arbor imperialis* genau nach dem Muster der Corts catalanes gestaltet habe – aber es scheint mir doch plausibel, anzunehmen, dass Lull von der zunehmenden Kontrolle der politischen Macht durch die katalanische Ständeversammlung Notiz genommen hat. Denn wenngleich er das politische Institut der Corts als Mallorquiner wohl nicht aus eigener Erfahrung kannte,[41] ist doch unbestritten, dass Lull als Vertrauter (nicht nur) König Jakobs II. von Mallorca und als Politiker in eigener Sache eine sehr präzise Vorstellung von den politischen Strukturen der weltlichen wie kirchlichen Machtzentren seiner Zeit gehabt haben muss:[42] Seine

41 Nach der Eroberung Mallorcas unter Jakob I. dem Eroberer (1229) gehörte das neu etablierte Königreich Mallorca zwar zu Aragon-Katalonien, es wurden dort – im Unterschied zum später eingerichteten Königreich Valencia – im 13. Jahrhundert aber keine Corts abgehalten. Mallorca entsandte lediglich Vertreter an die Corts catalanes (vgl. Mas i Solench [Anm. 1], S. 22), zu denen Lull aber nicht gehörte. Er scheint zeitlebens in Mallorca kein politisches Amt bekleidet zu haben, obgleich er König Jakob II. von Mallorca (1243–1311) bekannt war und er von diesem in seinen missionarischen und bildungspolitischen Anliegen unterstützt wurde (schon 1276 erwirkte Lull, dass der König das Kloster Miramar errichten ließ, in dem Missionare Arabisch lernten; vgl. Domínguez/Gayà [Anm. 34], S. 48).

42 Besonders deutlich zeigt dies Domínguez Reboiras, Fernando: Algunas reflexiones sobre el trasfondo geopolítico del pensamiento luliano. In: Roche Arnas, Pedro (Hrsg.): El pensamiento político en la Edad Media. Madrid 2010, S. 403–417. Er resümiert ebd., S. 415: „Es importante no considerar a Lulio – como a veces se hace – un excéntrico solitario, menos aún como un creyente de cualquier tipo de utopía. Todo lo contrario, Lulio tenía absoluto conocimiento de los cambios en la política Papal y de los sucesos mas importantes dentro de las dos grandes ordenes mendicantes, los dominicos y los franciscanos. Lulio estaba convencido de la viabilidad de su programa de misión, aunque estaba también convencido de la necesidad del apoyo moral y material de los detentadores del poder en la cristiandad. El buscó y consiguió esos contactos de manera constante. Fundamentalmente con los reyes de casa de Aragón, pero también con el rey de Francia, la curia Papal, la Universidad de París, los generales de las órdenes mendicantes y otras personas influyentes. […] Sin pasar a un estudio detallado del discurso político luliano comprendemos cómo su posición tiene mucho que ver con su experiencia vital" („Es ist wichtig, Lull nicht – wie es mitunter geschieht – für einen exzentrischen Einzelgänger zu halten, und ihn erst recht nicht als Anhänger irgendeiner Art von Utopie zu erachten. Ganz im Gegenteil, Lull wusste bestens Bescheid über die Entwicklungen der päpstlichen Politik und war auch informiert über die wichtigsten Vorgänge innerhalb der beiden großen Bettelorden, den Dominikanern und Franziskanern. Lull war überzeugt davon, dass sein missionarisches Programm durchführbar war; zugleich wusste er, dass er hierfür der moralischen und materiellen Unterstützung der Machthaber der Christenheit bedurfte. Er suchte

missionarischen wie auch bildungspolitischen Anliegen führten ihn an diverse Höfe, nicht zuletzt auch nach Barcelona an den Hof König Jakobs II. von Aragon, dem Gerechten (1267–1327).[43]

In einem wichtigen Aspekt unterscheidet sich die politische Struktur des „consilium" freilich von den Corts catalanes: Beteiligt sind bei Lull nicht nur Vertreter von Kirche und Adel sowie hohe Magistraten der Städte, sondern auch Händler und Handwerker, Vertreter des einfachen Volks. Entsprechend spricht Lull in der *Arbor imperialis* auch nicht etwa nur den Adligen Ehre und Ehrbarkeit zu, sondern auch den Bürgern, Händlern und Handwerkern.[44] Sie kommen im „consilium" zusammen und verhandeln untereinander und mit dem Fürsten über alle die Gemeinschaft betreffenden Angelegenheiten. Lull zeichnet so in der *Arbor imperialis* das Bild einer politischen Gemeinschaft, die zwar unter der Leitung eines Fürsten steht, in der aber der Weg zum gemeinsamen Ziel nicht

---

und erlangte den Kontakt [zu diesen Machthabern, d. Vf.] stets: Insbesondere zu den Königen des Hauses Aragon, aber auch zum König von Frankreich, zur päpstlichen Kurie, zur Universität Paris, zu den Obersten der Bettelorden und zu anderen einflussreichen Personen. […] Ohne in eine detaillierte Studie über Lulls politischen Diskurs übergehen zu müssen, zeigt sich also, dass Lulls politische Einstellung viel mit seiner Lebenserfahrung zu tun hat").

43 Lull erwirkte dort 1299 die Erlaubnis, in allen Synagogen und Moscheen im Herrschaftsbereich des Königreichs Aragon-Katalonien predigen zu dürfen (vgl. Domínguez/Gayà [Anm. 41], S. 90). Domínguez und Gayà bezeichnen Lulls Bemühungen um den König von Aragon-Katalonien in dieser Zeit als „clear advances" und weisen darauf hin, dass auch einige Hinweise in den Werken, die Lull während seines Aufenthalts in Barcelona verfasst habe, dafür sprächen, dass Lull „overtures to the Aragonese king" machte (ebd.).

44 In einem Abschnitt über die Ritterschaft als Teil des Staats führt Lull eine Rangliste dieser Ratsmitglieder auf, der zufolge die Ritter zwar am meisten Ehre haben, daneben jedoch die Bürger, die Kaufleute und schließlich die Handwerker (in absteigender Rangfolge) ebenfalls über Ehre verfügen (vgl. *Arb. imp.* III, S. 339, Z. 60–64). Das Überraschende an dieser Rangliste ist schon die Tatsache, dass selbst die Vertreter des einfachen Volks als ehrbar angesehen werden. Hierzu passt, dass Lull gerade das Handwerk in der *Arbor humanalis* als eine Tätigkeit nennt, bei der ein Mensch sein Mensch-Sein realisieren kann. Vgl. hierzu Imbach, Ruedi: Die ‚Arbor humanalis' und die anthropologische Relevanz der ‚artes mechanicae'. In: Domínguez Reboiras, Fernando/Villalba Varneda, Pere/Walter, Peter (Hrsg.): ‚Arbor scientiae'. Der Baum des Wissens von Ramon Llull. Akten des Internationalen Kongresses aus Anlass des 40-jährigen Jubiläums des Raimundus-Lullus-Institutes der Universität Freiburg i. Br. (Instrumenta patristica et mediaevalia. Research on the Inheritance of Early and Medieval Christianity 42. Subsidia Lulliana 1). Turnhout 2002, S. 133–157.

nur Sache des Herrschers – eines ‚Steuermanns des Staatsschiffs'[45] – ist, sondern unter tatsächlicher, politischer Beteiligung aller Glieder der Gemeinschaft ausgehandelt wird. Die politische Beteiligung setzt aber wiederum rhetorische Kompetenzen aller Teilnehmer am politischen Diskurs voraus: Die Ratgeber des Fürsten brauchen die Fähigkeit, ihren Rat zu formulieren und in öffentlichen Reden zu vermitteln. Lull institutionalisiert damit die Rede als Mittel für die argumentative Auseinandersetzung über politische Fragen.

## II. Der Ratgeber und die politische Rede: *Liber de consilio*

Der Frage, wie die Akteure sich am politischen Diskurs beratend beteiligen können und sollen, geht Lull im *Liber de consilio* nach. Darin versucht er, kirchlichen wie auch weltlichen Fürsten und ihren Untertanen gleichermaßen aufzuzeigen, wie man gemäß den Regeln der *Ars* – Lulls immer weiter entwickelter „material logic",[46] die den konzeptionellen Horizont für alle lullistischen Schriften bildet – guten und wahrhaftigen Rat erteilen kann.[47] Er ist dabei der Ansicht, dass der

45 Das Bild des Steuermanns eines Staatsschiffs für den Fürsten verwendet unter anderem Thomas von Aquin im zweiten Kapitel des ersten Buchs seines Fürstenspiegels, in dem es darum geht zu demonstrieren, dass es am besten sei, wenn die Gemeinschaft Vieler von nur einem Anführer geleitet wird (vgl. Thomas von Aquin [Anm. 27], S. 451, [Buch I.2] Z. 30–38). Zur Geschichte und den systematischen Auslegungsoptionen des ‚Staatsschiffs' vgl. Peil, Dietmar: Untersuchungen zur Staats- und Herrschaftsmetaphorik in literarischen Zeugnissen von der Antike bis zur Gegenwart (Münstersche Mittelalter-Schriften 50). München 1983, S. 700–870, zur Funktionalisierung der Metaphorik durch Thomas von Aquin insbesondere S. 772f. Zur herrschaftslegitimierenden Funktion des Steuermanns im Bild des Staatsschiffs vgl. ebd., S. 778–780.

46 Bonner, Anthony: The Art and Logic of Ramon Llull. A User's Guide (Studien und Texte zur Geistesgeschichte des Mittelalters 95). Leiden/Boston 2007, S. 18f. Die *Ars* ist mehr als ein logisches Gerüst, weil sie von normativen Konstanten und nicht von Variablen ausgeht.

47 Llull, Ramon: 115. Liber de consilio. Monte Pessulano, 1304 III. In: Raimundi Lulli opera latina. 114–117, 119. In Monte Pessulano anno MCCCIV composita. Hrsg. von Louis Sala-Moulins (Corpus Christianorum. Continuatio Mediaeualis 36. Raimundi Lulli opera latina 10). Turnhout 1982, S. 101–235, hier S. 120, Z. 15–18: „Et ideo [quidam homo – damit bezeichnet Lull sich wohl selbst, d. Vf.] proposuit eis [principibus et praelatoribus, d. Vf.], et etiam suis subditis, facere istum librum de consilio; et hoc artificialiter, tenendo modum Artis generalis, ut artificialiter per ipsum homo sciret dare consilium bonum et uerum" (in etwa: „Und deshalb schlug er ihnen und auch ihren Untertanen vor, dieses Buch über den Rat zu schreiben; und dies artificialiter, nach Maßgabe der Ars generalis, damit man durch die Lektüre lerne, artificialiter guten und wahrhaftigen Rat zu erteilen"). Zitate aus dem Liber *de consilio* weise ich im

Inhalt eines Ratschlags wissenschaftlich, d.h. nach den strengen Regeln einer mathematischen Kombinatorik von absoluten und relativen Prinzipien, ermittelt werden kann. Wird also der Ratschlag nach den Regeln der *Ars* – die man hier tatsächlich als eine Art Topik begreifen kann[48] – gefunden, handelt es sich um einen „consilium necessarium" (*Lib. cons.* I, S. 124, Z. 99).[49] Wenn der Ratgeber nicht den richtigen Ratschlag findet, zeugt dies laut Lull daher auch nicht vom Versagen seiner Wissenschaft vom Ratgeben, sondern vielmehr vom Unvermögen des Ratgebers.[50]

Im Prolog des *Liber de consilio* entwirft Lull das Modell eines Fürstenrats, der sich von der Konzeption des „consilium" in der *Arbor imperialis* signifikant zu unterscheiden scheint. Denn während der Fürst dort von einem Rat umgeben ist, der ähnlich zusammengesetzt ist und ähnliche politische Funktionen übernimmt wie die Ständeversammlung der Corts catalanes, ist im Prolog des *Liber de consilio* zunächst nur von einem Ratgeber die Rede: Jeder Fürst solle sich „unum hominem bonum, uerum, potentem et sapientem" (*Lib. cons.*, S. 120, Z. 29f.)[51] suchen, der ihn als Geheimrat „ad bene uiuendum" (*Lib. cons.*, S. 121, Z. 33)[52] beraten solle. Darüber hinaus solle es zwei weitere Berater geben, einen Geistlichen, der mit dem obersten Ratgeber alle kirchlichen Fragen bespricht, und einen Laien, der mit dem Geheimrat alle Fragen weltlicher Lenkung bespricht. Alle drei Räte sollen zusammenkommen, wenn es um Fragen der Königsherrschaft überhaupt geht (vgl. *Lib. cons.*, S. 121, Z. 44f.). Von einem mit dem „consilium" der *Arbor imperialis* vergleichbaren politischen Institut ist zumindest

Folgenden unter der Sigle *Lib. cons.* nach. Dabei nenne ich neben der Seiten- auch die Zeilenangabe. Die Nummerierung der Zeilen setzt mit jeder der drei „distinctiones" neu ein, sodass ich die entsprechende römische Ordnungszahl beigebe. Der Prolog hat eine eigene Zeilennummerierung, jedoch keine Ordnungszahl.

48 Geht es um das Finden des richtigen Ratschlags, bezeichnet Lull die Tätigkeit des Ratgebers mit Verben wie „investigare" und vor allem „invenire". Zur *Ars* als topischer Konzeption vgl. Johnston, Mark D.: The Evangelical Rhetoric of Ramon Llull. Lay Learning and Piety in the Christian West around 1300. New York [u.a.] 1996, S. 70–82.

49 Also ein „notwendigerweise zu erteilender Ratschlag". Auf die zu Grunde gelegte wissenschaftliche Methode von Lull, die *Ars*, kann hier nicht im Detail eingegangen werden. Hierzu Bonner (Anm. 46).

50 Vgl. *Lib. cons.* I, S. 126, Z. 172f.: „Et si [consiliarius, d. Vf.] non inuenit, non deficit Ars, sed artifex, qui de ipsa bene nescit agere".

51 „Einen guten, wahrhaftigen, mächtigen und weisen Mann".

52 „Hinsichtlich der Führung eines guten Lebens". Damit ist zugleich, folgt man der aristotelischen *Politik*, das Ziel einer guten politischen Ordnung angegeben.

im politischen Ordnungsentwurf des Prologs also nicht die Rede.[53] Gleichwohl diskutiert Lull im Laufe des Buchs wiederholt die Strukturen eines größeren „consilium publicum". Auch in den zahlreichen exemplarischen Erzählungen, die Lull in den Text einfügt, und die oft nicht nur einen illustrativen, sondern auch einen argumentativen Wert haben,[54] scheinen Ordnungsentwürfe auf, die eher an die Konzeption der *Arbor imperialis* denken lassen. Ein Bruch mit der politischen Ordnung des früheren Werks liegt also nicht vor; das Nebeneinander verschiedener Konzeptionen des Fürstenrats deutet wohl eher darauf hin, dass Lull sein Buch über das Ratgeben als ein universelles Hilfsmittel verstanden wissen wollte, das Ratgebern in jeder Situation dazu dient, den richtigen Ratschlag aufzufinden.

Auch wenn es im *Liber de consilio*, der *Ars* des Ratgebens, vornehmlich um das Auffinden des richtigen Inhalts eines Ratschlags geht, wird doch deutlich, dass Lull auch an der Form der Vermittlung des Ratschlags interessiert ist – der Rede. Dies zeigt sich etwa bei der Behandlung der Frage, wie ein Ratgeber

---

53 Auch die Konzeption der politischen Ordnung im Prolog des *Liber de consilio* könnte indes einen Bezugspunkt innerhalb der Geschichte der politischen Institutionen Kataloniens aufweisen: Den königlichen Verwaltern von Barcelona wurden ab 1249 vier bis acht Ratgeber an die Seite gestellt, die auch im Interesse des Königs die Machtausübung der Statthalter begrenzen und auf das Wohl der Stadtgemeinschaft ausrichten sollten. Dieser Rat, seit 1265 ernannt von einem zwölfköpfigen Gremium, das aus der Menge der einhundert ehrbarsten Bürger Barcelonas („prohoms") gewählt wurde („Consell de Cent"), erlangte im Laufe des 13. Jahrhunderts Regierungskompetenzen. Neben dem Beispiel der Stadtverwaltung Barcelonas käme die Verwaltung von Montpellier als politisches Vorbild in Betracht – auch Montpellier wurde weitgehend unabhängig vom König regiert (vgl. Domínguez Reboiras [Anm. 19], S. 143, Anm. 13: „Los reyes de Mallorca fueron para Montpellier señores [...] lejanos por su residencia [Perpignan, Anm. d. Vf.] y lejanos por su escasa capacidad legislativa en la ciudad"). Es wäre also zu überlegen, ob Lull nicht auch hier ein wirkliches Vorbild vor Augen haben konnte und der Unterschied zwischen den politischen Konzeptionen der *Arbor imperialis* und des *Liber de consilio* schlichtweg darin liegt, dass Lull im erstgenannten Text die politische Struktur eines ganzen Königreichs darstellen wollte, es ihm bei der Darstellung der Technik des Ratgebens aber genügte, das Beispiel einer funktionierenden Stadtverwaltung vorzuführen. Zur Geschichte der Stadtverwaltung von Barcelona vgl. Dantí i Riu, Jaume: El Consell de Cent de la Ciutat de Barcelona (1249–1714) (Episodis de la Història 332). Barcelona 2002, insbesondere S. 9–20.

54 Zur vielfältigen und rhetorisch wie argumentativ funktionalisierten Verwendung von beispielhaften Erzählungen in Lulls Werk vgl. Johnston (Anm. 48); Aragüés Aldaz, José: Ramon Llull y la literatura ejemplar (Publicacions Universitat d'Alacant. Literatura). Alicante 2016.

vorgehen sollte, wenn er einen Ratschlag nach Methodik der *Ars* ermittelt hat, der beratene Herrscher diesen aber nicht annehmen will und stattdessen versucht, den Ratgeber von seinem Rat abzubringen.[55] Der Ratgeber dürfe dann keinesfalls von seinem Rat abrücken, vielmehr müsse er dem Fürsten Widerstand leisten, indem er ihn um die Annahme des Ratschlags bittet und ihm die Gefahren und weitere Nachteile gemäß den Regeln der *Ars* aufzeigt, die sich aus der Nichtbeachtung des Ratschlags ergäben. Falls der Herrscher sich so nicht umstimmen lässt, solle der Ratgeber andere Ratsmitglieder aufsuchen und mit ihnen gemeinsam erneut vorstellig werden und für den Ratschlag werben. Falls auch das nicht helfe, so Lull, müsse der Ratgeber das Volk[56] aufsuchen und vor der alle betreffenden Gefahr warnen. Wenn der Herrscher sich auch dem öffentlichen Druck nicht beugt, der darauf folgt, sollte der Ratgeber nicht länger im Umfeld des Herrn bleiben; andernfalls begäbe er sich in große Gefahr.

Mit diesem letzten Schritt, der Abkehr des Ratgebers vom Hof des Fürsten, reicht Lull gegenüber der *Arbor imperialis* gewissermaßen nach, mit welchen Konsequenzen der Herrscher zu rechnen hat, wenn er nicht im Blick auf das Gemeinwohl handelt: Die guten Ratgeber werden ihn verlassen, und wenn das Volk den Warnungen dieser Ratgeber Folge leistet, so darf man vielleicht weiter denken, werden auch die übrigen Untertanen auf die Auflösung der politischen Ordnung hin arbeiten. Lull zeigt hier aber nicht nur die fatalen Konsequenzen schlechter Entscheidungen des Herrschers auf. Daneben stellt er auch die politische Funktion und Relevanz von Redekompetenz dar: Der Ratgeber muss nicht nur in der Lage sein, den Rat einem Fürsten angemessen zu vermitteln. Er muss sich darüber hinaus darauf verstehen, den Ratschlag in seiner wissenschaftlichen Fundierung zu erklären, er muss den Fürsten nach allen Regeln der Kunst um das Befolgen des Ratschlags bitten können, er muss als eine Art Mediator auftreten können, wenn er von einem anderen Ratgeber um Hilfe gebeten wird – und schließlich muss er auch dazu in der Lage sein, das Volk auf ein Fehlverhalten

---

55 Diese Frage wird im fünften Abschnitt der ersten „distinctio" behandelt, unter dem Titel „De consilio necessario" (*Lib. cons.* I, S. 124f., Z. 99–112).

56 Im Lateinischen heißt es hier: „recurrere ad populum siue ad uniuersitatem" (*Lib. cons.* I, S. 125, Z. 109). Mit dem Begriff ‚populus' zielt Lull vermutlich auf die Gesamtheit der Bürger des betroffenen Reichs ab, mit ‚universitas' könnte Lull hingegen die politische Korporation einer Vertretung aller Bewohner eines Orts meinen: Im Katalanischen des 13. Jahrhunderts bezeichnet ‚universitat' im politisch-sozialen Kontext „la corporació de tots els veïns d'una localitat que assolia personalitat jurídica entorn d'una organització política i administrativa municipal que els representava" (Dantí i Riu [Anm. 53], S. 85f.).

des Fürsten aufmerksam zu machen und dessen politische Kraft gegen den Durchsetzungswillen des Herrschers zu mobilisieren. Der Ratgeber muss also auch fähig sein, öffentlich eine politische Rede zu halten.

Dass der politischen Rede nun gerade die Funktion zukommt, das Volk vor einem schlechten Fürsten zu warnen, zeigt vor dem Hintergrund der politischen Konzeption der *Arbor imperialis* die hohe Bedeutung an, die Lull ihr beimisst: Die Rede ist das äußerste Mittel für den Erhalt der „concordantia amoris et timoris" zwischen Herrscher und Beherrschten und damit ein wichtiges Werkzeug der Ratgeber bei der politischen Auseinandersetzung mit dem Fürsten. Lull erkennt der öffentlichen politischen Rede mithin eine systematisch relevante Funktion im Rahmen seiner Entwürfe politischer Ordnung zu. Es kommt ihm dabei jedoch offenkundig weniger auf die Eintracht stiftende Wirkung ritualisierter politischer Rede an, als vielmehr auf die Präsentation einer überzeugenden Argumentation. Die Rede ist bei Lull daher stets Teil einer Verständigung über politische Streitfragen. Seine politischen Ordnungsentwürfe basieren insofern auf der Vorstellung, dass das organisierte Zusammenleben der Menschen in politischen Verbünden argumentativ verhandelt werden kann und muss. Darin liegt freilich ein großes innovatives Potenzial von Lulls politischer Philosophie: Wo Lulls politische Entwürfe den Diskurs über das die Gemeinschaft Angehende fordern, liegt der Gedanke nicht fern, dass die politische Organisation überhaupt Resultat und Projekt einer kontinuierlichen Auseinandersetzung über das die Gemeinschaft Angehende ist.

## III. Der *Llibre de les bèsties* als Reflexionsort politischer Redekultur

Dieser Gedanke, dass die politische Ordnung überhaupt Gegenstand einer argumentativen Auseinandersetzung aller Mitglieder einer Gemeinschaft sein könnte, wird in Lulls philosophischen Schriften nicht explizit gemacht. Es gibt jedoch einen Erzähltext, in dem Lull das Experiment unternimmt, die Begründung und Gestaltung politischer Ordnung selbst ins Zentrum einer Debatte politischer Akteure zu rücken: den *Llibre de les bèsties*. Die Akteure dieses Textes sind freilich zum überwiegenden Teil Tiere und keine Menschen. Allerdings regt Lull selbst dazu an, das Handeln der Tiere zum Ausgangspunkt einer Reflexion des Politischen zu machen: Der *Llibre de les bèsties* bildet als intradiegetische Erzählung den siebten von zehn Teilen des kosmographisch anmutenden Erzählwerks *Llibre de meravelles*.[57] Der Protagonist Felix übergibt es als „das Buch von

57 Gegliedert ist der *Llibre de meravelles* in zehn Bücher, die (in dieser Reihenfolge und gemäß ihren Titeln) von Gott, von den Engeln, vom Himmel, von den Elementen, den

den Tieren“[58] einem König, „damit er an der Art, wie die Tiere handeln, sehen könne, wie ein König regieren solle und wie er sich vor dem schlechten Rat falscher Leute in Acht nehmen müsse“ (*Buch der Tiere*, S. 151).[59] Die intradiegetische Erzählung von den Tieren ist so explizit als Buch innerhalb der fiktionalen Welt des *Llibre de meravelles* ausgewiesen und zugleich markiert als ein Text, der Wissen über das Regieren vermittelt – unter besonderer Berücksichtigung der politischen Funktion eines Königsrats.

Die Erzählung setzt ein mit einer Versammlung zahlreicher wilder Tiere, die auf einer „schönen Ebene“ (*Buch der Tiere*, S. 114) zur Wahl eines Königs zusammenkommen.[60] Obwohl zunächst die Mehrheit der Tiere darin übereinstimmt, dass der Löwe zum König gewählt werden sollte, entbrennt eine Debatte über

---

Pflanzen, den Metallen, den Tieren und schließlich vom Menschen, dem Paradies und der Hölle handeln sollen. Mit Ausnahme des Abschnitts über die Tiere begegnet darin der Protagonist Felix Gesprächspartnern, mit denen er über Aspekte diskutiert, die den jeweiligen Gegenstandsbereich betreffen.

58 Llull, Ramon: Felix oder Das Buch der Wunder. Aus dem Katalanischen übersetzt von Gret Schib Torra. Basel 2007, S. 151. Um Irritationen im Lesefluss zu vermeiden, zitiere ich im Fließtext vornehmlich den deutschsprachigen Text aus Schib Torras Übersetzung des *Llibre de les bèsties* (ebd., S. 113–151), die als „sorgfältig[], gut verständlich[] und sprachlich angemessenen“ gelten darf (Hafner, Jochen: Rez. Ramon Lull, Felix oder Das Buch der Wunder, aus dem Katalanischen übersetzt von Gret Schib Torra, Schwabe Verlag, Basel 2007. In: Mediävistik 22 [2009], S. 565–569, hier S. 566), und reiche den katalanischen Originaltext, soweit erforderlich, in den Anmerkungen nach. Auf Schib Torras Übersetzung verweise ich im Folgenden mit der Sigle *Buch der Tiere*. Den katalanischen Text zitiere ich nach der kritischen Ausgabe Llull, Ramon: Llibre de meravelles. Edició crítica. Bd. 1: Llibres I–VII. Hrsg. von Lola Badia u.a. (Nova Edició de les Obres de Ramon Llull 10). Palma 2011, S. 221–269, unter Verwendung der Sigle *Llib. bèsties*. Die Zeilennummerierung setzt mit jedem Kapitel des *Llibre de meravelles* neu ein. Da die Kapitelzählung durch den *Llibre de les bèsties* fortgeführt wird, gebe ich unter der Sigle *Llib. merav.* und unter Nennung des jeweiligen Kapitels zudem die Zeile an.

59 „Ffenit es lo ‚Libre de les besties‘, lo qual Felix portá ha un rey per tal que veés la manera segons la qual, en ço que fan les besties, es significat com rey deja regnar e·s deja guardar de malvat consell et de falsos homens“ (*Llib. bèsties*, S. 269 [*Llib. merav.* 43, Z. 114–116]).

60 Damit sind zugleich die Nähe und die Distanz von Lulls Erzählung zur tierepischen Erzähltradition markiert: Dass die Tiere zu einem Hof zusammenfinden, entspricht den tierepischen Erzählungen des Mittelalters; dass aber ihre politische Ordnung mit dem Löwen als König nicht immer schon gegeben zu sein scheint, sondern zum Gegenstand öffentlicher Debatten wird, ist eine Besonderheit von Lulls Erzählung, die ganz explizit ein Auftun der Begründungsdimension politischer Ordnung anzeigt.

die Tauglichkeit des Löwen als Herrscher. Der Bulle stellt fest, dass der Löwe vielen anderen Tieren Schaden zufüge – schließlich sei er Fleischfresser – und ihnen zudem durch sein Brüllen Angst einjage. Als Gegenkandidaten schlägt er das Pferd vor, das „ein grosses, schönes und demütiges Tier“ sei; zudem sei es „flink“, sehe „nicht hochmütig“ aus und fresse „kein Fleisch“ (*Buch der Tiere*, S. 114). Die übrigen Pflanzenfresser stimmen den Worten des Bullen zu. Die Füchsin jedoch kontert: Weil er nicht vom Löwen gefressen werden wolle, setze er sich für eine politische Ordnung ein, die der Ordnung widerspreche, die Gott in seinen Geschöpfen – in ihrer Natur – angelegt habe.[61] Damit argumentiert die Füchsin freilich für nichts anderes als die Verrechtlichung eines Naturzustands, die kaum eine dezidiert politische Ordnung des Tierreichs erkennen ließe: Zwar würde die natürliche Ordnung, nämlich das Naturgesetz, dass die Fleischfresser die Pflanzenfresser fressen, um ein politisches Fundament (die Wahl des Löwen zum König) und eine theologische Letztbegründung ergänzt, doch es bliebe fraglich, welchen praktischen Mehrwert die Tiere davon hätten, den Löwen, der ohnehin an der Spitze der Nahrungskette des tierepischen Figurenarsenals steht, auch noch zum König zu machen.

Der Bulle entgegnet der Füchsin, dass er seinem eigenen Interesse doch gerade zuwider handele, wenn er einen Nahrungskonkurrenten wie das Pferd zum König haben wolle; vielmehr verfolge die Füchsin eigene Interessen, denn sie wolle sich weiter von den Fleischresten ernähren, die der Löwe hinterlässt. Würde ein Pflanzenfresser König, so darf man diese Ansätze des Bullen vielleicht weiterdenken, könnten hingegen Gesetze erlassen werden, die den Konsum der Fleischfresser begrenzen würden. Zumindest vor dem Hintergrund einer politischen Philosophie wie der Lulls, die auf den Interessensausgleich zwischen den verschiedenen Akteuren und Gruppierungen einer politischen Gemeinschaft bedacht ist, scheinen die Argumente des Bullen somit schlüssiger zu sein als die der Füchsin.

Die Tiere sind nach der Auseinandersetzung zwischen dem Bullen und der Füchsin unschlüssig, wen sie zum König wählen sollen: „Es wurde so viel hin und her geredet, dass die ganze Versammlung in Verwirrung geriet und keine Wahl zustande kam“ (*Buch der Tiere*, S. 115). Zu allem Überfluss sehen nach der Infragestellung der Herrscherwürde des Löwen nun auch der Bär, der Luchs

61 Vgl. *Llib. bèsties*, S. 223f. (*Llib. merav.* 37, Z. 18–21): „[S]enyors, no devets esguardar a la entenció del Bou, que desama lo Leó per ço que menuga carn, ans devets seguir la retgla e ordenança que Deus ha donada e posada en les creatures“ (die Füchsin richtet sich hier an alle Tiere, die an der Versammlung teilnehmen).

und der Leopard Möglichkeiten, selbst König zu werden, und verlangen eine Vertagung der Wahl, damit zunächst ergründet werden könne, welches Tier am würdigsten für das Amt des Königs wäre. Doch ehe die Versammlung sich unverrichteter Dinge auflöst, ergreift die Füchsin erneut das Wort. Sie erzählt nun von Domherren, die einen Bischof wählen wollen, und die in diesem Kontext von Tieren reden, die wiederum einen König wählen wollen. Die Erzählung der Füchsin von den erzählten Tieren – es handelt sich ebenfalls um einen Löwen, ein Pferd und große Fleischfresser – lässt sich nicht ungebrochen auf die Situation der Königswahl der Tiere übertragen; je genauer man versucht, die Bezüge nachzuvollziehen, desto offensichtlicher wird, dass Bruchlinien zwischen den Erzählebenen direkte Bezugnahmen logisch unmöglich machen.[62] Gleichwohl reagieren die Fleischfresser, denen die Füchsin von der Bischofswahl der Menschen erzählt, als ob es die metadiegetische Erzählebene der Bischofswahl nicht gäbe und die meta-metadiegetisch auftretenden Tiere mit ihnen selbst identisch wären: Sie haben plötzlich ebenso Angst voreinander wie Angst vor dem Löwen und bilden mit der Füchsin eine Allianz zur Wahl des Löwen. Die Auseinandersetzung um die Königswahl wird somit schließlich zugunsten des Löwen entschieden – jedoch nicht durch eine Abstimmung nach der Abwägung aller Argumente für und wider die Wahl des Löwen, sondern weil das effektvolle füchsische Erzählen ein politisches Bündnis stiftet und weil die Pflanzenfresser den überlegenen Gewaltnaturen der vereinten Fleischfresser nichts entgegenzusetzen haben.

62 Hierzu Glück, Jan: Die politische Anthropologie von Ramon Lulls ‚Buch der Tiere'. In: Ders./Lukaschek, Kathrin/Waltenberger, Michael (Hrsg.): Reflexionen des Politischen in der europäischen Tierepik. Berlin/Boston 2016, S. 93–115, hier S. 101–104. Dass die verschiedenen Erzählebenen ausgerechnet beim ersten Exempel des *Buchs der Tiere* nicht deckungsgleich übereinandergelegt werden können, mag als Hinweis darauf verstanden werden, dass der Leser nicht davon ausgehen sollte, aus dem Handeln der Tierfiguren unmittelbare Lehren für sein eigenes Handeln ablesen zu können. Die Dynamik der sozialen Welt der Tierfiguren soll wohl eher zu einer tiefergreifenden Reflexion über ihre Eigengesetzlichkeit anregen, die wiederum einen eigenständigen Diskurs über politische Ordnungsentwürfe in der extrafiktionalen Welt befördern könnte. Ähnlich beurteilt Aragüés Aldaz (Anm. 54), S. 148f., die Komplexität der Verschränkung der Erzählebenen: Die meta-metadiegetische Erzählung von den Tieren im Rahmen der Bischofswahl lasse sich gerade nicht ungebrochen auf die Erzählung der Füchsin von der Bischofswahl übertragen, allenfalls sei sie als „vehículo para ilustrar metafóricamente los riesgos de la elección de un mal rey" auf Ebene der Rahmenerzählung zu begreifen.

Fasst man den ersten Abschnitt der Erzählung zusammen, so ergibt sich folgendes Bild: Zunächst besteht ein nicht näher begründeter Konsens der Tiere darüber, dass der Löwe König sein sollte; durch argumentativ schlüssige Einwände bricht der Bulle den Konsens, es gelingt ihm aber nicht, eine verlässliche Mehrheit für seinen Kandidaten zu gewinnen. Der eloquenten Füchsin hingegen gelingt es, eine vermeintlich natürliche Ordnung zum politisch wirksamen Argument zu machen und die argumentative Auseinandersetzung über die Königswahl rhetorisch und in letzter Konsequenz gewaltsam zu unterbinden.

Man kann aus diesen Geschehnissen folgern, dass Lulls Erzählung von der Begründung einer Königsherrschaft des Löwen die Macht politischer Rede und insbesondere die politische Wirksamkeit füchsischer Eloquenz besonders hervorhebt. Denn ohne die beredsame Füchsin wäre die Versammlung unverrichteter Dinge auseinandergegangen und es hätte keine Königswahl stattgefunden. Der Hofstaat der Tiere, der nun entsteht, besteht nicht ‚von Natur aus', sondern muss durch politisches Reden begründet werden. Inszeniert wird dabei aber auch die Ohnmacht guter Argumente im politischen Diskurs: Die stichhaltige Argumentation der Pflanzenfresser wird rhetorisch überboten. Und auch die Fleischfresser stellen sich ja nicht hinter den Löwen, weil die Füchsin sie von seiner Tauglichkeit als Herrscher überzeugt hätte, sondern weil sie Angst haben vor einem imaginären Löwen, der ein kunstvolles rhetorisches Konstrukt der Füchsin ist.

## IV. Der Fuchs im Rat: *Llibre de les bèsties* und *Liber de consilio*

Lulls literarisches Experiment ist damit noch nicht an seinem Ende angelangt. Vielmehr ist mit der Wahl des Löwen zum König der Tiere lediglich ein Ausgangspunkt gesetzt, von dem aus sich die politische Ordnung des Tierreichs entfaltet: Die Versammlung der Tiere wird nun als „Hof" (*Buch der Tiere*, S. 116) bezeichnet, an dem ein „Parlament" (ebd.)[63] gebildet wird, dem die „Edelleute" (ebd.) des Tierreichs angehören – die großen Fleischfresser. Nach einem ersten politischen Eklat[64] bittet der Löwe zudem darum, dass ihm zur Bewältigung

63 Vgl. *Llib. bèsties*, S. 225 (*Llib. merav.* 37, Z. 54): „parlament". Als ‚Parlament' wurden im Königreich Aragon Ratsversammlungen bezeichnet, die der König in unregelmäßigen Abständen und in beliebiger Zusammensetzung einberufen konnte. Sie hatten formell keine legislative Kompetenz, sondern dienten allein der Beratung des Fürsten. Vgl. hierzu Brocà i de Montagut (Anm. 10), S. 265f.

64 Als der Löwe und die anderen Karnivoren erstmals von ihrem Rechtsprivileg Gebrauch machen, Herbivoren fressen zu dürfen, und das Kalb und das Fohlen verspeisen,

der „gefährlich[en] und mühsam[en]" Aufgaben des „Amt[s] des Königs" Ratgeber an die Seite gestellt werden (*Buch der Tiere*, S. 117). Den Tieren gefällt diese „schöne Rede" (ebd.) des Königs und der Bär, der Leopard, der Luchs, die Schlange und der Wolf werden zu Ratgebern des Königs ernannt. Der Füchsin missfällt, dass sie nicht in den Rat des Königs gewählt wird. Dank ihrer „Redegewandtheit und Schlauheit"[65] (*Buch der Tiere*, S. 118) gelingt es ihr im Fortgang der Erzählung, zur machtvollen Beraterin des Löwen aufzusteigen. Am Ende des Textes fädelt sie ein Mordkomplott gegen den Löwen ein, wird jedoch verraten, vom Löwen des Hochverrats überführt und getötet. Der Löwe beruft einen neuen Rat ein, der sich nicht mehr maßgeblich aus den natürlicherweise mächtigen Fleischfressern zusammensetzt, sondern vom Elefanten, dem Wildschwein und anderen „ehrenwerte[n] Adelige[n]" (*Buch der Tiere*, S. 151) gebildet wird.[66] Der Hof hat damit, so der Erzähler abschließend, einen „guten Zustand" (ebd.) erreicht.[67]

Die Struktur der politischen Ordnung des Tierreichs am Ende der Erzählung ist mit den Grundpfeilern der politischen Konzeption der *Arbor imperialis* vergleichbar: Es scheint das Ideal einer politischen Gemeinschaft erreicht zu sein, die von einem König beherrscht wird, dessen Machtausübung durch Ratgeber, die das Wohl der politischen Gemeinschaft im Blick halten,[68] beschränkt oder zumindest auf das politisch Gute hin kanalisiert wird. Dass der Rat am Ende des Textes maßgeblich von Pflanzenfressern besetzt wird, könnte darauf hinweisen, dass dem Reich der Tiere nun tatsächlich eine dezidiert politische Funktion zukommt, nämlich die Begrenzung der natürlichen Macht der Fleischfresser. In dieser Hinsicht könnte das Zusammenwirken von Löwe, Elefant, Wildschwein und den anderen Ratgebern verstanden werden als der Kern einer politischen Idee, die Lull später zur Institution des „consilium" konkretisiert.

---

reagieren der Bulle und das Pferd mit Zorn, verlassen das Reich der Tiere und treten in den Dienst des Menschen, „damit er sie räche für das Unrecht, das ihr Herr ihnen angetan hatte" (*Buch der Tiere*, S. 116).

65 Vgl. *Llib. bèsties*, S. 228 (*Llib. merav.* 38, Z. 35): „parlaria et maestria".

66 Zuvor werden nur die Fleischfresser in Lulls Erzählung als Adlige bezeichnet.

67 „Et pus que Na Renart fo mort, fo sa cort en bon estament" (*Llib. bèsties*, S. 268 [*Llib. merav.* 43, Z. 111]).

68 So verhindert der Elefant einen Anschlag auf das Leben des Löwenkönigs, obwohl er Angst vor den Konsequenzen hat, die sich aus seinem Verrat an der Füchsin ergeben könnten (vgl. *Buch der Tiere*, S. 148: „[…] er befürchtete, dass, wenn er Frau Reineke nicht gehorchte, sie ihn verraten und seinen Tod herbeiführen könnte").

Anders aber als in der *Arbor imperialis* vollzieht Lull im *Llibre de les bèsties* die Implikationen einer Institutionalisierung der politischen Rede nach und zeigt, dass das Bestehen politischer Ordnung selbst schon auf einem politischen Disput beruhen kann. Dabei kommt der politischen Rede durchaus Valenz als Anfangsgrund politischer Ordnung zu, allerdings nicht allein durch ihren potenziellen argumentativen Wert, sondern auch durch ihre Rhetorizität. Dies stellt zuletzt der Löwe unter Beweis, der die Füchsin des Hochverrats überführt, indem er Zeugen mit seinem Brüllen einschüchtert. Dieses Brüllen, das zunächst einmal keinen argumentativ verwertbaren semantischen Gehalt hat, ist jedoch gerade nicht als Gegenbild zur rhetorischen Raffinesse der Füchsin zu verstehen, sondern setzt das rhetorische Programm der Füchsin zugespitzt fort: Der Löwe will nämlich, dass sein Brüllen „die Natur seiner hohen Herrschaft" bezeichnet und damit eine zweite Natur des Löwen konstruiert, die mächtiger ist als „die Natur, die dem Kaninchen und dem Pfau Angst" vor der Füchsin, oder allgemeiner: Pflanzenfressern Angst vor Fleischfressern einflößt (*Buch der Tiere*, S. 151).[69] Wofür die Füchsin zu Beginn der Erzählung noch eine elaborierte metadiegetische Erzählebene brauchte, das schafft der Löwe so am Ende des Textes mittels eines ‚einfachen' Brüllens: Er jagt den Untertanen Angst ein vor einem imaginären Löwen – dem politischen Löwen.

Der Löwe begründet die politische Ordnung also ein zweites Mal. Die Füchsin wird dabei zwar aus dem Rat und der Gemeinschaft eliminiert, die der Füchsin zugeschriebenen Qualitäten der „Redegewandtheit und Schlauheit" sowie ein Bewusstsein ihrer Relevanz für die Begründung und den Erhalt politischer Ordnung bleiben durch den Löwen aber präsent. Und auch der Elefant, der nun in den Rat des Löwen berufen wird, setzt das Füchsische fort: Als der Rat des Königs zum ersten Mal gewählt und nur Fleischfresser einberufen worden sind, ist er ebenso wie die Füchsin „sehr missmutig", weil er „nicht in den königlichen Rat berufen worden war" (*Buch der Tiere*, S. 119). Er beschließt gemeinsam mit der Füchsin, den Löwen umzubringen. Als die Füchsin ihn am Ende der Erzählung in ihre konkreten Pläne einweiht, gibt er nur vor, ihren Plan zu unterstützen. Tatsächlich aber verrät er die Füchsin – teilweise, weil die Durchführung „sein Gewissen belastet" hätte und er den Löwen „als seinen natürlichen Herrn" anerkennt (*Buch der Tiere*, S. 148); jedoch auch, weil ihn die Sorge umtreibt, dass es ihm als König nicht besser ergehen würde als es dem Löwen nach den

69 „Com Na Renart hac parlat, lo rey […] gitá molt gran bram per ço que la natura de son alt senyoratge hagués major virtut en la consciencia del Conill et del Pahó que la natura per que lo Conill et lo Pahó han pahor de Na Renart" (*Llib. bèsties*, S. 268 [*Llib. merav.* 43, Z. 104–107]).

Plänen der Füchsin ergehen soll.[70] Die Art und Weise, wie er das Ansinnen der Füchsin aufdeckt, kann schließlich als Überbietung des Listhandelns der Füchsin verstanden werden: Als die Füchsin plant, den Löwen töten zu lassen und den Elefanten zum König zu machen, verstellt sich der Elefant und gibt vor, der Füchsin treu zu sein. Ihr Plan sieht vor, den Löwen und das Schwein in einen Zweikampf zu verwickeln, aus dem der Löwe geschwächt aber als Sieger hervorgehen sollte. Den geschwächten Löwen, so das Kalkül der Füchsin, könne der Elefant dann töten und selbst König werden. Auf listige Weise gelingt es dem Elefanten, das Kaninchen und den Hasen zu Zeugen der Absichten der Füchsin zu machen und die Füchsin zu überzeugen, „zuerst dem Schwein zu sagen, der König wolle es umbringen" und danach erst zum Löwen zu gehen und ihm zu sagen, dass das Schwein ihn bekämpfen wolle (Buch der Tiere, S. 150). Während aber die Füchsin mit dem Schwein redet, berichtet der Elefant dem Löwen von der Intrige und kündigt an, dass der Löwe die Wahrheit seiner Rede erkennen werde, wenn die Füchsin zu ihm kommt, um von vermeintlichen Absichten des Schweins zu berichten. Auf diese Weise baut der Elefant die Intrige der Füchsin um zu einer Falle für die Füchsin – er schlägt sie mit ihren eigenen Waffen. Am Ende der Erzählung hat der Elefant sein ursprüngliches Ziel erreicht, nämlich Mitglied des Rats zu werden, und zwar offensichtlich, weil er sich durch dieselbe „maestria", „Schlauheit", auszeichnet wie die Füchsin.[71] Auch der Elefant bringt so füchsische Kompetenzen in den neuen Rat des Königs ein.

Das unterschwellige Fortbestehen füchsischer Kompetenzen in der als ‚gut' qualifizierten politischen Ordnung sprengt den moralphilosophischen Rahmen der politischen Konzeption der *Arbor imperialis*. Im *Liber de consilio* hingegen nimmt Lull diesen Aspekt wieder auf. Als es darin um die Beratungsrede vor

---

70 „Ffinalment s'acordá l'Aurifany que no consentís a Na Renart, cor gran consciençia havia que·l rey morís. D'altra part que temia·s que si ell era rey, que Na Renart no·l trahís enaxí com trahia lo rey; et l'Aurifany amá mes estar en perill de mort, que fer traçió a son senyor natural" (*Llib. bèsties*, S. 265 [*Llib. merav.* 43, Z. 9–12]).

71 So erfährt der Leser etwa über die Überlegungen des Elefanten: „Dementre que·l' Aurifany enaxí considerava, ell dix enfre si que enaxí com Na Renart ab maestria volia fer auçiure al rey, que enaxí ell ab maestria fes auçiure al rey Na Renart" (*Llib. bèsties*, S. 265 [*Llib. merav.* 43, Z. 12–15]). „Während der Elefant darüber nachdachte, sagte er zu sich selbst, dass so, wie Na Renart mit ihrer Schlauheit den König umbringen wollte, auch er mit Schlauheit die Füchsin vom König umbringen lassen könnte". Mit der Übersetzung dieser Stelle schließe ich an den Übersetzungsvorschlag von Julia Butiñá und Fernando Domínguez Reboiras an (Llull, Ramón: Félix o Libro de maravillas. Hrsg. von Julia Butiñá und Fernando Domínguez Reboiras [Collectio scriptorum mediaevalium et renascentium. Biblioteca de autores cristianos 739]. Madrid 2016, S. 211).

einem „consilium publicum“[72] geht, erzählt Lull von einem König, der einen Fuchs als engsten Vertrauten hat, der jedoch zunächst nicht Mitglied seines Königsrats ist (vgl. *Lib. cons.* III, S. 202, Z. 650–671). Dieser besteht vielmehr aus einem Leoparden, einem Luchs und einem Jagdhund, vor denen sich der Fuchs fürchtet. Deshalb sagt er dem König eines Tages, dass er eigentlich sieben Ratgeber haben sollte, weil es ja sieben Planeten gebe und diese nur dann den Rat positiv beeinflussen könnten, wenn sie in der Zahl der Ratgeber ihre Entsprechung fänden. Der König stimmt ihm zu, nimmt ihn in den Rat auf und bittet ihn, noch drei weitere Ratgeber zu ernennen. Der Fuchs wählt den Pfau, weil dem König ein schöner Ratgeber zustehe, den Falken, damit der König mit ihm jagen könne, und den Hahn, damit er den König zum Gebet wecke. Sobald der Rat in dieser neuen Konstellation tagt, stellt sich heraus, dass die drei vom Fuchs ernannten Ratgeber stets den Worten des Fuchses zustimmen – „quia eum timebant plus, quam regem“ (*Lib. cons.* III, S. 202, Z. 661).[73] Als der König dem Fuchs einmal zustimmt, tadeln ihn der Leopard, der Luchs und der Jagdhund und fordern, dass der König ihren Worten eher Glauben schenken sollte, „weil sie von höherem Adel [sind] als der Fuchs und sein Gefolge“.[74] Dem kann der Fuchs

72 Gemäß der Definition des *Liber de consilio* ist ein „consilium publicum“ eine „Zusammenkunft vieler, die in dieser oder jener Sache nach dem für die Gemeinschaft Nützlichen suchen“: „Consilium publicum est congregatio multorum, petendo publicam utilitatem quoad istud vel illud“ (*Lib. cons.* II, S. 168, Z. 1376f.).

73 „Weil sie ihn mehr noch fürchteten als den König“. Gemeint sein kann hier nur, dass die Tiere den Fuchs mehr fürchten als den König. Dazu passt zwar „eum“ nicht, denn „vulpes“ ist seinem grammatikalischen Geschlecht nach ein Femininum. Doch scheint hier ein Fehler der Schreiber vorzuliegen, ein anderer Bezugspunkt bietet sich im gegebenen Kontext nicht an. Plausibel erscheint dies auch angesichts der Feststellung des Herausgebers des *Liber de consilio*, Louis Sala-Moulins, dass selbst der zuverlässigste und älteste Überlieferungsträger des Textes, die für die kritische Edition maßgebliche Handschrift Paris, Bibliothèque nationale de France, Département des manuscrits, Latin 14713, Bl. 147rb-166vb, verhältnismäßig viele grammatikalische und inhaltliche Fehler aufweist (vgl. Sala-Moulins, Louis: Liber de consilio. Introduction. In: Lib. cons., S. 103–116, hier S. 112f.: „ [I]l [die Handschrift, d. Vf.] propose souvent des lectures inacceptables tant du point de vue grammatical que du point de vue du contenu doctrinal ou narratif“).

74 In der Edition lautet der Kausalsatz: „[…] quia nobiliores erant uulpes et suis consequacibus“. Die Syntax wird durch „vulpes“ (Nom. Sg. oder Nom./Akk. Pl.) gestört. Ein Blick in das Digitalisat der ältesten Handschrift des *Liber de consilio*, Paris, Bibliothèque nationale de France, Département des manuscrits, Latin 14713, Bl. $147^{rb}$-$166^{vb}$, gallica.bnf.fr/ark:/12148/btv1b90671400 (24.05.2017), hier Bl. $161^{rb}$, zeigt jedoch, dass hier vermutlich ein Setzfehler des Herausgebers vorliegt: In der Handschrift findet sich

entgegnen, dass die Entscheidungsstrukturen im Rat des Königs denen der vortrefflichsten Ratsversammlung überhaupt entsprechen sollten: Wie die Kardinäle unter sich einen Papst nach dem Mehrheitsprinzip wählen, sollte auch im „consilium" des Königs dem Rat der Vorzug gegeben werden, dem die meisten Ratgeber zustimmen. Die Erzählung endet mit der resignativen Feststellung des Erzählers, dass der Fuchs den Rat des Königs durch seine Falschheit in Widersprüchlichkeiten gestürzt habe, und Lull fügt die Frage an, was hinsichtlich des Fuchses unternommen werden sollte.

Die Lösung, so Lull, finde sich im Paragraphen zur „contrarietas" innerhalb des Abschnitts über das „consilium publicum" im zweiten Teil der zweiten „distinctio" des *Liber de consilio* (*Lib. cons.* II, S. 143f., Z. 352–355). Darin wird „contrarietas" im Kontext des „consilium publicum" definiert als „mutua resistentia propter diuersos fines" (*Lib. cons.* II, S. 143, Z. 352f.), also als „eine wechselweise Widerständigkeit aufgrund von gegenläufigen Zielen", und mit dem Beispiel einer generellen Ausrichtung auf das Gute einerseits, das Böse andererseits, erläutert. „Contrarietas" könne in einem Rat den Blick auf das Gemeinwohl verstellen und solle, damit dies nicht geschehe, aufgehoben werden, wo sie nur auftritt. Heißt das, Lull würde im vorliegenden Beispiel für den Ausschluss des Fuchses aus dem Rat oder gar der politischen Gemeinschaft plädieren? Eingedenk des *Buchs der Tiere*, auf das Lull mit der kurzen beispielhaften Erzählung zweifelsohne anspielt, darf man dies vermuten, jedoch wird man zugleich wissen, dass so nur ein Teil des Problems gelöst würde: Der Fuchs könnte nicht weiter Politik zum eigenen Vorteil betreiben. Der König hätte es aber noch nicht geschafft, seine Autorität als Herrscher im Rat geltend zu machen, die ja schon dadurch infrage steht, dass der Pfau, der Falke und der Hahn den Tod – den ja nicht nur der Fuchs, sondern jeder größere Fleischfresser herbeiführen könnte – mehr fürchten als den König. Fraglich wäre zudem, inwiefern sich die politische Einflussnahme des Fuchses strukturell überhaupt von den Ratschlägen der alten Ratgeber unterscheidet, die ja ebenfalls Klientelpolitik betreiben. Und offen bliebe schließlich, ob der König auf die politisch sinnvollen Ratschläge des Fuchses verzichten kann: Dass eine Berücksichtigung der Stimmen von Adligen wie von einfachen Untertanen, wie der Fuchs sie vorschlägt, politisch sinnvoll sein kann, zeigt ja nicht nur Lulls *Llibre de les bèsties*, sondern auch die *Arbor imperialis* mit ihrer an die Corts catalanes erinnernden politischen Konzeption. Eine diesen politischen Schriften entsprechende, alternative Lösung könnte darin

der Abl. Sg., „vulpe", sodass „vulpe et suis consequacibus" als Ablativus comparationis aufgefasst werden kann, was meine Übersetzung rechtfertigt.

bestehen, dass der König seine nunmehr sieben Ratgeber von der Notwendigkeit einer gemeinsamen Zielrichtung überzeugt und ihre einzelnen Ratschläge auf ihre politische Wertigkeit hin untersucht. Die „contrarietas" wäre damit aufgehoben und die Autorität des Königs bei gleichzeitiger Berücksichtigung der Stimmen aller Ratgeber gesichert. Wie könnte der König das besser bewirken als durch eine kluge Rede?

Doreen Brandt

# „Min Leuer Her Hans, wo haget juw tho?" Formen und Funktionen politischer Figurenreden im ereignisbezogenen Lied

**Abstract:** The article analyses the form and function of character discourses in vernacular songs from the 16th century that refer to political historical events by examining two texts referring to the battle of Hemmingstedt in Dithmarschen in the year 1500. It shows that the political meaning and the effects of character discourses are essentially dependent on the way the narrator positions himself to the character.

## I. Einführung

Die Beratungsrede, die der Entscheidungsfindung und Strategieentwicklung im Vorfeld eines Krieges dient, die Feldherrenrede, die die Männer in den eigenen Reihen zum bevorstehenden Kampf ermutigen soll, und die an den Gegner adressierte Reizrede zum Zwecke seiner Provokation, Einschüchterung und Demotivierung[1] – all dies sind Ausprägungen der politischen Rede im ereignisbezogenen Lied, einer Form strophisch gegliederter, sangbarer Kleindichtung des späten Mittelalters und der Frühen Neuzeit, die einen politischen Vorfall, wie einen Feldzug, eine Schlacht oder eine Belagerung thematisiert, welcher sich mit einem Ereignis in der Realität außerhalb des Textes identifizieren lässt.[2]

---

1 Zu den genannten Rede- bzw. Dialogtypen vgl. Schild, Hans-Jochen: Art. Beratungsrede. In: Historisches Wörterbuch der Rhetorik 1 (1992), Sp. 1441–1455, hier Sp. 1441; Hambsch, Björn: Art. Feldherrenrede. In: Historisches Wörterbuch der Rhetorik 3 (1996), Sp. 225–238; Jones, Martin H.: „nû wert iuch, ritter, ez ist zît" (*Erec*, v. 4347). Zum verbalen Vorfeld des ritterlichen Zweikampfs in deutschen Artusromanen des 12. und 13. Jahrhunderts. In: Hundsnurscher, Franz/Miedema, Nine (Hrsg.): Formen und Funktionen von Redeszenen in der mittelhochdeutschen Großepik (Beiträge zur Dialogforschung 36). Tübingen 2007, S. 139–156, hier S. 141 und S. 148–152 (über das Schelten und Drohen).

2 Vgl. den Forschungsüberblick bei Kellermann, Karina: Abschied vom ‚historischen Volkslied'. Studien zu Funktion, Ästhetik und Publizität der Gattung historisch-politische Ereignisdichtung (Hermaea. Germanistische Forschungen, N.F. 90). Tübingen 2000, S. 7–34; 65–82. Vgl. auch Brandt, Doreen: Texttypen und Überlieferungskontexte. Untersuchung zur Überlieferung ereignisbezogener Dichtung am Übergang vom

Weder in Gänze zur Epik noch zur Chronistik zu zählen, repräsentiert die Form des ereignisbezogenen Liedes im „Grenzrain von *res factae* zu *res fictae*“[3] gerade jenen Interferenzbereich, dem sich der vorliegende Sammelband mit Blick auf die Reflexe politischer Redekultur in der Literatur des Mittelalters und der Frühen Neuzeit u.a. widmet. Zugleich zieht diese Verortung ereignisbezogener Lieder zwischen Faktualität und Fiktionalität die Berücksichtigung von zwei Untersuchungsperspektiven nach sich. Bedingt durch die narrative Faktur, die Ästhetik und den Unterhaltungswert der Lieder untersucht eine Perspektive die Reden als erzählerisches Darstellungsmittel. Die andere gesteht der Ausgestaltung und Einbindung von Figurenreden im ereignisbezogenen Lied die Möglichkeit einer politischen Wirkungsabsicht oder zumindest einer politischen Wirkungsentfaltung zu und begreift die Redeszenen als Ausdruck einer spezifischen Sicht der Produzenten und Rezipienten auf Personen der jüngeren oder länger zurückliegenden Vergangenheit. Ziel des vorliegenden Beitrags ist es, diese zwei Perspektiven am Beispiel von zwei Stücken aus dem Korpus der Ereignisdichtungen zu erproben, die sich auf die Schlacht bei Hemmingstedt[4] beziehen.[5] Auf der

---

Spätmittelalter zur Frühen Neuzeit am Beispiel der Lieder und Reimpaardichtungen mit Bezug auf die Schlacht bei Hemmingstedt. Diss. Rostock 2017, Teil 1, S. 8–21.

3 Kellermann (Anm. 2), S. 287.

4 In der Schlacht standen sich am 17. Februar 1500 die Dithmarscher und das Heer von König Hans I. von Dänemark vor Hemmingstedt feindlich gegenüber, nachdem der König wenige Tage zuvor die Stadt Meldorf im südlichen Teil des Landes eingenommen hatte und nun mit seinem Gefolge – darunter sein Bruder Friedrich, die Adligen aus Holstein, Schleswig, Dänemark und anderen Territorien sowie das unter dem Namen „Große Garde“ oder „Schwarze Garde“ bekannte Söldnerheer unter der Führung von Thomas Slentz – auf dem Weg nach Norden war. Die Absicht des Königs, sich das Land an der Nordsee zwischen der Eider im Norden und der Elbe im Süden gewaltsam untertan zu machen, scheiterte jedoch an den Gelände- und Wetterverhältnissen, mit denen die Dithmarscher vertraut waren und die sie mit Erfolg strategisch für sich nutzen konnten. Zum Ereignis vgl. die bis heute maßgebliche Darstellung: Lammers, Walther: Die Schlacht bei Hemmingstedt. Freies Bauerntum und Fürstenmacht im Nordseeraum. Eine Studie zur Sozial-, Verfassungs- und Wehrgeschichte des Spätmittelalters (Quellen und Forschungen zur Geschichte Schleswig-Holsteins 28). 3. Aufl. Heide 1987. Zur Geschichte Schleswig-Holsteins an der Wende zur Frühen Neuzeit vgl. Lange, Ulrich: Stände, Landesherr und große Politik – Vom Konsens des 16. zu den Konflikten des 17. Jahrhunderts. In: Ders. (Hrsg.): Geschichte Schleswig-Holsteins. Von den Anfängen bis zur Gegenwart. Neumünster 1996, S. 153–265.

5 In Brandt (Anm. 2), Teil 2, S. 134–154, handelt es sich um die Lieder Nr. 8 und 9; der Einfachheit halber spreche ich in dieser Untersuchung von Lied 1 und Lied 2. Im Anhang werden beide Lieder abgedruckt, und zwar auf der Grundlage der ‚Dithmersch(n) historische(n) Geschichte‘ des Büsumer Pfarrers Johannes Neocorus von

Handlungsebene gilt es zu diesem Zweck jeweils nach dem situativen Rahmen[6] der Figurenreden und ferner nach ihrer Struktur, ihrem Inhalt und ihrem Anliegen zu fragen.[7] Auf der Ebene der Erzählung wird herausgearbeitet, auf welche Weise die Redeszenen in den Text eingebunden werden, was in erster Linie die Verwendung von inquit-Formeln[8] betrifft, ferner welche Figuren aus dem Figureninventar zu Wort kommen, wie diese in die Erzählung eingeführt werden und welche Informationen der Text über sie vermittelt. Mit diesem Fokus auf die Narrativität und in Verbindung damit auf das Darstellungsmittel der Figurenrede nimmt die vorliegende Untersuchung eine in der einschlägigen Forschung zur ereignisbezogenen bzw. politischen Dichtung bislang kaum repräsentierte Perspektive ein.[9] Gegenüber der historischen Dialogforschung wiederum, die

---

1598 (Kiel, Universitätsbibliothek, Cod. MS. S. H. 187), des ältesten bekannten Überlieferungszeugen. Vgl. auch die Abdrucke in der bis heute umfangreichsten Kompilation ereignisbezogener politischer Dichtung: Die historischen Volkslieder der Deutschen vom 13. bis 16. Jahrhundert. Gesammelt und erläutert von Rochus von Liliencron. Bd. 2. Leipzig 1866, S. 455–456: Nr. 220 (Lied 1); S. 453-454: Nr. 219 (Lied 2). Im Rahmen meiner Dissertation untersuche ich die Binnendifferenzen und die Verwendungskontexte ereignisbezogener Dichtung. Die Untersuchung basiert auf der erstmaligen Korpusedition und Kommentierung der zwölf Hemmingstedter Ereignisdichtungen und der Beschreibung der überliefernden Drucke und Handschriften. Vgl. Brandt (Anm. 2). Zum Text- und Überlieferungskorpus vgl. Schanze, Frieder: Art. Schlacht bei Hemmingstedt (Lieder und Sprüche). In: Die deutsche Literatur des Mittelalters. Verfasserlexikon 8 (1992), Sp. 690–696. Wolf, Jürgen: Art. Hemmingstedt, Schlacht bei. In: Killy Literatur-Lexikon 5 (2009), S. 257–259. Fasbender, Christoph: Art. Schlacht bei Hemmingstedt. In: Deutsches Literatur-Lexikon. Das Mittelalter. Autoren und Werke nach Themenkreisen und Gattungen 3 (2012), Sp. 1166–1169.

6 Jannidis, Fotis: Figur und Person. Beitrag zu einer historischen Narratologie (Narratologia 3). Berlin/New York 2004, S. 133f.

7 Sofern es sich um Dialoge handelt, greife ich für die Beschreibung zurück auf Kilian, Jörg: Historische Dialogforschung. Eine Einführung (Germanistische Arbeitshefte 41). Tübingen 2005, S. 59–85.

8 Ich gehe hierbei zunächst von den Erscheinungsformen der inquit-Formeln in der mittelalterlichen Großepik aus, die Franz Hundsnurscher ermittelt hat. Vgl. Hundsnurscher, Franz: Das literarisch-stilistische Potential der inquit-Formel. In: Hundsnurscher/Miedema (Anm. 1), S. 103–115.

9 Volker Honemann bemerkt am Rande, dass die ereignisbezogenen Lieder des 16. Jahrhunderts die Handlung häufig in Dialogform wiedergeben würden (Honemann, Volker: Politische Lieder und Sprüche im späten Mittelalter und der Frühen Neuzeit. In: Die Musikforschung 50/4 [1997], S. 399–421, hier S. 410). Ulrich Müller stellt demgegenüber fest, dass die Figurenrede im Bereich der politischen Lyrik tendenziell häufiger im ereignisbezogenen Lied als in der Reimrede verwendet worden sei (vgl.

ihr Augenmerk zunächst überwiegend auf die Redeszenen in der mittelalterlichen Großepik gerichtet hat,[10] rückt die Studie mit den ereignisbezogenen Liedern erstmals narrative Kleinformen[11] in das Zentrum der Betrachtung.

## II. Lied 1 – Die Beratungsreden der Dithmarscher Carsten Holm und Isebrandt

Lied 1 besteht aus 33 Strophen; diese sind aufgebaut aus zwei vierhebigen, überwiegend auftaktigen und männlich kadenzierenden Versen, die durch Endreim miteinander verbunden sind. Der Beginn des Liedes ist als Auftrittssituation gestaltet (Str. 1): Mit dieser Strophe kündigt eine als Sänger-Ich konturierte Äußerungsinstanz seinem in der 2. Person Plural adressierten Auditorium ein neues Lied an. Zeit und Ort des Auftritts werden nicht explizit benannt, doch gibt es Hinweise auf die inszenierte Nähe[12] des textinternen Äußerungsereignisses

---

Müller, Ulrich: Untersuchungen zur politischen Lyrik des deutschen Mittelalters [Göppinger Arbeiten zur Germanistik 55/56]. Göppingen 1974, S. 479). Zudem berücksichtigt Müller die Figurenrede als generelles Darstellungsmittel der mittelalterlichen politischen Lyrik, mit dem sich der politische Gegner verunglimpfen und schelten ließ, indem ihm selbstdesavouierende Worte in den Mund gelegt wurden (vgl. ebd., S. 471–473).

10 Vor allem möchte ich hier verweisen auf die Sammelbände von Miedema/Hundsnurscher (Anm. 1) sowie von Hundsnurscher, Franz/Miedema, Nine/Unzeitig, Monika (Hrsg.): Redeszenen in der mittelalterlichen Großepik. Komparatistische Perspektiven (Historische Dialogforschung 1). Berlin 2011. Als Einzelstudie zu Redeszenen in der Großepik zuletzt: Cordes, Teresa: Die Redeszenen in Chrétiens *Chevalier de la Charrette*, in Ulrichs *Lanzelet* und im *Prosalancelot*. Eine narratologische und sprachpragmatische Untersuchung (Historische Dialogforschung 4). Berlin/Boston 2016. Mit der Bibel- und Legendendichtung befassen sich die Beiträge in dem Band: Miedema, Nine/Schrott, Angela/Unzeitig, Monika (Hrsg.): Sprechen mit Gott. Redeszenen in mittelalterlicher Bibeldichtung und Legende (Historische Dialogforschung 2). Berlin 2012.

11 Mit Rücksicht auf die Verortung ereignisreferenzierender Dichtung im Interferenzbereich von Faktualität und Fiktionalität lege ich einen weiten Begriff von ‚narrativ' zugrunde. Ereignisbezogene Lieder sind demnach insofern narrativ, als sie mit der Darstellung einer Zustandsveränderung in der Zeit die „Minimaldefinition der Narrativität" erfüllen (Schmid, Wolf: Elemente der Narratologie. 3., erweiterte und überarbeitete Aufl. [De Gruyter Studium]. Berlin/Boston 2014, S. 4).

12 Die inszenierte Ereignisnähe beschreibt Kellermann als „ein[en] mit literarischen Mitteln erreichte[n] Effekt, der in den Bereich der Fiktion fällt und prinzipiell zu trennen ist von der faktischen Ereignisnähe als minimaler zeitlicher Distanz zwischen Vorfall und Dichtung" (Kellermann [Anm. 2], S. 319).

zum historischen Vorfall bei Hemmingstedt: Hierzu zählt zum einen die Aktualitätsformel „nien sang“ (1,1) und zum anderen die Referenz auf einen Teilnehmer an der Schlacht (20,1: „Ißbrannt“) im Präsens (20,1: „iß“; 20,2: „will [...] staen“), während das Geschehen abgesehen davon im Präteritum nachvollzogen wird. Das Sänger-Ich ist zwar nicht als Landsmann oder als Teilnehmer an der Schlacht bei Hemmingstedt konturiert, tritt jedoch als Sympathisant der Dithmarscher auf, was nicht zuletzt mit der Lobstrophe auf einen Mann namens Isebrandt in den Reihen der Dithmarscher zum Ausdruck gebracht wird (vgl. Str. 20–21).

Wie sämtliche Hemmingstedter Ereignisdichtungen folgt die Darstellung des Ereignisses einem bestimmten Narrativ der Schlacht, wonach ein König, meist Hans genannt, das Land Dithmarschen erobern will. Mit der großen Garde, einem Söldnerheer, zieht er in Dithmarschen ein. Den vorläufigen Höhepunkt seines Feldzuges markiert die Einnahme des Hauptortes Meldorf. Auf dem Schlachtfeld in der Nähe von Hemmingstedt unterliegt das Heer dann jedoch den Dithmarschern. In varianter Ausprägung exponiert zuletzt ein Abschlussmotiv den Sieg und Erfolg der Dithmarscher und die Niederlage ihrer Gegner. Im vorliegenden Liedbeispiel wird nach der performativen Eingangsstrophe zunächst von dem Zug eines Heeres über Windbergen bis nach Meldorf und von der Einnahme der Stadt Meldorf erzählt (vgl. Str. 2–9). Das Motiv des Einzugs in Meldorf wird gegenüber dem skizzierten Narrativ erweitert um eine umfangreiche Dialogszene zwischen König Hans und einem Mann namens Carsten Holm (vgl. Str. 10–19). Bevor die Handlung im Anschluss daran mit dem Schlachtmotiv fortgesetzt wird, hält die Darstellung mit einem Blick auf die Vorbereitungen der Dithmarscher vor Hemmingstedt inne, in dessen Zentrum der bereits erwähnte Isebrandt steht (vgl. Str. 20–23). Die folgenden Kampfhandlungen werden nur sehr verknappt dargestellt (vgl. Str. 24–28). Lied 1 endet mit einer Siegesfeier der Dithmarscher (vgl. Str. 29–33), die sich über den Inhalt der Proviantwagen ihrer Gegner hermachen. Verbunden wird dieses Motiv mit einer Spottrede auf den König (vgl. Str. 30–31) und die Toten auf dem Schlachtfeld (vgl. Str. 32–33).

Charakteristisch für die Erzählweise des Liedes ist, dass der Bezug auf das Ereignis nur sukzessive hergestellt wird und sich die Identifizierung der Handlung mit dem politischen Vorfall in Dithmarschen auf Rezipientenseite infolgedessen erst nach und nach einstellt. Erzeugt wird dieser Effekt durch die kataphorische Informationsentwicklung: Das Söldnerheer, dessen Zug der Text beschreibt, wird anfänglich ausschließlich pronominal referenziert und deshalb überhaupt erst in den Strophen 5 und 6 mit der Erwähnung des Paukenschlägers

(„Bungenschleger“)[13] als solches fassbar. Dass es sich dabei um das Heer von König Hans handelt, ergibt sich im Nachhinein aus dem Handlungszusammenhang und der namentlichen Einführung dieser Figur in Strophe 9. Mit ihrem Eigennamen „de groten Garden“ werden die Söldner indes erst in Strophe 24 (vgl. Str. 24,2) benannt, und zwar genau in dem Augenblick, als die Dithmarscher dem Gegner vor Hemmingstedt das erste Mal gegenüberstehen. Die Lokalisierung des Söldnerzuges und folglich auch der Handlung in Dithmarschen ermöglichen überdies erst die Toponyme „Wintbergen“ und „Meldorp“ in den Strophen 7 und 8, mit denen authentische Orte in Dithmarschen genannt werden; während die Erwähnung Brüssels[14] gleich zu Beginn (vgl. Str. 2) zunächst auf eine ganz andere Fährte der räumlichen Situierung der Handlung führt. Eine Datierung des erzählten Geschehens wird hingegen gar nicht explizit vorgenommen, sondern ergibt sich erst aus der zunächst zu leistenden Identifizierung der Handlung mit dem historischen Vorfall auf der Grundlage der Figuren- und Ortsreferenzen im Text. Auf die Dithmarscher selbst beziehen sich Figuren wie Erzähler konsequent mit dem Gattungsnamen „buren“ (Str. 18,2, 25,1, 28,2), nie jedoch mit dem Eigennamen; ähnlich verhält es sich mit dem Reiter in den Strophen 26–28, dessen Identität nicht geklärt wird. Vor diesem Hintergrund nimmt sich die Benennung der in den Redeszenen zu Wort kommenden Figuren mit den Eigennamen König Hans, Carsten Holm und Isebrandt umso bemerkenswerter aus.

Das Gespräch zwischen König Hans und Carsten Holm (vgl. Str. 10–19) findet in der Stadt Meldorf statt, die eben erst von dem Heer des Königs erobert werden konnte; sämtliche Einwohner und sogar der Rat haben den Ort zu diesem Zeitpunkt längst verlassen (vgl. Str. 9). Die Erstbenennung beider Figuren fällt mit der Ankunft von König Hans in der Stadt und dem hinzutreten Carsten Holms zusammen. Die Schilderung ihrer Begegnung (vgl. Str. 9,2; Str. 10,1) legt nicht nur den situativen Rahmen der Figurenreden fest, sondern dient zugleich auch ihrer Einleitung. Das Gespräch beginnt unvermittelt ohne Begrüßungsformel und endet ebenso abrupt ohne Verabschiedung; es ist demzufolge ganz auf die Gesprächsmitte reduziert. Diese wird dominiert von Carsten Holm, der das

---

13 Zur Militärmusik in Mittelalter und Früher Neuzeit vgl. Höfele, Bernhard: Art. Militärmusik (II.–VI.). In: Die Musik in Geschichte und Gegenwart. Sachteil 6 (1997), Sp. 270–282, hier: Sp. 272–278, wonach die Pauken neben Pfeifen und Trompeten seit dem frühen Mittelalter zum Instrumentarium der Feldmusik gehörten (vgl. ebd., Sp. 272).

14 Im Zusammenhang mit der Schlacht bei Hemmingstedt ist keine Versammlung der großen Garde in Brüssel bezeugt (vgl. Lammers [Anm. 4]).

erste und auch das letzte Wort hat. Gemessen an den Sprecherwechseln – jeweils markiert durch die höfliche Anredeformel „Min leuer“ in Verbindung mit dem Namen des Angeredeten (Str. 10,2; 11,1; 12,1; 13,1), eine Technik, die den Einsatz von inquit-Formeln im erzählten Gesprächsverlauf obsolet macht – vollzieht sich das Gespräch in drei Schritten: Zunächst fragt Carsten Holm, wie es dem König gehe (vgl. Str. 10) – vermutlich eine Anspielung auf den gerade erzielten Eroberungserfolg seines Gegenübers. Danach erwidert der König, er vertraue auf Holms Wort und sei zuversichtlich (vgl. Str. 11). Er setzt das Gespräch mit der Bitte an Holm fort, dass dieser bleibe und rede, und mit dem Angebot, dass er ihm im Gegenzug die Tielenburg[15] überlassen wolle (vgl. Str. 12). Im dritten Schritt erwidert Holm nun seinerseits, er könne nicht bleiben (vgl. Str. 13), denn die Gefahr, dass die Bauern von seinem Treffen mit dem König erfahren, sei für ihn zu groß; er fürchte um sein Leben (vgl. Str. 14). Stattdessen spricht er dem König gegenüber eine Einladung aus: Gleich am nächsten Morgen solle dieser zu ihm und Hans Peters nach Heide kommen, wo er ihn bewirten wolle (vgl. Str. 15–17). Danach – so rät er dem König schließlich – solle er weiter nach Lunden im Norden Dithmarschens ziehen und die Dörfer niederbrennen, in welchen sich die Dithmarscher versammelt hätten; dann sei ihm die Unterwerfung des Landes sicher (vgl. Str. 17–19).

Die Gesprächspartner verhalten sich höflich zueinander. Davon zeugt nicht nur die gegenseitige Anrede mit der Formel „Min leuer“, sondern auch der Umstand, dass die Figuren sich ihrzen. Darauf, dass beide dennoch nicht in einem symmetrischen sozialen Verhältnis zueinander stehen, sondern dass es sich bei dem König um den sozial höher stehenden handelt und Carsten Holm diese Stellung seinerseits anerkennt, deutet der Titel „her“ hin, den Holm zur Adressierung des Königs verwendet (Str. 10,2; 13,1). Höflich ist das Gespräch überdies auch in dem Sinne, dass die Gesprächspartner die Wünsche und Absichten des anderen antizipieren:[16] So ist Carsten Holm mit seinem Rat, der König solle von Meldorf aus weiter nach Heide und Lunden ziehen und die dort versammelten Dithmarscher überwältigen, diesem zu Willen, dessen Ziel es ist, das Land zu unterwerfen.

Carsten Holms Gesprächsverhalten im Lied erweckt insgesamt den Eindruck, als sei er bestechlich und habe als Dithmarscher seine Landsleute an den Feind verraten, denn als Dithmarscher, der den Zorn seiner Landsleute fürchten

15 Burg an der Eider, d. h. an der Grenze Dithmarschens zur Landschaft Stapelholm in Holstein (vgl. ebd., Tafel 7).

16 Zum Begriff der Höflichkeit vgl. Kilian (Anm. 7), S. 27f.

muss, beschreibt er sich mit seinen eigenen Worten (vgl. Str. 14). Obgleich die Inszenierung der Figur Carsten Holms im Lied noch nichts über die Rolle der gleichnamigen historischen Person aussagt, hat die vorgestellte Redeszene die Geschichtsschreibung tatsächlich vor die Frage gestellt, welche Rolle Holm im Zusammenhang mit der Schlacht bei Hemmingstedt zugeschrieben werden müsse, d. h. ob das Lied als Zeugnis für einen tatsächlichen Landesverrat zu gelten habe oder ob es nicht vielmehr die Anwendung einer Kriegslist dokumentiere. Demnach hätte Holm den König absichtlich in einen Hinterhalt gelockt, indem er ihn dazu brachte, von Meldorf aus den Weg nach Norden durch die gefährliche Marsch einzuschlagen, wo die Dithmarscher sich in Erwartung des Feindes und im Wissen um ihren strategischen Vorteil bereits versammelt hatten.[17] Die Unsicherheit bei der Interpretation der Redeszene resultiert daraus, dass der Text in Bezug auf die Figur Carsten Holms für den Rezipienten der Gegenwart Leerstellen lässt. Weder wurde die Redeszene mit einer um Emotionshinweise erweiterten inquit-Formel[18] in die Erzählung eingebunden, aus der sich die Haltung der erzählenden Äußerungsinstanz zur bewussten Figur und zum Gespräch zwischen Holm und dem König ableiten ließe, noch gibt der Erzähler an anderer Stelle Informationen, die die Rolle Holms in der Handlung vereindeutigen würden. Denn im Gegensatz zu König Hans, der am Ende des Liedes noch einmal in einer Spottrede genannt wird, kommt bei Carsten Holm erschwerend hinzu, dass er ausschließlich im Zusammenhang mit der Redeszene referenziert wird, seine Figur in der Handlung danach jedoch keine Rolle mehr spielt.

Nach dem Ende des Gesprächs zwischen König Hans und Carsten Holm wechseln in der Erzählung der Schauplatz der Handlung und die Protagonisten. Die Vorgänge in Meldorf zurücklassend wendet sich die Äußerungsinstanz nun den Dithmarschern zu, die in der Nähe von Hemmingstedt versammelt

---

17 Lammers vermutet, dass Carsten Holm zum Rat der Achtundvierziger, der Dithmarscher Landesverwaltung, gezählt hat. So ist zum einen bezeugt, dass er an den Friedensverhandlungen im Mai 1500 teilgenommen hat, zum anderen wurde 1509, als die Dithmarscher den Rat der Achtundvierziger stürzten, auch das Haus von Carsten Holm beschädigt (vgl. Lammers [Anm. 4], S. 140, Anm. 55). Er geht deshalb davon aus, dass das Lied Unterhandlungen zwischen König Hans und Carsten Holm bezeugt, die mit Wissen und im Auftrag der Achtundvierziger stattgefunden haben und Teil einer Kriegslist der Dithmarscher waren (vgl. ebd.). Weitere Erklärungsversuche diskutiert Stoob, Heinz: Geschichte Dithmarschens im Regentenzeitalter. Heide in Holstein 1959, S. 87–94.

18 Vgl. Hundsnurscher (Anm. 8), S. 109; 111.

sind. Unter ihnen findet sich ein Mann namens Isebrandt. Die Figur wird eingeführt mit einer kurzen Lobrede auf ihre Rechtschaffenheit, Treue und Klugheit (vgl. Str. 20f.), die zugleich als Ankündigung der folgenden Rede Isebrandts an die Dithmarscher dient (vgl. Str. 22f.). Diese Rede fungiert als Beweis für die Tugenden, die dem Mann zuvor zugesprochen wurden. Die Äußerungsinstanz bezeichnet die Rede als klugen Rat („wise Lehr", Str. 21,1). Und tatsächlich stellt sich mit dem Fortgang der Handlung heraus, dass Isebrandts Ratschläge an seine Landsleute, sich hinter der Schanze zu verbergen, dabei die Waffen dicht bei sich abzulegen und so das Herannahen des Feindes abzuwarten, klug und besonnen waren. Die Männer hören auf ihn, sie handeln nach seinem Wort. Als die Söldner schließlich heranziehen, werden sie von den Dithmarschern unter Schlachtrufen angegriffen und kurzerhand besiegt (vgl. Str. 24–26).

Ebenso wie zuvor Carsten Holm wird Isebrandt ausschließlich im Zusammenhang mit der Figurenrede im Text referenziert. Ganz anders jedoch als bei Holm wird diese Rede Isebrandts vonseiten der Erzählinstanz mit einer erweiterten inquit-Formel[19] in die Erzählung integriert, aus der deutlich ihre positive Haltung zu Isebrandt hervorgeht und mit der letzthin die Sympathie mit den Dithmarschern kommuniziert wird.

Die vorgestellten Figurenreden in Lied 1 erweitern die Grundhandlung der Hemmingstedter Ereignisdichtungen um solche Sequenzen, die den Rezipienten unmittelbar vor der Schlacht einerseits in das Lager des Usurpators in Meldorf und andererseits in das der Dithmarscher vor Hemmingstedt führen und ihm die dort beschlossenen Pläne zu Gehör bringen. In dem einen wie dem anderen Fall handelt es sich im Kern um Beratungsreden als „Teil eines Prozesses, in dem Entscheidungen vorbereitet und gefällt werden".[20] Allerdings wird die Prozesshaftigkeit in den Redeszenen nicht nachvollzogen. Dass aber seitens der jeweiligen Adressaten Entschlüsse im Sinne der Ratschläge von Carsten Holm und Isebrandt gefasst werden, geht aus dem Fortgang der Handlung hervor. Beide Akteure halten direktive Reden, die die Adressaten auf eine bestimmte Handlung in der Zukunft festlegen wollen.[21] Die Äußerungsintention der Redner korreliert dabei mit der Entwicklung der Liedhandlung: Carsten Holm rät dem König, von Meldorf nach Heide zu ziehen und der König

19 Vgl. ebd.

20 Schild (Anm. 1), hier Sp. 1441.

21 Vgl. Searle, John R.: Sprechakte, ein sprachphilosophischer Essay. Übersetzt von R. und R. Wiggershaus. 4. Aufl. (Suhrkamp-Taschenbuch Wissenschaft 458). Frankfurt a.M. 1990, S. 32.

macht sich mit seinem Herr tatsächlich auf den Weg. Zwar wird der Aufbruch nach Heide nicht erwähnt, doch muss dieser zwangsläufig der Ankunft des königlichen Heeres vor Hemmingstedt vorausgegangen sein, bedenkt man die Topographie des Landes Dithmarschen, wonach sich Hemmingstedt auf halber Strecke von Meldorf im Süden nach Heide im Norden des Landes befindet. Isebrandt wiederum rät seinen Leuten, sich vor Hemmingstedt zu verschanzen und dort die Ankunft des Gegners abzuwarten – auch diese Direktive wird in die Tat umgesetzt. So treffen die Kontrahenten am Ende aufeinander und es kommt zur Schlacht.

Mit Blick auf die narrative Vergegenwärtigung der Schlacht fungieren die Figurenreden in Lied 1 demnach als Motivierung des Schlachtereignisses vor Hemmingstedt, indem sie eine Erklärung dafür anbieten, dass es überhaupt und ausgerechnet vor diesem Ort zum Zusammentreffen der Dithmarscher und des königlichen Heeres kam. Darüber hinaus dominieren die Passagen direkter Rede die Erzählung nachgerade – zum einen hinsichtlich ihres Umfangs (vgl. Str. 10–23), zum anderen aber auch wegen der konkreten Angaben, die sie in Bezug auf die Handlung machen – die Sprecher werden mit Eigennamen benannt und besonders in dem Gespräch zwischen König Hans und Carsten Holm werden eine Reihe von Dithmarscher Orten namentlich referenziert, ganz zu schweigen davon, dass mit den Figurenreden dem Rezipienten die Pläne und strategischen Überlegungen der verfeindeten Lager zu Gehör gebracht bzw. vor Augen geführt werden, so dass er mit Kenntnissen ausgestattet wird, die über das Wissen der Figuren in der Handlung hinausgehen.

Die Identifizierung der Liedhandlung mit dem historischen Vorfall vorausgesetzt, besteht die politische Funktion der Figurenreden hingegen in erster Linie darin, dass das Lied mit ihnen an einem innenpolitischen Diskurs über die Rolle zweier Personen in der Geschichte Dithmarschens partizipiert. Mit Carsten Holm auf der einen und Isebrandt auf der anderen Seite werden zwei Akteure vorgestellt, die in Bezug auf ihre Treue gegenüber Dithmarschen nicht unterschiedlicher gezeichnet werden könnten. Dieser Effekt resultiert nicht zuletzt aus der Art und Weise der Einbindung der Figurenreden in die Darstellung des Ereignisses seitens der Äußerungsinstanz: Während Isebrandt mit einer kurzen Lobrede in die Liedhandlung eingeführt wird, die zugleich als Einleitung seiner Rede an die Dithmarscher fungiert, werden Carsten Holms Einführung sowie auch die Integration seiner Gesprächssequenzen ganz ohne eine Positionierung seitens des Sprechers vollzogen. Dies und die unmittelbare Aufeinanderfolge der Reden legt die Figuration Holms als Landesverräter gegenüber Isebrandt als Landesretter schließlich doch nahe.

## III. Lied 2 – Die Feldherrenrede des Königs von Dänemark

Das zweite auf die Schlacht bei Hemmingstedt bezogene Lied, das mit Blick auf die Form und Funktion der politischen Figurenreden untersucht werden soll, ist metrisch-musikalisch aus zwölf Strophen aufgebaut, die dem Muster der Vagantenstrophe entsprechen.[22] Es beginnt unvermittelt und die eingangs vorgestellte Grundhandlung der Hemmingstedter Ereignisdichtungen variiert es in folgender Weise: Dem Zug des königlichen Heeres nach und durch Dithmarschen bis zur Einnahme Meldorfs sind zwei Strophen vorgeschaltet, die sich mit den Vorbereitungen des geplanten Feldzugs auf der Seite des Königs befassen (vgl. Str. 1f.). Die Darstellung der Einnahme Meldorfs ist dieses Mal derart ausgestaltet, dass von dem Einzug des Königs und seines Heeres im Kloster Meldorf und von einem üppigen Mahl dort berichtet wird (vgl. Str. 3f.). Das Heer zieht anschließend weiter von Meldorf nach Hemmingstedt (vgl. Str. 5). Bevor sich in der Erzählung die Schilderung der Kampfhandlungen auf dem Schlachtfeld anschließt, sind ähnlich wie in dem ersten Liedbeispiel direkte Figurenreden eingeschoben (vgl. Str. 6–7), auf die im Folgenden noch näher einzugehen sein wird. Die Strophen 8 und 9 widmen sich endlich der Schlacht und der Niederlage des Königs. Danach wird die Handlung vom Schlachtfeld in Dithmarschen an den nicht näher benannten Aufenthaltsort der Königin verlegt, die von den Heimkehrern erfährt, dass der König in der Schlacht gefallen sei, und über diese Nachricht in Klagen ausbricht (vgl. Str. 10f.).

Mit Strophe 12 schließlich liegt eine Kommentarstrophe vor, was unter anderem am Tempus- und Moduswechsel erkennbar ist. Hier formuliert die Äußerungsinstanz eine Aufforderung an alle Feinde Dithmarschens, sich gut zu wappnen, sollten sie vorhaben, in das Land einzufallen. Zusammen mit dem programmatischen letzten Vers „Jt mögen wol wesen Heren." (Str. 12,4) bleibt deshalb kein Zweifel daran bestehen, dass die Äußerungsinstanz mit den Dithmarschern sympathisiert. Abgesehen davon bleiben Sprecher- und Publikumsinstanz im Lied ohne sichtbare Konturen und die Handlung wird zwar bereits in Strophe 1 mit dem Ausdruck „dat ditmersche beeth" (Str. 1,3) räumlich verortet, eine zeitliche Situierung indes – etwa durch Zeitangaben oder mit Hilfe

22 Zwar wurde das Lied in den überliefernden Handschriften nicht strophisch aufgezeichnet, doch der regelmäßige Wechsel von zumeist männlich kadenzierenden Vierhebern mit weiblich ausklingenden Dreihebern verweist auf die ursprünglich zugrundeliegende Vagantenstrophe. Zur Strophenform vgl. Frank, Horst Joachim: Handbuch der deutschen Strophenformen. 2., durchgesehene Aufl. (UTB für Wissenschaft, Uni Taschenbücher 1732). Tübingen/Basel 1993, Nr. 4.36.

temporaldeiktischer Wendungen – unterbleibt. In summa ist der Wirklichkeitsbezug damit weniger faktual ausgeprägt als in Lied 1, das über das Merkmal der inszenierten Ereignisnähe verfügt. Im Unterschied zu diesem kann der Ereignisbezug in Lied 2 hingegen schon mit der Rezeption der ersten Strophe hergestellt werden, die den Hauptakteur (König Hans von Dänemark) und das Ziel seines Vorhabens (Eroberung Dithmarschens) benennt.

Auch in Lied 2 sind die Figurenreden dort positioniert, wo die Handlung und mit ihr das Geschick des königlichen Heeres im Begriff ist, eine Wendung zu nehmen – nach der Eroberung Meldorfs auf dem Weg nach Hemmingstedt kurz vor der Schlacht (vgl. Str. 6f.). Aus dem Figureninventar kommen in dieser Situation Junker Slentz und König Hans zu Wort. Die Figuren werden diesmal nicht erst mit den Redeszenen eingeführt, sondern bereits vorher (genannt zuerst in Str. 1,1 bzw. 5,3). Das heißt auch, dass ihre Charakterisierung nicht ausschließlich durch ihr Sprechhandeln und durch die inquit-Formeln in der Erzählerrede erfolgt. Die Informationen zum König sind über den gesamten Text verteilt; keine Figur oder Figurengruppe wird so häufig referenziert wie er. So zeichnet die Erzählung das Bild von einem König namens Hans aus Dänemark, der den Wunsch hegt, Dithmarschen zu erobern (vgl. Str. 1), zu diesem Zweck ein in Friesland befindliches Heer von 15000 Männern engagiert (vgl. Str. 2), das Heer in Dithmarschen in die Schlacht führt, dann jedoch von den Dithmarschern zu Fall gebracht wird (vgl. Str. 9) und am Ende eine klagende Witwe hinterlässt (vgl. Str. 10). Bei Junker Slentz wiederum dürfte es sich um den zuvor genannten jungen Grafen handeln, wenngleich die Referenzen „de junge Man Greue" (Str. 2,3; 3,1) sowie „juncker Slens, De auerste all mang der Garde" (Str. 5,4) nicht unmittelbar darauf hindeuten, dass sie ein und dieselbe Figur meinen. Da aber der Graf ein Heer von 15000 Männern anführt und Slentz als Anführer eines großen Söldnerheers vorgestellt wird, kann die Identität hergestellt werden. Bringt man ferner die möglichen Wissensbestände der zeitgenössischen Rezipienten in Dithmarschen in Anschlag, die mit der Referenz auf die historische Person des Söldnerführer Jürgen Slentz sowie auch auf die große Garde aufgerufen werden, dann konnte das Heer in Friesland mit der von Slentz angeführten großen Garde identifiziert werden, die nachweislich aus Friesland kommend nach Holstein gezogen war, um dort in den Dienst König Hans' von Dänemark zu treten.[23] Die soziale Charakterisierung Slentz' als Graf muss dann allerdings – wie auch der Tod des Königs in der

23 Zur Geschichte der großen Garde vor der Schlacht bei Hemmingstedt vgl. Lammers (Anm. 4), S. 64f.

Schlacht – vor dem historischen Hintergrund als fiktive Figureninformation aufgefasst werden.

Die Redeszene, um die es hier gehen soll (vgl. Str. 6f.), kombiniert ein Beratungsgespräch zwischen Junker Slentz und König Hans mit einer Feldherrenrede des Königs unmittelbar vor der Schlacht. Das Gespräch ist reduziert auf zwei Gesprächsschritte – der Mitteilung des Söldnerführers, dass er mit seinen Männern den Rückzug antreten wolle (vgl. Str. 6,1f.), und der Erwiderung des Königs, der das Ansinnen des Junkers unter Verweis auf die Soldzahlung prompt ablehnt (vgl. Str. 6,3f.). Wieder fehlen Eingangs- und Schlussformeln, doch erscheint diese Reduktion mit Rücksicht auf die Situation, in der sich die Figuren befinden, diesmal nicht defizitär, sondern authentisch. Denn auf dem Schlachtfeld im Angesicht des Feindes ist eine Form der Verständigung erforderlich, die auf das Notwendigste konzentriert ist.

Während die Sprecher im Zusammenhang mit dem Dialog durch inquit-Formeln ausgewiesen werden, erfolgt der Übergang zur Feldherrenrede des Königs ohne explizite Markierung, sondern durch den Wechsel in der Adressierungsform von der 2. Person Plural „Juw“ (Str. 6,4) zur 1. Person Plural „Wy“ und ihre beschwörende (anaphorische) Wiederholung in der Phrase „Wy willen“ (Str. 7,1f.; 7,4): Im Angesicht der unmittelbar bevorstehenden Konfrontation mit den feindlichen Truppen und im Wissen darum, dass den Söldnern der Mut verzagt ist, spricht der König nun in der Absicht, seine Kombattanten von der Möglichkeit zu überzeugen, die Dithmarscher zu überwinden und zu besiegen und damit an die Tapferkeit der Männer zu appellieren.

Die Feldherrenrede ist seit der Antike Ausweis für die Tugend der Beredsamkeit des idealen Feldherrn[24] und als solche bis in die Frühe Neuzeit hinein fester Bestandteil in Schlachtdarstellungen der Geschichtsschreibung gewesen.[25] Im vorliegenden Lied trägt sie damit ganz entscheidend zur Charakterisierung des Königs als entschlossenen, mutigen und tugendhaften Feldherrn bei. Mit dem Fortgang der Handlung allerdings divergiert die Rede des Königs, die im Kern aus einer Reihe assertiver Äußerungen besteht, die den Erfolg des bevorstehenden Gefechts behaupten.[26] Denn diese Behauptungen stellen sich letzthin als falsch heraus; es ist nicht der Sieg des Königs, der in den folgenden Strophen 8 und 9 geschildert wird, sondern seine und seines Söldnerheeres Niederlage. Die Figurenreden treiben die Handlung demnach diesmal nicht voran wie im

24 Hambsch (Anm. 1), hier Sp. 228.

25 Ebd., hier Sp. 226f.

26 Vgl. Searle (Anm. 21), S. 31. Möglich ist auch die Klassifizierung als Kommissiva, etwa als Versprechen (vgl. ebd., S. 33f.).

ersten Liedbeispiel, sondern zögern die Katastrophe nur hinaus, die zuvor mit dem Rückzugsgesuch von Junker Slentz bereits angedeutet wurde. Zugleich untergräbt die besonders drastische Wendung in der Handlung, die in der tödlichen Niederlage des Königs und in der Klage der Königin am Ende kulminiert, die vormalige Entschlossenheit und Siegesgewissheit des Königs. Die Funktion der vorgestellten Redeszenen besteht in Hinsicht auf die narrative Faktur des Liedes 2 demzufolge darin, die absehbare negative Wendung im Geschick des Königs hinauszuzögern und dadurch zugleich Spannung aufzubauen. Darüber hinaus liegen mit ihnen Elemente eines umfangreichen Sets von Figureninformationen vor, mit denen das Lied das Bild von einem König zeichnet, dessen Taten zunächst durchaus Sympathie erzeugen können und dessen Niederlage in der Schlacht deshalb beinah tragisch anmutet.

Die politische Funktion der Figurenreden in Lied 2 erschließt sich hingegen erst unter Berücksichtigung der Kommentarstrophe am Liedschluss, denn es ist die Charakterisierung des Königs durch seine Feldherrenrede, die der Äußerungsinstanz zuletzt das entscheidende Argument liefert: Kein noch so tugendhafter und guter Feldherr mit einem noch so großen Aufgebot von Söldnern kann Dithmarschen besiegen, wenn es nicht einmal König Hans von Dänemark mit der großen Garde vollbringen konnte, der über alle erdenklichen Vorzüge verfügte: Als Dienstherr weist er den Rückzug der großen Garde brüsk zurück und besteht auf die Leistung der Söldner; als Feldherr wiederum ermutigt er die Männer im Moment ihres Verzagens. Dies bringt das Lied mit der Erzählung von der Schlacht bei Hemmingstedt beispielhaft zu Gehör. Dass die Feldherrenrede des Königs ganz fokussiert ist auf das Argument der Möglichkeit des Sieges, ist mit Blick auf die Kommentarstrophe Programm: Sie greift die Worte der Feldherrenrede auf, akzentuiert gerade die Unmöglichkeit der Besiegbarkeit Dithmarschens, führt die Rede des Königs so zuletzt ad absurdum und instrumentalisiert sie für die politische Botschaft des Liedes, d. h. die Parteinahme für die Dithmarscher und die Einschüchterung der politischen Gegner.

## IV. Fazit

Ziel dieses Beitrags war die exemplarische Analyse von politischen Figurenreden im ereignisbezogenen Lied. Beide Lieder aus dem Korpus der Hemmingstedter Ereignisdichtungen thematisieren den Eroberungszug eines Königs namens Hans in Dithmarschen, der in eine Schlacht in der Nähe von Hemmingstedt mündet. Anhand von Orts- und Personenreferenzen kann die Handlung mit der Schlacht bei Hemmingstedt identifiziert werden, die im Februar des Jahres 1500 tatsächlich stattgefunden hat. Die Lieder unterscheiden sich indes auch markant, und zwar in der Art und Weise wie sie die Identifizierung des erzählten mit dem realen Vorfall für den Rezipienten ermöglichen. Lied 1 zeichnet sich dadurch aus, dass es zu Beginn Informationen zurückhält, dann erst nach und nach preisgibt oder auch ganz unterschlägt. Lied 2 hingegen legt alle notwendigen Informationen bereits mit der ersten Strophe offen zutage, die dadurch für die Erzählung expositorische Funktion erhält. Die skizzierte Differenz betrifft auch und vor allem die Figureninformationen in den Liedern. Während in Lied 1 die Informationsvermittlung hinsichtlich der Figuren nahezu ausschließlich von den Redeszenen und ihren Einleitungen geleistet wird, werden die Figuren in Lied 2 bereits zuvor eingeführt.

Dessen ungeachtet zeichnen sich in beiden Liedern gleichermaßen einige markante Funktionen der politischen Figurenreden ab: Hinsichtlich der erzählenden Bezugnahme auf das historische Ereignis amplifizieren sie die Grundhandlung und konkretisieren sie zugleich; darin besteht ihre informative Leistung. Sie vermitteln dem Rezipienten Hintergrundinformationen und mit den Rednern lassen sie konkrete Figuren aus den anonymen Reihen der gegnerischen Parteien hervortreten. Darüber hinaus strukturieren die Redeszenen die Erzählung, denn sie markieren Höhe- und Wendepunkte im Handlungsverlauf. Der Fortgang der Handlung kann dabei entweder mit ihren Äußerungsintentionen korrelieren oder eine völlig konträre Entwicklung nehmen. Während die Figurenreden also im ersten Fall die Handlung motivieren, zögern sie im zweiten Fall die Katastrophe auf dem Schlachtfeld hinaus.

Das politische Wirkungspotential der Redeszenen entfaltet sich in erster Linie in dem Maße und der Qualität, wie sich die erzählende Äußerungsinstanz der Lieder jeweils zu ihnen und den direkt zu Wort kommenden Figuren positioniert, wobei sich ausgehend von den zwei Liedbeispielen dieses Beitrags vorerst drei Möglichkeiten abzuzeichnen scheinen: zum ersten die Einbindung der Redeszenen mithilfe von inquit-Formeln, die um aussagekräftige Emotionshinweise erweitert werden, zum zweiten eine Form der Integration, die auf jede Stellungnahme seitens der Äußerungsinstanz verzichtet und (absichtlich?) Leerstellen lässt, und zum dritten die Indienstnahme der Figurenrede in einem Kommentar. In der Zusammenschau mit der Gesamtmenge von Figureninformationen und ihrer Verteilung im Text können Figurenreden zum Ausdruck bringen, wie sich die textinterne Äußerungsinstanz jeweils zu den Konfliktparteien in der Handlung verhält und in welcher Form sich vor dem Hintergrund des mit der Liedhandlung referenzierten politischen Vorfalls demzufolge Tendenz und Parteilichkeit im ereignisbezogenen Lied manifestieren.

## Anhang: Textabdruck[27]

### Lied 1

Ü Ein ander kortt Carmen Nha art eines Dithmerschen Dantzes welches den gantzen handel gaar kortt vnde kunstlick in sick begript vnde vormeldet

1 Wille gi hören einen nien sang,
Jck will ehn juw singen alß ick en kan.

2 Se hebben also thosamende gespraken,
Se wolden tho Brüßel ein Samlent maken.

3 Se konden sick dar nicht alle besehen,
do wolden se vp eine grone heide theen.

4 Se togen vp eine grote heide,
de heten se vor eine jitten weide.

5 Sille Johanß Jacob de waß darmede,
dat waß jo ehr Bungenschleger.

6 De Bungenschleger de schloch an,
darmit so toegen se vordan.

7 Se kemen tho Wintbergen in dat blick,
dar jageden se vth beide arme vnd Rick.

8 Se toegen tho Meldorp in de Stadt,
dar weken vth beide Borger vnde Radt.

9 De olde Radt iß vthgewaken,
Koning Johan iß ingebraken.

10 Carsten Holm de quam dartho:
„Min Leuer Her Hans, wo haget juw tho?"

11 „Min Leuer Carsten, ick loue juwe wort.
jck meine, it schall hir werden gott.

12 Min leuer Carsten, schnacket eine wile,
ick will juw geuen dat Schlott thom Tile."

---

27 Editionsgrundlage der Lieder ist die Chronik von Johannes Neocorus (Anm. 5). Die Texte werden vorlagennah abgedruckt, sie werden lediglich nach den rezenten Regeln interpungiert.

13 „Min Leuer Her Hanß, jck kanß nicht wesen,
jck moth all mang de Bueren wesen.

14 Den worden se hir miner enwar,
Wo drade dat ick min leuent vorlar.

15 All vp der Heide dar iß ein blick,
dar wahnet Peterß Hans vnde jck.

16 Morgen fro kamett tho vnß tho gaste,
jck will juw doen dat alder best.

17 Jck will juw schenken Mede vnde win,
darmitt schole gi nha Lunden theen.

18 Vnde steket an de groten dorp,
dar liggen de buren also starck.

19 Vnde stecket an dat halue Lantt,
datt ander geitt juw woll in de hantt.“

20 Ißbrannt dat iß ein framer man,
de will woll bi louen staen.

21 He gaff dem Lande eine wise Lehr
to Hemmingstede all vor der doer:

22 „Legget juw ein Luttick hir vnder den wall,
dat juw nemant hir scheten schall.

23 Vnnd legget de spere watt bi juw neder,
Vnde latet se tehen bewesten vör.“

24 Datt horeden wol dordehalff hundert man,
de gingen de groten Garden an.

25 De buren repen auerlueth:
„Schlaet de bugden Garden doott!“

26 Se schlogen de bugden garden doott,
De Rueter quam in groter Noott.

27 De Ruter greep einen schnellen radt,
He wolde vpriden nha der Stadt.

28 It wart ehn auerst belecht dat Paß,
de buren schlogen, wat dar waß.

29 Se gingen ein weinig wat mank de wagen,
dar funden se Saden vnde Braden.

30 „Segget dem koninge gude nacht,
He hefft vnnß braden Höner gebracht.

31 Tastet tho gi leuen gesten
dit gifft vns koning Hanß thom besten.

32 Gistern weren se alle rike,
Nu steken se hir in dem Schlike.

33 Gistern do voreden se einen Hogen moott,
Nu hacken ehn de rauen de ogen vth."

## Lied 2

Ü Datt Veerde Carmen Ock Sehr aardich vnde kunstlich den gantzen handel, wo de vorlopen, jnholdende

1 De wolgebarne koning vth dennemarken reeth,
Wowol dat ehm geluste,
He wolde theen in dat ditmersche beeth,
Dar sin vader nuwerle jn dorste.

2 He leeth wol schriuen einen breeff,
He sende ehn in freßlande,
Dat dar scholde kamen de junge Man Greue
Mitt vofftein dusent mannen.

3 De junge Man Greue dat nicht en lathe,
He quam all mitt den ersten.
Se tögen aldar tho Meldorp drade,
To Meldorpe in dat kloster.

4 Dar eten se dat kruth, dar drunken se de meden,
Dar eten se de schonen wilden braden.
Vnde do se wol geteret hadden,
Do scholden se dar van staden.

5 Se toegen aldar vor Hemmingstede,
Ehn ankede ock also harde.
Do Sprack juncker Slens aldar,
De auerste all mang der Garde:

6 „Dat iß mi in den Sinn gekamen,
Wi willen vnß vmmewenden.“
„Neen“, sprak koning Hannß mitt nhamen,
„Juw solt schöle gi vordehnen.

7 Wy willen den ditmerschen jegen staen,
Wy willen vnß dar wol wehren.
Se scholen vnß garr nicht entgaen,
Wi willen se wol vorvehren.“

8 Do se den ditmerschen jegen kemen,
De schloegen also sere.
Se schloegen de Garde woll vöfteindusent man doot,
Dar waß ock jo neen mere.

9 Do se de Garde all dott geschlagen hadden,
Do scholden se den Haueman beginnen.
Se schlogen den Haueman schnelle tho doot
Vp einem kleinen Plane.

10 Deß wart de koninginne enwaer.
Se weende ock also sehre:
„Sin gy knechte nu tho Hueß gekamen,
Wor late gi juwen Eddelen Heren?“

11 „De ditmerschen hebben ehn aldoott geschlagen,
Deß konne wi nicht enkeren.
Se dragen sinen Helm, se voren sinen schilt,
Dartho sine stolte Banneren.“

12 De sick jegen ditmerschen setten will,
De stelle sick woll thor wehre.
Ditmerschen dat scholen Buren sin,
Jt mögen wol wesen Heren.

Karina Kellermann

# Politische Reden allegorischer Gestalten in der deutschsprachigen Publizistik des Spätmittelalters

**Abstract:** From the mid-14th century, poets acting as political commentators make use of specific rhetorical techniques. They put on stage allegorical figures, such as Justice, Truth, Faithfulness, or even the Empire, in order to protest transgressed political or moral norms and to criticize contemporary politics.

## I.

Oratorik, Literatur, Politik – um diese drei Begriffe kreiste die Hamburger Tagung.[1] Mein Gegenstand, die politische Publizistik, hat mit allen drei Bereichen zu tun und ist dennoch seltsam widerständig. Die politische Publizistik ist im Interferenzbereich der fiktionalen und historiographischen Literatur beheimatet, sie hat an beidem teil und geht in keinem auf. Sie ist Dokument der Zeitgeschichte und poetisches Artefakt. Sie ist oratorisch in mehrfacher Perspektive: Als gereimte Rede oder strophische Spruchdichtung ist sie auf Performanz gerichtet und in jedem Fall für den Vortrag bestimmt. D.h. in der politischen Publizistik ist die Oratorik nicht Teil einer größeren Narration, sondern die kleine Form der Reimrede oder des Liedes ist selbst schon politische Rede. Insofern erhält sie innerhalb einer Dichotomie von praktischer Oratorik einerseits und dargestellter Oratorik andererseits ihren Platz auf der Seite der Praxis, sie findet ihren Zweck im Vortrag.[2] Hier lassen sich zwei weitere Differenzierungen

---

1 Der vorliegende Aufsatz ist aus Forschungen im Rahmen meines Teilprojekts im SFB 1167 *Macht und Herrschaft. Vormoderne Konfigurationen in transkultureller Perspektive* erwachsen. In einer ersten Vortragsfassung wurde er auf der Tagung *Oratorik und Literatur. Politische Rede in fiktionalen und historiographischen Texten des Mittelalters und der Frühen Neuzeit* vorgetragen und diskutiert. Den Veranstaltern und Diskutanten danke ich für die schöne Tagungsatmosphäre und mannigfache Anregungen.

2 Vgl. hierzu ganz grundsätzlich Ratzke, Malena/Schmidt, Christian: Art. Politische Rhetorik in Mittelalter und Frührenaissance. In: Burkhardt, Armin (Hrsg.): Handbuch Politische Rhetorik (Handbücher Rhetorik 10). Berlin/Boston [im Erscheinen], hier der Absatz 2: Politische Redepraxis. Zu Begriff und Forschungsfeld der Oratorik vgl. Helmrath, Johannes/Feuchter, Jörg: Einleitung. In: Dies. (Hrsg.): Politische Redekultur

vornehmen: a) eine zwischen Paarreimrede, Kreuzreimrede, ein- oder mehrstrophigem Spruch und eventuell der Prosa, nämlich dann, wenn diese für die Mündlichkeit bestimmt war; b) eine weitere, die tiefgreifende Unterschiede im Bildungsgrad des Verfassers, in der rhetorischen Formung und im angezielten Publikum markiert, nämlich die zwischen Latein und der Volkssprache.

Während wir bei politischer Publizistik in Reimform immer von intendierter Mündlichkeit, also dem Vortrag als Medium der Mündlichkeit ausgehen können, bietet der schriftlich überlieferte Text – und nur der liegt uns vor – allein die Schriftform. Diese stellt entweder ein authentisches, also verschriftetes, Zeugnis der Performanz dar oder ein nachträgliches und überarbeitetes Dokument sekundärer Schriftlichkeit. Der mündliche Vortrag der Rede ist ebenso wie die Zirkulation im Medium der Schrift nicht grundsätzlich störungsfrei, im Gegenteil, gerade die politische Publizistik ist mannigfachen Behinderungen ausgesetzt, als da sind: singuläre Unterdrückung der Rede, Einschüchterung, Verfolgung des Redners oder auch des Druckers, Zensurmaßnahmen aller Art, akustische Obstruktionen beim Vortrag, um nur die intendierten Behinderungen zu nennen; die dem Zufall geschuldeten Störungen wie Unwetter, Fristversäumnis, Hustenanfälle, schlechte Akustik, Überlieferungsverluste und vieles mehr mag man sich ausmalen. Entsprechend der oratorischen Tradition würde man die politische Publizistik gern weiter ausdifferenzieren gemäß den rhetorischen Genera, dem ‚genus iudiciale', dem ‚genus demonstrativum' oder dem ‚genus deliberativum'. Hier aber stößt man schnell an Grenzen, denn keine dieser Reden ist als authentische Gerichtsrede, keine als authentische Beratungsrede festzumachen.[3] Sie beziehen sich zwar auf ein Problem oder einen Konflikt, haben aber ihren performativen Ort nicht in einer Debatte im Rathaus oder auf dem Fürstentag und sind auch keine Anklage- oder Verteidigungsreden vor Gericht, obwohl der Duktus der meisten Reden ein klagender, nicht selten ein anklagender ist. Das literarische Muster, das sie bedienen, ist der invertierte Panegyrikos, für den es in der oratorischen Praxis keinen institutionalisierten Ort

in der Vormoderne. Die Oratorik europäischer Parlamente in Spätmittelalter und Früher Neuzeit (Eigene und fremde Welten. Repräsentation sozialer Ordnung im Vergleich 9). Frankfurt a.M./New York 2008, S. 9–22, hier S. 11–15.

3 Diese Interferenz zwischen den Genera hat die Oratorikforschung schon mehrfach für die politische Rede konstatiert. Vgl. Helmrath, Johannes: Rhetorik und ‚Akademisierung' auf den deutschen Reichstagen im 15. und 16. Jahrhundert. In: Duchhardt, Heinz/Melville, Gert (Hrsg.): Im Spannungsfeld von Recht und Ritual. Soziale Kommunikation in Mittelalter und Früher Neuzeit. Köln/Weimar/Wien 1997, S. 423–446, hier S. 425. Zuletzt vgl. Ratzke/Schmidt (Anm. 2), Ms. S. 3.

gibt.[4] Folglich erproben die Publizisten Rollen, um herauszufinden, welche von ihnen die angestrebten Funktionen optimal erfüllen. Von den drei infrage stehenden Genera der Rede ist die politische Publizistik ausnahmslos dem ‚genus demonstrativum', der epideiktischen Rede zuzuweisen.

Wie verhält es sich mit der dargestellten Oratorik, den Reden innerhalb eines Textes, also dem Bereich der Oratorik, der für Literaturwissenschaft und narratologische Forschung gemeinhin das einzige Untersuchungsfeld darstellt? Auch hier besetzt die politische Publizistik einen markanten Platz, nämlich immer dann, wenn Figuren des Textes in lobender oder tadelnder, beratender oder warnender Weise das Wort ergreifen und sich als Redner inszenieren. Hier nun sind Reden im Modus aller drei rhetorischen Genera prinzipiell möglich; sowohl die Inszenierung als Gerichtsrede wie auch die als politische Beratungsrede kommt im Korpus publizistischer Zeitklagen vor, aber auch hier ist das ‚genus demonstrativum' der Normalfall.[5] Die als Redner auftretenden fiktionalen Gestalten sind den praktizierenden Oratoren in einem Punkt klar überlegen: Sie müssen nicht um das Wort ringen, nicht um Gehör betteln, nicht um das Rederecht kämpfen, und auch ihre Position in einer Kontroverse ist ihnen vom Dichter eingeschrieben; sie müssen sie nur in die ‚actio' überführen. Ist die Figur als redende vom Autor etabliert, kann sie direkt und ohne Umwege in die Argumentation eintreten.

Nach dieser kurzen methodischen Vorbemerkung zum Platz der politischen Publizistik im System der Oratorik umreiße ich im Folgenden den Gegenstand selbst. Die politische Publizistik ist ihrem Anspruch nach normativ, ihrer Funktion nach adhortativ. Sie beschwört gesellschaftliche Normen und mahnt ihre Einhaltung oder auch Restitution an. Da sich die Reimreden und Sprüche aber nicht in dieser pragmatischen Funktion erschöpfen, da sie mehr sein wollen als bloße Tugendlehre oder Fürstenspiegel, geben die Publizisten ihren normativen Appellen eine poetische Faktur, inserieren sie in ein literarisches Gebilde. Unabdingbar sind Gegenwartsbezug und Aktualität; die Namen zeitgenössischer Personen und Orte, exakte Daten und spezifische Ereignisse situieren den Text in

---

4 Die Erkenntnis von einem dominanten Inversionsmoment hat mich veranlasst, für mein Teilprojekt im SFB 1167 den Titel zu wählen: *Publizistische Zeitklagen. Invertierte Herrschaftsansprüche in deutschsprachigen Texten des Spätmittelalters und der Frühen Neuzeit.*

5 Vgl. Mertens, Dieter: Die Rede als institutionalisierte Kommunikation im Zeitalter des Humanismus. In: Duchhardt/Melville (Anm. 3), S. 401–421, hier S. 417: „Dieses Genus hat die größte Nähe zur Geschichtsschreibung und Dichtung und entspricht der engen Verbindung von Rhetorik und Poetik im Bereich der Theorie."

eine konkrete historische Situation, die gegenwärtig und unverwechselbar ist. Somit interferieren Gegenwartsgeschichtsschreibung, Literarisch-Fiktionales und Normatives auf engstem Raum. Die politische Publizistik ist keine literarische Gattung, sie bedient sich der unterschiedlichsten Textsorten wie etwa Zeitklage, Lob- und Scheltrede, Weissagung, Prognostik, Ereignislied, Lügenrede und vielfach hybrider Formen. Im Medium eines variantenreichen Diskurses versuchen die Publizisten eine bestimmte politische ‚Wirklichkeit' zu konstruieren,[6] und zwar in einem Raum, der auf historisch spezifische Weise als ‚öffentlicher' zu bezeichnen ist. Für ihren normativen Anspruch ist dabei ganz entscheidend, dass sie sich als Transporteure, Vermittler, vor allem aber als Garanten der Wahrheit verstehen. Dementsprechend ist die Wahrheitsbeteuerung für die deutschsprachige politische Publizistik geradezu konstitutiv, aber eine bloße Wahrheitsbehauptung genügt in der Regel nicht; die Wahrheit muss abgesichert werden durch Autoritäten, Quellen, Augenzeugenschaft oder – wie im Folgenden zu demonstrieren ist: Allegorien. Gerade unter der Perspektive der Oratorik und im Blick auf die verschiedenen rhetorischen Techniken und Strategien der politischen Persuasion, hat der Einsatz allegorischer Figuren ein besonderes Augenmerk verdient. Bereits Platon kennt die Kraft redender Allegorien und nutzt sie im *Kriton*, indem er den zum Tode verurteilten Sokrates in einen Dialog mit den „Nomoi" eintreten lässt, um seinen Schüler Kriton von der Unmöglichkeit einer Flucht zu überzeugen.[7]

Im Folgenden wende ich mich einem spezifischen Typ der politischen Zeitklage zu, einem Texttyp, der Normensicherung durch personifizierte Prinzipien betreibt. Statt einer theokratischen Instanz, die für die Normensicherung in politischer Dichtung weitgehend ausfällt, aber auch statt großer Autoritäten rufen einige Spruchdichter und Reimsprecher die abstrakten Prinzipien der Herrschaft auf und modellieren sie als handelnde und sprechende Figuren, als Allegorien. Normen zu beschwören und die Verbindlichkeit von Normen zu inszenieren,

---

6 Dies wird bereits in der Spruchdichtung des ausgehenden 13. Jahrhunderts vorbereitet. Vgl. Lauer, Claudia: Ästhetik der Identität. Sänger-Rollen in der Sangspruchdichtung des 13. Jahrhunderts (Studien zur historischen Poetik 2). Heidelberg 2008, S. 295: „Aufgrund der komplexer werdenden situativen Ansprüche [...] bildet sich generell in der politischen Lehre eine ästhetische Identität heraus, die sich relational und dynamisch [...] zum thematisierten Wert in Beziehung setzt und sich immer deutlicher als objektiv-autonome Größe auszeichnet."

7 Vgl. Platon: Kriton 50a6-54d1. In: Ders.: Werke. Übersetzung und Kommentar. Bd. I 3: Kriton. Hrsg. von Ernst Heitsch, Carl Werner Müller und Kurt Sier. Übers. und komm. von Wolfgang Bernard. Göttingen 2016, S. 21–26.

ist das ureigene Geschäft der politischen Publizistik. Wo aber gelingt das besser als bei der Verkörperung einer Idee in einer Personifikationsallegorie?[8] Diese ist der Alltagsrealität enthoben und kann zugleich als Figur im narrativen Ganzen agieren. Und wenn die Allegorie der Gerechtigkeit oder der Ehre oder der Treue selbst das Wort ergreift, ist ein zweiter Schritt getan: Die Persuasion erhält höchste Autorität, denn sie kommt aus dem Munde einer normativen Instanz.

Es gibt weder in den antiken Rhetoriklehren noch in den mittelalterlichen Poetiken einen fixen Katalog von Konkreta und Abstrakta, die zu Personifikationsallegorien taugen, und die Definitionen der einschlägigen Wörterbücher zum Lemma „Personifikation" bleiben bei einer additiven Reihung stehen.[9] Um die Personifikationen in der folgenden Analyse besser differenzieren zu können, versuche ich hier, ohne Anspruch auf generelle Geltung, eine kleine Typologie zu erstellen: 1. Personifikation von abstrakten Begriffen ganz allgemein wie Welt, Zeit, Tod, Liebe, Treue, Ehre, Schande, Wissen; 2. Personifikation von Ideen wie Freiheit, Gerechtigkeit, Wahrheit; 3. Personifikation von Idealzuständen wie Pax, Concordia, Felicitas; 4. Personifikation von Tugenden und Lastern; 5. Personifikation von politischen und religiösen Entitäten und Kollektiva wie Synagoge und Ecclesia oder Reich, Land, Stadt, Burg; 6. Personifikation von belebten und unbelebten Dingen wie Naturerscheinungen, Tieren, Körperteilen, Gegenständen.

Fokussiert man die mittelhochdeutsche politische Kleindichtung, sind im Hinblick auf ihre literarische Gestaltung zwei Allegorieformen zu unterscheiden: „Wappen-Allegorie" und „allegorischer Spaziergang und Szene".[10] Die Wappenallegorie eignet sich vorzüglich für die Identifikation des Wappentiers mit dem Träger des Wappens und wird von den Dichtern gern zur bildhaften Darstellung von Kampfhandlungen genutzt.[11] Redende Wappentiere begegnen eher selten, weswegen die in der spätmittelalterlichen politischen Lyrik breit

8 Es geht hier allein um die Personifikationsallegorie, also eine spezifische Subgattung der Allegorie, die einen abstrakten Begriff durch eine handelnde und sprechende Gestalt konkretisiert und auf diese Weise veranschaulicht.

9 Z.B.: Wang, Andreas: Art. Personifikation. In: Wörterbuch der Symbolik (1979), S. 439f.: „Als P. bezeichnet man die Darstellung von Begriffen oder Bereichen aus dem Kosmos, der Natur, der Welt, des menschlichen Lebens, des Wissens, der Künste sowie Tätigkeiten als menschliche oder tierische Lebewesen, zumeist unter Einbeziehung signifikanter Attribute."

10 Müller, Ulrich: Untersuchungen zur politischen Lyrik des deutschen Mittelalters (Göppinger Arbeiten zur Germanistik 55/56). Göppingen 1974, S. 371.

11 Vgl. ebd., S. 382–388.

vertretene Wappenallegorie für meine Untersuchung nur randständig ist. Die Begegnung des Sprechers/Erzählers mit einer weiblichen Allegorie auf einem Spaziergang oder einem Spazierritt erfreut sich seit dem 14. Jahrhundert wachsender Beliebtheit nicht nur in politischen Liedern und Reimreden, sondern auch in minnedidaktischen Dichtungen, die nicht von ungefähr mit der Gattungsbezeichnung „Minneallegorie“ belegt werden.[12]

Von den infrage kommenden Dichtungen mit Personifikationsallegorien[13] habe ich, dem Untersuchungskriterium entsprechend, nur die ausgewählt, die politische Reden halten. Schon hier konnte im gewählten Zeitraum von knapp hundert Jahren ein gewisses Spektrum politischer Allegorien erfasst und zudem der herausragende Gebrauch des personifizierten Imperiums, der Frau Reich, konstatiert werden. Ich bespreche die Texte entlang ihrer chronologischen Ordnung.

## II.

Drei Fassungen einer politischen Zeitklage sind in dichter Folge im Würzburger Raum, mutmaßlich am dortigen Bischofshof, entstanden und in Handschriften Würzburger Provenienz überliefert:[14] 1. Das 1340 entstandene, 180 Verse umfassende allegorische Gedicht in lateinischer Sprache von Lupold von Bebenburg mit dem Titel *Ritmaticum querulosum et lamentosum dictamen de modernis cursibus et defectibus regni ac imperii Romanorum*;[15] 2. die von Otto Baldemann

12 Vgl. ebd., S. 391.

13 Meine Auswahl erfolgte nach Konsultation des Repertoriums der Sangsprüche und Meisterlieder, Stichworte „Allegorische Figuren“, „Personifikation“, „Jungfrau“, „Ehre“, „Reich“, vgl. Brunner' Horst [u.a.] (Hrsg.): Repertorium der Sangsprüche und Meisterlieder des 12. bis 18. Jahrhunderts. Bd. 15: Register zum Katalog der Texte. Stichwörter. Tübingen 2002, und Müller (Anm. 10), Kap. „Allegorie“, S. 369–403.

14 Die Überlieferung aller drei Texte ist unikal. Lupold von Bebenburg: *Ritmaticum querulosum et lamentosum dictamen de modernis cursibus et defectibus regni ac imperii Romanorum* ist auf fol. $37^{v}$–$39^{v}$ in den *Liber manualis Michaelis de Leone* eingetragen worden. – Otto Baldemann: *Von dem Romschen Riche eyn clage*, ebd., fol. $40^{r}$–$42^{v}$. – Lupold Hornburg: *Dyse rede ist von des Ryches clage* ist auf fol. $228^{rb}$–$232^{vb}$ im sog. *Hausbuch des Michael de Leone* überliefert. Vollständiges Faksimile: Leone, Michael de: Das Hausbuch des Michael de Leone (Würzburger Liederhandschrift) der Universitätsbibliothek München (2°Cod. ms. 731). In Abb. hrsg. v. Horst Brunner (Litterae 100). Göppingen 1983. Die Handschrift liegt auch als Digitalisat der Universitätsbibliothek München vor: https://epub.ub.uni-muenchen.de/10638/ (31.01.2018).

15 Die hier zitierte Edition ist: Bell, Clair Hayden/Gudde, Erwin G.: The Poems of Lupold Hornburg. Berkeley/Los Angeles 1945. Appendix A, S. 266–270, engl. Übers. S. 271–274. Im Folgenden als Sigle LvB. Hinzugezogen wurde Senger, A.: Lupold von

nach handschriftlicher Bekundung am St. Michaelstag (29.9.) des Jahres 1341 fertiggestellte Übertragung ins Deutsche *Von dem Romschen Riche eyn clage*, die 492 vierhebige Paarreime umfasst[16] und von Kurt Ruh als der „erste Versuch, ein Stück Publizistik in die Volkssprache umzusetzen",[17] bezeichnet wurde; 3. die anlassbezogen 1348 entstandene zweite volkssprachige Fassung *Dyse rede ist von des Ryches clage* mit 590 Versen, die von Lupold Hornburg unter direkter Bezugnahme auf seinen Vorgänger und mit teilweise wörtlichen Übernahmen der Dichtung Baldemanns angefertigt wurde.[18] In diesen Dichtungen tritt das Reich als redende Allegorie – und das ist im Bereich der Volkssprache der früheste Beleg – im Gespräch mit dem Dichter auf.

Ich zentriere meine Analyse um Baldemanns Dichtung, um von ihr aus die Veränderungen gegenüber der lateinischen Vorlage in den Blick zu nehmen. Die nochmal erweiterte Zeitklage Hornburgs betrachte ich abschließend.[19] Die Rede Baldemanns beginnt wie ihr lateinisches Vorbild mit dem Spaziergang des Ich-Sprechers; allerdings begibt sich der lateinische Dichter ermüdet vom Studium

---

Bebenburg. In: Bericht über Bestand und Wirken des historischen Vereins zu Bamberg 63 (1904), S. 149–160, da diese Ausgabe auch die Glossen Lupolds abdruckt. Zu Lupold von Bebenburg vgl. Colberg, Katharina: Art. Lupold von Bebenburg. In: Die deutsche Literatur des Mittelalters. Verfasserlexikon 5 (1985), Sp. 1071–1078.

16 Die hier zitierte Edition ist: Otto Baldemann: Von dem Romschen Riche eyn clage. Hrsg. von Erkki Valli (Annales Academiae scientiarum Fennicae, Ser. B, Tom. 111,1). Helsinki 1957, Textedition S. 75–93. Im Folgenden als Sigle OB. Zu Otto Baldemann vgl. Huschenbett, Dietrich: Art. Baldemann, Otto. In: Die deutsche Literatur des Mittelalters. Verfasserlexikon 1 (1978), Sp. 582–584; Zapf, Volker: Art. Baldemann, Otto. In: Deutsches Literatur-Lexikon: Das Mittelalter 4 (2012), Sp. 648–650.

17 Vgl. Ruh, Kurt: Rez. Otto Baldemann, Von dem Romschen Riche eyn clage. Hrsg. v. Erkki Valli. Helsinki, Wiesbaden 1957. In: Beiträge zur Geschichte der deutschen Sprache und Literatur 83 (1962), S. 398–400, hier S. 400.

18 Die hier zitierte Edition ist: Bell/Gudde (Anm. 15), S. 199–237. Im Folgenden als Sigle LH. Dort auch die beiden Prätexte von Lupold von Bebenburg und Otto Baldemann im Anhang, S. 266–293.

19 Zu allen drei Texten und ihrem Verhältnis zueinander vgl. Zwierzina, Konrad: Lupold Hornburgs Gedichte. In: Festschrift des k.k. Erzherzog Rainer-Real-Gymnasiums in Wien. Wien 1914, S. 115–136, hier S. 118–123, Bell/Gudde (Anm. 15), S. 153–156, Müller (Anm. 10), S. 399f., Miethke, Jürgen: Eine spätmittelalterliche patriotische Ermunterung des deutschen Adels in der Landessprache und ihr Publikum. Das *Ritmaticum* Lupolds von Bebenburg und seine beiden Übersetzungen ins Deutsche durch Otto Baldemann und Lupold von Hornburg. In: Briguglia, Gianluca/Ricklin, Thomas (Hrsg.): Thinking Politics in the Vernacular. From the Middle Ages to the Renaissance (Dokimion 36). Fribourg 2011, S. 75–92, hier S. 81–92.

der Kaiserchroniken zur Rekreation in die Natur, während der deutsche Dichter beim Studium vom Schlaf übermannt wird und den Spaziergang mit allem, was ihm dabei begegnet, träumt. Er spaziert in amöner Landschaft, in die jäh wilde Tiere einbrechen, die ihn zur Flucht ins Gebirge drängen. Nach einem beschwerlichen Aufstieg ist er auf dem Gipfel, ihn umhüllt ein betörender Duft, ihn blendet ein Strahlen; er wähnt sich im irdischen Paradies. Auf einem kunstvoll verzierten Elfenbeinthron sitzt eine wunderschöne Dame (LvB: „domina", V. 19, OB: „fraw$^{e}$", V. 79), ganz in Weiß und überaus prachtvoll gekleidet, auf dem Haupt drei Kronen, verziert mit Edelsteinen, auch der Waise – der solitäre Edelstein der Kaiserkrone – findet sich. Die überwältigende Wirkung dieser Erscheinung wirft das Ich ohnmächtig zu Boden. Der Splendor lässt ein Schauen nicht zu. Huldvoll spricht ihn die Dame an, er repliziert, indem er sie – im deutschen Text – als Maria adressiert: „‚Maria', ich rief, ‚reine'" (OB, V. 144). Das weist sie zurück und korrigiert: „‚Ich binz daz romis*ch* riche.'" (OB, V. 156). Diese Selbstnennung der Allegorie entspricht Lupolds von Bebenburg „Ego sum, inquid, sacrum imperium romanum" (LvB, V. 31).

Die allegorische Frau berichtet nun von ihrer Wanderung. Dabei ist die Begründung des Kaisertums in Rom und die Reihe der Kaiser bis zur ‚translatio imperii' auf Karl den Großen Gedankengut Lupolds von Bebenburg (vgl. LvB, V. 35–50), sie erfolgt im deutschen Text aber ausführlicher (vgl. OB, V. 167–223). Die Blütezeit des großen, durch Karl begründeten Reiches hielt sich bis zum Tod des ostfränkischen Kaisers Arnulf († 899). Von da an ging's bergab: Die, die Hüter der Schafe hätten sein sollen, stifteten Mord und Brand. Frau Reich blieb zwar in Deutschland, versteckte sich während der Wirren aber „In einer wilden veste" (OB, V. 273), bis Kaiser Otto auftrat, ebenfalls der Große genannt. Später dann, nach den Ottonen, wird Kaiser Heinrich II., der Stifter von Bamberg, namentlich von Otto Baldemann genannt (vgl. OB, V. 320). Die Reihe der guten Herrscher setzt sich fort, eine Herrschaft, die durch die treue Unterstützung seitens des deutschen Adels – „Nobiles Germanie" (LvB, V. 82) – gekennzeichnet ist. Dann aber klagt Frau Reich: „‚O we, ich arm enlende,/Nu$^{e}$ weiz ich, wor mich wende,/Sint ich nicht trůwe vinde.'" (OB, V. 327–329). D.h. sie ist fremd im eigenen Land, weiß nicht mehr, wohin sie sich wenden soll, weil die „trůwe" (OB, V. 329) verschwunden sei, Deutschland seine Würde verspielt habe, wie es später heißt (vgl. OB, V. 410). Der lateinische Text ist hier exakter, seine Antithese lautet: statt „bonum commune" (LvB, V. 80 u. 149) herrsche „iniuria(s)" (LvB, V. 101), d.h. statt Gemeinwohl Unrecht; treulose Adlige seien zu Dieben und Räubern geworden, auch einige Kaiser seien Verräter des Reiches: „Et nonnulli principum sunt mei proditores" (LvB, V. 104). Hier verstummt Frau Reich und bricht in Tränen aus. Diese Zäsur, die nicht nur inhaltlich eine Wende von der chronikalischen Schilderung zur politischen Klage ist, sondern auch stilistisch markiert wird durch den Sprecher-Wechsel, haben beide Texte. Otto Baldemann aber weitet die Klageszene aus und lässt die Dame in eine Ohnmacht fallen: „Zuhant sie unfursunnen lag,/Ir varwe gar verwandilt./Vur tȏt ich sie do handilt" (OB, V. 332–334). Aus dieser Ohnmacht vermag der Dichter sie mit Tau wiederzuerwecken: „Ich labt*e* sie und kůlte/Mit tauwe, zwar ich fůlte,/Daz sie zehant wart mundir" (OB, V. 339–341). Das folgende Lamento der Frau Reich über die Deutschen, die ihre Wohltaten nicht wertschätzten, sondern undankbar und selbstsüchtig lebten und sie somit in die Wildnis zwängen, orientiert sich dann wieder relativ stark am Prätext.

> ‚Sich han die Tutschen gar vůrkȏrt / Daz ich weiz, wem getrůwe. / Hier umb die wůst ich bůwe / Und můz mit leide mich derrin, / Sint sie mir abe zerrin, / Daz uff mich hant ir fetir bracht. / Wie ist ir lip so ungeslacht! / Ich mein sie all*e*gemeine, / Die keiser nicht alleine: / Die graven, frien, fursten, / Die nicht nach erin dursten / Wil. dor umb daz min verget, / Tu*tsch*lant in cleiner wirde stet‘ (OB, V. 398-410).

Es folgt der Befehl an den Dichter, die deutschen Fürsten und Herren zur Umkehr zu mahnen, damit nicht eintrete, was einstmals den Griechen widerfuhr, nämlich dass Frau Reich ihr Land verlasse (vgl. OB, V. 450–455). D.h. das Reich droht mit der Emigration aus Deutschland in ein Land, das ihr eine angemessene Wohnstatt bietet. Der Auftrag an den Dichter lautet: Bringe die Anklage erstens öffentlich und zweitens iterativ vor, damit keiner sich mit Unkenntnis herausreden kann. „Loquaris intrepide; nam te sub meis alis/Protegam, quia meus es ministerialis" (LvB, V. 169f.).[20] Nicht unähnlich im Inhalt, aber mit vermehrten adhortativen Wendungen, verteilt über 25 Verse, gestaltet Otto Baldemann diese Passage, die beginnt mit „‚Frega, wes sie mir hant gesworn,/Die herrin Thutscherlande!‘" (OB, V. 434f.) und endet mit dem Abschied (vgl. OB, V. 462), der beide laut klagen lässt und nun auch dem Dichter die Tränen in die Augen treibt. Mit dem wiederholten Auftrag an den Dichter, die Klage des Reiches zu veröffentlichen, endet die Begegnung: „Die fraw$^{e}$ mir nach růffen/Began und bat mich tusentstunt,/Daz iez in offenlich tet kunt" (OB, V. 468–470). Beachtenswert sind 27 Plusverse am Schluss der deutschsprachigen Rede (vgl. OB, V. 474–500), in denen Otto Baldemann den Niedergang der Reichsidee und das Versinken in Bequemlichkeit bei den gegenwärtigen Kaisern und Kurfürsten beklagt, deren Ehrvergessenheit ebenso wie die Missachtung des Reiches geißelt und sich mahnend an „Knecht, herren, frien, ritter" (OB, V. 495) wendet, um mit

20 „Sprich unerschrocken, denn Du stehst unter meinem Schutz, weil Du mein Diener bist."

der Beschwörung zu schließen: „Da von bekert uch, des tůt noͤt!/Tuͤt recht dem ryͤch, daz ist min roͤt!“ (OB, V. 499f.)

Beim Vergleich des lateinischen und deutschen Textes sticht ins Auge, wie konstant sich Otto Baldemann bemüht, der politischen Allegorie des lateinischen Prätextes durch dialogische Partien ein dramatisches Gepräge und eine lebendigere Wirkung zu verleihen. Die szenische Einbindung ist weit aufwendiger als bei Lupold von Bebenburg[21] und die Redeanteile des Dichters im Dialog mit Frau Reich nehmen zu. Während das *Ritmaticum* nur eine vierversige Rede des Dichters hat, in der dieser durch Fragen das „sacrum imperium romanum“ zur Wiederaufnahme seiner Rede stimuliert,[22] wendet sich Otto Baldemann dreimal in direkter Rede an Frau Reich.[23] Hierbei fällt besonders die Vermenschlichung der Allegorie ins Auge. Bei Otto Baldemann wird die Personifikation des Reiches als menschlich, weiblich und schwach imaginiert, derart, dass sie in Ohnmacht fällt, hilflos ist und der Labung durch den Dichter bedarf. Man könnte sagen: Die Ohnmacht beraubt die Idee, für die die Allegorie steht, also die Reichsidee, kurzzeitig ihrer Geltung. Die Idee erleidet einen Schwächeanfall, bis der Dichter eingreift und sie zurück ins Leben holt, indem er ihr Tau einflößt. Schon bevor der Dichter von Frau Reich zum Mahner berufen wird und als Publizist ausgeschickt wird, hat er als Helfer des Reiches eine Erweckungsfunktion: Nicht nur die Fürsten und den Kaiser selbst muss er wachrufen, sondern die im Schwinden begriffene Reichsidee vor dem Tod bewahren und wiedererwecken. Dies geschieht unter Zeitdruck: Es ist höchste Zeit, nicht nur wie im lateinischen Text die Dame von der ‚translatio‘ in ein anderes Land abzuhalten, sie muss überhaupt erst reanimiert werden, und danach kann der Dichter als Mahner und Bote des Reiches die Herrschaftsträger an ihre Pflichten erinnern. Die Interaktion zwischen Publizist und Allegorie nimmt bei Otto Baldemann Fahrt auf, er macht daraus ein kleines Drama. Nach dem Abschied der Dame berichtet Lupold in neutraler Rede, dass er sich der gestellten Aufgabe, die Klagen des Reichs öffentlich zu machen, nicht entzogen habe.[24] Ganz anders verfährt der deutsche Dichter, wenn er den anklagenden Gestus, in den Frau Reich sich gegen Ende ihrer Rede immer mehr hineinsteigerte, übernimmt und mahnend und warnend alle an der Herrschaft Beteiligten und von ihr Profitierenden (vgl. OB, V. 494) zur Umkehr aufruft, und den Zeitdruck erhöht: „so ist zulang gesuͤmt/Uwer dieͤnst“ (OB, V. 488f.). Seine rhetorische Ausgestaltung

21 29 Versen im *Ritmaticum* (V. 1–29) stehen 135 Verse Baldemanns gegenüber (V. 9–143).

22 Vgl. LvB, V. 93–96.

23 Vgl. OB, V. 144–148; V. 158–160; V. 342–346.

24 Vgl. LvB, V. 175–178.

steht im Dienste der Publizistik, die Zeitklage wird tagesaktuell, und so ist es nur konsequent, dass sie auch ein Datum erhält.[25] In denselben Zusammenhang möchte ich die signifikante Veränderung des narrativen Rahmens stellen: Lupold stilisiert sich als von den Kaiserchroniken ermatteter Gelehrter, der Erholung auf einem Spaziergang sucht und dort auf die Allegorie trifft, die sein müder Geist umkreiste: das „sacrum imperium romanum". Baldemann jedoch fällt in Schlaf und träumt die Begegnung und erhöht durch diesen Kunstgriff die Wahrscheinlichkeit. Das Geschehen, wie auch der im Traum erteilte Auftrag der Frau Reich, ist zumindest möglich. Anders beim lateinischen Dichter, dessen Begegnung mit einer Allegorie auf einem Spaziergang als Fiktion erkennbar sein soll. Baldemann legitimiert seine Rede folglich durch ein Traumbild und rückt das Geschehen so in die Nähe einer Vision. Diese literarische Umgestaltung ist eine Umkodierung im Dienste der publizistischen Beglaubigung.

Noch etwas Anderes verändert sich im Übergang von der lateinischen politischen Allegorie hin zur volkssprachlichen Publizistik: die Begrifflichkeit. Am eindrücklichsten ist dies zu beobachten beim Hauptthema: Woher hat das Reich seine Macht? Welche Funktion hat Frau Reich? Im Lateinischen ist das begrifflich glasklar: Das „sacrum imperium romanum" (LvB, V. 31) ist Gottes verlängerter Arm, es ist gekommen, um die Guten zu schützen und die Schlechten zu strafen (vgl. LvB, V. 33f.). Die guten Herrscher zeichneten sich durch „uirtutes uarias" (LvB, V. 36)[26] sowie militärische Siege aus, die schlechten Herrscher vernachlässigten den Dienst am Reich und die „mores" (LvB, V. 62)[27] ihrer Vorfahren, „inferunt iniurias" (LvB, V. 101)[28] und versäumten es, „patriam defensare" (LvB, V. 131)[29]. Legale Herrschaft („regnando legaliter", LvB, V. 79) mit treuen Dienern („fideles seruitores", LvB, V. 83) oder in fester Treue („firma fides", LvB, V. 105) gefällt dem Reich, denn: „Commune meum bonum priuato pretulerunt" (LvB, V. 80).[30] Noch deutlicher wird der Segen des „bonum commune" in der Formulierung ausgestellt:

25 Baldemann schließt die Klage mit einer tagesgenauen Datierung ab: V. 501–506.

26 LvB, V. 36 „mannigfaltige Tugenden".

27 LvB, V. 62 „Sitten".

28 LvB, V. 101 „fügten ihr Unrecht zu".

29 LvB, V. 131 „ihr Vaterland zu verteidigen".

30 „Sie [d.s. die guten Kaiser, K.K.] bevorzugten mein Wohl, d.h. das Gemeinwohl, vor dem privaten."

> Germani primo bonum commune prosequantur / Et ex hoc multa bona priuata consequantur. / Horum patres, dum bonum commune pretulerunt, / Per me tunc diuitias immensas habuerunt (LvB, V. 149-152).[31]

Dieser geballten und in langem politischen und juristischen Gebrauch geschärften Kraft der lateinischen Sprache hat das Deutsche in der Mitte des 14. Jahrhunderts noch wenig an die Seite zu stellen. Frau Reich vertritt das „recht" und zerstört „unrecht" (OB, V. 154f.), auch die „tugenden", die „diener" und der „dienst" sind leicht auf die entsprechenden Vokabeln der Ausgangssprache zurückzuführen. Aber mit dem Begriff „trůwe" wird es dann unschärfer. Manchmal ist „trůwe" die Übersetzung von „fides"; aber der Bedeutungsradius von „trůwe" ist viel größer. Außerdem wird das ganze Wortfeld „trůwe, truwenrich, untruwe, ungetrůwe" aufgerufen, wenn es Recht und Unrecht zu bezeichnen gilt. Vor allem aber ist es der vasallische Treueschwur, auf den sich Frau Reich beruft: „‚Frega, wes sie mir hant gesworn,/Die herrin Thutscherlande'" (OB, V. 434f.), und sie erinnert daran, dass die Herren in Deutschland „iren gewalt" (OB, V. 440) von ihr, Frau Reich, haben. Mit diesen Begriffen erreicht der deutsche Text nicht notwendigerweise seinen staatspolitischen Zweck. Denn vasallische Treue muss nicht unbedingt das Wohl des Ganzen befördern; sie kann im Gegenteil dazu führen, dass vasallische politische Pyramiden einander feindlich gegenüberstehen. Nur eine Treue zum Reich als Ganzem könnte hier helfen. Der deutsche Text vertraut darauf, dass die Bindekraft des Eides ausreicht, um Gerechtigkeit herzustellen; diese Bindewirkung zielt neben der rechtlichen auf eine moralische Qualität: Treue. Es fehlt dem deutschen Text also eine Vokabel für das Wohl des Ganzen. Der theoretische Überbau, die politische Argumentation Lupolds wird vom deutschen Bearbeiter zugunsten eines moralisierenden Mahn- und Weckrufs an die Deutschen stark beschnitten, eine Tendenz, die in den Zusatzversen am Schluss der Reimrede kulminiert: Hier werden mit den rhetorischen Mitteln der ‚figura etymologica' und der ‚repetitio' die zentralen Begriffe „richi" und „recht" in Stellung gebracht – allein siebenmal fällt der Begriff des Reiches, sechsmal der des Rechts in 24 Versen (vgl. OB, V. 477–500). Aber mit welcher Wirkung? Anstelle von politischer Theorie oder juridischer Fundierung erfolgt ein flammender moralischer Appell.

Bei all den Amplifikationen, Ergänzungen und Steigerungen von Effekten durch den deutschen Dichter lässt seine einzige Tilgung natürlich aufmerken.

---

31 „Die Deutschen sollen sich zuerst dem Gemeinwohl widmen, und daraus werden sie viele private Vorteile gewinnen. Zu früheren Zeiten, als ihre Väter dem Gemeinwohl den Vorzug gaben, hatten sie durch mich gewaltige Reichtümer."

Sie betrifft die letzten beiden Verse Bebenburgs, die lauten: „Ista figuratiue intelligantur dicta,/Et sic procul dubio uera sunt et non ficta“ (LvB, V. 179f.).[32] Diese Wahrheitsbeteuerung des Lupold von Bebenburg lässt Otto Baldemann unter den Tisch fallen. Warum? Weil er sie nicht braucht. Der studierte Domkanoniker Lupold von Bebenburg, geübt in Rechtsgutachten und Traktaten, macht ein einziges Mal einen Ausflug ins literarische Genre und dichtet ein allegorisches politisches Versgedicht, kann sich aber nicht entschließen, dieses kleine Gedicht ohne Deutungsanweisung aus der Hand zu geben, den Interpretationsfähigkeiten seines Publikums zu vertrauen. So bezeichnet er das Gesagte als etwas bildlich Gemeintes, er markiert die Allegorie.[33] Der deutsche Dichter dagegen bearbeitet den poetischen Text so, dass er, wie ich zeigen konnte, aktueller und wahrscheinlicher erscheint und sich der pragmatischen Literatur annähert. Folglich liegt es in seinem Interesse, die Grenze zwischen Faktualem und Fiktionalem eher zu verwischen als sie auszustellen.

Wenig später entsteht eine dritte Version dieser Reichsklage: Lupold Hornburg aktualisiert sie für den Passauer Fürstentag am 27. Juli 1349.[34] Dafür erweitert er die Vorrede durch eine an die Sybillen-Weissagung anknüpfende ‚laudatio temporis acti‘, die er mit der Titelnennung „des rÿ̊ches klag$^{e}$“ (LH, V. 23) abschließt, um dann mit dem nahezu unveränderten Text Baldemanns fortzufahren.[35] Hier soll nur die aktualisierende Tendenz interessieren, die sich erstens in einem Einschub von 30 Versen zeigt, der Frau Reich die massiven Rechtsbrüche der Gegenwart und die apokalyptischen Zeichen auflisten lässt, eine Partie, die in das Lob Herzog Albrechts II. von Österreich († 1358) einmündet (vgl. LH, V. 337–366). Zweitens aktualisiert der Dichter das Gesagte

32 „Dies hier Gesagte ist figurativ zu verstehen, und somit ist es zweifelsohne wahr und nicht fiktiv.“

33 Müller (Anm. 10), S. 399: „Das erste Beispiel [einer politischen Klage- und Mahnallegorie, K.K.] ist das lateinische ‚Ritmaticum‘ […] des Lupold von Bebenburg […], der die allegorische Aussageweise seines Gedichts in den Schlußversen ausdrücklich betont.“

34 Da ich diese jüngste Version der Reichsklage im Kontext aller Reimreden Lupold Hornburgs bereits analysiert habe, begnüge ich mich an dieser Stelle mit einigen wenigen Hinweisen. Vgl. Kellermann, Karina: „Ein kurtze rede wore“. Die vier politischen Reimreden des Lupold Hornburg. In: Wolfram-Studien XXIV (2017), S. 199–219; hier S. 205–209; Schanze, Frieder: Art. Hornburg, Lupold. In: Die deutsche Literatur des Mittelalters. Verfasserlexikon 4 (1983), Sp. 143–146; Jahn, Bruno: Art. Hornburg, Lupold. In: Deutsches Literatur-Lexikon: Das Mittelalter 5 (2013), Sp. 1047–1050.

35 Sogar Otto Baldemanns Prolog übernimmt Hornburg, so dass seine Reichsklage mit zwei Prologen beginnt.

durch weitere Namensnennungen und Konkretisierungen, z.B. Kaiser Heinrich VII. aus dem Hause Luxemburg (vgl. LH, V. 456f.), die sieben Kurfürsten (vgl. LH, V. 525), König Karl IV. (vgl. LH, V. 538). Mit der letzten Namensnennung tritt die Reichsklage in ihre abschließende und für die Aktualisierungstendenzen bedeutsamste Phase ein. König Karl hat nach Aussage der Frau Reich Interesse an der Publizierung der Reichsklage, die Lupold den Kurfürsten übermitteln soll und für die er eine Entlohnung vom König kassieren wird. Ist dies angesichts der unverblümten Königsschelte schon erstaunlich genug, wartet die letzte Partie der Reichsklage noch mit einer anderen Überraschung auf. Frau Reich hat sich vom Dichter verabschiedet, nicht ohne ihm den Eid abgenommen zu haben, dass er die Wahrheit publizieren werde, und was geschieht? Lupold Hornburg wechselt vom Präsens ins Erzähltempus Präteritum und außerdem in die Berichtsperspektive:

> Dar nach kom ich in kurtz*en* tage*n* / Zu bassaw$^{e}$ in die gůten stat, / Vnd tet, als mich daz rẙche bat, / Vnd seyt die rede hie vnd do / Den fursten, grôfen, sunder dro, / Vnd aller adellichen diet (LH, V. 546-551).

Die Reichsklage ist ihrem politisch aktuellen Zweck zugeführt worden, der Dichter hat sie am 27. Juli 1348 auf dem Fürstentag zu Passau, auf dem höchstwahrscheinlich auch der Herrscher Karl IV. anwesend war, als „botschaft“ (LH, V. 588) verkündet, wie er im Epilog der Rede vermerkt (vgl. LH, V. 586–590). Dafür musste er, so informiert der Paratext, seinen Vorgänger Otto Baldemann ‚mehrfach berauben‘ und, so darf man ergänzen, seine Dichtung aktualisieren: „Von karlstat Otte Waldeman/Vieng$^{e}$ die rede zu tichte*n* an,/Die d*er* lange Luppolt hat/Geraubet hie an manig*er* stat“ (LH, V. 591–594). Dieser intertextuelle Verweis lässt aufhorchen, markiert er doch nicht weniger als ein Beziehungsgeflecht unter den zwei oder sogar allen drei Dichtern der *Reichsklage*. Das Überlieferungsumfeld, das auf den Literaturkreis um Michael de Leone verweist,[36] legt nahe, dass das Publikum außer der jüngsten Fassung auch einen oder beide der Prätexte kannte. In seiner Schlussbemerkung anerkennt Hornburg nicht nur die Originalität des Baldemannschen Textes, sondern attestiert seinem Kollegen sogar geistiges Eigentum. Mit seiner offenherzigen Referenz vermeidet er das

---

36 Zu den Würzburger „litterati“ um Michael de Leone vgl. Keyser, Peter: Michael de Leone († 1355) und seine literarische Sammlung (Veröffentlichungen der Gesellschaft für Fränkische Geschichte IX/21). Würzburg 1966; Peters, Ursula: Literatur in der Stadt. Studien zu den sozialen Voraussetzungen und kulturellen Organisationsformen städtischer Literatur im 13. und 14. Jahrhundert (Studien und Texte zur Sozialgeschichte der Literatur 7). Tübingen 1983, S. 138–162.

Plagiat und verweist stattdessen auf einen Literaturkreis, in dem man sich gegenseitig zitiert und damit in gewisser Weise auch kanonisiert.

## III.

Nun ist die politische Allegorie in die volkssprachliche Publizistik eingeführt und kann übernommen und variiert werden. Um 1356 dichtet ein gewisser Haspel ein historisch-politisches Ereignislied in zehn Strophen,[37] in dem er sich als Konstanzer Fischer ausgibt, der beim nächtlichen Fischen auf dem Rhein die verzweifelten Klagen der umliegenden Schlösser und Burgen hört, alles redende Allegorien, die die grausamen Fehden zwischen der Stadt Konstanz und ihrem Bischof Heinrich III. beklagen. Die Allegorien machen – ebenso wie der Dichter Haspel – ausgiebig Gebrauch von der Ich-Rede, die nicht selten anaphorisch eingesetzt wird. Durch die vielen topographischen und regionalen Anspielungen in Verbindung mit der Allegorisierung erzielt der Dichter eine stark bildhafte Wirkung, vergleichbar einem ‚tableau vivant'.

1383 dichtet ein Anonymus eine mittelniederländische Totenklage in 15 Strophen[38] auf Herzog Wenzel von Brabant, Limburg und Luxemburg, einen Halbbruder Kaiser Karls IV. Hier klagen vier weibliche Allegorien im Wechsel mit den Wappenlöwen um den toten Herzog.[39] In summa haben wir acht redende Allegorien: die vier Löwen von Böhmen, Brabant, Limburg und Luxemburg, die der Herzog im Wappen führt, und die weiblichen Allegorien: Frau „Gerechticheit" klagt in Str. 7 und fordert den Löwen von Böhmen zur Totenklage auf (Str. 8). In Str. 9 ergreift Frau „Trouwe" das Wort und fordert anschließend den Löwen von Brabant zur Klage auf (Str. 10). Frau „Verduldecheit", d.h. Geduld, spricht in Str. 11 und nach ihr der Löwe von Luxemburg (Str. 12). Die vierte Dame ist „ghewareghe Rouwe", die Ruhe, die der Herzog nun im Tod gefunden hat (Str. 13), und sie fordert den Löwen von Limburg zur Totenklage auf (Str. 14). Mit einer Klagestrophe des Dichters, der „heren, vrouwen, mannen ende wive" (Str. 15, 1) mahnt und ein ‚memento mori' anstimmt, endet das Lied.

37 Vgl. Liliencron, Rochus von (Hrsg.): Die historischen Volkslieder der Deutschen vom 13. bis 16. Jahrhundert. Bd. 1. Leipzig 1865. Nachdruck Hildesheim 1966, Nr. 18. Dazu Müller (Anm. 10), S. 183f., S. 401.

38 Vgl. Liliencron (Anm. 37), Nr. 29.

39 Vgl. Müller (Anm. 10), S. 203 und S. 383, der darauf hinweist, dass diese Wappentiere „selbständig" agieren.

## IV.

Ein in mehrfacher Hinsicht aussagekräftiger Fall ist die aus 167 Versen bestehende historisch-politische Reimpaarrede, die der Dichter Königsberg[40] anlässlich der Ermordung des Herzogs Friedrich von Braunschweig-Lüneburg im Jahre 1400 dichtet.[41] Der Inhalt sei kurz skizziert: Auf einem Spaziergang trifft der Dichter eine schöne klagende Frau, die sich als Botschafterin von sechs Damen vorstellt. Der Kasus: „frauw Schande" (Königsberg, V. 53) habe sie alle sieben, als da sind „frauw Ere", „frauw Truwe", „frau Warheit", „frauw Maß", „frauw Dugent", „frauw Reinezocht" (Königsberg, V. 41–45) und sie selbst, „Gerechtikeit" (Königsberg, V. 31), aus dem Land gejagt. Sie, Frau Gerechtigkeit, habe nun den Auftrag, den Königsberg aufzusuchen; denn er, der sich als Herold der Wahrheitsverkündigung verschrieben habe – „‚wan du zu rechten waren dingen/hast gelobit und gesworn'" (Königsberg, V. 72f.) –, sei verpflichtet, diesen Skandal „‚den fursten graven und den heren'" (Königsberg, V. 59) öffentlich zu machen. Königsberg bittet darum, ihm diese brandgefährliche Aufgabe zu erlassen, weil schon viele seiner Vorgänger, die sich der Wahrheit verschrieben hatten, getötet und lebendig begraben worden seien:

> ‚Ich mocht der warheid so vil sagen, / mir wurd min lip enzwei geslagen / mit knotteln und mit huten kolben / und lebendig undir die erden getolben, / als manchen vor mir ist geschehen / die vil der warheid wolden iehen' (Königsberg, V. 77-82).

Frau Gerechtigkeit verkündet nun selbst den Anlass für die Verwerfungen; es ist der Mord an Herzog Friedrich von Braunschweig: „‚ist der helt gebliben dot/von Brunswig herzog Friderich'" (Königsberg, V. 88f.), für den der Bischof Johann von Mainz die Schuld trage, denn dessen „amptlude" (Königsberg, V. 96) hätten die Tat begangen.[42] Wieder mahnt Frau Gerechtigkeit den Dichter an seine

---

40 Zum Dichter Königsberg, von dem nur diese Reimrede bekannt ist, vgl. Müller, Ulrich: Art. Königsberg. In: Die deutsche Literatur des Mittelalters. Verfasserlexikon 5 (1985), Sp. 103f.; den Kommentar in der Edition von Liliencron (Anm. 37); Müller (Anm. 10), S. 207f.; Malm, Mike: Art. Königsberg. In: Deutsches Literatur-Lexikon: Das Mittelalter 5 (2013), Sp. 1250f. – Zu dieser Reimrede als historisch-politische Ereignisdichtung vgl. Kellermann, Karina: Abschied vom ‚historischen Volkslied'. Studien zu Funktion, Ästhetik und Publizität der Gattung historisch-politische Ereignisdichtung (Hermaea 90). Tübingen 2000, hier S. 2; 282; 297; 322.

41 Edition: Liliencron (Anm. 37), Nr. 43. Im Folgenden als Sigle Königsberg.

42 Zum historischen Hintergrund vgl. Liliencron (Anm. 37), S. 206f. und Pischke, Gudrun: Brunonen und Welfen als Königskandidaten und Königswähler vom 11. bis 14. Jahrhundert. In: Wolf, Armin (Hrsg.): Königliche Tochterstämme, Königswähler und Kurfürsten (Studien zur europäischen Rechtsgeschichte 152). Frankfurt a.M. 2002,

Publikationspflicht (vgl. Königsberg, V. 117f.), wieder macht Königsberg Ausflüchte: „Ich sprach: ‚is enget mich doch nit an!' " (Königsberg, V. 119), und nun holt Frau Gerechtigkeit zum ultimativen Schlag gegen den verantwortungslosen Dichter aus; denn sie zielt mit folgender Frage ins Zentrum seiner Sprecherlegitimation: „Sie sprach: ‚wie bistu dann ein man?/Hastu den wapen nit gesworn?' " (Königsberg, V. 120f.). Königsberg aber pariert diesen Angriff der Frau Gerechtigkeit, indem er seine Heroldstätigkeit präzise abgrenzt von der anklagenden Funktion eines Publizisten. Er verfasse Ehrenreden auf die Guten und spare dabei die Bösen sorgfältig aus (vgl. Königsberg, V. 123–126). Eine personal eindeutige Scheltrede aber, eine persönliche Invektive, lehnt er kategorisch ab: „‚Iedoch wil ich ir keinen schelden,/dann wolt ir iemand anders melden,/das mogit ir dun an all min strafen' " (Königsberg, V. 127–129). Nach diesem Negativbescheid übernimmt Frau Gerechtigkeit die Funktion des Publizisten und klagt die Mörder und ihre Helfershelfer namentlich an: „[...] ‚so wil ich schrihen wafen/ubir Hans Hug von Lebenstein' " (Königsberg, V. 130f.). Sie nennt außerdem fünf weitere Namen von historisch identifizierbaren Adligen.[43] Sie alle mögen, so wünscht Frau Gerechtigkeit, gehängt und geblendet werden:

> ‚Ach got weren sie alle gehangen, / die darubir gewesen sint, / und an allen augen blint, des werens sichir alle wert. / Warumb? sie hant frawen Schanden swert / gar schentlichen laßen sniden' (Königsberg, V. 151-156).

Mit der Datierung auf das Jahr 1400 (vgl. Königsberg, V. 158f.) und einer Wahrheitsbeteuerung beendet Frau Gerechtigkeit die Anklage und droht den Territorialfürsten, die sich nicht an der Strafverfolgung der Mörder beteiligen: „‚so hat

S. 107–161; hier S. 158–160. Im Mai 1400 hatte in Frankfurt eine Fürstenversammlung stattgefunden, die über die Königswahl infolge einer unmittelbar bevorstehenden Abwahl König Wenzels beraten hatte. Friedrich befand sich mit seinem Bruder, dem Kurfürsten Herzog Rudolf von Sachsen, seinen Brüdern Bernhard und Heinrich von Braunschweig-Lüneburg sowie Grafen und Herren auf der Rückreise von Frankfurt, als die Reisegesellschaft am 4. Juni 1400 vom Grafen von Waldeck überfallen wurde. Die Brüder Friedrichs wurden gefangen genommen, Friedrich selbst wurde getötet. Da der Initiator des Überfalls, der Waldecker, ein Lehnsmann des Mainzer Kurfürsten war, mutmaßte man eine Anstiftung oder Mitwisserschaft des Mainzer Erzbischofs Johann. Die Forschung hat aber herausgefunden, dass der Graf von Waldeck „eine alte Schuld mit den Herzögen und mit einem in ihrer Begleitung befindlichen Grafen zu begleichen hatte" (Pischke, S. 159).

43 Schon Müller (Anm. 10), S. 395 hat für die Reimrede des Königsberg festgehalten: „Die Form der allegorischen Klage ist hier mit vielen chronistischen Realien zum Zweck der politischen Demagogie angereichert worden."

ihr ere den riden/mit irem landfriden,/so sints meineidig alle gar' " (Königsberg, V. 162–164).[44] Die Reimrede endet mit der imperativischen Aufforderung der Frau Gerechtigkeit an den Sprecher Königsberg und dessen Replik: „,Konigsberg, des saltu nemen war!'/Ich sprach: ,Jungfrauw, das mogit ir san,/do wil ich sin unschuldig an' " (Königsberg, V. 165–167). Hier wird die Rollenverteilung, die der Dichter vorgenommen hat, zementiert. Frau Gerechtigkeit klagt an, Königsberg als Herold unterbindet diese politisch gefährliche Mordanklage von fünf mächtigen Adligen zwar nicht, aber er weigert sich, für diese Rede Verantwortung zu übernehmen. Indem der Sprecher die Erhebung der Anklage wortreich ablehnt, der Dichter sie einer Figur in den Mund legt, ist sie doch ausgesprochen. Und da diese Figur die Allegorie der Gerechtigkeit ist, erhält die Anklage weit mehr Gewicht als die eines Reimsprechers oder Herolds.

Diese allegorische Rede ist in mehrfacher Hinsicht bemerkenswert. 1. Die Allegorie der Gerechtigkeit spricht für sich und als Repräsentantin von Tugenden, die als höfische anzusprechen sind bis auf eine: die Wahrheit. 2. Dass die Gerechtigkeit zur Sprecherin erkoren wird, ist natürlich kein Zufall. Ich erkläre dies erstens mit der Tradition: ,Iustitia' ist schon in der antiken politischen Philosophie die Haupttugend, weil sie sich auf die Ordnung als Ganzes bezieht.[45] Zudem thematisiert die Reimrede einen massiven Rechtsbruch, einen hinterhältigen Mord, der gesühnt werden muss. Gerechtigkeit selbst ist die Anklägerin. Und auch die Gegenpartei wird angeführt von einer Allegorie: Frau Schande; die Angeklagten figurieren als Ritter der Frau Schande. Königsberg inszeniert seine Rede als Gerichtsrede, er nähert sie dem ,genus iudiciale' an. 3. Der rote Faden der Rede ist die Verpflichtung des Dichters, der als Herold adressiert wird. Von ihm erwartet Gerechtigkeit das unverbrüchliche Bekenntnis zur Wahrheit und zur Publikation der Wahrheit (vgl. Königsberg, V. 70–73). Dies ist der Grund für eine Allegorie der Wahrheit neben Allegorien höfischer Tugenden. 4. Der Schlagabtausch zwischen Gerechtigkeit und Königsberg kulminiert in zwei Streitgesprächen, die deutlich die Rolle des Publizisten als Wahrheitskünder markieren. Die Gegenposition ist die des Herolds, der Ehren- und Wappenreden als sein Metier ansieht, sich aber persönlicher Invektiven zu enthalten sucht. Damit ist eine Diskussion angestoßen – nicht nur über Kunstformen, sondern über zwei öffentliche Funktionen einer Person und die Frage, ob die höhere Gefährdung des Publizisten dem Herold zuzumuten ist. Diese Diskussion ist als

---

44 „Dann ist ihr Ansehen krank, denn der Landfriede ist beschädigt, und sie alle sind Verräter."

45 Vgl. Platon: Der Staat. Über das Gerechte. Übers. v. Otto Apelt (Philosophische Bibliothek 80). Hamburg 1989.

oratorisches Zeugnis außerdem rezipientengerichtet; denn die Zuhörer müssen sich zu dem hier formulierten Anspruch auf die Publizität potentiell unbequemer Wahrheiten verhalten. 5. Unter oratorischem Aspekt ist diese Rede spannend, weil sie eine oratorische Funktion gegenüber den adligen Zuhörern hat, und weil sie außerdem das Problem des neuen Genres[46] für die Funktion des alten Genres in einem spezifischen oratorischen Stil diskutiert. Die honorige, über allen Parteiinteressen stehende Gerechtigkeit markiert am Schluss die Rede als publizistische, denn sie nennt exakt das Jahr des politischen Mordes – „‚da man vierzehenhundert iar/zalte, das ist sichir war' " (Königsberg, V. 158f.) – und malt die Gefahr des gestörten Landfriedens an die Wand, die eintrete, wenn die Fürsten sich ihrer Aufgabe der Verbrechensverfolgung entzögen. Der Verlust von Gerechtigkeit und Landfriede ließe die gesellschaftliche Ordnung kollabieren, es herrschte Bürgerkrieg. Frau Gerechtigkeit etabliert in ihrer Streitrede mit dem Dichter Königsberg das neue Genre. Auf Werkebene ist der Schritt bereits vollzogen; denn wir haben es in dieser Dichtung von Anfang an nicht mit einer Ehrenrede mit Wappenblasonierung zu tun, sondern mit einer historisch-politischen Ereignisdichtung, die dem Wahrheitsbedürfnis des Publizisten entspringt. Dieser hat einen Weg aus dem Rollendilemma gefunden, indem er die Seiten gewechselt hat: Er ist von der praktischen Oratorik zur dargestellten Oratorik übergelaufen.

## V.

Im Rückblick zeigt sich: Allen vorgestellten Dichtungen ist der Gestus der Klage eigen. Von der aktuellen Zeitklage über die Mordanklage bis zur Totenklage reicht das Spektrum. Es ist evident, dass die Publizisten eine besondere Vorliebe für die Klage haben. Warum? Einen Grund sehe ich in ihrer oratorischen Funktion: Die Klage will affektiv wirken, sie will den Zuhörer zur Anteilnahme bewegen. Dies allerdings gelingt nur, wenn gemeinsame Wertvorstellungen aufgerufen werden, wenn der Publizist überzeugend darlegt, dass Herzog Friedrich von Braunschweig unrechtmäßig getötet wurde, dass der Landfriede massiv gestört ist oder die Einheit des Reiches durch egoistische Partialinteressen gefährdet ist. Der gemeinsame Normhorizont ist Voraussetzung für eine ‚compassio', eine affektive Reaktion, und erst recht Prämisse für eine etwaige Handlungsmotivation. Die Klage hat für die Publizistik noch einen weiteren, einen strukturellen Vorteil; als

46 ‚Genre' verwende ich nicht im Sinne von ‚literarische Gattung', sondern in Anlehnung an Fricke, Harald: Norm und Abweichung. Eine Philosophie der Literatur. München 1981, S. 132 als „historisch begrenzte literarische Institution."

Zeitdichtung hat sie nämlich eine interne Dynamik, die dreistufig ist. Die Klage thematisiert einen Verlust: In der Vergangenheit war alles oder zumindest etwas gut, dann gab es einen Einbruch, eine Wende zum Negativen, und nun, in der Gegenwart, liegt alles oder etwas im Argen. So schlicht das Schema ist, bietet es dem Publizisten doch einige Variationsmöglichkeiten. Er kann über eine üppige ‚laudatio temporis acti' die Gegenwart in äußerst trübem Licht erscheinen lassen. Er kann den Fokus auf die miserable Gegenwart, den grassierenden Unglauben, die schwachen Fürsten legen und die goldene Vergangenheit nur kurz als Folie anzitieren. Er kann aber auch das mittlere Moment zum Gegenstand der Reflexion machen: Wann ist der Verlust geschehen, wie kam es dazu, wen trifft die Schuld? In diesem Fall kann die Klage zur Anklage einer Person, sogar des Herrschers werden. Der Modus der Klage verändert sich, sie wird explikativer, der Redner argumentiert: Die Schuldzuweisung, die Analyse der Zustände tritt in den Vordergrund, die Schelte überwiegt.

Zum Schluss möchte ich aufzeigen, was mit Frau Reich im Verlauf von nur drei Generationen, etwa 80 Jahre nach ihrer Inthronisation in der politischen Publizistik, geschehen ist. Muskatblut,[47] einer der bedeutendsten Liederdichter der ersten Hälfte des 15. Jahrhunderts, verwendet in drei politischen Spruchliedern[48] die Allegorie der Frau Reich. Doch diese Dame entspricht nicht mehr der mariengleichen, prachtvoll gekleideten Schönheit aus den 40er Jahren des 14. Jahrhunderts, wie sie Baldemann und Hornburg erträumt hatten. Ihr Aussehen hat sich stark verändert; mit der körperlichen Schönheit der gekrönten Erscheinung kontrastiert ein Lumpengewand, das ihren Körper so unvollkommen bedeckt, dass sie fast nackt vor dem Sänger sitzt (vgl. Musk. 71, V. 17–25). Aber nicht nur sie ist ramponiert, auch der Adler, das Wappentier des Reiches, hat Federn gelassen: „‚Min adelar ste in der mů̊sze,/er kon nymme gefliegen,/sin swing si ym getzogen ů̊sz,/dar vmb mů̊sz er sich smygen' " (Musk. 81, V. 52–55). Er ist in der Mauser und kann nicht mehr fliegen. Beide Spruchlieder sind in

47 Vgl. zu Muskatblut Brunner, Horst [u.a.] (Hrsg.): Repertorium der Sangsprüche und Meisterlieder des 12. bis 18. Jahrhunderts. Bd. 4: Katalog der Texte – Älterer Teil – G-P. Tübingen 1988, S. 378–436; Kiepe-Willms, Eva: Muskatblut. In: Die deutsche Literatur des Mittelalters. Verfasserlexikon 6 (1987), Sp. 816–821; Kellermann, Karina: Muskatblut. In: Haustein, Jens [u.a.] (Hrsg.): Sangspruchdichtung. Ein Handbuch. Berlin/Boston [im Erscheinen]. Vgl. zum politischen Publizisten Muskatblut: Kellermann, Karina: Zeitkritik bei Muskatblut. In: Jahrbuch der Oswald von Wolkenstein-Gesellschaft 21 (2016/2017), S. 443–453.

48 Edition: Groote, Eberhart von (Hrsg.): Lieder Muskatblut's. Cöln 1892, Nr. 71, 81, 100. Im Folgenden als Sigle Musk. Dazu vgl. Müller (Anm. 10), S. 213–215; S. 216f.; S. 218f.

den 20er Jahren des 15. Jahrhunderts entstanden und mahnen die Einigkeit der Fürsten im Kampf gegen die Hussiten an. Wie schon Baldemann und Hornburg lässt auch Muskatblut Frau Reich die ‚translatio imperii' berichten und den Niedergang ihrer Macht für vierzig Jahre – entsprechend der Sybillenweissagung – beklagen. „‚Ich han myn gewant in dutsche lant/richlichen bracht mit grosser macht,/nů sint myn cleit zu rissen' " (Musk. 71, V. 94–96). Für diesen Niedergang macht Muskatblut die Fürsten (vgl. Musk. 81, V. 16; 38; 56; 106; 127) oder auch den gesamten Adel (vgl. Musk. 81, V. 82f.) oder ganz spezifisch die Kurfürsten (vgl. Musk. 71, V. 102, 146–165) verantwortlich. Hier wird also das mittlere Moment der Klagedynamik betont: Häresie und Disharmonie im Adel tragen die Verantwortung für den Niedergang des Imperiums.

Bei Muskatblut tritt wie zuvor bei Otto Baldemann und Lupold Hornburg die Allegorie der Frau Reich in eine spezifisch poetologische Funktion ein, sie erteilt dem Dichter den Auftrag, zu mahnen und zu schelten:

> si sprach: ‚geselle mach nuwen sang, / ich wil dir helffen dichten / von fursten groisz die sint gar blosz / an gelymp vnd an gewissen, / die giticheit důt in we, nyman acht me / uff gerichticheit, schau wie myn cleit / so clegelich ist zu rissen!' (Musk. 81, V. 24-30).

In Lied 71 erbietet sich der Dichter selbst als Botschafter der Frau Reich (vgl. Musk. 71, V. 106–111) und will die Wahrheit über ihren schlechten Zustand verkünden (vgl. Musk. 71, V. 113–120). Beide Spruchlieder haben die bei Muskatblut übliche Autorsignatur in den jeweils letzten zwei Versen (vgl. Musk. 71, V. 209f.; Musk. 81, V. 134f.). Das Lied 81 eröffnet Muskatblut zudem mit der exakten Jahreszahl 1427 und markiert es somit als aktuelle Zeitdichtung.[49] Der Publizist stattet sein Selbstverständnis und seine Rolle mit der Wahrheitspflicht, seiner Informiertheit über die aktuellen politischen, verbesserungsbedürftigen Zustände aus und verschafft sich zudem höchste Legitimität als Botschafter der Frau Reich. Nun aber droht nicht nur der Verlust des Reiches durch Abwanderung wie noch in den Klagen des 14. Jahrhunderts, sondern das Reich hat seinen Glanz bereits eingebüßt. Noch einen Schritt weiter geht Muskatblut in seinem nach der Königswahl des Habsburgers Albrecht II. am 18. März 1438 gedichteten Herrscherpreis, der sich mehr und mehr zu einer Königsmahnung auswächst (vgl. Musk. 100). In diesem adhortativen Kontext rekurriert Muskatblut auf den kläglichen Zustand der Frau Reich und bittet den König: „leg an ain klaid der kunschu maid,/lass sie nit mer beroben" (Musk. 100, V. 56f.). Einer elaborierten Vorstellung der Frau Reich und ihrer Nacktheit bedarf es nicht mehr,

---

49 Auf dem Frankfurter Reichstag von 1427 war von den Fürsten ein Feldzug gegen die Hussiten beschlossen worden.

denn in dieser Façon ist sie dem Publikum durch seine früheren Dichtungen bereits bekannt.[50] Hier aber hat die politische Allegorie nicht nur ihr Kleid, sondern auch ihre Stimme eingebüßt. Ihre Autorität ist auf den Publizisten übergegangen – eine ‚translatio auctoritatis'?

50 Müller (Anm. 10), S. 402: „Die Figur des ‚nackten Reiches' ist also in Muskatblüts politischer Dichtung ein mehrfach zitiertes Leitmotiv."

Angelika Kemper

# Dramatische Rede und politische Redekultur. Ein jesuitisches Konstantindrama des 16. Jahrhunderts

**Abstract:** The contribution will examine to what extent the Jesuit drama of the 16th century is imbued with rhetorical devices and oratorical techniques derived from political speech. Based on the example of *Constantinus Magnus* (Munich, 1575), it will also focus on ritual and ceremonial enactment on stage, in order to survey the persuasive strategies and the discursive position of the play.

## I. Einleitung

Wenn die Rezeption und Wirkung von realer politischer Rede aus der historischen Distanz nur schwer zu erschließen sind, so scheint es geradezu ein unmögliches Unterfangen zu sein, dieses Phänomen im dramatischen Kontext zu beurteilen. Die theatrale Inszenierung politischer Rede vermittelt keine realen Redesituationen und auch nur bedingt solche, die auf realen Ereignissen beruhen, sondern kennzeichnet alle Äußerung als künstlerisch gestaltete Rede im Rahmen einer komplexen plurimedialen Kommunikation zwischen Bühne und Publikum.[1]

Doch ist es möglich, dramatische Rede als Sonderfall politischer Redesituationen aufzufassen, nicht nur wegen ihrer politisch relevanten Inhalte, sondern auch wegen ihres grundsätzlich geltenden Modus der Inszenierung. Die theatrale Kommunikation bietet vergleichbare Bedingungen der Situierung von

1 Eine Erfassung der Bühnenrede muss berücksichtigen, dass die theatrale Redesituation komplex ist und verschiedene Medialitätstypen einschließt. Gegenüber dem Publikum eröffnet theatrale Rede eine face-to-face-Situation und wird somit als primäre Kommunikation wirksam, doch ist die Bühnenrede stets imitativ (Simulierung einer Präsenz) und wird damit als Kommunikationsakt sekundär. Nach Knape umfasst die primäre Kommunikation die Situation der face-to-face-Kommunikation, die sekundäre Kommunikation die Simulierung einer Präsenz in Bild und Sprache, die terziäre Kommunikation ist allein im Text fundiert; vgl. Knape, Joachim: Persuasion und Kommunikation. In: Kopperschmidt, Josef (Hrsg.): Rhetorische Anthropologie. Studien zum Homo rhetoricus. München 2000, S. 171–181, bes. S. 173–175.

Rede, wie sie dem politischen Redner zur Verfügung stehen. Alle Äußerungen, die auf einer Bühne getätigt werden, sind wirkungsbedacht und auf ein Publikum bezogen. Sie zehren vom Ereignishaften einer ko-präsentischen Darbietung und lassen sich im frühneuzeitlichen Theater durchaus rituell und zeremoniell ausgestalten, wobei zeitgenössische Modelle politischer Interaktion als Referenzrahmen dienen.

Wenngleich die Rezeption und Wirkung entsprechender Szenen nur ausschnittsweise in Spielberichten zu fassen sind, können wir doch die Semantiken der Rede historisch einordnen, die mediale Inszenierung rekonstruieren, die situative Einbettung der Aufführung ermitteln und gelegentlich die Publikumsreaktionen erschließen: So scheint das Unterfangen einer an der Oratorik-Forschung[2] orientierten Analyse eines Dramentextes reizvoll zu sein und soll im Folgenden exemplarisch ausgeführt werden.

Das Theater der Jesuiten, welches als geeignetes Beispiel erscheint, erweist sich im 16. und 17. Jahrhundert, sobald die Ebene des Schultheaters verlassen ist, vor höfischem und städtischem Publikum häufig als ein ‚politisches' Theater, das nicht selten herrscherdidaktische Ziele verfolgt. Gerade im Umfeld der Herrscherdynastien Habsburgs und Wittelsbachs zeigen sich im Theater politisch tendenziöse Sichtweisen auf herrscherliches Handeln und zeitaktuelle Kommentarfunktionen, deren Spektrum von polemischen bis zu panegyrischen Äußerungen reicht.

Derartige Redeakte können speziell in der Dramatik jesuitischer Prägung die Überzeugung und die Beeinflussung eines Publikums intendieren, bis hinein in manipulative Dimensionen, wie sie auch reale politische Rede besitzt. Es lassen sich dann Schnittstellen zwischen der Bühnenfiktion und einer realen Adressierung beobachten, besonders bei Herrscherauftritten, aber auch in Szenen der

---

2 Maßgeblich für diesen Forschungszweig sind die Beiträge von Helmrath, Feuchter und Kopperschmidt in Feuchter, Jörg/Helmrath, Johannes (Hrsg.): Politische Redekultur in der Vormoderne. Die Oratorik europäischer Parlamente in Spätmittelalter und Früher Neuzeit (Eigene und fremde Welten 9). Frankfurt/New York 2008. Die rezente historiographische Forschung nutzt das Paradigma ‚Oratorik' teils als Forschungskonzept, teils zur Beschreibung eines Quellentyps mit kommunikationstheoretischem Auswertungspotential; zu letzterem siehe Strack, Georg: Oratorik im Zeitalter der Kirchenreform. Reden und Predigten Papst Gregors VII. In: Strack, Georg/Knödler, Julia (Hrsg.): Rhetorik in Mittelalter und Renaissance. Konzepte – Praxis – Diversität (Münchner Beiträge zur Geschichtswissenschaft 6). München 2011, S. 121–144, bes. S. 122, 132f.

Entscheidungsfindung, wozu Beratungs- und Redeszenen zählen; die Durchlässigkeit der Fiktion ist in manchen Auftritten durchaus beabsichtigt.

Mit *Constantinus Magnus* wird ein frühes Drama aus dem Kreis der Münchner Aufführungen ausgewählt, dessen dynastische und panegyrische Inhalte noch begrenzt sind – im Unterschied zum späteren Theater des Ordens an Habsburgerhöfen –, so dass der herrscherbezogene Diskurs nicht vollends das Drama dominiert und gleichsam Raum lässt für andere Stimmen.

## II. Oratorische Situationen in *Constantinus Magnus*

Das lateinische Drama *Constantinus Magnus* wurde 1575 in der bayerischen Residenzstadt München aufgeführt.[3] Der Autor des Stücks ist nicht bekannt, als Dramatiker fungierte wohl ein zu dieser Zeit in München oder Ingolstadt tätiger Jesuit.[4] Die Aufführung wurde durch den bayerischen Herzog Albrecht V. (1528–1579) initiiert, der den Stoff gewählt und das Stück in Auftrag gegeben hatte. Es handelt sich um ein ausladendes fünfaktiges Drama über den Aufstieg,

3 Der Titel lautet: *Comoedia De Initijs Monarchici Imperij Constantini Magni, Primi Christianorum Imperatoris*. Das unikal überlieferte Spiel umfasst 214 fol. und befindet sich in der Bayerischen Staatsbibliothek München (Clm 573), urn:nbn:de:bvb:12-bsb00029186-7 (23.11.2017); die Zitate richten sich nach dieser Handschrift (unter Auflösung der Ligaturen und mit geringfügigen graphischen Anpassungen).

4 Als Verfasser benennt die Forschung teils Georg Agricola (1562–1635), teils einen Ingolstädter Jesuiten („Magister Joannes Baptista"); siehe Rädle, Fidel: Italienische Jesuitendramen auf bayerischen Bühnen des 16. Jahrhunderts. In: Schoeck, Richard J. (Hrsg.): Acta Conventus Neo-Latini Bononiensis (Medieval & Renaissance texts & studies 37). Binghamton/New York 1985, S. 303–312, bes. S. 303f. und S. 309 (Anm.). Zu Georg Agricola als mutmaßlichem Dramatiker – er wurde in der *Praemonitio ad Lectorem* der *Ludi theatrales* Bidermanns erwähnt – siehe Reinhardstöttner, Karl von: Zur Geschichte des Jesuitendramas in München. In: Jahrbuch für Münchener Geschichte 3 (1889), S. 53–176, bes. S. 76, sowie Müller, Johannes: Das Jesuitendrama in den Ländern deutscher Zunge vom Anfang (1555) bis zum Hochbarock (1665). 2 Bde. (Schriften zur deutschen Literatur 7/8). Augsburg 1930, hierzu bes. Bd. 2, S. 8. – Die Leitung der Ordensprovinz äußerte sich unzufrieden, was das Ergebnis der Dramenarbeit betraf, und betrachtete den Verfasser als ungeeignet, vgl. Lukács, Ladislaus: Monumenta paedagogica Societatis Iesu. Nova editio penitus retractata, Bd. 4 (1573–1580) (Monumenta historica Societatis Jesu 124). Rom 1981, S. 548 (Brief von Paulus Hoffaeus an Eberhard Mercurian, 19.9.1574): „Sed cum is [der Verfasser des Konstantindramas] coepisset rem aggredi, spes fefellit et imparem huic muneri reperimus, praeterquam quod etiam valetudinarius modo sit. […] Rogamus igitur P.V. ut hoc negotium alicui in istis provintiis demandare velit."

die Bekehrung und die Taufe Konstantins. Die Handlung fällt in zwei Teile:[5] Der erste Handlungsabschnitt präsentiert die Auseinandersetzung Konstantins mit Maxentius sowie den Kampf bei der Milvischen Brücke; er mündet zu Beginn des vierten Akts in den Triumph Konstantins. Der zweite Abschnitt behandelt die Aussatz-Erkrankung und die wundersame Heilung des Herrschers und endet mit der Krönung Konstantins durch den Papst, dem abschließenden Höhepunkt.

Die herrscherbezogenen Redepartien decken zunächst erwartungsgemäß die zeremoniellen und rollentypischen Kontexte ab; das Drama enthält Feldherrenreden,[6] es zeigt Ansprachen anlässlich eines Herrschereinzugs sowie Gesandtschaftsadressen, und es bietet zuletzt eine zeremoniell gerahmte Krönung mit Redeakten.

Die eingestreuten Repräsentativszenen berühren stets zugleich die Frage der herrscherlichen Macht. Wenn man Macht nicht als (wie auch immer geartetes) „physisches […] Phänomen" definiert, sondern, wie Josef Kopperschmidt sie umreißt, als ein auf überzeugender Rede basierendes, „soziokommunikatives Phänomen",[7] und weiter die Faktoren der Bedeutungszuschreibung und Vorstellungslenkung in Akten der Herrscherrepräsentation berücksichtigt, dann wird die Inszenierung des rechtgläubigen Kaisers auf der Bühne zur politischen Stellungnahme von großer Eindringlichkeit.

Beinahe überraschend angesichts der konfessionellen und herrscherdidaktischen Schwerpunkte[8] scheint es zu sein, dass das Stück unter seinen zahlreichen Redesituationen nicht nur belehrende Äußerungen, sondern auch solche deliberativen Charakters aufweist. Hierbei lässt das Münchner Stück vorübergehend

5 Sie umfassen den 1.–3. bzw. 4.–5. Akt und entsprechen der zweitägigen Aufführung; vgl. das volkssprachige *Argumentum in tres priores actus* des *Constantinus Magnus*, welches die Aufteilung des Stücks auf zwei Tage benennt (f. 19r); siehe auch das *Argumentum in duos posteriores actus* (f. 140r).

6 Sie profilieren im Stil einer dramatisch ausformulierten ‚synkrisis' die Kontrahenten.

7 Vgl. Kopperschmidt, Josef: Oratorik – ein erfolgversprechendes Forschungsprojekt? In: Feuchter/Helmrath (Anm. 2), S. 23–44, bes. S. 33. Zur Vorstellungslenkung siehe Röttgers, Kurt: Spuren der Macht. Begriffsgeschichte und Systematik. Freiburg/München 1990, S. 493: „Die Möglichkeiten von Handlungen sind gegeben als Bilder möglicher Handlungen, so daß der Inhalt der Macht im wesentlichen Fiktion ist. […] Symbolisierung ist ein notwendiges Merkmal von Macht; Handlungskontinuitätssicherungen sind auf Vorstellungen angewiesen."

8 Eine Besprechung des Dramas im Kontext der Münchner Spielkultur bietet Valentin, Jean-Marie: Le théâtre des Jésuites dans les pays de langue allemande (1554–1680). Salut des âmes et ordre des cités (Berner Beiträge zur Barockgermanistik 3). 3 Bde. Bern/Frankfurt am Main/Las Vegas 1978, siehe Bd. 1, S. 442–447.

eine vielstimmige Debatte zu, da die Beratungen römischer Senatoren eine Alternative zur herrscherlichen Redepraxis aufscheinen lassen.

Im Folgenden werden nun zwei ausgewählte Redesituationen des Dramas betrachtet, die senatorische Diskussion sowie die Krönung, um die Ausführung der Redeakte sowie das Überzeugungspotential[9] der Redemodelle in Augenschein zu nehmen und zu versuchen, ihre rezeptive Anschlussfähigkeit und Wirkung zu bemessen.[10] Wenngleich die Äußerungen des Krönungsakts streng genommen keine politischen Reden darstellen – also einen rhetorischen Redeaufbau vernachlässigen und eine argumentative Überzeugung der Zuhörer gar nicht leisten müssen –, so sind sie dennoch institutionalisierte Äußerungen von hoher politischer Valenz und können mit einiger Berechtigung in das Spektrum der politischen Redekultur eingeordnet werden.

## II.1. Diskussion der Senatoren

Die Diskussion der Senatoren stellt sich im Handlungsverlauf als eine Redefolge dar, in der die Reaktion der Empörten auf das Schreckensregime des Maxentius zum Ausdruck kommt. Das Drama schildert die Unterdrückung der römischen Bevölkerung in einer fünfteiligen Szenenfolge des zweiten Akts (Szenen II, 4–8); besonders sticht der Selbstmord der Sophronia hervor, die sich der Lüsternheit des Tyrannen entziehen will. Der durch Maxentius verursachte Tod dieser Römerin gibt Anlass zu einer Verschwörung der Senatoren. Die Verschwörer halten eine improvisierte Beratung ab, die im Drama auffallend breiten Raum erhält, verschiedene Redebeiträge umfasst und mit einer Abstimmung endet.[11]

9 Die Überzeugung bildet den Bestimmungskern der Rhetorik, gemäß einer Definition der Rhetorik als „Theorie und Technik der persuasiven Rede"; Kalivoda, Gregor/Zinsmaier, Thomas: Art. Rhetorik. A. Begriff und aktuelle Bedeutung. I. Etymologie, Wortfeld/Wortgeschichte. In: Ueding, Gert (Hrsg.): Rhetorik. Begriff – Geschichte – Internationalität. Tübingen 2005, S. 1–5, hier S. 1.

10 Nach Kopperschmidt umfasst ‚Anschlussfähigkeit' ein erfolgreiches und widerstandsloses Einklinken der Rede in vorhandene Überzeugungen. Zum Anschlussparadigma im Rahmen der Oratorik-Forschung vgl. v. a. Kopperschmidt (Anm. 7), S. 30.

11 Vgl. *Constantinus Magnus*, II, 9 (f. 64r–72v). Die Verschwörung wird in der Folge durch einen Spitzel aufgedeckt und mündet in einen Racheakt des Tyrannen gegen die Bevölkerung Roms. Der Verräter hinterbringt die Botschaft, dass „[...] Senatus universus, ipseque/Populus, nece excitatus indignissimae/Sophroniae, in maiestatis tuae acriter/Iuravit interitum [...]." Er benennt die Versammlung auch als ‚coniuratio'; vgl. *Constantinus Magnus*, II, 10 (f. 73v–74r).

Der Beschluss lautet, um dies kurz vorwegzunehmen, Boten zu Konstantin zu entsenden, der die Tyrannei beenden soll.

Die politische Kommunikation findet während der Versammlung ohne institutionellen Rahmen statt, doch die Anreden entsprechen der antiken Titulatur für Amtsträger, wie „patres conscripti" und „viri […] amplissimi",[12] und machen von Beginn an deutlich, dass eine staatliche Diskursebene vorliegt. Die Verallgemeinerung des über die Römerin hereingebrochenen Unheils, das nicht nur Einzelne betreffe, sondern den gesamten Staat,[13] führt in einem nächsten Schritt rasch zur klaren Wertung und Einschätzung der vorliegenden politischen Verhältnisse.

Nachdem das Generalthema der ‚Respublica' auf diese Weise angestoßen wurde, folgt eine Untersuchung der Ursachen des Niedergangs. Maxentius kann einem bekannten Herrschaftsmuster zugeordnet werden, der ungezügelten machiavellistischen Herrschaft „nullo Jure, nullis legibus", die einhergeht mit Günstlingswirtschaft und lustgesteuerter Willkür.[14] In dichter Folge werden Signalwörter gesetzt: „audacia", „Tyrannis" (später sogar „Tyrannis […] barbarissima"), „libido", „servitus",[15] die zweierlei bewirken: die ethisch-charakterliche

12 *Constantinus Magnus*, II, 9 (f. 65v, 68r).

13 „At cum totius illa [sors iniqua] sit/Reipublicae, haud scio quid iam solatij/sit amplius reliquum." *Constantinus Magnus*, II, 9 (f. 66r).

14 Vgl. *Constantinus Magnus*, II, 9 (f. 66r). Im Jesuitenorden dominiert eine antimachiavellistische Tendenz, vgl. etwa Juan de Mariana: De rege et regis institutione. Libri III […]. Toledo: Petrus Rodericus 1599. Siehe lib. II, cap. 12, S. 224 (Exemplar der Bayerischen Staatsbibliothek München, Pol.g. 614 z. urn:nbn:de:bvb:12-bsb10192856-7 [23.11.2017]); der Fürst solle seine Hilfe eher bei Gott als „[…] in armis, potentia, & calliditate […]" suchen. Höpfl fasst die gängigen antimachiavellistischen Argumente jesuitischer Autoren (Mariana, Possevinus, Contzen etc.) zusammen, die sich vor allem mit der Frage der Religion im Staat befassen. Siehe Höpfl, Harro: Jesuit Political Thought. The Society of Jesus and the State, c. 1540–1630 (Ideas in Context 70). Cambridge [u. a.] 2008, S. 112–122. Siehe auch Valentin (Anm. 8), S. 161–176, der die Entwicklung des Antimachiavellismus im Orden nachzeichnet. Ein von Jesuitendramatikern aufgegriffenes Problem ist neben der Herrscherwillkür auch die ‚Providentia Dei'; diese Idee wird bei Machiavelli durch eine weltimmanente Kausalität ersetzt.

15 Vgl. *Constantinus Magnus*, II, 9 (f. 66v). Zur eminenten Bedeutung der ‚audacia' in diesem Kontext, da die Redner im Gestus der Staatsrettung agieren, vgl. *Oratio in L. Catilinam prima* (nach der Ausgabe: Cicero in twenty-eight volumes. Bd. 10: In Catilinam I–IV, Pro Murena, Pro Sulla, Pro Flacco [The Loeb Classical Library 324]. With an English Translation by C. Macdonald, M.A. Cambridge, Mass./London 1977, S. 32).

Abqualifizierung des Kontrahenten und die Etablierung einer grundsätzlichen Differenz zwischen den Parteien. Die Rhetoriktradition bietet mit Ciceros erster Rede gegen Catilina ein Vorbild für die effektvolle Diffamierung des Gegners, und so gebraucht der Dramatiker nicht nur mehrfach deskriptive Schilderungen im Stil von „Quo usque tandem [...]",[16] sondern ergänzt auch das Zitat „o tempora o/Mores": „[...] O tempora O / Mores, quò se haec proiecta tandem audacia,/Tyrannis, ac libido immanis exerent?"[17]

Die Zuhörer auf der Bühne, also die Senatoren und auch Einwohner Roms, werden als Adressaten unmittelbar in die Argumentation eines ‚tua res agitur' eingebunden. Die integrative Strategie ist erfolgreich, der affektive Pegel der Zuhörer steigt, und es folgen pathetische Schwüre der Senatoren – sie geloben die Verfolgung des Maxentius und beschwören die alte „urbs libera" Rom.[18]

Nun, nachdem die grundsätzliche, staatsgefährdende Dimension der Ereignisse umrissen ist, folgt die lange Stellungnahme eines Senators, die als politische Beratungsrede vorgetragen wird. Sie verbindet daher, der aristotelischen Rhetorik entsprechend, mit dem grundsätzlichen Ziel der Überzeugung auch Handlungsempfehlungen zum Nutzen des Gemeinwesens.[19]

Die stilistisch kunstvolle Rede des Senators nutzt ein Arsenal rhetorischer Stilmittel mit affektreicher Wirkung, etwa pathetische Ausrufe, dichte Folgen rhetorischer Fragen und diffamierende Tiermetaphorik für den Gegner („bellua", „Tygris"[20]). Der Redner beweist damit eine an der aktuellen Redesituation

---

16 Vgl. *Constantinus Magnus*, II, 9 (f. 67v–68r). Vgl. dazu aus der *Oratio in L. Catilinam prima*: „Quo usque tandem abutere, Catilina, patientia nostra?" (Cicero [Anm. 15], S. 32). Gegenüber Ciceros Modell verschiebt sich im Drama die Rolle des Verschwörers, die nun der eigenen Gruppe zukommt und nicht dem Gegner, der dichte Adressatenbezug auf die senatorische Zuhörerschaft bleibt wie bei Cicero jedoch erhalten. Vgl. zu Methoden der Polarisierung bei Cicero Klein, Josef: Art. Politische Rede. In: Historisches Wörterbuch der Rhetorik 6 (2003), Sp. 1465–1521, bes. Sp. 1475–1478.

17 *Constantinus Magnus,* II, 9 (f. 66v). „O Zeiten, o Sitten, wohin werden sich noch diese niedrige Frechheit, die Tyrannei und die schreckliche Willkür erstrecken?"

18 *Constantinus Magnus*, II, 9 (f. 67r). Alle Verschwörer bemühen übrigens göttlichen Beistand ohne eindeutige christliche Färbung („caelites", „deos", „diva numina"), vgl. f. 66v–67r.

19 Vgl. Aristoteles: Rhetorik I, 3 (1358b). Die drei Arten der Rede sind Beratungs-, Gerichts- und Festrede, ihnen sind jeweils spezifisch eine Zeitspanne und ein Ziel zugeordnet; der Beratungsredner befasst sich mit der Zukunft, seine Rede zielt auf ‚Nutzen und Schaden'.

20 *Constantinus Magnus*, II, 9 (f. 67v–68r).

ausgerichtete, adressatenorientierte Rhetorik, die Sachargumente und Affekterregung mischt.[21] Wiederholte formale Adressierungen als „patres conscripti" betonen die eigene Rechtmäßigkeit und Staatstreue, heben die Legitimation und Tradition des Gremiums hervor.[22] Die Kontrahenten und ihre Rechts- und Staatsauffassungen kontrastierend, ist das Ziel des Redners unverkennbar die Etablierung einer kollektiven Identität und die emotionale Einwirkung, zumal er mehrfach explizit das ‚Movere' seiner Zuhörer verlangt:

> [...] nihil [...] commovet /
> Clades vestrorum Civium? nihil status /
> Reipublicae afflictissimus? Nihil trucis /
> Minae Tyranni? [...][23]

Es folgt die im römischen Vorstellungshorizont, der hier adaptiert wird, unvermeidliche Berufung auf das altrömische Exempel des Tyrannensturzes (L. Iunius Brutus), das eine historische Rechtfertigung des eigenen Handelns bieten soll.

Hierzu passend fügt der nächste senatorische Redner das Schlagwort der Freiheit hinzu, welches innerhalb des Dramas eng mit Konstantins Herrscherwirken als Befreier Roms verknüpft ist. Es erscheint, emphatisch vorgetragen, als Ziel des eigenen Handelns: „[...] Paratus haud solum fortunas atque opes,/Sed et animam pro libertate patriae/Deponere [...]."[24]

---

21 Zur adressatenorientierten Rhetorik vgl. Ueding, Gert. Art. Rhetorik. II. Aktuelle Bedeutung der Rhetorik in Wissenschaft und Gesellschaft. In: Ueding (Anm. 9), S. 5–11, hier S. 6.

22 Vgl. *Constantinus Magnus*, II, 9 (f. 67v–68r).

23 *Constantinus Magnus*, II, 9 (f. 68r). „Bewegt [euch] nicht das Unglück eurer Bürger? Nicht der bedrängteste Zustand des Staates? Nicht die Drohungen des grimmigen Tyrannen?"

24 *Constantinus Magnus*, II, 9 (f. 69r). „[ich bin] bereit, nicht allein Vermögen und Macht, sondern auch das Leben für die Freiheit des Vaterlands zu verlieren [...]." Die Betonung der Freiheit ist für das rhetorische Vorbild des Dramatikers offenbar bezeichnend; in der Zeit Ciceros, zumindest für die Jahre nach dem Bürgerkrieg und der Diktatur Sullas, sind als „Hochwert-Schlagwörter" in Umlauf: Friede (‚pax'), Freiheit (‚libertas'), politische Ruhe (‚otium'). Siehe hierzu Klein (Anm. 16), Sp. 1475. Doch auch spätantike Quellen heben diesen Wert hervor. Der bei Eusebius überlieferte Inschriftentext einer Statue Konstantins mit dem Kreuz belegt die Aktualität des libertas-Begriffs auch in konstantinischer Zeit: „Hoc salutari signo quod verae virtutis argumentum est, vestram urbem tyrannicae dominationis jugo liberatam servavi. Senatui populoque Romano in libertatem asserto pristinum decus nobilitatis splendoremque restitui" (De Vita Beatissimi Imperatoris Constantini, lib. I, cap. 40 [*De Constantini statua crucem tenente, et de ejus inscriptione*]; Patrologia Latina 8 [1844], Sp. 26f.) – Dass auch andere frühneuzeitliche Dramen, infolge einer humanistischen Orientierung, Stoffe der römischen

Demgegenüber gilt dem Tyrannen das Schlagwort des Feindes oder Staatsfeindes („hostis"). Die Konsequenzen dieser Gegenüberstellung sind schlagend. Durch den Redner aufgefordert, wiederholt die Menge dreimal den Hostis-Begriff („Populus. Est hostis, hostis patriae Maxentius/Pereat hostis [...]."[25]) und fügt eine Todesforderung an. Es handelt sich um die einzige Stelle in dieser Szene, an der das römische Volk, sonst lediglich als akklamierender Resonanzraum fungierend, selbst zu Wort kommt.

An diesen Höhepunkt, der einem kollektiven Urteilsspruch gleichkommt, schließt sich eine abwägende Beurteilung der Redebeiträge durch den Konsul an. Er betrachtet das Exempel der Frühzeit relativierend, vor dem Hintergrund der gegenwärtigen Machtverhältnisse, und leitet über zu einer individuellen Meinungsabfrage („[...] singuli sententias/Communicate [...]"[26]). Die Senatsmitglieder sind aufgefordert, frei ihre Meinung zu äußern.[27]

Dabei wird auch Kritik an den vorherigen, aufgebrachten und aggressiv getönten Redeäußerungen laut, die zu wenig überlegt gewesen seien und deren Wortführern Mäßigung empfohlen wird.[28] Man befolgt am Ende den Rat, klug zu handeln und Boten zu Konstantin zu entsenden.

Die Szene II, 9 zeigt im Ganzen eine Reihe politischer Redeakte, die alle dem Modell öffentlicher Rede folgen, in ihrer Wirkungsabsicht jedoch abschattiert sind. Es fällt eine Zweiteilung der Szene ins Auge, die inhaltliche Schwerpunkte und rhetorische Strategien betrifft: Der erste Szenenteil enthält Redeakte mit energischer Wirkungsabsicht, die eine affektive Erschütterung zu erreichen suchen; diese Beiträge bedienen sich vor allem einer schlagwortartigen Verdichtung der Botschaft und des Wirkungsmodus des ‚Movere'. Der zweite Teil weist, gleichsam als Korrektiv, deliberative Elemente auf, in dem die Evaluierung der Voten, Kritik und mögliche Gegenmeinungen ihren Platz haben, um zu einem Endergebnis zu gelangen. Die Redebeiträge dieses Teils versuchen rational zu überzeugen, statt Akklamation ist Argumentation gefordert, basierend auf vorsichtigem und klugem Räsonnement. Dem typologischen Muster politischer Rede zwanglos folgend ist also nach einer gründlichen Situationsbewertung die

---

Republik aufgriffen, erweist die Schweizer Spielkultur; vgl. Thomke, Hellmut: Kommentar. In: Ders. (Hrsg.): Deutsche Spiele und Dramen des 15. und 16. Jahrhunderts (Bibliothek der Frühen Neuzeit 2). Frankfurt am Main 1996, S. 899–1150, hier S. 944f.

25 *Constantinus Magnus*, II, 9 (f. 69v). „Volk. Maxentius ist der Feind, der Feind des Vaterlandes/der Feind soll sterben [...]."

26 *Constantinus Magnus*, II, 9 (f. 70v). „[...] teilt einzeln eure Meinungen mit".

27 „[...] per me possunt liberrimè/Proferre." *Constantinus Magnus*, II, 9 (f. 71r).

28 Vgl. *Constantinus Magnus*, II, 9 (f. 71v).

handlungs- und zukunftsorientierte Ausrichtung erkennbar, die stark auf eigene Prinzipien und Werte rekurriert und Ziele benennt.[29]

Wie für einen jesuitischen Autor nicht anders zu erwarten, der wahrscheinlich als Lehrer eines Jesuitengymnasiums zum Dramatiker wurde, dient als rhetorisches Vorbild die römische Tradition. Die affektfreundliche Rhetoriktheorie eines Quintilian[30] hat im Stück starke Spuren hinterlassen, so sind Emphase und Pathos, ebenso ethische Qualifizierungen bzw. die ethische Integrität der Redner unschwer als Überzeugungsmittel erkennbar.[31]

Die senatorische Redefolge imitiert somit ein republikanisches Beratungsgremium,[32] obwohl die Handlung am Ende sicher und ungefährdet in eine

---

29 Auch die lobende Funktion einer konventionellen Festrede ist in der Beratungsszene zu finden und erscheint angesichts der herrscherlichen Hauptfigur schlüssig. Die gängigen rhetorischen Elemente politischer Stellungnahmen werden ebenso berücksichtigt, da die in der Geschichte des politischen Redetyps sich manifestierenden Kategorien erkennbar hervortreten; diese umfassen das Verweisen auf die Situation, das Aufzeigen von Konsequenzen, die Integration von Prinzipien und Werten. Zu den Topoi der politischen Rede („Datentopos“, „Motivationstopos“, „Prinzipientopos“, „Finaltopos“, „Konsequenztopos“) und zum komplexen topischen Muster politischer Rede vgl. Klein (Anm. 16), Sp. 1467–1469.

30 Gegenüber der auch auf rationale Argumentation setzenden aristotelischen Rhetorik, die kognitive Ansprache mit Emotionslenkung verbindet, vgl. Klein (Anm. 16), Sp. 1471. Zur Aufwertung des Affekts bei Quintilian vgl. Till, Dietmar: Art. Rhetorik des Affekts. In: Fix, Ulla/Gardt, Andreas/Knape, Joachim (Hrsg.): Rhetorik und Stilistik. Ein internationales Handbuch historischer und systematischer Forschung. Halbbd. 1 (Handbücher zur Sprach- und Kommunikationswissenschaft 31.1). Berlin/New York 2008, S. 646–669, hier S. 652. Die Rhetoriken der Frühen Neuzeit rekurrieren im Wesentlichen auf römische Lehrbücher und stehen der Affekterregung positiv gegenüber, vgl. ebd. S. 654. Als jesuitischer Rhetoriker legte Cyprian Soarez (1524–1593) mit *De arte rhetorica* (zuerst 1560) einen Abriss klassischer Rhetorik vor, das Buch war als Lehrwerk verbreitet und fokussierte die ‚amplificatio‘; siehe van der Poel, Marc: Art. Rhetorik. B. Geschichte. I. Quellengeschichte. 3. Frühe Neuzeit (15.–17. Jh.). In: Ueding (Anm. 9), S. 25–30, hier S. 28. Nicolas Caussins (1583–1651) *Eloquentiae sacrae et humanae parallela* (1619) wird dann stärker auf die Pathos-Lehre eingehen.

31 Die aristotelische Konzeption der ‚Pististrias‘ (bestehend aus Logos, Ethos und Pathos) scheint weitgehend gewahrt, da in Szene II, 9 die vernünftige Argumentation schließlich befürwortet wird – wenngleich ohne streng logikgesteuertes Beweisverfahren. Das auf das Image des Redners bezogene Ethos wird im Drama nicht sehr stark ausgespielt, ist aber durch offiziöse Selbstbezeichnungen latent vorhanden. Vgl. Fix/Gardt/Knape: Rhetorik und Stilistik (Anm. 30), S. 599, S. 647.

32 Der Dramatiker zeigt die Praxis der Beratungsrede, ausgeübt durch eine patrizische Elite, insgesamt in einem durchaus positiven Licht. Die Senatorenrede lässt die

monarchische Ordnung mündet und diese als überlegen prämiert. Die im Schlussakt gezeigte Senatssitzung wird dann gerade die Unterwürfigkeit des Gremiums gegenüber dem Kaiser demonstrieren, so dass das Stück im Ganzen ein konfessionell geprägtes Monarchieverständnis erkennen lässt.

Die zwischenzeitliche Berücksichtigung der politisch amorphen Masse des Volkes, die politischen Freiheitsansprüche und die Vollmacht des Versammlungsorgans, die sich in einer Abstimmung ausdrückt, können die realen politischen Verhältnisse nur im Ansatz widerspiegeln. Die Frage nach dem konkreten Adressatenbezug dieser Episode des *Constantinus Magnus* muss so vorerst offenbleiben.

## II.2. Krönungsansprachen

Die Ansprachen, die für die Krönungszeremonie in Szene V, 24 vorgesehen sind, befinden sich in einem rituell und zeremoniell dicht gestalteten Kontext. Der Begriff des Zeremoniells kann definiert werden als ein Komplex von öffentlichen, symbolischen Gesten, der sich auch auf dem Bühnenplatz realisieren lässt und den Beteiligten ein Bild der politischen und/oder religiösen Ordnung vermittelt.[33] Entsprechend performativ ist die Szene angelegt,[34] sie führt ein Gefüge aus Herren, Untertanen und Gremien (wie Senat und Kurie) vor, das sich gestisch und proxemisch ausdifferenziert. Zugleich lässt sich im Schlussakt eine Handlungsfolge beobachten, die sich grob am hergebrachten Krönungsablauf

---

Wirkungsmacht öffentlicher Rede aufscheinen, als sei die oligarchisch-demokratische Mischverfassung der römischen Republik noch intakt, doch ist das beratende Redegenus im Zustand gewaltsamer Herrschaft nur noch im Modus konspirativer Versammlung möglich. Die senatorische Redekunst befolgt dann nach Konstantins Sieg das Muster deliberativer Rede nicht mehr, da unter dem Alleinherrscher die panegyrisch gestimmte Lobrede dominiert. Vgl. *Constantinus Magnus*, V, 19 (f. 202v): „Nihil tuam maiestatem invictissime/Caesar patiemur in nobis desiderare […].“

33 Vgl. McCormick, Michael [u.a.]: Art. Zeremoniell. In: Lexikon des Mittelalters 9 (2002), Sp. 546–580, bes. Sp. 546f.

34 Der Performanzbegriff umfasst nach theaterwissenschaftlicher Auslegung 1. das Ausführen von Sprechakten, 2. das materiale Verkörpern von Bedeutungen und 3. das inszenierende Aufführen von theatralen und rituellen Handlungen. Die Dramenszene V, 24 kann an alle drei Performanzpotentiale anschließen. Darüber hinaus bezeichnet das Performative die Eigenschaft kultureller Vollzüge, ‚wirklichkeitskonstituierend‘ zu sein, sofern sie die soziale Wirklichkeit herstellen, von der sie sprechen und handeln; vgl. Fischer-Lichte, Erika: Art. Performativität/performativ. In: Fischer-Lichte, Erika/Kolesch, Doris/Warstat, Matthias (Hrsg.): Metzler Lexikon Theatertheorie. Stuttgart/Weimar ²2014, S. 251–258, bes. S. 251f.

des Alten Reichs mit Befragung, Salbung und Insignienübergabe orientiert und damit die vorstrukturierte Handlungskette eines Rituals zeigt.[35]

Die Krönung ist neben dem Triumphzug im vierten Akt (IV, 1) eine der zentralen Repräsentativszenen des Stücks, die dazu dienen, Konstantin auf der Bühne als christlichen Herrscher zu inszenieren und seine göttliche Legitimation[36] kundzumachen.

Eine entscheidende Rolle erhält der Papst, der im fünften Akt als Vertreter der römischen Kirche auf die Bühne kommt. Er belehrt Konstantin über seine Herrscherpflichten, vor allem gegenüber der Kirche, worauf der Herrscher seinen Gehorsam gegenüber dem Papst und den kirchlichen Beschlüssen verkündet.[37] Aus der Hand des Papstes empfängt Konstantin dann die Salbung und die Insignien,[38] und er revanchiert sich mit der Konstantinischen Schenkung.[39] Bestätigt werden die Beschlüsse durch Akklamationen des Senats und des römischen Volkes, es folgen Vivat-Rufe. Die römischen Vertreter verkünden: „Applaudimus laeti […]/Applaudimus, probamus, rata sunt omnia", der „Romanus Populus"

---

35 Zu rituellen Aspekten der Kaiserkrönung vgl. Götzmann, Jutta: Weihen – Salben – Krönen. Die vormoderne Kaiserkrönung und ihre Imagination. In: Stollberg-Rilinger, Barbara [u.a.] (Hrsg.): Spektakel der Macht. Rituale im alten Europa 800–1800. Darmstadt 2008, S. 21–25. Zu Ritualen als symbolischen, bedeutungsgeladenen Handlungen siehe allgemein Althoff, Gerd/Stollberg-Rilinger, Barbara: Spektakel der Macht? Einleitung. In: ebd., S. 15–19, bes. S. 16. Rituale werden nach Soeffner als die Verknüpfung von Symbolen und symbolischen Gesten in „gleichbleibenden und vorstrukturierten Handlungsketten" definiert; Soeffner, Hans-Georg: Auslegung des Alltags – Der Alltag der Auslegung. Zur wissenssoziologischen Konzeption einer sozialwissenschaftlichen Hermeneutik. Konstanz $^{2}$2004, S. 202.

36 Siehe *Constantinus Magnus*, V, 24 (f. 212v): „[…] Verum Imperatorem […]/Divina authoritate […]."

37 „Rata praesul omnia,/Quae sanxerit beata isthaec et Apostolica/Sedes Petri aut concilia." (f. 211r).

38 Es handelt sich in *Constantinus Magnus* um Krone, Schwert und Reichsapfel (vgl. f. 211v–212r).

39 Die Inhalte des kaiserlichen Beschlusses umfassen eine formale Anerkennung päpstlicher Vormacht, die Zuweisung einer Residenz in Rom nebst Landbesitz, eine steuerliche Absicherung und Herrschaftszeichen (Diadem, Szepter usw.). Auch die Ranggleichheit der Kurie mit dem Senat wird festgeschrieben; entscheidend ist der abschließende Zusatz, Rom und Latium künftig dem Papst anzuvertrauen und ferner die Regenten des Westreichs dem Papst zu unterstellen, der als ihr „princeps et caput" bezeichnet wird. Vgl. *Constantinus Magnus*, V, 24 (f. 213v).

lässt sich hören mit: „Vivat, valeat semper, et sospes imperet/Patriae pater Constantinus […].“[40]

In diese vielschrittige Zeremonie der Salbung und Krönung sind diverse Redepartien eingelegt; es stechen zwei längere Redebeiträge heraus. Es handelt sich um den formelhaften Redeakt des Papsts Sylvester während der Krönungszeremonie und um Konstantins folgende Krönungsansprache.

Die Äußerungen des Papsts sind mit zeichenhaften Akten und Gesten durchwoben, so dass der Redeakt ausgeprägte performative Züge aufweist. Inhaltlich thematisiert der Papst in einem einzigen ausgedehnten direktiven und deklarativen Sprechakt[41] vor allem die gewünschten Herrschertugenden und Verhaltensregeln. Seine Rede erhält daher paränetische Züge, in denen weltliche und geistliche Anteile verquickt sind und die religiöse Grundlage des Herrscheramts zum Vorschein kommt. Die Tugenden werden anhand der Insignien visualisiert, so erinnere etwa die Krone den Herrscher an Christi Passion und mahne zur Affektbeherrschung:

> Diadema Christi […] /
> Impono Constantine nunc capiti tuo, /
> Ut passionem Christi perpetuo memor /
> Affectibus tuis et passionibus /
> Prudenter imperare discas […].[42]

Der Redeakt kombiniert dabei ein breites Spektrum an sprachlichen und visuellen Signalen, nutzt ein symbolisches Bedeutungssystem und intensiviert die darin angelegten Wahrheitspräsumtionen.[43] Er ist monologisch gehalten und adressiert den Kaiser,[44] doch mit der rituellen Übertragung von Macht und

---

40 *Constantinus Magnus*, V, 24 (f. 214r). „[Senatoren:] Fröhlich applaudieren wir […][.] Wir applaudieren, wir stimmen zu, alles ist gültig.“ Bzw. „Romanus Populus: Der Vater des Vaterlands, Constantinus, lebe hoch, er möge immer stark sein und unversehrt herrschen.“

41 Vgl. Art. Sprechaktklassifikation. In: Bußmann, Hadumod (Hrsg.): Lexikon der Sprachwissenschaft. Stuttgart [3]2002, S. 641–643. Das Modell der Sprechakttheorie nach Searle sieht fünf Klassen von illokutionären Sprechhandlungen vor, die direktive und deklarative Äußerungen fassen.

42 *Constantinus Magnus*, V, 24 (f. 211v). „Die Krone Christi setze ich nun, Konstantin, auf dein Haupt, damit du dich beständig an die Passion Christi erinnerst und lernen mögest, deine Affekte und Leidenschaften klug zu beherrschen“.

43 Visuelle Zeichen sind in der Krönungsszene etwa vorhanden als gestische und proxemische Zeichen, aber auch Kostüme und Requisiten besitzen, theatersemiotisch betrachtet, einen visuellen Zeichencharakter.

44 Allein an diesen richten sich die eingestreuten rituellen Aufforderungen des Papstes, z.B.: „Nunc Surge Constantine Caesar“; *Constantinus Magnus*, V, 24 (f. 212r).

Legitimation sowie der Demonstration eines päpstlich-kaiserlichen Zusammenspiels richtet er sich ebenso an das Publikum auf und jenseits der Bühne.

Die Ansprache, die der Kaiser in dieser Szene vorbringt, befasst sich vor allem mit Zugeständnissen an die päpstliche Macht. Die kaiserliche Rede selbst ist nicht monologisch gestaltet wie die Rede des Papstes, sondern mit bestätigenden Einwürfen durchzogen, indem andere Beteiligte die Aussagen in Kurzsätzen bekräftigen und kollektiv sanktionieren; schließlich kommt es zu den Akklamationen.[45] Die Publikumskommunikation und die Interaktion der Gruppen, die auf der Bühne politische oder gesellschaftliche Kräfte vertreten, sind in dieser kaiserlichen Redepassage deutlich belebt.[46]

Da beide Redeakte sich weder als politische Beratungsrede im eigentlichen Sinn noch als Festrede auffassen lassen, sondern in eine hochkomplexe Sprechfolge aus direktiven und deklarativen Akten und eine zeremonielle Situationsregie eingebunden sind, ist die Zustimmung des Publikums ebenfalls zeremoniell vorgegeben. Eine Überzeugung gemäß den klassischen rhetorischen Mitteln von Logik oder Pathos spielt in diesem Redezusammenhang erwartungsgemäß keine Rolle. Eine argumentative, rhetorisch gestaltete Persuasion ist unerheblich, da die Anschlussfähigkeit für das Publikum durch andere Modi der Sinngebung und Überzeugung, wie sie Symbolik und visuelle Evidenz leisten, sichergestellt wird.

Den Situationsrahmen dieser Dramenszene bildet, dies ist nicht zu vergessen, ein Krönungsanlass, der den Charakter einer öffentlichen Feier besitzt. Meinungskontroversen werden insofern vermieden, mit dem Ziel, einen homogenen Deutungshorizont für die Redebeiträge zu erzeugen. Der Anlass dient schließlich auch der politischen Selbstvergewisserung der Beteiligten, deren gemeinsame Wertsetzungen und politische Überzeugungen gespiegelt und bestärkt werden. Dies gilt illusionsüberschreitend auch für das Theaterpublikum, dem die historische und heilsgeschichtliche Bedeutung von Kaiser- und Papsttum vorgeführt wird.

## III. Exkurs: Publikumsinteraktion und Anschluss an lebensweltliche Bezüge

In solchen Szenen wird deutlich, wie sehr die performative Leistung der Bühnenaktion sowie die Interaktion mit dem Publikum als Stützen der Aussageabsicht

45 Vgl. die bestärkende Redefunktion des Bischofs Gregorius, der mehrmals bestätigend Konstantins Rede unterbricht; *Constantinus Magnus*, V, 24 (f. 213r).

46 Zur rhetorischen „Beziehungskommunikation", wie sie bereits bei Demosthenes auftritt, siehe Klein (Anm. 16), Sp. 1472.

fungieren können.[47] Eine gewollte Vernetzung der Inszenierung mit anderweitigen kulturellen Praktiken, die lebensweltliche Bezüge aufweisen, ist unübersehbar. Ein kleiner Seitenblick wird diese Publikumsinteraktion noch deutlicher machen, die sich zeitgenössischer Frömmigkeitspraktiken bedient. Die Szene V, 15 des Stücks zeigt Helena mit dem wiedergefundenen Kreuz Christi auf der Bühne. Der Auftritt ist offenbar in Form einer Kreuzesverehrung ausgestaltet worden, bei der auch die herzoglichen Musiker zu hören waren. Das reale Publikum der Aufführung ignorierte an dieser Stelle die Grenzen der Illusion, wie der Aufführungsbericht in den *Annales Collegii Monachensis* zum Jahr 1575 festhält, und nahm an der Szene unmittelbar teil. Die Zuschauer verhielten sich also entsprechend lebensweltlichen Konventionen und Erwartungen, sie verneigten sich emotional ergriffen vor dem Kreuz der Theaterszene und verehrten es: „Plurimis locus ille Inventionis S. Crucis ab Hellena Hierosolumis lacrimas excitavit, quam proni Spectantes [!] venerati sunt […].“[48] Infolge einer solchen illusionsüberschreitenden Geltung des Gezeigten kann wohl angenommen werden, dass die Aufführung in einzelnen Szenen eine durchaus intensive Wirkung entfalten und Publikumsinteraktionen initiieren konnte, indem sie eine Wechselwirkung zwischen realem Alltag und Theaterspiel förderte.[49]

---

47 Es erscheint aus Sicht der Oratorik-Forschung sinnvoll, diese Aspekte einzubeziehen; bereits die Textlinguistik der 80er Jahre beachtete verstärkt pragmatische Aspekte bei der Analyse politischer Reden, welche in der klassischen Rhetorik vernachlässigt worden waren (Redesituation, Machtgefälle der Beteiligten, technisch-mediale Realisierung der Rede etc.). Vgl. Klein (Anm. 16), Sp. 1467.

48 „Bei den meisten [Zuschauern] rief jene Stelle der Jerusalemer Auffindung des hl. Kreuzes durch Helena Tränen hervor, vor dem die Zuschauer sich neigten und das sie verehrten.“ *Annales Collegii Monachensis* (München, Archiv. Prov. Germ. SJ./Archiv der Deutschen Provinz der Jesuiten [ADPSJ], Abt. 41, 6), 1575, S. 6. Auch ein Vortrag des Chors der herzoglichen Hofkapelle ist bezeugt („[…] concinentibus Principis cantoribus“; ebd.). Wahrscheinlich ist auch beim späteren Einzug Helenas (V, 21) der geistlich-erbauliche Charakter der Szene hervorgehoben worden.

49 Zur im frühneuzeitlichen Theater eintretenden Interdependenz zwischen „theatraler Inszenierung und Gesellschaftswirklichkeit“, die im Rahmen der ‚Intertheatralität‘ entsteht, siehe Meier, Christel: Enzyklopädie und Welttheater. Zur Intertheatralität von Universalwissen und weltpräsentierender Performanz. In: Schierbaum, Martin (Hrsg.): Enzyklopädistik 1550–1650. Typen und Transformationen von Wissensspeichern und Medialisierungen des Wissens (Pluralisierung & Autorität 18). Münster 2009, S. 3–39, bes. S. 30f.

## IV. Wirkungspotential

Die gewonnenen Beobachtungen können nun zusammengetragen werden. Die politischen Redeakte des Dramas treiben nicht nur die fiktionale Handlung voran, sondern besitzen auch den Anspruch, Wahrheitsannahmen, Geltungen und Machtansprüche zu erwirken oder zu bestärken.

Die Redeakte profilieren die Macht eines papsttreuen Herrschers und bezwecken letztlich, verlängert auf die Ebene der realen Rezipienten, der allgemeinen Zuschauer wie des Hauptadressaten, eine Wirkung im Bereich der lebensweltlichen Überzeugungen.

Die beiden untersuchten Redepassagen wenden sich damit stets an ein doppeltes Publikum, auf und jenseits der Bühne. Die heftige pathetische Aufladung und die Wiederholung von Signalwörtern, wie etwa im zweiten Akt geschehen, garantieren eine Wirksamkeit der Szenen selbst bei einem nicht-wörtlichen Textverständnis und werden wohl auch durch nonverbale Mittel wie Gestik und Schwurakte unterstützt. Sowohl die Sprachbarriere der lateinischen Bühnensprache als auch der Sakralcharakter mancher Szenentypen legen ein Ausgreifen auf nicht-argumentative Überzeugungsmittel nahe. Auch wenn die Bühnensprache lateinisch war, ist so auf vielfache Weise dafür gesorgt, dass konfessionell vorgeprägte Besucher der Aufführung die Inhalte aufnehmen können, etwa mittels Medieneinsatz, katechetischer Präsentationen wie der Kreuzesreliquie, auch mittels autoritativer Texteinfügungen oder verbaler Vereinfachungen und Zuspitzungen, wie sie Signalwörter bieten.

Das Rednerethos kann als weiterer Überzeugungsanreiz eine Rolle spielen, da im fünften Akt Figuren höchsten Ranges wie Papst und Kaiser in zeremoniellen Posen ihre Redebeiträge verlautbaren und zugleich im Sinne der Gegenreformation als Träger der Wahrheit und Rechtgläubigkeit qualifiziert sind.[50] Wieweit die Lenkung des Münchner Publikums unter solchen Bedingungen tatsächlich reichte, wo Widerstände oder das Bewusstsein ästhetischer Distanz einsetzten, ist in zeitlicher Rückschau freilich nicht mehr rekonstruierbar.[51]

---

50 Vgl. Kopperschmidt (Anm. 7), S. 36.

51 ‚Propaganda' im Sinne von konfessioneller Glaubensausbreitung ist also durchaus erreicht; der Begriff kursiert seit 1622, als Papst Gregor XV. die ‚Sacra congregatio de propaganda fide' gründete, in dieser Bedeutung. Vgl. Studt, Birgit: Geplante Öffentlichkeiten: Propaganda. In: Kintzinger, Martin/Schneidmüller, Bernd (Hrsg.): Politische Öffentlichkeit im Spätmittelalter (Vorträge und Forschungen 75). Ostfildern 2011, S. 203–236, bes. S. 207. Die unausweichliche Gültigkeit der vermittelten Botschaften sowie ein Horizont von Sanktionierung machen die Jesuitendramatik in der Tat zur ‚Propaganda' (vgl. ebd., S. 209).

Die realen Besucher der Aufführung ließen sich jedenfalls zu kollektiven Reaktionen führen, wie der genannte Aufführungsbericht anlässlich der Kreuzesauffindung bemerkt. Dass das Münchner Publikum zeremonielle Aktions- und Redemuster erkannte und auch an anderer Stelle, etwa im Krönungsablauf, in Akklamationen einstimmte, besitzt erhebliche hypothetische Wahrscheinlichkeit. Die Redepassagen des Dramas zeigen damit eine grundlegende Mehrfachadressierung und Polyfunktionalität.[52]

## V. Fazit: Muster politischer Oratorik auf der Jesuitenbühne

Will man ein Fazit ziehen, so zeigen sich in den untersuchten Szenen zwei unterschiedliche Redemodelle, die Züge heteronomer Konventionalisierung tragen: Die Senatorenreden stehen für ein emotives und zugleich vernunftgelenktes, antikes Modell der Meinungsfindung. Die senatorische Diskussion, die andeutungsweise eine Kontroverse um Handlungsalternativen zulässt, erscheint zunächst als Kuriosum in einem Drama, das im Kern die Macht von Monarch und Papst propagiert; sie ist zum Teil wohl als historische Reminiszenz aus dem Quellenstudium des Dramatikers zu sehen, und erscheint weniger als Aussage von politischem Gewicht. Die Kommunikation und das Verhandeln von Legitimationsfragen und Machtansprüchen sind in der senatorischen Diskussion keineswegs rituell gesteuert; die Ordnung der diskursiven Redefolge ergibt sich eher durch eine geschickt adaptierte politische Beratungsrhetorik, die zuerst Affekterregung, dann Reflexion vorsieht und ausdrücklich die Vielstimmigkeit der Beiträge verlangt. Die humanistische Durchdringung des Schulcurriculums jesuitischer Gymnasien, deren letzte Klasse eigens die ‚Rhetorik' behandelte, führte möglicherweise zu dieser anachronistischen Prämierung einer kontroversen Redekultur antiker Prägung.[53]

Die Sprechakte von Papst und Kaiser basieren dagegen auf mittelalterlich geprägten, direktiven bzw. deklarativen und auf Symbole rekurrierenden Redemustern, die beim Zuhörer kollektive Reaktionen auslösen. Sie setzen dennoch abstraktive Leistungen bei der Lesbarkeit der Gesamtszene voraus – wie die komplexe Bedeutungsaufladung der Insignien erweist – und sind von performativen

52 Vgl. Klein (Anm. 16), Sp. 1476f.

53 Zum Programm der Jesuitenschulen vgl. Seifert, Arno: Das höhere Schulwesen. Universitäten und Gymnasien. In: Hammerstein, Notker (Hrsg.): Handbuch der deutschen Bildungsgeschichte. Bd. 1: 15. bis 17. Jahrhundert. Von der Renaissance und der Reformation bis zum Ende der Glaubenskämpfe. München 1996, S. 197–374, bes. S. 317–320.

Handlungen durchzogen, die eine Dominanz des Visuellen im politischen Kontext widerspiegeln. Die Redebeiträge des Papstes und des Kaisers zeichnen sich entsprechend durch eine stärker ausgeprägte situationsbezogene Funktionalität aus. Es handelt sich in der Krönungsszene nach wie vor um rituelle Modelle der Konsensbestätigung mit einem starken Inszenierungscharakter.[54]

Das jesuitische Theater gebraucht, wie zu sehen ist, verschiedene Redemodelle und mit ihnen verschiedene Modi der Überzeugung, die teils stärker verbal und rhetorisch, teils stärker symbolisch fundiert sind. Dabei fallen der Einsatz der Rhetorik als kunstvolle Überzeugungsrede und die Anschlussfähigkeit für beide Beispiele verschieden aus; für das Publikum ist die Anschlussfähigkeit der politischen Redeaussagen durch wiederkennbare, polarisierend angelegte Deutungsmuster und soziokommunikative Signale abgesichert – was die Akklamationen unterstreichen.[55] Allerdings führt die Debattenszene die persuasive Wirkung rational argumentierender Rede vor, in einem politischen Redewettstreit, ohne für den zeitgenössischen Rezipienten als völlig realitätsnah anschlussfähig gelten zu können.[56] Wenngleich die politischen Inhalte der Redeszenen und die gewählten historischen Modelle daher nicht ganz homogen gehalten sind, steht doch der Gewinn der verwendeten Redemodelle für die jesuitische Herrscherdidaxe außer Frage.

Bezogen auf den Herzog als Hauptadressaten der Aufführung bedeutet dies, dass der Regent mit beiden Arten der Kommunikation und Persuasion vertraut sein sollte, den symbolischen wie den verbalen oder rhetorischen Modi. Unter dem Gesichtspunkt der Herrschertätigkeit lässt sich so für den herzoglichen Adressaten durchaus ein Nutzen ziehen aus der klugen Lenkung der Debatte des zweiten Akts und den Symbolhandlungen des fünften Akts.

Die Situierungsstrategien rednerischer Aktion verlaufen dabei auf der Bühne nicht völlig analog zu politischen Akten. Die gezielte Funktionalität und

---

54 Der Begriff der Inszenierung fasst allgemein die Planung, Erprobung und Festlegung von Strategien, welche die Materialität der Aufführung betreffen; siehe Fischer-Lichte, Erika: Art. Inszenierung. In: Fischer-Lichte/Kolesch/Warstat (Anm. 34), S. 152–160.

55 Das ‚Anschlussparadigma', gemäß Kopperschmidt vorhandene Überzeugungen nutzend, ist für die jesuitischen Organisatoren der Aufführung ein geeignetes Mittel, auf das bereits konfessionell vorgeprägte Publikum einzugehen. Vgl. Kopperschmidt (Anm. 7), S. 30.

56 Diese Leerstelle in der Konzeption des Dramas ist möglicherweise einem überlasteten Dramatiker geschuldet, der ein Auftragswerk abzuliefern und verschiedene Interessen zu bedienen hatte, den herzoglichen Anspruch eines gelehrten wie repräsentativen Renaissancetheaters ebenso wie die Katechese der Besucher.

persuasive Einrichtung der rednerischen Akte zeigen jedoch, dass diese Verlautbarungen im Rahmen eines inszenierten Ereignisses durchaus mit Wirkungsabsichten verbunden sein können, die dem politischen Redeakt vergleichbar sind. Die politischen Redeszenen des Constantinus Magnus gewähren so Einblicke in die dichte Verwobenheit von oratorischer Praxis, Politik und Theater, die eine Jesuitenaufführung im 16. Jahrhundert hervorbringen kann.

Christian Schmidt

# Unheilige Oratorik auf dem Konstanzer Konzil. Johann Agricolas *Tragedia Johannis Huss* (1537)

**Abtract:** In his *Tragedia Johannis Huss* (1537), the Lutheran Johann Agricola dramatises the political oratory of the Council of Constance by using elaborate polemical techniques. This article focuses on the display of formal and informal spaces of speech and on its violent interruption. An extensive sermon held by the Bishop of Lodi constitutes the oratorical climax of the *Tragedia*.

Im Jahr 1537 erschien in Wittenberg Johann Agricolas *Tragedia Johanis Huss*, die zum Jahreswechsel 1537/38 im Schloss Hartenfels in Torgau aufgeführt wurde.[1] Sie dramatisiert aus einer lutherisch-konfessionspolemischen Perspektive die

1 Vgl. Roloff, Hans-Gert: Quelle – Text – Edition. Johann Agricolas *Tragedia Johannis Huss*. In: editio 11 (1997), S. 78–85, hier S. 78; ders.: Der Märtyrer und die Politik: Johann Agricolas *Tragedia Johannis Huss* – zur Entstehung eines protestantischen Kampfdramas 1537. In: European Medieval Drama 19 (2015), S. 33–45, hier S. 39f.; ders.: Zur Funktion der volkssprachlichen Rezeption neulateinischer Reformationspropaganda, aufgezeigt an Beispielen der Rezeption von Kampfdramen von Johann Agricola und Thomas Naogeorg. In: Andersen, Peter Hvilshøj (Hrsg.): Die Bedeutung der Rezeptionsliteratur für Bildung und Kultur der Frühen Neuzeit (1400–1750). Bd. 3. Beiträge zur dritten Arbeitstagung in Wissembourg/Weißenburg im März 2014 (Jahrbuch für internationale Germanistik. Reihe A 120). Bern [u.a.] 2015, S. 235–250, hier S. 238. Ein Zeugnis, das auf eine Aufführung 1538 hindeutet, nennt Kawerau, Gustav: Johann Agricola von Eisleben. Ein Beitrag zur Reformationsgeschichte. Berlin 1881, S. 121, Anm. 3: „Der Baccalaureus an der Schule zu Torgau, Michael Schultes, nennt sich im Februar 1538 ‚yhm kunfftigen spiel vom Johan Hus Vorreder vnd Beschließer'". Zu Leben und Werk Agricolas vgl. Rogge, Joachim: Art. Agricola, Johann. In: Theologische Realenzyklopädie 2 (1978), S. 110–118; Koch, Ernst: Art. Agricola, Johann. In: Die Deutsche Literatur. Biographisches und bibliographisches Lexikon. Reihe 2. Die Deutsche Literatur zwischen 1450 und 1620. Bd 1. A–AL. Hrsg. von Hans Gert Roloff. Bern [u. a.] 1991, S. 78–85; Schmidt, Christian: Art. Agricola (Schneyder, Sneider, Schnitter; Islebius, Eisleben; Grickel), Johannes. In: Frühe Neuzeit in Deutschland, 1520–1620. Literaturwissenschaftliches Verfasserlexikon 7 (2019), Sp. 1–12.

Ereignisse um die Hinrichtung des böhmischen Kirchenreformers Jan Hus auf dem Konstanzer Konzil in den Jahren 1414/15. Als Quelle nutzt Agricola eine 1529 von ihm selbst herausgegebene Übersetzung des Berichts des Peter von Mladoňovicz.[2] Die *Tragedia* gilt als ein frühes deutschsprachiges Geschichts- und Märtyrerdrama.[3] Hans-Gert Roloff und Phillip Haberkern haben in unterschiedlichen Aufsätzen gezeigt, dass sie in eine Welle antikonziliarer reformatorischer Publizistik einzuordnen ist, die sich insbesondere gegen das Konzil von Mantua richtete.[4]

---

2 History vnd warhafftige geschicht/wie das heilig Euangelion mit Johann Hussen ym Concilio zu Costnitz durch den Bapst vnd seinen anhang offentlich verdampt ist/ym Jare nach Christi vnsers Herren geburt. 1414 [...]. [Hagenau] 1529. Bayerische Staatsbibliothek München, urn:nbn:de:bvb:12-bsb00027859-9 (27.10.2017). Bei Zitaten aus alten Drucken werden Abbreviaturen und Ligaturen aufgelöst, superskribiertes *e* wird zum Umlaut vereinfacht, superskribiertes *o*, *u* und *v* werden ausgeschrieben. Zum Verhältnis der *History* zur *Tragedia* vgl. Roloff: Quelle (Anm. 1), S. 82–84; Roloff: Der Märtyrer (Anm. 1), S. 37–39; Dietl, Cora: Für oder wider Brüche in der Theatertradition des 16. Jahrhunderts. Johannes Agricolas *Tragedia Johannis Huss* als ‚protestantisches Passionsspiel'. In: Dietl, Cora/Hofmeister, Wernfried: Das Geistliche Spiel des europäischen Spätmittelalters (Jahrbuch der Oswald von Wolkenstein-Gesellschaft 20). Wiesbaden 2015, S. 411–423, hier S. 413f.

3 Vgl. Roloff: Der Märtyrer (Anm. 1), S. 34; Fromholzer, Franz: Gefangen im Gewissen. Evidenz und Polyphonie der Gewissensentscheidung auf dem deutschsprachigen Theater der Frühen Neuzeit (Ethik, Text, Kultur 8). München 2013, S. 33f. Eine knappe Einordnung der *Tragedia* findet sich auch bei Metz, Detlef: Das protestantische Drama. Evangelisches Theater in der Reformationszeit und im konfessionellen Zeitalter. Wien 2013, S. 110. Problematisch sind die Ausführungen bei Michael, Wolfgang F.: Das deutsche Drama der Reformationszeit. Frankfurt am Main [u.a.] 1984, S. 79-81 und bei dems.: Ein Forschungsbericht. Das deutsche Drama der Reformationszeit. Frankfurt am Main [u.a.] 1989, S. 93f. Michael erwägt ohne Beleg eine Aufführung im Jahr 1535; zudem scheint er die polemische Satire von Johann Cochlaeus als Hinweis auf eine tatsächlich ungnädige Aufnahme der *Tragedia* in Wittenberg zu deuten (vgl. zu Cochlaeus unten, Anm. 6).

4 Vgl. Roloff, Hans-Gert: Die Funktion von Hus-Texten in der Reformations-Polemik. In: Milde, Wolfgang/Schuder, Werner (Hrsg.): „de captu lectoris". Wirkungen des Buches im 15. und 16. Jahrhundert. Berlin/New York 1988, S. 219–256, hier S. 251–255; Haberkern, Phillip: „After Me There Will Come Braver Men". Jan Hus and Reformation Polemics in the 1530s. In: German History 27 (2009), S. 177–195, hier S. 177–186; Roloff: Der Märtyrer (Anm. 1), S. 34f. Vgl. zu dieser ‚Publikationsoffensive' auch Spehr, Christopher: Luther und das Konzil. Zur Entwicklung eines zentralen Themas in der Reformationszeit (Beiträge zur historischen Theologie 153). Tübingen 2010, S. 492–499.

Papst Paul III. hatte dieses Konzil 1536, also ein Jahr vor dem Erscheinen der *Tragedia*, ausgeschrieben.[5]

Neben Roloff und Haberkern haben sich jüngst Franz Fromholzer und Cora Dietl mit der *Tragedia* beschäftigt. Während Fromholzer die Darstellung von Gewissensentscheidungen auf der Bühne untersucht, fragt Dietl nach dem Verhältnis der *Tragedia* zum mittelalterlichen Passionsspiel.[6] Der vorliegende Beitrag hingegen nähert sich dem Text aus einer oratorischen Perspektive.[7] Ein Drama besteht überwiegend aus Figurenreden; wenn es eine politische Versammlung wie das Konstanzer Konzil zum Gegenstand hat, verspricht es daher besondere Aufschlüsse über Möglichkeiten der literarischen Gestaltung politischer Redekultur.[8]

---

5 Zur Wittenberger Reaktion auf die Konzilsausschreibung vgl. Spehr (Anm. 4), S. 454–505.

6 Vgl. Fromholzer (Anm. 3), S. 33–70; Dietl (Anm. 2). Die *Tragedia* wurde bereits 1538 durch Johann Cochlaeus satirisch angegriffen. Sein *Heimlich gsprech vonn der Tragedia Johannis Hussen* ist die erste deutschsprachige Metakomödie (vgl. Roloff: Quelle [Anm. 1], S. 78). Cochlaeus lässt darin prominente Reformatoren wie Luther, Melanchthon, Jonas und Spalatin auftreten und über die literarischen Mängel und theologischen Fehlleistungen der *Tragedia* diskutieren. Vgl. dazu Haberkern (Anm. 4), S. 183–194; Dietl, Cora: A Polemical Theatre Review on Stage. Johannes Cochlaeus' *Heimlich gesprech Vonn der Tragedia Johannis Hussen*. In: European Medieval Drama 16 (2012), S. 81–97. Zur Rezeption des *Heimlich gesprech* in Wittenberg vgl. Kawerau (Anm. 1), S. 127f. mit Bezug auf von Anton Lauterbach dokumentierte Äußerungen Luthers.

7 Zum Konstanzer Konzil als Zentrum politischer Redekultur im Spätmittelalter vgl. die Hinweise bei Helmrath, Johannes: Rhetorik und ‚Akademisierung' auf den deutschen Reichstagen im 15. und 16. Jahrhundert. In: Duchardt, Heinz/Melville, Gert (Hrsg.): Im Spannungsfeld von Recht und Ritual. Soziale Kommunikation im Mittelalter (Norm und Struktur 7). Köln/Weimar/Wien 1997, 423–445, hier S. 431; Helmrath, Johannes: Der europäische Humanismus und die Funktionen der Rhetorik. In: Maissen, Thomas/Walther, Gerrit (Hrsg.): Funktionen des Humanismus. Studien zum Nutzen des Neuen in der humanistischen Kultur. Göttingen 2006, S. 18–48, hier S. 38.

8 Während das deutschsprachige Drama des 16. Jahrhunderts im Verhältnis zur politischen Redekultur bislang nicht systematisch untersucht wurde, liegen in der Anglistik mehrere anregende Monographien vor: Wolfgang Müller hat bereits 1979 auf die strukturelle Bedeutung politischer Reden für die Dramen Shakespeares hingewiesen (vgl. Müller, Wolfgang G.: Die politische Rede bei Shakespeare. Tübingen 1979). Müller konzentriert sich vor dem Hintergrund zeitgenössischer politischer und rhetorischer Theorie auf die innerdramatische Darstellung politischer Zeremonielle und Redeformen, sodass sein Ansatz sich mit den Interessen des vorliegenden Bandes überschneidet. Greg Walker analysiert die politisch-persuasiven Funktionen dramatischer ‚interludes'

Johann Agricola inszeniert in seiner *Tragedia* eine doppelbödige Redekultur.[9] Der Kommunikationsraum des Konzils ist von stark formalisierten Redeakten geprägt und nahezu jeder öffentlichen Äußerung geht eine zeremonielle Anredeformel voran. Die Begleiter von Jan Hus wenden sich mit der Formel „Allerhilgster jnn Gott Vater/Vnd aller seligister herr" (Bvv) an den Papst; Michael de Causis spricht die Prälaten mit „Hochwirdigste jnn Gott Veter" (Bvjv) an, um nur zwei von zahlreichen Beispielen zu nennen. Weitere Anredeformeln lauten „Gnedigste gnedige Herrn" (Bvijv) oder „Gnedigste herren vnd Veter" (Bviijv). Diese Redepraxis ist Teil eines Kommunikationcodes, der die Geltungs- und Ranganspruche der Konzilsteilnehmer abbildet und die Ordnung der Versammlung symbolisiert.[10] Die *Tragedia* legt jedoch nahe, dass es sich hierbei um eine nur scheinhafte Oberfläche handelt: Tatsächlich ist das Konzil ein Ort der

während der Regierungszeit Heinrichs VIII. und beschreibt das Drama selbst als eine mediale Alternative zu geläufigen oratorischen Formaten: „More subtle and flexible than a formal oration, more immediate and effective than a printed tract and probably more congenial to the listener than a sermon, a play possessed a number of advantages over the other forms of intellectual and political exchange generally employed" (Walker, Greg: Plays of Persuasion. Drama and Politics at the Court of Henry VIII. New York 1991, S. 9). Dermot Cavanagh untersucht das Verhältnis von destruktiv-transgressiver Sprache und Politik in englischen Geschichtsdramen vor Shakespeare und bei Shakespeare selbst (vgl. Cavanagh, Dermot: Language and Politics in the Sixteenth-Century History Play. New York 2003, S. 5). Er nimmt damit ein Gegenphänomen zu einer positiv konzeptualisierten politischen Eloquenz in den Blick: „This capacity of speech to devastate human aspirations for political order constitutes the inverse of the beneficient power of eloquence that was so fulsomely celebrated by the rhetorical tradition" (ebd., S. 7).

9 Zitate nach folgendem Druck: Agricola, Johannes: Tragedia Johannis Huss/welche auff dem Vnchristlichen Concilio zu Costnitz gehalten/allen Christen nützlich vnd tröstlich zu lesen. Wittenberg 1537. Halle, Universitäts- und Landesbibliothek Sachsen-Anhalt, urn:nbn:de:gbv:3:1-124712 (27.10.2017).

10 Ein nonverbaler Teil dieses Codes wären z.B. die Sitzordnungen auf vormodernen politischen Versammlungen. Vgl. Stollberg-Rilinger, Barbara: Zeremoniell als politisches Verfahren. Rangordnung und Rangstreit als Strukturmerkmale des frühneuzeitlichen Reichstags. In: Kunisch, Johannes (Hrsg.): Neue Studien zur frühneuzeitlichen Reichsgeschichte (Zeitschrift für historische Forschung, Beiheft 21). Berlin 1998, S. 91–132. Zu Anreden als zeremoniellen Redemustern im Spätmittelalter vgl. Behrmann, Thomas: Zum Wandel der öffentlichen Anrede im Spätmittelalter. In: Althoff, Gerd (Hrsg.): Formen und Funktionen öffentlicher Kommunikation im Mittelalter (Vorträge und Forschungen 51). Stuttgart 2001, S. 291–317, bes. S. 297; mit Blick auf König Sigismund und das Konstanzer Konzil vgl. ebd., S. 311–313.

Tyrannei, an dem die Konzilsväter ihre Machtinteressen entschieden gegen die von Jan Hus vertretene Wahrheit der Heiligen Schrift durchsetzen.

Dagegen polemisiert Agricola bereits in seiner Vorrede: Hus sei auf dem Konzil nicht öffentlich und rechtmäßig angehört worden, „ja auch jnn dieser vorhöre/ welche mit jm Tyrannisch vorgenomen/wird er von den Cardinalen vnd Bischoffen also angefaren vnd vberschrien/das er kein wort noch vorantwortung auffbringen kan" (Avv). Wie damals, so könne man auch heute noch an den Papisten sehen, wie sie unter „dem schein vnd namen der frömkeit vnd heiligkeit alle büberey vnd Tyranney vben" (Avjr–Avjv). Hinter der Oberfläche zeremonieller Ordnung verbirgt sich tyrannische Willkür und hinter dem scheinheiligen Konzil verbirgt sich eine Versammlung des Antichrist.[11]

Der vorliegende Beitrag zeigt, wie Agricola diese Doppelbödigkeit auf der Ebene der Redekultur des Konzils sichtbar macht. In einem ersten Schritt geht es um die Inszenierung formeller und informeller Kommunikationsräume und um die Sprechakte, die in diesen Räumen jeweils möglich sind. In einem zweiten Schritt widme ich mich einem Muster tyrannischen Redeverhaltens, das Agricola in der Vorrede bereits anklingen lässt: dem In-die-Rede-Fallen. Die Konzilsväter nutzen dieses Mittel systematisch, um Hus am Argumentieren zu hindern – bezeichnender Weise vor allem dann, wenn er versucht, seine Argumente mit Schriftzitaten zu begründen.[12]

Den Höhepunkt unheiliger Oratorik in der *Tragedia* bildet eine Predigt des Bischofs von Lodi. Diese Predigt wurde tatsächlich am 6. Juli 1415, dem Tag der Hinrichtung des Jan Hus, während der ‚sessio publica' im Konstanzer Münster gehalten.[13] Der Bischof adressiert darin vor allem den während der ‚sessio'

11 „Wie wir denn jnn dieser Historia sehen/das Christus mit seim wort/von der Antichristischen Synagog jm Concilio zu Costnitz/on alle schew offentlich vordampt worden ist" (Aiijr). Die Vorstellung, auf dem Konzil sei Gottes Wort verdammt worden, äußerte Luther bereits 1521 (vgl. Roloff [Anm. 4], S. 240). Das Epitheton der antichristlichen Synagoge verwendet Agricola auch im Vorwort der Mladoňovicz-Übersetzung von 1529; vgl. History (Anm. 2), Aijr. Damit verbindet Agricola die Polemik gegen das Papsttum mit einer antijudaistischen Semantik.

12 Zu dieser Beobachtung vgl. Fromholzer (Anm. 3), S. 39.

13 Zum Ablauf einer ‚sessio publica' auf dem Konstanzer Konzil vgl. Brandmüller, Walter: Das Konzil von Konstanz 1414–1418. Bd. 1. Bis zur Abreise Sigismunds nach Narbonne. Paderborn [u.a.] 1991, S. 160–164. Die lateinische Predigt ist ediert bei von der Hardt, Hermann (Hrsg.): Magnum Oecomenicum Constantiense Concilium [...]. Bd. 3. Frankfurt/Leipzig 1698, Sp. 1–5. Zur Predigt vgl. Arendt, Paul: Die Predigten des Konstanzer Konzils. Ein Beitrag zur Predigt- und Kirchengeschichte des ausgehenden Mittelalters. Freiburg i.Br. 1933, S. 157f.; Brandmüller (Anm. 13), S. 351; Fudge,

anwesenden König Sigismund, um zu bekräftigen, dass es die heilige Aufgabe der weltlichen Gewalt sei, die aktuelle Ketzerei mit dem Schwert zu bekämpfen. Dies sei notwendig, um die Politik zur Überwindung des Schismas erfolgreich fortzusetzen. Agricola importiert die Predigt nahezu vollständig aus seiner Quelle in die *Tragedia.*[14] Sie hebt sich durch ihre rhetorisch hochgradig durchgeformte Prosa markant von den paargereimten Knittelversen des restlichen Dramas ab.[15] Agricolas polemische Kunst besteht darin, die Predigt so zu kontextualisieren, dass sich ihre rhetorische Kunst selbst als unheilige ‚Sophisterey' entlarvt.

## I. Formelle und informelle Kommunikationsräume

Eine der ersten Szenen des Dramas präsentiert eine kurze Ansprache der neu in Konstanz eingetroffenen böhmischen Herren Johan von Clum und Heinrich von Latzenbock an den Papst. Sie stellen sich dem Papst vor und berichten, dass sie Jan Hus im Auftrag des Königs Sigismund auf das Konzil begleitet haben.[16] Sie erinnern ihn daran, dass Hus im Namen des Königs freies Geleit gewährt wurde, was der Papst bestätigt und mit einer hyperbolischen Formulierung unterstreicht:

> Wir wollen jnn keinerley weis /
> Beschweren lassen / vnd mit fleis.
> Vorteidgen / schutzen zu der stet /
> Ob er vns schon erwürget het.
> Vnsren leiplichen bruder (Bvjr)

Diese emphatische Zusicherung ist vor allem deshalb wichtig, weil der Papst sie im Rahmen der *Tragedia* in kürzester Zeit wieder bricht. Um die Form, in der dies geschieht, geht es mir im Folgenden. In der nächsten Szene wenden sich die Theologen Michael de Causis und Stephan Paletz [Paleč], ein ehemaliger Vertrauter von Hus,[17] sowie eine Reihe weiterer Geistlicher und Mönche an

---

Thomas A.: Jan Hus. Religious Reform and Social Revolution in Bohemia (International Library of Historical Studies 73). London/New York 2010, S. 144f.

14 Vgl. History (Anm. 2), Lvv–Mv; Agricola (Anm. 9), Dviijv–Evjv.

15 Vgl. auch Dietl (Anm. 6), S. 85f.

16 Die Ansprache erfüllt damit eine ähnliche Funktion wie eine Gesandtschaftsrede (‚propositio'). Zu diesem Redetypus vgl. Haye, Thomas: Lateinische Oralität. Gelehrte Sprache in der mündlichen Kommunikation des hohen und späten Mittelalters. Berlin/New York 2005, S. 136f.; ders.: Art. Rede. III. Lateinisches Mittelalter. In: Historisches Wörterbuch der Rhetorik 7 (2005), Sp. 713–718, hier Sp. 715f.

17 Zu Stephan Paleč und Michael de Causis sowie zu ihrem Vorgehen gegen Hus vor dem Konzil und während des Konzils vgl. Fudge (Anm. 13), S. 135–137. Zum Bruch von

die versammelten Prälaten.[18] Ihre Ansprachen verfolgen das persuasive Ziel, die Würdenträger des Konzils von der Gefährlichkeit des Ketzers Hus für die Kirche zu überzeugen und seine Bestrafung zu veranlassen. Die Ansprachen sind in einem zeremoniellen Duktus gehalten und tragen damit dem Ort der Rede und dem Rang ihrer Adressaten Rechnung. Michael de Causis wendet sich wie folgt an die Prälaten:

> Hochwirdigste jnn Gott Veter /
> Nach dem euch der almechtig hieher.
> Aus sonder Göttlicher ordnung /
> Nach seiner milden versehung.
> Zu diesem heilgen Concilium /
> Versammelt hat zu grossem rhum.
> Seit desselben jnn sonderheit /
> Darzu der gantzen Christenheit.
> Oberste Heubter zu der stund /
> So gleub ich gantz aus hertzen grund:
> Das ewer gnad vnd hochwirde /
> Bedencken werden mit begirde.
> Allezeit zu hertzen füren /
> Ein schwere sach thut berüren.
> Der Römschen Kirchen trost vnd heil /
> Das sie nicht vnterghe mit eil.
> Die wird beschwert mit grosser last /
> Mit gantzem freuel angetast
> Durch Johan Huss den verfluchten Man /
> Mit ketzerey ich sagen kan.
> Vnd bin jnn grosser zuuersicht /
> So ewer gnad des werd bericht:
> Der grossen schedlichen zwitracht /
> Auffruhr / spaltung durch jn gemacht.
> Werden gantz ernstlich verschaffen /
> Schwerlich an jm lassen straffen. (Bvjv–Bvijr)

Die heilige und ruhmreiche Versammlung des Konzils, die Würde der obersten Häupter der Christenheit und das Heil der Römischen Kirche stehen der Ketzerei des verfluchten Mannes Hus, der die Einheit durch Aufruhr, Zwietracht und Spaltung bedroht, antithetisch gegenüber. Die persuasive Funktion dieser

Hus und Paleč vgl. auch Machilek, Franz: Art. Hus/Hussiten. In: Theologische Realenzyklopädie 15 (1986), S. 710–735, hier S. 716.

18 Zum historischen Hintergrund vgl. Brandmüller (Anm. 13), S. 328f.; Fudge (Anm. 13), S. 136.

Ansprache geht aus den Appellen des Michael de Causis an die Prälaten hervor, die vorgetragene Sache mit Sorgfalt zu bedenken und sie sich zu Herzen zu führen. So werde man zu der Entscheidung gelangen, Hus zu strafen und damit dem Untergang der Kirche entgegenzuwirken. In einem ähnlichen Stil sind auch die weiteren Ansprachen an die Prälaten gestaltet. Stephan Paletz trägt eine Reihe von Artikeln aus den Schriften des Jan Hus vor und verleiht der Argumentation damit eine materielle Grundlage.[19] Wie die Antwort des Kardinals von Camerach [Cambrai] zeigt, wird das vorgebrachte Anliegen wohlwollend aufgenommen:

> Lieben getrewen vnd Brüder /
> Wir haben ewr andechtig bger.
> Vnd vorbrengen / wol vernomen /
> Wolln dem getreulich nachkomen. (Cr)

Man lässt Hus von einigen Legaten aufsuchen, vor die Kardinäle führen und nach einer kurzen Diskussion gefangennehmen.[20] Damit ist das zugesicherte freie Geleit verletzt. Aufschlussreich ist, was sich nun in den Regieanweisungen abspielt. Agricola nämlich bildet die Logik, die sich hinter dem Wortbruch des Papstes verbirgt, topologisch ab. Er macht die Doppelbödigkeit der Konzilspolitik sichtbar, indem er einen doppelten Raum der Rede eröffnet.[21] So wird ein vordergründiger Bereich offizieller Politik von einem hintergründigen Bereich inoffizieller Bindungen und Verpflichtungen unterscheidbar. Hans von Clum, der böhmische Herr, der den Papst zu Beginn des Dramas an das freie Geleit für Hus erinnert hatte, protestiert gegen dessen Gefangennahme. Agricola hebt dabei hervor, dass dies in der Gegenwart der versammelten Kardinäle geschehen soll:

---

19 Vgl. Agricola (Anm. 9), Bvijv–Bviijr.

20 Auffällig ist, dass der Kardinal von Camerach sich Hus gegenüber zunächst positiv äußert. Dessen Bereitschaft, sich bestrafen zu lassen, wenn er tatsächlich geirrt habe, quittiert der Kardinal anerkennend: „Vorwar das sind sehr gute wort /| Die wir von euch jtzt han gehort“ (Agricola [Anm. 9], Cijr). Daraufhin lenkt Michael de Causis sogleich ein, sodass seine Rolle als intriganter Hus-Gegner profiliert wird: „Gnedigste herrn/wir bitten das /| Ewr gnad wollens bedencken bas. | Diese Ketzerey bas ausgründen /| Denn wirs euch itzt sagen künden“ (Agricola [Anm. 9], Cijr).

21 Zur Bedeutung von Räumen politischer Rede vgl. Feuchter, Jörg/Helmrath, Johannes: Einführung: Parlamentarische Kulturen vom Mittelalter bis in die Moderne. Reden – Räume – Bilder. In: Dies. (Hrsg.): Parlamentarische Kulturen vom Mittelalter bis in die Moderne (Beiträge zur Geschichte des Parlamentarismus und der politischen Parteien 164). Düsseldorf 2013, S. 9–31.

> *Herr Hans von Clum / laufft zornig zum Babst / welcher erfür gangen ist / Vnd sagt jnn gegenwertigkeit der Cardinele.*
> Heilger Vater / ewr heiligkeit /
> Hat mir also nicht zugeseit. [...]
> Ewr heilgkeit ich hab angesagt /
> Vnd red es noch an diesem tag.
> Johan Huss hab ich hergebracht /
> Im sicherm gleit aus Königs macht. [...]
> Aber seht wie ists ergangen /
> Mit Wepner ist er stets gefangen.
> Ist das ewr heilkeit glaub vnd trew /
> Es ist aber das itzt nicht new. (Ciijr)

Hans von Clum prangert den Rechtsbruch durch das Konzil in der Öffentlichkeit an, die durch die Anwesenheit der Kardinäle entsteht. Der Papst jedoch reagiert nicht mit einer Verteidigung, sondern indem er den Raum der Rede wechselt:

> *Der Babst nimpt herr Hansen allein auff ein ort / vnd sagt.*
> Herr Hans / jr wist wol jnn dem fal /
> Wie ich steh mit den Cardinaln.
> Johan Huss sie mir han zubracht /
> Den must ich auch jnn solcher acht.
> Annemen zu gefallen jn /
> Kondts nicht lassen / wo solt ich hin. (Ciijr–Ciijv)

Der Papst weicht auf einen informellen Kommunikationsraum aus, in dem er seine unrechtmäßige und daher öffentlich nicht vertretbare Position explizieren kann: Er bricht das freie Geleit, um den Kardinälen, denen er persönlich verpflichtet ist, einen Gefallen zu erweisen. Um den informellen Charakter des Gesprächs zu kennzeichnen, nutzt Agricola das dramatische Verfahren eines dialogischen Beiseitesprechens.[22] Zugleich semantisiert er die Topologie des Bühnenraumes so, dass sichtbar wird, welche Sprechakte die offizielle Redekultur des Konzils aushalten kann und wo ihre Grenzen liegen. Der öffentliche Raum des Konzils ist ein symbolischer Kommunikationsraum – hier repräsentiert sich das Konzil selbst als heilige und moralisch integre Versammlung. Innerhalb eines solchen Raumes würde das Eingeständnis des Rechtsbruchs und der politischen Abhängigkeit des Papstes von den Kardinälen die Grenze dessen überschreiten, was sagbar ist, ohne der Versammlung als Ganzer die Legitimation zu entziehen.[23]

22 Vgl. Pfister, Manfred: Das Drama. Theorie und Analyse (UTB 580). 11. Aufl. München 2001, S. 195.

23 Auf die Bedeutung von Sagbarkeitsregimina auf vormodernen politischen Versammlungen weisen Johannes Helmrath und Jörg Feuchter hin, vgl. Feuchter, Jörg/Helmrath,

Die vom Papst gewählte Option hingegen erlaubt es, den Protest des Hans von Clum im weiteren Verlauf zu ignorieren.

Bemerkenswert ist, dass der Papst lediglich das sagt, was Hans ohnehin schon wissen könnte: „Herr Hans/jr wist wol jnn dem fal/| Wie ich steh mit den Cardinaln". Es geht hier also nicht darum, bekannte Fakten zu bestreiten, sondern es geht darum, sie aus dem symbolischen Kommunikationsraum des Konzils auszuschließen. Aus Agricolas polemischer Sicht entlarvt sich dieser Raum damit als Raum des Scheins: Nur solange der Schein gewahrt bleibt, bleibt das Konzil handlungsfähig.[24] Indem es bestimmte Sprechakte in seiner Öffentlichkeit zulässt oder ausschließt, schafft es seine eigene Faktizität.

---

Johannes: Einleitung – Vormoderne Parlamentsoratorik. In: Dies.: (Hrsg.): Politische Redekultur in der Vormoderne. Die Oratorik europäischer Parlamente in Spätmittelalter und Früher Neuzeit (Eigene und fremde Welten 9). Frankfurt a.M. 2008, S. 9–22, hier S. 12. Agricola setzt bereits unmittelbar nach der Gefangennahme von Hus Bewegungsregie ein, um das Verlassen eines formellen und das Betreten eines informellen Raumes zu inszenieren. Bevor Stephan Paletz und Michael de Causis Hus hämisch, nämlich mit offen fröhlichen und damit nicht-zeremoniellen Gesten begrüßen, sollen sie sich von den Kardinälen absondern: *„So solches geredt/sollen diese beide von den Cardinelen/zu Johan Hussen gehen/vnd sich mit frölichem geberde erzeigen/Vnd sol zu herr Johan Hussen sagen Michael de Causis.* Wir habn dich böswicht jnn henden /| Wirst dich so bald von vns nicht wendn" (Cijv).

24 Dass die Symbolisierung der politischen Realität auf dem Konzil aus Agricolas Sicht die politische Realität selbst verschleiert, also eine falsche Realität schafft, ist nicht als fundamentale Kritik an symbolischer Kommunikation zu verstehen, sondern als Kritik an ihrem Missbrauch. (Ebenso wenig wäre die Kritik an einer konkreten Lüge mit fundamentaler Sprachkritik gleichzusetzen.) In der jüngsten Bilanz zur Diskussion symbolischer Kommunikationsformen weisen Brauner/Neu/Stollberg-Rilinger auf die ‚doppelten Realitäten' hin, die bei der Untersuchung symbolischer Vollzüge im Bereich des Politischen beobachtbar werden können: „Politisch-soziale Realität ist unabhängig von ihrer Darstellung und Wahrnehmung durch die Beteiligten gar nicht zu fassen. Vielmehr ist es sinnvoller, zwischen zweierlei Realitäten und Erscheinungsformen zu unterscheiden. Denn auch der aufgeführte ‚bloße Schein' ist ja eine soziale Tatsache, und auch die ‚eigentliche' Politik bedient sich symbolischer Mittel. Und gerade Fälle von spannungsvoller ‚doppelter Realität' können aus historischer Perspektive besonders aufschlussreich sein"; Brauner, Christina/Neu, Tim/Stollberg-Rilinger, Barbara: Einleitung. In: Dies. (Hrsg.): Alles nur symbolisch? Bilanz und Perspektiven der Erforschung symbolischer Kommunikation (Symbolische Kommunikation in der Vormoderne). Köln/Weimar/Wien 2013, S. 11–31, hier S. 20.

## II. In-die-Rede-Fallen

Wenn sich gefährliche Sprechakte über das Ausweichen in einen informellen Kommunikationsraum nicht auslagern lassen, bleibt nur die gezielte Störung der Rede. Nachdem auf Betreiben des Michael de Causis eine Kommission eingesetzt wird, die über den Fall Hus beraten und richten soll, wenden sich die böhmischen Herren an die Konzilsherren. Sie erklären, dass Hus dazu bereit sei, sich vor dem Konzil zu verantworten und sich belehren zu lassen. Dies solle jedoch in einem öffentlichen Verhör geschehen, sodass jedermann seine Position nachvollziehen könne.[25] Der Kanzler des Konzils teilt den böhmischen Herren mit, dass die Kommission sogleich über ihr Anliegen beraten werde:

> *Cantzler des Concilij.*
> Mein gnedigst vnd gnedige herrn /
> Haben ewer bit gehort gern.
> Dazu fur gleich auffgenomen /
> Das Johan Huss auch sol komen.
> Zu öffentlich verhör gar bald / (Cvr)

Vor der Kommission trägt der Kanzler nun erneut eine Reihe von Artikeln vor, die aus den Schriften von Hus zusammengestellt sind. Darunter ist auch die These, dass Papst und Prälaten nur dann legitimiert seien, wenn sie ihre Lebensweise am apostolischen Vorbild ausrichten. Die Kommission spricht sich einstimmig gegen eine öffentliche Disputation mit Hus aus. Würde man Hus folgen, so argumentiert etwa der Kanzler,

> So müstn wir jnn armut leben.
> Wie Christi Apostel han gthan /
> Darumb ich sehs vors beste an.
> Das man mit jm nicht disputir /
> Solch schedlich Artickl nicht anrür.
> Sonder jtzt dieselb zu der stund /
> Vnd jn verdampte / gantz zu grund. (Cvjv)

Der Patriarch von Konstantinopel schließt sich dem Kanzler an. Eine öffentliche Disputation würde das Volk nur in die Irre führen: „Ihe mehr man redt vnd disputirt/| Inn solchen sachn je mehr verirt. | Wird das volck aus solcher red“ (Cvjv). Besonders aufschlussreich ist die Replik des Kardinals von Florenz. Denn dieser führt als Argument gegen einen öffentlichen Disput an, dass Hus zu eloquent sei, um ihn zu besiegen:

25 Vgl. Agricola (Anm. 9), Ciiijv–Cvr.

Ewr liebe sehen vnd verstan /
Johan Huss ist ein beretter Man.
Derhalb / so wir jn werdn rüren /
Vber sein Articklen füren.
Auch einge disputation /
So gewinnen wir jm nichts on. (Cvjv–Cvijr)

Um welche Art von Beredsamkeit es dem Kardinal hier geht, verdeutlichen die folgenden Szenen, denn König Sigismund durchkreuzt den gefassten Beschluss. Er lässt durch seine Gesandten den Befehl ergehen, dass die Kommission ohne eine Anhörung weder Entscheidungen fällen noch Hus verdammen soll.[26] Diesem Befehl muss sich die Kommission beugen, sodass es zu einem Verhör kommt, das allerdings nicht in der Öffentlichkeit stattfindet.[27] Der Kardinal von Florenz konfrontiert Hus mit dem bereits genannten Artikel, der besagt, dass Papst und Kardinäle als Nachfolger der Apostel in Armut leben müssten. Werde die Apostelnachfolge in dieser Weise wörtlich ausgelegt, so argumentiert der Kardinal, müssten sie wohl auch Wunder vollbringen und sich ans Kreuz schlagen lassen.[28] Hus versucht seinen Artikel zu erklären, doch kommt nicht weit. Die Kardinäle fallen ihm in die Rede:

*Johan Huss.*
Der Herr Christus spricht auch also /
Inn seim heilgen Euangelio.
Wer mir nachfolgen wil so frey /
*Weil Johan Huss solchs redet / sollen etzliche von den Cardinelen jm jnn die rede fallen / vnd jn nicht reden lassen.*

26 „Vnser aller gnedigster herr /| Der König hat vns gschicket her.| Zu ewer lieb auch her gesand /| Vnd lest euch sagen alzuhand.| Ernstlicher meinung habn wolln /| Ewer lieb nichts beschliessen sollen.| Auch nicht verdammen diesen Man /| Denn vor aller welt sol er stan.| Solt jn gnediglichen hören /| Das man den rechten grund mag spörn" (Agricola [Anm. 9], Cvijr–Cvijv).

27 Anders Dietl (Anm. 2), S. 414, die von einem zweigeteilten öffentlichen Verhör im dritten und vierten Akt spricht. Gegen die Öffentlichkeit dieser Verhörszenen spricht, dass Hus die Konzilstheologen im vierten Akt explizit um ein öffentliches Verhör bittet und damit seine Redesituation als nichtöffentlich kennzeichnet: „Doch bit ich euch gantz sehr durch Gott /| Das mir werde jnn dieser not. | Ein öffentlich verhör vergunt /| Das ich verkler aus rechtem grunt. | Meine Artickel" (Diiijv). In diesem Sinne ist auch Agricolas Äußerung in der Vorrede zu lesen, dass Hus „kein offentliche vnd rechtliche vorhöre widerfaren" (Avv) sei. Die Anhörungen im dritten und vierten Akt finden zunächst vor der Kommission statt.

28 Vgl. Agricola (Anm. 9), Cvijv.

*Cardinal von Florentz.*
Ey las deine Sophisterey.
Itzund auch vnterwegen da /
Vnd sprich zur sach Nein / oder Ja.
*Etlich von den Cardinelen vnd Bischofen / sollen jn verlachen vnd verspotten.*
(Cviijr)

Franz Fromholzer hat treffend beobachtet, dass eine Pointe des In-die-Rede-Fallens an dieser Stelle darin besteht, dass die Kardinäle Hus in genau dem Moment unterbrechen, in dem er beginnt, aus der Heiligen Schrift zu zitieren: „Die [...] Unterdrückung der Hus-Rede durch die Kardinäle stellt zugleich eine Unterdrückung des Gottesworts dar.“[29] Das ist natürlich ganz im Sinne lutherischer Polemik. Für die Frage nach der Literarisierung von Redekultur scheint mir darüber hinaus wichtig zu sein, mit welchem Vorwurf der Kardinal von Florenz Hus hier begegnet. Der gleiche Kardinal, der ihm zuvor Beredsamkeit attestiert hatte, nennt ihn nun einen Sophisten.[30] Er tut dies seinerseits vor einem biblischen Hintergrund, indem er auf Mt 5,37 anspielt: „Eure Rede aber sei: Ja, ja; nein, nein. Was darüber ist, das ist vom Übel.“ Der Kardinal nimmt diese Maxime so wörtlich, dass er sie ad absurdum führt: Jedes Argument, das Hus anbringen könnte, erscheint bereits als Verdrehung der Wahrheit mit den Mitteln sophistischer Eloquenz. Die in den zeitgenössischen Diskursen bewanderten Zuschauer und Leser mussten hierin eine besondere Ironie erkennen, denn der Sophismus-Vorwurf war ein polemischer Topos der Lutheraner gegen die katholische Theologie und er war bereits in den 1520er Jahren im gleichen Kontext verwendet worden – aber natürlich nicht gegen Jan Hus, sondern gegen das Konstanzer Konzil.[31]

Das gleiche Schema wiederholt sich, als Hus erneut zur Antwort ansetzt. Nun geht es um die These, dass nicht der Papst, sondern Christus allein das

29 Fromholzer (Anm. 3), S. 39.

30 Zum polemischen Gebrauch von ‚Sophist‘ und ‚Sophisterei‘ in der Reformationszeit vgl. Arning, Ralf Heinrich/Buchheim, Thomas: Art. Sophistik; sophistisch; Sophist. In: Historisches Wörterbuch der Philosophie 9 (1995), Sp. 1075–1086, hier Sp. 1083f.; Lepp, Friedrich: Schlagwörter des Reformationszeitalters (Quellen und Darstellungen aus der Geschichte des Reformationsjahrhunderts 8). Leipzig 1908, S. 78–85.

31 So heißt es in einer Kurzvita von Hus, die im Rahmen der von Otto Brunfels herausgegebenen Edition von Ps.-Hus-Schriften erschien: „Fidem Ihesu Christi testatus est in Concilio Constantien(se). ubi damnatus ab impiis Sophistis“ (zitiert nach Roloff [Anm. 4], S. 248).

Oberhaupt der Kirche sei. Hus bemüht sich, diesen Satz in seinem Kontext zu interpretieren:

> *Johan Huss.*
> Ach hochwirdigste Veter mein /
> Man mus die wort jnn klarem schein.
> Die dauor stehn / auch sehen an /
> Als denn der Text wird recht verstan:
> Da Christus Petrum fragen thet /
> *Alhie sollen die Cardinele vnd Bischoffe abermal lachen / vnd im jnn die rede fallen / vnd saget der Cardinal von Camerach.*
> Die schwenck dienen nicht her zur stet. (Cviijr–Cviijv)

Wieder fallen die Kardinäle Hus beim Ansatz zu einem Bibelzitat in die Rede. Diesmal wird die biblische Wahrheit jedoch nicht als ‚Sophisterey', sondern als Schwank diffamiert. Man kann darüber lachen – und dementsprechend verhalten sich die Kardinäle auch. Fromholzer hat das In-die-Rede-Fallen als Ausdruck einer mangelnden Affektbeherrschung der Prälaten gedeutet, die der affektiven Selbstdisziplin des Jan Hus gegenüberzustellen sei.[32] An späterer Stelle ist tatsächlich davon die Rede, dass die Kardinäle zunehmend zornig und laut reagieren sollen.[33] Dennoch lassen sich Einwände gegen diese Deutung vorbringen: Aus oratorisch-ritualtheoretischer Perspektive handelt es sich weniger um spontane Affektausbrüche als um gezielte Störungen eines zeremoniellen Redeformats; um einen bewussten Einsatz von Affektausdrücken gegen einen Redner, dessen Position man desavouieren möchte. Dafür, dass Agricola das In-die-Rede-Fallen in diesem Sinne konzipiert, spricht ganz deutlich die vorangehende Beratungsszene, in der die Kommission einstimmig beschließt, nicht mit Hus zu disputieren. Die Anhörung findet auf Druck Sigismunds statt, sodass die Kommission ihre Position nur durchsetzen kann, in dem sie deren Durchführung sabotiert.[34] Das In-die-Rede-Fallen beruht an dieser Stelle nicht auf mangelnder Affektbeherrschung, sondern auf einem politischen Kalkül.

## III. Die Predigt des Bischofs von Lodi

Jan Hus wurde am 6. Juli 1415 als Ketzer verbrannt. Agricolas historiographischer Anspruch zeigt sich nicht zuletzt darin, dass er ein oratorisch bedeutsames

32 Vgl. Fromholzer (Anm. 3), S. 38f.

33 Vgl. vor allem Agricola (Anm. 9), Evijr–Fr.

34 Sobald der König die Szene betritt, kommt Hus zunächst zu Wort (vgl. Agricola [Anm. 9], Cviijv–Diijr).

Dokument dieses Tages in seine *Tragedia* einfügt.[35] Es handelt sich um eine Predigt, die der Bischof von Lodi während der ‚sessio publica' des Konzils im Konstanzer Münster hielt. Sie ist nicht nur in Agricolas Vorlage überliefert, sondern zirkulierte auch handschriftlich.[36] 1698 wurde sie durch Hermann von der Hardt ediert und in seine Quellensammlung *Magnum Oecomenicum Constantiense Concilium* aufgenommen.[37]

Laut Agricolas Regieanweisung soll der Bischof die Predigt von einer Kanzel aus halten. Aus diesen und anderen Indizien wurden unterschiedliche Rückschlüsse auf die Disposition des Bühnenraums gezogen, die ich hier jedoch nicht diskutieren möchte.[38] Mir geht es um einen anderen Punkt: Die Predigt ist zentral für die konfessionspolemische Imagination der Oratorik auf dem Konstanzer Konzil. Es ist ebenso ungewöhnlich wie aussagekräftig, dass Agricola gerade im Fall dieser Predigt bzw. dieser ‚Oratio solemnis', wie sie bei von der Hardt heißt, einen langen Prosaabschnitt in seine *Tragedia* inseriert. Dieses Vorgehen erzielt zwei Effekte: Es bewahrt die kunstvolle rhetorische Struktur der Predigt und erzeugt einen scharfen Kontrast zum umgebenden Verstext. Daraus entsteht ein Paradox: Agricola steigert die Stilhöhe der *Tragedia*, um die Niedrigkeit des Konzils herauszustreichen. Er nutzt die mangelnde Eleganz der Knittelverse, um die rhetorische Eleganz der Prosapredigt als sophistisches Blendwerk bloßstellen zu können. Von der Kanzel aus richtet sich der Bischof von Lodi an das in der ‚sessio publica' idealtypisch vollständig versammelte Konzil:

> INn dem namen des Vaters vnd des Sons vnd des heiligen geists. Inn vertrawen der demütigen anruffung Göttlicher vnd aller höchster hülffe / Durchleuchtigister Fürst vnd Christlicher alzeit mehrer des Römischen Reichs / Hochwirdigisten Veter / Erwirdigen Bischoff vnd Prelaten / Achtbarn Doctores / vnd Magistri / Durchleuchtigsten Fürsten

35 Diesen Anspruch auf geschichtliche Wahrheit greift Cochlaeus in seinem ‚Heimlich Gesprech' an, wenn er Agricola vorwirft, dass in der *Tragedia* „so vil grosser herrn/ loblicher gedechtnuß/hoher wirden/Geistlichs vnnd weltlichs standes/darinn angetast/ vnd wider die warheyt der rechten Historien und offentlicher Acten/bößlich in solchem geticht verunglimpfft werden" (Ein heimlich gsprech Vonn der Tragedia Johannis Hussen/tzwischen D. Mart. Luther vnd seinen guoten freunden/Auff die weiß einer Comedien. Durch Jo. Vogelgesang. o. O. 1538, A2r. Wien, Österreichische Nationalbibliothek, http://digital.onb.ac.at/OnbViewer/viewer.faces?doc=ABO_%2BZ182781709 [27.10.2017]).

36 Fudge spricht von 53 überlieferten Manuskripten. Vgl. Fudge (Anm. 13), S. 287, Anm. 208 mit weiterer Literatur.

37 Vgl. von der Hardt (Anm. 13), Sp. 1–5.

38 Vgl. Dietl (Anm. 2), S. 415f.; Roloff: Der Märtyrer (Anm. 1), S. 39; Fromholzer (Anm. 3), S. 36.

> / Löbliche Grauen / grostetigen freien / Auch jr andern menner vnd Herrn / welcher billich sol gedacht werden / Auff das die rede so ich jnn meinem gemüt empfangen hab / jnn dieser heiligsten versamlung / klerlich eröffnet werde (Dviijv–Er).

Für Zuschauer und Leser, die Agricolas Perspektive folgen und die Predigt ironisch gebrochen rezipieren, steht bereits nach dieser ‚salutatio' fest: Die heiligste Versammlung, die der Bischof adressiert, ist tatsächlich die unheiligste Versammlung und die Rede, die der Bischof in seinem Gemüt empfangen haben will, ist unheilige Rede, also rhetorisch verbrämtes Teufelszeug. Die polemische Ironisierung der Heiligkeit des Konzils ist bereits in Agricolas Vorrede zur *Tragedia* ein wichtiges Stilmittel:

> Das ist aber alhie jnn dieser Historien auch wol zu mercken / das dis Concilium also gantz vnd gar heilig ist / das es den Johann Huss selbst nicht verbrennen lesst / sondern vberantworten jn dem Römischen König / als der weltlichen öberkeit / thut auch ein vorbit / sonder zweifel aus grosser Christlicher liebe / vor den armen menschen [Jan Hus] / das der König jn nicht wol tödten lassen / Da sehen wir nu / ob das nicht frome heilige leut seind (Avr).

Das „gantz und gar heilige" Konzil entlastet sich von der Tötung des Jan Hus, indem es ihn der weltlichen Obrigkeit übergibt. Genau dieser Vorgang ist auch Gegenstand der Predigt des Bischofs von Lodi – wenigstens so, wie Agricola sie in Szene setzt. Die Predigt insistiert auf der heiligen Pflicht des Königs, mit dem Schwert gegen die Ketzerei vorzugehen. Es ist eine Themenpredigt über Röm 6,6: „Es sol zurstöret werden der leib der sünden" (Er). Wie bei einer Staatskörperallegorie erscheint das Gemeinwesen der Kirche in der Predigt als Leib, der von der Krankheit der Sünde als Krankheit des Schismas und der Häresie befallen ist. Das faule Fleisch, so zitiert der Bischof den Kirchenvater Hieronymus, müsse vom Körper abgetrennt werden, damit er nicht ganz verderbe.[39] Mit hohem rhetorischen Einsatz apostrophiert er die Konzilsteilnehmer und stellt ihnen in einer Reihe von Anaphern und rhetorischen Fragen eindringlich die verheerende Wirkung von Schisma und Häresie vor Augen:

> Sehet an jr gütigsten Herrn / wie viel Ketzerey sich erhaben haben / weil diese gifftige Spaltung geweret hat / wie viel der selbigen ketzer vngestrafft sind blieben / wie viel Kirchen zurstöret vnd beraubt sind worden / wie viel Stedte vberfallen / wie viel geistligkeit abgangen / wie viel vermengung vnter den gewichten / wie viel blutschlacht im Christlichen volck? Ich bitte euch / nemet zu hertzen / wie gar die Kirche Gottes / die Braut Christi / die mutter der gleubigen veracht ist worden. Welcher ehret itzt die schlüssel der Kirchen? welcher schewet sich vor dem Bann? welcher beschützt jetzt die freiheit

39 Vgl. Agricola (Anm. 9), Ev.

> der Kirchen? Ja wer bricht die selbigen nicht? wer handelt nicht dawider? wer legt jetzt nicht seine freuele hende an das erbteil Ihesu Christi / es werden die güter zurissen vnd zurstöret / die mit heilgen Merterern erzeuget sind / vnd mit dem Allerheiligsten blute vnsers Seligmachers erkaufft sind (Eiijr–Eiijv).

Der Zustand des Schismas in der abendländischen Kirche erscheint als eine größere Bedrohung als die antiken Christenverfolgungen durch heidnische Tyrannen, was der Bischof in einer Reihe antithetischer Parallelismen zum Ausdruck bringt:

> denn die selbigen [Tyrannen] haben allein die liebe erwürget / Aber jnn dieser Spaltung / werden auch die seelen vmbracht / Alda ward das menschliche blut vergossen / aber jnn dieser Spaltung wird der Christliche glaube zurstöret / Iene verfolgung hat vielen gedienet zur seligkeit / aber diese Spaltung hat jr viel bracht zum verdamnis / Vnter den wüten der Tirannen hat der glaub gewachsen / aber jnn der Spaltung / ist er verdorben / Vnter den Tyrannen ist die erste Kirche gemert worden / aber jnn der zwitracht ist sie zurstöret (Eiiijr).

Hier ist im Gedächtnis zu halten, dass Agricola in seiner Vorrede die Konzilsherren selbst als Tyrannen bezeichnet hatte, sodass sich auch dieser Teil der Predigt gegen den Strich lesen lässt. Ihr Pathos erreicht einen Höhepunkt, wenn der Bischof durch wiederholte Exklamationen den Zustand der Christenheit beklagt und Christus, die Kirche und schließlich die versammelte Gemeinde anruft, um sie zu einer emotionalen Reaktion zu bewegen (‚movere'):

> O wie arm vnd verworffen ist jtzt das Christliche volck / so mit harter Spaltung nu xl. jar bemühet ist / O Christe / wie ist dein schifflin solche lange zeit jrrig / jtzt jnn wirbeln / denn an widerstossen / vnd aber eins jnn grosser widerwertigkeit vnd vngewitter vmbgetrieben / O schifflin Petri / wo dich dein gütiger Vater hette sincken lassen / wie hetten dich die Gottlosen Meer rewber jnn so grosse fahr bracht / O jr aller gütigsten Christen / Welchs andechtig glaubig hertz solt jun [sic] so grossem schaden nicht zu weinen gereitzet werden / welchs rechtschaffen gewissen kündte sich doch weinens enthalten / ist doch der zanck aus gegossen / vber die Fürsten der Kirchen / die vns haben jrrig gemacht / beite jnn leben vnd sitten (Eiiijv–Evr).

Vor diesem Hintergrund wendet sich der Bischof schließlich mit einer direkten Ansprache an den König. Dessen Kampf gegen Schisma und Ketzerei sei nicht nur gottgefällig, heilig und gerecht, sondern der König selbst sei von Gott auserwählt worden, um diesen Kampf zu führen. Konkret bedeutet dies, dass der König die aktuelle Ketzerei des Jan Hus mit dem weltlichen Schwert zu zerstören hat:

> Es ist furwar kein besser / heiliger / der welt nützer / ja auch gott beheglicher werck / denn das selbige. Zu solchem heiligen vnd milden werck zu verbringen / bistu von Gott ausserwelt / ja ehe im himel darzu verordent / denn du auff erden bist erwelet worden.

> Es haben dich ehe die himlischen Fürsten darzu gesetzt / ehe denn dich die Churfürsten des Reichs darzu erwelet haben / vnd sonderlich zu den jrthumb vnd Ketzereien / die wir jtzt zu verdammen gegenwertig vorhanden haben / das du auch die selbigen / mit dem Keiserlichen schwerd zerstören vnd verdammen vnd solches heiliges werck / helffen volnbringen (Evv–Evjr).

Die Pointe besteht nun darin, dass die polemische Perspektive der *Tragedia* die Rezeption der Predigt so steuert, dass sie das Publikum nicht von der Sache überzeugt, sondern von der Korrumpiertheit des Bischofs und des Konzils – ihr Überzeugungspotenzial wird zum Entrüstungspotenzial. Agricola leitet sozusagen die Macht der Rede auf den Redner selbst ab: Je höher ihr Pathos, desto niedriger erscheint sein Ethos; je größer ihr Nachdruck auf Heiligkeit, desto unheiliger erscheint das Werk, zu dem sie aufruft. Fromholzers Versuch, die Predigt positiv, ja geradezu lutherisch zu deuten, halte ich nicht nur deswegen, sondern auch aus chronologischen Gründen für nicht tragfähig, da es sich um ein Dokument des 15. Jahrhunderts handelt.[40]

Mit Blick auf die Handlung stellt sich die Frage, welche Funktion Agricola der Predigt für die politische Entscheidungsfindung auf dem Konzil zuschreibt. Trägt ihr persuasiver Duktus tatsächlich dazu bei, den König von seiner heiligen Pflicht zu überzeugen oder handelt es sich um rituelle Persuasion im Sinne Bissons?[41] Für letzteres spricht, dass der König bereits vor der Predigt seine Zustimmung dafür gegeben hatte, Hus als Ketzer zu verbrennen. Allerdings hatte er auch die Option offen gelassen, Hus nach geistlichem Recht zu richten:

> Derhalb / so er [Jan Hus] sein irthumb nicht /
> Wil widerruffen / verschweren icht.
> Möcht jr beschliessen an gefert /
> Das er auch bald vorbrennet werdt /
> Aber möget jn auch nemen hin /
> Nach ewrm recht auch richten jn. (Dviijr)

Die Predigt erfüllt also die Funktion, die Entscheidung der Konzilsväter für die Hinrichtung durch die weltliche Gewalt vor dem Gesamtkonzil zu veröffentlichen. Der König hat diese Entscheidung bereits im Vorfeld sanktioniert, sodass er nicht im eigentlichen Sinne von ihr überzeugt werden muss. Die rhetorische Form der Predigt ist insofern eine Form symbolischer Kommunikation als sie eine bereits getroffene Entscheidung im öffentlichen Raum des Konzils abbildet

40 Vgl. Fromholzer (Anm. 3), S. 59f.

41 Vgl. Bisson, Thomas N.: Celebration and Persuasion. Reflections on the Cultural Evolution of Medieval Consultation. In: Legislative Studies Quarterly 7 (1982), S. 181–204.

und zugleich einen allgemeinen Konsens über die Notwendigkeit des Vorgehens suggeriert.[42] Dies mindert jedoch nicht ihre affektive Wirksamkeit. Es ist eben dieser rhetorisch aufwendig inszenierte und emotional stark aufgeladene Konsens, der für Agricola den Skandal der Predigt ausmacht. Daher perspektiviert er sie so, dass die Konsensunterstellung bei lutherischen Zuschauern und Lesern einen maximalen Dissens auslöst.

Es gibt eine hochgradig symbolische und subversive rednerische Geste, mit der Agricola Jan Hus in der Öffentlichkeit des Konzils kurz vor seiner Hinrichtung doch noch zu Wort kommen lässt. Nach der Predigt verliest der Bischof von Lübeck erneut eine Reihe von teilweise offensichtlich gefälschten Artikeln, die die Ketzerei von Jan Hus belegen sollen. Seine Einwände und sein Flehen werden insgesamt sechs Mal durch ein immer agressiver werdendes in-die-Rede-Fallen, Verlachen und Schreien unterbrochen.[43] Nachdem das Urteil gegen Jan Hus verlesen wurde, schließt sich seine feierliche Devestitur an, ein Entkleidungsritual, das Hus die Zeichen seiner geistlichen Weihen, Messgewänder und Kelch, entzieht.[44] Hus muss zunächst die Gewänder anziehen, die auf dem Altar für ihn bereitliegen, um sie dann abzulegen und damit seine Priesterwürde zu verlieren. Auf der Schwelle seiner öffentlichen Degradierung jedoch sprengt Hus das

---

42 Das entspricht auch ihrer ‚actio' im Rahmen einer ‚sessio publica' bzw. ‚generalis', wie sie Jürgen Dendorfer mit Blick auf das Basler Konzil beschreibt: „Am Ende der Entscheidungsfindung aber stand mit der *sessio generalis* die einzige öffentliche Sitzung des Konzils, in der von den Abstimmungen der Deputationen und *congregationes generales* [...] nichts mehr sichtbar wurde. Im Zeremoniell der *sessio generalis* wurden auf diese Weise die verschlungenen Wege der vorgelagerten Beschlussfassung invisibilisiert. Nach außen trat das Konzil als einträchtige Handlungsgemeinschaft aller Konziliaren jenseits der vorausgegangenen Abstimmungen und Konfrontationen auf. Der rituelle Ablauf der *sessio generalis* bewirkte auf diese Weise oft das, was er vorgab zu bewirken: Er gab Entscheidungen über die Majoriäten und Minoritäten der vorhergehenden Abstimmungen als Konsens des gesamten Konzils aus und schuf durch diese rituelle Konsensfiktion selbst Konsens" (Dendorfer, Jürgen: Inszenierung von Entscheidungsfindung auf den Konzilien des 15. Jahrhunderts. Zum Zeremoniell der *sessio generalis* auf dem Basler Konzil. In: Peltzer, Jörg/Schwedler, Gerald/Töbelmann, Paul (Hrsg.): Politische Versammlungen und ihre Rituale. Repräsentationsformen und Entscheidungsprozesse des Reichs und der Kirche im späten Mittelalter [Mittelalter-Forschungen 27]. Ostfildern 2009, S. 37–53, hier S. 49).

43 Vgl. Agricola (Anm. 9), Evjv–Fijr.

44 Zu mittelalterlichen Devestiturritualen vgl. Kraß, Andreas: Geschriebene Kleider. Höfische Identität als literarisches Spiel (Bibliotheca Germanica 50). Tübingen 2006, S. 193–208.

Ritual, indem er, bereits in die Messgewänder gekleidet, auf den Altar tritt und sich an das Volk wendet:

> *Magister Johan Huss tritt auff den tisch / vnd sagt mit grossem schmertzen zum volck.*
> Seht / die Bishoff vermanen al /
> Das ich mein lehr widerruffn sal.
> Auch gentzlich die verschweren nun /
> Aber ich forcht mich das zuthun.
> Das ich nicht werd vor Gotts angsicht /
> Als ein lügener bald gericht.
> Mein gewissen auch nicht beschwer /
> Vnd Gotts wahrheit jnn lüg vorker.
> Weil ich diese Artickel noch /
> Nie gehalten / vnd seind mir doch.
> Durch falsche zeugen auffgelet /
> Wiewol ich hab zu aller stet.
> Das widerspil stetz gehalten /
> Geprediget mannichfalten.
> So forcht ich mich zu dieser stund /
> Das ich nicht geb aus falschem grund.
> Ergernis / auch der gemeine /
> Der ich gprediget hab alleine.
> Vnd den / die auch noch heut zu tag /
> Die warheit predgen / ist mein klag. (fiijr)

Hus tritt angekleidet auf den Altar, erhöht also seine Position und exponiert sich damit vor der Versammlung als Redner. Er nutzt die liminale Phase des Devestiturrituals, die ihn im Vollbesitz seiner Würde zeigt, und verleiht seiner Ansprache damit nachdrücklich Geltung. Hier findet sich auch die einzige Passage, in der sich Aussagen von Hus auf die Gegenwart der Theateraufführung beziehen lassen (‚heut zu tag‘). Der zweckentfremdete Altar wird zum Ort der Verkündigung der Wahrheit und damit zum oratorischen Gegenmodell zur Kanzel. Im Zeichen eines verkehrten Konzils kann erst diese Verkehrung der Ordnung die rechte Ordnung symbolisieren.

# Über die Autorinnen und Autoren

**Doreen Brandt**, Dr., hat an der Universität Rostock Geschichte und Germanistik studiert. Sie ist 2017 an der Universität Rostock mit einer Arbeit zur Typologie und Überlieferung ereignisbezogener Dichtung promoviert worden. Doreen Brandt ist wissenschaftliche Mitarbeiterin am Seminar für deutsche Philologie in Göttingen. Ihre Forschungsinteressen richten sich auf die Materialität der Überlieferung und die Themenentfaltung kleinerer literarischer Formen des Mittelalters und der Frühen Neuzeit. Aktuell arbeitet sie zum Thema ‚Narrativität im Minnesang'.

**Elke Brüggen**, Prof. Dr., ist Professorin für Ältere Germanistik mit besonderer Berücksichtigung der deutschen Literatur des Mittelalters an der Rheinischen Friedrich-Wilhelms-Universität Bonn in Deutschland. Ihre Forschungsschwerpunkte sind die Ästhetik und Poetik der mittelhochdeutschen Epik um 1200, die Figurendarstellung in mittelalterlichen Texten sowie die kulturellen Kontexte der mittelhochdeutschen Literatur mit Blick auf die Bereiche Kleidung, Verhalten bei Tisch, Körperlichkeit, Interaktion und Kommunikation. Im Rahmen ihrer aktuellen Forschungen beschäftigt sich Elke Brüggen mit der Figurenpoetik des *Parzival* Wolframs von Eschenbach, dessen Neuübersetzung und Kommentierung sowie dem Thema *Kaiser und Könige. Macht und Herrschaft im Reflexionsmedium deutschsprachiger Literatur des Mittelalters* innerhalb des Teilprojekts 05 des SFB 1167 *Macht und Herrschaft. Vormoderne Konfigurationen in transkultureller Perspektive.*

**Michele Campopiano**, Dr., ist Senior Lecturer (Associate Professor) in Mittellateinischer Literatur an der Universität von York (Vereinigtes Königreich). Er studierte Geschichte an der Universität von Pisa und an der Scuola Normale Superiore, und promovierte sich an der Scuola Normale Superiore in Geschichte und Lateinischer Paläographie. Seine Forschung widmet sich der Geschichte der historischen und wissenschaftlichen Kultur des Mittelalters (besonders in Italien) und der sozialen und politischen Geschichte Italiens und des Nahen Ostens zwischen dem 5. und 16. Jahrhundert. Zu seinen aktuellen Veröffentlichungen zählt *Universal Chronicles in the High Middle Ages* (York 2017, herausgegeben mit Henry Bainton) und *Liber Guidonis compositus de variis historiis*: studio ed edizione critica die testi inediti (Florenz 2008).

**Christoph Dartmann**, Prof. Dr., studierte in Münster und Bologna; seit 2015 ist er Professor für Mittelalterliche Geschichte an der Universität Hamburg. Seine

Forschungen befassen sich vor allem mit Themen der Geschichte des Politischen der Religion in Europa und dem Mittelmeerraum. Neben Arbeiten zu Italien und dem Mediterraneum hat er Studien zum Mönchtum und zur Geschichte von Heiligen und Wundern im Mittelalter vorgelegt.

**Jan Glück**, M.A., studierte Deutsche Philologie und Philosophie an den Universitäten München und Frankfurt a. M. Nach dem Abschluss des Magisterstudiums 2013 arbeitete er zunächst als wissenschaftlicher Mitarbeiter in der Forschergruppe *Natur in politischen Ordnungsentwürfen. Antike – Mittelalter – Frühe Neuzeit*, ehe er 2016 eine Assistenz bei Michael Waltenberger, Lehrstuhlinhaber für Germanistische Mediävistik an der Universität München, übernahm.

**Kathrin Gollwitzer-Oh**, Dr., studierte Germanistische Literaturwissenschaft, Erziehungswissenschaften und Wirtschafts- und Sozialgeschichte an der TU Dresden und an der Georgetown University in Washington DC. Von 2008 bis 2010 arbeitete sie als Wissenschaftliche Assistentin an der Universität Zürich und ab 2010 an der Ludwig-Maximilians-Universität München, an der sie mit einer Arbeit zum *Alexanderroman* Rudolfs von Ems promovierte. Ihre Forschungsschwerpunkte umfassen Visualität und ‚material culture', Epiloge und Prologe, Dimensionen von literarischen Ehrkonzeptionen sowie literarische Repräsentation des Imaginären in vormodernen Texten. Seit 2015 forscht sie als Postdoc an der UC Berkeley und ist seit 2016 eine Feodor-Lynen-Stipendiatin der Alexander von Humboldt-Stiftung.

**Florian Hartmann**, Prof. Dr., ist Inhaber der Heisenberg-Professur für Wissensdiskurse des Mittelalters an der RWTH Aachen; Forschungsinteressen: Geistes- und Wissensgeschichte des Mittelalters; Papst- und Kirchengeschichte des frühen und hohen Mittelalters, Geschichte Roms und Italiens, Geschichte der mittelalterlichen Rhetorik und Epistolographie.

**Karina Kellermann**, Prof. Dr., ist apl. Professorin der Rheinischen Friedrichs-Wilhelms-Universität Bonn, Institut für Germanistik, Vergleichende Literatur- und Kulturwissenschaft. Seit Juli 2016 Leiterin des Teilprojekts *Publizistische Zeitklagen: Invertierte Herrschaftsansprüche in deutschsprachigen Texten des Spätmittelalters und der Frühen Neuzeit* im SFB 1167 *Macht und Herrschaft – Vormoderne Konfigurationen in transkultureller Perspektive.*

**Angelika Kemper**, Ass.-Prof. Dr., studierte in Mannheim und Heidelberg Germanistik, Lateinische Philologie und Mittel-/Neulateinische Philologie. Sie ist seit 2013 im Fachbereich der Älteren Deutschen Sprache und Literatur an der Universität Klagenfurt tätig. Zu ihren Forschungsinteressen zählen die Literatur des Spätmittelalters und der Frühen Neuzeit, Mnemotechnik, Gebrauchsliteratur, Höfisches Theater der Frühen Neuzeit (einschließlich des lateinischen Theaters).

**Gesine Mierke**, PD Dr., ist wissenschaftliche Mitarbeiterin am Lehrstuhl für Literatur- und Sprachgeschichte des Mittelalters und der Frühen Neuzeit an der Technischen Universität Chemnitz. Ihre Forschungsschwerpunkte liegen im Bereich der frühmittelalterlichen Bibeldichtung, Chronistik des Hoch- und Spätmittelalters, Überlieferung und Rezeption mittelalterlicher Literatur.

**Malena Ratzke**, M.A., studierte Germanistik und Kunstgeschichte an der Universität Hamburg, wo sie seit 2014 als wissenschaftliche Mitarbeiterin tätig ist. Ihr Promotionsprojekt widmet sich der politischen Rede in deutschsprachigen Texten des Spätmittelalters. Sie hat Beiträge zur *Biblia Pauperum*, zur Persistenz mittelalterlicher Traditionen im frühneuzeitlichen Drama sowie zum Meistergesang veröffentlicht.

**Antje Sablotny**, M.A., verteidigte im Juli 2017 ihre Dissertationsschrift zu *Zeit und ‚âventiure'. Zur narrativen Identitätskonstruktion des Helden in Wolframs von Eschenbach ‚Parzival'*. Entsprechend ist sie in den Bereichen der Narratologie, Poetologie und im höfischen Roman ausgewiesen. Aktuell ist sie als wissenschaftliche Mitarbeitern im Dresdner Sonderforschungsbereich 1285 *Invektivität. Konstellationen und Dynamiken der Herabsetzung* tätig. Im Rahmen des von Prof. Marina Münkler geleiteten Teilprojekts E *Sakralität und Sakrileg* arbeitet sie an ihrem Habilitationsprojekt zur Herabsetzung der Heiligen bzw. des Heiligenkults im 16. Jahrhundert. Gegenwärtige Forschungsschwerpunkte sind Lügende, Spottrede und Luther-Lied.

**Christian Schmidt**, Dr., wurde 2017 mit einer Arbeit über meditative Theaterästhetiken im 16. Jahrhundert an der Universität Hamburg promoviert. Seit 2017 arbeitet er am externen Teilprojekt *vita mixta. Zur Laikalisierung eines geistlichen Konzepts* des SFB 1015 *Muße. Grenzen, Raumzeitlichkeit, Praktiken* (Albert-Ludwigs-Universität Freiburg) am Seminar für Deutsche Philologie der Universität Göttingen. Das Projekt wird von Prof. Dr. Henrike Manuwald geleitet.

**Matthias Standke**, Dr., ist Wissenschaftlicher Assistent an der Professur für Deutsche Literatur und Sprache des Mittelalters an der Universität Paderborn. Von 2017 bis 2018 war er wissenschaftlicher Koordinator des DFG-Projektes *Berliner Repertorium* an der Humboldt-Universität zu Berlin. Seine Forschungsinteressen sind vormoderne Freundschaftserzählungen, Legenden, volkssprachliche Übertragungen lateinischer Hymnen und Sequenzen sowie Risikonarrative.

**Georg Strack**, PD Dr., wurde 2008 mit einer Studie über den Frühhumanisten Thomas Pirckheimer an der Ludwig-Maximilians-Universität München promoviert. Seine Habilitationsschrift befasst sich mit Ansprachen von Päpsten des Mittelalters. Seit 2018 lehrt er als Akademischer Oberrat und widmet sich der Geschichte der politischen Redekultur, des Papsttums und der Kreuzzüge.

**Britta Wittchow**, M.A., studierte Deutsche Philologie und Politikwissenschaft an der Freien Universität Berlin und war im Anschluss an der Universität Hamburg als wissenschaftliche Mitarbeiterin am Lehrstuhl für Ältere deutsche Sprache und Literatur tätig. Im April 2018 verteidigte sie ihre Dissertation zu erzählten medialen Prozessen im *Reinfried von Braunschweig* und *Apollonius von Tyrland*. Ihr Forschungsinteresse richtet sich vor allem auf kulturwissenschaftliche und erzähltheoretische Fragestellungen.

## HAMBURGER BEITRÄGE ZUR GERMANISTIK

Herausgegeben von Martin Baisch, Bernhard Jahn, Jan Christoph Meister, Hans-Harald Müller, Jörg Schönert und Ingrid Schröder

Band 1 Jörg Schönert / Harro Segeberg (Hrsg.): Polyperspektivik in der literarischen Moderne. Studien zur Theorie, Geschichte und Wirkung der Literatur. Karl Robert Mandelkow gewidmet. 1988.

Band 2 Marie Franz: Die Darstellung von Faschismus und Antifaschismus in den Romanen von Anna Seghers 1933 bis 1949. 1987.

Band 3 Jan Christoph Meister: Hypostasierung – die Logik mythischen Denkens im Werk Gustav Meyrinks nach 1907. Eine Studie zur erkenntnistheoretischen Problematik eines phantastischen Oeuvres. 1987.

Band 4 Liane Dornheim: Vergleichende Rezeptionsgeschichte. Das literarische Frühwerk Ernst Jüngers in Deutschland, England und Frankreich. 1987.

Band 5 Uwe Laugwitz: Albert Ehrenstein. Studien zu Leben, Werk und Wirkung eines deutsch-jüdischen Schriftstellers. 1987.

Band 6 Hans-Harald Müller / Wilhelm Schernus (Hrsg.): Theodor Plievier. Eine Bibliographie. Bearbeitet von Hans-Harald Müller und Wilhelm Schernus. 1987.

Band 7 Rudolf Brandmeyer: Heroik und Gegenwart. Goethes klassische Dramen. 1987.

Band 8 Isabella Claßen: Darstellung von Kriminalität in der deutschen Literatur, Presse und Wissenschaft 1900 bis 1930. 1988.

Band 9 Irene Bayer: Juristen und Kriminalbeamte als Autoren des neuen deutschen Kriminalromans: Berufserfahrungen ohne Folgen? Ein Vergleich der Kriminalromane des Juristen Fred Breinersdorfer, des Juristen Stefan Murr und des Kriminalbeamten Dieter Schenk mit den Kriminalromanen der Autoren Richard Hey, Felix Huby, -ky und Friedhelm Werremeier. 1989.

Band 10 Andreas Schäfer: Rolle und Konfiguration. Studien zum Werk Max Frischs. 1989.

Band 11 Christa Hempel-Küter: Die kommunistische Presse und die Arbeiterkorrespondentenbewegung in der Weimarer Republik. Das Beispiel „Hamburger Volkszeitung". 1989.

Band 12 Klaus Jarchow: Bauern und Bürger. Die traditionale Inszenierung einer bäuerlichen Moderne im literarischen Werk Jeremias Gotthelfs. 1989.

Band 13 Hans-Jürgen Krug: Arbeitslosenliteratur. Eine Bibliographie. 1990.

Band 14 Corinna Dahlgrün: Hoc fac, et vives (Lk 10,28) – *vor allen dingen minne got.* Theologische Reflexionen eines Laien im *Gregorius* und in *Der arme Heinrich* Hartmanns von Aue. 1991.

Band 15 Hans-Harald Müller / Wilhelm Schernus (Hrsg.): Leo Perutz. Eine Bibliographie. 1991.

Band 16 Detlef Langer: Freud und „der Dichter". 1992.

Band 17 Christa Hempel-Küter: Die KPD-Presse in den Westzonen von 1945 bis 1956. Historische Einführung, Bibliographie und Standortverzeichnis. 1993.

Band 18 Ulrike Schupp: Ordnung und Bruch. Antinomien in Heimito von Doderers Roman *Die Dämonen*. 1994.

Band 19 Jonas Peters: „Dem Kosmos einen Tritt!" Die Entwicklung des Werks von Walter Serner und die Konzeption seiner dadaistischen Kulturkritik. 1995.

Band 20 Boshidara Deliivanova: Epos und Geschichte. Weltanschauliche, philosophische und gattungsästhetische Probleme in den Epen von Nikolaus Lenau. 1995.

Band 21 Armin Göbels: Das Verfahren der Einbildung. Ästhetische Erfahrung bei Schiller und Humboldt. 1994.

Band 22 Oliver Hallich: Poetologisches, Theologisches. Studien zum *Gregorius* Hartmanns von Aue. 1995.

Band 23 Jens-Peter Schröder: Arnolds von Lübeck *Gesta Gregorii Peccatoris*. Eine Interpretation, ausgehend von einem Vergleich mit Hartmanns von Aue *Gregorius*. 1997.

Band 24 Ingrid Maaß: Regression und Individuation. Alfred Döblins Naturphilosophie und späte Romane vor dem Hintergrund einer Affinität zu Freuds Metapsychologie. 1997.

Band 25 Michael Meyer: Willensverneinung und Lebensbejahung. Zur Bedeutung von Schopenhauer und Nietzsche im Werk Ricarda Huchs. 1998.

Band 26 Nicole Ahlers: Das deutsche Versepos zwischen 1848 und 1914. 1998.

Band 27 Brigitte Nestler: Bibliographie Willi Bredel. 1999.

Band 28 Miran Kwak: Identitätsprobleme in Werken Heinrich von Kleists. 2000.

Band 29 Bettina Ullmann: Fritz Mauthners Kunst- und Kulturvorstellungen. Zwischen Traditionalität und Modernität. 2000.

Band 30 Christopher M. Schmidt: Interpretation als literaturtheoretisches Problem. Die Möglichkeiten einer Neuorientierung in der Isotopie-Theorie, veranschaulicht anhand von Gregor Samsa in Franz Kafkas Erzählung *Die Verwandlung*. 2000.

Band 31 Günter Rinke: Sozialer Radikalismus und bündische Utopie. Der Fall Peter Martin Lampel. 2000.

Band 32 Joachim Gerdes: Die Schuld-Thematik in Hans Henny Jahnns *Fluß ohne Ufer*. 2000.

Band 33 Katja B. Zaich: „Ich bitte dringend um ein Happyend." Deutsche Bühnenkünstler im niederländischen Exil 1933-1945. 2001.

Band 34 Günter Meinhold: *Zauberflöte* und *Zauberflöten*-Rezeption. Studien zu Emanuel Schikaneders Libretto *Die Zauberflöte* und seiner literarischen Rezeption. 2001.

Band 35 Christine Arendt: Natur und Liebe in der frühen Lyrik Brechts. 2001.

Band 36 Nicole Suhl: Anna Seghers: *Grubetsch* und *Aufstand der Fischer von St. Barbara*. Literarische Konstrukte im Spannungsfeld von Phänomenologie und Existenzphilosophie. 2002.

Band 37 Hans-Jürgen Krug: Radiolandschaften. Beiträge zur Geschichte und Entwicklung des Hörfunks. 2002.

Band 38 Marcus Sander: Strukturwandel in den Dramen Georg Kaisers 1910-1945. 2003.

Band 39 Sigfrid Faerber: *Ich bin ein Chinese.* Der Wiener Literarhistoriker Jakob Minor und seine Briefe an August Sauer. 2004.

Band 40 Susanne Hafner: Maskulinität in der höfischen Erzählliteratur. 2004.

Band 41 Peter Lauener: Die Krise des Helden. Die Ich-Störung im Erzählwerk von Leo Perutz. 2004.

Band 42 Henrike Walter: Kunst - Werk - Mensch. Formen- und Bildsprache in Heinrich Manns Henri Quatre-Romanen. 2006.

Band 43 Andreas Moll: Text und Bild bei Rolf Dieter Brinkmann. Intermedialität im Spätwerk. 2006.

Band 44 Jürgen Kreft: Theorie und Praxis der intentionalistischen Interpretation. Brecht - Lessing - Max Brod - Werner Jansen. 2006.

Band 45 Christina Kiehl: Zur inhaltlichen Gestaltung einer Kurzfassung. Eine verkürzte ‚Nibelungen-Klage' als Fortsetzung des ‚Nibelungen-Liedes'. 2008.

Band 46 Frank Thomsen: Von der Taktik zur Tugend. Wandlung des Ethikkonzepts in Brechts marxistischen Dramen von 1929-1945. 2008.

Band 47 Michael Zweigart: Diktatur der Vernunft und Demokratie des Lebens. Lebensphilosophische Elemente (Georg Simmel) in den Henri-Quatre-Romanen Heinrich Manns. 2008.

Band 48 Michael Rieger: *Die Welt durch sich hindurch lassen.* Hubert Fichtes Werk als Medium ästhetischer Erkenntnis. Unter besonderer Berücksichtigung seiner literaturgeschichtlichen Kontexte. 2009.

Band 49 Carsten Mindt: Verfremdung des Vertrauten. Zur literarischen Ethnografie der ‚Bundesdeutschen' im Werk Gisela Elsners. 2009.

Band 50 Klaus Hurlebusch: Buchstabe und Geist, Geist und Buchstabe. Arbeiten zur Editionsphilologie. 2010.

Band 51 Joachim Grimm: Karl Gutzkows Arrivierungsstrategie unter den Bedingungen der Zensur (1830-1847). 2010.

Band 52 Katharina Picandet: Zitatromane der Gegenwart. Georg Schmid *Roman trouvé* - Marcel Beyer *Das Menschenfleisch* - Thomas Meinecke *Hellblau.* 2011.

Band 53 Anja Bischof: Funktion und Bedeutung von Erinnerung im erzählerischen Werk Johannes Urzidils. „... ganz und gar erfunden, aber aus einer Wirklichkeit". 2012.

Band 54 Marja-Liisa Sparka: Herr Puntila und sein Knecht Matti. Die Entwicklung einer gemeinsamen Stückkonzeption und zahlreicher verschiedener Textderivate von Bertolt Brecht (Margarete Steffin) und Hella Wuolijoki. 2014.

Band 55 Udo Köster: Literatur im sozialen Prozess des langen 19. Jahrhunderts. Zur Ideengeschichte und zur Sozialgeschichte der Literatur. 2015.

Band 56 Bernhard Jahn / Claudia Maurer Zenck (Hrsg.): Bühne und Bürgertum. Das Hamburger Stadttheater (1770–1850). 2016.

Band 57 Martin Schneider (Hrsg.): Der Hamburger Theaterskandal von 1801. Eine Quellendokumentation zur politischen Ästhetik des Theaters um 1800. 2017.

Band 58 Martin Baisch (Hrsg.): Anerkennung und die Möglichkeiten der Gabe. Literaturwissenschaftliche Beiträge. Unter Mitarbeit von Malena Ratzke und Britta Wittchow. 2017.

www.peterlang.com